제5판

한국 행정조직론

조석준 · 임도빈

法 文 社

이 저서는 교육부 한국연구재단의 지원을 받았음(NRF-2017S1A3A2065838)

제5판 서문

또 한 번 개정판이 세상에 나간다. 이 책은 조석준 교수님이 1994년에 처음 내시고 한 번 개정하신 것을 바탕으로, 2010년부터 우둔한 저자가 이번에 세 번째 개정을 하게 된 것이다. 학문세대간 연속성이 없다는 비판을 받고 있는 한국의 행정학 풍토에서는 나름 의미있는 책이 아닌가 하여 '제5판'으로 하기로 하였다. 흔히 볼 수 있는 외국이론을 집대성한 교과서도 아닌데도, 독자들의 성원이 이 책의 존재이유를 이미 증명했다고 보고 싶다.

초판에 비하여 많은 내용이 바뀌었다. 정부조직의 운영실태와 현상도 그만큼 바뀌었기 때문이다. 연구대상과 성격이 바뀌면 개정판을 내는 것보다는 새 책을 내는 것이 오히려 낫다. 그럼에도 불구하고 개정을 하는 것이 낫다고 본 것은 책의 완성도가 높아져가는 것을 볼 수 있기 때문이기도 하다. 문장, 논리, 사례 등이 이전판에 비하여 좋아지고 있다는 것을 확연히 알 수 있을 것이다.

이 책의 생명력은 연구대상(즉, 한국의 중앙행정조직)은 변하고 있는데, 일정한 이론적 시각으로 조명해보면 여전히 독특한 설명을 제공할 수 있기 때문이 아닌가 한다. 이론적 시각은 권력론으로서, 구체적으로 설정한 잣대는 '권한-책임 일치의 원칙'이다. 사회 곳곳에서 민주화가 되고 있는 오늘날 조직간 권력불균등 현상이 심화되고 있다는 것은 아이러니 같은 것이다. 한편 더 부담이 되는 것은 '개정판이 뭐가 달라진 게 있냐'라는 불평이 일어날 수 있다는 마음속의 짐이다. 달라진 것은 다음과 같다.

첫째, 그동안은 권력론적 조직간 현상이 가시적이었다면, 이제는 보이지 않는 권력이 더욱 강화되고 있다는 점이다. 겉으로 보기에는 이전 판에서 지적한 문제들이 해소된 것 같지만, 실질적으로는 권력불균등 현상이 더욱 심화되고 있다. 예컨대, '강제력'에 의한 권력관계가 '돈'이나 '사람'에 의한 조직권력현상으로 바뀌고 있음을 책의 여러 곳에서 주장한다.

둘째, 이론성을 강화하였다. 논리적 연결이 부족한 문단을 수정하였으며, 신세대의 특성에 맞게 너무 긴 절 이하 하부 목차를 분리하는 작업도 많이 하였다. 조직론 계보에서 이론을 보완한 것은 물론이고, 어색한 설명을 분명히 하였다. 책의 여러 곳에서 참고할 이론을 각주에 부가했으며, 명제를 엄선하였고, 설명에서 이론화를 강화하려고 노력했다.

셋째, 새로운 조직연구 영역으로서 그림자 조직이 팽창하는 측면을 지적하였다. 법정협회나 로펌 부분을 추가하는 등 분량도 대폭 늘렸다. 이것은 최근에 더욱 일어나는 현상으로서, 기존 행정조직론 연구의 대상이 확장되고 있다는 점을 강조하였다.

이번 개정작업에 많은 도움도 받았다. 어려운 출판업계 사정에도 불구하고 개정판을 허락해 주신 법문사 사장님께 감사드린다. 더운 여름 날씨에 꼼꼼한 교정작업을 해 주신 편집부 김용석 과장님께도 감사드린다. 아울러 교정과정에서 여러 아이디어를 내준 일일이 이름을 거명하기 어려운 조교들에게도 감사의 뜻을 표한다. 무엇보다도 이제 90세가 되셨는데도 늘 필자를 격려해주시고, 신선한 아이디어를 주시고, 늘 학자로서 정도를 가기를 권하시는 조석준 교수님께 가장 큰 감사의 마음을 바치고 싶다.

2019년 7월 17일
저자를 대표하여
임 도 빈

제2전정판 서문

연초에 조석준 교수님을 찾아뵈었다. 퇴임 후 그림그리기, 사진찍기 등 각종 취미생활로 멋진 노후생활을 보내고 계시다. 이 책이 절판되어 개정판을 준비하려고 하고 있다고 말씀드렸더니, '아직도 그 책이 팔리느냐?'고 반문하신다. 그러고 보니, <한국행정조직론>의 이름으로 전정판을 낸 지 어느덧 6년이란 시간이 흘렀다. 그 사이 우리나라는 1번의 대선과 2번의 총선을 경험하였고, 행정조직의 근간을 정하는 정부조직법은 일부개정을 포함하여 7번의 개정을 거쳤다. 그만큼 우리나라의 행정조직에 다양한 변화가 일어났다는 것을 의미한다. 개정작업을 하면서, 그동안 우리나라의 행정조직에 참으로 많은 변화가 일어났음을 실감할 수 있었다.

이 책에서는 초판에 조석준 교수님이 선언하신 '한국적' 조직론 책을 만든다는 원칙을 고수하고 있다. 행정조직을 권력론적 시각에서 살펴보고, 특히 권한-책임의 원칙에 따라 서술해 나갔다. 우리나라의 행정조직은 이 책이 처음 서술되었던 당시부터 지금까지 권력의 관점에서 살펴볼 때 가장 현실적합성이 높으며, 또한 고유하게 가지고 있는 문제점을 살펴보고 해결방안을 모색하는 데에도 중요하게 작용하는 틀이기 때문이다. 해당 틀을 동일하게 갖추되 이번 개정 작업을 통해 이루고자 한 주요 목적은 다음과 같다.

첫째, 지난번까지는 아예 외국의 이론을 잊어버리고 한국적 설명을 하려고 했다면, 이번에는 꼭 필요한 부분에 관련 외국이론을 각주로 밝혀주는 방법을 택하였다. 한국이론이 국제적으로 인정을 받으려면, 외국이론과 어떤 관련성이 있는가를 아는 것도 중요할 것이라 판단했기 때문이다.

둘째, 지난번 책의 30% 이상의 분량을 순증하였고, 남겨둔 부분도 많이 개필하였다. 거의 다시 쓰다시피한 장도 여러 개 있다. 기존 중앙행정기관과 이를 둘러싸고 있는 환경의 변화를 반영하였고, 각 기관 간 현실적인 관계를 게임에 비유하는 등 구체적인 서술을 하고자 하였다. '그림자 조직'인 공공기관이 늘어나고 있는 실정도 자세히 살펴보았다. 기본 골격의 모양은 동일하게 하되 비율을 늘려서 평수를 확장함으로써 보다 많은 것을 포용하는 집이 되게 하였다고 볼 수 있다.

셋째, 내용이 많아지다 보니, 책 전체를 파악할 수 있는 큰 그림이 필요했다. 여러 개의 '장'을 묶어, 분석을 위한 기초, 조직구조론, 조직과정론, 조직현상론 '편'

으로 이어지는 구성을 택하였다. 이것은 단국대 정창화 교수의 아이디어이기도 하다. 이를 통해 조직구성원의 업무 방법을 결정짓는 틀이라 할 수 있는 조직구조를 이해하고, 조직과 조직 간 관계를 통해 행정부의 일이 흘러가는 조직과정을 살펴보며, 마지막으로 행정조직이 실제로 어떻게 운영되는지 조직구성원 그리고 국민의 입장에서 조직현상을 바라보고자 한다.

모든 사물과 현상을 이해할 때는 당연히 겉과 속을 모두 아는 것이 중요하다. 다소 미흡할지 모르나, 학생 및 실무자들이 이 책을 통해 한국 행정조직의 겉과 속을 학습하여 조직을 통찰하는 시각을 키웠으면 한다. 그리고 앞으로 우리의 행정조직이 여러모로 더 나은 방향으로 발전해 나가는 데 이 책이 기여할 수 있기를 바란다.

마지막으로 이 책의 개정작업의 기초작업으로서 지난 4년간 정부경쟁력에 대해 연구할 수 있도록 지원해준 한국연구재단의 사회과학연구지원(SSK)프로그램에 감사드린다. 아울러 편집과정에서 꼼꼼이 봐준 법문사 김용석 선생님께 깊은 감사를 드린다. 또한 교정과정에 수고한 이민아 박사과정생 및 연구 조교들과 더불어 이 책을 통해 수업에 참여하고 공부하였던 많은 학생들에게도 감사를 표한다.

2016년 7월 28일
저자를 대표하여
임 도 빈

전정판 서문

행정조직론을 마지막으로 개정한 지 벌써 10년도 더 지났다. 10년이면 강산도 변한다고 했는데, 하물며 행정조직이 안 바뀔 리가 없다. 어떻게 보면 지난 10여년 동안 너무 많은 변화를 했다고 봐도 과언이 아니다. 필자가 그 책에서 주장했던 것이 많이 반영된 것도 있다. 위헌성이 있는 부총리제도의 폐지나 차관회의의 국무조정실장 주재 등 국무총리의 위상강화 등이 그 예이다. 따라서 사실적인 면의 기술내용과 해석면에서 잘 맞지 않는 부분이 많이 생겼다.

사실 이 책을 개정하려는 생각을 오래전부터 하고 있었다. 마침 필자의 제자인 임도빈 교수가 개정작업을 자원하였다. 살아온 시대가 좀 다른 학문 두 세대에 걸친 공동저자들의 저서이기 때문에 그만큼 분석의 타당도가 높아졌다고 생각한다. 그동안 변화된 행정조직의 법규나 실제 운영내용을 대폭 반영하고 새로운 설명을 시도함으로써 거의 새로운 책이 되었다고 봐도 과언이 아니다. 아마 추후에 행정사를 연구하는 사람은 초판과 이것을 비교하면 10년간 있었던 한국행정조직의 변동사항을 잘 파악할 수 있을 것이다.

그러나 조직학의 여러 시각 중 권력론적 시각에서 행정조직현상을 보고, 특히 권한－책임의 원칙에 근거하여 일관된 설명을 한 것은 과거의 책과 동일하다. 외국의 이론을 소개하고 단순 적용하기보다는 한국나름대로의 특성을 추출하려고 노력한 점도 과거의 책과 일관성이 유지된 면이다.

그럼에도 불구하고 대부분의 장이 대폭 수정되었다. 뼈대만 남겨 놓고 내부를 완전히 리모델링한 건물을 생각하면 될 것이다. 특히 제3장 행정조직이 처한 환경, 제14장 행정조직과 일반국민과의 관계가 대폭 보완되었다. 최근에 거버넌스 논의 같은 것이 말하여 주듯이 이 부분에 많은 변화가 있었기 때문이다. 또한 제11장 합의제 행정조직: 위원회, 제15장 그림자 정부조직: 공공기관은 이번에 추가된 장이다. 이제 행정조직을 이해하는 데 있어서 과거보다 훨씬 체계가 잡힌 책이 되었다고 자평한다.

이번 개정작업에서 염두에 두었던 것을 몇 가지 강조하면 다음과 같다.

첫째, 그동안 중앙행정조직이 대폭적 통폐합과 개편과정을 많이 겪었기 때문에, 과거의 부처별 설명이나 부처명에 혼동을 할 가능성이 높다는 점이다. 또 앞으로 언제 바뀔지 모른다. 따라서 독자들의 이해를 편하게 하기 위해 현 정부의 부처명이나 실국명과 더불어, 핵심 기능을 나타내는 이름을 생각하여 사용하였다. 예컨대, '지식경제부'라는 명칭과 '산업 담당부'라는 명칭을 같이 사용하였다. 앞으로 행정조직이 변화되어도 설명이 유효하기 위해서 불가피하게 사용한 방법이었다. 제9장, 제10장, 제11장, 제12장이 특히 이런 방식의 부처명 표현이 많은 장이다.

둘째, 현재 행정조직에서 보이는 자세한 특성을 묘사하는 것은 지양하였다. 행정조직은 유기체와 같이 항상 변하고 있다. 이런 상황에서 독자들이 비교적 본질적인 문제를 이해하기 위해서는 나무만 보고 숲을 보지 못하는 우를 범하지 않기 위해서이다. 따라서 직원의 수, 조직도표 등 자세한 내용은 독자들이 스스로 각 행정기관의 홈페이지를 찾아서 대조해보면, 이 책의 설명내용을 더욱 생생하게 이해할 수 있을 것이다. 최근의 변화보다는 근본적인 것을 더 이해해야 한다는 이유에서 각 행정조직의 역사적인 변천내용을 다루었는데, 특히 국무총리제나 행정조직개편에 관한 장이 이에 해당한다.

셋째, 조직의 세부적인 내용이나 법규에 대한 지엽적인 설명을 생략하는 대신 이론화를 위한 가설이나 명제 등을 가능한 많이 제시하려고 노력하였다. 이것은 외국의 조직론 연구에서 흔히 나오는 변수간 관계에 관한 것보다는 한국행정조직에서 나타나는 독특한 현상을 발굴하려는 노력이다. 글씨체를 다르게 하여 표시한 가설적 주장들이 이론화를 위해서는 아직 흡족하지는 않지만, 추후 개정을 더해가면서 더욱 발전하리라고 본다.

아무쪼록 많은 실무자와 학생들이 이 책을 통하여 한국중앙행정조직의 특성을 제대로 학습하는 계기가 되었으면 한다. 학자들은 여기서 제시한 명제들을 기반으로 한국 조직학을 이론화하는 데 힘을 합하기를 바라고, 실무가들은 이 책에서 제시하는 방향으로 조직개편하는 것을 고려하기를 기대한다.

마지막으로 개정된 이 책을 기꺼히 출판해 주기로 한 법문사 배효선 사장님과 편집부 김용석 과장님을 비롯한 관계자에게 깊은 감사를 드린다. 그리고 교정과정에 서울대 행정대학원 이현국 군, 강은영 양, 이민아 양도 수고가 많았다.

2010년 2월 1일
저자를 대표하여
조 석 준

제2판을 내면서

이 책을 낸 뒤에 정부 조직의 전면적인 개편이 있었다. 그리고 역사상 처음으로 지방자치단체의 장들을 주민이 직선하였다. 따라서 이 책의 내용도 변경해야 할 필요가 생겼다. 예를 들면 새로 생긴 재정경제원과 각 부처 사이의 권력의 차이는 더욱 벌어지게 되었고, 내무부의 역할은 많이 감소하게 되었다. 물론 이 책에서 필자가 주장하였던 중요한 점들은 아직도 그대로 유효하다. 다만 그런 주장들의 예시로 사용했던 정부조직의 편제가 달라졌다. 새로 개편된 편제를 반영하기 위하여 관계된 부분들을 고쳐 쓰기로 하였다. 그 결과로 현행의 정부조직과 꼭 맞는 예들만을 들 수 있게 되었다.

이 책의 개정에 응해 주신 법문사의 배효선 사장님과 편집진의 여러분들의 수고에 대해서 감사한다.

1996년 12월

조 석 준

머 리 말

평소에 항상 쓰고 싶었고 또 써야 된다고 생각해 왔던 책이 바로 이 책이다. 30여년 동안 조직론을 강의해 왔고, 행정대학원에 몸담고 있었으니 한국의 행정조직에 관한 책을 펴내는 것을 마치 나의 사명과 같이 생각해 왔다.

행정조직에 대해서는 행정법학에서 부분적으로 다루고 있다. 그러나 행정학자이면서 조직론을 연구하는 사람에게는 특별한 시각이 있어야 하며, 따라서 새로운 이야기를 할 수 있어야 한다고 생각해 왔다.

나의 저서 「한국행정학」도 사실은 이 책을 쓰기 위한 전단계의 작업이었다고 할 수 있다. 그 책의 초판이 나온 것이 1980년이니까 이 책이 나오기까지에는 15년 이상의 세월이 걸렸다고 할 수 있다.

만들었던 목차도 여러번 뜯어 고쳐 보고, 책상 앞에 이를 붙여 놓고 늘 쳐다 보다가 다시 고치고 하면서 세월만 보내고 있었다. 이와 같이 실제로 쓰는 작업을 시작하지 못하고 있던 차에 서울대학교에서 저술연구비를 받게 되어 비로소 원고를 완성할 수 있게 된 이 책이 세상에 나가서 좋은 평가를 받기를 바라는 마음 간절하다.

행정학을 가르치거나 배우는 사람들에게 한국행정조직에 관한 지식이 필요한 것은 두 말할 것도 없다. 저자는 그 동안에 정부와의 접촉이 많은 정치인들이나 언론계나 기업체에 종사하시는 분들에게서 우리나라의 행정조직 특히 그의 동태적 과정이 너무나 알려지지 않고 있다는 것을 알게 되었다. 그래서 빨리 이런 책이 나와야 한다고 생각하고 있었다.

이 책의 출간목적은 세 가지이다. 첫째는 위와 같은 여러 분야의 사람들에게 우리나라의 행정조직에 대해서 소개하고자 하는 것이다.

둘째는 행정법에서 충분히 제공하지 못하는 지식을 제공하고자 했다. 또는 법령으로 알 수 있는 것 이상의 것들을 제공하고자 했다. 그러기 위해서는 여러 가지 방법들이 있겠으나, 저자는 행동조직들 사이의 상호관계에 대해서만 보기로 하였다. 그리고 이 관계를 이들 사이의 권력 또는 힘의 관계로 파악하였다. 그렇게 되니까 자연히 행정조직들이 움직이는 동태적 과정에 대해서 기술하게 되었고, 그러는 동안에 새로운 통찰력도 생기고 때로는 의미있는 결론도 얻을 수 있었다. 이런 것들은 특별히 [ ] 표시를 하여 묶어 보았다.

셋째는 우리나라 행정조직의 개편의 방향을 제시하고자 하였다. 오랫동안의 군사정권하에 길들여져 온 행정조직은 새로운 상황에 맞게 빨리 개편되어야 했다. 그 동안에 저자는 단편적으로 개편안을 제시했는데 이 책 속에서는 전반적으로 다루면서 왜 그런 처방들이 나왔는가를 우리가 공동으로 추구하는 가치관과 논리적 근거에 의하여 제시하였다.

이번에도 법문사의 배효선 사장님이 또 출판을 기꺼이 맡아주셔서 이렇게 세상에 빛을 보게 되었다.

1994년 6월
서울의 서재에서
조 석 준

차 례

제 1 편 분석을 위한 기초

제 1 장 서 론 (3－38)

제 1 절 서 론 ······ 3
Ⅰ. 연구의 동기 ······ 3
Ⅱ. 행정조직 간 권력현상 ······ 6
Ⅲ. 권한과 책임의 불일치 ······ 8
Ⅳ. 권력불균형의 유형 ······ 11
1. 계서제상의 하위자가 권한을 행사하고 상위자는 책임만 지는 경우 11
2. 계서제상의 상부에 있는 자가 하위자에게 책임을 전가하는 경우 12
3. 동렬조직 사이에서 한 조직이 다른 조직을 이용하는 경우 14
4. 관이 민을 이용하는 경우 15
5. 조직을 복잡하게 하여 책임소재를 흐리게 하는 경우 17

제 2 절 연구의 목적, 시각, 대상 및 방법 ······ 18
Ⅰ. 연구의 목적 ······ 18
Ⅱ. 연구의 시각, 대상, 문제의식 ······ 19
1. 연구시각 19
2. 연구대상 22
3. 문제의식: 행정의 민주화 23
Ⅲ. 연구의 방법 ······ 26

제 3 절 서구 조직이론의 계보 ······ 27
Ⅰ. 과학적 관리론 ······ 28
Ⅱ. 인간관계운동 ······ 30
1. 참여적 접근법 31
2. 사회기술적 접근법 31

3. 조직심리학 32
4. 상호작용주의 접근법 32
5. 산업사회학－프랑스와 독일 33
6. 관료제의 역기능학파 34
7. 카네기학파 34
8. 조직사회학의 프랑스학파 35

Ⅲ. 구조적 상황결정이론 ········ 35

1. 조직경제학 36
2. 조직군생태학 37
3. 네트워크론 37

Ⅳ. 신제도주의론 ········ 38

제 2 장 행정조직의 일반적 특징과 법률체계 (39－66)

제 1 절 행정조직의 일반적 특성 ········ 39

제 2 절 한국행정조직의 기초 ········ 44

Ⅰ. 첫 단추: 일본식 기초에 미국식 첨가 ········ 44
Ⅱ. 집권화와 관청의 개념 ········ 45
Ⅲ. 조직법률주의 ········ 48

제 3 절 조직설치수단으로서의 법령 ········ 49

Ⅰ. 헌 법 ········ 49
Ⅱ. 정부조직법 ········ 52
Ⅲ. 행정기관의 조직과 정원에 관한 통칙 ········ 55
Ⅳ. 직 제 ········ 59
Ⅴ. 행정권한의 위임 및 위탁에 관한 규정 ········ 60
Ⅵ. 전결규정과 사무분장규정 ········ 63
Ⅶ. 기타 법령 ········ 65

제 3 장 행정조직이 처한 환경 (67－105)

제 1 절 행정환경과 행정기관 ········ 67

Ⅰ. 환경의 분류 ········ 67
Ⅱ. 조직영토 ········ 69
Ⅲ. 환경이 중요한 이유 ········ 71
Ⅳ. 행정환경의 구성요소 ········ 73

1. 행정부 내부의 환경 73
2. 행정부 외부의 환경 74

Ⅴ. 행정기관을 둘러싼 환경의 특수성 ········ 77

1. 기업환경과 비교 77
2. 부의 통합적 구조와 상부의 비통합적 구조 79

제 2 절 행정기관의 주요 외부환경 80
Ⅰ. 국 회 80
1. 국회 조직 구성요소 80
2. 국회-행정부 간의 권한-책임 불일치 관계 83
3. 국회 지원조직의 팽창 88
Ⅱ. 시민단체 90
Ⅲ. 언론매체 93
Ⅳ. 전문가 집단 95
Ⅴ. 사법기관과의 관계 96

제 3 절 환경과 행정기관의 관계 98
Ⅰ. 환경의 변화 98
Ⅱ. 행정조직의 환경에 대한 적응 99
1. 경계조직 99
2. 소프트웨어적 대응 101
Ⅲ. 적극적 환경대응 102

제 2 편 조직구조론

제 4 장 행정기관 내부의 조직구조 (109-142)

제 1 절 개 관 109

제 2 절 중앙행정기관의 최고위 층 113
Ⅰ. 장 관 113
Ⅱ. 차 관 114

제 3 절 장관(처, 청장)의 보좌기관 115
Ⅰ. 차관보 116
Ⅱ. 장관정책보좌관 117
Ⅲ. 대변인 118

Ⅳ. 감사관 ···································· 120
Ⅴ. 총무과 ···································· 121

제 4 절 보좌기관Ⅱ: 기획조정실과 기타 보좌기관 ···································· 123
Ⅰ. 개 관 ···································· 123
Ⅱ. 기획조정실(기획조정관) ···································· 124
Ⅲ. 기획재정예산 담당관 ···································· 125
Ⅳ. 규제개혁법무 담당관 ···································· 126
Ⅴ. 정보화 담당관 ···································· 127
Ⅵ. 비상안전기획 담당관 ···································· 128
Ⅶ. 기획조정실의 조직특성 ···································· 129

제 5 절 보조기관: 계선기관 ···································· 131
Ⅰ. 실 ···································· 131
Ⅱ. 국 ···································· 132
Ⅲ. 과 ···································· 133
Ⅳ. 기타 조직구조상의 이슈 ···································· 134
1. 한시조직 134 2. 팀 135

제 6 절 행정기관 조직구조의 문제점 ···································· 136
Ⅰ. 정치논리의 지배 ···································· 137
Ⅱ. 조직팽창과 역피라미드화 ···································· 138
Ⅲ. 참모기관의 계선화 ···································· 140

제 5 장 지원기능 부처의 조직구조 (143 – 187)

제 1 절 이론적 배경 ···································· 143

제 2 절 감 사 원 ···································· 147
Ⅰ. 권력의 근원 ···································· 147
Ⅱ. 권한책임 불일치의 측면 ···································· 150
1. 처벌과 권력 150 2. '운'인가? 151
3. 감사원 조직의 관료제화 153

제 3 절 국가정보원 ···································· 156
Ⅰ. 주요기능 ···································· 156

Ⅱ. 조직구조 ······ 158

제 4 절 재정예산 담당부처 ······ 162
Ⅰ. '재원'과 '기획' ······ 162
Ⅱ. 기획예산권과 조직권력: 경제기획원의 변천과정 ······ 164
Ⅲ. 환경변화와 조직구조 ······ 168
1. 조직팽창 168 2. 정치과열화와 조직 170
Ⅳ. '재무' 관련부 ······ 172

제 5 절 인사 및 조직관리 담당부처 ······ 176
Ⅰ. 조직관리 담당부처 ······ 176
Ⅱ. 인사기능 담당부처 ······ 178

제 6 절 법 제 처 ······ 181
Ⅰ. 조직역사 ······ 181
Ⅱ. 법제처와 다른 조직과의 관계 ······ 183

제 7 절 결론: 참모조직의 종분할구조 ······ 185

제 6 장 위원회형 독립행정기관 (189－222)

제 1 절 개 관 ······ 189
Ⅰ. 위원회의 유형분류 ······ 190
Ⅱ. 위원회의 유형 ······ 191

제 2 절 헌법에 근거한 위원회 ······ 192
Ⅰ. 선거관리위원회 ······ 192
1. 조직임무 및 조직발전과정 192 2. 선거관리위원회 조직 194
Ⅱ. 대통령 자문회의 ······ 197
1. 민주평화통일자문회의 197 2. 국민경제자문회의 199

제 3 절 독립규제행정기관 ······ 200
Ⅰ. 금융위원회 ······ 201
1. 조직 발전과정 201 2. 조직 및 인사 구조 203
Ⅱ. 공정거래위원회 ······ 205
1. 조직 발전과정 205 2. 조직 및 인사 구조 207
3. 다른 조직과의 관계 208

Ⅲ. 방송통신위원회 ······ 210
1. 조직 발전과정 210 2. 조직 및 인사 구조 211
Ⅳ. 국민권익위원회 ······ 214
1. 조직 발전과정 214 2. 조직 및 인사 구조 216
3. 다른 기관과의 관계 218

제 4 절 결론: 위선적 조직 ······ 219

제 7 장 청(廳) (223-245)

제 1 절 행정기관으로서의 청 ······ 223

제 2 절 청 제도의 특성 ······ 227
Ⅰ. '일반'청의 설치 이유 ······ 227
Ⅱ. 특수목적의 청 ······ 230
Ⅲ. 부와 청과의 관계 ······ 231
Ⅳ. 청과 처의 유사조직 ······ 233

제 3 절 청의 내부조직 구조 ······ 235
Ⅰ. 하부조직 ······ 235
Ⅱ. 권력기관형 청의 구조 ······ 238
Ⅲ. 기업형 청: 조달청 ······ 240
1. 중계적 기능 240 2. 조직상의 쟁점들 241

제 4 절 결 론 ······ 244

제 3 편 조직과정론

제 8 장 대통령과 조직과정 (249-287)

제 1 절 대통령 자리의 권력원(源) ······ 249
Ⅰ. 대통령의 개인권력 ······ 249
1. 대통령의 법적 권한 249 2. 대통령 자리의 중심성 252
3. 대통령 권한 행사의 조직속성: 인의 장막 253

Ⅱ. 대통령의 권한 위임 254
1. 시간 부족에 따른 위임의 필요성 254
2. 대통령의 스타일에 따른 위임의 정도 255
Ⅲ. 정보비대칭 257
1. 대통령이 받는 정보 257
2. 대통령이 주는 정보 258

제 2 절 대통령비서실의 조직과정 259
Ⅰ. 서 론 259
Ⅱ. 비서실 역사 260
Ⅲ. 대통령비서실의 공식조직 261
1. 수석비서 조직의 발달과정 262
2. 수석비서 263
3. 보좌관 264
4. 미션 조직 265
Ⅳ. 대통령비서실 내 조직과정 265
1. 대통령비서실의 내부 활동 265
2. 비서실장과 수석비서관들 사이의 상호 관계 266
3. 수석비서관들 간 상호 관계 267
Ⅴ. 대통령비서실과 관련 조직과의 관계 269
1. 비서관의 권력 자원 269
2. 대통령비서실과 직접 관련이 있는 조직 269
Ⅵ. 대통령비서실의 관리 271
1. 대통령비서실의 조직 구성 및 인사 271

제 3 절 계선－참모 조직이론의 적용 273
Ⅰ. 계선－참모 이론 273
1. 한국 행정 조직 내 적용 274
Ⅱ. 정부조직 내 국무총리의 위상 275

제 4 절 청와대와 다른 조직과의 관계 276
Ⅰ. 대통령비서실과 정무(특임)장관과의 관계 276
1. 정무장관의 역할 277
2. 정무수석의 역할 277
Ⅱ. 대통령비서실과 국무총리와의 관계 278
Ⅲ. 대통령비서실과 행정 각 부와의 관계 279
1. 비서관의 스타일에 따른 상호 관계 279
2. 대통령비서실과 각 부처와의 상호 관계 280

제 5 절 청와대 권력과 정부의 조직과정 282
Ⅰ. 청와대 내락제도: 집권화 악순환 282

Ⅱ. 청와대의 권력증폭 ········ 283
Ⅲ. 결론: 개선방안 ········ 286

제 9 장 국무총리 (289－324)

제 1 절 문제제기: '국무총리'라는 자리 ········ 290

제 2 절 국무총리직의 제도화과정 ········ 291
Ⅰ. 국무총리제도의 형성 ········ 291
1. 임시 정부 하 국무총리 제도 292
2. 제헌 과정에 따른 국무총리 제도의 역할 변화 294
3. 제2인자로의 자리매김 296

제 3 절 국무총리 권한 ········ 299
Ⅰ. 법률상 권한과 실제 ········ 299
Ⅱ. 국무총리의 인선 ········ 301
Ⅲ. 제2인자의 권력유형 ········ 303

제 4 절 국무총리의 보좌조직 ········ 305
Ⅰ. 총리실 조직의 진화 ········ 305
1. 자체조직의 탄생 305 2. 조직영토의 확보 307
Ⅱ. 국무총리실의 조직 ········ 308
1. 실의 내부조직 308 2. 조직규모와 권력크기 310

제 5 절 국무총리의 기능 ········ 311
Ⅰ. 정치세력 간 통합기능 ········ 311
1. 정치적 기능 311 2. 상징적 기능 312
Ⅱ. 행정 각 부에 대한 조정기능 ········ 313
1. 각 부의 통할권 313 2. 합법화 기능 315
Ⅲ. 국무총리 기능의 현실 ········ 316
1. 일정분석: 김황식 총리 316 2. 국무총리실의 조정기능 317

제 6 절 이론화: 최고위층의 융통성 조직 ········ 319
Ⅰ. 아노미(anomie) 구조 ········ 320
Ⅱ. 경직성 구조 ········ 320
Ⅲ. 융통성 구조 ········ 321
Ⅳ. 개선방안 ········ 322

제 10 장 최상층의 조직과정 (325 – 352)

제 1 절 국무회의와 차관회의 ······ 325
Ⅰ. 국무회의 ······ 325
1. 국무회의의 참석자 325 2. 국무회의의 기능 326
Ⅱ. 차관회의 ······ 328
1. 차관회의의 의의 328 2. 차관회의의 기능 329
Ⅲ. 의안상정 절차 ······ 330
Ⅳ. 조직과정 장치로서 국무회의 ······ 332
1. 심의의 실제기능 332
2. 국무위원으로서의 관심과 장관으로서의 관심 335

제 2 절 장관급 조정회의 ······ 336
Ⅰ. 개 관 ······ 336
Ⅱ. 정책조정회의의 발달과정 ······ 338
Ⅲ. 경제정책조정회의 ······ 342
1. 경제 장 · 차관회의 342 2. 기타 조정회의 343
Ⅳ. 안보정책 조정회의 ······ 345
Ⅴ. 과학기술정책조정회의 ······ 347
Ⅵ. 기타 관계장관회의 ······ 349

제 3 절 결 론 ······ 349

제 11 장 부와 부 사이의 조직과정 (353 – 423)

제 1 절 이론적 배경 ······ 354

제 2 절 지방 담당(행정자치)부와 다른 부와의 관계 ······ 355
Ⅰ. 지역인가, 기능인가 ······ 355
Ⅱ. 지방(자치) 담당부의 기본 기능 ······ 359
Ⅲ. 지방자치 담당부(내무기능)와 관련이 많은 기능부들 ······ 361

제 3 절 외교부와 다른 부와의 관계 ······ 364
Ⅰ. 외교부의 조직구조 ······ 364
1. 본부 및 공관 364 2. 외교부의 권력자원 366

Ⅱ. 외교부와 다른 부와의 관계 367
1. 외교서비스 지원 367
2. 주요 부처와의 관계 369
3. 해외공관 내의 권력과정 370
Ⅲ. 외교부와 행정안전부와의 비교 371

제 4 절 지원 부처에서 계선 부처로 전환한 부 373
Ⅰ. 환경부와 다른 부와의 관계 373
1. 집행력과 조직 373
2. 목표대립과 조직 간 관계 375
Ⅱ. 과학기술 담당부와 다른 부와의 관계 378
1. 조직변천 과정 378
2. R&D 분야의 정책기능 379
3. 전자정부 기능 382
Ⅲ. 통일부와 다른 부와의 관계 383

제 5 절 권력 부(部)와 다른 부와의 관계 386
Ⅰ. 법무부와 다른 부와의 관계 386
1. 조직의 특수성 386
2. 상호작용 대상 부처 387
Ⅱ. 국방부와 다른 부와의 관계 391
1. 군정과 군령기능의 구분 391
2. 상호작용하는 부처 393

제 6 절 사회문화 관련 부와 다른 부(部)의 관계 395
Ⅰ. 교육부와 다른 부와의 관계 395
Ⅱ. 보건복지부와 다른 부와의 관계 398
Ⅲ. 문화체육관광부와 다른 부와의 관계 401
1. 문화분야 401
2. 국정홍보: 국민소통실 403
Ⅳ. 여성가족부와 다른 부와의 관계 405

제 7 절 경제관련 부와 다른 부와의 관계 407
Ⅰ. 농림축산식품부와 다른 부와의 관계 407
Ⅱ. 산업 담당부(산업통상자원부)와 다른 부와의 관계 409
1. 국내에서의 관계 409
2. 통상기능: 외국과의 관계 411
Ⅲ. 국토교통부와 다른 부와의 관계 414
Ⅳ. 해양수산부와 다른 부와의 관계 415
Ⅴ. (고용)노동부와 다른 부와의 관계 416

제 8 절 정부부처들 사이의 조직과정 변화 419

제 12 장 지방의 행정조직: 중앙정부와의 관계 (425－462)

제 1 절 지방행정조직의 법적 체계 425
1. 지방행정기관의 역사 425
2. 중앙과 지방의 정부조직 체계 426
3. 지방자치단체와 지방자치법 429

제 2 절 중앙정부와 지방자치단체 간의 관계 430
Ⅰ. 포괄적 계서관계 430
Ⅱ. 지방자치단체의 사무기준 433
Ⅲ. 집행과정에서의 조직체계 434
1. 현장에서의 집행조직 434
2. 자치인가, 균형인가 436

제 3 절 중앙정부와 지방자치단체 간의 게임 438
Ⅰ. 기능재배분의 방법 438
1. 기능배분 현황 438
2. 특별지방행정기관과 영토싸움 440
Ⅱ. 지방행정기관의 팽창과 동형화 444
1. 정원 관리의 역사적 전개 444
2. 중앙행정조직의 복사판 446
Ⅲ. 최일선 행정조직 447
1. 통·반·이장 447
2. 행정수단 변화와 조직과정 450
Ⅳ. 지역 내의 행정조직 간 조정 451
1. 통합의 필요성 451
2. 행정조직 간 횡적 조정 453

제 4 절 지방행정조직의 발전방향 454
Ⅰ. 행정안전부의 존폐문제 454
Ⅱ. 경찰조직과 자치경찰제 도입 457
Ⅲ. 지방행정조직의 강화 459

제 4 편 조직현상론

제 13 장 한국행정조직의 문화 (465－486)

제 1 절 문화의 다차원성 465
Ⅰ. 문화의 개념 465

Ⅱ. 광역 지역으로 본 한국문화 466
1. 유교문화권 466 2. 관민관계 468
Ⅲ. 국가단위의 문화적 상대주의 470

제 2 절 한국행정의 조직문화 473
Ⅰ. 한국의 행정문화 473
1. 권위주의 473 2. 지역주의 475
Ⅱ. 행정조직 내부의 문화 476
1. 계서주의 476 2. 가족의식 478
3. 자리문화와 인사에 대한 집착 481 4. 체면과 차별의 문화 483
Ⅲ. 행정조직문화의 변화 484
1. 역동성 484 2. 문화의 위협요인 485

제 14 장 행정조직의 행태 (487 – 537)

제 1 절 중앙행정기관의 권력 488
Ⅰ. 권력의 행사 488
1. 조직의 권력순위 488 2. 권력행사의 원인: 스키마 490
Ⅱ. 장관의 권력 492
Ⅲ. 행정기관 내 권력 494
1. 특정직의 지배 494 2. 주무제도 496

제 2 절 공식적 의사결정구조 498
Ⅰ. 품의제도: 조직 내 의사결정과정 498
1. 기안과 품의 498 2. 결재과정 499
3. 공문서제도 502 4. 품의제도의 장점 503
5. 품의제도의 단점 504
Ⅱ. 위임전결제도 507

제 3 절 행정조직 내 의사결정의 민주화: 행정기관 위원회 508
Ⅰ. 우후죽순격 위원회 508
Ⅱ. 위원회의 다양성 511
1. 위원회의 유형 511 2. 행정위원회 512
3. 자문위원회의 기능 516
Ⅲ. 위원회의 조직구조 518
1. 권력측면에서 본 조직구조 518 2. 위원회 권력과 실제 기능 523

Ⅳ. 미래의 권력: 대통령직인수위원회 ········ 525
1. 실세 위원회 525
2. 대통령직인수위원회의 존속기간 527
3. 대통령직인수위원회의 조직 528

제 4 절 조직자율성의 실험: 책임운영기관 ········ 531
Ⅰ. 전문성과 자율성: 제도의 특성 ········ 531
Ⅱ. 책임운영기관의 권한과 책임 ········ 534

제 15 장 그림자 행정조직: 공공기관 (539－590)

제 1 절 그림자 조직의 범위 ········ 540
Ⅰ. 개념의 혼란 ········ 540
Ⅱ. 공공기관의 유형 ········ 541

제 2 절 공공기관의 변천과정 ········ 544
Ⅰ. 신설과 성장 ········ 544
Ⅱ. 감축관리와 민영화의 압력 ········ 546
Ⅲ. 그림자 조직의 효과성 ········ 550

제 3 절 정부부처와의 관계 ········ 552
Ⅰ. 행정기관과 공공기관 ········ 552
Ⅱ. 공공기관의 정치화 ········ 555
Ⅲ. 다른 부처와의 관계 ········ 557
1. 공공기관운영위원회 557　　2. 부처와의 관계 559
Ⅳ. 책임전가 사례: 수자원공사 ········ 562

제 4 절 비법인 공공기관 ········ 563
Ⅰ. 특　성 ········ 563
Ⅱ. 방송통신심의위원회 ········ 565
1. 설립과 발전 565　　2. 조　직 567
3. 다른 조직과의 관계 567
Ⅲ. 금융감독원 ········ 569
1. 진화과정 569　　2. 조　직 570
3. 금융시장의 관리: 한국거래소 572
Ⅳ. 분쟁조정: 공정거래중재원 ········ 574

1. 갈등과 분쟁조정조직 574 2. 내부조직 576

제 5 절 지식과 정보창출 기능의 공공조직 577
Ⅰ. 신뢰할 수 있는 정보제공: 한국감정원 577
Ⅱ. 지식기능: 정부정책 연구소 578
Ⅲ. 새로운 팽창: 로펌(Law firm, 법률사무소) 581

제 6 절 민간위탁을 통한 그림자 행정조직: 법정협회 582
Ⅰ. 법정협회의 개념 582
Ⅱ. 법정협회와 중앙행정기관 간의 관계 584
Ⅲ. 법정협회의 내부 조직 586

제 7 절 결 론 588

제 16 장 조직개편과 조직개혁 (591－642)

제 1 절 대통령과 정부조직개편 592
Ⅰ. 정권교체시 조직개편 592
Ⅱ. 조직(행정)개혁 방법 변천사 594
1. 행정개혁조사위원회 594 2. 제도개선위원회 595
3. 행정개혁위원회(1988～1989) 596 4. 행정쇄신위원회 596
5. 정부조직개편심의위원회 597 6. 정부혁신분권위원회 598
7. 이명박 정부 598 8. 박근혜 정부 599
9. 문재인 정부 599
Ⅲ. 정권교체시 조직개혁방법의 평가 600

제 2 절 환경과 조직개편 603
Ⅰ. 조직군생태론 603
Ⅱ. 환경과의 관계에서 본 조직개편 605
Ⅲ. 조직개편에서 관료의 역할 608
Ⅳ. 조직개편을 둘러싼 쟁점: 조직발전 610

제 3 절 일상적 조직개편 612
Ⅰ. 공식적 절차 612
Ⅱ. 기구개편결정에 적용되는 합리적 기준 615
1. 일반기준 616 2. 부서별 기준 617

제 4 절 정원의 관리를 통한 조직효율화 ··· 619
Ⅰ. 일반원칙 ··· 619
Ⅱ. 전 정부차원의 정원운영: 중기인력운영계획 ··· 621
Ⅲ. 자율적 정원관리제도 ··· 622
1. 총액인건비제도 622
2. 유동정원제 624
3. 통합정원제 624
4. 별도정원제 626

제 5 절 조직개편과정의 전략게임 ··· 627
Ⅰ. 게임의 속성 ··· 627
Ⅱ. 개편요구자가 사용하는 전술 ··· 630
1. 요구내용면의 전술 630
2. 행동방법상의 전술 632
Ⅲ. 새로운 방법 ··· 633
1. 행정안전부를 우회하는 전술 633
2. 그림자 조직의 신설 635

제 6 절 저성장기의 조직개편 ··· 636
Ⅰ. 조직개편의 방향 ··· 636
1. 헌법기관의 조직축소 636
2. 조직개편의 탈정치화 637
Ⅱ. 행정기관 간 권력격차의 해소 ··· 639
1. 부익부 빈익빈 639
2. '돈의 논리'의 견제 640

찾아보기 ··· 643

그림 차례

[그림 1-1] 권한-책임 일치의 원칙의 현실 ······ 10
[그림 1-2] 서구 조직이론의 계보 ······ 29
[그림 3-1] 한국 의회 영향력의 역사적 변화 ······ 75
[그림 3-2] 부처의 환경구조 ······ 77
[그림 3-3] 시민단체와 정부의 관계 ······ 92
[그림 3-4] 환경의 분담-농축산부의 예 ······ 100
[그림 4-1] 중앙행정기관의 기본구조 ······ 111
[그림 5-1] 한국의 정보보안기관들 ······ 159
[그림 5-2] 종분할구조(참모기관) ······ 186
[그림 6-1] 선거관리위원회의 조직 ······ 194
[그림 6-2] 중앙선거관리위원회 사무처 조직도 ······ 195
[그림 6-3] 방송통신위원회 조직도 ······ 212
[그림 6-4] 부패 신고 절차 ······ 215
[그림 6-5] 국민권익위원회 조직도 ······ 217
[그림 8-1] 정부조직의 계통-계선과 참모 ······ 276
[그림 11-1] 중앙부처간 교호작용 ······ 420
[그림 12-1] 행정 조직 체계 ······ 427
[그림 14-1] 위원회 조직도 ······ 520
[그림 15-1] 법정협회의 유형 ······ 587

제 1 편

분석을 위한 기초

제 1 장 서 론
제 2 장 행정조직의 일반적 특징과 법률체계
제 3 장 행정조직이 처한 환경

한국행정조직은 나름대로 독특한 연구대상이다. 독특한 연구대상을 다루려면 적절한 분석시각과 기초지식이 필요하다. 제1편에서는 이 책에서 설명하는 한국행정조직을 이해하기 위한 틀을 다룬다. 우선 이 책의 목적을 비롯하여 연구방법 및 범위를 설명한다. 이어서 중앙, 지방 행정조직을 비롯하여 행정조직의 공식적, 비공식적 조직을 형성하고 이들에 영향을 미치는 법률체계와 행정환경을 살펴본다. 한국사회가 복잡화, 다양화, 세계화를 경험하면서 한국행정조직도 수많은 환경요인들과 상호영향을 주고받고 있다. 이러한 각종 영향요인들을 이해하지 않고 현재의 한국행정조직을 살펴보는 것은 별다른 의미가 없다. 제1편에서 다루는 내용은 이러한 배경지식을 확인하는 데 있으며, 이를 통해 다양한 양상으로 변화하는 한국행정조직을 이해할 수 있을 것이다.

제 1 장
서　론

제1절 서　론

Ⅰ. 연구의 동기

오늘날 대부분의 조직현상은 너무나 복잡해서 '속시원히 이해할 수 없는' 복잡한 조직complex organization으로 요약할 수 있다. 공공부문의 조직도 과거에 비하여 비교할 수 없을 정도로 그 수가 늘어났고, 각 조직내부의 운영도 복잡해졌다. 따라서 이렇게 복잡해진 정부조직을 하나로 꿰뚫어 볼 수 있는 논리나 원리가 필요하다. 여기서는 이를 권력 즉, '힘'으로 보고자 한다.

한국행정조직은 정치변화와 맥을 같이 한다. 박정희 정부 18년과 그 후 이어진 전두환, 노태우 군사정권은 물론, 심지어 민주화 이후의 경험도 우리에게 여러 가지 상처를 남겼다. 그중 하나는 '힘만 있으면 무엇이든지 할 수 있다' 또는 '힘 있는 자는 책임을 지지 않아도 된다' 또는 '힘없는 자만 당한다'는 사고방식이다. 이렇듯 소위 '힘'만 있으면 무엇이든 할 수 있다는 선례가 남겨지면서, 이 나라 행정에도 힘 앞에는 무조건 굴복하고, 힘만 갖고 있으면 책임을 지지 않아도 된다는 사고방식이 퍼지기 시작했다. 힘을 가진 사람이 그에 상응한 책임을 져야 하는 것이 동서고금의 당연한 이치임에도 불구하고 우리는 이것을 무시하고 살아오게 된 것이다.

민주화 이후에도 일단 정권을 잡기만 하면 권력을 가진 자들이 '힘'을 쓰는 현상은 계속되고 있으며, 이는 절제된 권력이 아니라 권력의 남용으로 비춰지는 경향이 있다. 그래서 행정 안에서나 사회전반에 '힘을 가진 사람이 최고', '억울하면 출세하라'라는 의식이 생겨나게 되었다. 힘이 없는 사람은 쉽게 체념하게 되고, 힘 있는 자리에 가지 못하게 된 것을 자조하거나, 자기의 보신을 위하여 힘 있는 사람 앞에서 비굴해지거나 아부할 수밖에 없었던 것이다.

김영삼, 김대중, 노무현, 이명박, 박근혜 대통령을 거치면서 대대적인 민주화 과정이 이루어졌음에도 불구하고 겉으로는 민주화가 된 것처럼 보이지만, 속을 들여다보면, 권력중심의 사고방식이 전염병처럼 만연해 있다. 또한 관리론적 목적의 행정개혁이 무분별하게 도입되면서 행정조직 내부에서 이를 무기로 힘 있는 소수가 힘없는 자를 개혁의 대상으로 몰아붙이는 현상도 생겼다.[1)] 실효성이나 적실성은 무시한 채 정권에 앞장서서 협조한 사람은 출세를 하고 그렇지 않은 사람은 차별받는 상황에서 권위주의적 문화는 계속되어 왔다. 개혁이 진정한 의미에서 현실을 고치는 것이 아니라, 권력가진 자가 이를 휘두르는 구실거리로 작용한 것이다. '개혁', '혁신', '창의'가 역대 정권에서 이런 용도로 사용된 구호였다.

행정부 안의 상급기관과 하급기관 사이에도 이런 현상이 나타난다. 부하들이나 하급기관들은 상사나 상급기관의 눈치를 보고, 자기 개인 또는 자기 기관의 이익 위주로 생각하고 행동하는 경향이 생겼다. 이런 상태 하에서는 위에서 시키지 않는 일은 하지 않는 것이 최상이고, 일을 하더라도 그 과정에서 무엇인가 개인적으로 얻는 것이 있기를 바라는 사람들이 많아졌다. 특히 힘이 있는 기관이 다른 기관에게 행정적 책임을 강요하는 경우, 전자는 뒷면에 숨고, 후자가 전면에 나서게 되는 결과를 초래하여 겉과 속이 같지 않은 행정이 되었다.

이처럼 일을 저지르게 강요한 사람이 따로 있고, 표면에 나서서 책임을 지는 사람도 따로 있다고 하는 것은 개인적으로는 불합리하고 억울한 감정을 초래하였다. 그뿐 아니라, 사회 전반에 남을 속이거나, 거짓으로 행동하고도 힘만 있으면 계속해서 권력을 행세할 수 있다는 풍조를 만들어냈다. 이런 행동양식은 행정기관들 사이에, 그리고 행정기관과 민간인들 사이에도 만연하게 되었다. 힘이 많은 기관은 힘이 적은 기관을 이런 식으로 지배하고, 이에 따라 심지어 민간단체가 행정기관이 져야 하는 책임을 뒤집어쓰는 경우도 있었다. 하지만 이러한 풍조가

1) 임도빈(2007), 관료제, 민주주의, 그리고 시장주의, 「한국행정학보」, 제41권 3호, pp. 41-65.

지속될 때 법은 형식적인 것이 되어 버린다. 즉 겉으로는 법을 지키는 척하지만 실제로는 '힘'의 논리가 작용하게 된다.

과거에 강제력으로 '힘'을 발휘한 것에 더하여, 최근 '힘'의 이면에는 돈을 수단으로 가지고 있다. 소위 인센티브제, 성과평가 등을 내세우면서, 실제로는 행정기관이나 공무원들의 사고나 행동을 구속하는 효과를 나타내고 있는 것이다. 이런 것을 객관적인 것이라 여기고 순수하게 열심히 노력한 기관이나 개인은 실제로는 청와대나 권력자의 관심이 우선적으로 작용했다는 루머를 듣고 실망하게 된다. 그저 돈을 매개로 여전히 권력이 작용하고 있는 것을 느끼게 될 뿐이다.

행정이 그 속의 공무원들 사이에 또는 동급기관 상호 간에 강요라는 타율적, 억압적, 강제적 힘으로 운용되어서는 안 된다. 행정 또는 관리는 어디까지나 각자가 스스로 동감해서 필요한 행동을 자발적으로 하도록 해야 한다. 즉 윤리나 도덕, 그리고 정당한 절차에 의하여 제정된 법령에 의해서만 움직여져야 하는 것이다. 물론 국가에 대한 충성심과 국민에 대한 봉사라는 사명감은 그 전부를 떠받치고 있어야 할 기초라 할 수 있다.

이런 의미에서 행정이라는 것은 강요적 '힘'을 행사하는 곳이 아니라 도덕적 '힘' 또는 규범적 '힘'을 가지고 일을 하는 곳이다.[2)] 그렇기 때문에 공무원들의 윤리가 그만큼 중요하고, 강조되어야 하는 것이다. 과거에는 높은 사람이나 권력기관이 강요적 힘을 사용했기 때문에 그만큼 행정윤리를 확립할 수 없는 세상이었다. 하지만 이제는 표리가 부동한 일이 없어야 하고, 권한을 행사하는 사람이 직접 책임을 지는 전통을 만들어가야 한다. 그래야만 자발성에 기초한 진정한 의미의 행정윤리가 확립될 수 있을 것이다.

앞으로는 과거보다 민주적인 정부운영을 해야 하는 시점이라 할 수 있으며, 이는 공무원들에게 과거보다 더 많은 자율을 허용해야 한다는 것을 의미한다. 그렇게 하는 것이 공무원들로 하여금 창의를 발휘할 수 있는 여건을 만들어 주는 것이기 때문이다. 그러나 자율에는 그에 따르는 책임이 수반한다. 부모가 자식에게 자율을 허용하는 것은 자식이 많이 성장했다고 생각하고 자율에 따르는 책임

---

2) Amitai Etzioni(1964), *A Comparative Analysis of Complex Organizations on Power, Involvement, and Their Correlates*, The Free Press of Glencoe 참조.

을 감당할 수 있다고 판단될 때에 하는 것이다. 정부가 공무원들에 대하여 과거보다 더 많이 자율에 맡긴다면 그것은 이러한 고려 때문에 가능한 것이다.

자율에 맡기려면 상대를 신뢰할 수 있어야 한다. 사람을 신뢰할 수 있다는 것은 무엇보다도 그가 정직하다는 것을 전제로 한다. 표리가 부동하거나, 자기가 한 잘못된 일도 힘이 약한 다른 사람이 저질렀다고 거짓말하는 상황에서는 신뢰가 있을 수 없다. 잘못을 솔직하게 시인하고, 책임을 지겠다는 확고한 신념이 없으면 신뢰관계가 형성될 수 없고, 따라서 자율도 있을 수 없는 것이다. 또한 정직한 사람은 윗사람의 감시가 없어도 정상적으로 일을 하는 사람이다. 상사가 감시하면 열심히 하고, 보지 않으면 게을리 하는 것도 표리가 부동한 행동이다. 누가 보든 보지 않든지 간에 똑같은 자세로 일할 때에 비로소 자율이라는 것이 허용되고 정착될 수 있으며, 우리는 이런 사람을 보고 흔히 성실하다고 한다.

이상과 같은 상태가 우리 행정에 실현되기 위해 가장 중요한 것은 힘의 부당한 사용을 방지하는 일이다. 이를 위해 조직들 사이의 힘의 관계가 균형을 이루는 것이 바람직하다. 겉으로는 복잡하게 해서 알 수 없게 해놓고, 속으로는 소수의 권력자가 지배하는 현상이 있는 한 좋은 조직이 될 수 없다. 그리고 불균형적인 조직들 사이에 힘의 균형을 가져올 수 있는 가장 좋은 방법이 바로 조직개편이다. 이 책은 이상과 같이 힘(권력)이라는 키워드를 바탕에 두고 서술해 나갈 것이다.

Ⅱ. 행정조직 간 권력현상

본서에서 권력power이라는 용어는 Max Weber가 말하는 뜻이나,[3] Etzioni가 말하는 강요적 권력coercive power과 같은 뜻으로[4] 사용된다. '힘'이라는 말도 권력과 동의어로 쓰이고 자신의 '힘'이 없지만 다른 사람(기관)의 힘을 배경으로 하는 것을 '빽back'이라고 한다. 영향력influence이라는 말은 권력을 포함하는 가장 광범위한 뜻이다.

---

3) H.H. Gerth and C. Wright Mills(1958), trans., *From Mas Weber: Essays in Sociology*, A Galaxt Book, Oxford University Press, New York, pp. 297-298 참조.

4) Etzioni, *op. cit.*

행정은 정치와 밀접한 불가분의 관계에 있으며 정치의 일부이기도 하다. 정치현상은 권력 또는 '힘'을 빼놓고는 이해할 수 없다. 즉, 권력은 정치의 핵심이다. 정치과정은 곧 서로 권력을 장악하기 위한 또는 영향력 행사의 범위를 넓히기 위한 활동이라 할 수 있다. 이러한 맥락에서 행정도 권력이나 영향력의 행사과정으로 파악할 수 있다. 적어도 행정의 상당부분은 권력과정이라는 개념을 통해 이해할 수 있다.

행정조직 역시 마찬가지다. 행정 하부 조직 사이의 상호관계, 행정조직과 환경과의 관계, 행정조직과 소속기관과의 관계, 행정조직 내부의 구성부분들 사이의 관계를 권력관계로 파악할 수 있다. 구체적으로 'A조직과 B조직 간의 권력의 차이는 얼마나 되며, 그들의 권력의 기초는 무엇이고, 조직과 고객의 관계 또는 고객의 대리자와의 관계에서 누가 지배하는가?', '하급기관이나 부하는 상급기관이나 상급자에 대해서 복종만 하는 것인가?', '부서는 과연 어느 정도의 자율성을 가지고 정책을 결정하거나 집행하는가?', '참모부서와 계선부서는 서로 어떤 수단들을 가지고 상호 지배하려고 하는가?' 등의 질문을 할 수 있다.

세계무대에서 국가간 권력은 3가지 차원을 가지고 역동적으로 상호작용하고 있다. 한 국가의 행정조직 내에도 마찬가지라고 생각된다. 첫째, 강제력으로서 A가 B의 의사에 반하여 자신의 의지대로 B를 움직이는 힘이다. 권력에 대한 고전적 정의이다. 둘째, A가 B의 선택할 수 있는 대안alternatives을 제한하는 것이다. 즉, 겉으로는 자유로운 선택을 할 수 있게 보이지만, B의 자율성을 실질적으로 제약하는 것이다. 셋째, A가 B의 가치관 내지 태도까지 변화시켜, B가 아무런 저항없이 스스로, 그리고 자연스럽게 복종하는 것이다.

행정조직 간 관계에서는 기본적으로 법조문에 근거한 강제력에 근거하여 권력이 작동한다. 그러나 점차로 두 번째 차원의 권력을 활용하는 경향이 있다. 각 부처가 문제를 해결하기 위해 창의적으로 정책을 수립하라고 해놓고, 예산부족의 문제로 기재부가 대안을 제한하는 그 예이다.[5] 세 번째 권력도 사용하려고 많은

5) 자율성을 높여 행정본래의 목적을 달성하기 위한 개혁인 공사화, 법인화, 민간위탁의 경우도, 감사원이 일반 행정조직에 적용되는 기준으로 감사를 함으로써, 사실상 자율성을 높이기 위한 대안들은 채택할 수 없게 제약된다.

노력을 해왔다. 신공공관리론NPM적 시각이 지배하여 행정의 능률성이나 경제성을 강조해 조직을 개편하고 운영하도록 하는 것이 그 예이다.

그러나, 실제를 들여다보면 정반대의 효과가 있기도 하다. 돈에 의한 권력행사는 국민들의 입장에서 보면 목표-수단 도치로 오히려 효과성effectiveness을 저하시키는 요인이 되기도 한다. 따라서 변화하는 국제환경에서 다른 나라의 정부에 비하여 경쟁력government competitiveness이 저하되는 것이다. 즉, 이제 행정조직의 민주성 제고가 조직의 능률성 향상보다 몇 배 더 중요한 문제로 부상하였다고 생각한다.

Ⅲ. 권한과 책임의 불일치

행정조직의 민주성이 무엇인지는 구 소련, 중국 등 공산권위주의체제나 아프리카의 독재국가 조직을 보면 짐작할 수 있다. 행정조직에 외부인의 참여가 배제되어 있고, 투명성도 결여되어 있어 행정조직 내에서 무엇이 일어나고 있는지조차 알 수가 없다. 그 내부에는 아무런 원칙이 없고, 그저 독재자의 자의적인 의사결정이 이뤄지고 있을 뿐이다. 즉, 막스베버가 주장한 근대적 관료제가 존재하지 않고, 독재자의 사조직(私組織)만 존재한다. 행정조직 밖에는 정치, 행정, 경제, 사회, 문화 등이 제도적으로 분화되고 상호견제하는 것이 아니라, 융합되어 있다.[6] 즉, 한 권력자가 사회의 모든 부분을 장악하고, 통제하는 것이다.

이러한 맥락에서 볼 때, 행정조직의 민주화란 첫째, 정부조직을 여러 개의 단위조직으로 분화시키는 것이고, 둘째, 이들 분화된 하위조직들 각각이 가지고 있는 권한과 책임이 상응 또는 일치해야 한다는 것을 의미한다. 이것은 물론 조직 내 민주주의와 밀접한 관련이 있다.

미국의 행정관리이론에는 권한과 책임의 일치의 원리principle of correspondence라는 것이 있다.[7] 이것은 한 사람(직위)이 갖고 있는 권한과 책임은 서로 상응해야 한다는 것으로서, 많은 권한이 주어진 사람은 많은 책임을 져야 한다는

6) 임도빈(2018), 「비교행정학」, 박영사.
7) Im, Tobin(2016), *Public Organizations in Asia*, Routledge.

의미이다. 물론 그 반대도 성립해야 한다. 왜냐하면 그렇지 않은 경우에는 권한을 갖고 있으면서 책임은 지지 않거나, 권한은 없으면서 책임은 져야 하는 모순된 상태가 생겨서, 권한 남용과 사기저하 등이 비일비재하게 일어나기 때문이다. 이는 매우 상식적인 원리임에도 불구하고 실제로는 제대로 지켜지지 않는다.

전통적 이론에 대하여 매우 비판적인 Simon도 미국의 행정에서는 이 원리가 잘 지켜지지 않는다고 했다.[8] 그러나 그가 지적하는 것은 현대 행정의 전문화 현상 때문에 분업이 복잡해져서 어떤 한 사람이나 한 부서가 혼자서 충분한 권한을 가질 수 없다는 사실을 가리키는 것이다. 한 기관이 어떤 사업을 하려고 할 때, 예산 담당 기관에서는 돈의 제약을 가하고, 인력 배정 기관에서는 인력을 충분히 주지 않으며, 환경 문제를 관장하는 기관에서는 공해 발생을 이유로 제동을 거는 현상을 예로 들 수 있다. 이 경우 권한과 책임의 불일치는 합법적으로 정당하게 권한을 배분한 상태에서, 각자가 자기 분야에서 그와 같은 합법적이며, 정통성 있는 권한을 정당하게 행사하는 과정에서 불가피하게 생기는 것이다. 행정 조직의 활동이나 기능을 한 측면에서만 보면 이런 의미의 권한과 책임의 불일치 현상은 어느 나라에서나 다 볼 수 있는 현상이다. 그러나 그 기관의 활동 전 분야를 종합해서 총합을 보면, 책임의 총량과 권한의 총량은 어느 정도 일치되어야 한다.

하지만 우리가 여기서, 특히 한국 행정에서 강조되어야 한다고 하는 권한과 책임의 불일치 문제는 다른 의미의 현상을 말한다. 한국 행정에서 권한과 책임의 불일치 문제는 정부 조직 내부의 서열화와 관련되어 있다. 즉, 권력이 센 조직(부서)은 권한 > 책임의 현상이 있는 반면, 권력이 약한 조직(부서)은 권한 < 책임이란 불균형 현상이 두드러진다는 점이다. 이러한 현상은 과거 군사독재시대에는 누구나 알 수 있을 정도로 명확하게 드러났다. 하지만 민주화를 거친 현재 시점에서는, 복잡한 제도와 각종 홍보를 통해서 힘 있는 기관(조직)이 겉으로는 책임이 권한보단 큰 것처럼 보이게 하면서(그림 1-1에서 검은 박스의 크기), 실제로는 권한이 훨씬 큰 현상이 존재하는 것이다(저울의 기울기).

---

8) Herbert A. Simon(1946), The Proverbs of Administration, *Public Administration Review*, 6(1), pp. 53-67.

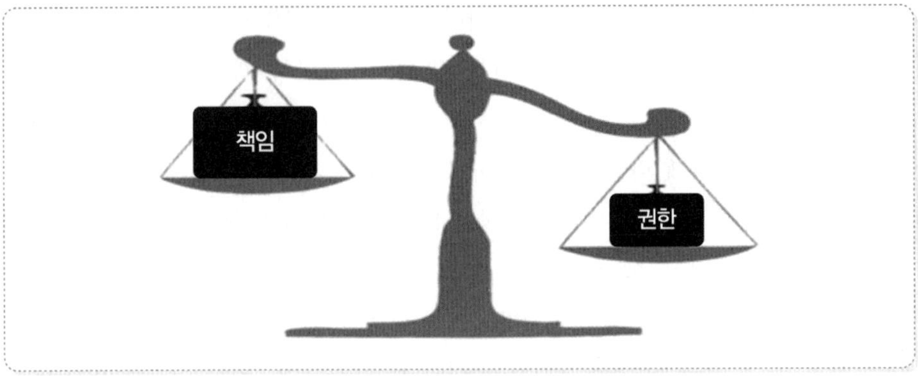

[그림 1-1] **권한 – 책임 일치의 원칙의 현실**

본서에서 잘못되었다고 지적하고자 하는 것은 다음과 같은 현상이다.

첫째는 합법성의 가면을 쓰고, 실제로는 그 합법성을 권력의 행사수단으로 사용하는 경우이다. 즉, 권력의 소유자가 합법적 분업을 이용하여 실정법으로 부여된 것 이상의 힘을 행사하는 경우이다. 모든 조직활동에 돈이 드는 상황에서, 기재부가 돈을 가지고 다른 부처를 실질적으로 좌지우지 하는 경우, 당하는 자나 제3자의 입장에서 보면 심증적으로는 정통성이 없는 행위라 하더라도 형식적으로는 합법적이기 때문에 할 수 없이 받아들이게 된다.

둘째는 합법적인 근거가 없으면서도 권력을 행사하는 경우이다. 이는 기본적으로 해당 기관이나 사람에게 특정 권한을 주는 것이 옳지 않다고 생각되었기 때문에 법적인 보장을 부여하지 않는 경우이다. 그럼에도 불구하고 권력을 행사하는 경우가 있는데, 이 경우에도 당하는 자나 제3자들은 이를 정통성이 없는 행위로 보고 있음은 당연하다.

셋째는 공직자들이 무서워하는 인사권(人事權)을 가지고, 충성하도록 하는 것이다. 이는 인사권자가 주요 자리에 임명할 때부터, 말을 잘 들을 사람을 임명하는 것으로 드러난다. 그리고 혹시 권력자의 뜻에 어긋날 경우 자리에서 물러나게 할 수 있다는 암시나 선례를 통하여 무한복종을 하도록 하는 것이다. 이는 상술한 두 경우와 같이 합법성 유무와 관계없이 권력을 행사하는 방법이 되고 있다.

Ⅳ. 권력불균형의 유형

이제 한국정부조직 내 계서적 구조 속에서 권한과 책임의 불일치 현상을 다시 유형화해 보면 다음과 같다.

1. 계서제상의 하위자가 권한을 행사하고 상위자는 책임만 지는 경우

계서제상으로는 명백히 상명하복의 관계에 있으면서 하위에 있는 자가 상부에 있는 사람을 복종시키는 경우가 여기에 해당한다.

(1) 권력의 야욕이 큰 사람들이 대통령을 이용한 경우

5·16 군사 쿠데타 후에 최고회의의 부의장이 대통령을 지배한 것이 여기에 속한다. 또한 박정희 대통령이 시해된 이후 5공이 탄생하기까지의 사이에서 국군보안사령부가 대통령을 지배한 것도 이에 속한다. 권한은 최고회의나 보안사령부가 행사하고 책임은 대통령이 지게 한 경우이다. 이것은 불법적인 방법에 의하여 권력을 탈취한 자가 자기의사를 합법화하기 위하여 대통령을 이용한 것이라 할 수 있다. 이 경우 대외적으로 행위에 대한 책임은 대통령이 져야 한다. 그리고 대통령은 자기의사에 반하여 이 행위를 했기 때문에 강요적 권력에 복종한 것이라 할 수 있다. 이러한 권력을 행사하는 자는 자기가 그런 권력을 행사한다는 사실을 숨기고, 마치 대통령이 자기의사에 의하여 자발적으로 한 것과 같이 꾸민다. 따라서 이것은 역사적으로 불행한 시기의 사례로, 실질과 형식이 매우 달랐으며, 그 사이의 괴리도 아주 심하였다.

최근에도 대통령 측근들에 의해 유사한 현상이 발생하고 있다. 권력욕이 특별히 강한 이들은 대통령 선거 이전부터 특정인에게 모든 것을 걸고 당선시킨 후, 국정을 좌우하려고 한다. 이들이 청와대나 내각에 공식적 자리를 가지는 경우도 있지만, 비선으로 있는 경우도 있다. 박근혜 대통령이 탄핵을 당한 것은 비선인 최순실이 국정에 개입했다는 이유도 있다. 진실은 잘 알 수 없지만, 분명한 원칙은 이들이 대통령 뒤에 숨어서가 아니라, 공식적인 직함을 가지고 투명하게 권력을 행사하여야 한다는 것이다. 그래야 책임질 것은 책임지울 수 있기 때문이다.

(2) 경력직 공무원들이 전문성을 이용하여 정치적 임명자를 지배하는 경우

이것은 정치적으로 임명된 장관이 전문지식을 갖춘 경력직 공무원들의 말에 따르게 되는 현상을 말한다. 예를 들어 일본에서는 공무원들이 실질적으로 정책결정을 지배한다고 말하는데, 바로 이런 현상을 지적하는 것이다. 이런 현상은 현대 행정에서는 어느 나라에서나 다소간에 존재하는 현상이기 때문에 한국에만 특수하게 있다고 할 수 없다. 하지만 이것이 위의 것과 명백히 다른 점은 처음부터 끝까지 합법적이라는 점이다.

2. 계서제상의 상부에 있는 자가 하위자에게 책임을 전가하는 경우

이런 형태의 권한과 책임의 불일치 현상은 다시 그 속에 여러 가지 세분된 형태들을 포함하고 있다.

(1) 장관이 부하에게 책임을 전가하는 경우

가장 전형적이며 또 많이 볼 수 있는 경우로, 장관이 그의 부하인 직원에게 책임을 전가하여 문책하는 경우를 들 수 있다. 흔히 어떤 부의 일에 관하여 그 잘못이 크게 여론화된 경우, 그 부의 장관이 책임을 모면하기 위하여 실무 공무원을 해임 혹은 좌천시키거나, 징계에 회부하는 경우가 이에 해당한다.

그러나 그 일을 지시했거나 동의했고 승인한 기관장이 대외적으로 책임을 면할 수 있다고 하는 것은 법적으로는 물론이거니와 실제적으로도 불공평하고 불합리하다. 그리고 이런 이유 때문에 공무원들의 사기가 저하되고 소신 있는 행동을 하지 못하는 사례가 적지 않다.

또한 중앙관서가 실제로는 자기가 지시했으면서도 책임을 져야 하는 상황에 처하게 되면 하급소속기관에게 책임을 전가시키는 경우도 볼 수 있다. 교육부가 국립대학에게 책임을 전가하는 것이나 행정안전부가 지방자치단체에게 책임을 전가하는 것을 예로 들 수 있다. 부처가 산하기관에게 책임을 전가하는 것도 그 예이다. 이 유형은 개념상으로는 앞에 언급한 「장관이 부하에게 책임을 전가하는 경우」와 거의 같다. 그러나 첫 번째는 같은 계서제 체계 안에서 상위자가 하위자에게 책임을 전가시키는 경우로서, 두 번째 경우인 일정한 자율성을 부여한 하위기관에게 행사한 것과는 다르다. 이 형(태)에서는 상위자가 책임을 전가한 것이 겉으로는 합법적인 권한을 행사하는 경우가 많다.

(2) 대통령이 하위직에게 책임을 전가하는 경우

최고 권력구조 차원에서 흔히 볼 수 있는 현상으로 다음과 같은 것을 들 수 있다. 우리나라는 국무총리, 그의 제청권, 국무위원, 이들의 부서권, 국회에 의한 국무위원해임건의, 국무회의, 국회의원과 국무위원직의 겸직 등 내각책임제적인 요소들을 많이 택하고 있다. 그러나 실제 국무총리나 국무위원들에 대한 인사권을 통하여 권력의 대부분은 대통령에게 집중되어 있다. 이로 인해 정치적 상황의 전개에 따라, 대통령은 자기가 져야 할 책임으로부터 빠져 나가기 위하여 국무총리나 장관을 해임하게 된다. 그리고 이러한 해임을 통해 문제 상황을 일단 수습된 것으로 간주하는 경우가 다수 존재한다. 실제로 지시하고 승인한 사람은 대통령이면서 책임은 총리나 장관이 지게 되는 것이다.[9] 물론 대통령은 자기가 임명한 사람을 해임함으로써 정치적으로 타격을 받았다고 해석할 수도 있다. 그럼에도 불구하고 실제로 권한을 행사하지 못한 총리나 장관이 책임을 지고 물러나는 불합리한 상태는 계속해서 그대로 남게 된다. 국민들에게도 총리나 장관이 희생양이 된 것으로 보인다.

이러한 관계는 대부분의 경우 해임과 같은 가시적 결과로 나타나지 않고 일어난다. 이명박 정부시 4대강 사업을 국토교통부가 추진해나간 것이 그 예이다. 또한 박근혜 정부시 역사교과서 국정화를 교육부가 앞장서서 해 나가는 과정에서, 장관과 차관 등이 언론에 해명하는 것이 그것이다.

이들 유형은 약육강식의 관계로 비유할 수 있는 만큼, 상위자의 입맛에 따라 자의적으로 행사된다는 점에서, 약자인 하위자에게는 억울하기 짝이 없다. 실정법적으로는 합법적인 것이지만, 심증적으로는 정당하게 여겨지지 않는 것이다. 그렇기 때문에 이 경우에 복종하는 자는 억울하다고 생각하며, 이용당했다고 생각하고, 무엇인가 불합리하다고 생각하게 되며, 법보다도 '힘'에 의해 당하였다고

---

9) 이명박 정부시 정운찬 총리가 세종시를 행정수도에서 기업혁신도시로 바꾸려다 실패하여 물러난 것을 예로 들 수 있다.

생각하게 된다.

3. 동렬조직 사이에서 한 조직이 다른 조직을 이용하는 경우

이것은 횡적으로 동렬에 있는 조직들 사이에서 한 조직이 다른 조직에 대하여 지나치게 많은 '힘'을 행사함으로써 권한과 책임이 일치하지 않게 되는 경우이다.

우선, 청와대, 국가정보원 등이 과도한 권력행사를 하는 경우를 볼 수 있다. 청와대와 국가정보원이 대통령 직속 기관이기는 하지만 행정 각 부의 상위에 있는 것은 아니다. 법적인 지위는 동등하다고 보는 편이 옳고, 계서제로서는 대통령을 보좌하는 참모staff기관이므로 계선기관에 직접 지시할 권한이 없다.

국가정보원은 민주화되기 이전에는 스스로의 명의로 무언가를 하기에는 합법성이나 정통성이 없기 때문에 행정기관을 앞에 내세운 경우가 많았다. 아직도 국가정보원은 행정기관에 자기의 요원을 파견하여 상주하게 하고, 결과적으로 행정기관의 장이 이들에 의하여 지배되는 경우가 발생하기도 한다. 이것은 마치 사회주의 국가에서 공산당 간부가 해당 행정기관을 지배하는 수법과 매우 비슷하다 할 수 있다.

최근에는 청와대의 입김이 너무 세진 경향이 있다. 일반 관료들은 청와대가 막강한 권력을 행사한다고 믿고 있으며, 이로 인해 공무원들의 사기는 저하되고 창의성도 폐쇄되고 만다. 행정기관은 자기의 의사로 행하지 않은 결정에 의해 상급자에 대하여, 그리고 대외적으로 홀로 책임을 져야 하는 억울한 사태가 발생하는 것이다.

두 번째로는 행정기관 상호간에 생기는 문제로, 특정 기관에 특별히 많은 권한이 집중되어 권한과 책임이 일치하지 않는 현상이 발생하는 경우가 있다. 예를 들면 재정 담당 장관[10)]과 다른 장관들 사이는 법적으로 동렬의 관계이다. 국무회

---

10) 재정경제원, 기획재정부 등 역대 정부에 따라 명칭이 바뀌었다. 정부에 따라서는 부총리라는 직책을 부여하기도 한다. 그러나 부총리 제도는 그 자체로 위헌인 제도이고, 따라서 다른 장관과 함께 국무회의에서 동등한 위치에 있다고 보는 것이 타당하다. 본서는 명칭의 다양성에도 불구하고 재정 담당 장관을 '예산과 국고를 담당하는 부'를 지칭하기로 한다. 때로는 현 정부의 부처명을 그대로 쓰기로 한다. 그리고 다른 부에 관해서도 이와 동일한 원칙으로 명칭을

의에서는 다 같은 국무위원으로 한 표씩 행사하게 되어 있고 행정법상 다 같은 관청들이다. 또한 재정 담당 장관이 경제정책조정회의의 주재자이기는 하지만, 이 회의의 법적인 지위는 국무회의와는 다르다.

그런데 실제 재정 담당 장관은 상당한 정도로 경제 각 부처들을 간섭하고, 때로는 이들의 관할범위까지 침범하고 있다는 평을 자주 듣게 된다. 재정 담당 장관은 예산 편성과 배정권을 갖고 있을 뿐만 아니라 조정 권한까지도 갖고 있다. 현실적으로 계획과 조정의 어디까지가 그가 할 일인가에 대하여 명백한 구획이 있지 않다. 하지만 보통 대통령은 재정 담당 장관을 경제에 관한 총책임자로 간주하고 있다. 따라서 이 부처는 각 부처의 권한을 침해할 가능성이 높아진다. 게다가 다른 조건이 동일하다면 시일의 흐름과 더불어 점점 더 세밀한 데까지 간섭하려는 경향도 낳는다. 결과적으로 재정 담당부는 중요한 권한을 행사할 때는 전면에 나서서 자기가 하고, 집행결과가 좋지 않으면 그에 대한 책임을 관련 부의 소관이라 하여 떠넘기는 경우가 발생하는 것이다. 즉, 권한을 행사하는 곳이 따로 있고, 책임을 지는 곳이 또 따로 있게 되는 것이다. 반면에 집행결과가 좋으면 그 공은 재정 담당부가 차지하려고 한다.

이는 국가정보원 등에 의한 부처 통제와 비교하여 차이가 있다. 전자는 강요적 권력을 행사하는 데 반해, 후자의 경우에는 합법적으로 주어진 정당한 권한을 행사하는 것이라는 점에서 다르다. 다만 재정 담당부에게 부여된 합법적 권한으로서의 계획권이나 조정권이라는 것의 한계가 어디까지인지 불명확하기 때문에 생기는 현상이라고 할 수 있다. 그리고 이 불명확한 한계가 재정 담당 부처의 힘을 자신에게 유리한 방향으로 작동시키는 기능을 한다.

4. 관이 민을 이용하는 경우

민주화되면서 관이 민을 이용하는 경우도 많아지고 있으며, 또한 정교화되고 있다. 이 유형은 다시 다음과 같은 경우들로 구성된다.

혼용한다.

(1) 민간 조직체들에게 책임을 떠넘기는 경우

여기에 속한 예는 매우 많다. 몇 가지만 예를 들면 다음과 같다. 금융 담당부와 시중은행의 관계에서 실질적인 권한행사는 전자가 하고, 책임은 은행이 지게 하는 경우를 볼 수 있다. 특정대상에 대한 대출을 금융 담당부가 지시하고, 융자금의 회수에 대한 책임은 은행에서 지는 것이 여기에 해당한다.

(2) 법원, 제3부문의 준정부조직에 대하여 책임을 전가하는 경우

이것은 공단, 공사, 협회, 연구원 등 제3부문의 조직들에게 정부가 원하는 바를 시키고, 이에 대한 책임은 이들에게 전가하는 것을 말한다. 예를 들어 국책연구소에 대하여 행정기관이 원하는 연구결과를 사전에 지시하고, 그 정책이 실패로 돌아갔을 때는 연구소의 의견 자체가 잘못되었다고 주장하는 것이 여기에 속한다.

또한 최근 헌법재판소, 법원에 의한 분쟁해결이 급증하고 있는데, 여기에는 행정조직도 일조하는 면이 있다. 책임을 져야 할 행정기관이 당사자가 소송을 하도록 기다려 그 재판 결과에 따라 소극적으로 대응하는 모습을 보인다. 즉, '우리는 그렇게 하고 싶지 않은데 법원의 판결 때문에 어쩔 수 없다'라는 형태로 책임전가를 한다.

(3) 민간용역업체 또는 용역을 맡은 교수들에 대하여 책임을 전가하는 경우

이것은 그 내용에 있어서 위의 경우와 유사하다. 다만 민간 연구자들을 대상으로 한다는 점에서 다르다. 행정기관에서 용역을 줄 때, 원하는 답안을 미리 제시하고, 그런 내용을 건의할 것을 조건으로 하여 용역을 주는 것이다. 그 결과, 돈에만 관심 있는 민간업체들이 남설되고 있으며, 이들이 노력을 덜 들이고 보고서를 쉽게 쓰는 방법은 관의 의사를 '받아쓰기' 하는 것이다. 국가의 귀중한 재원이 낭비될 뿐만 아니라 결국 정책실패를 초래할 가능성이 높다는 점에서 매우 바람직하지 않은 일이다.

심지어 이미 완성되어 있는 연구서의 내용을 정권의 의도에 따라 수정해서 발표하는 경우도 있다. 그리고 대외적으로나 상부에 대해서는 객관적 연구자가 자율적 의사에 기반하여 건의한 것으로 한다. 그렇게 함으로써 연구 결과가 마치 고도의 학술적 관점에서 나온 결론인 것처럼 내세워 대내외의 지지를 얻어내려 한다.

(4) 위원회에게 책임을 전가하는 경우

행정조직 주변에 있는 각종 위원회 또는 자문위원회들은 때때로 책임 전가의 대상으로 활용된다. 최근 대부분의 행정기관에는 다양한 종류의 위원회가 설치되고 있다. 이미 위원회를 구성할 때부터 특정 방향의 생각을 가진 교수나 민간인을 위원으로 위촉한다. 민간인이 다수 참여하거나 전적으로 민간인으로 구성된 경우에 오히려 이런 일이 더 많다. 위원회 형태로 구성되는 각종 평가도 마찬가지이다.

행정조직은 내부에서 먼저 자기들이 원하는 바를 정해 놓는다. 그리고 안건을 위원회에 부의하여 자기들이 원래 원하던 방향으로 결론이 나오게끔 유도한다. 위원장을 말을 잘 듣는 사람으로 앉히는 것은 기본적인 전략이다. 때로는 위원의 해임을 협박수단으로 사용하며 노골적으로 특정안건을 특정방향으로 가결시키기도 한다. 또한 위원회에 대한 소위 실무적 지원이라는 명목 하에 의안과 자료의 제시내용 및 방법을 통하여 원하는 결과를 유도하기도 한다. 용역의 경우와 마찬가지로 행정조직은 자기들이 원하는 방향으로 해야 되겠다는 것, 객관성을 가장할 수 있다는 것 이외에, 위원회의 신중성, 위원들의 전문성, 사회적 신분 등을 활용하여 국민들에 대한 정부의 정통성을 얻어보자는 것도 목적에 포함된다.

결과적으로 상술한 (3)과 (4) 때문에, 정치참여적 교수(소위 폴리페서)가 양산되고 있다. 물론 이 현상은 학자로서 머물지 않고 본인의 학자적 양심도 저버린 채 권력에 관심을 보이는 교수들에게 1차적 책임이 있다. 그러나 학문적인 연구를 그대로 존중하고 이를 따르지 않은채, 거꾸로 이들을 이용하려는 행정에도 책임이 있다.

5. 조직을 복잡하게 하여 책임소재를 흐리게 하는 경우

마지막으로 행정의 소속기관, 공공기관, 협회 등 다양한 조직을 만들어서 도 대체 누가 책임을 지는지를 알 수 없도록 복잡하게 하는 것도 권한-책임 일치의 원칙에 어긋나는 것이라고 하겠다. 자율 규제라는 명목으로 협회, 민간기구에 설치한 위원회 등에게 심판이나 조정 등의 임무를 맡기고 뒤에서 영향을 미치는 것은 잘못된 것이다.

일단 작고 효율적인 행정조직이라는 명분 하에 유사행정조직(그림자조직)을 많이 만드는 것은 국민을 속이는 행위라고 할 수 있다. 공무원 총정원제를 만들어 놓고 마치 그 숫자 안에서 조직을 운영하는 것처럼 해놓았지만, 실제는 별도정원이라든지 유사 행정조직을 만들어 예산이나 기금을 쓰게 한 것은 분명 잘못된 것이다.

제 2 절 연구의 목적, 시각, 대상 및 방법

Ⅰ. 연구의 목적

이 연구의 목적은 한국 행정조직들 사이의 권력배분 관계의 균형을 이루자는 주장을 하려는 데 있다. 여기서는 사람들은 권력이 많을수록 책임을 지지 않으려 하는 속성을 갖고 있다고 전제한다. 그렇기 때문에 사람은 그의 환경에 의하여 권력의 사용을 제한받지 않으면 안 된다. 하지만 해방 후 지금까지의 정부조직의 변화 경향을 보면, 반드시 이렇게 되고 있다고 보기 어렵다. 과거에는 한 기관이 담당하던 것을 특정 기능을 담당하는 전문화된 조직이 계속 분화·신설되어 정부조직의 복잡화complexity가 심화되고 있으나, 책임성이 강해지는 모습은 보이지 않는다. 이들을 잘 들여다보면, (결국 국민들의 입장에서 보면) 누가 무엇을 하는지 알기 어렵게 하고, 서로 책임을 전가하는 쪽으로 변화하고 있다는 것을 볼 수 있다.

'권한-책임 일치'의 원칙을 구조적으로 실현시킬 수 있는 것이 조직들 사이의 권력의 균형화라고 생각한다. 즉 구조적으로 책임질 수 밖에 없는 환경을 만들자는 것이다. 그러기 위해서 한국행정조직의 개편방향을 제시하고자 한다. 물론 권한과 책임의 일치는 행정의 실제 과정 속에서 나타나야 한다. 이 연구의 궁극적인 목적은 정책결정과 집행과정의 민주화라고 할 수 있다.

권력의 배분관계에 관한 개편안을 작성한다는 것은 권력구조의 정태적인 면의 개선을 제안한다는 것이다. 그러나 권력이라는 것은 실제로 행사되는 과정에서 나타난다. 즉 동태적 측면을 파악하지 않으면 안 된다. 정책결정과정 또는 의사결정과정을 다루는 이유가 여기에 있다. 나아가 이 연구의 또 다른 목적은 권력구조에 직접 관련되지 않은 사항이라 하더라도 한국의 행정조직에 대하여 저자들이 알고 있는 것을 함께 소개함으로써, 한국행정조직의 이해에 더 많은 도움을 제공하고자 하는 것이다. 그러나 이것은 어디까지나 부차적인 목적이다.

더불어 우리나라의 부처 간 이기주의, 또는 협조의 결여 문제가 자주 거론되고 있다. 향후 우리나라가 경제적·사회적으로 발전하는 것과 비례해서 각 부처 간의 관계는 더욱 복잡하게 얽히게 될 것이다. 즉, 어느 한 부처의 뜻대로만 결정되는 일의 종류가 점점 감소할 것이다. 이처럼 복잡한 행정환경 속에서 이 연구는 부처들 사이의 권한과 권력의 관계가 현재 어떻게 얽혀 있다는 것을 처음으로 밝혀 줄 수 있을 것이다. 또한 어느 분야에서 어떤 갈등이 일어나리라는 것까지도 예측할 수 있게 하고, 나아가 갈등을 방지하는 데 도움을 줄 수 있다고 생각한다. 즉, 부처 간 관계에 긍정적인 시사점을 줄 수 있다.

이상과 같은 목적들을 추구하는 과정에서 독자들은 다양한 가설들을 도출할 수 있기를 바란다. 저자들은 가설이 될 만한 것을 그때그때 특별히 표시함으로써 이들을 나타내고자 한다. 추후에 좀 더 체계적인 가설 혹은 명제로 발전시킬 것이다.

Ⅱ. 연구의 시각, 대상, 문제의식

1. 연구시각

여기에서 시각이라는 것은 Perspective 또는 기껏해야 Framework에 해당하는 뜻으로 사용한 말이다.[11] 저자들은 한국의 행정조직을 살펴봄에 있어, 먼저 행정법에서 다루는 행정조직법적인 방법을 살펴본다. 행정조직법적인 방법은 오

11) Perspective는 쿤의 paradigm보다는 작은 개념으로, Framework는 Frame이론의 지칭보다는 좀 더 객관적인 것으로 보면 된다.

늘날 다양한 내용을 갖고 있는 조직론에 비하면 매우 좁고, 또한 일부분을 보는 방식에 지나지 않는다. 즉, 행정조직법은 조직에 대한 법률적 시각의 범위를 벗어날 수 없으며 제도의 실제 운영과는 다르다. 또한 이러한 법률들 속에 담겨 있는 내용을 지배할 원리들에 대해서는 각 분야별로 전문화되어 있기 때문에 행정법은 그 내용을 담는 형식에 관한 지식 이상은 제공할 수 없다고 생각한다. 뿐만 아니라 정부조직에 관련된 각종 법령들은 각 행정기관별로 따로따로 되어 있어서, 이 기관들 사이의 횡적 관계가 어떤가에 대해서도 전혀 알려주지 못한다.

물론 실제 행정조직의 상당부분이 제도에 의한 제약을 받게 되는 것도 사실이다. 그런 의미에서 실정법이라는 것이 권력의 배분이나 정책결정과정에 대하여 중요한 영향을 미치게 된다. 하지만 다른 한편으로는 제도와 현실과의 괴리가 크기 때문에 행정법은 우리나라 행정조직의 동태적 움직임에 관하여 기술하거나 설명하지 못하는 것이 너무 많다고 생각한다. 이상과 같은 의미에서 우리는 행정조직에 관한 실정법들에 대해서는 부분적으로만 관심을 갖고 있다.

다음으로 미국의 행정학은 지역 특수적이기 때문에 우리나라에 대해서 부분적으로 참고할 수 있을지는 몰라도, 전적으로 우리의 현실을 설명하기에는 설명력이 떨어지고, 또한 처방까지 내리기에는 현실과 너무 맞지 않는 것이 많다.[12] 따라서 미국의 행정학 이론에 구애를 받지 않는 쪽으로 저자들의 시각을 정하고자 한다.

다음으로 조직론에 대해서 보자. 다 그런 것은 아니지만 조직론의 상당부분은 기업이윤이나 생산성 향상을 목적으로 한 경영학적인 것들이며, 그런 의미에서 수단적, 도구적, 미시적인 이론들이 많다. 또한 조직론은 대체적으로 모형 위주이며 계량적인 분석방법을 쓰고, 가설의 검증이나 도출을 목적으로 하며, 이론들 사이에 서로 종합적인 체계가 없이 다양하게 개발되어 있는 상태다.

아울러 이러한 조직론 대부분은 미국의 사회와 문화, 또는 이에 준하는 것들을 전제로 만들어져 있다. 따라서 여기서는 조직론 가운데서도 비교적 거시적 이론들이며 또한 많은 경우에 사회학적인 이론이라 할 수 있는 권력적 접근법, 조직간 관계, 조직과 환경, 상황 조건론 등의 시각에 의존하기로 하였다. 그러면서

12) Im, Tobin(2016), *Public Organizations in Asia*, Routledge.

동시에 동태적 관점에 대해서는 의사결정이 어떻게 이뤄지는가라는 시각에서 기술하겠지만 어느 특정이론에 특별히 의존하지는 않겠다.

이하에서 '행정조직'이라 할 때 우리는 이것을 행정법에서 말하는 행정기관, 또는 행정관청에 의하여 대표되는 기관을 가리키는 말로 사용한다. 행정 각 부는 행정조직이다. 그러나 각 부의 내부에 있는 국이나 과와 같은 보조기관은 행정조직이라 부르지 않기로 한다. 또한 각 부에 소속되어 있는 기관, 예를 들면 교육원, 시험장 같은 소속기관이나 시설 등은 행정조직으로 본다. 그리고 때때로 그냥 '조직'이라 할 때도 이것은 행정조직을 의미하는 경우가 많다고 생각하기를 바란다.

권력은 강제에 의하여 상대방에게 자기가 원하는 방향으로의 행동을 하게 하는 것이다. 권력이 사용되려면 A와 B 사이에 사전에 어떤 관계가 있어야 한다. 만일 당초 양자 간에 아무런 관계가 없다면 권력도 있을 수 없다.[13] 그렇기 때문에 우리는 이 연구에서 행정조직들 사이에 어떤 관계가 있는가 하는 것을 1차적으로 밝히고자 한다.

행정조직들 사이의 관계는 다음과 같은 원인 때문에 성립한다고 생각한다. 첫째로, 법적으로 어떤 권한이 부여되어 있고 그 내용이 다른 조직과 관계가 있는 경우를 생각할 수 있다. 행정기관은 다른 조직보다 법적인 근거를 더욱 중요시한다. 그리고 이하에 말하는 원인들도 다 법적인 권한이 뒷받침되어 있다. 여기서 특별히 언급하는 법적인 권한이라는 것은 관리적인 일이 아닌 것으로서 그 행정조직의 고유, 전문분야의 기능에 관한 것들을 말한다. 둘째는, 조직을 운영하는데 필요한 투입자원으로서의 재원이나 인력의 공급 등을 의존하고 있는 경우이다. 셋째는, 한 조직이 다른 조직의 인사권을 장악하고 있는 경우 후자의 전자에 대한 의존관계가 생긴다. 넷째는, 정보 면에서 한 쪽이 다른 쪽에 의존관계에 놓여 있기 때문에 관계가 성립하는 경우이다.

이상과 같은 원인이 생기면 A는 B에 의존하게 되고 A에게는 이런 원인들이 불확실성으로 작용한다. A는 이런 상태로부터 벗어나기 위해 다양한 방어 장치를 개발하려고 한다. 다른 조직과 연합하거나, 다른 자원 제공자를 찾고, 혹은 자

13) James March and Herbert Simon(1958), *Organizations*, Wiley, N.Y., p. 128 참조.

원을 미리 비축해 두거나, 장기공급계약을 체결하는 행위 등이 모두 일련의 행위에 속한다고 할 수 있다.

우리는 이들 사이의 권력의 작용을 다루고자 하지만, 그것이 불가능한 경우에는 최소한 그 사이에 존재하는 기본관계만이라도 파악하고자 한다. 이 경우 그것이 어떻게 작용하는가는 후일의 연구에 맡기는 것이 좋을 것이다.

2. 연구대상

본서의 연구대상은 우리나라의 현재 행정조직이다. 역사적 배경을 언급하는 경우가 있어도 이것은 어디까지나 현재를 이해하기 위해서다. 그리고 지방보다는 중앙행정조직에 중점을 두고자 한다. 중앙정부의 행정 각 부처가 중심대상이다. 이들의 내부 보조기관들, 소속기관, 그리고 제3부문의 준정부조직, 공기업 등까지도 다룬다. 그러나 보조기관 이외의 것들은 어디까지나 행정 각 부처를, 그리고 이들 사이의 관계를 이해하기 위하여 필요한 범위 내에서만 다룬다. 행정 각 부처의 환경 가운데 대통령, 국무총리 등의 상층기관들도 다루고자 한다.

그러나 환경 가운데 국회, 정당, 여론, 이익단체 등과의 관계는 이 연구에서는 간략히 다룬다. 이 관계가 행정조직을 이해하는 데 대단히 중요하다는 것을 인정한다. 그러나 이 방면에 관해서는 벌써 중요한 연구들이 있기 때문에 이 연구가 특별히 보탬이 될 것 같지 않다. 오히려 행정부 내부에 대해서 본격적으로 연구하는 것이 공헌하는 바가 상대적으로 크다고 생각한다. 이 연구와 대 정당관계, 국회관계, 여론기관관계, 이익단체관계 등에 대한 다른 연구들을 접목시키는 작업은 또 다른 연구에 의존하기로 한다. 그러나 앞으로 행정부 내부를 기술하는 데 있어서 이들과의 관계를 전제하는 경우가 많고 또한 부분적으로 때로는 기술해야 하는 경우도 있을 것이다.

행정조직들 사이의 권력의 배분관계를 다루기 위해서 법적으로 보장된 권한, 소유하고 있는 재원, 예산결정과정, 인사권, 조직권, 정보권 등을 볼 것이며, 그것들이 행정조직들 사이에 어떤 권력관계를 만들고 있는가를 다루고자 한다. 따라서 가능하다면 이들 사이에 일어나는 교호관계, 또는 상호작용도 볼 것이다. 그리고 이 과정에서 일어나거나 일어날 수 있는 지배, 갈등, 연합의 현상도 다루고자 한다.

나아가 각 부처들 간의 대민 관계와 정부안의 조직개편과정을 살펴보고, 앞으로의 개편방향도 다루고자 한다. 또한 이상에 대해서 공식적, 제도적인 면뿐만 아니라 비공식적, 실제적인 면도 강조할 것이다. 그리고 우리나라 행정조직의 구조적 특색으로 지적될 만한 것들은 다 언급하고자 한다. 마지막으로 행정조직을 둘러싸고 있는 행정문화에 대한 것도 고려하고자 한다. 다시 강조하지만 이 연구의 가장 중요하고 핵심이 되는 대상은 중앙정부의 행정 각 부처이다.

3. 문제의식 : 행정의 민주화

(1) 문제의 심각성

앞에서 우리는 우리나라에서 볼 수 있는 권한과 책임의 불일치 현상의 유형들에 관하여 고찰하여 보았다. 그런데 이런 현상은 다른 말로 하면 권력의 배분이 어느 일방으로 지나치게 치우쳐 있기 때문이었다고 할 수 있다. 또는 전반적으로 권력의 배분방식이 상하로 계서화되어 있었다는 사실을 말한다.

물론 어느 나라 행정에나 다소간에 이런 현상은 있기 마련이다. 그러나 우리의 경우에는 이러한 현상이 매우 심할 뿐만 아니라, 그 경향이 더욱 다양하고 은밀해지고 있다. 불일치 현상이 증가하면 하였지 감소하였다고 보기는 어렵다. 최근 성과평가, 효율성 등의 이름을 앞세워 마치 선진관리기법으로 조직관리를 전환한 것처럼 포장을 하지만, 실제로 그 이면에는 이러한 권력 작용은 그대로 남아 있는 경우가 많다. 물론 그 근거에는 우리나라 사람들의 전통적인 권위주의 의식, 즉 높은 자리만 차지하면 무엇이든지 가능하다고 생각하고, 낮은 자리에 처하면 복종만 하는 것이 옳다고 생각하는 문화적 배경이 있었다.

권력이나 권한의 배분은 일종의 약속이다. 그리고 그 약속을 표현한 것이 법이다. 따라서 어느 일방이 법에 정하여진 것 이상으로 권한을 행사하고, 타방이 법에 정하여진 것 이하로 자기권한을 축소하는 것은 계약의 위반이다. 선진국 사람들은 자기의 자리가 아무리 하찮은 것이라 할지라도 그 자리에 주어진 일은 이를 자기의 재산권과 같이 생각하고 끝까지 지킨다고 한다. 물론 우리나라는 법의 제정 과정의 일방성 때문에 법의 정통성이 없는 경우가 많았던 역사로 인해 이를 지킬 수 없었던 면도 있었다. 그러나 우리의 문화적 배경이 이런 현상의 저변에 깔려 있다는 점은 부인할 수 없다.

국가발전을 선도한다고 하는 정치나 행정이 이러했기 때문에 그것이 사회 전반에 끼친 영향은 막대하다. 사람들로 하여금 권력만 있으면 무엇이든지 할 수 있다는 생각을 갖게 했다. 권력만 있으면 상급자도 지배할 수 있고, 회사나 대학교도 지배할 수 있다고 생각하게 되었다. 사립대학을 인수한 기업총수는 대학 교수들을 마음대로 지배하려 하기도 한다. 권력 앞에서는 복종하지 않는 자가 없다고 생각하게 되었다.

한국이 겪은 민주화는 마치 공권력이 합리화된 것 같은 착시현상을 가져왔다. 대통령이든, 장관이든 모든 공직자들이 과거에 비하여 행사할 수 있는 권력이 현저히 줄었다고 생각한다. 즉, 권력의 총량이 과거보다 줄었다고 생각한다.[14] 그러나 권력의 탐욕은 끝이 없다. 자꾸만 더 보이지 않는 방법으로 숨을 뿐이지 은밀한 방법으로 오히려 권력이 더 커지기도 하였다.

강요적 권력을 가진 자가 실세이고 정통성을 가진 자는 허세로 불리게 되면서 사람들은 누가 실세이며, 누가 허세인가를 알아내고자 하였다. 그리고는 실세에 속하기를 원했다. 그리고 이런 의미의 권력을 장악하기 위해서 그 과정에서 수단을 가리지 않고 싸우는 경향을 낳게 되었다. 법규나 정통성은 이용의 대상으로 간주되었다. 법규를 지키는 경우에는 할 수 없이 지키는 것이고, 권력을 장악하기만 하면 그 내용도 원하는 방향으로 바꿀 수 있다고 생각한다.

이런 상황 속에서는 사회 전반에 '부정직(不正直)'이 만연하게 된다. 공식적인 것과 비공식적인 것이 별도로 있고 형식과 실질이 다르다. 실세와 허세가 있다고 생각하는 사회에서 사람들은 공식적인 것, 형식적인 것, 나타나는 것 등을 액면 그대로 믿지 않는다. 뒤에 반드시 비공식적인 것, 실질적인 것이 따로 있을 것이라고 생각하고, 실세가 공작을 통해 공식적인 것, 형식적인 것을 지배하고 있을 것이라 생각한다. 그리고 이러한 지배방식이 반복하여 통하게 되는 것을 보고, 사람들은 처음부터 부정직한 방법이라도 동원하여 권력을 장악하기만 하면 된다

14) 프랑스에서 유사한 상황에 대한 이론적 분석은 Jean Birnbaum(2016), *Où est le Pouvoir?*, Gallimard, p. 32 이하 참조.

고 생각하게 된다.

권력정치에 가장 민감한 행정조직에서도 같은 현상이 나타나게 된다. 행정기관마다 권력의 차등에 관하여 과거보다 더 예민하게 반응하게 되었으며, 조금이라도 우월한 권력을 가진 조직은 그렇지 못한 조직을 지배하려고 한다. 또 후자는 전자에 대하여 과거보다 더욱 순종적으로 바뀌어간다.

권력이 많을수록 더 많은 권력을 가지려고 한다. 그리고 권력이 많을수록 더 많은 권력을 가질 수 있다. 결과적으로 국가정보원, 검찰, 예산 담당부, 경찰, 감사원 등과 같은 권력이 많았던 기관들은 더욱 많은 권력을 축적했다.[15] 따라서 이들과 비권력기관들 사이의 권력의 차는 시간이 흐르면서 더욱 벌어지게 되었다. 이와 같이 행정조직들 사이의 권력관계의 구조가 점점 더 계서화되면서, 행정전반의 구조나 운영방식이 매우 경직화되었다.

그리고 이러한 경직화 문제에 대응한다는 논지로 전통적이고 틀에 박힌 조직형태에서 벗어나 여러 가지 유형의 조직들을 만들어내고 있다. 이 책에서 위원회나 그림자조직이라고 칭한 것들이 대표적인 예이다. 특히 금융을 비롯하여 경제분야가 그러하다. 이러한 다양한 조직의 양산은 긍정적인 면도 있겠지만, 다른 한편으로는 이들 간 기능을 세분화하고, 국민과의 관계도 다양하게 하여 결국 권한과 책임을 잘 알 수 없도록 물타기를 하는 측면도 있다.

기획재정부 등 여전히 권력을 가진 많은 조직들은 이렇게 새롭게 등장한 조직형태에도 영향을 미치는 방법을 사용하고 있다. 한편으로는 조직을 복잡하게 하여, 책임을 분산시키고, 다른 한편으로는 예산, 평가 등으로 이들 기관을 수단시한다. 조직마다 자기의 소속기관, 하급기관을 보는 방식이나 용역기관, 자문위원회, 교수들을 보는 태도도 점차적으로 바뀌어서 책임전가와 이용의 대상으로 보게 되었다.

(2) 해결방안

권한과 책임을 일치시킬 수 있는 방법은 행정의 민주화다. 이는 다음과 같은

15) 이 책의 범위를 벗어나지만, 국회도 민주화 과정에서 권력을 많이 획득하였다. 그러나 권력을 더 갖고자 하고, 이에 따라 기구도 비대하게 늘리는 경향이 있다.

것들을 의미한다. 첫째로 무엇보다도 사람들이 정직해야 된다. 정직하지 않으면 민주주의가 성립할 수 없다고 생각한다. 둘째로 약속한 것은 어떤 일이 있어도 지키는 습관이 형성되어야 한다. 이것이 준법정신의 근거가 된다. 셋째로 강요적 권력은 이 나라의 정치나 행정에서 배제되어야 한다. 그래야 형식과 실질의 합일, 공식과 비공식의 일치 등이 실현되는 방향으로 나갈 것이다. 넷째로 우리나라의 권위주의적인 행정문화도 점차적으로 사라져야 한다. 이것은 첫째 및 둘째와 함께 그 개선에 장기간의 시일이 걸릴 것이다. 다섯째로 행정조직들 사이, 그리고 행정조직 내부에서 권력배분의 균형화와 분권화가 이루어져야 한다.

이러한 다섯 가지 방법 가운데 셋째 문제의 개선은 주로 정치에 기대한다. 그런데 다섯째의 것에 관해서만큼은 주로 행정의 조직개편에 기대한다. 물론 이것도 정치와 밀접한 관련이 있다. 그러나 행정조직의 전반적인 개편을 통해서 가장 많은 것을 이룰 수 있다고 생각한다. 각 조직이나 각 직위의 권한과 책임을 횡적으로, 그리고 종적으로 재배분함으로써 권한과 책임을 일치시킬 수 있다. 그 결과로 과거보다 조직들 사이의 권력의 차가 크게 줄어들 수 있을 것이다. 본서가 집중적으로 다루려고 하는 것도 바로 이 부분이다.

이 책에서 주장하는 권력의 균형화가 일어나면 조직들 사이의 의사결정과정에서 갈등은 더 많이 생기고, 결정에 소요되는 시간도 더 길어질 수 있다. 그러나 강요적 권력에 의하여 의사발표가 봉쇄되고, 형식과 실질이 일치하지 않는 의사결정의 경우보다는 더 합리적인 결과를 가져올 것이다. 또 권력의 균형화가 참여를 가져오고, 참여는 일체의식을 가져옴으로써 오히려 부처이기주의가 적어지고 그 결과로 결정에 소요되는 시간도 우려할 만큼 길지 않을 수도 있다는 것을 강조하고자 한다.

Ⅲ. 연구의 방법

앞에서도 잠시 언급하였지만 이 연구는 어떤 잘 구성된 이론모형을 먼저 내세우고, 그 모형에 따라서 증명하는 글이 아니다. 단지 일정한 시각이 있을 뿐이다. 그렇기 때문에 계량적인 방법을 쓰지도 않고, 현실에 대한 경험적 조사를 집중적으로 하는 것도 아니다.

물론 그동안 서구이론을 수입하여 적용하는 차원의 실증연구는 많이 이뤄져 왔다. 그 내용은 대부분 서구개념을 빌려서 변수를 선정하고 이를 검증하는 것이다. 그러나 이러한 연구들은 본 연구가 추구하는 질문에 답을 주지 못하는 것이 대부분이다.[16] 본서에서는 그중에서 도움이 될 만한 것들을 골라서 인용했다.

그러나 '권력균형화'라는 본서의 중심 연구 질문에 답하기 위해 가설을 먼저 내세우고 그것의 타당성을 검증하기보다는, 가능한 경우에만 가설을 도출하거나 암시하는 방법을 사용하였다. 기왕에 저자들이 다른 곳에서 발표했던 논문들도 부분적으로 사용했으며, 법령, 그리고 정부에서 발간했거나 내부적으로만 사용하는 문헌자료 등을 사용하였다. 그리고 상당부분은 저자들이 추론하거나 추측하는 것이다. 그런 의미에서 이 연구는 연구실 속에 앉아서 바깥세상을 내다보면서 이것저것 생각해보는 연구라고 할 수도 있다. 그리고 무엇보다도 공동저자들이 과거 20~30여 년간 정부에 대한 자문활동을 하면서 보고 듣고 느꼈던 것들과 같은 기간 동안 현직공무원들 및 공무원이 되고자 하는 학생들에 대한 논문지도를 통해서 얻은 지식들이 이 연구의 기초로 깔려 있다. 각종 조직진단 관련 연구용역에 참여한 것도 중요한 정보이다.

제 3 절 서구 조직이론의 계보

조직이론은 서구에서 발달하였고, 우리나라는 1950년대 말 미국에서 행정학을 배워온 학자들이 도입한 관리이론을 주로 학습하였다. 미국의 주요 조직관련 이론들을 정리한 교과서를 출간하여 이의 도입을 주도한 것이다.[17]

여기서는 좀 더 시각을 넓혀 미국 및 유럽을 포괄하는 서구에서 발달한 조직

16) 박종민(2016), 행정학이 과학이면 우리는 지난 반 세기 동안 인과관계를 위해 무엇을 했나? 한국행정학회 하계학술대회 발표논문.

17) 우리나라에서 발간된 최초의 조직론 교과서는 <조석준(1963), 「조직관리론」, 법문사>이다. 이어 서구의 조직관련 이론들을 체계적으로 정리한 저서가 <조석준(1973), 「조직론」, 법문사>이며, 이 책의 내용이 방대하고 난해하여 쉽게 선별한 것이 <조석준(1979), 「조직학개론」, 박영사>이다.

이론들의 계보를 정리해보기로 한다. 한국만의 독특한 조직론이 나름대로 접근법이나 이론으로 발달하지 않았기 때문에 불가피한 작업이다.[18]

조직이론의 가장 큰 줄기는 미국에서 발달한 과학적 관리법이라고 할 수 있다. 그 후에 등장한 이론들은 이와 대조되는 특성을 나타내는 것으로 가장 두드러진 것이 인간관계론이다. 다른 계파들은 일종의 지류(支流)라고 할 수 있다.

Ⅰ. 과학적 관리론

과학적 관리론Scientific Management은 19세기 후반에서 20세기 초, 즉 세계 제1차 대전 전후 미국에서 등장한 가장 두드러진 이론으로서 창시자인 프레드릭 테일러Frederick Taylor의 이름을 사용하여 테일러리즘Taylorism이라고도 불린다. 유럽 또한 증기기관의 등장 및 산업혁명에 따른 대규모 공장들과 대기업들이 출현하기 시작하면서 비슷한 시대적 배경을 갖고 있다. 당시의 경제적 상황은 폭증하는 수요에 따라 빠르게 상품을 공급하기 위해서 새로운 관리 방법을 필요로 하고 있었다. 이에 따라, 1898년 엔지니어 출신 테일러는 미국 펜실베니아 주에 위치한 최대 규모의 산업공장인 '베들레헴 철강회사'를 대상으로 재료운반 방식, 기계의 사용방법, 노동자의 동기motivation 등을 '과학적인 시각'을 통하여 분석하고, 전체 생산성을 높일 수 있는 방법에 대하여 연구하기 시작했다.[19] 엔지니어들이 주축이 되어 개인의 생산량이 얼마인지를 측정하고 분석하여 최소의 시간으로 최대의 생산량을 발휘할 수 있도록 업무를 표준화 한 후, 전체 생산과정을 체계적으로 재구성하여 총 생산량을 높이고자 하는 시도였다.

미국에서 자동차 대량생산 체제를 가져오게 한 포디즘Fordism이 이를 응용한 성공사례이다. 미국에서 성공한 과학적 관리론을 더 한층 발전시켜, 생산단가를 획기적으로 절약한 것이 도요타 자동차이다. 이를 도요타이즘이라고 한다. 미국은 획일적인 모델로 대량생산해도 판매에는 문제가 없었으나, 일본은 시장규모가 적어 소비자들이 원하는 양만을 그때그때 생산하면 된다는 차이가 있다. 이 점에

18) 이하의 내용은 책의 분석내용과 직접 관련있다기보다는 이론적 배경으로서 참고사항이다. Friedberg의 정리방법을 많이 참조하였다.

19) Taylor, F.(1919), *Shop management*, Harper and Brothers.

서 볼 때 도요타식 관리의 방법을 적정재고관리Just-in-time로 특징지을 수 있다.

과학적 관리론이 고안한 능력에 따른 업무배치, 업무감독 방법, 돈에 의한 인센티브를 통한 노동자의 동기유도 등은 오늘까지도 지배적인 조직관리 방식으로 자리 잡고 있다. 즉, '과학적 관리론'은 대량생산mass production의 시대를 연 혁명적인 (조직)관리이론임과 동시에 미국을 산업국가로 만들고 세계경제의 패권을 쥐게 한 가장 기본적인 이론이다. 주요 학자로는 Taylor, F.1856-1915와 Fayol, H.1841-1925[20)]가 대표적이다.

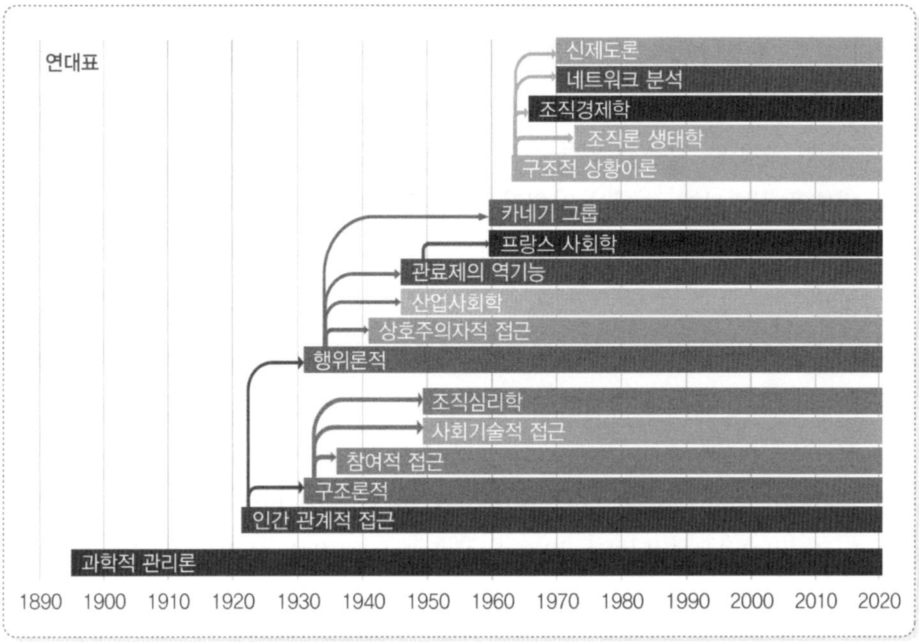

[그림 1-2] **서구 조직이론의 계보**

20) Fayol, H.(1949), *General and industrial management*, Pitman. 석탄광산기업의 엔지니어이자 관리자였던 Fayol은 프랑스의 석탄광산을 대상으로 과학적인 분석시각을 가지고 생산성을 높이는 방법을 연구하였다. Taylor의 연구결과와 비교하였을 때, Fayol은 'esprit de corps(단결 혹은 집단적 정신)'을 더욱 강조한다.

Ⅱ. 인간관계운동

1927년부터 1932년까지 하버드대학교 마요Mayo교수팀이 수행한 시카고 웨스턴 전기기업 호손 공장Hawthorne Works of Western Electric연구에서 출발한 것이 인간관계이론The Human Relations Movement이다. 원래 호손공장 연구의 의도는 실내 작업공간의 밝기를 높일수록 노동자들의 생산성이 높아지므로 더 많은 전구를 사용해야 한다는 것을 실증적으로 증명하기 위함이었다. 그러나 실험결과, 조도가 높은 공간의 노동자들에게 낮은 조도로 환경의 변화가 주어져도, 생산성은 오히려 모두 향상되었다. 이처럼 개인의 업무능력은 물리적인 근무환경(소음, 조명, 온도)보다는 그들이 실험대상이라는 심리적 의식[21)]이나 사회적 관계(인간관계-비공식적인 조직)와 같은 요인들을 통하여 극대화된다는 것을 발견하였다.[22)] 즉, 조직 내부의 상호관계 속에서 사회적, 심리적 요인으로 인하여 생산성이 높아진다는 것이다. 이는 궁극적인 목표가 생산성 향상이라는 점에서는 과학적 관리론과 일치한다.

그러나 과학적 관리론에서는 인간을 '기계와 같은 도구'로서 인식하고, 경제적 이득이 주어져야만 동기가 유발될 수 있다고 믿는 '경제적 인간Homo Economicus[23)]'이라 취급한다. 또한 조직 전체를 기계 같이 보고 엔지니어와 같이 각 절차와 과정을 분리하여 보고 과학적으로 관리하고자 한다. 이에 반하여, 인간관계론은 관리자나 경영컨설턴트들과 같은 경영자 입장에서 '사회적 인간'을 전제로 하고 흩어진 개인이 아닌 조직 전체의 조직을 사회적/심리적인 요소로 분석하고자 한다. 주요 학자로는 호손실험을 리드한 Mayo, E.1880-1949와 Roethlisberger, F.가 대표적이다.

호손실험 이후, 다양한 갈래의 조직을 바라보는 인간관계적 접근의 지류(支流)적 시각이 등장한다. 인간관계적 접근의 경우, 조직 내의 관계를 구조화 하여 상호관계를 해석하는 방식과 특정집단의 관점에서 특정행위자나 하위집단 단위의

---

21) 이는 Hawthorne Effect라고도 불리운다.
22) Mayo, E.(1946), *The Human problems of an industrial civilization*, Routledge.
23) 반대의 개념으로는 사회적 인간(Homo sociologicus)이 있다.

조직을 분석하는 방식으로 나뉠 수 있다.

1. 참여적 접근법

1930-40년대의 이론으로 조직의 전체 구성원을 크게 '관리자 집단'과 '노동자 집단'으로 나누어진 계층적 구조로 보고 하급자의 참여를 중심으로 보는 것이 참여적 접근법The Participatory Approach이다. 1930년대 Kurt Lewin은 어린이 집단을 대상으로 한 실험을 통하여 조직 구성원들의 참여는 리더의 성향에 따라 달라 질 수 있다고 주장하였다. 전쟁 직후부터 1950년대까지는 L. Coch와 R.P. French가 리더십-참여 이론을 노동 업무 환경에 적용하여 발전시켰다. 참여적 접근법에서 노동자 집단의 자율성은 경영 참여를 의미한다. 권위형 리더십authoritarian leadership의 경우 노동자 집단의 자율성은 극히 낮으며, 민주형 리더십democratic leadership의 경우는 합의로 조절된 자율성을, 그리고 자유방임형 리더십Laissez faire leadership은 완전한 방임을 의미한다. 그러나 노동자의 높은 자율성이 모든 조직에서 높은 생산성을 유발하는 것은 아니다. 주요 학자로는 심리학자인 Lewin, K.1890-1947와 Fred E. Fiedler[24)]가 있다.

2. 사회기술적 접근법

하버드대학교 마요 교수팀이 진행한 호손실험의 경우 조직 내의 사회적 요소에만 초점을 둔 것에 반해, 사회-기술적 접근The So cio-technical Approach은 조직을 연구할 때, '사회적 시스템-개인과 집단'뿐만 아니라 '생산의 기술적인 시스템'도 포함하여 사회적 요인과 기술적 요인으로 구조화 한다.

영국 타비스톡 연구소Tavistock Institute는 1950년대 영국 더함Durham지역 석탄광산의 컨베이어벨트 작업장 연구를 통하여 밀폐된 지하 근무환경에서 장시간 숙련된 다수의 인원이 각자의 전문분야에 길게 배치되어 석탄을 채굴하는 장벽식 채탄법Longwall mining method이 비효율적임을 주장한다. 이러한 작업 환경은 전체 업무가 생산적이지 못할 경우 서로를 탓할 수가 있으며, 배치된 업무 공간 간

---

24) Fiedler, F.(1967), *A theory of leadership effectiveness* McGraw-Hill series in management, New York: McGraw-Hill.

의 사이가 멀어 소통이 어렵고, 업무 스트레스 및 결근율이 높다는 결과가 나왔다. 타비스톡 연구진은 단벽식 채탄법Shortwall mining method을 도입한 조직의 경우, 다양한 기술을 보유한 근무자들이 서로 협의하여 주도적으로 작업 길이를 설정하고, 업무를 분담하여 근무만족도와 생산량 모두가 높아짐을 발견했다.

즉, 사회기술적 접근법은 기술적인 근무방식과 사회적인 조직업무 방식의 개편을 통하여 최적의 조직의 설계가 가능하다고 보는 시각이다. 또한 두 체제간의 상호 의존적인 관계를 통하여 조직을 유연하게 개방체제open-system로 바라보고자 했다. 이 이론은 후에 근로생활의 질 개선운동에 영향을 주었다. 주요 학자로는 타비스톡 연구소의 Eric Trist, Ken Bamforth와 Fred Emery[25)]가 있으며, 이들은 유럽 산업민주주의 운동의 주축이 된다.

3. 조직심리학

참여적 접근법으로부터 1950-60년대에 발달한 심리학을 기반으로 발전된 이론이다. 조직심리학Organizational psychology이론은 행동의 원인을 바탕으로 조직을 바라보는 관점에 해당한다. 개인의 어떠한 행위에 대한 동기는 개인이 느끼는 '필요성'에 의한 심리적 요인과 '이기심'에 의한 경제적 요인이 충돌하며 나타나는 현상이라 주장한다. 주요 학자로는 Maslow, A.1908-1970[26)]와 Hertzberg, F. 1923-2000[27)]가 대표적이다.

4. 상호작용주의 접근법

호손실험을 통해 개인 간의 상호관계가 근무자들의 생산성을 높여준다는 결론을 바탕으로 기존 이 연구에 참여했던 Roethlisberger, F.가 주축이 되어 미국

---

25) Emery, F., Thorsrud, Einar, & Trist, E. L.(1969), *Form and content in industrial democracy: Some experiences from Norway and other European countries (Technology and democratic society)*, London: Tavistock Publications.

26) Maslow, A.(1970), *Motivation and personality* / Abraham H. Maslow, (2nd ed.), New York: Harper & Row. 저자는 인간의 욕구가 그 중요도별로 단계를 형성한다는 동기이론모형인 욕구단계설(Maslow's hierarchy of needs)을 주장하였다.

27) Herzberg, F.(1966), *Work and the nature of man*(Human Relations Collection), Cleveland: World Pub.

을 중심으로 발전된 이론이다. 어떤 조직의 기능을 이해하기 위해서는 내부자의 시선으로 '사회 인류학적social anthropology'인 시각에서 조직을 바라보고, 개인과 조직 간의 상호작용을 측정하며, 해석해야 한다는 것이 상호작용주의 접근법The Interactionist Approach이다. 특히 미국 시카고학파 사회학과 산업사회학 발전에 큰 영향을 준 이론이다.

이러한 접근법을 활용한 대표 문헌은 미국 보스턴 시의 이탈리아 이민자들이 거주하는 우범지역에 직접 거주하며 지역조직사회를 연구한 사회학자 Whyte, W.의 Street Corner Society[28)]와 시카고학파의 대표 사회학자인 Hughes, E.가 있다.

5. 산업사회학 – 프랑스와 독일

산업사회학Industrial Sociology in France and Germany은 조직이론과 직접적인 연관성은 없으나, 조직이론 발전에 큰 영향을 주었다. 2차 세계대전 이후의 시대적 상황 속에서 미국의 산업사회학은 산업혁명의 결과물들을 바탕으로 과학적인 관점에서 조직 연구를 진행하여 왔다. 이에 반해, 1940-50년대 유럽의 경우, 더 나아가 일과 산업의 영역에 있어서 중요한 요소 중 하나인 '노동자 계층'의 측면에서 집단의 기능을 실증적인 행위과학의 관점으로 관찰하였다.

유럽이 미국과 다른 점은 마르크스사상이 사회전반적으로 확산되었고, 공장 내부의 폐쇄체제보다는 사회로의 개방체제로 보았다는 점이다. 산업조직을 예로 들면, 독일의 경우 노동자집단과 지배자 집단의 계층간격이 줄어드는 현상을 보였으나, 프랑스의 경우는 그 반대로 넓어지는 현상을 보였다. Maurice, M., Sellier, F.와 Silvestre, J.는 이러한 현상을 국가차원의 환경적 요소의 영향Societal Effect이라고 주장한다.[29)]

---

28) Whyte, W.(1943), *Street corner society: The social structure of an Italian slum*, Chicago, Ill.: University of Chicago Press.

29) Maurice, M., Sellier, F., & Silvestre, J.(1986), *The social foundations of industrial power: A comparison of France and Germany* / Marc Maurice, François Sellier, and Jean-Jacques Silvestre; translated by Arthur Goldhammer. Cambridge, Mass.: MIT Press.

6. 관료제의 역기능학파

관료제를 형태가 없는 추상적인 조직으로 보는 시각과, 업무의 효율성을 높여주는 하나의 지배구조, 조직 혹은 복잡한 사회적 체계로 보는 시각이 있다. 미국의 경우 1940-50년대 이후 공공 및 민간분야 조직들이 대형 관료화되면서 후자의 시각이 주도하게 되었다.

관료제는 매력적이면서도 위협적인 존재로서 의도나 목표에 따라 작동하기도 하고(순기능), 때로는 저해하기도 한다(역기능). 관료제의 역기능The Dysfuctions of Bureaucracy을 연구한 대표적인 학자로는 최고관리층이 지니는 조직구성원에 대한 통제 욕구를 중심으로 진행한 Merton, R.,[30] 조직의 관리층이 수행하는 권한의 위임과정에서 나타나는 역기능을 연구한 Selznick, P.,[31] 조직 계층 간의 권력관계 증가가 역기능을 유발하는 요소들이라 주장한 Gouldner, A.[32]가 있다.

7. 카네기학파

카네기대학에서 풍부한 연구비를 이용하여, 경제학자들이 조직연구를 성공적으로 수행한 예이다. 하버드대학교 호손실험에 참여했던 사이먼Simon, H.은 그 후 자신의 논문을 위해 미국 밀워키 시의 공무원들이 행정기관 내에서 예산을 집행하는 과정을 관찰하여, 그들의 의사결정이 경영학에서 통용되는 합리적 선택의 과정을 바탕으로 이루어지지 않는다는 것을 발견한다.[33] 오히려 제한된 인지적cognitive 자원을 바탕으로 기존의 편향된 지식을 통하여 행정 내의 의사결정이 이루어진다고 주장하며, 이를 '제한된 합리성bounded rationality'이라 칭한다. 즉, 인간이 경험할 수 있는 총량은 한정적이고 한계가 있으므로, 어떠한 인간도 완벽

---

30) Merton, R.(1968), *Social theory and social structure* / by Robert K. Merton, (1968 enl. ed.), New York: Free Press.

31) Selznick, P.(1984), *Leadership in administration: A sociological interpretation* / Philip Selznick. Berkeley, Calif.: University of California Press.

32) Gouldner, A.(1954), *Patterns of industrial bureaucracy: A case study of modern factory administration* / by Alvin W. Gouldner, (Free Press paperback), New York: Free Press.

33) Simon, H.(1997), *Administrative behavior: A study of decision-making processes in administrative organizations* / Herbert A. Simon, (4th ed.), New York: Free Press.

하게 합리적으로 의사결정을 할 수 없다는 것이다. 주요 학자로는 Simon, H.1916-2001이 있으며, 후에 이 이론을 더 발전시킨 March, J.1928- 와 Cyert, R.1921-1998가 있다. 이들의 소속대학 때문에 카네기학파The Carnegie Approach로 불린다. Simon을 비롯하여 많은 노벨상 수상자를 배출하였다. 오늘날 행동경제학behavioral economics의 온상이라고 하겠다.

8. 조직사회학의 프랑스학파

1960년대 당시 프랑스는 지식인들에 의해 소개된 자주관리이념, 1968년 프랑스 학생운동 등 젊은 층을 중심으로 반(反) 관료주의적 정치성향이 팽배했다. 조직사회학의 프랑스학파The French School of Organizational Sociology는 이 시기에 크로지에[34)]가 개혁을 담은 이론이다. 조직을 '구조'도 아니고, 구성원의 '행태'도 아닌, '행위action'로 보기 시작한 것이다. 엘리트집합행동의 정치 사회학에 대한 이론을 펼치며, 조직의 형태보다는 조직인의 행위뿐만 아니라 그들의 권력이 주된 연구이다. 주요 학자로는 Crozier, M.1922- 와 Worms, J.1934- 가 있다.

Ⅲ. 구조적 상황결정이론

1960년대 중반부터 등장한 이론으로, 그전까지 인간관계 중심으로 발전해오던 조직 이론을 전혀 다른 방향으로 주도한다. 즉, 조직은 개인 혹은 그룹으로 분리되어 조직원들 간의 상호작용관계에 중점을 둘 것이 아니라는 것이다. 오히려 조직 그 자체를 하나의 개체로 보고 그 주변과의 관계(즉, 의존관계dependency)를 설명해야 한다는 주장이다. 이는 '좋은 조직'은 더 이상 '좋은 인간관계'와 같은 하나의 개념만으로는 설명이 불가능하며, 외부의 상황context에 따라 다르게 해석되어야 한다는 것을 의미한다. 이것은 전통적 조직론이 가정하는 최선의 조직the one best way 가정에 종언을 고한 것이다. 구조적 상황이론Structural Contingency Theory이 보는 환경은 기술, 자본, 문화 등 포괄적인 의미를 가지고 있으며, 이에 따라 새로운 조직이 생성될 수도 있고, 반대로 조직에 의하여 환경이 변화될 수도

34) Crozier, M.(1964), *The Bureaucratic phenomenon* / Michel Crozier, Chicago: Chicago Univ. Press.

있으므로 조직을 분석할 때에는 조직 그 자체뿐만 아니라 외부 환경적인 요소를 동시에 고려해야 한다고 강조한다. 좁은 의미의 상황론의 대표적인 학자로는 Woodward, J.1916-1971와 Burns, T.1913-2001[35)]가 있다.

그러나 넓은 의미로 조직이 처한 환경구조를 중시하는 이론들도 있는데, 이들을 구조적 상황결정이론이라고 보기로 한다. 즉, 조직론에서 환경Environment의 영역을 어디까지로 볼 것인지는 아직 정확한 경계를 정의내리기가 어렵다. 환경은 그 자체가 약한loose 네트워크의 형태가 되기도 하고, 조직 생성의 조건이 되기도 하며, 결합을 통하여 글로벌 스케일로 확장되기도 한다.

1. 조직경제학

조직과 제도는 그동안의 고전경제학 이론에서 고려대상이 아니었다. 그러나 1960-70년대부터 신제도경제학이 대두되면서 경제학적 시각과 함께 조직행태론적 시각의 중요성이 언급되기 시작하였다. 신제도경제학에서는 조직의 형태를 기반으로 이루어지는 경제행위는 개인과 개인 간의 경제행위에서 나타나는 거래비용보다 훨씬 적은 비용으로 더 많은 이익을 남길 수 있기 때문에 기업이 유지된다고 본다.

조직경제학The Economics of Organization은 경제학적인 시각에서 조직현상을 분석한다. 경제학적 사고를 조직연구에 적용하게 된 변수가 정보information이다. 정보 탐색에 비용이 드는 점에 착안하여, 거래비용과 위험risk이라는 시각에서 조직활동을 분석한 것이다. '죄수의 딜레마'로 시작되는 게임이론적 조직, 특히 세계화, 현지화 및 국제화와 같이 국경을 넘어서 팽창되는 환경적 요인, 또한 경제학적 환경을 변화시키는 요인이 되었다. 주요 학자로는 North, D.1920- ,[36)] Coase, R.1910- [37)]과 Williamson, O.1932- [38)]가 있다. 주인-대리인 이론, 이후

35) Burns, T., & Stalker, G.(1971), *The management of innovation* / Tom Burns and G.M. Stalker, (2nd ed., Social sciences paperback), London: Tavistock.

36) 제도의 정의 North, D.(1990), *Institutions, institutional change, and economic performance* / Douglass C. North를 참조.

37) Coase, R.(1937), *The Nature of the Firm*, Economica, 4(16), pp. 386-405.

38) 거래비용(transaction cost) 접근방법 Williamson, O.E.(1995), *Ch.9. Transaction Cost Economics and Organization Theory*, Williamson, O.E. ed. (1995), Organization

등장한 거시조직이론으로서 공공선택론도 이에 해당한다.

2. 조직군생태학

조직군생태학The Population Ecology of Organizations은 '왜 그렇게 다양한 종류의 조직이 존재하는가'라는 연구질문에서 출발한다. 즉 1970-80년대에 등장한 연구시각으로 왜 다양한 형태의 조직이 끊임없이 살아남고 존재하는지에 대한 질문에 답하는 이론이다. 그 답은 영국 생물학자 다윈의 변이variation-선별selection-복제replication를 통한 진화론과 같이 조직 또한 이와 같이 경쟁을 통하여 진화하고 살아남는다고 주장한다. 대표적인 학자로는 Hannan, M.1933- 와 Freeman, J.1945-2008이 있다.[39] 이들은 조직은 거시적인 인구학적 측면에서 역학관계가 이루어져야 하며, 조직은 결과물이 아니라 진화되고 다양해지는 과정 속의 결과물이라 주장한다.

최근에는 관객(중)을 환경으로 놓고 조직의 생존을 분석한다. 즉 기존에는 공식적 조직만을 대상으로 보았기 때문에 경직적이었다면, 이제는 그 사회에서의 정당성legitimacy이 조직생존의 이유라고 본다. 이런 관점의 변화는 연구의 내용을 풍부하게 한다.

3. 네트워크론

네트워크 분석법Network Analysis은 사회학적 접근법으로서, 조직론에서 더 나아간 개념이다. 즉, 개인의 행위를 이해하기 위해서는 개인의 특성이 아닌 사회적 관계라는 환경 속에서 이해해야 한다는 주장이다. 개인이나 조직을 사회학적인 측면에서 이들 간 관계가 결정하는 메커니즘으로 이해하고 분석하고자 한다는 점에서 조직을 바라보는 새로운 시각으로 해석될 수 있다.

네트워크를 한 단위조직 내의 구성원간에 국한해서 적용해 보는 것과 조직간 관계interorganizational relations에 국한해서 보는 두 가지 방법이 있다. 네트워크 분석에서는 보통 상호작용관계의 존재여부나 상호작용빈도수 등을 사용한다.

Theory, New York: Oxpord University Press.

39) Hannan, M., & Freeman, J.(1989), *Organizational ecology*/Michael T. Hannan, John Freeman, Cambridge, Mass.: Harvard University Press.

컴퓨터로 네트워크를 시각화하는 기법이 범사회과학적으로 사용되지만, 여기서는 조직론과의 관계로 한정하기로 한다. 정보 및 자원의 중첩성이 낮은 nonredundancy 서로 다른 네트워크 사이의 연결이 일어나는 위치를 구조적 구멍 structural hole이란 개념으로 사용하는 것이 그 예이다.[40] 주요 학자로는 Burt, R.1949- , Granovetter, M.1943- 와 White, H.1930- 가 있다.

Ⅳ. 신제도주의론

1970년대 미국경제는 비관주의, 전쟁패배와 경제불황으로 인한 암흑기였다. 이에 맞춰서 구조적 상황이론이 빛을 다하며, 새롭게 조직을 바라봐야 한다고 주장하는 학자들이 등장하기 시작한다. Taylor를 비롯한 기존의 학자들은 조직이 복잡한 존재가 아닌, 경제적 효용성을 높이기 위한 하나의 도구일 뿐이라 주장한다. 신제도주의 이론의 선구자 셀즈닉은 이와 함께 정당성legitimacy을 강조한다. 즉, 조직이 생존하기 위해서는 제도를 사회적, 문화적 맥락에서 이해하고, 규범적인 접근보다는 인지적 접근으로 제도적 정당성을 획득하는 것이 필요하다는 주장이다. 이때의 제도적 환경은 조직구조나 행위를 제약하는 요소임과 동시에 조직에 활력을 주는 요소이기도 하다.

셀즈닉의 제도론에서 영향을 받은 신제도주의론Neo-institutionalism 학자들은 사회적 행동들은 제도에 의해 정해지며, 상호보완적인 조직들로 인하여 조직 영토organizational field가 생성되고, 제도적 환경은 조직을 제한한다고 강조한다. 이들이 제기하는 주요연구 질문은 첫째, 개인이 제도의 구속을 어떻게 받느냐의 문제(즉, 강제적이냐 아니면 가치관 변화를 통한 동화이냐의 문제), 둘째, 제도를 개인없이 그 자체로 이해할 수 있느냐의 문제, 셋째, 그렇다면 제도변화나 제도개혁은 어떻게 일어날 수 있는냐의 문제 등이다. 이런 질문에 대한 답을 문화culture, 가치values, 합리화rationalization 등의 개념들로부터 찾는다. 이와 관련된 주요 학자로는 Selznick1919-2010, Meyer, J.1938- , Rowan, B., Dimaggio, P.1951- 와 Powell, W.1951- 가 있다.

---

40) Burt, R.S.(2005), *Brokerage and closure: An Introduction to social capital*, Oxford University press, p. 16 참조.

제 2 장
행정조직의 일반적 특징과 법률체계

제 1 절 행정조직의 일반적 특성

미국에서는 행정과 경영 간의 차이가 있는가가 논쟁거리가 되지만, 우리나라에서는 행정관리와 민간의 경영은 근본적으로 다른 점이 있다.[1] 기본적으로 행정은 행정기관이 추구하는 공익이라는 목적을 가지고 있지만 경영의 목적은 기업과 경영자가 추구하는 사익이다. 즉 목적과 주체가 다르다. 이 외에도 관리적 측면에서 법적/정치적 통제의 여부, 각종 제도상의 제약, 환경과 사회의 변화에 대한 민감도, 시장에 대한 노출 및 활동범위와 노출 대상(국민인지 고객인지) 등의 여러 본질적인 차이가 존재한다.[2]

이런 본질적 차이 및 실제 운영의 차이는 이들 활동을 담당하는 조직에도 차이를 가져올 수밖에 없다. 그럼에도 불구하고 아직까지 행정기관 및 공공관료들에게 민간기관(사기업)의 개념과 기술들을 같은 방식으로 적용하려 한다.[3] 하지만 후술하는 바와 같이 행정조직, 특히 우리나라의 행정조직은 독특한 점이 많이 있다. 그렇다면 우리나라에서 행정조직은 일반적으로 어떤 특성을 가지고 있는가. 그리고 이러한 특성들은 조직 간의 관계나 그 관계의 전개에 어떤 영향을 주는가.

우선 행정조직은 법률에 따라 설립된다는 특성이 있다. 그런데 법이라는 것은 그 개폐과정이 공개되고 절차가 매우 복잡하다. 따라서 설치하는 것도 어렵고, 또 일단 설치되고 난 뒤에는 이를 축소·폐지하는 것은 더욱 어렵다. 결과적으로

1) 임도빈(2018), 「행정학: 시간의 관점에서」, 박영사, pp. 10-11 참조.
2) 상게서, pp. 7-9 참조.
3) Hal G. Rainey(2009), *Understanding and Manageing Public Organizations*, Jossey-Bass.

행정조직은 그의 생존을 보장받고 있는 것과 같다. 뿐만 아니라 국가는 영속적이기 때문에 국가에 속한 행정도 영속적일 수밖에 없다. 특히 어느 나라에서나 국가의 기본기능이라 할 수 있는 외교, 국방, 화폐, 교통과 통신, 법과 질서의 유지, 안전 등을 담당하는 조직들은 타조직에 비하여 더욱 영속적이다. 이들에 대해서 폐지하고자 하는 논의가 제기될 가능성은 거의 없다. 그러나 이런 기능을 담당하지 않고 있는 행정조직일지라도 사기업 등에 비하면 훨씬 오래 지속될 가능성이 높다.

우리나라의 경우에도 50년 이상 존속한 중앙행정기관은 국방부, 법무부, 농림부이고, 40년 이상 존속한 기관도 14개나 된다.[4] 폐지된 조직으로 분류한 것도 따지고 보면 다른 조직으로 기능이 승계된 것, 통합된 것, 격이 바뀐 것, 그리고 명칭이 변한 것 등이 많다. 이 경우 '개편'이라는 이름으로 일부 변화한 것에 불과하다.

또한 정부조직개편은 개별법에 근거한 일부 위원회 조직을 제외하고는 「정부조직법」에 근거하여 이루어진다. 그리고 일반법의 개정은 국회의 동의를 요하기 때문에 정부조직의 변화는 수시로 이루어지기보다 주로 정부가 교체되는 시점에 발생한다. 그리고 조직 고유의 기능으로 인해 해당 기능이 통째로 사라지는 형태의 폐지는 매우 드물다. 청 단위 기관들과 같이 집행 업무를 주로 담당하는 행정조직은 조직의 폐지뿐만 아니라, 개편이 이루어질 확률도 낮다.[5] 따라서 많은 경우 행정조직은 한 번 생기면 거의 영구적으로 존속한다고 봐야 한다.

둘째로 행정조직은 독점적이다. 자기의 고유한 업무분야 또는 조직영토 organizational field가 보장되어 있다. 사기업들은 같은 영역에 두 개 이상의 조직이 있어서 이들 사이에 경쟁을 한다.[6] 이에 비해 행정조직은 자신의 목적에 의한 관할권 또는 기능이 정해지면, 이와 중복되는 조직을 두지 않는 것이 원칙이

---

4) 민진(2006), 정부조직의 조직변동연구, 「한국사회와 행정연구」, 제17권 2호, pp. 8-9.

5) 윤주철 · 양지숙 · 전영한(2011), 조직개편, 기관특성, 그리고 정치적 환경: 한국 중앙행정조직의 생존기간에 관한 실증분석, 「한국행정학보」, 제45권 2호, pp. 187-213.

6) NPM개혁이후 행정조직에도 경쟁원리를 도입하자는 시도는 있으나, 정부조직 내부에 기능이 중복되는 조직을 두는 것까지 허용하는 것은 아니다. 예컨대 민간위탁을 할 때, 공개경쟁을 시킨다든지, 주기적으로 성과평가를 하여 업체 교체를 시키는 방식이 활용된다.

다. 만일 누가 유사한 조직을 또 하나 두는 것을 제안하면, 이는 중복으로 인한 혼선을 초래하고, 따라서 대국민관계의 책임규명에도 좋지 않을뿐더러 국민의 세금을 낭비한다는 비난을 받게 된다. 따라서 행정조직은 다른 조직에 비하여 독특하기 때문에 안정적이며, 법이 보장해 주는 독점력으로 인해 자기의 생존을 위하여 특별한 노력을 기울이지 않아도 현상을 유지할 수 있다.

이러한 분업방식 덕분에 개별 행정조직의 입장에서 보면 그의 영토는 확실하게 보장되어 있고, 누구도 이를 감히 침범할 우려가 없다. 웬만한 상황에서 행정조직은 그의 생존이 보장되어 있는 것이다. 기업체 등 다른 종류의 조직들에 비하여 행정조직들 사이에서는 경쟁이나 갈등이 매우 적다. 그러나 기업과 비교하는 관점을 떠나 행정조직들 자체만 보면 이들 사이에도 경쟁이나 갈등이 존재한다.

행정조직들 사이의 갈등은 대부분 기존의 기능배분관계를 재배열하기 위한 경우가 많다. 간혹 어떤 조직을 폐지하는 과정에서 갈등이 발생하기도 하나, 이는 매우 드물다. 행정조직들 사이의 기능분배에 관한 갈등은 주로 새로운 행정수요가 발생한 경우 그 수요를 충족하기 위한 조직의 신설을 둘러싸고 일어나는 경우이다. 행정조직들은 정부 전체의 정책결정과정 속에서 각자가 차지하는 권력구조상의 현 위치를 유지 또는 향상시키기 위한 경쟁을 한다. 기업들처럼 자기목표의 달성을 위해서 경쟁자의 영토를 침범하거나 경쟁자의 도태까지 불사하는 것과는 본질적으로 그 성질이 다르다. 행정조직들 사이의 경쟁과정에서 생기는 협상과 연합, 정치 현상은 이런 권력구조의 유지나 재조정과정에서 생기는 현상이다.

정치, 경제, 사회의 발전과 더불어 행정조직들 사이의 기능의 연결 관계가 많아지고 복잡해지면 갈등도 많아진다. 이때의 갈등 역시 상대방의 존립 자체를 위태롭게 하고자 하는 것보다 자기의 영토를 지켜내거나 확장하기 위한 것이다. 이는 영토의 확장이 권력구조상의 위치의 향상을 가져온다고 보기 때문이다.

셋째로 공무원들은 특별한 신분 보장을 받고 있다는 점에서 기업과 다르다. 신분의 보장은 공무원들로 하여금 소신껏 행동할 수 있게 한다는 장점이 있다. 이것은 경영학의 인사관리론을 행정부문에 그대로 적용하기 어려운 근본적인 이유이다.[7] 따라서 경영학에서 발달한 조직이론을 행정조직론에 적용할 때에는 주의해야 한다.

그러나 이러한 신분의 안정성은 동시에 단점도 된다. 공무원들로 하여금 이 보장 장치 속에 안주하면서 안일한 자세를 갖게 할 수도 있다. 소신껏 일하다가도 자기의 경력에 흠을 내는 것보다는 빈번한 환경변화 속에서는 오히려 무사하게 지내는 것이 안전하다는 생각을 갖게 된다. 정부의 안정적 운영을 위해 법적으로 명시한 신분보장이 무사안일을 보장하는 것이다.

넷째로 예산이 보장되어 있다는 점이 기업과 다르다. 행정기관의 업무는 장기적이고 연속적으로 이루어지는 경우가 많은데다가 전년도 답습주의로 인해 일단 확보해 놓은 예산은 계속해서 나오게 마련이다. 예산을 둘러싼 예산당국과 행정조직 간의 갈등도 예산의 증액을 위한 갈등이 대부분이다. 이상과 같이 공무원들은 소속기관이 안정적이고, 자기의 신분이 보장되어 있으며, 일을 하는 데 필요한 예산도 확보되어 있는 환경 속에서 일한다.

다섯째로 공무원이 일을 잘했는지 잘못했는지를 판별할 기준이 명백하지 않다. 사기업체는 이윤, 매출액, 절약액, 생산량, 판매량, 재고량, 주문량 등의 수치화할 수 있는 기준들이 있는 데 반해, 행정조직의 성과에 대해서는 이런 기준들이 없다. 혹은 유사한 기준들을 설정하더라도 공공업무의 특성상 이를 일률적으로 수치화하기가 어렵다. 따라서 설혹 일을 잘 하지 못해도 잘 드러나지 않는다.

사기업에서는 주로 효과성, 능률성, 경제성을 평가기준으로 적용하기 쉬운데 반해, 행정조직에서는 이들을 내세워 업적을 판단하기 어렵다. 생산성의 문제도 마찬가지다. 행정 성과를 측정하기 곤란하다는 것은 행정조직들 사이의 갈등을 해결하는 데 있어서 합리적인 기준을 제시할 수 없게 한다는 것을 뜻한다.[8] 따라서 행정조직 간의 갈등은 정치나 협상의 영역에 속한 경우가 많고, 이것은 곧 권력 작용의 개입을 의미한다. 따라서 일반적으로 갈등해결을 위한 시간이 오래 걸리며, 일부 신속하게 해결되는 경우는 위에서 아래로의 일방적인 권력작용에 의해서 발생할 확률이 높다.

---

7) 이런 시각의 연구로서 임도빈·유민봉(2019), 「인사행정론: 정부경쟁력의 관점에서」, 박영사 참조.

8) James G. March and Herbert A. Simon(1958), *Organizations*, New York, Wiley, pp. 121-129 참조.

여섯째로 행정조직은 기업조직에 비하여 간섭하는 행위자가 매우 많다. 즉, 모든 것을 비밀로 할 수 있는 일반 사기업에 비하여 행정조직은 상대적으로 국민 누구나 조직 내부를 알 수 있도록 하는 투명성이 높다.[9] 국회, 정당, 언론, 이익단체, 기타 사회단체 및 다양한 개인들이 관련 행정조직에 자기들의 이익을 주장하거나 관심을 표명하는 때가 많다. 어떻게 보면 앞에서 말한 공공부문의 성과평가가 어려운 대신 투명성 요건이 통제의 수단이 된다고 볼 수도 있다. 나아가서 효율성만 추구하는 경영부분에 비하여 여러 행위자들이 관심을 갖고 간여하게 됨에 따라 이들이 행정조직들 사이의 갈등을 발생시킨다. 그 결과로 협상, 연합 등으로 이루어지는 복잡한 정치과정이 형성되며, 따라서 권력이 중심요인으로 작용하게 된다. 정치가 민주화되면 될수록 투입이 많아지게 되고, 그 절차가 복잡해지며, 결정에 소요되는 시간도 길어진다.

정부에 대한 성과평가로서 투명성이 강조될수록, 역설적으로 행정 관료들은 일의 진행과정을 비롯하여 때로는 그 결과까지 공개하기를 꺼리는 경향이 있다. 그러나 정치권이나 여론기관은 물론이고, 이해당사자들인 국민들이나 단체들은 대중시위 등의 방법까지 동원하여 행정조직에 영향력을 행사한다. 행정조직의 입장에서 보면 행정조직을 둘러싼 환경은 정책을 도와주기보다 오히려 방해하는 측면이 더 많다고 느끼기도 한다. 또한 정책과정을 공개했기 때문에 당초의 의도와는 거리가 먼 결과를 낳는 때도 있다.

영혼 없는 관료라면 모르겠으나 추진해야 할 정책방향에 대한 확신이 강한 관료의 입장에서 보면, 행정조직은 사면초가(四面楚歌)의 처지라고 해도 과언이 아니다. 기본적으로 어떤 정책안을 끝까지 실현시키려면 특별히 많은 에너지 energy를 필요로 한다. 행정관료 개인적으로는 '전문성'으로 완벽하게 무장해야 업무를 둘러싼 환경을 본인에게 유리하게 바꿀 수 있다. 행정조직에게 이들을 둘러싸고 있는 다양한 행위자들을 이해시키고 설득하는 작업은 매우 중요하다. 그리고 이러한 능력 역시 행정관료가 갖춰야 할 '전문성'이라고 봐도 무방하다. 실제 적대적인 환경을 중립적이거나 우호적인 환경으로 만들어가면서 정책을 추진

9) Carolyn Ball, Kenneth L. Nichols Harold F. Gortner(2007), *Organization Theory: A Public & Non-Profit Perspective*(3rd), Wadsaworth, Chap.2 참조.

한다는 것은 쉬운 일이 아니기 때문이다.

마지막으로 행정조직은 기업체와 달리 법적 권한, 즉 강제력을 갖고 일을 한다. 행정조직의 특성 가운데 가장 중요한 것이 바로 이러한 강제력이며, 이는 법적으로 규정된 '행정수단administrative tool'이라 볼 수 있다. 즉 행정조직은 일반 국민들에게 정당하게 강요할 수 있는 힘이 있는 것이다. 물론 모든 행정기관이 이런 권력 작용을 하는 것은 아니며, 또한 행정조직이 하는 일이 언제나 권력 작용을 수반하는 것은 아니다. 그러나 일반적으로 행정조직이 행사하는 힘은 사회적 가치배분에 있어서 매우 큰 의의를 갖고 있다. 그러기 때문에 행정조직이 하는 일은 권력정치의 대상이 될 가능성이 많다. 그리고 이런 강요적 특성으로 인해 행정조직은 그가 갖고 있는 권력을 남용할 가능성도 높다.

합법적 강제력의 독점이라는 특성 때문에 행정은 종종 국민에게 이미지image가 좋지 않다. 민주화 이후 국민들은 행정조직이 자신들의 혈세로 월급을 받는 존재로 구성된 것이라고 보기 때문에, 심한 경우 비판을 받고 화풀이할 대상으로 보기도 한다. 될 수 있는 대로 행정기관과는 일생 동안 접촉하지 않고 사는 것이 편하다는 생각마저 존재한다. 극단적으로 표현하면 일반 국민에게 있어 행정기관은 기피의 대상이며, 접촉하는 경우에는 할 수 없이 상대하게 되는 존재라고 할 수 있다.

제 2 절 한국행정조직의 기초

Ⅰ. 첫 단추 : 일본식 기초에 미국식 첨가

우리나라 정부조직은 1948년의 제헌국회에서 헌법안이 통과된 이후 약 2주라는 단시일 내에 정부조직법을 초안하고 통과시킴으로써 성립하였다. 그리고 이것을 초안하고 토론에 참여한 대부분의 사람들은 과거 일본의 것에만 익숙해 있던 사람들이었다. 미국 군정청도 조선총독부의 행정조직을 약간 수정만 하고 기본 골격은 그대로 유지하였다는 점에서 크게 다르지 않았다. 결과적으로 과거 일본의 조직체계가 거의 그대로 독립 이후 한국의 정부조직에 이식되었다. 미국 군정

이 도입한 일부 새로운 원리는 정부조직법 제정과정에서 완전히 무시되었다.[10)]

우리나라에 미국식 행정학이 도입된 것은 1950년대 후반 이후의 일이다. 이때면 이미 행정조직의 기본골격이 일본식으로 확정된 이후다. 따라서 미국 행정학 이론을 우리나라 행정 조직에 적용해 기술하고 설명하는 것이 부자연스러운 것은 당연하다. 각종 개혁을 할 때, 미국식 행정학의 원리가 그대로 꼭 들어맞지 않는 것을 무리하게 맞추는 것 같이 느껴지는 경우가 있는 것도 이 때문이다.

실제로 미국의 행정이론에 의해 행정조직을 전면적 혹은 부분적으로 바꿔보려는 시도도 여러 차례 있었다. 미국식 직위분류제의 전면적 도입 시도가 하나의 예다. 또한 1990년 이후 정부조직의 효율화를 위해 민간의 조직운영원리를 도입, 세계적인 신공공관리론New Public Management 운동에 맞춰서 이런저런 개혁을 시도하기도 하였다.[11)] 하지만 대부분의 경우, 큰 실효는 거두지 못한 채 무늬만 도입되었다고 볼 수 있다.

Ⅱ. 집권화와 관청의 개념

우리나라 행정조직의 가장 큰 특징 중 하나는 집권화다. 우선 중앙정부와 지방정부와의 관계를 보자. 지방자치를 바라보는 중앙정부의 기본 태도는 매우 소극적이거나 부정적이다. 정권에 따라 일부 입장이 다를 수 있지만 모든 정권을 꿰뚫는 기본 성질은 같다.

제도적으로 "장관은 소관사무에 관하여 지방행정의 장을 지휘 · 감독한다"(정부조직법 제26조 3항)고 하여, 지방자치단체의 장이 중앙정부의 소관 사무에 관하여 장관들의 의사에 복종하도록 규정하고 있다. 이것은 지방자치단체의 사무를 국가사무와 지방사무로 나눌 때 전자에 해당하는 말이다. 그런데 실제로는 국가사무와 지방사무가 서로 완전히 분리되기보다는 얽혀 있어서, 사실상 중앙이 지방을 통제하기 쉽게 되어 있다. 예컨대 소요되는 재원을 중앙이 일부 담당하는 방식이 흔히 활용되는데, 돈을 주면 영향력도 동반되는 것은 세상의 이치이다.

---

10) 당시의 상황의 자세한 것에 대해서는 조석준(1967), 미군정과 제1공화국의 중앙부처의 변천에 관한 연구, 「행정논총」, 제5권 1호, pp. 121-162.

11) 임도빈(2007), 조직진단 사업의 사회학적 분석, 「한국행정학보」, 제41권 4호, pp. 89-112.

중앙정부는 지방자치단체가 어떤 사무를 할 수 있고, 해야 하는지에 관해 명령할 뿐 아니라 재정을 규율할 수 있고, 국가공무원을 파견할 수도 있다. 특히 정부의 운영에서 예산배분이란 수단이 중요해짐에 따라, 돈에 의한 통제권이 점점 강화되고 있다고 해도 과언이 아니다. 또한 새로운 지방자치단체의 설치 또는 존폐도 국회의 법률개정을 통해 이뤄져야 하지만 실질적으로 이를 결정하고 관리하는 주요 역할은 중앙정부의 몫이다.

중앙정부에서는 대통령에게, 행정조직에서는 장관, 처장, 청장 등 기타의 관서장에게 권한이 집중되어 있는 것은 일제의 잔재다. 중앙정부 안에서는 다시 대통령에게 모든 권한이 집중되어 있다. 즉, 정부조직법 제11조는 대통령의 행정감독권을 다음과 같이 명시하고 있다.

> ① 대통령은 정부의 수반으로서 법령에 따라 모든 중앙행정기관의 장을 지휘・감독한다.
> ② 대통령은 국무총리와 중앙행정기관의 장의 명령이나 처분이 위법 또는 부당하다고 인정하면 이를 중지 또는 취소할 수 있다.

그리고 행정조직 안에서는 국무총리, 장관, 처장, 청장, 기타의 행정기관의 장들에게 유사한 방법으로 권한이 집중되어 있다. 이와 같이 계서제상의 장들에게 권한이 집중되는 것은 일본을 통해 들어온 대륙법계의 행정법에서 "관청"의 개념이 법률적인 뒷받침을 하고 있다.

'관청'이란 정상에 있는 "직위"를 뜻한다. 장관・처장・청장・도지사・군수 등의 자리를 말하는 것이며, 부・처・청・도청・군청이란 조직을 말하는 것이 아니다. 대외적 효력이 있는 일은 관청만이 할 수 있고, 관청만이 소송의 당사자가 된다. 법률적으로 그 기관의 책임은 전부 그에게 있기 때문에 권한도 당연히 그에게 집중되게 마련이다.

제도적으로 정부조직법 제6조 1항에서는 행정기관(이것은 사실상 행정관청과 다를 바 없다)은 사무의 일부를 보조기관에 위임할 수 있게 규정하고 있다. 그리고 제2항에서는 "보조기관은 제1항에 따라 위임받은 사항에 대하여는 그 범위에서 행정기관으로서 그 사무를 수행한다"고 하여 놓고 있다. 그리고 행정조직마다 장관이나 기관장의 훈령 또는 규칙 등으로 위임전결규정을 두고 있으며, 그 속에서 보조기관에 대한 위임사항을 나열하고 있다. 제3항은 "행정기관은 법령으로 정하는 바에 따라 그 소관사무 중 조사 · 검사 · 검정 · 관리 업무 등 국민의 권리 · 의무와 직접 관계되지 아니하는 사무를 지방자치단체가 아닌 법인 · 단체 또는 그 기관이나 개인에게 위탁할 수 있다"고 되어 있다. 이 조항의 의미는 국민의 권리와 의무에 관한 한, 행정기관이 독점적으로 수행할 것을 명시한 것이다. 거꾸로 조사, 검사, 검정, 관리 등 단순 기술적technical이고, 관리managerial적인 사무는 행정기관이 아닌 조직 또는 개인에게 위탁할 수 있도록 규정하고 있다.

행정관청이 중요한 또 다른 이유는 법률상 분쟁이 있을 때, 행정관청만이 주체가 될 수 있기 때문이다. 행정소송법에서는 "취소소송은 다른 법률에 특별한 규정이 없는 한 그 처분을 행한 행정청을 피고로 한다"(제13조 1항)고 규정하고 있으며, 같은 법에서 "제1항의 규정에 의한 행정청이 없게 된 때에는 그 처분 등에 관한 사무가 귀속되는 국가 또는 공공단체를 피고로 한다"(2항)라고 하여 상위행정기관에 피고의 자격을 부여하고 있다. 실제 법원을 상대하는 실무는 법무담당관이나 변호사가 하겠지만, 법률상으로는 행정관청의 독점성을 명시하고 있음은 분명하다.

그리고 실제 형태면에서는 "관청"의 사고방식이 과거의 유산 그대로 유지되고 있어, 각 행정조직 안에서는 아직도 대부분의 사무가 기관장에게 집중되어 처리되고 있다. 관청식 사고방식 이외에도 기관장이 갖고 있는 인사권, 우리의 행정문화 등이 함께 작용하여 기관장에게로 모든 일이 몰리게 되어 있다. 국장이나 과장이 국가의 배상책임까지 수반할 권한을 위임해 달라고 장관에게 요구할 수도 없고, 장관도 인사권 등을 계속해서 갖고 있으면서 국가의 책임을 수반할 만한 일을 국장이나 과장에게 위임하기도 곤란하다.

사법적으로는 국민이 소송을 제기할 때에 장관(즉, 관청)을 상대로 하지, 국장이나 과장을 상대로 할 수 없다. 감사에서 어떤 결정이 잘못된 점을 발견하면 그 기관의 장이 경위서, 경고 등을 받지, 해당 부하에게 책임을 묻지 않는다. 물론 개인이 부정부패를 저지른 경우에는 당사자가 법적 책임을 면하는 것은 아니다. 이상과 같은 이유 때문에 "관청"의 사고방식은 실제 관행이 되어 여전히 살아 있으며, 우리의 행정조직을 위로 향하여 집권화시키고 있다.

Ⅲ. 조직법률주의

우리나라는 대륙법체계를 따르고 있는데, 이는 국민의 생활을 규율하는 법률은 절대적 선을 추구하는 것으로서 총체적, 그리고 체계적으로 정비되는 것을 특징으로 한다. 이는 분쟁이 있을 때마다 판례를 통하여 선(善)을 찾는 영미법체계와는 근본적으로 다르다.[12)]

행정의 다른 기능분야(예: 농업, 공업, 과학, 상업, 국방, 외교 등)는 국민의 생활과 직접 관계된 것들이기 때문에 이를 규제하거나 조장하는 경우, 법령으로 이를 정하는 것은 당연하다. 반면에 조직은 어떤 분야의 일을 하기 위한 수단에 지나지 않으며, 이 수단은 직접적으로 국민의 생활과 관련이 있어 보이지 않는다. 따라서 법령, 특히 국회의 의결을 필요로 하는 법률로 정할 필요가 없다고 생각할 수 있다. 그러나 민주주의 국가에서는 조직도 법령에 의해서만 설치 또는 폐지하게 되어 있다.

조세가 법률에 근거해야 하는 원리를 '조세법률주의'라고 한다면, 행정조직도 반드시 법률에 근거해야 하기 때문에 '조직법률주의'라고 명할 수 있을 것이다. 특히 정부조직의 기본 골격에 대해서는 1차적으로 헌법에 의하여 정하도록 되어 있다. 한 나라의 통치구조가 헌법의 규정사항이라는 것에 대해서는 이의가 있을 수 없다. 이에 더하여 민주주의 국가에서는 행정조직이나 기타 독립관서들에 관해서도 기본 골격은 법률로 정하게 되어 있다. 그 이유는 다음과 같다.

국민이 정부에 수임한 사항(즉, 기능)들을 맡아서 다루는 방법이자 내부적인 분업을 표현한 것으로서, 행정 각 부 및 기타 독립관서를 둔다. 그러나 어떤 부 또는 어떤 국을 둔다는 것은 분업상의 편의만을 위한 것은 아니다. 특히 기능부처나 기능국의 경우 어떤 부처나 국을 설치한다는 것은 정부가 바로 그 방면의 사업(즉, 정책, 프로그램)을 하고자 선언하였음을 의미한다. 즉 국민의 이해관계와 밀접한 관련이 있기 때문에 국민을 대표하는 국회가 관여하게 된다.

또한 조직관계의 사항을 법률로 하는 이유는 민주주의 국가이기 때문이다. 국

12) 임도빈(2018), 「행정학: 시간의 관점에서」, 박영사, pp. 248-249 참조.

회가 하위법령에 위임하지 않고 직접 심의할수록 조직의 설치과정에 대한 민의 통제는 강화되는 것이다. 반면에 행정부에 위임하여 조직의 설치나 폐지과정에 대한 재량권을 증가시키면 융통성은 확보될지라도 독주로 인한 방만한 운영을 낳을 가능성이 높아진다.

조직개편과정은 여러 이해관계가 얽히는 정치과정이며, 국회가 많은 것을 관장할수록 이 정치과정적인 속성이 커진다. 반면에 행정부에 많이 위임되면 될수록 상대적으로 정치과정적인 속성은 적어진다. 그리고 후자의 경우 재량권의 남용으로 인한 불합리한 조직개편의 가능성이 더 커진다. 행정조직의 구성에 있어서 조직법률주의가 중요한 이유이다.

조직의 설치나 폐지 등은 물론이고, 행정조직의 업무처리 절차와 기준을 정하는 규범을 '행정규칙'이라고 한다. 즉, 행정규칙은 상급행정기관이 하급행정기관에게 발하는 규정이다. 이것은 명문화되어 있기 때문에, 추후에 분쟁이 생길 때 판단의 기준이 된다. 이하에서는 우리나라의 정부조직관계의 주요법령들의 특색, 체계, 문제점과 개선방향 등에 대하여 논하고자 한다.

제 3 절 조직설치수단으로서의 법령

Ⅰ. 헌 법

헌법은 민주국가에서 국민의 일반의지general will를 표현한 것으로 한 국가사회를 지배하는 기본적인 권력관계를 나타내는 규범이다. 우리나라 헌법도 권력행사기관인 정부의 조직에 관한 명시적 조항을 가지고 있다. 헌법은 정부조직에 관하여 두 가지 의미를 갖는다. 첫째는 특별히 중요하다고 여겨지는 구조 또는 조직에 관하여 직접 규정하는 것이다. 둘째는 정부조직 중에서 헌법에 명시되지 않은 부분에 대해 하위법에 위임하는 것이다. 즉 헌법은 정부조직에 대한 최초의 법적 근거를 마련해 주는 의미를 갖는다. 우리나라의 모든 법령체제는 헌법으로부터 시작하여 파생하는 것이다. 따라서 헌법은 대한민국의 가장 근본법이며, 이를 개정하는 것은 일반 법률보다 훨씬 어렵게 하고 있다. 정부조직에 관한 첫째의 의미부터 살펴보기로 하자.

헌법은 '제4장 정부'에서 광의의 정부조직에 관하여 규정하고 있고, '제2절 행정부'에서는 비교적 협의의 행정조직에 대하여 언급하고 있다. 이들 헌법 조항 중에는 매우 자세한 것도 있고, 대강을 정하거나 명칭만 거명하고 있는 것도 있다. '제1절 대통령'에 대한 내용은 하위법이 필요 없을 정도로 많다. 국무총리에 관해서는 임명절차, 기능, 문민출신[13]으로서의 자격조건 등에 관해서 규정하고 있다.

행정 각 부에 대해서는 그 장의 자격('국무위원 중에서'), 기능(제95조) "총리령 또는 부령을 발할 수 있다"까지만 정하고, 제96조에 각 부의 명칭이나 수 등은 법률로 위임하고 있다.[14] 그런데 실제 임명절차를 보면, 제88조의 규정에 따라 국무위원을 15명에서 30명 사이로 일단 임명하고 그 이후에 장관을 임명하는 것은 아니다. 장관의 임명이 곧 국무위원의 자격을 획득하는 것으로 실제는 동시에 이뤄지는 셈이다. 즉, 행정기관의 장의 자격에 대한 규정은 유명무실한 것이라고 할 수 있다.

국무회의에 대해서는 구성, 의장, 부의장, 기능과 심의사항을 정하고 있다. 다른 종류의 회의체로는 국가원로자문회의, 국가안전보장회의, 민주평화통일자문회의, 국민경제자문회의 등을 둘 수 있게 되어 있는데, 이 중 국가안전보장회의는 반드시 두도록 규정하고 있다.

한편, 정부의 기타 조직체로는 감사원이 있다. 감사원의 소속, 기능, 원장 등의 임명절차, 감사위원의 수, 임기 등은 헌법으로 정하고 있으며, 기타 상세한 사항은 법률로 위임하고 있다. 다음으로 법원, 헌법재판소와 중앙선거관리위원회에 관한 규정이 있는데, 이들이 협의의 정부에 속하는가의 여부는 불확실하다. 그러나 선거관리위원회는 위원의 임명절차가 과거와는 달라졌다 하더라도 관례에 의

---

13) 제87조 4항의 '군인은 현역을 면한 후가 아니면 국무위원으로 임명될 수 없다'는 내용은 과거에 있었던 군사 쿠데타에 의한 정부구성가능성을 막기 위한 것이다.

14) 헌법 제94조는 '행정각부의 장은 국무위원 중에서 국무총리의 제청으로 대통령이 임명한다'로, 그리고 제96조는 '행정각부의 설치 · 조직과 직무범위는 법률로 정한다'로 되어 있다. 그런데 헌법 제88조 2항에 국무회의는 '대통령, 국무총리와 15인 이상 30인 이하의 국무위원으로 구성한다'로 되어 있어서, 장관은 수는 최소 15명에서 최대 30명이 될 수 있다고 해석할 수 있다.

해 대통령에 소속된 독립기관으로 보는 편이 옳을 것이다.

다음으로 하위법으로의 위임에 관해서 살펴보자. 헌법이 일반적으로 규정한 급에 해당하거나 또는 그 이상 급의 조직 또는 직위를 헌법의 위임 없이 하위법으로 이를 설치하는 것은 위헌의 소지가 있다. 이런 맥락에서 국가정보원은 위헌적 조직의 한 예가 될 수 있다.

국가정보원은 국가정보원법에 의하여 설치되어 있다. 이에 관한 근거규정은 헌법에는 없고, 하위법인 정부조직법에서야 비로소 나온다. 정부조직법 제17조를 보자.

> ① 국가안전보장에 관련되는 정보·보안 및 범죄수사에 관한 사무를 담당하기 위하여 대통령소속으로 국가정보원을 둔다.
> ② 국가정보원의 조직·직무범위 그 밖에 필요한 사항은 따로 법률로 정한다.

국가정보원은 행정 각 부에 속하는 어떤 부처들 못지않게 중요하며, 상당한 권력을 행사하는 기관이다. 그럼에도 불구하고 행정 각 부는 아니다. 왜냐하면 그 장이 국무위원이 아니기 때문이다. 그러면서도 실제로는 장관 이상의 대우를 받고 있으며 대통령직속기관이다. 이 정도 급의 조직이라면 당연히 헌법상에 근거가 있어야 한다. 현재 상태엔 위헌의 소지가 있는 것이다.

국가정보원의 위헌적 상태를 해결하는 두 가지 방안이 있다. 첫째는 국가정보원도 행정 각 부의 하나가 되는 길이다. 이 경우 국가정보원장을 국무위원으로 임명해야 하며 국무총리 총괄하에 들어가야 한다. 둘째는 어떤 부의 밑에 들어가 보조기관이 되든지 또는 소속 청이 되는 방법이 있다. 이상 두 가지는 모두 현행 헌법을 개정하지 않는다는 것을 전제로 한 것이다. 저자들은 두 번째 방법에 찬성하며, 보조기관 혹은 소속 청으로서 국가정보원도 충분히 현재의 기능을 수행할 수 있다고 본다. 현행대로 두면 위헌일 뿐만 아니라 업무수행을 위한 법령을 제정하기도 어렵게 되어 있다. 대통령직속이기 때문에 총리령으로 할 수도 없고 그렇다고 대통령령으로 한다고 하더라도 국무위원이 아니기 때문에 이를 심의할 국무회의에도 참석할 수 없다.

위헌적 요소를 갖고 있는 또 하나의 예는 부총리이다. 이 제도는 이명박 정부 때 폐지되었다가 2014년 경제부총리, 교육부 장관이 겸임하는 사회부총리로 부활하였다. 이처럼 한번 생긴 조직과 제도는 폐지된 후에도 부활하려는 경향이 있다. 관료들의 조직팽창 성향과 더불어 어떤 제도든 최소한의 긍정적인 면이 존재하기 때문이다.

그러나 부총리제를 두는 것은 법률 체계상 문제가 있다. 헌법은 국무총리, 국무위원, 행정 각 부의 장(장관) 등에 대해서는 규정하고 있지만 부총리에 관한 언급은 어디에도 없다. 부총리는 국무총리와 장관의 사이에 해당하는 직급이다. 부총리보다 낮은 장관에 대해서는 헌법이 규정하면서 그보다 상위직인 부총리에 대해서 규정하지 않은 이유는 헌법을 만든 사람들이 이런 직위를 인정하지 않는다고 봐야 한다.[15)]

Ⅱ. 정부조직법

정부조직법은 정부조직에 관한 기본법이자 일반법이다. 행정기관은 특별법에 의해서도 설치할 수 있지만 대부분의 경우에 정부조직법에 의하도록 되어 있다. 특별법에 의한 행정기관의 예는 금융위원회로서, 금융분야의 국가권력을 행사하는 기관이지만 정부조직법에 행정기관으로 나열되지 않고, "금융위원회의 설치 등에 관한 법률"이 별도로 존재한다. 최근에는 정부의 기능이 다양화되고 있으며, 또한 기능에 따라 정부부처보다는 다른 법적인 지위를 가지고 활동을 해야 할 필요성이 커짐에 따라 특별법에 의해 설치되는 행정기관도 증가하는 추세에 있다. 이것도 행정조직의 복잡성complexity을 증대시키는 요인이다.

하지만 특별법에 의하여 설치되는 조직도 그 내부 구성은 원칙적으로 정부조직법의 규정에 따르게 되어 있다. 결국 이러한 행정조직도 법적인 면에서 조직원리뿐만 아니라 운영도 정부조직법이 정하는 것과 유사하게 되는 구조유사성isomorphism을 나타낸다. 따라서 정부조직법이 규정한 것 가운데 모든 행정조직들이 공통적으로 가지고 있는 특성을 이해하는 것이 우리나라 행정조직을 이해하

15) 이상과 같이 국가정보원 조직이나 그리고 과거의 부총리라는 직위가 헌법상에 근거를 마련하지 못하고 편법에 의하여 설치된 것은 이 제도들을 채택한 당시의 정부가 헌법 개정의 어려운 절차를 피해보고자 했던 편의적 발상에서 연유했다.

는데 필수적이다.

여러 법 사이에는 계서제적 특성이 있어서 상위법이 하위법에 우선한다.[16] 정부조직법은 중앙행정기관의 명칭을 부·처 및 청으로 하도록 하고 있다(제2조 2항). 그러니까 행정 각 부의 명칭이 나오는 것은 정부조직법이 처음이다. 새 대통령이 당선되면, 정부부처의 명칭을 명시적으로 나열하는 정부조직법이 국회에서 통과되어야 비로소 장관의 인선에 들어갈 수 있다.

실, 국 등의 명칭은 대통령령인 각 행정기관의 직제가 규정한다. 정부조직법이 중앙행정기관의 내부분업에 관하여 대통령령인 직제에 위임하고 있기 때문이다. 그러나 직제에 내부분업을 규정하는 것도 마음대로 할 수 있는 것이 아니라 일정한 원칙에 따라야 한다. 이러한 원칙에 따라 우리나라의 행정 각 부는 장관, 차관, 차관보, 실장, 국장, 과장 등으로 규정되어 있다. 다만, 실장·국장 및 과장의 명칭은 대통령령으로 정하는 바에 따라 본부장·단장·부장·팀장 등으로 할 수도 있다. 즉, 행정조직에서 사용하는 명칭과 직급은 기본적으로 정부조직법에서 규정한 원칙에 따르되, 일부 예외가 있을 뿐이다.

정부조직법에 따르면 특별지방행정기관, 부속기관은 대통령령으로, 합의제행정기관 등의 위원회에 대해서는 법률로 정하도록 하고 있다. 행정기관이 둘 수 있는 부속기관은 시험연구기관, 교육훈련기관, 문화기관, 의료기관, 제조기관, 그리고 자문기관 등이다.

또한 계서제적 특성을 갖는 것으로서 행정기관의 장이 그 권한을 모두 행사할 수 없을 때 하급기관에 위임하는 규정을 들 수 있다. 권한의 위임에 관하여 행정기관의 장이 보조기관이나 하급행정기관에, 혹은 또 다른 행정기관이나 지방자치단체에 대하여 위임 또는 위탁할 수 있다. 나아가 필요에 따라 민간 법인, 단체 또는 기관이나 개인에게도 위탁할 수 있다. 공무원의 정원에 대해서는 이를 대통령령으로 정하도록 하였으며, 정원의 증원에는 당연히 예산 조치가 병행되어야 함을 명시하고 있다.

정부조직법은 이상과 같은 공통사항 이외에 대통령, 국무회의, 국무총리에 속

16) 오스트리아 출신 법학자인 Hans Kelsen이 체계화한 이 논리를 '법단계설'이라고 한다.

하는 조직들의 이름을 나열하고 있으며, 그 장의 직위 등에 대해서 규정한다. 특히 이 가운데 정부를 구성하는 핵심요소인 행정 각 부가 구체적으로 어떠한 것들인가 하는 것도 그리고 이들 사이의 순위도 정부조직법에서 비로소 나온다. 정부조직법에서 말하는 행정 각 부는 그 조직의 명칭에 "부(部)"가 붙는 것만을 가리킨다. 그러나 이것은 협의의 행정 각 부로 보는 때의 이야기이다. 광의로 본다면 국무위원으로서 장을 보하고, 간접적으로나마 총리령에 의하여 일할 수 있는 "처(處)"들도 행정 각 부에 속한다고 보아야 한다. 왜냐하면 헌법은 행정 각 부에 관하여 다음과 같이 규정하고 있기 때문이다.

> 제94조 행정 각 부의 장은 국무위원 중에서 국무총리의 제청으로 대통령이 임명한다.
>
> 제95조 국무총리 또는 행정 각 부의 장은 소관 사무에 관하여 법률이나 대통령령의 위임 또는 직권으로 총리령 또는 부령을 발할 수 있다.

이러한 "처"들은 총리의 보조기관이 아니라 각각 행정기관이지만 이들이 하는 일은 총리령에 의하도록 되어 있다. 박근혜 정부의 국민안전처의 장은 국무위원이며, 장관으로 명칭을 부여한 바 있다. 그러나 소관 사무에 관하여 국민안전처장관령을 발할 수 없고 총리령에 의했다. 보조기관인 내국에 대해서는 정부조직법에서는 발견할 수 없다.

한편, 조직의 설치, 폐지과정에 국회가 더 많이 관여하는 것이 옳다고 본다면, 우리나라 정부조직법이 갖는 문제점은 다음과 같다.

첫째는 행정조직에 관한 것을 정부조직법 하나에 전부 묶어서 한꺼번에 규정할 것인가 또는 각 행정기관마다 별도의 법률에 의할 것인가의 문제다. 즉 정부조직법은 공통사항만 규정하고, 구체적·개별적인 것은 행정안전부법, 외교부법 등과 같이 하는 방법이 있다. 행정부의 재량이 지나치게 축소된다는 의견이 있을 수 있지만 일본의 선례가 있다.

둘째는 "국(局)"에 대해서 대통령령인 직제에 위임하지 말고, 법률에서 정하는 것을 생각할 수 있다. 이 역시 행정부의 재량권을 제한하고 국회의 심의권을 강화하자는 취지다. 중앙정부의 국은 특정 이익집단만을 고객으로 갖고 있는 경우가 많다. 대체로 행정부는 조직팽창을 위해 무조건 국을 늘리려는 경향이 있다.

따라서 국을 설치하거나 폐지하는 것은 어떤 특정분야의 국민들에 대한 새로운 서비스가 시작되거나, 있던 서비스가 없어진다는 것을 의미한다. 국민들의 생활에 직결되는 경우인 만큼 민주적 절차, 즉 국회의 심의를 거치는 것이 옳다고 할 수 있다. 역사적으로 우리나라도 유신체제 이전에는 심의를 거치도록 되어 있었다. 그러나 이것은 오늘날 국회가 국민의 신뢰를 얻는다는 전제하에서만 생각해 볼 만한 대안이다.

셋째는 특별지방행정기관과 부속기관의 설치를 대통령령에 의하도록 규정하고 있는 점이다. 즉, 이들을 쉽게 설치·폐지할 수 있게 하여 놓고 있다. 그러나 특별지방행정기관과 부속기관도 법률에 의하는 방법을 고려할 필요가 있다. 국회가 행정부를 견제한다는 의미에서 외부통제를 가하는 방안이다. 현재의 정부조직법상으로는 동 기관들이 정부의 주요 기능을 수행하는 행정기관임에도 불구하고, 외부통제를 가하기엔 법적으로 근거가 전혀 없는 상태이다. 물론 이것도 국회가 과거의 행태에서 벗어나 건설적인 비판역할을 수행한다는 전제하에서이다.

Ⅲ. 행정기관의 조직과 정원에 관한 통칙

행정기관의 조직과 정원에 관한 통칙(이하 통칙)은 1984년에 제정된 대통령령으로서 행정기관의 조직 및 정원의 합리적인 책정과 관리를 위한 일반적인 기준을 정하고 있다. 이에 더하여, 지방자치단체에 두는 조직과 정원에 관한 규칙을 별도로 두고 있다(후술). 이것은 조직관리에 관한 일반적 원칙과 기준을 정함으로써 대한민국 범정부차원에서 능률적으로 조직을 운용하는 것을 목적으로 하고 있다.

먼저, 중앙정부를 대상으로 하는 통칙의 내용은 다음과 같다.

첫째로 새로운 조직을 설치할 때 필요한 여러 기준을 제시한다. 조직의 "업무의 성질 또는 기능", "업무의 양"을 고려하며, 업무의 "독자성"과 "계속성", 기존의 행정기관의 업무와 "중복이 없어야" 할 것을 기준으로 삼고 있다. 또 "기존행정기관의 직무개편 등만으로 그 업무를 수행할 수 없을 정도로 타당성이 있어야" 한다. 즉, 통칙은 조직효율성을 추구하는 방향으로 필요한 기준을 제시하고 있기 때문에 각 조직은 업무중복이 없는 독점성을 행사할 수 있다. 이는 유사한 조직 간 경쟁을 통해 효율성을 추구하려는 민간부문과 근본적으로 다른 원칙이 작동하고 있음을 알 수 있다.

둘째, 조직 내 자리를 배정하는 원칙으로 직급의 서열을 중시하는 원칙을 천명하고 있다(제23조 정원의 배정). 즉, 행정기관 내 직급을 배정할 때에는 업무의 성질, 난이도, 책임도 및 다른 행정기관과의 균형 등을 고려해야 한다고 명시하고 있다. 또한 중앙행정기관과 지방행정기관 사이에 정원을 배분하는 대원칙으로서 직급 중심의 차등을 두도록 하고 있다. 중앙행정기관에는 원칙적으로 5급 이상의 공무원을 두도록하고, 이에 부수적으로 최소한 6, 7급의 공무원을 두게 되어 있다.

이에 비하여, 지방행정기관에는 원칙적으로 6급 이하의 공무원을 두도록 하고, 최소한의 5급 이상 공무원을 두게 되어 있다. 즉, 중앙행정기관은 5급 이상의 고위직으로, 지방행정기관은 6급 이하의 하위직으로 2원화하여 상하관계를 상정하고 있다. 이것은 중앙행정기관과 지방행정기관의 기능배분의 원칙과 상응하는 것이다. 제5조 1항은 중앙행정기관은 기획·조정 또는 통제기능과 전국적으로 통일을 요하는 집행업무를, 지방행정기관은 기타 집행업무를 담당한다고 명시하고 있다.

셋째, 통칙은 직제단위와 직제로 규정할 사항들을 요구하고 있다(제4조 직제 등). 모든 행정기관은 하나도 빠짐없이 직제라는 것을 갖고 있어야 한다. 직제는 대통령령으로 하고, "**(행정기관이름) 직제"라고 칭한다. 직제에 포함해야 하는 내용은 1) 행정기관의 설치와 그 소관업무, 2) 하부조직과 그 분장업무, 3) 직위에 부여되는 계급(고위공무원단에 속하는 공무원으로 임용되는 직위의 경우에는 공무원의 종류), 4) 공무원의 종류별·계급별 정원(고위공무원단에 속하는 공무원의 경우에는 공무원의 종류별 정원) 등이다.

그리고 2) 행정기관 내에 두는 첫 번째(예: 실, 국) 하부조직과 분장업무를 직제에서 규정하고, 그 이하의 하부단계의 조직에 대해서는 직제 시행규칙을 통해 규정한다. 대통령령은 국무회의의 심의를 거치지만, 시행규칙은 총리령이나 부령으로써 행정기관이 좀 더 자율적으로 규정할 수 있다는 장점이 있다.

한편, 직제에 반드시 포함되어야 하는 요소인 3), 4)의 정원에 관한 사항은 모든 행정기관에 해당되는 것은 아니다. 총액인건비제도(후술)를 채택하고 있는 행정기관은 이를 직제에 명시할 필요가 없다.

넷째로 조직의 팽창을 억제하기 위해 정원관리에 관해 많은 규정을 두고 있다. 새로운 행정기관의 설치를 억제하기 위한 조항으로서 '업무의 성질과 양으로 보아 기존행정기관의 기구개편 등으로' 해당 업무를 수행할 수 없어야 한다는 조건을 명시하고 있다(제6조 3항). 그러나 정원에 관해서 '최소정원'보다는 '적정 규모'라는 표현을 쓴다. 제3조 조직과 정원의 관리목표에는 다음과 같이 규정되어 있다.

> 행정기관의 조직과 정원은 그 업무의 성질과 양에 따라 업무수행을 위한 적정 규모가 유지되도록 하여야 한다.

이 조항에서 '적정규모'가 과연 무엇을 의미하는가에 대해서는 해석의 여지가 있다. 그런데 이 통칙의 제정이유를 명시한 제1조 '능률적인 행정조직관리'는 적어도 적정규모를 해석하는 데에도 적용될 수 있다고 본다. 정부조직 전체라는 '숲'을 보지 못하고, '나무'만 보는 개별 행정의 입장에서는 '항상 더 많은' 정원을 요구할 것이기 때문에, 전 정부차원에서 중복이 없고 체계적으로 조직을 관리할 것을 원칙으로 명시하고 있다. 그리고 통칙 곳곳에 이러한 정신을 엿볼 수 있는 조항들이 있다. 예컨대, 보좌기관의 설치를 규정한 제12조 2항의 '업무수행에 필요한 **최소한의**(필자 강조) 하부조직을 둘 수 있다'가 그것이다. 항구적인 조직을 만들기보다는 한시조직을 두는 규정을 둔 것도 이런 차원에서 해석할 수 있다. 주먹구구식으로 그때그때 정원을 늘리기보다는 장기적인 안목에서 운영하라는 취지에서 '중기인력운영계획'을 의무시하는 것도 같은 맥락에서 이해할 수 있다.

사실 정원의 억제적 관리는 이 통칙을 기반으로 행정관리 담당(총무)부의 핵심 관심사항이었다. 과거에는 어느 행정기관의 직급별 정원이 정해져 있어서 한 명을 늘리려고 해도 행정관리 담당부의 승인을 얻어야 했다. 그러나 중앙에서 일일이 관리하는 것에 대한 비현실성 등이 지적되면서, 점차 융통성을 부여하려는 제도개선이 이뤄져 왔다. 총액인건비제가 대표적인 예인데, 이는 정원관리원칙이

'단순성'에서 '복잡성'으로 변화해 오고 있음을 보여준다.

다섯째로 보좌기관의 설치에 대한 규정을 두고 있다(제12조 보좌기관의 설치). 보좌기관의 명칭은 정책관·기획관·담당관으로 하고 있고, 필요한 경우에 하부조직을 둘 수 있도록 하고 있다. 차관보에 대해서도 규정을 하고 있는데, 차관보 밑에는 하부조직을 둘 수 없도록 명시하고 있어 보좌기관으로서 성격을 명확히 하고 있다.

여섯째로 보조기관을 둘 수 있는 근거로서 중앙행정기관의 소관업무 중 성질이나 양에 따라 수 개로 분담하여 수행할 필요가 있을 것으로 명시하고 있다. 제14조의 규정에 나오는 보조기관의 명칭은 실장·국장과 과장·본부장·단장·부장 및 팀장이라고 할 수 있다.

일곱째, 한시적 조직, 특별지방행정기관, 자문기관, 합의제 행정기관 등의 설치에 관하여 규정하고 있다. 한시적 조직이라는 것은 긴급히 발생하는 행정수요에 대처하기 위하여 중앙행정기관의 장이 보조기관이나 보좌기관을 3년이라는 시한 안에서 설치·운영하는 것을 말한다(제17조의3 한시적 보조기관 등의 설치). 특별지방행정기관은 중앙행정기관의 업무를 지역적으로 분담하여 수행할 필요가 있고, 당해 업무의 전문성과 특수성으로 인하여 지방자치단체 또는 그 기관에 위임하여 처리하는 것이 적합하지 아니한 경우에 설치한다. 지역적인 특수성, 행정수요, 다른 기관과의 관계 및 적정한 관할구역 등을 감안하여야 한다. 그리고 이때에도 중간감독기관은 가급적 두지 않도록 하고, 부기관장도 가급적 두지 않는 방향으로 규정하고 있다(제18조 특별지방행정기관과 그 하부조직의 설치). 자문기관인 위원회에도 행정기관 소속 위원회의 설치·운영에 관한 법률에 의하도록 하고 있다(제20조 자문기관의 설치). 합의제 행정기관에 대해서는 행정기관에 그 소관사무의 일부를 독립하여 수행할 필요가 있을 때에는 법률이 정하는 바에 의하여 행정기능과 아울러 규칙을 제정할 수 있는 준입법적 기능 및 이의의 결정 등 재결을 행할 수 있는 준사법적 기능을 가지는 행정위원회 등을 둘 수 있게 하고 있다(제21조 합의제행정기관의 설치). 소청심사위원회와 공정거래위원회가 그 예이다. 이들은 별도의 법률이 있어야 설립이 가능하다.

한편, 지방자치단체에 조직자율권이 부여되면서, 어떻게 하면 효율적으로 조직을 운영하는가가 문제시되었다. 종전에는 상술한 행정기관의 조직과 정원에 관한 통칙이 그대로 적용되었었다. 이제는 이와 기본골격은 유사하면서 대상을 지방자치단체로 하는 「지방자치단체의 행정기구와 정원규정 등에 관한 규정(대통령령)」이 제정되어 적용되고 있다. 그 내용은 「행정기관의 조직과 정원에 관한 통칙」의 초기 내용과 같이 좀 더 객관적인 기준을 설정하고 있다. 예컨대 국의 설치는 그 밑에 4개 이상의 과를 설치할 수 있을 정도의 업무량을 기준으로 하고 있고, 과의 설치는 12명 이상의 업무량을 기준으로 하고 있으며, 1명의 정규직은 연간 250일 이상의 업무량을 의미한다. 특히 인구수에 근거하여, 기구수를 제한하는 공식을 제시하는 등 중앙행정기관에 대한 규정보다는 좀 더 구체적이고 객관적인 수치를 제시하고 있다는 특징이 있다.

Ⅳ. 직 제

모든 행정기관은 "***부와 그 소속기관의 직제"라는 명칭의 대통령령을 가지고 있다. 이 직제단위와 직제가 담아야 할 내용은 위에서 언급하였다. 직제는 일반적으로 다음과 같은 형식으로 되어 있다. 보통 제1조에서 ***부와 그 소속기관의 조직 및 직무범위, 그 밖에 필요한 사항을 규정함을 목적으로 한다는 "목적"을 규정한다. 보통 제2장에서 "소속기관"의 명칭을 소개한다. 그 이후의 조항에서는 행정기관의 핵심미션이라고 할 수 있는 사항들이 적시된다. 그리고 본청의 하부조직들의 이름들이 나열되면서 실, 국, 과(인사, 운영지원 등) 등의 분업상황이 소개된다. 각 실이나 국에 한 개의 조문이 할당되면서 그 속에서 관장사항을 보통 10개 이내로 개괄적으로 표현한다. 다음으로 소속기관 하나하나에 대하여 장을 나누어 가면서 그 속의 하부조직들의 구성과 소관사항들을 마찬가지 방법으로 소개한다. 마지막으로 별표에 의하여 본청과 부속기관별로 공무원의 정원을 공무원의 종류와 직급마다 그 수를 표시한다.

한 과의 업무를 10개 이내의 항목으로 표현해놓으면 매우 개괄적일 수밖에 없다. 이러한 관장사항은 보통 그 국실에 소속되어 있는 과의 핵심 업무를 나타낸다. 이렇게 포괄적으로 업무를 제시하면 융통성이 있다는 장점은 있지만, 반면에 새로 부임하는 자가 일을 습득하는 데 오래 걸리고, 업무량을 측정하기도 힘들며, 사람에 따라서 일하는 내용이나 방법이 달라지기 때문에 조직을 진단하고 설계하는 쪽에서도 과학적인 결론을 얻기가 힘들다. 좀 더 구체적으로 말하면 현재 분장사항을 "…의 지도", "…의 계획", "…의 관리", "…의 운영", "…의 시행", "…의 추진", "…의 지원" 또는 이들과 비슷한 표현을 써서 "…에 관한 사항"이라고 하고 있는데, 이 용어들의 속을 들여다 보면 사실 아주 많은 일들로 구성되어 있다.

직제가 해당 행정기관의 국 단위까지의 조직을 규정하는 것이라면, 과 또는 이에 상응하는 보좌기관(즉, 담당관 등) 이하의 단위는 직제시행규칙에 의하여 규정된다. '**부와 그 소속기관의 직제 시행규칙'이라는 명칭으로 발하는 총리령 혹은 부령이다. 직제 시행규칙에 비로소 과 단위 분장업무가 열거된다. 그리고 각 과장직에 보하는 직급에 관한 사항은 그 행정기관에 두는 직급별 정원도 명시된다.

이러한 직제시행규칙이 행정기관 내부에서 무엇이 이뤄지고 있는가를 가장 세부적으로 나타내는 공식문서이다. 그러나 여전히 보조보좌기관이 하는 일의 대체적인 사항만 서술되어 있다. 물론 직제시행규칙이 얼마나 더 자세히 서술되어야 하는가에 대한 정답은 없다. 보통 직위분류제하의 직무기술서의 내용보다는 크게 정의해 놓고, 상황에 따라 융통성 있게 업무를 수행하는 방법이 현재의 방법이다. 하지만 앞으로는 분장사항의 표기방식을 지금보다 훨씬 더 세분화하는 방향으로 가야 업무 표준화를 통한 전문화가 가능해질 것이다.

Ⅴ. 행정권한의 위임 및 위탁에 관한 규정

행정권한의 위임 및 위탁에 관한 규정(이하 규정)은 대통령령으로서, 크게 보아 두 가지 부분으로 구성된다. 하나는 목적 · 개념 · 행정 기관 간 위임, 위탁과 민간 위탁 등을 정한 총론부분이고, 둘째는 각 행정기관의 구체적인 위임 · 위탁 사항들을 나열한 각론부분이다. 주로 중앙행정기관이 자기 지휘 하에 있는 특별지방행정기관에 위임하는 사항을 나열하고 있다. 예컨대 '경찰청장은 다음 각 호

의 사항에 관한 권한을 지방경찰청장에게 위임한다'(제28조)의 식이다.[17)]

우리는 여기서는 주로 전자에 관심이 있다. 그동안 정부가 행정권한을 많이 위임하거나 위탁했기 때문에 후자의 부분에 대한 개정은 빈번하게 이루어져 왔다. 같은 권한을 주는 것이지만 위임과 위탁은 수임기관이 무엇이냐에 따라 구분된다. 먼저 위임은 '법률에 규정된 행정기관의 장의 권한 중 일부를 그 보조기관 또는 하급행정기관의 장이나 지방자치단체의 장에게 맡겨 그의 권한과 책임 아래 행사하도록 하는 것'을 말한다. 즉, 행정기관의 장이 자기의 지휘권 하에 있는 기관, 즉 보조기관인 국장・과장이나 교육원・시험장과 같은 부속기관의 장에게 위임하는 것, 특별지방행정관서와 지방자치단체의 장에게 위임하는 경우를 말한다. 지방자치단체는 국가행정기관과는 법인격이 다르지만, 국가위임사무에 관해서는 같은 행정체제 내에 있는 것으로 간주하기 때문에 '위임'이란 용어를 쓴다.

둘째로, 위탁은 법률에 규정된 행정기관의 장의 권한 중 일부를 '다른 행정기관'의 장에게 맡겨 그의 권한과 책임 아래 행사하도록 하는 것을 뜻한다. 이는 단위가 다른 행정기관간의 업무관계를 말한다. 여기에 민간위탁이란 개념이 있는데, 이는 수임기관이 행정기관 혹은 지방자치단체가 아닌 법인・단체 또는 그 대표자나 개인에게 위탁하여 그 명의와 책임 하에 권한을 행사하도록 하는 경우를 말한다. 이는 신공공관리론New Public Management개혁 이후 우리 정부에 많이 도입된 제도이다. 규정은 권한을 위임하거나 위탁하는 목적을 "행정능률의 향상"과 "행정사무의 간소화" 및 "권한과 책임을 일치"시키기 위한 것이라고 제1조에서 선언하고 있다. 권한을 위임하면 실정에 더 맞는 결정을 할 수 있고, 절차도 간소화되기 때문에 신속한 행정을 할 수 있다는 것이 "행정능률의 향상"과 "행정사무의 간소화"에 내포된 뜻일 것이다.

규정은 권한과 책임의 일치를 강조하고 있다. 다른 조문에서도 "그의 권한과 책임 하에…"라든가 "그의 명의와 책임 하에…"라는 표현을 쓰고 있다. 또 제8조(책임의 소재 및 명의표시)에서는 "수임 및수탁사무의 처리에 관한 책임은 수임

17) 이와 같이 같은 중앙행정기관이지만 지방에 소재하여 주민과 밀접하게 상호작용하는 지방행정기관에 위임하여 반응성(responsiveness)을 높이는 것을 프랑스 어로 '지방분권(deconcentration)'이라고 한다. 이는 중앙행정기관의 업무를 지방자치단체에 넘기는 지방자치(decentralization)와 구분된다.

및 수탁기관에 있으며, 위임 및 위탁기관의 장은 그에 대한 감독책임을 진다"고 명시하고 있다. 수임기관 및 수탁기관은 이 경우 자기의 명의로 시행해야 한다고 요구하고 있다. 수임자 또는 수탁자가 자기에게 주어진 권한을 충분히 행사할 수 있게 하기 위해서 위임기관이나 위탁기관은 사전승인이나 협의의 요구를 할 수 없도록 하였다(제7조 사전승인등의 제한).

그러나 실제 운영은 다르다. 즉 제8조 1항에 따라 위임위탁사무에 관해서도 여전히 감독책임은 위임위탁기관에 있기 때문에, 수임수탁기관이 완전자유를 누리는 것은 아니다. 따라서 여전히 실질적인 권한이 위임위탁 기관에 있는 경우가 많다. 실질적인 권한-책임일치의 원칙이 지켜지지 않는 것이다. 소위 '내락의 관행'이 그것인데, 수임자 또는 공식적인 권한의 소유자로 하여금 사전에 상급자(기관)의 승인을 받게 하고 있다. 물론 내락 가운데는 결재권자의 사전승인을 얻어서 결재에 올리는 경우도 있으나, 결재권자 자신이 상급자의 의향을 어떤 형식으로든 물어보는 것은 이 규정의 요구를 위반하는 것이라 할 수 있다. 현실에서 상급자가 인사권자이기 때문에 이 규정이 지켜지기가 더욱 어렵다.

정부는 권한의 위임·위탁사업을 중시해왔다. 특히 근래에는 기업 등에 대한 규제완화 정책을 집행하면서 위임·위탁의 폭을 늘리고 몇몇 사업은 아예 없애기도 하였다. 규제를 완화하거나 위임·위탁을 하면 그 결과로 당연히 업무량은 줄게 마련이다. 따라서 위임·위탁을 하는 기관의 인력과 예산이 감축되어야 함에도 잘 이뤄지지 않은 측면도 있다. 어느 기관도 이를 자발적으로 할 생각이 없었고, 위임이나 위탁 또는 규제완화의 요구에 대한 당사자들의 반발을 억제할 수 없었기 때문이었다.

한편, 규정은 "재위임"에 관한 조문도 두고 있다. 서울특별시장, 광역시장, 또는 도지사는 행정의 능률향상과 주민의 편의를 위하여 필요하다고 인정할 때에는 수임사무의 일부를 그 위임기관의 장의 승인을 얻어 규칙이 정하는 바에 따라 구청장, 시장, 군수 기타 소속 기관의 장에게 다시 위임할 수 있다. 즉, 광역자치단체가 국가사무의 일부를 관할 기초자치단체에 재위임하는 경우이다. 호적이나 주민등록관리는 국가사무로서 행정안전부의 소관이고, 여권관리도 외무부의 소관이다. 그런데 일반국민들은 시·군·구청의 민원실에서 이들 업무를 해결한다. 이는 국가사무가 기초자치단체에 재위임되었기 때문에 가능한 것이다.

이런 단순사무이외에 어느 정도 정책적 판단이나 가치가 포함된 사무도 위임된다. 기초자치단체는 이런 사무의 비중이 많아서 자신 고유의 사무를 제대로 할 수 없다고 불평한다. 나아가서 여기에도 '내락'과 같은 제도가 작동하여, 기초자치단체는 '실제로' 자신의 책임하에 권한을 행사하지 못하는 일종의 권한-책임 불일치를 경험한다.[18] 이를 최대한 완화시키기 위해 일선의 시장, 군수 등에 대한 위임은 처음부터 중앙관서의 장이 직접 할 수 있는 길도 있다고 생각한다.

최근에는 행정기관의 비대화와 정부실패에 대한 비판이 제기됨에 따라 행정업무를 민간에 위탁하는 것이 장려되고 있다. 규정은 제11조에서 13조에 걸쳐서 민간위탁에 관한 사항을 명시하고 있다. 각 행정기관은 법령이 정하는 바에 따라 그 소관사무 중 조사·검사·검정·관리업무 등 국민의 권리·의무와 직접 관계되지 아니하는 다음의 사무를 민간위탁할 수 있다.

(1) 단순 사실행위인 행정작용
(2) 공익성보다 능률성이 현저히 요청되는 사무
(3) 특수한 전문지식 및 기술이 필요한 사무
(4) 그 밖에 국민 생활과 직결된 단순 행정사무

위임 또는 위탁기관은 필요한 경우에는 수임 및 수탁사무의 처리상황을 수시로 감사할 수 있다고 규정되어 있는데, 이는 수임 또는 수탁기관을 지나치게 위축시킬 염려가 있다고 생각한다. 정기 감사로 여러 건들을 묶어서 보는 일반적 및 통계적 감사로 대치하는 것이 필요하다.

Ⅵ. 전결규정과 사무분장규정

지금까지 소개한 정부조직법, 직제, 직제시행규칙, 행정권한의 위임과 위탁에 관한 규정 등에 의하여 과 단위까지의 업무가 어떻게 분할되어 있는가를 알 수 있다. 그런데 이것을 한 번 더 보완해 주면서 좀 더 상세한 것을 가르쳐 주는 것이 "전결규정(專決規程)"이다. "위임전결규정"은 장관의 훈령으로 정해진다. 그렇

18) 자세한 내용은 임도빈(2004), 「한국지방조직론」, 박영사 참조.

기 때문에 국무회의나 법제처의 심의 없이 부처의 단독으로 할 수 있다. 이는 기관의 장 밑에 있는 차관부터 시작하여 각급 보직자 하나하나가 최종 결재할 수 있는 건명을 일일이 나열 기재한 법령이다.

앞에 언급한 직제는 각 관의 분장사항을 나열하고 있으나, 이들에 대한 최종 결재자는 원칙적으로 장관이라는 것이 전제되어 있다. 이들 가운데 장관까지 올라갈 필요가 없다고 지정한 사항들이 위임이나 전결규정에 실리는 것이다. "행정권한의 위임과 위탁에 관한 규정"에는 장관이 그의 하부조직(보조조직과 보좌조직)에 위임하는 경우에 대한 언급은 그 수가 매우 적다. 그런데 위임전결규정은 전적으로 보조기관 등(국·과장 등)에 대한 위임사항들만 다루고 있어 그 양이 매우 많다. 우리는 위임전결규정을 통해 직제에 나열된 업무들이 결재과정에서 어디까지 올라가게 되는가를 알 수 있게 된다. 그러나 전결규정에는 그가 나열한 모든 것들에 대해 예외를 두는 규정이 하나씩 꼭 있다. 즉 의심되는 사항이나 규정에 나열되지 않은 것들은 전부 장관의 결재를 받게 하고 있다.

그런데 한 부처의 일들은 전결규정에 나열된 것들만으로는 일부밖에 표현하지 못한다. 그만큼 다양한 것이 현실이다. 또 시대의 흐름과 더불어 직제상의 분담내용들이 부분적으로 변화한다. 따라서 현재 전결규정에 기재된 사항도 그 일이 없어졌거나 내용이 변화해버린 경우가 많다. 또 새로운 장관이 와서 전결규정을 무시하고 자기의 방침대로 전결권자를 지정하기도 한다. 결과적으로 전결규정 내용의 상당부분이 현실과 맞지 않는 경우가 생긴다. 즉, **전결규정이 있어서 기관내부의 분권화를 촉진하는 것이 아니라** 여전히 기관장 중심의 "집권적" 운영이 된다. 그럼에도 불구하고 그나마 전결규정이 있어서 장관의 일을 덜어주고, 아래 사람들의 참여를 어느 정도 보장하고 있는 것은 긍정적인 부분이라 할 수 있다. 따라서 앞으로는 매년 1회씩 의무적으로 전결규정을 검토하여 수정해서 사용하도록 하는 규정을 만드는 등 보완이 필요할 것이다.

한편, 과 단위보다 아래의 개인들의 분장사항이나 분업상황은 어떻게 아는가? 이것을 알려면 "사무분장규정"을 보아야 한다. 사무분장규정은 임의규정으로 되어있으며, 장관의 훈령으로 할 수 있기 때문에 쉽게 정할 수 있다는 장점이 있다. 그러나 현재 많은 기관들이 개인별 사무분장규정이나 분장 표를 갖고 있지 않다. 실제 행정 과정에서 융통성이나 재량을 제한하기 때문이다. 사무분장규정은 공무원들의 집무내용을 표준화하고, 전임자와 후임자 간에 일관성을 유지할 수 있고, 생산성을 측정하여 비교할 수 있도록 한다. 나아가 사무 간소화, 업무량 측정, 조직의 재설계 등에 유효하게 사용할 수 있을 것이다. 따라서 합리적 수준에서의 사무분장규정에 대해 고민해 볼 필요가 있다.

직위분류제에서는 각 직위position를 자세히 기술한 직무기술서job description가 있다. 계급제를 택하고 있는 우리나라는 정부조직법, 직제, 직제시행규칙, 행정권한의 위임과 위탁에 관한 규정, 권한위임규정, 사무분장규정 등을 보아야 이해할 수 있다. 그럼에도 불구하고 이들 문서에는 직위분류제를 채택하고 있는 나라에 비하여 매우 간단하게 핵심직무만을 기술하고 있다고 볼 수 있다. 직위분류제를 택하고 있는 국가의 직무기술서는 직무의 내용이 상세히 기술되어 있을 뿐만 아니라, 해당 자리position를 담당하는 사람들의 자격이나 요건, 사용하는 기구, 환경 등이 자세히 서술된다.[19] 이에 반해 우리나라는 직위를 담당할 사람의 학력 및 경력 등의 자격요건을 명시하기보다는 그 자리에 보임될 수 있는 공무원의 직급을 명시하는 방법을 택한다. 그동안 직위분류제를 도입하는 개혁이 실패한 원인 중의 하나가 이와 같은 법체계의 상이성이라고 할 수 있다.

Ⅶ. 기타 법령

중앙행정기관은 다른 법률에 의하여 설치되기도 한다. 합의제 행정기관 같은 것이 그러하다. 이때 다른 법률은 정부규제나 행정을 다루는 법률로서 업무의 수행과 관련하여 조직을 규정하는 경우가 많다. 이상과 같이 조직에 관한 사항을 어떤 법률이 포함하고 있을 때는 총무담당 부처와 협의를 해야 한다.

이 밖에도 우리나라의 중앙 행정조직에 관한 공식적인 측면을 이해하기 위해서는 책임운영기관의 설치·운영에 관한 법률, 국가공무원법과 공무원 임용령, 공무원 인재개발법의 내용을 아는 것이 필요하다. 어떤 직무에 어떤 사람을 보직할 것인가와 관련하여 공무원 임용령에 나오는 일반직공무원의 직군, 직렬, 직류,

19) 임도빈·유민봉(2019), 「인사행정론: 정부경쟁력의 관점에서」, 박영사, pp. 137-154 참조.

직급 표의 지식은 필수적이다. 예를 들어 어떤 직위에 어떤 직렬의 공무원을 임용할 것인가는 그 직위의 업무내용에 대한 지식 이외에 직무에 대한 이런 분류 방법 관련 지식이 필요한 것이다.

제 3 장
행정조직이 처한 환경

정부조직은 다수의 단위 행정기관들로 구성된 복합체이다. 각 단위행정기관 혹은 행정관청은 '조직이 아닌 것,' 즉 환경에 둘러싸여 있다. 고전적 조직론은 조직내부만을 들여다보는 폐쇄체제론closed system에 입각하였다면, 최근에는 조직과 환경 간의 상호작용(개방체제 open system)에 주목하고 있다. 경우에 따라서 조직의 경계가 어디인지 분간하기 어려울 정도이다. 이 장에서는 행정조직을 둘러싼 환경을 살펴보기로 한다.

제 1 절 행정환경과 행정기관

Ⅰ. 환경의 분류

사회과학에서 보통 환경은 법적 환경, 정치적 환경, 사회문화적 환경, 기술적 환경 등과 같이 보이지 않지만 제약을 가하는 존재를 말한다.[1] 본서가 관심을 가지고 있는 행정조직의 입장에서 보면, 환경이 제약을 가하는 측면뿐만 아니라, 이러한 환경과 행정조직 간의 상호작용interaction 자체에 더 많은 관심을 기울일 필요가 있다. 특히 조직이 상호작용하는 상대로는 일반적으로 다른 조직이 많기 때문에 조직간 관계inter organizational relations에 관심이 가게 된다. 즉, '**부'와

---

1) 이를 외부환경이라고 칭하기도 한다. 관련 내용은 임도빈·유민봉(2019), 「인사행정론: 정부 경쟁력의 관점에서」, 박영사, pp. 21-34 참조.

같은 단일조직만 살펴보다 보면, 많은 한계가 있기 때문에 인접한 조직들을 모두 포함해서 보는 조직집합[2)]이라는 개념이 필요하다.

조직집합을 논할 때는 연구자가 관심을 갖고 분석하는 조직을 대상조직focal organization이라고 한다. 조직집합의 구성요소elements들은 일반 환경과 특수 환경으로 분류할 수 있다. 대상조직focal organization의 입장에서 볼 때, 특별히 상호작용을 많이 하는 것을 특수 환경special environment이라고 할 수 있다. 즉 특수 환경은 어떤 부(部)라는 특정한 조직을 운영하기 위하여 신경을 쓰고 관심을 두어야 되는 준거조직reference organization, 또는 준거인reference person들을 의미한다. 또한 특수 환경은 대상조직의 업무와 직접 관련된다는 점에서 업무 환경task environment이라고 부르기도 한다.

한편, 이러한 특수 환경을 설명할 때 등장하지 않은 조직이나 사람들은 모두 일반 환경general environment이라 부른다. 즉, 여집합(餘集合)개념이다. 대체로 조직은 일반 환경에 대해서는 항상 신경을 쓰고 관심을 둘 필요는 없다. 예를 들어 경제 담당부의 입장에서 본 대한유도회나, 문화체육관광부의 입장에서 본 재향군인회가 이러한 일반 환경에 속한다고 할 수 있다.

본서에서는 특수 환경에 집중하고자 한다. 일반 환경은 그 영향이 잠재적인 때가 많고 영향을 주는 방식 또한 간접적이고 2차적이다. 그러나 특수 환경은 눈에 띄는 명시적 환경explicit environment인 때가 많으며, 그 영향도 직접적이다. 다른 말로 하면 일반 환경은 먼 환경이고, 특수 환경은 가까운 환경이라고 표현할 수 있다.

대상조직의 환경은 항구적 환경stable environment과 간헐적 환경intermittent environment으로 나눌 수 있다. 전자는 항상 유지하고 있어야 하는 환경으로, 부의 경우 국무총리나 대통령에 대한 관계 및 연중 빈번하게 발생하면서 숫자가 많은 민원사무에서의 민원인들과의 관계 등이 여기에 속한다. 후자는 1년 중에 어떤 시점에서만 발생하고 그 시기가 지나면 적어도 그 해에는 신경을 쓰지 않

---

2) William Evan(1996), "The Organization Set: Toward a Theory of Inter\ Organizational Relation," James D. Thompson, (ed.,) *Approaches to Organizational Design*, University of Pittsburgh Press, pp. 173-192.

아도 되는 관계를 말한다. 예를 들어 공식조직체로서의 국회와의 관계는 국회 개회 중에만 성립한다. 물론 개인으로서 국회의원이 평소에 압력을 행사하거나 부탁을 하는 형태의 비공식적 관계는 국회가 개회되지 않는 경우에도 존재한다. 또한 비상사태에 대한 훈련을 담당하는 기관의 입장에서 보면, 각 부처와의 관계는 1년에 한두 번 있는 을지연습기간에만 성립한다.

Ⅱ. 조직영토

마치 영주가 영토를 관할하듯이, 조직이 관할하는 영토를 조직영토organizational field, organizational domain라고 한다. 행정조직에도 조직영토개념을 적용하여 볼 수 있다. 마치 기업체가 자신이 영업을 할 수 있는 잠재적, 그리고 실제 고객을 조직영토라고 보는 것과 마찬가지의 논리이다. 이러한 조직영토도 행정조직에게는 넓은 의미의 환경개념이다.

행정은 대국민 관계를 강제 및 규제하고, 조장하며, 서비스를 제공한다. 그리고 이를 위해 정부 내에서 분업이 이루어진다. 그 결과로 생겨난 각 부의 기능 또는 목적을 영토domain 또는 관할이라 한다. 영토는 국민들의 생활 단면을 기능에 따라 각 부처가 나누어 분담하는 의미를 지닌다. 안녕질서를 담당하는 부는 모든 국민을 영토로 갖고, 범죄 담당부는 범법자들이 영토라고 할 수 있다. 병무청의 경우 일정 연령에 도달한 남자들을 직접적 영토로 한다.

모든 국민이 정부조직의 조직영토라고 할 때, 행정 각 부의 권한이 미치는 형태는 각양각색이다. 안녕질서나 치안관련 업무 담당부나 지방자치단체는 국민의 기본 신분을 관리한다. 또한 보건복지부와 지방자치단체는 국민들에게 복지서비스를 제공한다. 병무청은 일정 연령에 달한 사람들의 병무를 관리하고, 경찰청과 법무부는 국민들 중 일부에 대하여 법질서에 대한 복종을 강요하는 일을 한다. 교육 담당부는 교육 문제를 총괄 관리한다. 농림축산식품부와 해양수산부는 국민들 중에서 농어민을 대상으로 관리한다. 상공 관련부는 기업인을 대상으로 하고, 노동부는 노동자를, 국가보훈처는 보훈대상자를 관리한다. 환경부는 오염원이 되는 물질을 통해서 국민과의 관계를 맺게 되며, 국토교통부는 국민이 살아갈 국토를 통해서 국민과 관계를 맺는다. 이렇게 보면 행정은 우리의 출생으로부터 죽음에 이르기까지 우리 일생의 어떤 시점에서든지 일상생활에 직·간접적으로 관계되어 있다.

행정영토 혹은 조직영토란 반드시 지리적 영역을 뜻하지는 않는다. 다른 수단means을 통해서 국민과 관련을 맺는 경우도 있다. 농림부와 국토부는 토지를 지역적으로 분할하여 자신의 행정영토를 정한다. 또 '식품'이나 '약품'은 농림부와 식약처(청)의 영토를 정하는 기준이 되고, 통신수단은 정보통신 담당부에서 담당하며, 돈은 경제금융 담당부가 관장하는 영토의 기준이 된다. 즉, 재화, 물(物) 혹은 서비스를 통한 분업이며, 국민은 이런 물(物)들의 소비자이기 때문에 국가와 관계를 가지게 되는 것이다.

이와 같이 조직영토를 구분하는 기준이나 수단이 다양하기 때문에 국민의 입장에서 보면 여러 행정조직의 영토가 중복되는 것이 보통이다. 예컨대, 대학생은 교육부의 조직영토를 구성하는 요소 이외에도, 건강문제에 대해서는 보건복지부의 영토, 병력자원이란 점에서는 병무청(즉, 국방부)의 영토, 여권 및 해외여행에 관해서는 외무부의 영토, 그리고 주민등록 및 치안서비스의 대상인 점에서는 행자부의 영토를 구성한다. 또한 지리적 경계라는 측면에서 볼 때, 어느 읍·면·동은 행자부의 영토이지만, 동시에 국방부의 기준으로는 *사단관할 영토이고, 교육부의 입장에서는 *교육구청 영토이며, 사법부의 기준으로 **지방법원 관할 영토이다.

이와 같이 조직영토는 많은 경우에 중첩되지만, 이를 관할하는 행정조직은 같은 계서제상에 있어 광협(廣狹)의 차이가 있는 경우를 제외하면, 대체로 중첩되지 않는다. 즉, 행정조직은 자기의 기능에 관한 한 독점적이기 때문에 유사기능을 하는 조직과 경쟁한다는 것은 있을 수 없다. 지방자치단체들 사이, 그리고 특별지방행정관서들 사이, 또는 재외공관들 사이에는 유사기능으로 인한 경쟁이 있을 수 있으나, 이 경우도 관할지역을 독점하고 있기 때문에 진정한 경쟁은 되지 않는다.[3)]

---

3) 신공공관리론에서 주장하는 바와 같이 유사기능을 하는 기관간 경쟁을 시키고 국민이 이를 선택할 수 있는 기회를 보장하자는 생각은 결국 조직의 중복설치를 의미하며 그만큼 비용이

중앙의 경우에도 행정조직 간의 경쟁이 동렬의 부처 간에 있다. 독점권한을 둘러싼 경쟁이거나 상급자(특히 대통령)에 대한 충성 경쟁에서 오는 것도 있다. 특히 쉽고 편한 기능은 서로 가져가려 하고, 여론의 반응 등 불편한 기능이나 조직영토를 피하려는 차원에서 경쟁이 일어난다. 그러나, 회사의 존폐를 걸고 같은 조직영토를 놓고 경쟁하는 민간부문에 비하여, 행정부 전체적으로 조직영토에 대한 합의domain concensus가 존재하는 편이다.

하지만, 행정기능이 복잡화되고 융합행정이 일어나면서 과거보다는 갈등의 여지가 많아진 것도 사실이다. 예컨대 IT와 같이 전통적인 부처기능이 아닌 새로운 정책분야가 있을 때, 아니면 최근 조직영토 쪽에서 융·복합 혹은 퓨전과 같은 현상이 일어나면서, 조직영토 갈등이 일어나기도 한다. 이 경우, 어느 쪽이 승리하는가는 대체로 권력이 큰 쪽이라고 할 수 있다. 그리고 여기서 책임과 권한의 불일치 현상이 일어날 가능성이 커진다.

이에 비하여 동일 업종의 기업체 사이의 경쟁은 살아남기 위한 처절한 것인 때가 많다. 따라서 기업에서는 조직집합의 요소들이 위협적이며 공격적인 존재로 인지될 가능성이 많다. 이에 반해 행정조직 사이에서는 환경 속의 상대를 이 정도로까지 제거하고 싶은 대상으로 보지 않는다.

Ⅲ. 환경이 중요한 이유

조직입장에서 볼 때, 환경이 중요한 이유는 무엇인가? 환경이 없는 조직이 가능할까? 민주국가에서 조직영토는 행정조직이 존재하는 근거를 제공한다. 이에 반해 독재국가에서 행정조직은 독재자라는 환경에 의존적일 수밖에 없다. 따라서 조직환경 혹은 조직영토는 행정조직에 필수적인 존재이다.

좀 더 자세히 들여다보면, 이러한 의존관계는 조직이 필요로 하는 자원을 중심으로 이뤄지고 있음을 알 수 있다. 즉 조직과 환경 간에 자원을 둘러싸고 일어나는 상호작용을 이해할 필요가 있다. 그리고 이러한 상호작용은 일반적으로 환경 중에서 특히 경쟁관계에 있는 조직과 자원을 놓고 경쟁한다. 조직은 환경에

더 든다.

대해 돈, 인력, 정보, 좋은 평판reputation 등 특정 자원들로 인해 의존적이다. 예컨대 민주국가에서 행정조직은 조직영토로부터 정통성legitimacy이란 지지를 얻어야 존재가능하다.

조직입장에서 볼 때, 필요로 하는 자원의 특성에 따라 의존관계가 달라진다. 첫째, 자원이 그 조직의 생존에 얼마나 치명적인가, 둘째, 필요로 하는 자원의 양이 얼마나 큰가, 셋째, 그 자원을 대체할 만한 것이 존재하는가 등의 문제를 고려하면 조직과 해당 자원 간 의존관계를 알 수 있다. 그리고 이러한 자원을 조직환경이 얼마나 통제할 수 있느냐에 따라 대상조직의 환경에 대한 의존도가 달라진다.[4] 즉, 조직집합을 구성하는 단위조직과 경쟁관계에 있을지, 혹은 공생관계에 있을지 결정된다.

그러나 기업조직과 달리 행정조직은 이미 영토 합의가 되어 있고, 조직간 관계(즉, 기능분야와 조직운영방식)가 법으로 규정된 것이 많기 때문에 기업에 비하여 경쟁관계가 심하다고 볼 수 없다. 즉, 적대적 합병과 같은 개념이 없고, 대부분은 공생관계이다. 생존을 위해 치열하게 경쟁하지 않기 때문에, 대신 이들 간에는 권력이 큰 조직이 작은 조직을 지배하려는 현상이 커지게 된다. 책임과 권한의 불일치 현상이 생기게 되는 풍토와 조건이 형성되어 있다고 볼 수 있다.

한편, 국제환경을 놓고 본다면, 외국정부와는 치열한 경쟁관계에 있다고 보는 것이 더 타당할 것이다. 베스트팔렌 조약 이후 개별국가가 주권을 갖기 때문인데,[5] 특히 강대국을 중심으로 조직영토를 확보하기 위하여 치열한 경쟁을 하고 있다. 즉, 세계화가 진행되면서 일반 국민들에게는 비록 조건과 과정이 까다롭지만 더 마음에 드는 국가를 찾아 선택할 수 있는 이민이라는 제도가 형성되었다. 전 세계 많은 국가에서 탐내는 인재들의 경우 본인에게 맞는 조건에 따라 앞으로 살아갈 국가를 선택하기도 한다. 따라서 우리나라 정부를 비롯하여 세계 각국의 정부는 다른 나라 정부와 비교하여 경쟁력이 있어야 한다.[6]

---

4) Mintzberg, H.(1983), *Power in and around Organizations*, Prentice Hall College Div, pp. 45-46.

5) 임도빈(2018), 「행정학: 시간의 관점에서」, 박영사, p. 58.

6) 임도빈 외(2014), 「정부경쟁력: 이론과 지표」, 박영사, pp. 114-121 참조.

Ⅳ. 행정환경의 구성요소

앞에서 열거한 무형의 보이지 않는 환경도 그 기능을 담당하는 조직이나 개인이 있다. 이를 단위 행정기관(예컨대 특정한 중앙부처)을 중심으로 보면, 행정부라는 협의의 정부조직을 기준으로 할 때, 내부환경과 외부환경으로 구분할 수 있다.

1. 행정부 내부의 환경

행정기관 혹은 한 부(部)조직의 상층에는 여러 조직들이 환경을 구성하고 있다. 대통령과 대통령 비서실, 국무총리와 국무총리 비서실, 그리고 합의체로 국무회의, 차관회의, 경제장관회의, 관계장관간담회, 국가안보회의 또는 안보관계장관회의, 통일관계장관회의, 사회관계장관회의 등이 있다. 이들 조직이나 관청들은 부처 행정조직이 일종의 계서제적 관계에서 하위에 있기 때문에 명령이나 결정에 따라야 될 경우가 많다.

행정부 내부통제 기관도 환경이다. 즉, 법적으로는 행정부 내부에 있지만, 다른 행정조직에 대한 견제와 감독의 역할을 하는 조직들도 중요한 환경을 구성한다. 헌법상의 기구로서 대통령 소속하에 있으면서 준독립기관인 감사원과 국민권익위원회, 그리고 정보수집을 임무로 하는 국정원이 대표적이다. 일상적으로 상호작용하진 않아도 각 부처의 업무에 제약이 된다.

감사원은 국가정보원과 달리 행정조직의 운영과 직접적·공식적으로 관련이 많다. 이러한 감사원의 역할은 감사원법에서 "감사원은 국가의 세입·세출의 결산검사를 하고, 이 법 및 다른 법률에서 정하는 회계를 상시 검사·감독하여 그 적정을 기하며, 행정기관 및 공무원의 직무를 감찰하여 행정 운영의 개선과 향상을 기한다"[7]라고 명시하고 있다. 어떤 조직이든지 회계 또는 사무에 관하여 언제든지 감사원의 감사를 받을 수 있다. 특히 직무감찰은 공무원의 모든 사무범위에 관하여 받는 것이므로 감사원이 이 권한을 행사하기만 하면 그 통제력은 매우

7) 감사원법 제20조.

크다. 반면 감사원이 다른 조직에 의존하는 경우는 예산과 조직담당 부처 외에는 없다. 따라서 다른 행정조직들이 감사원에 의존하는 비대칭적 관계라고 볼 수 있다.

다음으로는 어떤 부처의 입장에서 보면 같은 지위에 있는 다른 부처들도 환경이다. 특히 여러 부처와 관련을 맺고 있는 재정경제 담당부(특히 예산실), 총무행정 담당부, 법제처, 환경부, 조달청, 대통령직속 각종 위원회 등은 중요한 환경이 된다.

행정조직체계상 하위에 있는 조직도 환경의 일부이다. 그런데 이들 하위 조직과는 직접 상호작용을 하기도 하지만, 같은 지위에 있는 부처 혹은 장관을 통해 상호작용을 하기도 한다. 예컨대 각 부는 지방과 경찰에 관하여 지방 담당부(행정안전부), 대외관계나 외국에서 일어나는 일에 관하여 외교부와도 관련을 갖게 된다. 이외에도 그 부의 기능에 따라 특별히 다른 부와 관련을 맺게 된다.[8)]

각 행정조직 소속으로 하급 조직들도 환경을 구성한다. 우선 명백히 상명하복 관계에 있는 지방청(정식명칭은 특별 지방행정기관), 소속청, 시험원, 공무원교육원 등이 있다. 이들은 그 소속관계가 법적 지위로는 행정조직(기관)과 같기 때문에 넓은 의미에서는 환경이라기보다 행정조직 자체라고도 할 수 있다.

행정조직과 밀접한 관계를 맺고 있는 그림자 조직도 환경이 된다. 법률적으로는 관할부처 조직의 감독을 받지만 민간인으로 구성된 조직들은 해당부처의 환경인 동시에 이들을 통하여 다른 부처와 연결이 되기도 한다. 공사, 조합, 연합회, 협회 등이 그 예다. 이 가운데도 다시 장을 행정조직이 임명 또는 승인하는 곳이 있고, 그렇지 않은 곳들도 있다. 업무와 관련된 순수 민간단체도 각 부처의 중요한 환경이다. 농림부 산하에 있는 농업협동조합, 수산업협동조합, 축산업협동조합 등이 수행하는 금융업무와 관련해 재정경제금융 담당부와 연결된다.

2. 행정부 외부의 환경

행정조직의 운영에 있어서 가장 중요한 환경은 국회이다. 국회는 법률제(개)정 및 예산 면에서 항상 견제하는 상관이라 볼 수 있다. 특히 해당 상임분과위

8) 다른 행정기관과의 관계는 제5장 및 제11장에서 다룬다.

원회와 관련이 깊다. 국회를 통해 정당들, 특히 여당과 긴밀한 관계를 갖게 되는데, 여당 간부들 중에서도 정책위원회와 관계가 깊다. 또 여당과 정부 사이의 회의체인 당정회의 역시 국회라는 환경의 주요 구성요소이다.

의회는 정부수립이후 서구의 간접민주주의를 모방한 제도이다. 내각제와 대통령 중심제로 바뀌고 민주화를 겪으면서 의회가 행정부를 통제하는 능력도 많은 부침을 겪었다.[9] 민주화 이전에는 국회가 대통령(행정부)의 의사를 추인하는 '고무도장'에 불과하다는 비판을 받았으나, 민주화된 오늘날에는 국회가 행정부 활동의 가장 큰 장애물이라고 할 정도로 영향력이 커졌다.

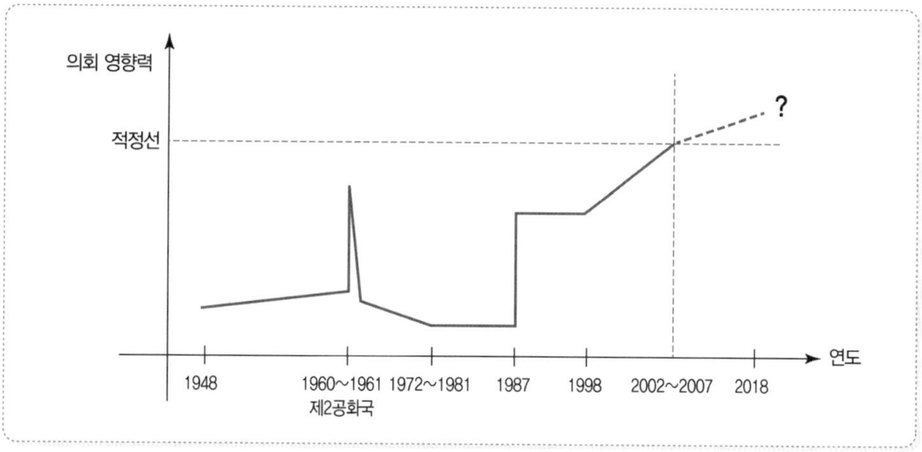

자료: 임도빈(2018).

[그림 3-1] **한국 의회 영향력의 역사적 변화**

다음으로 언론기관은 행정조직의 활동에 많은 영향을 미치는 환경이다. 신문사, 방송국 등 언론은 구체적으로는 출입기자들에 의하여 대표된다. 비록 SNS와 개인 방송 플랫폼을 통한 대중사회화가 진행되었지만 행정 영역의 경우 국민 전체와 직접적 상호작용을 하기엔 효과적이지 못하다. 짧은 글귀와 감성적 표현이 주가 되는 SNS 형식의 소통이 정책의 심층적 해석에 한계가 있기 때문이다. 따

9) 임도빈(2018), "성숙한 대의민주주의를 위한 조건: 행정부-의회의 관계를 중심으로", 「한국행정연구」, 제27권 2호, pp. 1-35.

라서 행정은 항상 기자들의 글과 입을 통해 간접적으로 의사소통을 하게 된다.

그러나 민주국가행정에서 가장 중요한 환경은 일반국민이라고 할 수 있다. 국민주권의 원칙에 의하면, 행정조직의 존재도 바로 국민에게 있기 때문이다. 문제는 5천만의 인구가 말해주듯이 국민이 너무 많아서 행정조직의 입장에서 보면 국민이란 직접 상호작용할 실체를 찾기 어려운 일종의 추상적 존재라는 데 있다. 국민의 대표기관인 국회를 통해 간접민주주의제도가 작동하는 것을 비롯하여 국민의 눈과 입이 되는 언론이 큰 영향력이 있는 환경이 되는 것도 이 때문이다.

하지만 실무를 집행하는 행정조직의 입장에서 보면, 개인으로서 대학교수, 그 행정조직의 업무와 관련이 있는 공사 조직, 시민단체의 구성원이 중요한 환경이 된다. 특히 대학교수들 중 일부 학계에서 영향력 있는 사람들이나 시민단체의 일을 겸직하고 있는 사람들은 중요한 환경을 구성한다. 물론 일반국민 가운데도 그 행정조직의 업무나 이슈에 관련이 있는 부류의 사람들은 그의 중요한 환경구성요소라 할 것이다. 이를 '정책수요집단policy target group'이라고 칭한다. 예컨대 대규모 국책사업을 앞둔 상황에서 해당 지역의 거주민이나 토지소유자는 일을 추진하는 부처에게는 중요한 환경이다. 나아가 일반국민은 모든 부처에 광의의 환경을 구성하는 존재이다.

마지막으로 최근 세계화가 진행되면서 국제조직이 중요한 환경으로 부각되고 있음을 주목해야 한다. 과거 각 부처조직은 상술한 국내 환경만 신경을 써도 큰 지장이 없었다. 하지만 지금의 행정조직은 국내 환경에 완전히 노출되어 있을 뿐만 아니라 국제 환경에도 비교적 긴밀히 상호작용해야 살아남는 개방체제open system가 되었다. UN총회는 물론이고 UN산하 각 기구, OECD, WTO, IMF, World Bank, 등 국제기구는 물론이고, 주로 미국, 중국, 일본, 유럽연합 등을 포함한 각국의 관련 행정조직도 매우 중요한 환경이 되었다. 이들과는 단순한 정보교환뿐만 아니라 실무적으로 부처의 법령을 정할 때 국제기준이나 선례를 참고하기도 한다. 한국이 국제사회에서 점점 중요한 역할을 하게 됨에 따라 국제적 표준을 만드는 데 적극적으로 앞장서려고 노력해야 할 필요성이 있다는 점에서 국제환경은 중요해지고 있다.

소극적 의미에서는 무역마찰 등의 문제에서 외국정부가 한국정부에 직접 압력을 가하기도 한다. 국제 환경은 국내 환경에 비하여 더욱 느슨하고 일관성이 부족하기 때문에, 장기적 시각을 가지고 강제성보다는 평소에 개념 및 아이디어의 형성과 전파 등에 더 많은 노력을 기울여야 한다.[10] 이런 점에서 때로는 한국에 주재하고 있는 외국공관과 행정조직에서 해외주재관을 파견하고 있는 외국, 그리고 그의 업무와 밀접한 관련이 있는 국제기구도 환경의 구성요소를 이루게 된다.

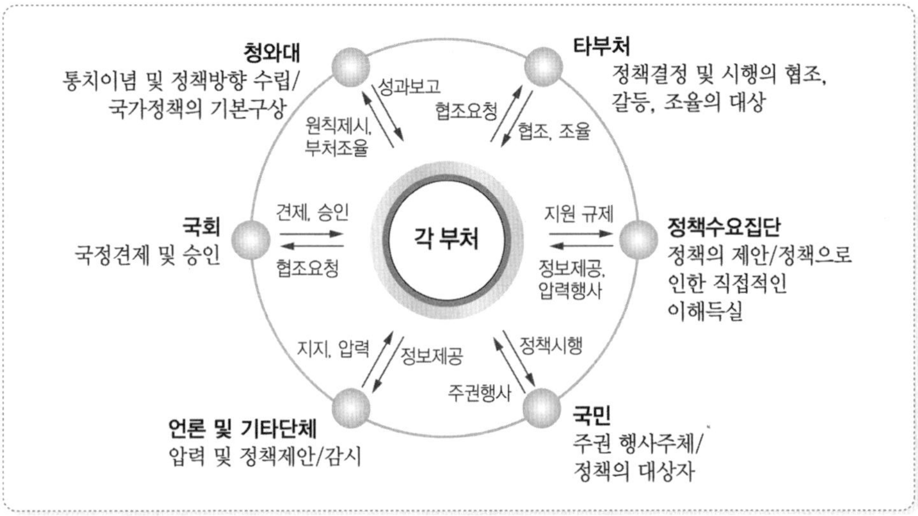

[그림 3-2] **부처의 환경구조**[11]

Ⅴ. 행정기관을 둘러싼 환경의 특수성

1. 기업환경과 비교

행정조직은 기업조직이 처한 환경 면에서도 많은 차이점을 보인다. 예컨대 부처에 따라 조직영토의 성격 면에서 차이가 있다. 일반국민 전체를 조직영토로 하는 대상조직의 경우에는 조직화된 이익단체가 적다. 반면에 기업인들과 같이 국

10) 구체적 방법에 관해서는, 임도빈(2018), 「행정학: 시간의 관점에서」, 박영사, pp. 62-63 참조.

11) 임도빈 외(2008), 정책결정 소요시간에 관한 연구, 「한국정치학회보」, 제42권 2호.

민의 일부이면서 스스로 조치할 수 있는 재력까지 있는 조직영토를 가진 경우에는 강력한 이익단체가 생길 가능성이 크다. 그리고 이런 차이는 정책결정과정에도 반영된다.

기업체가 고객을 위한다고 표현하는 것은 우선 기업측의 이윤을 충족시키기 위한 수단으로서의 고객이다. '손해보는 장사'(즉, 기업)는 존재할 수 없다. 이에 비해 행정조직의 경우는 국민의 이익이 행정조직의 이익에 우선해야 한다. 국민은 이를 위하여 세금을 내고, 병역의무를 지며, 대표자를 뽑는 것이다. 또한 기업조직은 고객에게 강요한다는 것은 있을 수 없으나, 행정조직은 필요에 따라 강제력을 행사할 수 있다.

시장에서 행정조직은 약자인 국민 편에 서는 것이 보통이다. 이는 강자를 보호하지 말자는 것이 아니다. 약육강식의 원리에 의해 강자는 보호하지 않아도 스스로 이익을 볼 수 있는 경우가 많기 때문이다. 예컨대 일부 대기업들의 횡포로 중소기업 및 일반 소비자가 피해보는 것을 막는 역할을 하는 조직이 금융감독위원회나 공정거래위원회이다. 또한 범법하지 않은 일반국민을 보호하기 위하여 범법자에게 강제수단을 쓰지 않을 수 없는 조직이 법무부나 경찰이다. 이처럼 조직화되지 않고 산산히 흩어져 있는 사람들로 구성된 조직영토(즉, 고객)를 상대하여 이윤을 극대화하려는 기업조직과는 근본적으로 다르다.

사회가 자유화됨에 따라 일반국민들 사이에는 힘이 큰 집단과 그렇지 않은 집단 간에 권력격차가 커지게 마련이다. **민주주의 국가에서는 이들 간 권력의 차가 커지면 커질수록 약자의 편에서 일하는 행정부처조직이 강화되어야 한다.** 예컨대 빈부의 격차가 심해질수록 사회적 약자를 보호하기 위해 사회복지 관련 조직이 강화된다. 물론 조직이 커진다는 것이지 이들 나라에서 불평등의 해소가 잘 실현된다는 것은 아니다. 조직팽창과 정책실현과는 다른 차원이라는 점을 명심해야 한다. 단지 마치 저울처럼 집단 간 권력의 격차가 커질수록 이를 시정하는 기능을 담당하는 행정조직의 무게가 커지는 것이다.

다음으로 행정조직은 기업보다 정치의 영향을 더 많이 받는다. 행정조직의 입장에서 보면 정치권 또는 그들을 대표하는 사람들을 매우 중요시하지 않으면 안 된다. 따라서 행정조직은 정치권의 변화에 대하여 매우 민감한 반응을 하게 된다.

2. 부의 통합적 구조와 상부의 비통합적 구조

행정 조직집합의 요소들 상호간의 관계를 대상조직 중심으로 보면 다음과 같다. A부를 가정하자. 대통령, 국무회의 등은 A부의 상층에 있으면서, 행정조직을 지휘하는 관계에 있다. A부와 동렬에 있는 부들은 적어도 공식적으로는 국무총리와 대통령을 통해서만 상호 접촉하는 관계에 놓여 있다. A부에 소속되어 있는 청, 시험원, 교육원, 지방청, 공사들도 자기들 상호간에 직접 일을 처리하는 것은 상호작용의 기본유형이 아니다. 이들은 중앙본부인 A부를 통해서만 서로 접촉하게 되어 있다. 이것을 통합적 구조unitary structure라고 부른다. 즉 A부를 비롯한 행정조직은 위로부터 시작하여 밑의 지방청이나 공사에 이르는 통합적 구조 속에 있다고 할 수 있다. 바꿔 말하면 행정조직은 자기의 환경을 통합적 구조로 인식한다.

통합적 구조로서의 환경은 근본적으로 조직의 상하계층별 분업의 속성 때문에 생기게 된다. 이는 일정 규모 이상의 기업체의 경우에도 통합적 구조로서 환경이 나타난다는 점에서 알 수 있다. 그러나 우리나라 행정조직의 경우, 권위주의적인 전통문화와 그동안의 권위주의적 정권의 영향 때문에 조직의 실제 운영에 있어서 이러한 통합적 구조의 영향이 더욱 심하게 나타났다.

통합적 행정 구조 환경은 정책의 발안, 의제 형성 등이 상부에서 이루어져서 아래로 시달되는 경향을 초래한다. 대통령이 지시해서 각 부가 구체화하고, 지방청이나 소속기관에게 집행시키는 것이다. 행정조직과 하부조직 사이의 상호작용은 공식화formalize, 표준화되어 단순해진다.

그러나 부처행정조직과 그 상부와의 관계는 항상 통합적 구조인 것은 아니다. 즉 국무회의, 차관회의 등의 합의체와 행정조직 사이의 결정과정은 공식화, 표준화되어 있으며 복잡하지 않지만 행정조직과 대통령 그리고 때로는 국무총리와의 사이의 작용은 비공식화되고 비표준화되어 있다. 따라서 정권에 따라서 차이를 보인다.

이렇게 된 이유는 첫째 이 층에서 생기는 문제가 정치적이고, 정책적이며, 국가적 통합을 요하는 문제라는 결정내용의 속성 때문이다. 그러나 다른 한편으로는 대통령이 누리는 카리스마적 권위가 이 지대를 신비한 영역으로 만들기 때문이기도 하다. 따라서 **정권의 초창기보다 말기에 갈수록, 단기집권자보다 장기집권자일수록 비공식화, 비표준화 정도는 더욱 심해진다.** 권력자들은 일단 공식적 규칙에 의한 게임을 파악한 이후에는 그것을 벗어난 방식으로 권력을 행사한다.

제2절 행정기관의 주요 외부환경

Ⅰ. 국 회

간접민주주의 모델을 택하는 민주국가에서 국회는 행정조직에 가장 중요한 환경이다. 특히 주요 정책결정(즉, 법안과 예산)은 국회에서 하고 집행은 행정부에서 하는 막스 베버의 모델에서 행정부는 국회에 종속되는 셈이다. 그러나 사실상 대부분의 현대국가는 행정부의 실제 기능이 중요해지는 행정우위형 정치행정모델이 되는 경우가 많다.[12] 한국의 경우에도 군사정권 이후 행정국가administrative state모델이 제도화되어 있었다고 볼 수 있다. 그러나 최근 국회의 영향력이 커지고 있고, 행정조직의 작동에 가장 큰 권력을 행사하는 환경으로 변화하고 있다.

1. 국회 조직 구성요소

1) 정 당

국회의 내부조직은 행정조직의 위원회조직과 유사한 측면이 있다. 즉, 국회의원과 이들의 지원조직으로 구성되어 있으며, 지역구와 비례대표로 선출된 국회의원이 핵심 조직 구성요소이다. 정당은 이들이 존재하는 기반인 동시에 이들의 투표 등 행동을 제약하는 환경으로 기능한다. 국회의원이 딛고 서있는 조직이 정당이기 때문에 국회 내에서의 활동이 여기에 구속되는 것은 당연하다. 또한 대통령이 속해 있는 여당인 경우와 이를 견제하면서 다음의 집권을 도모하는 야당에

---

12) 자세한 것은 임도빈(2018), 「비교행정학」, 박영사 참조.

속해 있는 경우에 국회의원의 활동은 완전히 다르다.

정당의 구조를 살펴보면 다음과 같다. 당을 대표하는 제1인자가 당대표 혹은 최고위원이다. 규모가 큰 당에는 이외에도 실질적으로 권력이 있는 계파의 보스들이 복수 이상 존재하기도 한다. 어떠한 방식으로든 각 국회의원은 당내에서 일정한 역할을 한다. 즉 기본적으로 국회의원 개인의 보좌진과 사무처 직원들의 보좌를 받지만, 주요 정책아이디어의 산출 및 거시적 정책지지 방향 설정 등은 정당에서 이뤄진다. 정당은 다수의 정당원과 이를 보좌하는 직원을 둔다. 특히 여당은 연구소를 비롯한 대규모 조직을 두고 있다. 새로운 회의형(혹은 위원회형) 조직이 생겨서 점점 자원이 풍부해지면, 조직의 운영을 보좌하는 전문조직, 즉 관료제가 생기는 경향이 있다.

그렇다면 정당과 행정부의 관계는 어떨까. 집권 정당은 이미 국회에서 논의하기 이전단계에서 행정부와 정책조율을 한다. 여당과 행정조직의 연결고리는 '당정협의회' 혹은 당의 '정책위원회'이다. 정당이 발의한 정책안이나 법률안이 나올 때는 해당 행정조직과의 관계가 더욱 긴밀해진다. 또한 정당의 전문성 강화를 위해 당의 정책위원회에는 분과별로 전문위원을 두고 있다. 전술한 바와 같이 당에는 정규직으로 구성된 관료제가 존재한다. 여당은 여기에 행정부 공무원을 활용하는 경향이 있다.

현실적으로 볼 때, 여당과 정부 간의 정책조정이라는 필요는 공무원의 정치적 중립성 보장보다는 하위의 규범이다. 하지만 과거 권위주의적 시대에 발달한 이러한 관행은 지금도 계속되고 있다. 고위 공무원의 경우 정치에 뜻이 있는 사람들은 이런 일을 통해 정치에 진입하는 계기로 사용하려 한다. 그러나 3권 분립이라는 측면에서는 그리 바람직하다고 볼 수 없다.

2) 원내교섭단체

현실에서 국회의원들의 활동은 국회 내 원내교섭단체 단위로 이뤄진다. 이는 300명의 국회의원이 개별적으로 의정활동을 하는 것이 아니고, 조직적으로 한다는 것을 의미한다. 국회법 제33조에 의하면 '국회에 20인 이상의 소속의원을 가진 정당은 하나의 교섭단체가 된다'고 규정되어 있다. 다수당은 항상 20명 이상이기 때문에 하나의 교섭단체를 구성하는 데 문제가 없다. 소수당은 의원수가 20명 이상이 되면 하나의 교섭단체를 구성한다. 그러나 무소속 의원이나 의원이 20명이 되지 않는 군소정당의 의원은 연합하여 따로 교섭단체를 구성하기도 한다. 이들 원내교섭단체를 대표하는 사람이 원내대표 또는 원내총무이다.

3) 상임위원회

국회에는 전체의원이 모여 논의하는 본회의 이외에 전문분야별로 모이는 상임위원회가 있다. 교섭단체가 정치의 기본단위인 정당별 세력을 의정활동에 반영하기 위한 조직방법이라고 한다면, 상임위원회는 국회가 다뤄야 할 각각의 정책분야들을 전담하는 조직으로 300명의 의원을 배속시키는 것이다. 교섭단체는 하향식 조직bottom-up으로, 상임위원회는 상향식 조직top-down 형식을 택한다고 볼 수 있다.

실무적으로 보면, 상임위원회는 행정부 각 부처조직의 대국회 관계의 1차적 창구라는 점에서 매우 중요하다. 상임분과위원회는 정부부처를 기능적 유사성에 따라 몇 개씩 묶어 담당하는 조직이다. 위원은 국회의원 개인의 전문성 등을 고려하여 여러 교섭단체소속 의원들이 고르게 배치되도록 조직된다. 행정부처조직은 자기의 법안이나 예산을 본회의에서 다루기 이전에 거쳐야 하기 때문에, 동 분과위원회와 의존관계에 있다.

반면에 상임위원회나 국회는 직접적·공식적으로는 행정부처조직에 의존하는 일이 없다. 다만 비공식적으로 행정조직의 소관 사무에 관하여 국회의원 개인으로서 이해관계를 가질 수 있다. 상임위원회는 국회 공무원인 수석전문위원과 전문위원으로 구성된 보좌기관을 두며, 국회 직원의 입장에서 수석전문위원은 매우 중요한 고위직이다.

4) 지원 조직

국회는 국회사무처, 국회도서관, 예산정책처, 입법조사처, 미래연구원 등 국회의원의 활동을 보좌하는 거대한 관료조직을 5개의 처조직 형태로 가지고 있다. 원래 국회의 사무총장 밑에 입법차장과 사무차장을 두어 전자가 의원들의 입법

활동을 지원하는 역할을 하여 왔다. 그런데 이에 더하여 과학적 예산분석활동을 지원하기 위해 2003년 10월 국회예산정책처가 설립되었고, 이후 전문성 있는 입법 활동을 위해 2007년 11월 국회입법조사처를 신설하였으며, 2018년 5월 국회미래연구원이 개원되는 등 의원의 보좌조직이 팽창하고 있다.[13)]

과거 이러한 보좌조직이 없을 때는 복잡한 문제에 대한 분석은 행정부에 자료를 요청하는 방법을 택하곤 했으나, 이제 국회 독자적으로 분석하는 조직을 갖게 된 것이다. 그리고 인력이 부족하다는 이유로 점점 기존의 조직을 늘리고 있는 추세가 강하다. 이러한 국회의 보좌조직들은 국회의 입장에서 행정부의 정책을 분석하고 평가하는데, 일례로 입법조사처의 경우 일부 대통령령에 대해 모법의 취지에 어긋난다는 평가를 내리기도 하였다.[14)]

2. 국회－행정부 간의 권한－책임 불일치 관계

행정조직과 국회의 관계는 대통령과 여당의 관계, 그리고 국회 속의 여야관계에 큰 영향을 받는다. 국회는 1948년 5월 31일 개원한 초대국회에서 이승만을 국회의장으로 선출하였고, 3독회를 거쳐 7월 17일 공포한 헌법에 따라 7월 20일 이승만을 초대 대통령으로 선출하였다. 이승만 대통령 이후 대한민국 정치사를 보면 대통령이 국회를 압도하는 권력관계를 가진 시대가 대부분이었다. 적어도 김대중 정부까지는 대통령이 여당의 총재를 겸하며 국회 내 여당의원들을 움직여 왔다.

국회의 의석분포가 여소야대인 경우, 즉 **분점정부**divided government **상황에서 행정조직은 국회에 대하여 저자세가 되고 국회의 지지를 얻기 위한 노력을 많이 한다.** 반면 여당의원이 절대다수이고, 여당의 내부구조가 총재인 대통령을 중심으로 중앙집권적·권위주의적으로 운영될수록 행정조직은 국회에 대하여 고자세를 갖는다. 그러나 노무현 정부 들어 소위 '당권과 대권의 분리'가 현실화되고 대통령은 수석당원이라는 명예직에 머물며 여당의 당직 인선이나 당권 경쟁에는 개입하지 않으려는 시도가 있었다. 그 결과 여대야소 정국에서도 행정조직이 국회에 대해

---

13) http://www.assembly.go.kr/renew09/asm/ifa/sup.jsp 참조.
14) http://news.mt.co.kr/mtview.php?no=2016011009197611036 참조.

이전처럼 고자세로 나갈 수 없었다. 이명박 정부 이후에는 대통령이 당대표를 겸임하고 있는 것은 아니지만, 당의 요직에 대통령과 가까운 의원들이 자리 잡고 있어 대통령이 당권을 상당부분 장악하고 있었다. 예컨대 박근혜 대통령은 국회법 개정안을 두고 원내대표의 사퇴를 종용하는 방식으로 당에 영향력을 행사하면서 대통령과 여당의 갈등이 불거진 바 있다.

어떤 경우든 **행정부와 국회의 관계는 국회 내 여당이 다수당을 차지하느냐 여부가 결정적이다.** 여소야대인 국회의 경우, 그 사이에 연합적 구조coalitional structure와 같은 것이 형성되거나 아니면 파행이 거듭된다. 이와는 달리 대통령이 지배하는 여당에 의하여 강력하게 통제되는 국회인 때에는 행정부와의 사이에 일종의 통합적 구조에 가까운 형태가 나타난다.

행정부가 국회에 제출한 법안이 국회에 가결되는가 여부는 단점정부, 분점정부에 관계없이 대통령의 국정지지도와 관계있다는 분석도 있다.[15] 즉, 선거 등 정치적 요인과 실업률 등 경제적 요인 등을 독립변수로 놓고 회귀분석을 한 결과, 대통령의 지지도가 높을수록 정부발의 법안수가 많을 뿐만 아니라 정부법안의 가결률도 증가한다는 것이다.

제도적으로 보면, 국회가 행정부에 대하여 행사하는 권한은 행정부의 (정책)활동에 관한 커다란 방향을 정해주는 차원에 머무르는 것이 입법/행정 2권 분립의 원리이다. 예컨대 국회는 법률제정권(조세포함), 예산심의 · 확정권, 결산승인권, 국채 등 국가부담이 될 계약체결에 대한 사전의결권, 조약체결 · 비준에 대한 동의권, 국정감사와 국정조사권, 국무총리 · 국무위원 · 정부위원의 출석답변요구권, 국무총리와 국무위원의 해임건의권, 대통령 · 국무총리 · 국무위원 등에 대한 탄핵소추권, 대통령의 긴급명령, 긴급재정 · 경제 명령 · 처분에 대한 승인권, 선전포고 및 국군 해외파견 · 외국군주류에 대한 동의권, 일반사면에 대한 동의권, 국무총리임명동의권 등을 가지고 있다.

이상의 여러 권한 가운데 연중 한 번 이상 발생하면서 행정조직의 업무와 직접 연결되고 또한 중요한 것은 법률안제정권, 예산안심의 · 확정권과 국정감사권,

---

15) 유현종(2010), 대통령의 입법의제로서 정부법안의 국회제출과 통과의 영향요인, 「행정논총」, 제48권 4호, pp. 263-293.

국회에의 출석답변요구권 등이다. 특히 모든 행정부의 활동은 법적인 근거 하에서 이뤄지는 법치행정이기 때문에 국회의 법률제(개)정권이 중요한 권한이다. 그리고 정부의 정책집행에는 재원이 소요되기 때문에 예산심의권과 결산승인권도 중요하다.

이상의 권한들은 비록 큰 방향만을 잡는 것이라고 하더라도 국회에 전문지식을 갖출 것을 요구한다. 더욱이 현대사회, 특히 개방화에 따른 세계화 현상의 도래, 그리고 정보화에 따른 사회 각 부문 분화의 심화 현상이 급증하면서 이제 국회에서 논의되어야 할 정책현안은 단지 민주화냐 아니냐 하는 정치적 흑백논리의 차원을 뛰어넘어 매우 복잡한 전문성을 요구하는 문제들이다.[16] 그러나 일반적으로 오늘날의 입법부는 행정부에 비하여 전문성 면에서 상대적으로 열세에 놓여 있다는 점이 자주 지적되고 있으며, 따라서 국회는 종종 “주변적 정책참여자”[17]로 불린다.

한편, 국회의원들은 그들의 면책특권을 기반으로 충분한 근거가 없어도 많은 말들을 한다. 그리고 이들이 하는 말들은 언론에서 민감하게 다룬다. 즉, 정치란 국민들에게 상징적 언어를 구사하는 것을 주요수단으로 한다. 따라서 진실 여부나 실천성은 뒤로 밀리게 된다.[18] 인사청문회, 대정부질문, 혹은 기자회견 등을 통해 ‘아니면 말고’식의 발언을 하는 의원들도 있다. 말한 것을 실제 현장에서 행동으로 옮기는 것, 즉, 집행은 행정부의 몫이다. 즉, ‘말’과 ‘행동’의 주체가 다르고, 특히 전자를 담당하는 국회는 행동을 책임지지 않는 위치에 있다.[19] 이처럼 말, 의사결정, 행동이 서로 일치하지 않는 현상이 비일비재하다.[20] 그리고 여기

---

16) 정영국(1998), 국회운영제도의 개혁: 독자성, 민주성, 전문성 그리고 효율성의 제고, 「한국정치학회」, 국회개원50주년 기념 특별학술회의(서울: 국회의정연수원 연구부).

17) 박찬욱 · 박찬표(2005), 국회 전문보좌조직의 강화 방안: 정책조사와 법제지원을 중심으로, 의회발전연구회, 「의정연구」, 제11권 2호 통권 20호, pp. 5-33.

18) 국민을 대신하여 자유롭게 발언하는 것이 국회의 통제기능에 부합되기 때문에, 의회 내 발언은 근거 없이 말하는 것도 허용되는 것이 선진국에서도 발견된다.

19) 시간상으로 보면, 입법 → 집행 → 사법이라는 순차적 의존관계에 있다. (행)정부, 국회, 사법부의 시간적 특성에 관해서는 임도빈(2018), 「행정학: 시간의 관점에서」, 박영사, pp. 229-267의 내용 참조.

20) Nils Brunsson(2002), *The Organization of Hypocrisy: Talk, Decisions and Actions in Organizations*, Copenhagen Business School Press.

서 권한-책임 불일치 문제가 발생하게 된다.

그러나 사회적으로는 민주주의를 더욱 강화해야 한다는 분위기가 지배적이다. 이는 과거 권위주의 정권 당시 있었던 행정국가모델에서 의회로 권력의 중점을 옮겨야 한다는 논리와 부합된다. 이러한 사회적 분위기는 최근 많은 제도적 변화를 가져와 실제로 국회의 협조 없이는 행정부가 원활하게 작동하기 어렵게 되어 있다. 이에 따라 행정 관료들은 국회에 출근하여 의원 및 보좌관을 설득하고, 정보를 제공하는 일들로 본연의 업무에 지장을 받는 경우도 비일비재하게 나타나고 있다. 이제 적어도 가시적으로는 '주변적 정책참여자'는 아닌 것이 되었다.

그럼에도 불구하고 국회옹호자들은 아직도 행정부가 독주하고 있다고 비판하는 경향이 있다. 법률안의 대부분이 행정부 발의라는 논리가 한 예이다. 예컨대 17대의 경우 국회법안가결 건수 중 51%가 정부발의, 그리고 21%가 의원발의라는 단순통계치를 제시한다. 그러나 내용 면에서 살펴보면 가결되는 정부발의안은 국회상임위에서 상당한 수정을 거치는 경향이 크고, 반대로 의원발의안(즉, 상임위 대표 발의법안)은 본회의에서 '수정없이' 통과되는 경향이 크다. 즉, 정부발의안은 그 내용만 반영된다면 의원발의의 다른 유사법안에 밀려서 '폐기'될 확률이 높지만, 의원발의안은 폐기될 확률이 낮다.[21] 다시 말하면, 의원들이 자신들의 실제 능력에 비하여 행정부를 능가하는 입법권한을 행사하려고 노력하고 있다는 것이다. 이러한 점 또한 권한-책임 불일치의 일면이라고 볼 수 있다.

아울러 최소한 각 국회의원들은 국회가 '주인'이라고 생각하는데 반해, 현실은 국회가 행정부에 비하여 전문성이라는 자원이 적기 때문에 또다른 형태의 권한-책임 불일치도 나타난다. 구체적으로 행정조직은 국민(주인)에 의해 선출된 대통령(대리인)에 의해 다시 임명(즉, 복대리)된 존재인데, 대리인인 국회의원은 필요한 지식과 정보가 복대리인인 행정조직에 비해 상대적으로 부족한 것이 현실이다. 여기엔 단순히 인적 자원의 수나 질뿐만이 아니라, 집행을 담당하는 행정조직은 현실적합한 정보를 보유하고 있다는 점이 중요하다. 이는 국회가 아무리 인력을 보충한다고 해도 넘을 수 없는 제약이다. 따라서 의정활동의 일부는 행정 관료에

---

21) 이현출 · 김준석(2012), 가결과 부결의 이원법을 넘어, 「한국정치학회보」, 제46권 5호, pp. 121-144.

'의존'하는 권한-책임 불일치 현상을 겪게 된다.

한편, 의원입법에는 두 가지가 있다. 첫째는 원래 의미의 의원제안이고, 둘째는 형식만 의원입법을 택하고 실제는 행정부제안이나 마찬가지인 경우이다. 전자의 경우는 우리나라에서 그 수가 적다. 향후 의원의 전문성과 국회의 입법기능과 비례하여 증가할 수도 있겠지만 그 내용이 행정부의 찬성을 얻지 못하는 경우가 빈번할 가능성도 있다. 하나의 법률안을 통과시키려면 해당 부처뿐만 아니라 조직관계에 대해서는 행정관리 담당부, 형벌이나 행정벌에 대해서는 법무부, 회계나 세제에 관해서는 재정 담당부, 법안 자체의 전문적 검토는 법제처의 협조를 받아야 온전한 법안이 된다. 그런데 의원입법일 경우에는 이런 측면의 전문성 검토가 부실하게 될 가능성이 높아진다. 이러한 이유로 인해 국회 발의안의 가결률은 정부 제출안의 가결률보다 낮다.[22)]

후자는 실제로는 행정부가 제안하는 것인데, 마치 국회가 제안하는 것 같이 하여 민주성을 가장하거나, 행정부 내의 여러 가지 복잡한 절차와 관련기관의 반대가 예상되는 등의 사정으로 의원 쪽에서 제안하는 것이 좋겠다고 생각하여 의원에게 의뢰한 경우이다. 일종의 대리입법인 셈이다. 2014~15년 '아이폰6대란' 등 사회적 파장을 몰고 온 「이동통신단말기 유통구조 개선을 위한 법률」(이하 단말기유통법)이 그 예다.

이런 경우는 국회 스스로 행정부의 대리인agent 역할을 해주는 지위로 전락하는 것이라 할 수 있다. 단말기유통법의 경우 해당 법안의 내용도 이해를 제대로 못하고 공동 발의한 여당 의원들이 법안 시행 보름 만에 법안 의뢰 부처였던 미래창조과학부를 비난하기도 하였다.[23)] 따라서 단순히 통계적 차원에서의 의원입법 수의 비율(比率)변화를 가지고 민주화의 지표로 삼을 수는 없다. 게다가 어느 한 개의 부처가 단독으로 의원에게 이런 기능을 시킨 경우에는 부처들 사이에서 그 부가 난처하게 되는 경우도 있다.

국회는 입법권에서뿐만 아니라 재정권에서도 정부에 열악한 상황에 있다. 국회에 심의 요청하는 예산관련 안건이 국회의 심의를 거쳐 확정 통과되는 비율을

22) 박재창(2009), 「국가와 시민(시대를 넘어, 경계를 넘어)」, 이담북스.
23) http://www.fnnews.com/news/201410131554229130.

추적해 보면 거의 모든 안건이 가결되고 있어(95%), 국회의 재정 통제권이 취약한 상태에 있으므로, 결국은 흠집을 잡아서 자신의 지역구에 관한 선심성 예산을 추가하는 방법을 사용한다. 이런 현상은 국회에 제출된 정부의 예산안에 대한 국회의 삭감 또는 증감 비율을 살펴보아도 같다. 그동안 국회에서의 예산심의는 행정부 제출예산에 대한 수정비율이 대부분의 경우 1%에 못 미치는 경우가 많아 행정부에 대한 통제 기능을 제대로 발휘하지 못하고 있고 예산심의가 형식적이라는 비판이 많았다.[24] 비록 이 비율이 올라가고 있기는 하지만, 행정부를 능가하는 전문성을 갖기는 요원하다. 국회는 행정조직이 가진 집행권에서 나오는 전문성을 갖출 수 없기 때문이다. 국가의 큰 정책방향만을 다룬다는 입장에서 이것은 다른 민주주의국가에서도 발견되는 공통점이다.

3. 국회 지원조직의 팽창

국회의원은 기회만 되면 숫자를 늘리려 한다. 지역구가 줄면 국회의원이 될 확률이 줄어들기 때문에 계속 늘려오고 있다. 2016년 20대 총선을 코앞에 두고 겨우 국회의원 선거구가 확정된 것은 의석을 놓고 각 정치세력들이 치열한 경쟁을 벌였기 때문이다. 한국 국회의 경쟁력은 다른 나라에 비하여 하위권에 속하는데도 이런 현상이 벌어진다.[25] 이는 국회의원이란 자리가 권한은 크고 책임은 작을 뿐만 아니라 엄청난 금전적, 비금전적 혜택을 받는 특권계급화되었기 때문이다. 말로만 일반국민의 대표이지, 처우 면에서는 귀족화되었다.[26] 대리인이 주인을 훨씬 능가하는 대접을 받는 것이다.

비금전적 대우 중 가장 중요한 것은 의원 개인의 의정활동을 도와주는 인력 및 조직이다. 국회의원들은 사실상 입법 활동에 여러 명의 개인 보좌관을 두는 것은 물론이고, 각 상임위원회에 전문위원(국회 공무원)이 있어서 의정활동에 대한 지원을 받는다. 이에 더하여 국회 사무처는 물론이고, 국회도서관, 예산정책처, 입법조사처 등 지원조직들의 보좌도 받는다. 의원들마다 차이는 있지만, 스스

24) 정창수 · 김태형(2011), 국회 예산심의과정의 결정변동요인에 관한 연구, 한국행정학회 동계학술대회논문집, p. 1

25) 임도빈(2015), 「한국정부, 왜 16위인가?」, 문우사의 의회경쟁력 참조.

26) 자세한 내용은 임도빈(2018), 「행정학: 시간의 관점에서」, 박영사, pp. 236-238 참조.

로 문제를 발견하고 연구하기보다는 이들 지원인력에게 의존하는 경우가 많다.

또한 각 교섭단체별로 정책연구위원들을 국회의 별정직공무원으로 둘 수 있게 되어 있다(국회법 제34조). 이에 더하여 국회의원 개인에게 소속된 보좌관들을 지원인력으로 사용한다. 국회의원 개인이나 정당 또는 국회 앞으로 들어오는 청원, 진정, 투서 등은 노력하지 않아도 스스로 들어오는 중요한 정보이다. 요컨대 국회의원은 막강한 보좌 인력을 통하여 의정활동을 한다.

그러나 국민들에게 내세울 만한 입법 활동에 관해서는 마치 국회의원 개인의 작품인 것처럼 홍보한다. 자신들이 돋보이는 활동에 대해 솔직히 보좌관이 했다고 밝히는 의원은 없다. 반면에, 의정활동을 제대로 하지 못했다는 비판을 받거나 비난받는 활동에 대해서는 보좌 인력의 부족을 탓하는 경우가 많다. 그리고 기회가 있을 때마다 보좌 인력과 활동수단(예산 등)을 늘리려 한다. 즉 전형적인 권한-책임의 불일치 현상이 나타난다. **권력이 큰 사람들일수록 이들을 보좌하는 인력이 많아지고, 이에 따라 권력자는 권력-책임 불일치를 잘 활용하는 경향이 있다.**

한국 국회의 문제점은 역사적으로 정당이 대통령을 중심으로 흥망성쇠하는 식으로 이루어져 왔기 때문에 정당조직 자체가 안정성이 부족하다는 점이다. 국회의원은 지역구민으로부터 재선, 삼선되는 것이 가장 중요한 목적이기 때문에 이를 목표로 행동한다. 재선을 위해서는 1차적으로 정당의 공천이 중요하기 때문에 공천권을 행사할 만한 권력자 혹은 기관의 비위를 맞추는 데 최선을 다한다. 따라서 개인의 소신보다는 정당의 당리에 따라 움직이는 것이 보통이다. 2차적으로는 지역구민들의 인정을 받는 것이다. 예컨대 매년 예산심의는 회계연도 시작 30일 전까지 통과되어야 함에도 실제 이행된 경우는 손에 꼽힌다. 여야가 시한을 앞두고 극한투쟁을 하면서도 상임위 예비심사 등에서는 여야위원의 지역구에 철도, 도로신설 등 사업을 위해 예산을 증액하는 것은 바로 지역구민들에게 인정받기 위한 목적에서이다.

국회가 정상적으로 작동하기보다 파행을 겪는 이유는 구조적으로 인센티브 제도가 잘못되어 있기 때문이다. 국회의원 간에 소지역주의와 공천권을 둘러싼 소모적 경쟁이 일어나고 있는 것은 성실한 입법 활동보다 더 이익이 되기 때문이다. 또한 과거 의장석 점거, 폭언 혹은 폭력행사 등 비정상적인 행동은 개인적 차원의 처벌을 받기보다는 거꾸로 당에 충성한 것으로 되어 추후 공천에 도움이 되었다. 이를 방지하기 위해서 국회선진화법이 생겼지만, 국회가 실제로 '선진화' 되는 것은 요원한 문제로 보인다. 국민의 입장에서 보면 속이 터질 일이다. 국회의원의 권한-책임 불일치 현상이 국회의 정상화를 막고 있다.

결과적으로 언론에서는 이러한 국회의 비능률과 저생산성을 비난하게 되는데, 국회는 행정부에 비해 전문성이 부족하다는 언론의 비난을 받으면 받을수록 지원조직을 신설하고 확대할 것이다. 이러한 과정을 통해 적어도 전문성이라는 차원에서는 입법부와 행정부가 권력균등화를 추구하는 것이다. **국회는 전문성을 보완한다는 명목으로 지원조직을 팽창하는 경향이 있다.** 브레이크 없는 고급 자동차가 되어 가는 것이나 다를 바 없다.

그동안 한국정부가 시도했던 다양한 미국식 행정개혁과 같이 국회 분야에서도 한국이 미국의 문화를 따라간다면 미국의 행정부와 균등화되는 수준에 그치지 않을 것이다. 입법부가 현재보다 현저히 팽창하는 미국식 조직모델을 따라갈 가능성이 크다. 국회권한의 강화를 주장하는 미국형 제도를 이상화하여 추구하는 모방적 동형화mimic isomorphism가 작동하는 것이다. 아울러 국회사무처에 종사하는 직원들의 관료팽창원리도 작동하게 된다.

Ⅱ. 시민단체

시민단체와 행정조직과의 관계는 시대에 따라 달라져왔다. 권위주의적 정권이 지배하던 1980년대 중반까지 정부는 시민단체를 정부의 감시와 통제 아래 두려 했다. 그러나 1987년 6월 민주화 이행 이후, 시민단체들은 폭발적으로 성장하였으며, 현재는 정치·행정 권력과 자본권력을 감시하고 견제하는 권력의 제5부로까지 여겨지고 있다. 일부 시민단체는 국민들에게 가장 신뢰받는 공적 주체이자 정책행위자 중 하나로 부상했다.

따라서 이제 정부도 더 이상 시민단체의 요구나 의견을 무시할 수 없게 되었다. 김대중 정부 이후에는 시민단체 인사들이 행정부의 요직에 발탁되거나 각종 위원회의 위원으로 위촉되는 등 두각을 나타내고 있다. 노무현 정부는 '참여정부'

를 표방하며 시민단체를 국정운영의 동반자로까지 격상시켰다. 특히 2000년 행정자치부 주관으로 '비영리민간단체지원법'이 제정되면서 정부의 시민단체에 대한 재정적 지원이 제도화되었다. 이에 따라 정부와 시민단체는 '협조적 동반자 관계'[27]로 들어서는 듯했다.

그러나 정부와 시민단체의 유착이 바람직한 것만은 아니다. 이는 시민단체가 정부가 추진하는 개혁의 도구이며 전위세력으로 활용된다는 인상을 주기도 했다. 2000년 총선 당시, 자민련의 김종필 명예총재는 낙천・낙선운동을 주도하는 시민단체를 문화혁명의 전위세력으로 활용되었던 '홍위병'에 비유하기도 했다.[28] 이는 시민단체의 가장 중요한 자원인 공공성publicness에 대한 시민들의 신뢰를 저하시킬 수 있다. 또한 정부에 의한 시민단체의 재정적 지원도 시민단체의 자율성을 저해할 수 있다. 정부에 의한 시민단체의 프로젝트 사업 지원은 정부가 시민단체가 수행할 수 있는 사업의 분야와 범위를 한정함으로써 각 시민단체가 본래 수행해야 하는 더 중요한 비전과 사명을 실행하는 데에는 실질적인 도움을 주지 못했다는 문제점이 있다.[29] 또한 정부의 재정적 지원은 시민단체의 정부에 대한 비판과 감시, 견제의 칼날을 무디게 할 수 있다. 행정조직이 환경을 어느 정도 통제하는 수준에 이른 것이다.

행정조직과 환경인 시민단체와의 관계도 자원의존이란 시각에서 분석할 수 있다. 박상필(1999)은 시민단체가 정부와의 상호작용 속에서 중요하게 부각되는 두 가지 요소인 재정과 활동(사업)을 중심으로 시민단체와 정부의 관계를 유형화했다(그림 3-3).[30] 재정은 시민단체의 사무실과 조직 운영, 사업에 필요한 자금을 말하고, 활동이란 목표달성을 위한 시민단체의 단독 또는 연대 사업 및 사업과 관련된 행동을 말한다. 즉, 대상조직입장에서 볼 때 전자는 시민단체에 제공할 수 있는 자원resource을 의미한다. 후자는 거꾸로 시민단체가 정부에 대하여

27) 이연호(2002), 김대중 정부와 비정부조직 간의 관계에 관한 연구, 「한국정치학회보」, 제35권 4호, pp. 148-164.

28) 상게서.

29) 이숙종・양세진(2007), 시민단체의 책무성과 정부의 역할에 대한 연구, 한국행정학회 2007년도 하계공동학술대회 발표논문집(3), pp. 79-105.

30) 박상필(1999), 시민단체와 정부의 관계유형과 지원체제, 「한국행정학보」, 제33권 1호, pp. 261-278.

자율성을 갖느냐에 관한 것이다. 즉, 정부에 대한 견제 역할을 충실히 수행할 뿐만 아니라, 주체적으로 공익을 생산하는 것이 보다 능동적인 사회를 형성하는 데 중요하다. 그는 시민단체와 정부의 관계 유형을 설정하기 위하여 시민단체 재정의 자율성을 한 축으로 하고, 활동의 자율성을 다른 한 축으로 하여 각각의 정도에 따라 다음과 같이 네 가지 유형으로 도출하였다.

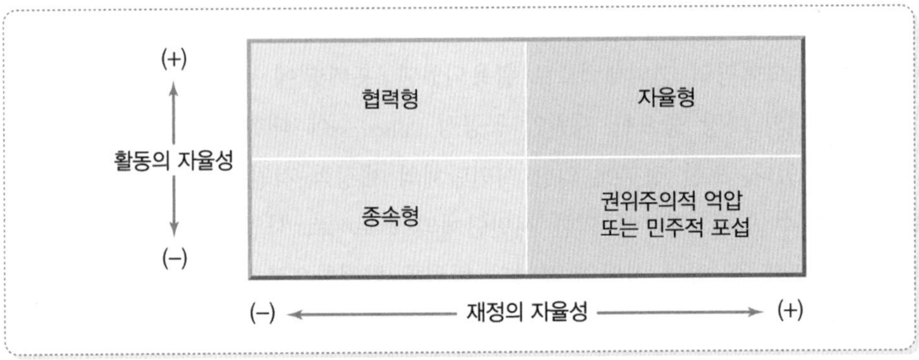

[그림 3–3] **시민단체와 정부의 관계**

위 유형에 따른다면 정부와 시민단체의 관계는 자율형이 바람직할 것이다.[31] 이를 위해 정부는 직접 재정적·행정적 지원을 하기보다는 법률적 지원을 중심으로 시민단체가 활성화되도록 환경을 마련해야 할 것이다. 예를 들어 정부가 시민단체를 지원하는 재단에 기부금을 출연하기보다 각종 모금단체가 활성화되고 시민단체의 모금활동이 용이하도록 법률적 제도를 마련하는 것이다. 따라서 시민단체가 모금활동을 자유롭게 하도록 하는 동시에 시민단체에 대한 개인과 기업의 기부금을 촉진하는 법률이 필요하다. 또한 시민운동에 대한 정부의 정보자원의 제공도 중요한 지원의 한 부분이다. 즉, 정부는 공적인 문제에 시민의 관심과 이해를 유도하는 여론기능을 수행하고 시민 참여와 토론을 활성화하는 회의공개법, 대표소송법 등과 같은 제도적 장치를 마련하는 것이다.[32] 종속형과 권위주의적 억압형은 사실상 시민단체가 제 역할을 하지 않음을 의미한다.

31) 김준기(2006), 「정부와 NGO」, 박영사.
32) 박상필(1999), 상게서.

자율형 시민단체가 많지 않은 것은 정부책임도 있지만 준정부조직 자신의 책임도 있다. 일부 시민단체 임원들의 경우 시민단체 활동 자체에 관심을 두기보다는 시민활동을 국회의원 등 정·관계 진출의 발판으로 삼으려는 태도를 가지고 있다. 정부의 자문위원 등으로 적극적 참여하는 사람들이 동시에, 시민단체나 NGO의 일원으로 1인 2역 활동을 하는 것도 자제되어야 한다.

또한 '여론몰이'를 주요 목적으로 활동하는 시민단체도 경계해야 한다. 주로 이념과 정치적 견해의 차이로 인해 많이 나타나는 이러한 시민단체 활동은 사회문제를 의제화하는 과정에서 그 내용을 왜곡할 수 있으며, 정치적 압력의 수단으로 활용되어 올바른 정책결정이 이루어지는 데 방해가 된다. 시민들과 직·간접적인 관련이 있는 사회문제에 대해서 객관적인 사실을 설명하고, 나아가 시민들에게 도움이 되는 방향을 제시할 수 있어야 할 것이다.

근본적으로 진정한 시민단체의 주체는 평범한 시민이어야 한다. NGO는 정치적 압력이나 정책형성에 주도적으로 영향을 미치는 것에서 벗어나 공동체를 위해 서비스를 제공하는 서비스 조직으로 탈바꿈해야 한다. 이런 서비스 조직이 간혹 본연의 서비스 제공과정에서 생긴 문제를 정책과정에 투입하는 방향으로 이들의 정책투입활동이 이뤄져야 국민들의 신뢰도 얻을 수 있는 것이다. 정책비판만 전문으로 하기보다는 건전한 시민단체 활동을 하는 조직이 행정조직에 국민수요에 적합한 정책제시를 할 가능성이 커진다.

Ⅲ. 언론매체

KBS, MBC, SBS 등 주요 지상파 방송과 조선, 중앙, 동아, 한겨레 등 대중매체는 행정조직의 중요한 환경이다. 이들 신문이나 방송사는 그 자체가 대규모 직원을 거느린 관료조직이다. 최근에는 JTBC, 채널A, TV조선 등 종합편성방송, tvN 등과 같은 케이블 방송과 지역 신문, 인터넷 신문, 유튜브 등 소규모 언론사의 영향력도 급속도로 커지고 있다.

언론매체들은 각각의 재정 상태나 영향력의 측면에서 서열화할 수 있다. 소위 '언론재벌'이 등장하여, 재벌이 신문과 방송사를 모두 가지고 있기도 하다. 초대형 언론기관이 있는가 하면, 중소형, 그리고 1인 기업 정도의 작은 매체도 있다.

언론에서 정부정책을 어떻게 다루냐에 따라 정부에 대한 국민들의 여론이 달라지기 때문에 행정부에서는 언론의 보도내용에 민감하다. 또한 정부는 대중매체를 통해 정책을 알리고 대중매체는 정부조직들로부터 기사를 얻게 된다. 여기에 더하여 신문방송은 정부가 원하지 않는 것도 기사화할 수 있고, 비판도 할 수 있으며, 보도된 내용은 행정계서제의 채널과는 상관없이 직접 대통령, 총리 등에 도달하므로 행정조직의 입장에서는 매우 껄끄러운 존재이다.

환경의 반응에 민감하면 할수록 행정조직 내부에 이들 매체를 담당하는 조직과 예산의 규모가 커진다. 정권차원에서 언론과 대립관계에 있으면 행정 관료들은 더 많은 불편함을 겪는다. 따라서 각 행정기관들은 언론관계를 다루는 인력이나 조직을 두게 된다. 최근에는 청와대 등 주요 조직에 SNS를 담당하는 부서나 인력을 두어 적극적으로 환경에 대응하고 있다.

일정 규모 이상인 행정조직에는 대체로 대변인실을 비롯하여 홍보담당 직원과 조직을 두어 출입기자를 잘 대우한다. 기자들에게 사무실 공간과 각종 편의를 제공하고 식사를 대접하는 비용을 대는 경우는 보통이다. 기자들과 개인 차원에서 친분관계를 유지하려 하는 것이다. 또한 언론보도의 내용을 정부 쪽에 유리하게 전개하기 위하여 정부가 가지고 있는 권한, 예를 들면 도시계획선의 확정, 신문용지의 수입, 신문구독료, 세금징수 등을 가지고 압력을 넣고, 그 결과로 이들과 정부와의 사이에 묵시적인 타협의 상태가 당분간 지속될 수도 있다.

그러나 언론과 영원히 밀월관계를 유지하기는 불가능하다. 언론은 그 속성상 정부의 약점을 집어내야 하는 것이고, 이것이 담당 부처에게는 불쾌한 일이기 때문이다. 언론은 어떤 문제를 이슈화해야 하기 때문에 '과장'하는 경향이 있다. 따라서 아주 예외적인 사건도 일상적인 것인 것처럼 포장하기도 한다. 더구나 과거에는 언론보도 내용의 '사실성'에 대해 문제를 삼았지만, 이제는 같은 사실에 대해 '해석'이 다를 수 있다는 점에 갈등의 여지가 발생하기도 한다. 여당 성향의 언론과 야당 성향의 언론이 다른 시각을 갖는 경우가 많기 때문이다. 행정부처조직은 여당 언론과 친하게 지내고 언론기관의 경영에 영향을 미치려고 한다. 방송매체에 대한 것이 대표적인 예이다. **언론의 여론주도 능력이 커지면 커질수록 여당**

은 가급적 언론매체를 자신의 성향에 맞게 행동하도록 더 많은 영향력을 행사하려고 한다. 거꾸로 노무현정부에서는 주요 언론과 대립관계가 심화되어 기자실을 폐쇄하는 조치를 취하기도 하였다.

국민과 정부 간의 정보소통과정에서 언론이 독점적 지위를 가지고 있는 한 '제4부'라고 불리울 정도로 언론의 권력은 크다. 공산주의를 비롯한 권위주의 국가에서는 언론기관이 국유화되어 정부의 홍보만 전담하는 것을 생각하면 언론의 영향력을 이해할 수 있을 것이다.

그러나 이러한 관계는 정부 ⇨ 언론의 일방적인 관계만은 아니다. 언론 쪽에서도 정부에 관심을 갖는 사람들이 있다. 현대국가에서는 언론인들이 정치에 진입하는 것을 목표로 하는 경우도 많기 때문이다. 일례로 언론을 통해 지명도가 높아진 뉴스앵커나 연예인들이 국회의원선거에서 쉽게 당선되는 것을 볼 수 있다. 이상과 같이 언론은 정부조직과 그의 환경인 일반국민 사이에서 연결핀link pin역할을 하면서 일종의 독점적 교환관계가 생기기도 한다.

한편, 이러한 언론과 정부 간의 관계에 방해요인이 되는 것 중의 하나가 인터넷과 SNS의 발달이다. 평범한 국민 다수가 언론매체를 통하지 않고도 스스로 정보와 의견교환을 하게 된 것이다. 즉 언론기관의 독점적 지위로 인해 언론인을 중심으로 정보의 생산과 유통 면에서 불평등한 권력관계가 형성되어 있었는데 인터넷이 이의 대안적 활동매체로 등장한 것이다. 물론 인터넷은 정보의 진실성과 같은 측면에서 약점이 있기 때문에 언론매체의 독점체제를 완전히 무너트리기에는 한계가 있다. 하지만 그럼에도 불구하고 인터넷을 기반으로 한 새로운 매체의 등장이 기존의 언론매체에 자극이 된 것은 사실이다. 그리고 이러한 현상을 반영하여 최근엔 정부에서도 자체적으로 정책블로그 '정책공감', 스마트폰용 정책 정보 앱App '정책공감플러스' 등과 같이 직접 국민에게 정보를 소통하고자 노력하고 있다.

Ⅳ. 전문가 집단

현대사회는 전문지식이 폭발적으로 늘어남에 따라 이를 잘 알고 있는 각 분야 전문가의 역할이 중요하다. 전문가 집단은 각 분야에서 생기는 문제점을 잘 알고 있기 때문에 행정조직에 건의하거나 요구할 것이 많은 집단이다.

과거에는 행정조직의 주변에 있는 인물들 중에서 전문지식인은 고립된 개인으로만 행정을 상대하기 때문에 권력 면에서 매우 약할 수밖에 없었다. 그가 행사하는 권위는 오로지 전문지식밖에 없으며, 그것이 존중되는 조직에서, 그리고 내부자보다 더 많은 전문지식이 있는 경우에만 그의 권위가 인정되었다. 하지만 최근의 전문가들은 과거와 같이 고립적으로 행동하는 것이 아니라, 조직화를 하여 집단적으로 행동하는 일이 많아졌다. 각종 연구회, 학회 등이 그것이다. 이외에도 각 분야별로 부동산중개사협회, 의사협회, 변호사협회 등 여러 가지 수준의 조직화를 통해 활동한다.

행정은 이들 중 각 분야집단에서 권위를 인정받는 사람들을 중시할 수밖에 없다. 유력한 인사들은 언론에 자신들의 의견을 기고하여 정부에 압력을 넣기도 한다. 그뿐만 아니라 전문가 집단은 특수한 정책에 대해 성명서를 내기도 하고, 심지어 반정부 시위를 조직하기도 한다. 사실 그 분야의 오랜 전문가가 아닌 사람들도 일시적으로 모여 특정문제에 대해 전문가인 것으로 가장하여 여론의 주목을 받고, 정책에 영향을 미치려 하기도 한다.

전문가 집단이 중요한 이유는 그 분야의 여론을 주도하기 때문이다. 이들 중 일부는 정부위원회에 참여하는 것은 물론이고 시민단체에 적극적으로 참여하기도 한다. 행정조직으로서는 이들을 자신들에게 유리하도록 적극적으로 활용한다. 따라서 전문성을 높이 평가받지 못하는 행정관료, 내부자에게 이들은 대외적인 정통성 부여의 수단으로 이용될 수 있다.

Ⅴ. 사법기관과의 관계

정부는 국민들로부터 위법, 부당한 행정행위라 하여 이의신청, 심사청구, 소원 등을 제기당하는 일이 있다. 이 경우 1차적으로는 행정조직이 그것을 심판하게 되어 있다. 이를 행정심판이라고 한다. 그러나 그 결과에 대해서 불만이 있는 자는 재결의 위법을 이유로 행정소송을 할 수 있다.

공법상의 권리관계 혹은 법적용에 다툼이 있는 경우, 정식으로 사법부가 재판을 하는 것을 행정소송이라고 한다. 즉, 국민이 행정 권력의 행사나 혹은 부작용에 불복하면 행정소송을 한다. 이를 담당하는 것이 행정법원, 그리고 고등법원에 설치되어 있는 행정재판부이다. 고등법원에는 민사부, 형사부, 행정부가 설치되어 있다. 고등법원의 판결에 불복하는 소송은 대법원에서 담당한다. 또한 일반국민으로서 행정조직의 행위 혹은 부작위로 헌법에 보장되어 있는 국민으로서의 권리를 침해당했다고 생각하면, 헌법재판소에 소를 제기할 수 있다. 사법부(헌법재판소 포함)와는 이와 같은 소송 때문에 행정부와 관련을 맺게 된다. 특히 행정조직의 권력남용이 가장 중요한 소송대상이다. 소송 결과 국가가 패소한다는 것은 행정부가 잘못했다는 것을 의미하며, 이는 때로 국가에 재산상의 손실을 가져올 수도 있다.

판례중심으로 규범이 형성되는 미국과는 달리, 한국은 모든 사항이 비교적 자세하게 법규에 규정되어 있다. 즉, 미국에서는 어떤 결정을 하기 전에 유사한 사항에 대한 판례를 연구하는 것이 매우 중요한 반면, 한국에서는 행정관료가 관련 각종 법령의 내용을 숙지하는 것이 더 중요하다. 영미법 체계를 택하는 경우 판례가 행정실무에 미치는 영향이 크기 때문에 미국의 로스쿨은 판례중심으로 교육한다. 이에 비하여 대륙법체계를 택하고 있는 우리나라는 행정법과 각종 법규를 숙지하여 집행을 합법적으로 하는 것이 중요하다.[33)]

그럼에도 불구하고 행정은 사법부를 중요한 환경의 하나로 생각해야 한다. 패소를 하는 경우 손해배상 등을 해야 하기 때문이다. 실제로 이런 일은 일상적으로 일어나는 것은 아니며, 행정소송은 예외적이고 지나간 사건 중심이기 때문에 행정조직과 법원 간의 관계는 대국회와의 관계에 비하면 매우 먼 것이라 할 수 있다. 그러나 행정소송 건수는 매년 증가하고 있으며, 연 4만 건에 육박하고 있다[34)]는 점을 고려하면 여전히 중요한 환경임은 확실하다.

사법기관 중에서 헌법재판소도 행정의 중요한 환경 중의 하나이다. 헌법재판

33) 영미법, 대륙법체계에 관한 사항은 임도빈(2018), 「행정학: 시간의 관점에서」, 박영사, pp. 260-263 참조.

34) http://www.index.go.kr/potal/main/EachDtlPageDetail.do?idx_cd=1724.

소는 국민의 기본권에 관한 사안은 물론이고 권력기관간의 분쟁관계를 해결하는 역할을 하기 때문이다. 일례로 군가산점 문제, 간통죄 위헌 판결 등이 행정부의 주요 정책의 근간을 바꾸기도 하였으며, 행정수도 이전, 성매매 특별법 등 주요 정책 이슈가 헌법재판소를 거쳐 정책의 합법성을 평가받기도 하였다.

행정기관간의 분쟁은 권위적 방법에 의해 상관(최종적으로는 대통령)이 해결하는 것이 보통이다. 그러나 같은 계서제에 속하지 않는 경우와 권력기관이 국민에게 행하는 권력에 대해서 일반국민들이 소송을 제기하는 경우에 헌법재판소가 분쟁 해결을 맡음으로써, 행정 기관에 중요한 환경이 된다.

제3절 환경과 행정기관의 관계

Ⅰ. 환경의 변화

우리는 행정조직을 둘러싼 환경 속에서 조직집합의 요소들이라 생각되는 것들을 다루었다. 특히 일반 환경이나 간접 환경보다도 특수 환경이나 직접 환경을 다루었다. 그런데 앞에서 다룬 환경이라는 것은 어디까지나 조직집합을 구성하는 단위(요소)들을 말한 것이지, 행정조직이 관장하고 있는 실질적인 업무내용 또는 대상기관의 환경을 말한 것은 아니었다. 즉 조직영토organizational field, organizational domain에서 일어나는 변화는 아니다. 앞에서도 언급한 바와 같이 행정조직마다 분업하고 있는 대상이 되는 물(物), 인간, 지역 등으로 각각 따로 있으며, 이들 조직영토에 어떤 변화가 일어나는가를 이해하는 것은 대상행정조직으로서 매우 중요하다.

행정조직을 둘러싼 환경의 변화로는 심리적·사회적 변화, 기술적 변화, 자연적·물리적 변화 등을 들 수 있다. 예를 들어 농림축산식품부의 경우 농산물에 대한 국제적인 개방 압력이 극심해진다든가, 농촌에 고령인구만 남게 된다든가, 농업수입이 다른 부문에 비해서 급격하게 적어지고 있다든지 하는 것은 농림축산식품부가 당면한 환경의 변화인 것이다. 청소년들의 가치관 변화와 출산율 저하, 자녀들의 노령부모 부양거부, 외국인의 증가 등도 중요한 사회적 변화이다. 인공지능과 로봇의 발달, 무인자동차 기술개발 등도 중요한 변화이다. 세계적으로 손꼽히는 바둑기사인 이세돌과 인공지능 컴퓨터인 알파고의 대결과 함께 인간을 대표하는 이세돌 9단의 패배도 한국뿐만 아니라 전 세계의 행정부가 직면하게 된 예상치 못한 급격한 변화에 해당한다.

이러한 환경의 변화는 보통 불확실성uncertainty과 변화의 속도라는 두 가지 측면으로 유형화할 수 있다. 확실성(즉 예측가능성)이 높고 변화의 속도가 낮은 환경이 과거의 환경이었다면, 이제는 대부분의 행정조직이 불확실성이 높고 변화의 속도가 높은 소용돌이의 장이란 환경 속에 있다.[35] 즉, 환경의 내용 또는 기능면의 변화는 매우 신속하고 그리고 점점 더 복잡하게 변해가고 있다. 특히 우리나라는 발전 속도가 빠르기 때문에 그만큼 변화속도와 복잡성(그리고 확실성)의 진전도가 매우 빠르다. 가히 "소용돌이 장turbulent field"이라 할 수 있다. 각 행정조직이 이런 조직영토의 변화에 잘 적응해야만 국가전체의 발전 속도나 번영이 보장될 수 있을 것이다.

Ⅱ. 행정조직의 환경에 대한 적응

1. 경계조직

조직을 하나의 체제로 본다면 이 체제와 환경과의 사이에는 경계가 있다고 할 수 있다. 조직의 구성원들을 양분하여 보면 하나는 이 경계에 있는 사람들이고, 다른 하나는 체제 속에 있어서 환경과 접촉을 할 필요가 없는 사람들이다. 전자를 가리켜 경계직원boundary personnel이라 부른다. 이들은 조직을 대표하여 환경과의 관계를 다루는 사람들이다. 이들 가운데는 거의 전적으로 경계직원의 역할만 하는 사람들이 있고, 또 내부적 기능에 경계직원의 기능을 추가하여 하고 있는 사람들이 있다. 부의 공보관이나 민원실의 직원들은 전자의 예이고, 대부분의 국장과 과장은 후자의 예라 할 수 있다.

행정조직 직원의 대부분은 위의 국장이나 과장과 같이 두 가지 역할을 겸하

---

35) F. E. Emery and E. L. Trist(1965), The Causal Texture of Organizational Environment, *Human Relations*, 18, pp. 21-32.

게 된다. 그러나 일반적으로 조직의 상위계층에 올라갈수록 또는 정책적 고려를 많이 해야 하는 계층에 갈수록 환경에 대한 고려를 더 많이 해야 하며, 따라서 경계직원의 역할 비중이 증가한다. 이렇게 보면 장관은 그의 역할의 대부분이 경계직원으로서 일하는 것이라고 할 수 있다.

조직은 복잡한 환경문제에 효과적으로 대응하기 위하여 내부적으로 이러한 문제를 나누어 담당하게 된다. 그리고 어떤 부든지 그것의 내부분업 또는 직제는 환경을 다루기 위한 분업이라 할 수 있다. 조직의 환경은 이를 환경의 성질의 중요도나 포괄성에 비추어 상위환경과 하위환경으로 나누어서 생각할 수 있다. 다른 한편으로는 기능에 따라 횡적으로 이루어진 분업도 각자마다 분야별로 환경을 나누어서 맡는 체제라 할 수 있다.

농림부를 예로 들면 농업정책국 농업금융정책과, 농촌정책국 지역개발과, 축산정책국의 축산정책과 등의 분업은 이들 국·과들이 각자 농업의 분야별로 환경을 맡고 있다는 것을 의미한다고 할 수 있다. 직위가 높은 계층에 있는 사람일수록 상위환경을 다룬다고 할 수 있다. 농림부 장관이나 차관은 이 분야의 전체적인 환경을 다루는 데 반해, 각 국장은 자기분야의 환경을 다룬다고 볼 수 있다. 따라서 이 관계는 다음과 같다.

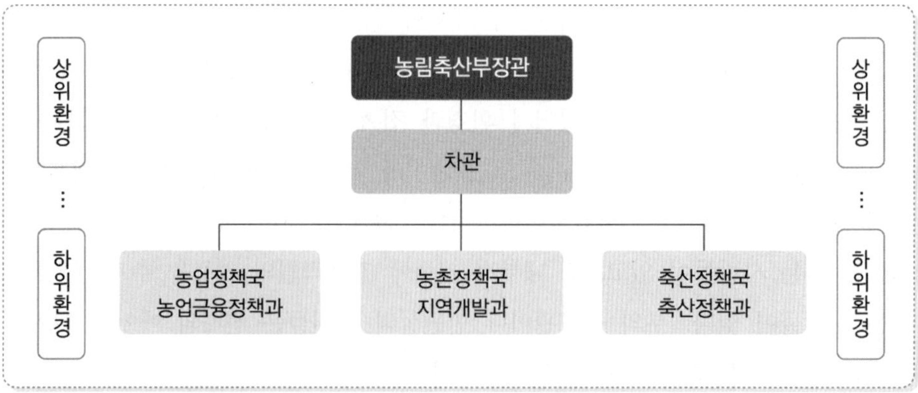

[그림 3-4] **환경의 분담-농축산부의 예**

조직은 이와 같이 그들을 둘러싼 환경의 문제도 전문화시켜서 담당한다. 농업

금융정책과의 감독을 받는 농업협동조합, 지역개발과의 감독을 받는 농지개량조합연합회, 축산정책과의 감독을 받는 축산업협동조합에 대한 접촉도 실무적 차원은 실무자끼리 하며, 농림부의 과장은 이들 단체의 간부와, 농림부의 실·국장은 이들 단체의 장과 접촉하며, 장관은 예외적인 경우에만 장과 접촉하게 되는데 이는 상하 분업에 의한 전문화를 기하는 체계라 할 수 있다.

장관은 대통령과의 관계, 국무총리와의 관계를 전적으로 맡게 된다. 차관과 국장들은 청와대참모와의 관계를 맡는다. 또한 장관은 국회와의 관계를 비롯하여 정당, 특히 여당과의 관계를 직접 맡아야 한다. 총리 직속의 각 처와의 관계도 잘 해야 하나, 이 부분은 차관 이하에 맡길 가능성도 있다.

장관의 이런 환경 관리 및 대응 기능을 전적으로 보조하고 있는 것이 차관이다. 대변인은 대여론 기관과의 관계에 관하여 장관을 보좌한다. 기획조정실장은 특히 대국회관계를 각 실·국장과 함께 종합적으로 보좌한다. 법무 담당관은 대법제처, 법무부, 법원관계를 분담하며, 행정관리 담당관은 대총무관련 담당부처 관계를, 예산 담당관은 대재정 담당부처 관계를 다룬다. 그리고 민원실은 민원인들을 집중하여 다룬다. 이에 더하여 각종위원회나 합의체 속에 민간인, 타행정기관의 대표자 등을 참여시키는 장치를 가지고 있다.

2. 소프트웨어적 대응

행정조직에 환경을 다루는 부서 또는 직원을 전담하는 것은 조직구조적 대응방법이다. 조직영토를 담당하는 부서를 행정조직 내에 새로 만드는 것이다. 바둑기사 이세돌 9단이 인공지능에 의한 컴퓨터와의 대결에서 3번 연속 패배하자, 정부는 대책마련이 시급하다는 이유로 2016년 3월 14일 미래창조과학부에 '지능정보산업육성팀'을 신설한 것이 그 예이다. 이를 하드웨어적 접근이라고 한다면, 소프트웨어적 대응방법도 있다.

첫째로 새로운 사태에 대응하기 위하여 새로운 정책을 만들거나 기존정책을 수정하여 집행하는 정책대응의 방식이 있다.

둘째는 일을 하는 절차와 방법을 바꿈으로써 대응하는 방식이 있다. 절차를 변경하거나 표준화하는 것, 새로운 인물들을 참여시키는 것, 예측과 계획을 철저하게 하는 것, 전산화하는 것 등은 다 여기에 속한다. 절차와 방법에 의한 행정조직의 대응으로 대국회관계와 해당부처 내지 동렬의 부처들에 대한 관계에서 일어나는 현상으로 다음과 같은 것이 있다.

대체로 법률안의 경우 국회에서 통과시킨다는 것은 매우 어려운 일이다. 그 과정이 복잡하고 갈등도 많기 때문이다. 설혹 통과되더라도 원래의 제안과는 거리가 먼 내용이 될 가능성도 있다. 그래서 가능한 한 법률화하는 것은 피하고자 하는 것이 현실의 행태다. 즉 행정부 안에서 최종적으로 결정할 수 있는 대통령령으로 하려고 한다. 그 결과 국민의 권리의무에 관계된 것까지도 법률의 위임없이 대통령령에 의하여 규정하는 위법사태가 생긴다. 같은 원리로 대통령령으로 해야 하는 것을 여러 부처의 간섭과 반발을 피하기 위하여 부령으로 하는 경우, 법제처의 간섭을 받지 않는 장관훈령으로 하는 사태 등이 나타나게 된다. 이렇게 되면 국민의 권리의무를 규율하는 법령체계상의 혼란을 가져오게 되고, 결과적으로 국민들만 그 권리를 침해받게 된다.

셋째는 새로운 인물로 교체하든가, 기존인물을 훈련하여 사용하는 인물대응방식이 있다.

Ⅲ. 적극적 환경대응

지금까지는 조직이 환경에 일방적으로 적응해야 한다는 입장에서 설명을 하였다. 이는 환경을 다룰 부서나 구조변경에 의하여 대응하는 방식으로서,[36] 환경대응의 문제를 분업하는 것을 말한다. 일반적으로 조직구조를 융통성 구조와 경직성 구조로 나눌 때 전자가 변화가 많은 환경적 대응에는 더 잘 맞는다고 한다. 경직성 구조는 안정적이고 단순한 환경에 적합하다고 알려져 있다.[37]

융통성 구조의 특성들은 다음과 같다.

– 폐쇄적이 아니라 개방적이다.

---

36) 이런 시각의 연구들을 상황적응론(contingency theory)이라고 한다.

37) T. Burns and G.M. Stalker(1961), *The Management of Innovation*, Tavistock Publications. 그러나 안정된 환경에는 기계적 조직(mechanistic structure)이 유기적 조직보다 더 부합된다는 이들의 주장이 우리나라의 행정조직에도 적용될 수 있을지는 의문이다.

- 덜 공식화되어 있다.
- 표준화 정도가 적다.
- 구조가 이완되어 있다.
- 인간관계를 중시한다.
- Theory Y적으로 운영한다.
- 개인의 역할분담체계가 명백하지 않다.
- 조직원들의 참여를 중시한다.
- 통솔의 범위는 넓고 계층의 수는 적다.
- 의사결정이 분권화되어 있다.
- 의사전달에 지시와 결정보다는 권고와 정이 많다.
- 전문지식의 권위를 직위의 권위보다 높이 인정한다.

융통성 구조는 개인의 창의를 존중하며, 어느 정도의 낭비와 중복은 긍정적 가치가 있다고 본다. 그리고 항상 어느 정도의 위험부담은 각오하는 조직이라고 할 수 있다. 반면 경직성 구조는 결정이 느리고, 그 과정에 많은 갈등이 생기며, 그것 때문에 질서를 해칠 우려도 있다. 갈등의 긍정적 기능을 인정하되 그것을 국지화localize하거나, 시한을 둘 수 있어야 한다. 전반적으로는 법과 질서의 유지, 그리고 기존정책의 집행능력에는 차질이 없어야 한다는 대전제하에서 융통성 구조의 특징들을 가미하는 것이 좋다.

그러나 융통성 구조도 여전히 환경변화에 조직이 일방적으로 적응해야 한다는 수동적 시각에 입각해 있다. 이와는 반대로 적극적이고 능동적인 시각으로서, 조직이 적극적으로 환경을 창조하거나 만들어내야 한다는 시각이 있다. 환경의 변화가 있기 전에 미리 대응 활동을 하거나, 문제가 있을 때 적극적으로 초기대응을 시도하는 것을 의미한다. 기존의 수동적 시각인 '주어진 환경'에 대비하여 적극적이고 능동적인 시각에서는 창조적 환경enacted environment을 전제로 한다.[38] 우리나라가 1990년대 정보통신부를 만들고, 정보화촉진기금을 통해 정보산업(벤처기업) 등을 만든 것은 IT산업이라는 조직영토를 정부가 직접 만든 예이다. 행정조직이 먼저 나서서, 당시로서는 사람들이 미처 관심을 갖지 않은 틈새시장Niche을 본 것이다.

---

38) Karl Weick(1979), *The Social Psychology of Organizing*, M.A.: Addison-Wesley.

한편, 적대적인 환경을 조직의 일부로 흡수하는 것은 행정조직에서 오래전부터 사용한 방법이다. 미국에서 대공황을 극복하기 위한 하나의 방편으로 댐을 건설하려 할 때, 이를 반대하는 운동의 지도자를 위원회 위원으로 포함시킨 것이 그 예이다.[39] 현재 우리나라의 행정조직에 설치되어 있는 많은 심의위원회, 자문위원회의 위원을 들여다보면 이런 방법이 사용되고 있음을 알 수 있다.

초기부터 환경에 자신들이 필요한 조직을 만드는 경우도 있다. 어떻게 보면, 아직 발달하지 못한 민간부분을 개척한다는 의미도 있다. 그래서인지, 행정주도의 경제사회발전을 이룩한 우리나라에서 흔히 사용된 방법이다. 그 예로, 언론매체로서 KBS가 있다. 정부는 KBS를 오래전부터 공영방송으로 시작하여 아직도 이를 유지하고 있다. 또한, 민간방송인 MBC도 사실상 정부의 지배하에 두고 있다는 점에서, 이러한 방법에 속한다고 볼 수 있다. 전체 뉴스거리를 종합하여 전달하는 통신사인 연합뉴스도 정부가 지배하고 있다. 신문도 서울신문을 정부가 가지고 있다. 이렇게 본다면, 앞에서 논한 많은 환경들이 실제로는 행정조직에 영향을 미치는 적대적 환경이 아니라 행정조직이 적극적으로 만들어낸 우호적 환경임을 알 수 있다.

사실 행정조직이 거의 독점적으로 기능할 수 있도록 권한 분장이 되어 있는 가운데, 환경이란 그 자체로서 크게 두려워할 존재는 아니라고 생각된다. 다양한 행정환경 중에서 한국의 행정조직이 가장 두려워하는 환경은 외부환경인 국회가 아닌가 한다. 물론 조직영토의 변화를 먼저 읽고 행정조직에 영향을 미치는 통제기능을 하도록 설계된 것이 국회이며, 간접민주주의이다. 그러나 우리나라 국회와 같이 합리성이 결여되고 불확실성이 높다는 점을 감안하면, 행정조직에 이보다 불확실한 환경은 없을 것이다.

이처럼 극도의 불확실한 환경에 대응하는 방법은 조직여유organizational slack[40]를 확보해 놓는 것이다. 추운 겨울을 나기 위해서 배불리 먹고 배 속에 지방을 축적하는 동물과 같은 이치이다. 즉, 각 행정기관이 미리 예산, 인력과 조직을 필

39) P. Selznick(1949), *TVA and the Grass Roots: A Study of Politics and Organization*, University of California Press.

40) Bourgeois, L. J.(1981), On the measurement of organizational slack, *Academy of Management review*, 6(1), pp. 29-39.

요이상으로 늘려 놓음으로써, 환경에 의한 예기치 않은 조직축소에 대비하는 것이다. 이 원칙은 이미 권력이 큰 행정조직이 그렇지 않은 조직보다 더 잘 사용하는 경향이 있다. 결과적으로 권력이 큰 조직은 권한-책임 불일치를 실행할 준비를 항상 하고 있는 셈이다.

제 2 편

조직구조론

제 4 장　행정기관 내부의 조직구조

제 5 장　지원기능 부처의 조직구조

제 6 장　위원회형 독립행정기관

제 7 장　청(廳)

조직구조(organizational structure)는 대체로 '조직의 구성원들이 어디에 배치되느냐'에 관한 뼈대를 말한다. 즉, 조직구조는 조직의 틀과 같은 것이다. 조직의 틀이 어떻게 형성되는지에 따라 그 안에서 일을 하는 조직구성원들의 업무 방법이 달라진다. 제2편 조직구조론에서는 한국의 중앙기관의 실제를 이해하기 위해서 구조적 특성을 다루기로 한다. 구체적으로 중앙행정기관이 내부에 어떠한 조직적 틀을 가지고 있는지 살펴보고, 청(廳) 또는 위원회 등과 같은 조직의 구조를 법적인 틀을 중심으로 설명하고자 한다. 조직구조는 일반적으로 조직의 공식적 구조를 나타내는 조직도표(organizational chart)를 통해 알 수 있다. 그리고 조직의 실제는 조직도표와 같은 기초를 이해하는 것이 선행되어야 한다. 즉, 법에 의해 명시된 조직의 틀을 위반하는 것은 어렵기 때문에 기본적으로 이와 같은 틀을 이해해야 하는 것이다. 결과적으로 조직구조론은 조직설계(organizational design)를 어떻게 하느냐에 대한 기본적인 틀을 제공해주는 것이다. 법치국가에서 법적인 측면에서의 조직구조를 이해하는 것이 매우 중요하므로 주로 공식적인 측면을 먼저 살펴보고, 이어서 비공식적 조직도 부수적으로 살펴볼 필요가 있다. 한편, 조직의 운영이 실제로 어떻게 운영되는지는 다른 편에서 다룬다.

제 4 장

행정기관 내부의 조직구조

정부조직은 다양한 단위의 조직이 중첩적으로 존재한다. 전체 정부조직도 외부에서 보면 하나의 조직이다. 부처, 시험소, 실국, 담당관 등도 각각 하나의 조직이다. 그중 부처조직이 가장 기본적인 행정조직이며, 행정관청이다. 행정관청의 사무실은 같은 건물에 모여 배치되는 것이 보통이다. 행정관청은 조직의 경계 boundary가 분명하며, 배타성도 강하다. 즉 조직의 운영에 관해 조직, 인사, 재무 등 모든 면에서 일종의 (자급)자족이 되는 단위이다. 이러한 부처조직의 내부를 들여다보면, 마치 씨족마을과 같이 마을 운영을 지도하는 어른과 같은 존재도 있고, 다른 여러 가구가 모여있는 것과 마찬가지로 일정한 질서도 존재한다.[1] 여기서는 이러한 행정조직의 내부 조직이 어떻게 구성되어 있는가를 살펴보기로 한다.

제 1 절 개 관

정부조직법은 '중앙행정기관'을 부·처 및 청으로 한다고 명시하고 있다(2조). 부처행정조직은 보통 장관 밑에 차관, 실장, 국장, 과장으로 이어지는 계서제 조직이다. 또한 한 사람의 부하는 한 사람의 상관으로부터만 명령을 받는 명령통일 unity of command의 원칙이 엄격히 적용되는 조직원리를 충실히 지키는 조직이다.

우리 행정조직법률에서는 외국의 조직론에서 사용하는 용어들을 그대로 번역

1) 조석준(2002), 「행정조직과 행정문화」, 대영문화사.

한 단어를 쓰지 않고 독자적인 단어를 사용한다. 부처와 같이 단위 행정조직을 지칭할 때는 행정관청 개념이 부가된 '행정기관'이란 용어를 사용한다. 서구에서 조직구조의 기본 개념으로 사용하는 Line(계선)과 Staff(참모 혹은 막료)는 각각 보조기관, 보좌기관이란 용어로 사용한다. 행정기관의 조직과 정원에 관한 통칙 제2조 8항에서는 행정기관의 보조기관과 보좌기관을 통칭하여 '하부조직'이라고 명명한다. 따라서 이 장에서는 관련 법이 지칭하는 중앙행정기관의 하부조직 구조를 다룰 것이다.

보조기관은 '행정기관의 의사 또는 판단의 결정이나 표시를 보조함으로써 행정기관의 목적달성에 공헌하는 기관'을 말한다. 보조기관은 정부조직법 제2조에 차관·차장·실장·국장 및 과장으로 명시되어 있다. 다만, 실장·국장 및 과장의 명칭은 '대통령령으로 정하는 바에 따라 본부장·단장·부장·팀장 등으로 달리 정할 수 있다'고 융통성을 부여하고 있다. 과장(혹은 팀장)이 계서상 마지막 자리이므로 중앙행정기관에는 계장을 두지 않게 되어 있다. 차관은 정무직이고, 실장, 국장은 일반직, 별정직, 또는 별도의 규정이 있는 경우에 한하여 특정직 공무원으로 보임하도록 되어 있다. 정부조직법은 별정직으로 임명되는 국장은 중앙행정기관마다 1명을 초과할 수 없다고 명시하여 일반직 공무원 위주의 인사를 하는 것을 원칙으로 하고 있다.

한편, 보좌기관은 '행정기관이 그 기능을 원활하게 수행할 수 있도록 그 기관장이나 보조기관을 보좌함으로써 행정기관의 목적달성에 공헌하는 기관'을 의미한다. 구체적으로 보좌기관은 전문적 지식을 활용하여 '정책의 기획, 계획의 입안, 연구·조사, 심사·평가 및 홍보와 행정개선' 등에 관하여 보좌활동을 하도록 되어 있다. 보조기관의 명칭은 정부조직법에 명시되어 있는 반면, 보좌기관의 명칭은 행정기관의 조직 및 정원에 관한 통칙(제12조 2항)에 '정책관·기획관·담당관' 등으로 나열되어 있다. 또한 보좌기관도 그 밑에 업무수행에 필요한 최소한의 하부조직을 둘 수 있게 되어 있다.

보조기관과 보좌기관 간의 관계는 명령통일의 원칙이 적용된다고 볼 수 있다. 그런데 이 원칙은 본래 의미대로 한 사람의 상관이 한 명의 부하를 지휘하는 것이 아니고 현실에서는 통상적으로 복수 이상의 부하가 존재한다. 대신 적정한 부하의 숫자를 나타내는 통솔범위span of control의 원칙이 있다. 그러나 법률에는 이상적인 통솔범위가 얼마인지를 명시하지 않고 있다. 즉, 행정기관의 조직 및 정원에 관한 통칙은 '실 또는 국' 밑에는 소관업무를 업무의 양이나 성질에 따라 '수개'로 분담하여 수행할 필요가 있는 경우에 보조기관을 둘 수 있다는 식의 애매한 표현을 쓰고 있다.

이상에서 설명한 원칙들을 그림으로 나타내면 중앙행정기관의 조직구조는 [그림 4-1]과 같다. 중앙행정기관에서는 보조기관(즉, 계선기관)인 국과 과가 핵심구성 요소라고 할 수 있다. 어느 국(局)이나 어느 과(課)가 더 큰 기능을 하는가는 부처에 따라서 다르다.

중앙행정기관에서는 담당관이나 과가 법률상으로 최하위 단위조직이다. 그러나 규모가 큰 과의 경우 그 내부에 업무가 사실상 분화되어 있다. 이것이 과거에 존재했던 '계'인데, 조직이 세분화되는 것을 막기 위해 없어졌다. 그럼에도 불구하고 일부 부에는 아직 '계장'이란 용어가 잔존해 있다. 또한 일반적으로 과원은 사무관이다. 하지만 조직에 따라 일부 6급 이하의 직원들도 있다. 6급의 경우 법적으로는 주사이지만, '주무관' 또는 직원이라 불린다.

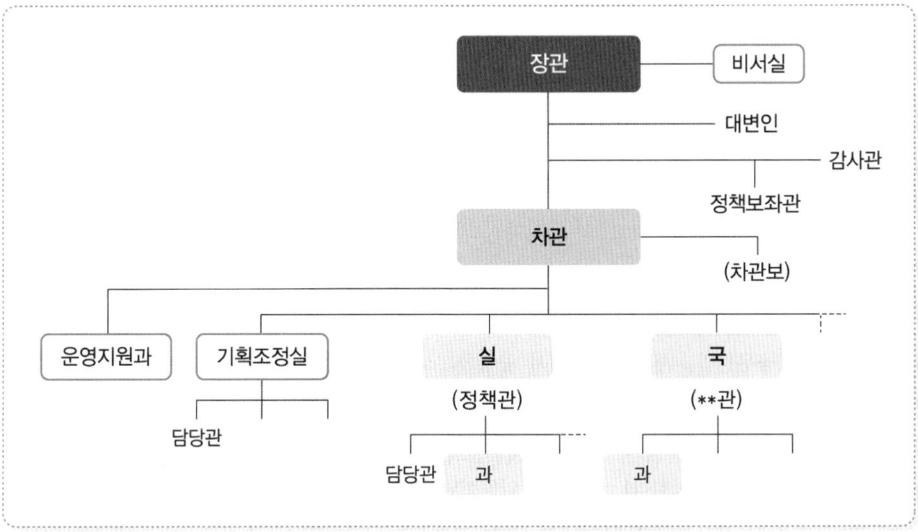

[그림 4-1] 중앙행정기관의 기본구조

이러한 중앙행정기관의 기본구조와 이하에서 서술할 중앙행정기관의 하부조직에 관한 내용은 대체로 중앙행정기관과 유사한 기관들에도 찾아볼 수 있는 공통적인 것이다. 과거에는 부처가 중앙행정기관의 거의 전부를 차지하다시피 하였으나 이제는 실제로 다양한 명칭의 행정조직이 존재한다. 이들 기관은 단위행정조직으로 중요한데, 예컨대 인사행정 분야에서는 '소속 장관'이란 표현을 쓴다.[2] 이들의 직책명은 '위원장' 등이지만, 실제로 '장관'으로 대접받는다.

구체적인 중앙행정기관의 명칭과 주요 미션은 정부조직법에, 부 내 실국 수준의 하부조직은 ***부와 소속기관의 직제규정(대통령령)에, 과와 담당관 수준의 하부조직은 ***부와 소속기관의 직제규정 시행규칙(부령)에 명시된다. 과거에는 이러한 하부조직의 숫자와 명칭에 대해서도 총무 담당부처(행정안전부)에서 매우 자세하게 통제했기 때문에 부처 간 조직구조는 매우 유사하였다. 하지만 이제 어느 정도 자율권이 주어졌기 때문에 각 중앙행정기관의 하부조직을 보면 명칭과 구조가 과거보다는 다양해졌다. 본부, 정책관, 심의관, 센터, 팀 등의 도입으로 명칭도 생소하고, 계서상 외부인이 보기에 애매한 위치에 있는 하부조직들이 많이 보인다. 그러나 실제 운영을 들여다보면 계선화하는 경향 등 과거의 하부조직과 유사점이 많아 무늬만 다양하다는 느낌도 든다.[3] 이하에서는 각 부의 특수성보다는 공통적인 부분에 논의를 한정할 것이다.

---

2) 즉, 「국가공무원법」 제16조 2항에서 규정한 "소속 장관"은 중앙행정기관인 부·처·청의 장 이외에 다음과 같이 열거하고 있다.
대통령비서실장(국가안보실 및 국가안전보장회의사무처를 포함한다), 대통령경호처장, 감사원장, 국가인권위원회위원장, 방송통신위원회위원장, 원자력안전위원회위원장, 국무조정실장(국무총리비서실을 포함한다), 공정거래위원회위원장, 금융위원회위원장, 국민권익위원회위원장 및 민주평화통일자문회의사무처장.

3) 김종성(2007), 한국의 보조·보좌기관 구분에 대한 비판적 검토, 「한국행정학보」, 제41권 3호, pp. 167-189.

제2절 중앙행정기관의 최고위 층

Ⅰ. 장 관

중앙행정기관의 장인 장관은 소관사무를 통할하고 소속공무원을 지휘·감독한다. 이러한 지휘·감독권을 가지고, 장관은 관청으로서 행정기관에서 행한 모든 의사결정에 대해 대외적으로 책임을 진다. 따라서 부처조직으로서는 절대적인 권력을 가진 자리이면서 행정관청이다.

장관은 다양한 방법으로 권력을 행사한다. 그러나 아무 제약없이 부하에게 권력을 행사할 수 있는 대통령과 달리 장관은 일정한 제약 속에서 일을 한다. 정부조직법 제11조에는 "대통령은 정부의 수반으로서 법령에 따라 모든 중앙행정기관의 장을 지휘·감독"할 뿐만 아니라, "중앙행정기관의 장의 명령이나 처분이 위법 또는 부당하다고 인정하면 이를 중지 또는 취소할 수 있다"고 명시하고 있기 때문이다. 이런 법적인 규정 이외에도 장관의 임명권이 대통령에게 있는데다가, 정해진 임기도 없기 때문에 장관 자리의 유지는 대통령 마음에 달려 있다.

행정관청으로서 장관은 행정기관을 대표하여 외부 환경과 행정조직을 연결하는 연결핀link pin역할을 한다. 주요 환경은 대통령(비서)실은 물론이고, 국회, 정당, 언론기관, 주요 정책집단, 전문가 집단 등이다. 국회의 경우 소관 상임위원회에 속한 의원들을 거의 상관처럼 대하며 평소에 관계를 좋게 해 놓는다. 이들 유력한 행위자들과 어떤 네트워크를 형성하느냐가 장관의 정치적 자원이 되는 것이다.[4)]

장관이 외부환경에 대해서 업무를 수행할 때 가장 중요한 도구는 부하 집단인 행정부서이다. 어떻게 보면 이들 모두가 장관의 분신과 같은 존재라고 할 수 있다. 부서가 나눠져 있지만 결국 이들의 모든 법률적 행위는 행정관청으로서 곧 장관의 행위이기 때문이다. 장관이 개인적으로 관심을 갖는 소수의 사안을 제외

---

4) 역대 장관의 권력에 관한 다양한 실증분석은 박동서 외(2003), 「장관론」, 나남출판, pp. 215-347을 참조할 것.

하면, 장관은 부하직원들이 계서제를 통해 거의 성안(成案)한 것을 최종적으로 짧은 시간에 결재하는 일을 주로 한다. 이를 품의제도라고 한다. 따라서 직접적인 일을 보좌하는 기구(예컨대 비서실)들이 있지만, 언제든지 누구에게나 일을 시켜도 되는 입장이다. 예컨대 비서실이 특정 행사에 읽을 연설문 초안작성을 부 내에 그 행사를 제일 잘 아는 직원에게 시키고 장관은 최종 확인하는 정도가 관례이다.

장관의 사무실은 건물 중 가장 좋은 자리에 위치해 있으며, 비서실을 통과해야 장관집무실에 들어갈 수 있다. 집무실은 개인 책상은 물론 회의용 탁자 및 응접용 소파가 있다. 보통 각종 회의주재, 국무회의 등 회의참석, 행사참석, 현장방문, 청와대 회의참석, 국회참석, 내방객 접견 등으로 매우 바쁜 일정을 보낸다. 거의 10분~15분 간격으로 면담 일정이 잡혀져 있다. 따라서 사무실에 조그만 개인 휴식용 밀실과 화장실이 있는 것이 보통이다.

Ⅱ. 차 관

차관은 정부조직법 조문상으로는 "그 기관의 장을 보좌하여 소관 사무를 처리하고, 소속 공무원을 **지휘 · 감독하며,**(강조 필자) 그 기관의 장이 사고가 있을 때에는 그 직무를 대행한다"라고 되어 있다.[5] '보좌하여'라는 표현으로 보면 참모기관인 것 같지만 '지휘 · 감독하며'라는 표현을 보면 법적 지위는 장관의 참모가 아니라, 행정기관에서 2인자인 계선(보조)기관이다.

실제로 차관이 행사하는 권한의 크기가 어느 정도인가는 기관의 장인 장관에 의한 차관의 활용 정도, 위임 정도와 내용 등에 달려 있다. 장관이 차관을 매우 적게 활용하거나, 활용 내지 위임한 분야가 경미한 일들이면 차관의 권한은 극히 적을 수밖에 없으며, 조직 내의 제2인자라고 하는 것은 명목에 그칠 수 있다. 직무대행권의 행사는 예외적 상황에서만 행사되므로 일반적으로 평소에는 존재하지 않는 권한이라 할 수 있다.

60년대 이후 개발시대에는 부처가 분화되어 새로운 부처가 다수 생겨났다. 그러나 이명박 정부 당시 이를 통폐합하는 경향이 형성되었다. 이에 따라 2개 이

5) 정부조직법 제7조 2항.

상의 부처가 통합되어 큰 부처가 된 경우에는 복수 이상의 차관을 두어 각각의 차관들이 종전 하나의 부였던 하부조직의 업무를 총괄하는 방식으로 운영된다. 이 경우 장관이 모든 일을 직접 간여하기 어려우므로 차관의 역할이 커질 수밖에 없다.

차관이 그 부처의 경력직공무원 출신으로서 승진 임용된 사람의 경우에는 장관에 비하여 전문지식과 그 부처의 사정을 잘 안다는 것과, 그 부처 공무원들에 대한 유대관계를 갖고 있다는 것 등이 영향력 행사에 도움을 준다. 어떤 경우에나 차관은 장관에 비하여 더 실무적 · 수단 합리적이며, 실현가능성 쪽에 더 많은 관심을 표명할 것이다. 특히 장관이 정치인 출신이거나 외부에서 영입된 경우에는 차관의 이런 측면의 힘이 매우 커질 것이다. 반면에 장관이 그 부처 출신이거나 차관에서 승진한 사람인 경우에는 차관의 실무적 지식이나 전문지식에 바탕을 둔 힘은 약할 수밖에 없을 것이다.

장관의 장기간 공석으로 인한 직무대행을 하는 경우는 많지 않다. 하지만, 장관의 바쁜 시간을 덜어주기 위한 활동으로서 국무회의 등 각종 회의에 대리출석하거나, 장관이 해야 하는 의례적인 역할을 대행하는 것을 통해서, 차관은 그 부의 상징적 대표로서의 기능까지도 한다.

어떤 경우에나 대외적으로 차관은 장관의 뜻만을 대변하는 일체성을 갖고 행동해야 한다. 그래야 장관과 갈등을 빚지 않는다. 차관은 차관회의의 구성원으로서 그 부의 의견을 정책에 반영한다.

제 3 절 장관(처, 청장)의 보좌기관

앞서 설명한 대로 부처의 부서는 보좌기관이든 보조기관이든 상관없이 모두 장관의 비서라고 할 수 있다. 그중에서도 여기서는 장관(및 차관)을 개인적으로 직접 보좌하는 순수참모기관만을 다루기로 한다. 실제로 직제에는 장관의 보좌기관과 차관의 보좌기관이 나눠져 있다. 즉, 행정안전부의 경우, '장관 밑에 대변인 1명 및 장관정책보좌관 3명을 두고, 차관 밑에 기획조정실장 · 의정관 · 감사관 및 인사기획관 각 1명을 둔다' 식이다. 이 절에서는 분량이 많이 소요되는 기획조정실장만 제외하고 이들을 모두 장관의 보좌기관으로 보고 다루기로 한다. 비서실은 자명하므로 제외한다.

Ⅰ. 차관보

차관보는 모든 부에 존재하는 것은 아니며, 규모가 큰 부에만 있다. 차관보는 고위공무원단에 속하는 일반직공무원으로 임명한다. 차관보는 장관 또는 차관을 보좌하며, 이를 두는 경우에는 1인을 둘 수 있게 되어 있다. 그럼에도 불구하고 큰 부는 편법으로 3인을 두는 곳도 있다.

예컨대 정부조직법 제27조 2항에는 기재부에 차관보 1명을 둘 수 있다고 명시하고 있다. 하지만 기획재정부 직제에는 차관보, 국제경제관리관, 재정관리관이란 명칭을 사용하여 차관보를 실질적으로 3명을 두고 있다. 모법에서 규정한 것을 명백하게 위반한 것으로, 예산권을 가지고 있고 다른 부처에는 인건비를 줄이라고 압력을 넣는 역할을 하는 기재부가 정작 자신의 조직에서는 상위직을 남설하는 식의 권한-책임 불일치를 보이고 있다. 이와 유사한 예는 기획재정부뿐만 아니라 다른 큰 부처에서도 찾아볼 수 있다.

차관보는 국·과 업무에 대한 결재권을 행사할 수 없으며, 특히 장관이 지시하는 사항에 관하여 전문적 지식과 경험을 활용하여 정책의 입안·기획·조사·연구 등을 통하여 장관과 차관을 직접 보좌한다. 법적으로 차관보는 보좌기관(즉, 참모)이다. 따라서 차관과 차관보는 단순히 한 단계 계서상 차이만 있는 것이 아니라 행정조직 안에서 계선조직과 참모조직이라는 근본적 차이가 있다. 따라서 차관보 밑에는 하부조직을 둘 수 없다.[6] 그 밑에 국, 과를 두지 않고 극소수의 직원만 두기로 되어 있다. 계선조직화하는 경우를 막기 위한 장치이다. 따라서 차관보 자신이 어느 한 분야의 전문가일수록 좋으며, 장관이나 차관이 맡긴 특별한 주제에 관하여 연구·분석하여 건의하는 것을 주된 사명으로 한다.

차관보의 운용에는 몇 가지 조건이 필요하다. 첫째로 그 방면에 대한 전문가

6) 행정기관의 조직과 정원에 관한 통칙 제11조.

이어야 하며, 장관이 그를 그런 용도에 특별히 활용할 줄 알아야 하고, 결재계통에 끼어들지 말아야 하며, 계선부서들이 자료의 제출 등에 관하여 차관보에게 적극 협조해 주어야 한다. 그러나 실제 운영에 있어서 이런 조건들이 충족되지 못한 경우가 대부분이다.

고위공무원단제도가 도입된 이후에는 고위직에 직급은 없어졌지만, 차관보는 과거 2급에서 1급으로 승진 발령하기 위한 첫 번째 자리로 간주되었던 것과 마찬가지로 거쳐 가는 자리로 생각한다. 후술하는 기획조정실장도 고위공무원단 자리(과거에는 같은 1급 자리이지만 별정직)이지만, 차관보가 하위 자리로 간주된다.

차관보의 조직 내 위치는 애매모호하다. 차관보가 1인밖에 없는 경우에는 결재계통에 끼어들어 차관과 유사한 기능을 반복하는 존재에 지나지 않게 되고, 2인 이상의 차관보가 있는 경우에는 두 사람 사이에 아예 소관을 항구적으로 나누어서 몇 개 국(局)씩 분할하여 관장하는 것으로 된다.

그러나 장관책임제가 실현되기 위해서는 진정한 의미의 참모가 필요한 것은 아직도 변함이 없다. 그것은 일부 부에서 장관 고문을 위촉하는 것을 보면 알 수 있다. 따라서 차관보 제도는 그대로 두되 외부인사만이 그 자리에 임용되도록 해야 할 것이다. 이 자리가 단순한 승진의 자리로 여겨진다면 일의 중복만 초래할 뿐 아니라, 부처마다 경쟁적으로 차관보를 두고 이미 있는 기관에서는 그 수를 늘리기 위한 경쟁을 할 것이다.

Ⅱ. 장관정책보좌관

장관정책보좌관은 노무현 정부부터 신설된 자리로서, 보통 장관이 개인적으로 오래전부터 보좌를 받던 사람을 선택하는 경향이 있다. 보통 장관의 신뢰가 있는 사람이 임명되며 장관의 정책적인 면과 정치적인 면을 보좌한다. 장관정책보좌관은 장관과 진퇴를 같이하며, 별정직공무원으로 보하는 것이 일반적이다. 다만, 부처에 따라서 특별한 사유가 있는 경우에는 4급 이상 일반직공무원 또는 고위공무원단에 속하는 일반직공무원 또는 특정직공무원으로 대체할 수 있다고 규정하고 있다.

그런데 이 자리에 임용되는 사람들의 경우 고위공무원단 역량평가를 면제시켜 준다.[7] 즉, 실적제를 중시하는 공무원제도라기보다는 엽관제적 속성을 부여하고 있다고 볼 수 있다. 장관정책관은 부의 규모에 따라서 한 명 내지 3명이며, 보통 다음 사항에 관하여 장관을 보좌한다.

- 장관이 지시한 사항의 연구 · 검토
- 정책과제와 관련된 전문가 · 이해관계자 및 일반국민 등의 국정참여의 촉진과 의견수렴
- 관계부처의 정책보좌업무 수행기관과의 업무협조
- 장관의 소셜미디어 메시지 기획과 운영

이러한 점을 종합하면, 행정기관에서 진정한 의미에서 장관 개인에 속한 참모(보좌)기관이라고 할 수 있다. 즉, 후술하는 다른 대부분의 보좌기관은 직업 관료로 보한다는 점에서 실제로는 장관 개인보다는 '기관'의 보좌기관이라고 봐야 하기 때문이다. 장관이 청와대에 대해서 자율성이 높아질수록, 독자적인 정치기능을 해야 하기 때문에 이런 진정한 의미의 보좌기관이 더욱 중요해진다.

그러나 이들은 진정한 의미의 보좌기관으로서 장관의 전문성을 돕는다는 취지와는 달리, 정치적 차원의 '사람 챙기기'의 일환으로 기능하고 있는 경우도 있다. 상당수 임용이 장관의 직접 채용보다 청와대의 추천을 통하여 이루어지고 있으며, 이들 대부분이 대선에 도움을 준 인물들이라는 것이다. 2013년 11월 장관정책보좌관 현황을 보면, 대부분 국회의원 보좌관 출신으로, 해당 장관의 보좌관 출신인 경우는 거의 없는 것을 확인할 수 있다. 따라서 진정한 의미의 보좌기관으로서 역할을 다 할 수 있는지는 의문이다.

Ⅲ. 대변인

대변인(과거 공보관)도 장관 직속으로 되어 있으며, 보통 고위공무원단에 속하는 일반직공무원으로 보한다. 최근 들어 언론의 역할이 커지면서 부대변인을 두는 기관도 있고, 공보담당관, 홍보담당관 등의 하부부서를 두기도 한다. 장관을

---

7) 비서관들도 마찬가지로 면제된다.

보좌하며, 공보활동에 관한 계획을 만들고, 시책 및 업적을 홍보하며, 홍보자료를 수집하는 등의 활동을 한다.

많은 경우에 기자출신으로 직원을 채우고 있으며, 이들을 별정직으로 채용한다. 장관의 기자회견을 위시하여 신문·방송과의 관계에 대해 점차 전문성이 인정되기 시작한 것이다. 역사적으로 공보관 직위가 처음 생긴 것은 유신체제와 5공의 초기였으며, 당시의 상황으로 미루어 언론 등에 대한 통제·조정을 목적으로 하였다. 그러나 현재는 반드시 그런 용도로만 쓰인다고 보기에는 어렵다. 정권유지차원의 언론공작보다는 점차적으로 부처 정책의 홍보와 대언론관계 형성의 방향으로 가고 있다. 최근에는 행정환경의 변화로 영문 홈페이지와 소셜미디어 등의 기능이 추가되었다. 부처마다 약간 상이하지만 주요 기능을 예를 들면 다음과 같다.

- 주요 정책에 대한 언론 홍보를 위한 계획의 수립·조정 및 관련기관의 대언론 정책홍보 지원·조정
- 대외 정책발표사항 관리 및 브리핑 기획·조정·지원
- 온라인대변인 및 브리핑 운영 및 지원 업무
- 보도계획 수립, 보도자료 작성·배포 관련사항
- 주요정책에 대한 언론보도동향 분석 및 대응
- 부처 소관 분야의 외신동향 분석 및 평가
- 영문홈페이지 관리
- 인터뷰 등 언론과 관련된 업무 및 행사의 지원·협조
- 브리핑실 운영 등 그 밖에 언론의 취재활동 지원 업무

일반적으로 언론은 그 속성상 부처의 부정적인 측면에 집중하기 마련이다. 이에 따라 부정적 정보를 숨기는 동시에 좋은 정보만을 주려는 대변인실과 언론 간에 게임이 벌어지기도 한다. 상술한 기능 중 '언론의 취재활동 지원 업무'는 쉽게 말하면 기자들에게 전화, 직원, 팩스 등 서비스는 물론이고, 식사제공 등 그 이상의 편의를 제공하는 것을 의미한다. 부처의 성과가 부정적일수록 기자들을 대상으로 과도한 서비스를 제공하는 경향은 더 커질 것이다.

Ⅳ. 감사관

감사관은 장관을 보좌하여 부를 대상으로 감사원 역할을 하는 기관이다. 감사(담당)관은 일반직 고위공무원단 공무원으로 보한다. 감사관실의 기능을 예시하면 다음과 같다.

- 사정업무에 관한 사항
- **부와 그 소속기관에 대한 감사
- 산하기관·단체에 대한 감사
- 공직자 재산등록·심사 및 선물신고와 퇴직공직자의 취업제한에 관한 사항
- 다른 기관에 의한 **부와 그 소속기관 및 산하단체에 대한 감사결과의 처리
- 진정·비위사항의 조사·처리
- 그 밖에 장관이 감사에 관하여 지시한 사항의 처리

감사관이 장관 직속의 보좌기관이어야 하는 이유는 대체로 감사가 비밀리에 진행되기 때문이다. 철저한 보안 속에서 감사를 진행하는 경우 장관과 직통하는 관계에 있어야 한다. 경우에 따라서는 차관이나 차관보, 기획조정실장 등 상급자도 모르게 감사를 진행해야 독립적이고 실질적인 감사를 할 수 있다.

그러나 감사관이 본청의 직원들에 대해 철저한 감찰활동을 하는 것은 사실상 어렵다. 일반직 공무원의 직렬체계에 감사직렬(9급-4급)이 있음에도 불구하고, 이들은 감사원에만 임용되기 때문에 다른 중앙행정기관에 보임되지 않는다. 즉, 중앙행정기관의 감사관실의 직원도 일반직(주로 행정직렬)으로서, 이들도 잠시 동안만 해당 감사 업무를 하다가 다른 부서로 가는 동일한 신분이기 때문이다. 가족주의 경향이 강한 한국행정문화에서 '내 식구 잘해주기' 원칙이 작동할 수밖에 없는 환경인 것이다. 따라서 감사관실이 비교적 제대로 감사활동을 하는 대상은 소속기관 등 하위기관들이다. 그러나 제대로 된 감사업무를 위해서는 본청의 직원들도 실질적 감사의 대상이어야 한다. 이런 신분적 제약에 의한 한계를 극복하기 위해서는 감사원 소속의 직원이 감사관실에 파견되는 것도 생각해볼 만하다.[8)]

---

8) 예컨대, 프랑스에는 주요 중앙부처(특히 재경분야)에 감사직종이 따로 있어 이들이 폐쇄적 인사이동을 겪는다. 자세한 내용은 임도빈(2002), 「프랑스의 정치행정체제」, 법문사 참조.

Ⅴ. 총무과

어느 조직이든 그 조직의 기본적인 살림과 운영을 총괄적으로 담당하는 부서가 필요한데, 이를 총무과general affairs라고 부른다. 업무분장표를 살펴보면, 해당 조직의 중요한 업무를 열거한 후 항상 마지막에 '그 밖에 부내 다른 부서의 소관에 속하지 아니하는 사항'이라고 규정한다. 총무과라는 오래된 명칭을 운영지원과, 행정담당관 등으로 개칭하였는데, 기능상 본질적 차이는 없다. 조직도표상으로는 차관에 직속되어 있는 것이 보통이지만, 부처에 따라서는 기획조정실에 직속되어 ** 담당관이란 명칭으로 있기도 한 중요한 참모조직이다.

과장은 일반직 3급 또는 4급 공무원으로 보하며, 그가 담당하는 일의 내용은 행정안전부의 경우를 예시하면 다음과 같은 것들이다.

- 보안 · 복무
- 부 내 자원봉사활동, 후생복지 및 각종 행사 등의 후원명칭 사용
- 부 내 공무원단체에 관한 사항
- 관인 및 관인대장의 관리
- 정보공개, 기록물의 관리 및 기록관 운영에 관한 사항
- 행정안전부 소속 공무원의 급여 · 연금에 관한 사항
- 자금의 운용 · 회계 및 결산
- 물품 · 용역 · 공사 등의 계약에 관한 사항
- 행정안전부 소관 국유재산 및 물품의 관리
- 그 밖에 부 내 다른 부서의 소관에 속하지 아니하는 사항

과거의 총무과장은 보통 장관의 신임이 두터운 것이 일반적이었다. 장관에게 가장 중요한 수단인 예산집행과 인사권 행사를 보좌했기 때문이다. 그러나 최근에는 예산과 인사기능을 담당하는 과급 조직이 분화되어 있는 부처가 늘어나면서 총무과장의 권력은 많이 줄었다.[9] 보통 예산의 편성이나 집행계획 및 조정은 기

9) 일반적으로 작은 규모의 조직에는 총무과장이 장을 보좌하는 '집사(burtler)'에 해당한다. 따라서 조직의 살림꾼이며 2인자 정도 된다. 그의 사실상의 권력위치가 동급의 직원보다 높고 때로는 상급 직급의 수준에 가까이 갈 정도가 되는 것은 인사와 예산에 관한 권한으로 장의 특별한 신임을 받고 그와의 대면의 시간이 매우 많은 사람 중의 하나이기 때문이다.

획조정실의 기획예산담당관이 하고 있으나, 일상적인 예산의 지출집행(회계업무)은 총무과(운영지원과)에 해당하는 부서(명칭은 다양)에서 담당한다.

일부 부처는 운영지원과에서 인사과의 업무를 관할하기도 한다. 그러나 대부분의 중앙행정기관은 인사과를 두고 그 장은 3급 또는 4급으로 보한다. 부에 따라서는 후술하는 기획조정실 밑에 인사담당관으로 두는 곳도 있다. 그러나 행정안전부 등은 인사기획관을 두어 고위공무원단 일반직공무원으로 보한다. 관리해야 할 공무원의 수가 훨씬 많은 부도 인사기획관을 두지 않는데, 행정안전부가 행정안전부와 그 소속기관의 공무원에 대한 인사를 담당하기 위해 인사기획관을 별도로 두는 것은 이해하기 어려운 일이다. 행정기관의 조직권을 행사하는 행정안전부가 자신에게 고위직 자리를 하나 더 부가한 것으로 보이며, 만약 그렇다면 이는 권한-책임 불일치의 한 예라고 할 수 있다.

일반적으로 국가공무원 전체에 대한 인사기획은 인사담당부(인사혁신처)가 한다. 또한 2016년부터는 인사행정직렬을 신설하여, 점차로 인사과에 인사행정전문가를 임용할 계획이다. 각 부처별로 그 형태는 다르지만 대체로 **부의 인사과 분장사무를 예시하면 다음과 같다.

- 공무원의 임용·복무·교육훈련 및 그 밖의 인사사무
- 부 내 성과관리 및 평가 총괄
- 부 내 교육훈련 등 업무역량 강화 지원
- 조직의 진단과 평가를 통한 조직 및 정원의 관리
- 부 내 혁신전략 수립 및 혁신과제의 발굴·선정 및 관리
- 업무처리절차의 개선, 조직문화의 혁신 등 부 내 행정혁신업무 총괄지원

총무기능을 하는 운영지원과는 부 내의 재물관리도 담당한다. 분장사무에서도 알 수 있듯이 운영지원과의 과장은 자기의 고객으로서 부처 내 각 국장과 각 과장을 상대해야 하고, 때로는 타과의 일이 끝나야 자기 과의 일이 진행되기도 한다. 타과의 투입을 받아서 자기 과에서 산출하고 그것들은 다시 타과의 투입으로 들어가는 절차를 밟는 때가 많다. 즉, 총무과의 업무 자체가 고유하게 중요한 것은 아니며, 계선 계통의 제 과의 업무를 뒷받침해 주어야 하는 것이다. 즉 고전적 부성화의 원리에 의하며 '과정process'에 해당하는 부서이다. 과장은 다른 한편

으로는 장·차관의 요구에 가장 잘 순응하고 적응하면서 이상의 제 관계를 다루어야 한다.

이상에 비추어 이상적인 총무과장은 연구형, 학자형, 독립형보다는 비서관형과 외교형, 협상형 등을 종합한 사람이어야 된다고 할 수 있다. 총무과의 기본 역할은 다른 실·국·과 등을 지원하는 것이다. 그런 의미에서 참모이다. 그러나 연구, 조사, 분석하는 참모는 아니며, "루틴"적인 일을 맡아서 해주는 관리 참모이다. 그러기 때문에 다른 어떤 참모보다 부 내의 실·국·과 등과의 접촉 또는 교호작용이 많은 과이다. 이 과정이 순수한 지원에 그치느냐 또는 부분적으로나마 통제를 하는가에 대한 논란이 있을 수 있다.

한편, 다른 실·국·과의 입장에서 보면 총무과와 원만한 관계를 갖기를 원한다. 총무과는 인사에 관한 정보의 근원이 될 수 있고, 예산집행과정에서 신속성·융통성 등을 어떻게 조합하는가에 따라서 이들에게 중요한 영향을 행사할 수 있기 때문이다.

제 4 절 보좌기관 Ⅱ: 기획조정실과 기타 보좌기관

Ⅰ. 개 관

중앙행정기관에는 당해 기관의 업무 전반에 대한 종합적인 조정·통제와 행정능률향상을 위한 여러 기능을 분장하게 하기 위하여 기획조정실을 두고 있다. 기획조정실을 두지 아니하는 지위가 낮은 기관(처, 청)에는 기획조정관을 둔다. 행정기관의 내부관리는 물론이고, 국회 등 조직을 둘러싼 환경에 대외적인 창구 역할을 한다.

기획조정실의 주요기능을 들여다보면, 장관의 비서실과 같은 참모적인 업무임을 알 수 있다. 행정기관의 조직과 정원에 관한 통칙에는 '해당 기관의 업무 전반에 대한 종합적인 기획·조정과 기획재정·행정관리·규제개혁법무 및 정보화 등에 관하여 그 기관의 **장과 차관 또는 차장**(강조 필자)을 보좌하기 위하여 기획조정실장 또는 기획조정관을 둔다'로 되어 있다. 그리고 부의 직제에는 '기획조정실장은 다음 사항에 관하여 차관을 보좌한다'로 되어 있는 경우가 많다. 그러므로 기획조정실장은 장관이나 차관보의 보좌기관은 아니고, 차관의 보좌기관이라는 뜻이다.

또한 실, 국의 직속으로 정책관, 기획관, 담당관이란 명칭의 자리는 적어도 법령상으로는 보좌기관이다. 즉, 장・차관 직속이나 기획조정실에 소속되는 전형적인 보좌기관 이외의 '기타 유형'이라고 할 수 있다. 외교부 등 몇 부처에서는 심의관이란 직책명도 사용한다. 실장과 국장을 보좌하는 자리라고 할 수 있는데, 많은 경우 비공식적으로는 이들 보좌기관의 사람에게도 예우상 '국장님'이란 호칭을 사용한다. 이들은 자신 혼자일 뿐 밑에 직속으로 하부기관을 두지 못한다는 점에서 전형적인 보좌기관과는 구분된다. 이 점에서는 전술한 차관보도 마찬가지이다. 따라서 힘이 없는 형식적인 자리이거나, 아니면 계선기관에 간여하는 방향으로 운용되는 방법도 있다.

Ⅱ. 기획조정실(기획조정관)

그럼에도 불구하고 기획조정실 혹은 기획조정관은 실제로는 보조기관과 같은 조직구조를 띠고 있다. 상술하였듯이 큰 행정기관에는 기획조정실이 있고, 작은 행정기관에는 기획조정관이 있다. 보좌기관은 장을 보좌하는 참모기관이기 때문에, 가급적 자신의 부하를 두지 않는 것이 좋다. 그런데 대부분의 부처에서는 기획조정실장 밑에 보통 정책기획관과 비상안전기획관을 두고 있다. 기획조정실장과 정책기획관은 고위공무원단에 속하는 일반직공무원으로, 그리고 비상안전기획관은 임기제 공무원을 임용하고 있다. 이들은 과장보다 높은 급으로 국장급에 해당된다. 또한 기획조정실 내부에 담당관(과장급) 조직이 있어서, 아래에 열거한 업무 중 일부를 분담한다. 따라서 운영상으로 보면, 실장-정책기획관-담당관-직원 등 조직의 4계층이 존재하는 셈이다. 기획조정실의 업무는 각 부처마다 상이한데, 직제에 보통 30여 가지를 나열하고 있다. 한 부처의 경우, 중요한 것만 예를 들면 다음과 같다.

- 각종 정책과 계획의 수립 및 종합 · 조정
- 예산의 편성 및 집행의 조정
- 예산 및 기금의 결산
- 업무프로세스 개선, 조직문화의 혁신 등 부 내 행정혁신의 총괄 · 지원
- 조직진단 및 평가를 통한 조직과 정원의 관리
- 부 내 규제개혁 및 정비에 관한 사항
- 법령안의 입안 · 심사 및 소송사무의 총괄
- 통합성과관리 기본계획의 수립 및 총괄 · 조정
- 주요사업의 추진상황 점검 및 심사평가
- **산업 투융자 효과 분석 및 제도개선
- 통계 및 생산지수의 산출에 관한 사항
- **정보화 촉진 시행계획 수립 및 정보화 평가
- 국가비상사태에 대비한 비상계획 및 정부비상훈련에 관한 사항
- 직장예비군 및 민방위대의 관리
- 안전관리 · 재난상황 및 위기상황 관리기관과의 연계체계 구축 · 운영

이상을 종합해 보면, 기획조정실의 주요 업무는 대체로 장관의 업무 중 기획, 예산, 법무, 규제, 평가, 안전 등으로 구성됨을 알 수 있다.

실장은 고위공무원단에 속하는 일반직공무원으로 가급으로 보한다.[10] 따라서 차관 다음으로 비중 있는 부처 내 3인자라고 할 수 있다. 그 밑에는 고위공무원단의 일반직, 그리고 3급 혹은 4급인 과장급 담당관들을 둔다. 기획관리실에 어떤 담당관들을 두는가는 부처에 따라서 똑같지 않지만 대체로 기획재정(예산) 담당관, 행정관리 담당관, 정보화(기획) 담당관, 규제개혁법무 담당관 등이 공통적으로 두는 담당관이다. 그러나 그 숫자와 명칭도 부처에 따라 다양해졌다. 이는 과거에 비하여 달라진 점으로 아래의 예시들을 참고하여, 각 부처의 직제와 직제시행규칙을 살펴봐야 정확한 것을 알 수 있다.

Ⅲ. 기획재정예산 담당관

부 내에서는 국회, 정당 등 대외적인 접촉이 가장 많은 부서이다. 부의 예산

---

10) 고위공무원단 제도가 도입되기 이전에는 기획관리실장은 일반직 1급의 “관리관”으로 보하였기 때문에 실 · 국장급 중 최고위 자리이고 아직 이 전통이 유지되고 있다.

안을 편성할 때는 각 부서를 대상으로 마치 예산실과 같은 역할을 하고, 예산편성 시에는 예산(담당)부처의 counterpart역할을 한다. 전자로서는 각 부서에서 올린 예산을 깎는 역할을 하는 데 비하여, 후자로서는 자신의 부의 예산을 방어하는 역할을 한다. 예산이라는 동일한 사안에 대한 구체적 정보자원을 기반으로, 예산단계에 따라 변하는 상대에 따라 역할 전환을 한다.

– 부 내 각종 정책과 계획의 수립·종합 및 조정
– 주요업무계획의 지침 수립·종합 및 조정
– 국회 및 정당과의 협조업무에 대한 총괄·조정
– 중기재정사업계획의 수립 및 조정
– 예산의 편성 및 집행 조정
– 주요사업의 진도파악 및 시행결과에 대한 정부업무평가
– 각종 공약·지시사항의 관리
– 부 내 위원회 현황 관리
– 행정백서·통계연보 등의 작성·관리

Ⅳ. 규제개혁법무 담당관

규제개혁(혹은 법무 담당관)은 부처 내에서 법제처와 같은 역할을 하면서 기획조정실장을 보좌한다. 이에 더하여 이명박·박근혜 정부가 계속하여 규제를 국민행복에 발목을 잡는 존재로 인식하여 규제개혁을 강조하게 되자, 최근 들어 더욱 중요한 업무로 자리 잡았다. 즉, 각종 법의 제정과 개정 시 규제영향평가를 받아야 하고, 부서 내에도 규제개혁위원회를 두어 심의를 한다. 이것이 부 차원에서 확정되면, 국무총리실의 규제개혁위원회의 심의를 준비하는 업무를 담당해야 한다.

또한 최근에는 규제개혁론과 더불어 각종 소송이 많아짐에 따라 소송 실무도 많아졌으며, 국무회의에 올라갈 안건도 담당한다. 즉, 정부차원으로 본다면, 법제처의 일들을 부처 내부에서 담당하고 있는 것이다. 따라서 로스쿨의 도입으로 변호사들이 많아지자 이들을 담당 공무원으로 채용하는 경향이 있는 것도 이 때문이다. 규제개혁담당관실은 예를 들면 다음과 같은 업무를 수행한다.

- 규제개혁계획의 수립 및 추진
- 규제과제관리 및 규제등록관리 총괄
- 규제심사업무
- 자체규제심사위원회 운영
- 입법계획의 수립 및 관리
- 국회 입법지원
- 법령 및 행정규칙 제정안 · 개정안 자구체계심사
- 국무회의 및 차관회의 안건에 관한 사항
- 행정심판 및 소송사무의 수행
- 비영리 사단 · 재단 법인업무 총괄
- 비영리법인의 설립허가 심의 등을 위한 회의 운영

V. 정보화 담당관

정보화 담당관은 부 내 ICT 기술발전을 이용한 전자정부화와 정보화에 관한 제반 사항에 관하여 기획조정실장을 보좌한다. 주요업무를 문화부의 예를 통해 알아보면 다음과 같다.

- 문화정보화추진 기본계획 및 시행계획의 수립 · 추진
- 문화체육관광부와 소속기관 및 소속 공공기관의 정보화 및 통계 업무 · 예산의 총괄 · 조정 · 평가
- 문화정보화 관련 기관 · 단체의 육성 · 지원에 관한 사항
- 문화체육관광부와 소속기관 및 소속 공공기관의 정보통신보안대책의 수립 및 지도 · 감독
- 행정정보화 및 정보통신망의 구축 · 관리에 관한 사항
- 문화체육관광부에 대한 사이버안전센터 구축 및 운영에 관한 사항
- 문화정보자원의 관리 · 운영 · 공동활용에 관한 사항

정보화 담당관은 90년대 IT 기술의 급속한 발전과 더불어 전자정부화를 정부 부처 내에서 효과적으로 추진하기 위해 처음 도입된 부서였다. 정보화가 중요한 만큼 그 조직에서 이를 총 책임지는 자리CIO: Chief Information Officer로서 위상을 부여하기도 하였다.

하지만 이제는 이러한 정보화 촉진 계획은 어느 정도 안정화되었기 때문에

기술발전에 따라 부분적으로 변화가 있을 뿐이고, 전체 직원들의 정보화 이용 수준도 높아졌다. 또한 하드웨어의 운영이나 소프트웨어의 개발과 운영관리도 정부 전체차원에서 운영하거나 외부민간업체에 위탁하는 경우가 많다. 즉, 과거보다는 그 역할의 중요성이나 업무량이 줄었다.

그런데도 불구하고 정보화 담당관이란 부서는 계속 유지된다. 특히 직렬상 일반행정직이 우대되고, 정보직렬의 자리가 한정되어 있는 현실에서 정보직렬의 승진을 확보하기 위해서라도 이 부서가 늘어나면 늘었지 줄어들기는 어렵다. **한 번 설치되거나 격상된 기관은 축소나 폐지가 어렵다.** 부서를 유지하는 방법은 새로운 업무를 계속하여 창출하는 것이다. 사이버테러 문제나 정보공유 등이 그 예이다. 특히 박근혜 정부 때 '정부 3.0'이란 개념을 도입하여, 개혁을 추진하는 것을 들 수 있다.[11)]

Ⅵ. 비상안전기획 담당관

비상안전기획 담당관은 원래 국무총리 산하의 비상계획위원회의 소관업무를 각 부처에서 집행하는 역할을 하는 보좌기관이었다. 특히 전쟁 등 국가위기 때를 대비하여 예비군 및 민방위 훈련을 관장하는 업무를 담당하며, 예비역 장교를 임명하기 위하여 별정직으로 하였다. 담당관은 임기제 공무원으로 임명한다.

그런데 이 담당관실의 기능이 과거 전통적인 것에서 더 나아가 국가위기 및 재난관리로 확대되었다. 그럼에도 불구하고, 비상상황에서 얼마나 효율적으로 작동할지는 늘 의문시되는 문제이다. 비상안전 관련 각종 계획은 그저 그 내용을 약간씩만 수정하는 일이 있을 뿐이다. 다음 사항에 관하여 기획조정실장을 보좌한다.

- 국가비상사태에 대처하기 위한 제반 계획의 수립·종합 및 조정
- 정부의 비상훈련에 관한 사항
- 비상대비 중점관리업체 지정 및 관리
- 직장예비군 및 직장민방위대 관리

11) 임도빈(2018), 「행정학: 시간의 관점에서」, 박영사, pp. 161-166.

– 안전관리 · 재난상황 및 위기상황 관리기관과의 연계체계 구축 · 운영
– 그 밖에 비상계획에 관련된 사항

2014년 세월호 사건 이후 판교테크노파크 공연장 사건, 2015년 메르스 사태 등으로 인하여 정부의 재난 관리 능력의 부족이 두드러지면서 정부에 대한 신뢰도 하락으로 이어졌다.[12] 당시 장관급 국민안전처의 신설도 정부 차원에서 이뤄진 조직강화이었다. 안전문제는 각 부처 차원에도 유기적으로 움직여져야 할 문제이다.

그러나 실제로는 안전문제를 다루는 것이 그리 쉬운 일이 아니다. 이러한 흐름에 따라 정부는 재난 관리 체계를 전반적으로 개편하고자 노력하였다. 일차적으로는 국무총리를 재난 컨트롤타워로 하는 안전마스터플랜이 마련되었다. 이외에도 다양한 재난 대응 시스템을 신설하고 정비하였다.[13]

위기 시에 대처하는 내용도 이제 담당관급의 별도 보좌기관을 두는 것 이외에 국무총리를 중심으로 다양화되었다. 이처럼 역할의 다양성과 중요도에 따라 과거와 같이 예비역 장교들만이 이러한 비상기획업무에 더욱 유능하다고 단언할 수는 없는 시대가 되었다.

Ⅶ. 기획조정실의 조직특성

기획조정실은 과거 기획관리실로 불리었으며 원래 장관이나 차관의 참모의 역할을 하기 위해서 설치된 것이다. 따라서 다른 부서와 같이 국 · 과의 조직을 그 밑에 두지 않고 있다. 과거 1급에 해당하는 최고위직 실장인 고위공무원단 가급 밑에 국장급을 두지 않고 한 단계 건너서 고위공무원단 나급(과거에는 서기관급)인 관료들과 직결하게 한 것도 그 때문이었다. 또 이들을 과장이라 하지 않고 담당관이라 부르게 한 이유도 바로 이것이다.

그런데 그 후의 운영에 있어서 실제로 참모로서 기능한다고 볼 수 있는가? 여기에 대한 답은 반반이다. 이 조직이 장관의 종합적 판단이나 대국회 활동을 지

12) 임도빈(2014), 「정부경쟁력 2014」, 법문사, pp. 88-92.
13) 임도빈(2015), 「정부경쟁력 2015」, 문우사, pp. 74-76.

원하는 면에서는 참모기능을 한다고 할 수 있다. 하지만 내부관리 면에서는 전문적인 지식의 결여 때문에 원래의 설치 취지를 살리지 못하고 있다.

본래의 취지를 살리려면 기획조정실에 속한 담당관과 직원들의 역할이 중요하다. 본래 그에게는 관리 분석의 전문지식을 갖고 행정개선을 위해서 노력할 것을 기대했었다. 그런데 담당관들은 순환보직에 의하여 오는 사람들로 채워졌으며, 한자리에 오래 있지도 않고 떠나는 것이 다반사였다. 서기관으로 승진하는 사람이 처음으로 오는 장소가 바로 기획조정실 담당관 자리이다.

기획조정실은 이런 이유 때문에 실제로는 계선과 같이 운용되고 있다고 봐야 한다. 즉 실장은 국장급보다 한 단계 상위 자리로서 차관 사이에서 모든 안건에 대한 사실상의 결재를 수행하는 역할로 변하는 경향이 있다. 그렇지 않은 경우에는 별로 영향력이 없는 존재에 머무르게 된다. 실장은 차관보나 차관으로 가기 위해서 경유하는 자리로 인식되어 정치적 활동을 본격화하는 경향도 있다.

위의 어느 경우에나 기획조정실이 행정조직 내부의 운영을 종합하고 조정한다고 볼 수는 없다. 다만 자료를 종합하는 것은 각 부처에서 하는 최소한의 실제기능이라고 할 수 있다. 이 이상의 실제기능은 부처마다 다르다. 어떻든 이를 통하여 실장은 부처의 전체적인 상황을 알 수 있고, 따라서 대통령에 대한 연두보고나 대국회관계의 자료준비의 작업이 이 부서의 두드러진 기능으로 간주되고 있다. 또한 1년 예산을 편성할 때에는 각 국 간의 이해관계를 조정하는 역할을 한다. 부처에 따라서는 전형적인 기획조정실의 기능 중 일부가 별도의 '담당관 혹은 과'나 '관(국장급)'으로 기획조정실 관할 밖에 설치되기 때문이다.

이 외에 기획조정실이 하는 중요한 기능 중 하나는 정부 안의 관리참모조직들인 예산실, 총무 담당부처, 감사원 등과의 관계에서 상대조직counterpart의 역할을 한다는 것이다. 그러나 이 조직은 예산실, 총무 담당부처, 감사원 등을 위한 부서가 아니라 오히려 소속 부처를 위한 창구로서, 이들 기관들을 상대하면서 소속 부처를 위하여 열심히 활동해야 하는 존재라고 할 수 있다.

제5절 보조기관 : 계선기관

Ⅰ. 실

중앙행정기관의 보조기관 중 가장 본격적인 조직은 국direction이다. 행정기관의 조직과 정원에 관한 통칙은 보좌기관인 기획조정실을 예외로 하고, '실은 국으로서는 그 목적달성이 곤란하다고 인정되는 **특별한 사유**(강조 필자)가 있는 경우에 둘 수 있다'고 명시되어 있기 때문이다. 그러나 실제 부처조직을 들여다보면, 실이 있는 부처가 거의 대부분이다. 국의 설치요건은 후술하는 바와 같은데, 과연 실을 설치해야 할 특별한 사유가 무엇인지 분명치 않다.

실질적인 이유로 추측할 수 있는 것은 상위직의 인사적체이다. 따라서 국 위에 옥상옥으로 실을 만드는 것이다.[14] 실장은 고위공무원단의 가급으로 고위공무원단제도가 생기기 이전을 기준으로 하면, 1급 자리이다. 실장의 명칭은 본부장, 단장 등으로 다르게 사용할 수 있다. 1급 자리를 만드는 데 급급하지 않고, 차관급(즉, 정무직)으로 만들기도 한다. 메르스 사태를 겪은 이후, 보건복지부의 질병관리본부장을 정무직으로 격상시킨 것이 그 예이다.

계선(보조)기관인 실장과 본부장은 바로 밑에 국장을 지휘하는 것이 통상적인 보직형태이다. 그런데 이들 실장(본부장)을 보좌하는 기관을 두는 경우도 비일비재하다. 상술한 보좌기관 중에서 기타에 해당하는 자리로서 **정책관, **기획관, **심의관 등의 명칭을 사용한다. 이 경우 실 밑에 두는 '국에는 국장을 보좌하는 보좌기관을 둘 수 없다'고 되어 있다. 즉, 실장 밑에 보좌기관을 두는 동시에 그 실에 있는 국장 밑에 보좌기관을 둘 수는 없다는 것이다. 거꾸로 말하면 실장이 없는 단독 국장은 보좌기관을 둘 수 있다.

14) 정권에 따라 흔히 사용하는 자리명도 달라진다. 이명박 정부까지는 '본부'라는 명칭을 많이 사용했는데, 박근혜 정부에는 '실'이란 명칭이 더 흔하게 보인다.

Ⅱ. 국

중앙행정기관의 보조기관에는 장관, 차관 밑에 가장 핵심이 되는 것으로 국장이 있다. 다시 말하면 국장은 행정실무가로서 '꽃'에 해당하는 자리라고 할 수 있다. 이와 같이 정식으로 '국'이라는 명칭이 붙은 자리에 보임하는 국장은 고위공무원단에 속하는 나등급 일반직공무원으로 보하는 것이 일반적이다.

행정기관의 조직과 정원에 관한 통칙 제14조 제1항에 의하면 이런 실 또는 국은 ① 중앙행정기관의 소관업무를 업무의 성질이나 양에 따라 수 개로 분담하여 수행할 필요가 있고, ② 업무의 한계가 분명하고 업무의 독자성과 계속성이 있는 경우에 둘 수 있게 되어 있다. 일반적인 원칙을 천명하는 것이지만, 실제로 조직을 신설하거나 개편하고자 하는 실무자에게는 크게 도움이 될 만한 정보를 가지고 있지는 않다.

국 설치의 내용상 기준은 없다고 해도 과언이 아니다. 국은 대체로 그 부의 기능 중 대분류에 속하는 업무를 담당한다. 보통 정부조직법과 직제에는 부·처·청의 미션이 몇 개로 나눠서 서술되는데, 그 하나하나를 담당하는 하부조직으로 국이 있다. 즉, 국은 전체 국민 혹은 정책집단을 조직영토organizational field로 가지고 있으며, 이들에게 정책프로그램을 기획하고 집행해야 하는 근거법률을 가지고 있다. 따라서 단순 내부관리가 아니라, 사업성 예산도 가지고 있으며, 이를 집행하는 역할을 한다.

그러나 실·국(혹은 그 하위인 과담당관)을 몇 개로 나누고, 소관 분야를 어떻게 나눠야 가장 효율적인 것인가라는 부성화departmentalization의 문제는 부처에 따라 다르다. 즉, 다른 실·국과의 관계에서 기능중복의 문제, 유사업무가 다른 실·국에 나눠져 있는 문제 등은 각 부처에 따라 천차만별이다. 이는 너무 상세한 내용으로 본서에서 일일이 다루기는 불가능하다. 그럼에도 실·국이 분리된 이유는 단순히 파킨슨의 법칙 때문이라고 볼 수밖에 없다. 중앙부처는 국을 많이 설치하여 국장자리를 늘리려 한다. 그리고 이는 수직적으로 차관, 차관보 설치를 억제해야만 하는 원칙 때문에 부처 내 상위직을 늘리려는 변칙적 형태로서 작용한다. 또한 이것은 각 부처 간의 승진속도 경쟁에서 비롯된 면도 있다. 결과적으로 권력이 큰 부처는 권력이 작은 부처와 비교하여 실의 숫자를 더욱 늘림으로써 부처 간 부익부빈익빈과 같은 현상이 일어나고, 나아가 부처 간에 불균형을 초래하였다. 상위직은 그만큼 책임도 커져야 하는데, 그렇지 않은 현실로 볼 때 권한-책임 일치의 원칙에 어긋날 가능성이 높은 제도이다. 실의 설치기준을 명확히 하든지 아니면 실 제도 자체를 없애든지 해야 논리적인 조직방법이 될 것이다.

Ⅲ. 과

중앙행정기관에는 차관 소속의 계선기관으로서 실 또는 국 밑에 과, 반, 팀 등을 둘 수 있게 되어 있다. 국이 전형적인 상급 보조기관이라면, 과가 가장 전형적인 하급 보조기관이다. 과, 반, 팀 등의 설치기준도 실 또는 국의 경우와 마찬가지로 애매모호하다. 즉, 실 또는 국의 소관업무를 업무의 양이나 성질에 따라 수 개로 분담하여 수행할 필요가 있는 경우에 과, 반, 팀 등을 둘 수 있는데,[15] 이 또한 부처에 따라 가지각색이다.

과장·반장·팀장은 3급 내지 5급 공무원으로 보한다. 즉, 실·국에 따라서 다르지만, 부이사관·서기관·기술서기관·행정사무관·공업사무관·시설사무관 또는 전산사무관으로 보임할 수 있도록 하고 있다. 그중에서도 과장은 고위공무원단 나급, 혹은 3급 내지 4급으로 보한다. 원래 과장은 4급으로 보하도록 되어 있었으나, 복수직급제를 도입하여 3급도 보임되도록 하였다. 복수직급제는 관료들의 승진압력에 못 이겨 승진은 시켜주되 그에 상응하는 자리는 주지 못하는 것으로 일종의 편법에 해당한다.

'과'는 중앙행정기관의 가장 기본적인 하부기관이다. 과는 실제 소관업무가 상당히 유사한 업무로 구성되어 있다. 소관하는 정책의 근거가 되는 법을 하나 이상 가지고 있는 것이 보통이다. 따라서 과 수준의 조직이 충실하게 이뤄지는 것이 한국행정조직이 성공하기 위한 기본조건이다. 과의 소관업무는 부처의 미션mission으로부터 실·국의 주요 업무가 분화되듯이, 또다시 실·국에서 분기(分

15) 통칙 제14조 2항.

岐)되는 식으로 이뤄진다. 즉 하향식top down 형식이다. 가장 기본단위는 과원(課員)인 사무관이나 주사들이 과의 업무를 개인적 단위의 업무로 나눠서 담당한다.

이를 거꾸로 생각하면, 최소단위인 각 직원들의 업무를 어떻게 묶어서 과, 그리고 실·국을 설치하느냐의 문제로 연결될 수 있다. 이를 서양에서는 부성화departmentalization라고 한다. 정부가 담당해야 하는 목표purpose나 기능function이 가장 대표적인 부성화의 기준이 될 수 있다.[16] 그리고 이것은 그 단위조직이 담당하는 조직영토organizational domain와 밀접하게 연결되는 경우가 많다. 즉, 그 부서가 규제하거나 봉사해야 하는 국민집단people 혹은 고객client을 기준으로 부성화가 되기도 한다. 이는 또한 지리적인 관할 구역을 중심으로 하기도 한다. 외교부 내부조직과 같이 북미, 남미, 아시아, 아프리카 등의 지리적 기준으로 국이나 과를 나누는 것이 대표적인 예이다.

Ⅳ. 기타 조직구조상의 이슈

1. 한시조직

행정기관의 조직과 정원에 관한 통칙은 앞에서 설명한 영구적 하부조직에 대비한 한시조직에 관한 원칙도 규정하고 있다. 한시조직은 최대 3년까지 존속할 수 있으나, 특별한 사유가 있을 때 2년을 더 연장할 수 있다.

한시조직은 보조기관 또는 보좌기관 모두 가능하다. 따라서 조직도표상으로는 명칭이 과, 팀, 담당관 등 보조, 보좌기관과 동일하기 때문에 구분하기 불가능하다. 한시조직을 설치할 수 있는 경우는 다음과 같다.

첫째, 행정수요가 항구적으로 있는 것이 아니라, 일시적인 수용에 대처하기 위한 경우, 둘째, 기존의 보조기관과 보좌기관으로는 그 목적을 달성하기 곤란한 중요한 업무가 발생한 경우, 셋째, 새로운 행정수요와 업무량 등이 명확하게 예상되지 아니하거나 소관업무를 개별 하부조직이 지속적으로 수행하여야 할지 불확

---

16) 이를 기능적 조직(functional structure)구조라고 한다. Daft, R. L.(2010), *Understanding the Theory and Design of Organizations*, South-Western Cengage Learning, pp. 86-87.

실하여 판단이 어려운 경우이다. 이러한 경우 부처에서는 한시조직을 일단 설치한 후, 추후에 다시 판단하여 정식 보조, 보좌기관으로 할지를 정하려는 의도가 있다.

한시조직은 작고 효율적인 조직을 운영해야 한다는 취지에서 보면, 영구조직의 신설을 막기 때문에 바람직한 제도이다. 그러나 이를 악용할 수 있는 여지도 얼마든지 존재한다. 따라서 다음 항목 중 하나라도 해당하는 하부조직을 신설하는 경우는 한시조직으로 하는 것을 배제하고 있다.

- 법률에 그 설치근거가 명시된 하부조직
- 운영지원 · 기획재정 · 행정관리 · 규제개혁법무 · 정보화 및 홍보 등 각 기관의 업무 전반을 조정하거나 지원하는 업무를 수행하는 하부조직[17)]
- 그 밖에 한시조직으로 설치 · 운영하기 부적절하다고 인정하여 행정안전부장관이 정하는 사유에 해당하는 하부조직

한편, '단'은 한시조직으로 국장급 자리를 만드는 데 사용되는 대표적인 조직명칭이다. 후술하는 팀도 간혹 사용되는 과급 한시조직 명칭이다. **사업단, **지원단과 같이 당해 부처의 일반적 기능과 분리하여 독립적으로 관리할 필요가 있거나, "**기획단", "**추진단"과 같이 정책적 업무를 수행하는 경우도 많다. 대체로 실 · 국보다는 업무량이 적고, 규모가 작으나, 집행적 성격의 업무도 수행한다. 그러나 보통 한시적 조직이라고 하지만 실제로는 수개월 이하의 단기보다는 1년 이상의 장기로 설치된다. 즉, 실제로는 비판을 피하면서 자리를 늘리는 수단으로 사용되기 때문에 영구조직화 하는 경향이 있다.

2. 팀

팀team제는 노무현 정부 당시 정부부처 전체 하부조직을 본부-팀으로 2원화한 것으로서, 종래의 다단계구조(직원-계장-과장-국장-차관-장관)의 비능률과 낭비적 요소를 없애고 고객과 성과중심으로 바꾸자는 목적이었다. 즉, 결재단계 축소, 구성원의 전문화, 내부경쟁체제를 통한 구성원의 창의성 향상 등을 주창한 개혁이었다. 그러나 이러한 조직의 실제 운영결과는 과거와 크게 달라지지 않았다.[18)]

---

17) 이것은 상술한 기획조정실 기능을 한시조직화하는 것을 막는 것이다.

팀제로의 조직개혁은 관료들의 저항이 극심하지는 않아서 그런대로 무늬만이라도 도입되었는데, 이는 실제적으로 고위직의 자리가 늘었기 때문이다. 즉, 기존 관료의 입장에서는 여타 조직개혁과 달리 굳이 무리해서 반대할 이유가 없었던 것이다.

정부기관 중에서는 2005년 3월 행정자치부가 당시 오영교 장관이 행정조직의 계서제를 타파한다고 언급하며, 처음으로 팀제를 도입하였다. 그 후 기획예산처, 노동부, 건설교통부, 보건복지부, 조달청, 국정홍보처, 특허청, 소방방재청 등에서도 팀제를 운영하는 등 정부조직 전반에 그 도입이 확산되었다.

그러나 짧은 열풍이 지난 후 '무늬만 팀제'라는 비판에 시달리게 되었다. 이명박 정부 이후에는 이런 식의 팀제를 유지하는 조직은 없어졌고, '과'가 지배적이며 부분적으로 팀이 존재하는 형태로 바뀌었다. 즉, 현재 정부조직에 존재하는 팀은 '과'와 거의 대체할 수 있는 용어로서, 원래 도입취지와는 관계없는 것이다. 당시 이 제도를 성공적으로 처음 도입했다고 표창까지 받은 행정안전부 자신도 2013년 박근혜 정부 출범을 앞두고 공식적으로 팀제를 폐지했다.

이처럼 행정부 스스로 동 개혁이 실패했음을 인정한 셈인데도 불구하고 이를 주도한 누구도 이에 대한 책임을 지지 않았다. 행정부 전체를 개혁의 바람으로 흔들어 놓았고, 오히려 당시에는 혁신을 잘했다고 승진 등 혜택을 누렸다. 실제로는 관료들의 자리를 늘려주는 효과가 있었고, 따라서 개혁에 대한 저항을 줄일 수 있었다. 결과적으로 관료들은 개혁의 태풍이 몰아치는 시기를 적당히 지내면서 이익 챙기기만 하는 것이다. 권한-책임이 불일치되는 대표적인 예이다.

제 6 절 행정기관 조직구조의 문제점

조직관리를 하는 곳이 중앙정부의 한 부처로 지정되어 있고, 조직 전체가 권위주의적인 문화를 가지고 있을 때는 보조・보좌기관의 설치를 획일화하는 경향

---

18) 김귀영(2007), 팀제도입에 따른 조직루틴의 변화에 관한 연구, 「한국행정학보」, 제41권 1호, pp. 49-69.

이 있다. 그러나 각 행정기관은 기관특성에 따라 좀 더 다양한 조직구조를 설치할 수 있기를 희망하기 마련이다.

Ⅰ. 정치논리의 지배

조직을 담당하는 부(행정안전부)는 정부조직을 '효율적'으로 관리하는 데 최선을 다해야 한다. 그러나 실제로는 행정적 합리성이 지배해야 할 이 부분에 정치적 논리가 지배하는 경향이 있다. 문제는 권력의 최정점인 청와대와 정부 내 '돈'을 지배하는 기획재정부가 지나치게 영향을 미친다는 점이다. 정치적 논리는 정치적으로 필요한 곳에 권력을 과시하고 향유하는 것인데, 이는 종종 행정적 합리성에 배치되는 경우가 있다. 행정적 합리성은 공공성을 제고한다는 범위에서 효율적인 조직운영을 해야 한다. 정치적 논리는 크고 강한 조직이 더 커지는 것을 뒷받침 한다면, 행정적 합리성은 이를 억제하는 힘이다. 이때 정치적 논리가 현실적 책임을 도외시하면 권한-책임 일치의 원칙에 어긋나는 것이다.

우선 하부기관의 이름의 변화에서 정치논리 혹은 권력논리의 지배현상을 쉽게 발견할 수 있다. 역대 대통령은 취임직후 자신의 색깔을 드러내는 슬로건을 제시한다. 그런데 새로운 부서나 자리를 신설할 때, 부서명에 이런 슬로건을 포함하면 매우 유리하다. 이는 청와대가 결과적으로 행정기관 내 하부조직까지 간섭한다는 것을 의미한다. 거꾸로 정부 내 조직개편문제를 책임지고 있는 부가 스스로 알아서 청와대의 의중에 맞춘다고 볼 수도 있을 것이다. 어떤 경우든지, 이것은 권한-책임 일치의 원칙에 어긋나는 것이다.

예컨대, 노무현 정부 때는 인사'혁신'이 키워드였고, 이명박 정부 때에는 '녹색'경제가, 박근혜 정부 때는 '창조'경제가, 문재인 정부 때는 다시 '혁신'이 키워드가 되었다. 이에 따라 각 행정기관 내에서는 해당 키워드로의 부서명 변화가 이루어졌다. 노무현 정부 시에는 인사담당관→인사혁신관, 박근혜 정부때는 기획관→창조기획관으로 명칭을 모두 바꾸었다. 이명박 정부 때에는 부서명에 '녹색'자가 들어가 있는 것을 쉽게 발견할 수 있었다. 그리고 이들 부서들이 하는 일은 기본적으로 기존의 것을 하는 것이고 부가하여 해당 키워드와 관련된 정책이 일부 더 들어가는 정도이다. 즉, 무늬만 바꾸는 형국이 지배적이다.

정치논리 혹은 힘의 논리가 행정기관의 조직구조에 나타나는 것 중 가장 심각한 것은 상위직의 팽창이다. 기존에 힘이 있는 기관에 상위직 조직이 더 많아지고, 힘이 약한 기관은 그렇지 않은 부익부빈익빈 현상이 조직 내에 나타나는 것이다. 이는 곧 권한-책임 일치의 원칙에 어긋나는 것과 연계되기 때문에 문제가 된다.

Ⅱ. 조직팽창과 역피라미드화

조직의 자율관리라는 명목이 조직팽창이란 실질적 피해를 가져오기도 한다. 예컨대 조직계층이 늘어나는 것으로서, 이는 매우 경계해야 할 필요가 있다. 한국 관료제는 경직적 계서제화가 중요한 문제점 중의 하나이다. 실·국장 밑에 각종 '관' 자리를 설치하는 것은 결국 실·국장과 과장 사이에 한 단계가 추가되는 것이다. 과거에 계층수를 줄인다고 '계'단위를 없앤 것을 떠올리면 매우 이상한 현상이다.

각종 '관' 자리가 붙은 이들 기관에 보임되는 사람은 고위공무원단의 나급이다. 이들 기관은 차관 직속 혹은 실·국장 밑에 직속으로 되어 있다. 다시 말하면 조직도표상으로 실·국장급(과거 1급-3급)과 과장급(4급) 중간의 어디에 속하는 계층의 기관이 생기고 있는 것이다. 특히 외교부, 기획재정부 등 규모가 큰 공룡 부처에는 거의 모든 실·국장 밑에 이러한 '관'이 하나 이상 최대 3개 정도까지 설치되어 있다.

결국 아래 한 계층을 없애고 고위(실장)나 중간(**관)이라는 명칭을 가진 자리를 두 계층까지 추가하여, 상위직 자리 인플레 현상을 가져온 것이다. 피라미드형으로 본다면, 좀 더 키가 큰tall 형태가 되었다고 할 수 있다. 이러한 조직팽창 문제는 한국행정조직이 심각하게 고민해 보아야 할 문제이다. 조직계층상으로 볼 때, 장관, 차관, 실장, **관, 국장, 과장, 과원으로 7계층이나 되는 것이다. 특히 실장(혹은 차관보)급의 상위계층 숫자가 늘었다. 더욱 심각한 것은 이것이 이미 권력이 큰 부처에 더 높은 비율로 분포되어 있다는 점이다.

기획재정부와 여성부의 예를 들면 다음 표와 같다.

〈표 4-1〉 **기획재정부와 여성가족부 조직구성**

부처명	기획재정부		여성가족부	
명칭	개수	백분율(%)*	개수	백분율(%)
실(차관보급 포함)	7	5%	2	6%
국	13	9%	2	6%
관	26	17%	11	31%
과	102	69%	20	57%
총계	148	100%	35	100%

*소수점 첫째자리에서 반올림한 값.

이는 과거에 비하여 역의 피라미드 형태로 가고 있음을 의미한다. 이는 조직의 형태(즉, 조직관리)가 이렇다는 뜻이고, 실제 정원(즉, 인사행정)으로 보면 역피라미드 형태가 더 심각하다. 힘이 센 부처일수록, 고위직 정원을 늘려 놓고, 소위 '인공위성'이라고 하여, 국내외 (교육)파견 등의 방법으로 안 보이는 곳에 배치해 놓고 있다. 이들은 원래 소속한 행정기관의 조직도표에도 나오지 않는다.

또한 실제로는 조직구조상 자리를 늘리는 것 외에 보직의 경우로 상위직을 늘리는 경우도 많이 존재한다. 힘이 센 조직일수록 국장급에도 고위공무원단 가급이 보임되도록 열어 놓기도 하고, 고위공무원단 나급의 자리도 늘리는 경향이 있다. 이는 효율적인 조직을 원하는 관료제의 주인인 국민의 이익을 저버리는 경우라고 할 수 있다. 예컨대 사람이 많아서 인사제도를 개선하여 자리도 주지 않는 승진을 시킨 후(예: 복수직급제), 일정 기간이 지나면 이들을 위해 상응하는 자리를 마련(예: '관', '단')하려고 한다.

이를 다른 각도에서 보면 관료들의 자기팽창 현상, 다시 말하면 '한국형 파킨슨의 법칙'이라고 할 수 있다. 원래 파킨슨의 법칙이 관료들이 게으르고 효율성에 대하여 무감각하여 자리를 늘리는 경향이라고 한다면, 한국형은 그 동기가 출세욕구(즉, 승진)를 조금이라도 만족시키려고 한 결과라는 차이가 있다. 당연히 서구와는 달리 한국 관료들에게는 어느 정도 동기는 부여되어 있다고 봐야 한다.

Ⅲ. 참모기관의 계선화

담당관은 그것이 설치된 1969년부터 아예 순수한 참모기관으로서 발족되었다. 담당관에게는 계선에 대한 단순한 보조·지원이 아니라 연구·분석·조사·계획입안·평가·행정개선 등의 역할이 요구되고, 이런 활동들이 전문적 지식에 의하여 뒷받침될 것을 기대한다. 즉, 담당관 제도는 행정환경에서 우수한 전문성을 지닌 인재를 활용하기 위한 제도이며, 이를 위해서 일상적 업무환경과는 다른 환경을 만들어서 생긴 구조상의 표현이라고 할 수 있다. 일반 공무원에게 비교적 고위직급을 주면서 순수한 참모 업무를 시켜보고자 했던 것이다.

그러나 이 제도의 도입 후에 다음과 같은 폐단이 발생하였다. 무엇보다도 원래 취지와 달리 계선기관화하는 경향이 생겼다. 서기관 담당관은 ○○○과장이라 불렸고, 이사관 담당관은 ○○○국장이라 불리게 되었다. 이 자리들은 대부분 내부승진에 의하여 메워졌는데, 5급에서 4급으로 올라가는 처음자리로서 정식 과장보직을 받기 전의 보직이 되었고, 4급이나 고위공무원단으로 올라가는 처음자리로서 정식 국장보직을 받기 전의 보직이 되었다. 따라서 내부승진 서열이나 인사결정의 일반적 관례에 의해서 충원되었으며, 결과적으로 그 방면에 특출한 전문지식을 갖고 있는 자도 아니었고, 이 자리에 앉은 사람은 가까운 시일 안에 계선 쪽의 정식 과장이나 정식 국장으로의 전보를 희망하게 되었다.

**관 혹은 **담당관 자리에 있는 사람들은 보좌기관으로서 손수 전문 업무를 해야 함에도 불구하고 과장이나 국장처럼 그 밑에 여러 명의 직원들을 두고 이들에게 일을 맡기며, 자기는 결재만 하는 폐단까지 발생하였다. "행정기관의 조직 및 정원에 관한 통칙"에서 보좌기관도 그 밑에 업무수행에 필요한 최소한의 하부조직을 둘 수 있다는 규정을 악용하는 것이다.

더구나 내부적으로는 서로 '…과장님'이라 부른다. 명칭만 다를 뿐 위임전결사항이라든지 여러 가지 면에서 사실상 과장과 똑같다. 그러니까 이들에게 특별히 참모로서의 의식이 있다고 할 수도 없다. 또한 이들이 장차 가는 곳은 국·과 쪽이다. 따라서 이 자리에 있는 동안에 국·과가 싫어하는 개선사항을 추진할 수도 없다. 전문가도 아니고 한자리에 오래 있지도 않을 사람에게 순수참모로서 일하기를 기대하기는 어렵다.

이와 같은 사실은 행정의 개혁에 관하여 다음과 같은 중요한 점을 시사한다. 새로운 제도의 도입은 조직의 개편만으로는 되지 않으며 인사 쪽의 개혁과 함께 동시적으로 이루어져야 성공할 가능성이 많다. **조직개혁의 목적을 달성하기 위해서는 조직의 틀을 바꾸는 것은 필요조건이고, 적절한 사람의 배치가 충분조건이다.**

기관 전체 또는 인사권자의 입장에서 보면 담당관이라는 것은 승진을 위한 인사압력을 풀 수 있는 장치가 되었다. 뿐만 아니라 잘하면 장차 정식 과나 국으로 전환시킬 수 있는 가교와 같이 인지된 면도 있었다. 설혹 담당관이 초기에 의도대로 출발한 경우에도 시일의 경과와 더불어 점차적으로 루틴업무가 많아지고 결국 계선이나 다름없는 집무방식이 지배하게 되는 현상도 발견할 수 있다. 담당관 제도는 그 의도는 좋았으나, 조직법규뿐만 아니라 인사법규의 개정과 인사집행도 같은 방향으로 병행했어야 성공할 수 있었다는 것을 가르쳐 준 좋은 사례라는 것은 이미 기획관리실 안의 담당관들과 관련하여 위에서 지적하였다.

최근 한국 행정조직 내 늘어나고 있는 추세에 있는 기관이 관과 단이다.[19)] '관'은 "**기획관", "**정책관", "**조정관", "***심의관", "감사관" 등과 같이 업무의 명칭을 앞에 넣은 형태로 나타난다. 이들은 구체적으로 정책의 기획, 계획의 입안, 정책의 조정, 연구, 조사, 심사, 평가 및 홍보와 행정개선 등의 보좌적 기능을 담당한다. 즉 원칙적으로 집행적 기능을 수행하지 아니하고 참모적 기능을 수행해야 한다. 전술한 대로 담당관제도가 실패한 것이라면, 실제로는 계선기관으로 운영되는 면이 많으면서 명칭만이 유지되는 참모기관으로 자리매김하고 있는 것이다.

이들의 상당부분이 상술한 바와 같이 계선기관화 하였을 뿐만 아니라, 더러는 한직화되었고, 그 원인의 일부는 계선기관의 협조가 미흡한 데도 있었다. 또한 관과 단 자체적으로 전문성과 기술성을 결여하고 있는 경우도 많다. 그럼에도 불구하고 기획관리실 이외의 실장소속, 국장소속, 과장소속으로도 담당관들이 계속

---

19) 이것의 영어 명칭은 Task force, project team으로 한시조직인 목적으로 설치되는 경우가 많다.

생겨나고 있다. 현재 중앙행정기관에는 660명 이상의 담당관이 있다.

참모조직을 도입하여 조직의 전문성과 유연성을 높이려고 한 시도은 결국 조직을 늘리는 결과만 가져왔다. 결과적으로 40여 년간 지속된 담당관 제도에 대한 실험은 실패라고 봐야 한다. 그리고 실패원인에는 상술한 내용 이외에도 보조기관과 보좌기관을 구분할 때는 본질적으로 참모기능인 '기능'상의 구분을 해야 하는데, '기관'을 구분했기 때문이기도 하다.[20]

이러한 형태의 조직팽창은 서구식 조직관리 기법과 연결되어 피상적으로 정당화되었다. 계선과 참모기관의 구분을 지키고 명령통일의 법칙을 명확히 하려는 조직운영이 그것이다. 결국 참모의 기능이 원칙대로 지켜지지 않고, '참모기관의 계선화 현상'만 생긴다. 그리고 기본적으로 조직을 늘리고 기관의 위상(즉, 보임자의 직급)을 높이는 결과를 초래한다. 그런 예의 대표적인 것이 상술한 기획관리실, 담당관을 비롯하여 각종 '관', '단'으로 이름 지어진 기관들인 것이다. 이런 경향을 간파하고 조직관리 부서는 엄격한 조직 관리를 해야 할 필요가 있다.

조직이 필요할 때에는 늘어나는 것이 정상이지만, 문제는 업무량이 줄어도 계속해서 그 조직은 유지되는 경향이 있다는 것이다. 기획관리실, 비상계획관, 정보화(담당)관 등이 대표적인 예이다. 이들 기관을 바탕으로 행정조직은 팽창하고 있는데 반해, 관료의 전문성은 약하다는 비판을 면치 못하고 있다. 이것은 잦은 인사이동에 근본적인 원인이 있다고 할 수 있지만, 전술한 참모기관의 계선화 현상도 구조적 책임이 있다. 참모기관을 참모기관답게 운영해야 전문성이 제고된다. 이를 위해서는 전문화된 부처의 직원을 다른 부처에도 파견하는 것을 도입할 필요가 있다. 감사관실은 감사원에서, 회계와 재무는 재정 담당부처에서, 인사조직 문제는 총무 담당부처에서 파견하는 것을 생각해 볼 수 있다. 인사행정직렬을 신설한 것은 이런 관점에서 보면, 바람직한 방향이라고 하겠다.

---

20) 김종성(2007), 한국의 보조·보좌기관 구분에 대한 비판적 검토, 「한국행정학보」, 제41권 3호, pp. 167-189.

제 5 장
지원기능 부처의 조직구조

한 중앙행정기관의 하부기관을 보조기관line agency과 보좌(지원)기관staff agency으로 나누듯이, 범정부 수준에서도 특정 기능을 담당하는 부처와 이들 부처들을 지원하는 참모부처로 나눌 수 있다. 후자는 과거 원, 처, 청 등의 명칭으로 명확히 구분되었으나, 이제는 대부분의 중앙행정기관에는 부라는 명칭을 사용하고 있기 때문에 전문가가 아니면 분간하기 어렵게 되었다. 지원기능이란 행정관리론에서 말하는 정부조직 전체에 대한 POSDCORB기능이다.[1] 이를 담당하는 행정조직이 있어 실제 정책분야에서 집행을 담당하는 부처와 상호작용을 한다. 이하에서는 가능한 한 이들 사이에 권력 관계가 어떻게 작용하고 있는가에 대하여 분석하고자 한다.

제 1 절 이론적 배경

이 장에서 다룰 행정조직은 정부조직의 관리업무나 통합조정의 업무를 주로 하는 소위 지원 부처 혹은 참모 부처들을 중심으로 형성되는 관계이다. 여기서 지원(참모) 부처란 정부의 전 행정기관을 조직영토organizational domain로 하는 행정기관을 말한다. 원래 이들 기관은 오직 행정기관만을 상대하는 조직이었고, 국무총리나 대통령에 직속되어 있다는 특색이 있었다. 그러나 최근에는 유사 부처

1) Planning, organizing, staffing, directing, coordinating, budgeting.

의 통폐합으로 이런 기준에 의한 구분이 어려워지는 경향이 있다.

우선 이들 참모 기관의 역사적 진화과정을 보면, 그 조직론적 특성을 더 분명히 알 수 있다. 1960년대에는 중앙정보부와 감사원이 대통령에게 직속되어 있었다. 이는 대통령의 통치 권력을 유지하기 위한 것으로, 현재까지 변함없이 지속되고 있다. 국무총리 직속으로 1960년대 설치된 참모조직으로는 법제처, 총무처, 원호처(현재의 국가보훈처), 과학기술처, 국토통일원이 있었다. 1980년대에는 여기에 환경처가 추가된다. 그리고 정부에 따라서 공보처가 소속되기도 하고, 분리되어 나가기도 한다. 보훈처는 국가를 위해 희생한 국민들을 예우하기 위한 의미가 있지만, 엄밀한 의미에서 여기서 다루는 참모기관이라고 볼 수는 없다. 오히려 특수한 고객만을 대상으로 보건복지부와 유사한 기능을 한다고 할 수 있다.

과학기술처, 국토통일원, 환경처는 다른 부처기관에 대한 지원기능을 하는 조직이라기보다는 국가의 정책우선순위 분야를 담당하는 기관으로서 국무총리 직속으로 설치되었었다. 이들이 하는 정책은 특정부처가 아니라 다른 모든 부처조직과 다소간에 관계가 있다는 점에서 특정부처의 밑에 설치되지 않고 국무총리실 소속으로 된 것이다. 또한 이들 기관은 모두 당시에는 생소한 정책에 대한 일종의 연구기능을 담당하였다. 예컨대 통일문제나 환경문제를 연구하여 다른 부처의 정책에 반영시키는 역할을 한 것이다. 즉 정부차원에서 이들이 목표로 하는 방향으로 각 부처의 정책이 추진되도록 이끄는 역할directing을 한 것으로 추정된다. 그런데 이들 기관들은 후에 어느 정도의 집행기능도 가지면서 모두 일반 부로 승격되었다.[2] 노무현 정부에서 과학기술부 장관과 통일부 장관은 부총리로 승격되기까지 하였다.

가장 전형적인 참모기능은 총무기능이다. 과거 총무처는 조직organizing과 인사staffing에 관한 원칙을 정하는 역할을 하였다. 김대중 정부와 노무현 정부 시에는 중앙인사위원회가 설치되어 인사기능이 분리되어 나갔지만, 조직권은 계속해서 행정안전부에 남아 있었다. 이명박 정부에서는 중앙인사위원회가 폐지되면서 조직과 인사에 관한 사무가 행정안전부로 통합된다. 박근혜 정부 이후에는 안전

---

2) 따라서 이들은 더 이상 참모기관이 아니므로 제11장에서 다룬다.

행정부로 명칭만 바뀌고 조직과 인사 사무가 통합된 채로 운영되다가 이후 인사혁신처가 독립하면서 인사 기능이 분리되어 나갔다.

다음으로 중요한 참모기능은 기획planning과 예산budgeting이다. 이 기능은 1960년 기획처로 시작하여 경제기획원으로 승격되었다. 개발연대에는 이 기능이 중요시되어 경제기획원 장관이 부총리가 되기도 하였다. 여기서 가장 핵심적인 기능은 예산의 편성과 배정인데, 실제로 참모기능은 이것에 더하여 돈을 지출하는 재무 혹은 회계도 포함된다. 즉, 돈에 관한 기능이다.

이어서 이들 참모 기관이 정부조직 전체의 시각에서 어떠한 역할을 하는가를 살펴볼 필요가 있다. 이를 조직이론적 틀이라는 측면에서 조명해 보기로 한다.

지원기능을 하는 참모기관과 독자적 조직영토(혹은 정책영역)가 있는 계선기관과의 상호 관계는 조직 간 관계inter-organizational relations의 시각에서 볼 수 있다. 이들은 법령상으로는 각자의 지위와 역할이 있지만 실제 운용을 자세히 들여다보면 동등한 관계가 아니다. 즉, 이들 참모기관들은 각자 맡은 분야에서 각 부에 대한 간섭과 통제를 하게 되어 있다. 바꿔 말하면 행정조직은 이들의 간섭을 받게 되어 있다. 이에 반해 대통령의 계선행정조직들은 이들의 업무, 특히 관리참모에 대하여 간섭할 수가 없다. 외견상으로 보기에 상호의존관계라기보다는 각 부가 이들에게 의존하고 있는 것과 같이 보인다. 왜냐하면 각 부를 운영하려면 이들의 도움이 필요하기 때문이다.

그러나 다른 각도에서 보면 이들이 각 부에 의존하는 관계라고도 할 수 있다. 행정 각 부가 있기 때문에 이들의 일도 있으며, 각 부가 협조해야 이들의 일이 원활하게 수행될 수 있기 때문이다. 따라서 이 사이는 일방적으로 어느 한 쪽이 다른 쪽을 지배하는 것이 아니며, 때로는 갈등관계가 된다. 이들 가운데도 업무의 내용에 따라서 의존관계에 차이가 있지만, 기본 성질은 전술한 바와 같다.

마지막으로 이들 간의 관계를 이들이 조직영토에서 사용하는 업무(권한 혹은 자원)의 성격을 기술technology이라고 한다면, 기술과 조직구조와의 관계로 생각해 볼 수 있다.[3] 기술의 특성이 상호의존관계의 특성을 결정하고, 이것이 이들

3) 기술-의존관계의 유형 - 조정방법 간의 관계는 Thompson(1967), *Organization in Action*, New York: McGrawHill이 개념화하고 있다. 첫째, mediating technology-pooled interde-

기관 간 업무를 조정하는 데 있어 가장 적절한 유형을 결정한다는 것이다.

중앙정부 전체의 관계를 그림으로 나타내면 지원기관은 여러 부처의 중심이 되는 조직이라는 점에서 다음과 같이 표현할 수 있다. 즉 지원기관은 이들 많은 계선기관들을 똑같이 대우해야 한다. 따라서 각종 법규범이나 지침을 통해 이들 계선기관들에게 동조하도록 하는 표준화standardization 방법을 사용한다.

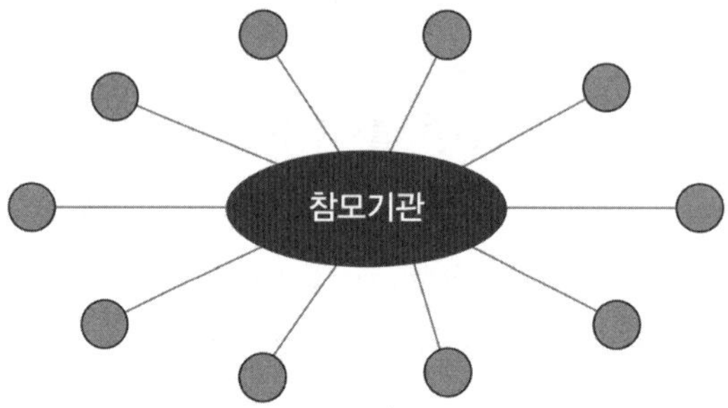

또한 여러 계선 부처의 입장에서 본다면, 이들 지원기관은 자신의 업무를 수행하는 단계에서 거쳐야 하는 하나의 과정이다. 다시 말하면, 계선기관은 이들 지원기관의 협조(도움)가 없으면 업무를 종결시킬 수 없는 의존관계에 있다고 할 수 있다. 어떻게 보면, 정부 내의 의사결정과정이란 어셈블리 라인과 같이 서로 연속된 연결 관계에 있어서, 지원기관에게 의존할 수밖에 없는 상황이 된다.

한편, 주권자인 국민입장에서 보면, 정부 내 지원기능의 부서보다는 실제 행정서비스를 제공하는 계선기관과 더 직접적인 관련을 맺고 있다. 그러므로 지원기능supporting function을 하는 지원기관은 어떻게 하면 계선기관의 일(즉, 정책프로그램)이 효과적으로 나올 수 있는가를 고민하고 보좌해야 한다.

그런데 실제 운용을 들여다보면, 지원기관의 권력이 막강하여 계선기관이 이들에게 거꾸로 의존하고 눈치를 보는 관계가 생길 수 있다. 즉, 행정기관 내부에

---

pendence-standardization, 둘째, long linked technology-sequential interdependence-planning and scheduling, 그리고 셋째 intensive technology-reciprocal interdependence-mutual adjustment 결합관계를 예시하고 있다.

서 '참모기관의 계선화' 현상이 생기는 것과 마찬가지이며, 조직 간의 관계에서 '지원기관의 권력팽창' 현상이 나타날 수 있다. 이를 '지배하는 조직'이라는 의미에서는 다음과 같이 나타날 수 있다. 만약 지배하는 (지원)조직이 계선기관의 결과에 책임을 일부라도 제대로 지지 않는다면 권한-책임 불일치 현상이 기관 간에도 발생하게 된다.

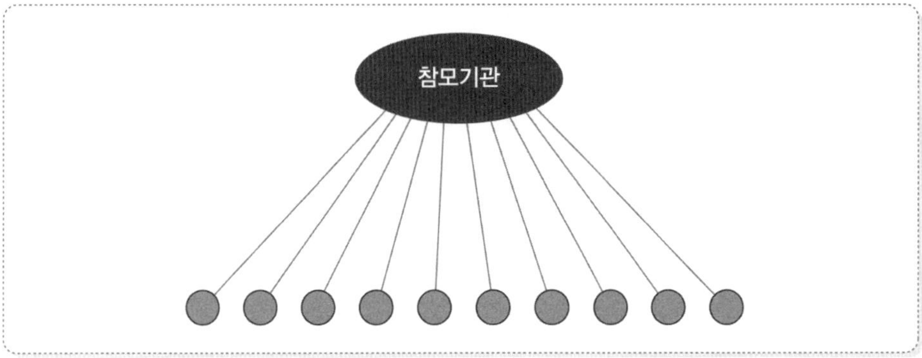

제2절 감사원

Ⅰ. 권력의 근원

감사원은 1962년 개정 헌법으로 대통령 소속하에 두기로 결정되었으며, 1963년 감사원법에 의해 설치되었다. 감사원은 정부조직법에 의해 설치되는 다른 행정기관과는 달리 대통령 소속 하의 헌법기관으로서 직무의 독립성이 보장된다. 원장은 4년의 임기로 국회의 동의에 의하여 임명된다. 5인 이상 11인 이하의 감사위원들도 4년의 임기를 가지고 있으나,[4)] 국회의 동의 절차는 필요 없이 대통령에 의하여 임명되고 원장과 함께 감사위원회의를 구성한다. 이는 단두제를 택하고 있는 다른 부, 처, 청과는 다른 위원회 조직(후술)의 특성을 띤다는 것을 의미한다. 즉 적어도 이론상으로는 대통령뿐만 아니라 다른 어떤 외부의 압력에 굴

4) 2019년 기준 7인이다.

하지 않고, 독자적인 감사행정을 할 수 있는 위치에 있다.

감사원장 밑에는 사무처가 있으며, 총장 밑에 차장과 심의실, 각 국과 특별반 등의 보조기관을 두고 있다. 감사원에는 지방기구가 없다. 감사원은 전 행정조직을 조직영토organizational domain로 하고 있는 조직이기 때문에, 각 국은 이들 조직영토를 유사한 내용끼리 묶어서 담당하는 방식으로 업무를 부여한다. 감사원의 최고 의사결정기능을 담당하는 감사위원들은 임기가 보장되는 방식으로 외부의 간여에서 보호된다면, 감사 실무를 담당하는 직원들은 직렬상 감사직렬로 되어 있어 독립된 인사단위 속에 들어 있다. 즉, 직원들은 중앙인사기관의 인사상 간섭을 받지 않는 별도의 인사체제 속에 있다.

감사원의 임무는 "국가의 세입 · 세출의 결산, 국가 및 법률이 정한 단체의 회계검사와 행정기관 및 공무원의 직무에 관한 감찰"을 하는 것이다. 다른 말로 하면 회계검사와 직무감찰을 한다. 그런데 단순히 회계적인 측면뿐만 아니라, 1980년대 초반에는 효율성 감사가 시행되었고 1980년대 중반부터 1990년대 초반까지는 정책감사가 시행되었으며, 이후로는 성과감사라는 이름으로 감사가 시행되고 있다. 매년 각 행정기관은 예산을 집행한 이후의 사후 승인을 위해서 감사원에 결산보고서를 제출하고, 이것이 국회에서 승인되어야 드디어 지출행위가 공식적으로 승인을 완료하게 된다. 이 점에서는 순차적 의존관계sequential interdepedence에 있다. 그러나 이 권한은 실제 다른 행정기관을 구속하는 중요한 수단이 되지는 못한다.

감사원의 임무 중에서 무엇보다 가장 중요한 것은 주기적 혹은 비주기적으로 실시하는 감사권이다. 감사원의 감사대상은 모든 행정기관이다.[5] 국가뿐만 아니라 지방자치단체에 국가가 위임했거나 보조금을 지급한 모든 사무에 대해서 감사할 수 있다. 또 공공기관[6]에 대한 감사도 한다. 그리고 보조금을 교부받은 자나

---

5) 즉, 법규정상 감사원의 감사대상은 결산검사 · 회계검사 · 직무감찰 대상기관인 정부부처는 물론이고, 지방자치단체, 한국은행, 정부나 지자체가 50% 이상 출자한 기관(정부투자기관, 지방공단 및 공사)과 관련되어 있다. 또한 타법률에 의해 감사원의 회계검사를 받도록 규정된 단체, 감사원이 필요하다고 인정하거나 국무총리의 요구가 있을 때 일정한 요건을 갖춘 기관 역시 관련되어 있다.

6) 공공기관에 대해서는 제15장 그림자 행정조직 참조할 것.

국가로부터 자금 일부를 출자 받은 자, 국가가 채무를 보증한 자, 특별법에 의하여 설립되고 임원을 국가가 임명하는 단체 등에 대해서도 회계검사를 할 수 있다. 또한 이들 단체와 이들의 사무에 직접·간접으로 관련이 있는 자들에 대하여 직무감찰을 할 수 있다. 이와 같은 광범위성으로 인하여 감사원의 감사대상이 되는 기관이나 직원 수는 엄청나게 많은 수에 이른다.

감사원과 행정조직들의 관계라는 측면에서만 보아도, 감사원의 권한은 모든 부처들의 모든 직원에게 미친다. 또한 이것은 직접적으로뿐만 아니라 각 부처가 산하에 두고 여러 가지 모양으로 감독하고 있는 기관들과 단체들을 통해서도 우회적으로 미치게 된다.

감사원이 감사결과를 처리하는 방식에는 다음과 같은 것들이 있다. 첫째, 회계 관계 공무원 등에 대한 변상책임의 유무에 대한 판정을 하고 변상을 요구할 수 있다. 둘째, 징계사유 해당공무원에 대하여 파면 등의 징계와 문책을 요구할 수 있다. 셋째, 위법·부당한 사실에 대한 시정·주의 등을 요구할 수 있다. 넷째, 법령·제도·행정상의 불합리한 사항에 대한 법령 개폐, 제도상 또는 행정상의 개선을 요구할 수 있다. 마지막으로 범죄혐의가 있는 경우 수사기관에 고발할 수 있다.

이상과 같은 권한들을 권력의 속성이라는 면에서 보면 다음과 같은 관찰을 할 수 있다. 그동안 조직론의 이론상으로 권력의 기초를 말할 때에는 누가 어떤 것을 가지고 있는가를 기준으로 하여 논하였다. 예를 들면 인력, 돈, 물자, 정보, 정통성 등이 그런 것들이다. 그런데 감사원이 가지고 있는 권력은 여기의 어디에도 해당하지 않는다. 한국정부를 하나의 단일조직이라고 하면, 정부조직 전체를 관리하는 기능인 POSDCORB 중 통제control에 해당한다. 이 권력은 오히려 남이 가지고 있는 것을 빼앗을 수 있는 힘, 즉 제재하는 힘이다. 다시 말하면 공무원 등 관계자들이 자리를 상실하고, 인격적인 자존심도 잃어버리고, 돈도 잃게 하는 권력이다. 그리고 많은 경우 영원히 잃게 된다. 결국 감사원이 가지고 있는 권력은 모든 부처에 대하여, 특히 그 속에 근무하는 공무원들이 가지고 있는 자리와 명예를 잃게 하는 권력이다. 더욱이 이 권력은 언제 행사될지도 모르는 권력이며, 24시간 감시하는 권력이라 할 수 있다. 정식으로 재판을 받아 결론이 나기 전인데도 불구하고, 언론에 보도되면 주위사람들에게 얼굴을 들지 못할 정도로 사회적으로 치명상을 입히는 가공할 만한 권력이다. 감사가 진행되는 중, 자살을 하는 사례가 생기는 것이 이를 반증해준다.

요컨대, 감사원의 권력은 헌법으로부터 파생되는 권위 있는 것이며, 국민들의 공감대가 뒷받침하는 정통성 있는 권력이다. 따라서 정부의 권력구조 면에서 볼 때 참모조직이 계선조직에 비하여 그야말로 월등히 우월한 측면을 보여주고 있다.

Ⅱ. 권한책임 불일치의 측면

1. 처벌과 권력

감사원이 정부전체 행정기관의 정상적인 작동을 보장하려면, 동일한 잣대로 행정기관(즉, 조직영토)을 다뤄야 한다. 더 나아가서, 이상적으로는 힘 있는 기관에 더 엄격한 잣대를 가지고 대해야, 행정기관 간의 권력균등화에 도움이 된다. 그러나 감사원도 정치의 상황전개에 따라서 정치권력구조의 상층부에 대해서는 자기의 힘을 행사하지 못한 때가 많았다. 예를 들어 국가정보원, 청와대 등에 대한 감사에서는 일반 행정에 대한 것만큼 철저하지 못했다. 심지어 힘이 센 경제부처에 대한 감사도 이런 예에 속하는 것이 아닌지 의심된다. 앞에서 지적한 권한과 책임의 불일치 현상이 감사원의 감사과정과 관련하여서도 발생하였다는 것을 기억할 필요가 있다. 감사원이 얼마나 상하를 가리지 않고 동일한 원리에 의하여 책임을 물을 수 있는가는 여러 가지 요인의 영향을 받는다. 첫째는 대통령의 의지다. 둘째는 감사원장의 의지에 달려 있다. 셋째는 정치부패의 정도가 큰 영향을 준다. 넷째는 정치권력구조가 단조롭고 집권화될수록 상하기관 간의 권력의 차가 심하게 나며, 이에 비례하여 감사원은 상위기관에 대하여는 그 능력을 발휘하지 못한다.

최근 감사원의 결정이 편파적이라는 비난을 피하기 위해 내부절차가 계서제적으로 분화되어 있다. 대체적인 절차는 다음과 같다.

첫째, 감사현장에 나가기 전에 피감사기관의 사전서류검토를 통해 문제점을 파악한다.

둘째, 현장에 나가서 피감기관의 감사담당직원을 중심으로 서류검토를 하고, 필요시 면대면 소명을 듣는다.

셋째, 현장에서 철수하기 전 최종회의를 통해 적발한 사례에 대한 감사팀의 의견을 확정한다. 이 단계에 이르기까지 피감사기관과 수많은 문서보완요구가 반복된다.

넷째, 감사원에 복귀하여, 소관 사무분야의 감사관들 회의에서 처벌 등 조치에 대해 결정을 한다.

다섯째, 중요한 사안에 대해서는 감사위원 전원회의에서 최종적인 결정을 한다.

위와 같은 절차의 단계화는 특정인 한두 사람이 영향을 미치는 것을 방지하기 위한 제도적 진화이다. 그러나 처벌을 하는 권한을 가진 자와 처벌을 피하려는 자 간의 권력게임의 본질에는 변화가 없다. 마땅히 감사원의 권력행사에서도 이런 원리가 적용되어야 한다. 하지만 상술한 바와 같이 실제 현실에서는 권력의 균형화에 대해 의문부호가 달려왔다. 그러다보니 힘없는 부처는 그만큼 더 피해를 본다는 피해의식도 생겨났다. 감사원은 과거 반 세기가 넘는 동안 너무나 방대한 권력을 행사했다. 그리고 그를 뒷받침하는 제도는 아직도 그대로 남아 있다. 비록 중대한 처벌을 피한 경우에도 감사과정에서 피감기관이 받는 스트레스는 엄청나게 크다. 권한-책임 불일치 현상에서 오는 불필요한 심리적 에너지 낭비가 이뤄지는 것이다.

2. '운'인가?

감사원이 다른 행정기관에 대하여 권력을 누리는 것은 정기감사 외에 수시로 이루어지는 수시감사 그 자체에서 나온다. 수많은 감사대상 기관 중 실제 감사대상이 어디인지, 선정하는 과정과 방법이 어떤지에 대해서는 대외비로 하고 있다. 피감대상인 행정기관 입장에서는 감사원 감사의 대상으로 선정된다는 자체가 커다란 위협이면서 동시에 불확실성uncertainty인 것이다. 적어도 '털어서 먼지 안나는 사람 없다'는 말과 같이, 감사가 실시되면 뭐든지 지적될 것이라는 두려움 때문이다.

이 때문에 감사원은 정치적으로 민감한 분야에 칼을 들이댐으로써 대통령에 대해서도 독립적인 헌법적 기관이 아니라, 대통령의 통치수단으로 전락했다는 비판을 많이 받아왔다. 새로 취임한 대통령이 개혁을 하면서 권력을 행사하기 위한 수단으로 감사원이나 검찰을 활용하는 것도 일반적이다.[7] 이에 따라 피감대상이 된 행정기관의 경우, 특별감(수)사에 들어간다는 자체가 해당 기관장에게는 암묵적인 사임압력과 같은 큰 부담이 된다. 이처럼 감사는 임기 초이든 임기 중이든 구정권의 인사를 교체하는 방법으로 사용하는 경향이 있다. **정권이 개혁을 강력히 추진하려고 할 때일수록, 감사원의 활동이 활발해진다.**

다음으로 감사원이 하는 감사의 질quality의 문제이다. 각 행정기관의 현실에서는 여러 가지 법규들이 적절하고 효과적인 정책집행에 지장을 주거나 잘 맞지 않는 경우가 있다. 즉, 일반적인 원칙으로 정해진 규정들이 적용되는 과정에서 현실 세계의 복잡함과 특수성을 일일이 반영하기 어렵기 때문에 괴리gap가 있기 마련이다. 각 행정기관이 집행을 더욱 잘하기 위해 법규 적용시에 융통성을 발휘한 것은 칭찬받아야 할 것인 반면, 겉으로는 법규를 위반하지 않으면서 실제로는 악용한 것은 처벌해야 한다.

또한 회계법규를 엄격히 적용하여 감사하는 것도 쉬운 일이 아니다. 그런데 성과감사까지 그 대상영역을 확장한다면, 항상 주관성과 자의성을 의심받게 된다. 즉, 합법성 감사도 제대로 하지 못하면서, 정책성과로 그 감사의 중점을 옮긴다면 감사원의 권력은 더욱 막강해지는 반면에, 그 객관성과 공정성은 흔들리게 된다.

감사원은 조직의 정당성을 인정받기 위해 적발을 위한 적발을 하게 된다. 즉, 감사를 실시했는데 그리 의미 있는 적발을 하지 못한다면, 감사원의 기능에 대해 의심을 받게 된다. 이런 상황에서 적발 건수 위주로 감사를 하다 보니 행정의 목적달성보다는 감사에 지적받지 않는 것이 업무 수행의 최소기준이 된다. 감사원의 감사가 업무수행의 내용보다는 형식적인 측면에 중점을 둘수록 공무원들은 감사에 지적받지 않는 것을 최소 업무기준으로 삼는 것이다. 즉, **형식주의적 감사는**

7) 이들의 활용은 정권에 따라 다르지만 예컨대 김영삼 대통령 시기에는 감사원을 개혁의 수단으로 사용하여, 과거 정부의 문제를 성역없이 다루는 것이 언론에 비춰져서 국민적 지지를 90% 정도 얻은 바 있다.

행정기관 관료들의 업무수행에서 목표–수단 도치현상을 가져오는 원인이 된다.

또한 일부 부정한 공무원 때문에 전체 공무원들을 획일화하고 일반화하는 것도 옳지 않다고 여겨진다. 나아가 감사원의 적발 위주 감사가 언론플레이와 결합되면 국민의 정부불신을 초래하게 된다. 정권의 정통성을 만들어내기 위해서 죄 없는 공무원들에게 책임을 뒤집어씌우는 것은 더더욱 그렇다. 공무원들에 대해 의심하는 자세로 감시하고 부정적으로 보는 것보다는 믿고 맡기고 신뢰하는 것이 더 많은 능률을 올리는 방법이라 생각한다. 이런 관점에서 보면 그동안 공무원들에 대한 사정활동은 너무나 다양하게 자주 있었다고 할 수 있다.

3. 감사원 조직의 관료제화

감사의 질은 감사원 직원의 전문성과 비례하는 문제이다. 현재 행정기관의 일은 다양화되었으며, 기술발전과 사회분화가 상당히 진행되어 감사원 직원이 이를 완전히 이해하고 감사를 한다는 것은 그리 쉬운 일이 아니다. 이러한 이유로 감사원은 끊임없이 직원수를 늘려 왔다.[8]

감사원은 다른 모든 행정기관을 감사대상으로 하기 때문에, 역으로 다른 기관에 의해 통제받지 않는 특수한 존재가 되었다. 즉, '감사원은 누가 감사하느냐?'의 문제가 남게 된다. 비록 감찰관이 있긴 하지만 이는 내부통제라는 한계가 있다. 감사원의 특수 지위 때문에 다른 통제기관이나 견제기관도 감사원에 대해서는 솜방망이로 접근할 가능성이 높다.

결국 감사원의 조직과 규모는 축소되어야 한다. 이미 행정 업무 정보화로 인해 각 행정기관 회계의 투명성은 과거보다 놀랄만큼 제고되었다. 이는 이전보다 감사원의 업무가 줄었다는 것을 의미한다. 감사원은 업무의 질을 향상시키면서 조직을 축소시키는 방법으로 다른 피감사기관에게 모범을 보여야 했다. 하지만 감사원의 조직, 인력구조 등을 보면, 다른 행정기관과 유사하다. 감사기관으로서 좀 더 효율적인 조직을 운용하는 메커니즘을 찾아보기 어렵다. 감사교육원도 있

---

8) 국가재정법 제41조는 '정부는 감사원의 세출예산요구액을 감액하고자 할 때에는 국무회의에서 감사원장의 의견을 구하여야 한다'고 규정하고 있다. 이런 특권 때문에 그동안 감사원은 예산 및 인력의 증대를 가져 왔다.

고, 감사연구원 같은 기관도 가지고 있다는 점에서 다른 행정기관과 유사하다.[9] 결국 감사원도 다른 행정기관과 마찬가지로 조직과 인력을 계속 증가시켜 나가는 전형적인 관료제 팽창의 현상을 보이고 있는 것이다.[10]

이를 해결하는 방법은 감사원이 기본적으로 공무원들에 대해 신뢰하는 자세가 필요하다고 생각한다. 감사원은 처벌보다는 향후 업무개선을 위한 지도 쪽에 중점을 두고 있어야 한다. 또한 감사원의 활동은 회계감사로 국한시키는 것이 좋다. 이를 실행할 때도 법적인 측면을 문자 그대로 해석하지 말고, 조직의 원래 임무mission를 달성하는 데 도움이 되느냐라는 합목적성이란 기준으로 봐야 한다. 이렇게 하려면, 감사원직원들이 감사대상 업무의 특성을 이해하는 고도의 전문성이 필요하다.

다른 한편으로는, 역사적으로 직무감찰은 과거 권위주의 시대의 통제수단이었다는 점을 기억할 필요가 있다. 따라서 공무원의 "복무"를 맡은 기관에서 직무감찰을 관장해야 한다. 그리고 감사활동을 각 부처에 분산하는 분산주의를 택할 것을 권한다.

왜냐하면 직무감찰은 이를 처벌 위주로 하는 경우에는 감찰기관에 지나치게 많은 권한을 부여하는 성질을 가지고 있기 때문이다. 또한 감사원은 각 행정조직의 기술적 · 전문적 분야에 관한 지식이 없기 때문에 각 부처의 감찰에 비해 일방적인 재량권 남용을 할 가능성이 높다고 할 수 있다. 또한 감사원 자체의 직원들에 의해서 이러한 전문성을 보충하려 하여도 한계가 있기 때문에 자꾸 감사원 조직을 늘리려 하는 원인이 된다. 하지만 여기서 문제는 직무감찰도 헌법에서 감사원의 기능으로 부여하고 있다는 데 있다.

현행 헌법 하에서 할 수 있는 일들을 제시하면 다음과 같다. 첫째로 감사대상을 대폭 감축하여야 한다. 감사원 인력의 한계나 주의력의 한계 때문에 전혀 관심을 둘 수 없는 기관들에 대해서까지 만일의 사태에 대비한다는 이유로 이들을 감사대상에 포함시켜 놓고 있는 것은 지나치다고 생각한다. 둘째, 직무감찰에 있

---

9) 조직, 인력, 예산은 감사원 홈페이지 참조 http://www.bai.go.kr.

10) 임도빈(2009), 관료제를 위한 변론: 한국관료제의 성과제고 방안, 「한국조직학회보」, 제6권 3호, pp. 191-193.

어서 해당 행정조직의 장의 정책이나 방침을 뒤집는 결과가 생기게 되는 감찰은 삼가야 한다. 많은 문제들이 어떤 한 면을 보면 나쁘고 동시에 다른 면을 보면 좋은 면을 가지고 있기 마련이다. 셋째로 감사원의 보조기관의 직급들을 일반 행정 기관에 비하여 한 계급씩 높여 놓은 것을 원상으로 복귀시켜야 한다. 넷째, 청와대의 민정 부분, 국무총리실, 각 부처의 감사관들과 감사원의 사이에 감사활동에 관한 상호조정이 이루어져 일선기관들에 대한 중복감사나 장기간 감사가 없도록 해야 한다.[11] 구체적으로 국가인권위원회(부패방지위원회), 국회(국정감사), 검찰 등과 관련되어 있으므로 피감사기관이 유사한 감사로 중복되어 방해받지 않도록 조절이 필요하다.

회계감사를 국회 소속으로 해야 한다는 주장도 있지만, 현재의 상황으로 보면 고민해봐야 할 부분이 많다. 우선 회계감사업무가 전문적인 것이기 때문에 독립성과 전문성만 유지된다면 감사원이 대통령 소속으로 있든 국회 소속으로 있든 사법부 소속으로 있든 그 실질적 차이는 없다. 미국의 모델로 회계감사원을 국회에 두는 것을 주장하기도 하지만 이것은 헌법을 개정해야 할 뿐만 아니라, 미국 GAO의 업무성격을 잘 모르고 하는 주장이다. 또한 이미 결산의 실무업무는 감사원이 담당하기 때문에 굳이 국회 소속으로 변경하는 개혁의 실익은 별로 없다. 게다가 국회의 활동이 아직 선진국 수준에 이르지 못한 면도 많이 있다. 의원의 정당분포 상황에 따라 다르기는 하지만 극단적인 정치논리로 국회를 마비시키거나 단독 처리를 하는 등 파행이 많기 때문이다.

하지만 이러한 국회나 법원의 행정조직도 국가의 세금으로 운영되는 만큼 감사원의 감사대상이 되어야 한다. 이런 점에서 볼 때 감사원을 국회 소속으로 놓는 것은 바람직하지 못하다. 적어도 국회의 활동이 정상화된 후에야 생각해볼 문제이다. 덧붙여 감사는 입법부, 행정부, 사법부 모두에 대해서 독립성을 가져야 좋다.

---

11) 각 부처에는 감사담당관을 두고 있고, 감사관은 고위공무원단으로 보한다. 그런데 이들은 업무상 감사원과 유사하면서도 상호유기적으로 연결되어 있지는 못하다.

제3절 국가정보원

Ⅰ. 주요기능

대통령 직속기구인 국가정보원은 1961년 창설된 중앙정보부를 시작으로 1981년 국가안전기획부로 개칭되었으며, 1999년에 현재의 국가정보원의 모습을 갖추었다. 당시 박정희 장군이 5·16 군사 쿠데타를 일으킨 후, 5월 20일에 중앙정보부를 창설하고, 최측근이며 인척인 김종필을 제1대 원장으로 임명한다. 이는 국가정보원이 정권의 유지 차원에서 태어났음을 알 수 있는 대목이다.

그러나 본질적으로 국가정보원은 정권 차원보다는 훨씬 높은 '국가' 차원의 안보를 책임지는 중요한 기관이다. 정부조직법 제16조 1항에서는 "국가안전보장에 관련되는 정보·보안 및 범죄수사에 관한 사무를 담당하기 위하여 대통령소속하에 국가정보원을 둔다"고 규정하고 있다. 또한 국가정보원법 제3조에서 국정원의 직무를 다음과 같이 명시하고 있다.

- 국외정보 및 국내보안정보(대공·대정부전복·방첩·대테러 및 국제범죄조직)의 수집·작성 및 배포
- 국가기밀에 속하는 문서·자재·시설 및 지역에 대한 보안업무. 다만, 각급기관에 대한 보안감사는 제외한다.
- 형법 중 내란의 죄, 외환의 죄, 군형법 중 반란의 죄, 암호부정사용죄, 군사기밀보호법에 규정된 죄, 국가보안법에 규정된 죄에 대한 수사
- 국정원직원의 직무와 관련된 범죄에 대한 수사
- 정보 및 보안 업무의 기획·조정

이러한 권한은 그 행사에 있어서 축소 적용된다면 행정조직의 일에 크게 영향을 미치지 않을 것이다. 그러나 일반적으로 어떤 조직이든지 자기에게 부여된 권한을 확대해석하려는 경향을 가지고 있다는 점이 문제가 된다. 흔히 공공기관에 대해서는 국민의 입장이나 상호 견제의 입장에서 이들을 견제하기 위한 여러 가지 장치들을 둔다. 그러나 국가정보원에 대해서는 총무 담당부처의 인사와 조

직통제권, 예산실의 예산통제권, 감사원의 감사권 등이 제대로 미치지 못하고 있으며, 거기에 더하여 국회에 의한 통제도 충분하지 못하다.

일하는 방식에 있어서도 특이하다. 국가정보원법에는 그런 규정이 없지만 이 조직은 각종 비밀 정보를 다룬다. 정보의 수집과 분석, 수사 등이 비밀리에 이루어진다. 따라서 이 조직에게 부여된 정보권, 사법경찰권, 비공개성, 국회에 의한 약한 통제, 행정부 내의 내부통제조직들에 의한 통제의 불가능 등은 앞에 언급한 조직의 일반적 경향으로서의 권력 확장기도와 맞물려 매우 강력한 권력을 행사하는 조직이 되게 한다. 이 조직에 대하여 통제할 수 있는 자는 대통령 개인뿐이며, 그 밑에서 청와대(비서)실, 대통령 경호처 등과의 사이에 권력관계배분의 상태가 어떤가에 따라서 국가정보원 권력의 실제 내용이나 정도가 정하여진다.

그동안 국가정보원은 포괄적 권한을 부여받은 것을 바탕으로 법해석을 하여 정치사찰, 기업, 시민사회단체, 개인에 대한 사찰을 행하여 왔다. 이에 대한 비판 때문에 김대중, 노무현, 문재인 정부에 걸쳐 국내담당 부분의 조직과 인력이 대폭 줄었다. 그럼에도 불구하고 아직도 합법적 범위 내에서 이뤄진다고 보는 이러한 활동을 통해 누적된 정보는 대통령에게 매우 중요한 판단기준이 된다. 특히 국내담당 제2차장의 권한과 조직은 국가정보원의 매우 강력한 권력기반이 되고 있다. 이러한 측면에서 모든 행정기관, 특히 기관장들은 국정원의 정보수집의 대상이 되고, 따라서 이는 기관장들에게 커다란 불확실성uncertainty 영역이 된다.

한편, 국가정보원이 활동하는 주요 영역과 관련이 있는 행정기관은 다음과 같다.

첫째, 해외정보 분야이다. 세계 주요 국가들의 정치·외교 및 경제정책 정보를 수집, 분석하여 관계부처에 제공함으로써 국가의 안보와 국익을 지키고 있다. 이 면에서는 특히 외교부, 산업통상자원부, 과학기술 담당부처와 관련이 깊다. 치열한 정보전쟁의 시대로 외국정부나 단체 또는 외국인 등에 의한 정보탐지활동이 상시적으로 이루어지고 있다. 긴밀한 민·관 협력체제 구축 및 대국민 정보지원 차원에서 국가정보원의 정보활동은 국가와 국민의 이익수호에 최우선을 두고 있다. 정부 및 학계전문가들과 분야별 상설협의체를 구성하고 생산된 정보를 민간기업과 연구소에 제공하는 등 민·관 협력 네트워크를 다각화하고 있다.

둘째, 안보와 관련된 부분이다. 이 측면에서는 국방부, 통일부, 법무부와 특히 관련된다. 북한의 정치 · 군사 · 외교 · 경제 · 사회 등 각 분야의 정책방향과 변화동향을 면밀하게 진단하여 남북관계에 미치는 파급영향을 판단함으로써 대북정책 수립을 지원한다. 또한 최근 북한의 변화로 인해 여러 경로를 통한 탈북자들이 늘어나고 있다. 탈북자들의 국내 입국 시 관계기관과의 합동심문을 통해 위장귀순자를 색출해내는 일을 하고 있으며, 탈북자들이 체제와 문화가 다른 우리사회에 빨리 정착할 수 있도록 지원활동을 병행하고 있다.

셋째, 국제범죄 분야이다. 이 부분에서는 법무부, 경찰청, 해양경찰청과 특히 관련된다. 마약, 위조지폐, 여권위조, 금융범죄와 같은 국제범죄는 포괄적 안보위협요소로서, 국가경제 질서를 어지럽히고 국민의 안전과 이익을 해치고 있다. 국제범죄 조직 및 이와 연계된 국제범죄 관련 정보를 수집, 분석하여 국내외 정보수사 기관과 긴밀한 정보네트워크를 통해 국제범죄의 국내침투 및 확산을 막는 역할을 한다. 수집된 국제범죄관련 정보를 일선수사 기관은 물론 금융기관 등 유관기관에도 지원하여 국제범죄 조직을 색출 · 차단해 나감으로써 국민의 생명과 재산을 보호하고 있다.

넷째, 테러 예방 분야이다. 이 부분에서는 국방부, 경찰청, 검찰청은 물론이고, 대통령경호처가 관련된다. 테러가 국가의 안전을 뒤흔드는 중대한 안보위협요인으로 대두되면서 외국정보 수사기관과 긴밀한 정보협력 체제를 유지하여 테러 관련 첩보를 신속하게 입수하여 사전 대처하는 역할을 하고 있다. 테러 예방활동과 함께 테러발생 시 대처할 수 있는 유형별 · 단계별 대응체제를 마련하여 이에 대비하고 있다. 국제체육 · 문화행사나 국빈 방문 시에는 유관기관과 공조하여 관련정보를 수집 분석하고 이를 바탕으로 테러대책을 세워 행사가 성공적으로 치러질 수 있도록 지원한다. 또한 정보화시대가 진전됨에 따라 국가 주요전산망을 상시 점검 · 보호함으로써 국가안보와 국익을 수호하고 있다.

Ⅱ. 조직구조

한국정부를 하나의 단일조직이라고 하면, 국가정보원의 기능도 감사원과 마찬가지로 정부조직 전체를 관리하는 기능인 POSDCORB 중 통제control에 해당한다. 통상적인 조직의 통제보다는 더 넓은 감시surveillance이며, 공공조직뿐만 아니라 한국 사회전체와 전 세계를 조직영토organizational field로 한다는 점에서 감사원보다 훨씬 넓은 조직영토를 가진 조직이다.

근대국가에서 과거에 사용되던 전쟁이나 폭력진압 등과 같은 물리적 힘physical violence의 사용이 점점 어려워지고 있다. 이에 비례하여 정보를 미리 수집하여 적절한 시점에서 대비하고 비상상황에 대처하는 것이 현대 국가에게 매우 중요한 활동이 되었다. 이에 따라 정보활동이 점점 더 중요해지고 있다. 그런데 정부조직 내에도 정보를 담당하는 기관이 국가정보원 하나만 있는 것은 아니다. 중요한 것만 예시해도 다음 그림과 같다. 이들 간에 완전히 업무를 자세히 들여다보면 약간의 차이가 있는 면도 있지만 실제로 운영 면에서 중요한 문제의 경우, 이들 각각 기관이 보고한 자료를 비교함으로써 정보판단 오류의 가능성을 줄일 수 있다.

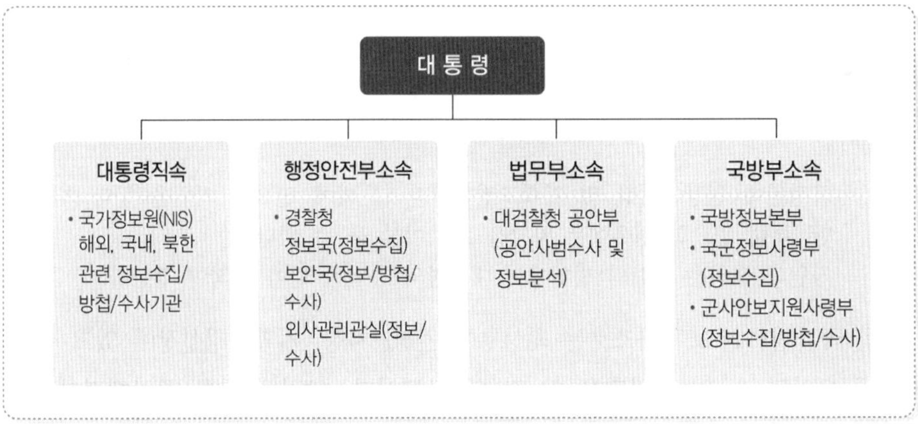

[그림 5-1] **한국의 정보보안기관들**

일반적으로 각 정부조직들은 서로 중복되지 않고 독점적인 조직영토organizational field가 있는 것이 원칙이다. 그런데 안보와 같이 중요한 문제에서는 암묵적으로나마, 중복이 허용되고 있는 것이다. 즉, 중첩redundancy을 통해 오류를 최소화하는 조직원리가 들어 있다.[12)] 신공공관리론에서는 조직간 경쟁을 시켜 공공서비스의 가격을 낮춰 효율성을 높이려는 것이라면, 여기서는 조직중복을 통하여 오류를 줄이는 반면에 효율성은 희생하는 것이다. 국가정보원의 직속 상관인 대통령은 이들 간의 정보를 비교하여 국가적으로 중요한 결정을 할 수 있다는 장점이 있다.

보통 국가정보원의 조직구조는 외부인이 알 수 없다. 예산도 국회에서 별도로 심의하지만, 실제 정확한 것을 알려주지는 않는다. 즉, 국가안보라는 활동의 특수성 때문에 국가정보원의 활동은 다른 행정기관에 비해 통제가 약하다. 조직의 권력이 클수록, 그 조직 운영 면에서는 비효율적일 수 있기 때문에 그만큼 높은 수준의 통제가 이루어져야 하는데 여기서 국가정보원은 예외라고 할 수 있다. 즉, 권한-책임의 일치의 원칙에 어긋나는 사례이다.

국정원법 제4조는 국정원의 조직은 '국가정보원장이 대통령의 승인을 얻어 정한다'로 되어 있어 조직관리 담당부처의 통제에서 벗어나 있다. 더구나 제6조에는 조직, 소재지, 정원을 '국가안전보장을 위해 필요한 경우에는', '공개하지 않을 수 있다'고 명시하고 있다. '국가안전보장을 위해 필요한 경우에는'이라는 조건이 붙어 있지만, 창설이후 이것이 공개된 적이 없다. 또한 국정원법 제5조에는 다음과 같은 규정이 있다.

- 국정원에 원장·차장 및 기획조정실장과 그 밖에 필요한 직원을 둔다. 다만, 특히 필요한 경우에는 차장을 2명 이상 둘 수 있다.
- 직원의 정원은 예산의 범위에서 대통령의 승인을 받아 원장이 정한다.

즉, 국가정보원 조직구조로는 최상부에 원장, 차장, 기획조정실장이 있고 이들 자리에 보임될 수 있는 자격을 알 수 있을 뿐이다. 그런데 다른 중앙행정기관은 2인자인 차관의 최고 숫자를 제한하고 있는데 반해, 국정원은 차장을 '특히 필요한 경우에는 차장을 2명 **이상**(강조 필자) 둘 수 있다'로 되어 있어 사실상 효율적인 조직을 위해 숫자를 제한하는 역할을 하지 못하는 의미 없는 조항이다.

국정원 직원이 총 몇 명인지도 일반국민은 알 수 없다. 다만, 국가정보원 직원법이 따로 있어서 특정직으로서 국정원 직원들의 인사행정을 하고 있다. 충원

---

12) Martin Landau(1969), Redundancy, Rationality, and the Problem of Duplication and Overlap, *Public Administration Review*, 29(4), pp. 346-358.

시에 애국심 등 특수한 기준을 더하여 직원을 선발하는 것이 그 예이다. 또한 다음과 같이 엄격한 계급정년제를 실시하고 있다.

- 2급 직원: 5년
- 3급 직원: 7년
- 4급 직원: 12년
- 5급 직원: 18년

이것은 직원들이 같은 직급에 지나치게 오래 머물러서 통제가 어렵게 되지 않도록 하기 위한 것이다. 계서제의 일사불란한 조직을 만드는 원리로서 한국의 문화인 입사순(혹은 속어로 짬밥순)의 원칙에 부합하도록 만드는 것이다.

예산도 국가정보원은 「국가재정법」 제40조의 규정에 의한 독립기관으로 하고 있다. 국정원의 세출예산은 그 관·항을 국가정보원비와 정보비로 하여 총액으로 하며, 구체적인 내역을 제출하지 않을 수 있다. 나아가서 국정원의 비밀활동비는 총액으로 다른 기관의 예산에 계상할 수 있다. 따라서 행정조직의 국가정보원에 대한 관계는 공식화된 정도도 적고, 표준화도 덜 되어 있으며, 예측가능성도 적다. 이에 비하면 감사원에 대한 관계는 공식화, 표준화되어 있고, 예측가능성도 비교적 높다고 할 수 있다.

이러한 특수한 조직자유도organizational freedom는 다른 나라의 경우도 유사하다. 정보기관의 조직자유도는 그 국가의 민주화 정도나 경제수준과 무관하다. 물론 대통령이 국가의 이익보다 개인의 정치적 이익을 위해 이용하는 것은 정치후진국가일수록 심하다. **정치후진국일수록 정보기관을 권력자의 사적 용도로 사용한다.**

이러한 국정원의 유일한 감독기관은 국회정보위원회이다. 하지만 이마저도 비공개로 하거나 비공개로 할 수 있게 하고 있어, 국회정보위원회의 위원조차도 이런 내용을 공개하거나 누설하여서는 아니 되기 때문에 국민의 알권리를 충족시키기는 불가능하다.

제 4 절 재정예산 담당부처

Ⅰ. '재원'과 '기획'

한국정부를 하나의 단일조직이라고 하면, 정부조직전체를 관리하는 기능인 POSDCORB 중 여기서는 가장 전통적인 관리기능인 기획planning과 예산budgeting에 해당하는 기능을 분석하기로 한다. 그러나 우리나라의 정부조직구조를 이해하려면, 단순히 행정관리기능의 문자 그대로 기획Planning과 예산Budgeting에 국한되지 않고 지휘Directing, 조정Coordinating까지 확대되고 있음을 이해해야 한다.

경제관련 행정조직의 구조를 제대로 파악하기 위해서는 국가주도형 경제성장전략 운용과 관련하여 재원이라는 자원 조달 및 관리권한과 기획이라는 배분기능이 어느 기관에 있었느냐를 이해해야 한다. 이를 가진 기관이 이를 갖지 못한 행정조직에 대해서 우월적인 권한을 행사할 수 있었기 때문이다.

대한민국 정부 출범 시인 1948년에 재무부(돈)와 기획처(기획)가 신설되었다. 재무부는 국가세제에 관한 정책의 수립, 국고 및 정부회계의 관리, 금융과 통화, 외환정책의 수립과 집행 등의 기능을 수행하였다. 군사정권이 등장하고 기획처가 1961년 경제기획원으로 확대·개편되면서 경제개발 5개년 계획 등 경제개발을 위한 종합계획의 수립, 국가예산의 편성, 공정거래질서의 확립 등의 업무를 담당하였다. 이 두 조직은 이후 30여 년간 행정부 내의 경제운용부문에서 가장 중요한 역할을 담당했다고 봐도 과언이 아니다. 이 두 조직은 경제발전을 위한 재원조달과 배분기능을 각각 담당하였지만, 그 특성상 추구하는 목표가 서로 달랐다. 소위 '돈'을 가진 재무부가 관리와 통제에 중점을 둔다면, 기획기능은 지출, 성과 등을 강조하게 된다.

우리나라 경제의 발전에 강력한 영향을 미쳤던 양대 정부조직은 민간부문 경제의 성장과 함께 민간자율 및 규제완화 추세의 영향을 받아 대대적인 조직구조 개편이 이루어진다. 1994년 12월 23일 정부조직 개편에 따라 경제기획원과 재무부는 재정경제원으로 통합되었으며, 대외개방, 규제완화 및 금융개혁 등 새로운 방식의 경제운용방식을 주도하게 된다.

그러나 1997년 외환위기를 맞은 이듬해인 1998년 정부조직개편으로 재정경제원은 재정경제부로 축소되었고, 예산기능은 예산청(이후 기획예산처)으로, 금융감독기능은 금융감독위원회로 각각 독립·이관시켰다. 하나의 조직으로 두기보다는 기능을 분리하여 정부 내 부처 간 견제와 균형이 이루어지도록 한 것이다.

하지만 이러한 부처분리는 경제정책 조정기능이 청와대는 물론이고 여러 기관에 분산되어 있어 비효율적이라는 비판도 받았다. 이에 따라 이명박 정부 시인 2008년 재정경제부와 기획예산처를 통합하여 기획재정부를 만들고, 재정경제부의 금융정책기능은 금융위원회로 이관한 이후 현재에 이르고 있다.

이상에서 살펴본 바와 같이 기획(예산)과 재무를 담당하는 정부조직은 통합과 분리를 반복하고 있는 것처럼 보인다.[13] 그러나 이러한 정부 조직구조의 변화는 경제성장에 따른 민간자율 확대 및 행정부 권한 축소라는 시각에서 보면 일관성이 있다. 즉, 금융부분이 과거 전통적인 정부부처 형태를 벗어남으로써 고전적 중앙정부의 경계boundary를 벗어나 새로운 형태의 조직(위원회)으로 나아가는 원심력이 작용하고 있다.

최근에는 정부조직의 민간부문에 대한 영향이 축소되면서 정부조직 간 명령에 의한 계서제적 권위는 점점 힘을 잃어가고 있지만, 예산배분을 통한 경제활동 조정권한은 중요성을 더해가고 있다. 민간경제 **자율성이 확대됨에 따라 행정부 공무원에 의한 권위적 조정에서 재정지출 통제에 의한 조정으로 행정수단**administrative tool**이 변한다**. 이러한 변화는 정부조직 간 지휘·통제 분야에서도 마찬가지로 나타나고 있다. 예산배분권을 가진 기획재정부의 행정부 내 통제부control tower 기능은 더욱 강화되었으나, 정부 및 민간부문에 대한 금융자원 배분기능을 담당하던 금융행정 조직의 역할은 금융감독기능으로 그 역할이 축소되고 있다.

---

13) 박정수(2008), 기획예산재정분야의 조직개편: 쟁점과 과제, 「공공관리학보」, 제22권 1호, pp. 1-25.

Ⅱ. 기획예산권과 조직권력 : 경제기획원의 변천과정

1961년 7월 22일 경제기획원이 처음 설치되었을 때는 예산국과 통계국 이외에 종합계획국과 물동계획국만 있었다. 이때에는 기획(종합계획)과 예산이 가장 중요한 기능이었다. 그 뒤에 여러 차례의 변화를 겪으면서 정책조정국, 물가정책국, 심사평가국 등이 생겨났다. 경제기획원 장관은 부총리를 겸하면서 경제장관회의를 주도함으로써 다른 부처간 갈등 조정 등의 역할을 담당하였다.

우리나라 경제가 발전하면서 경제기획원Economic Planning Board의 기능은 점점 복잡해지고 다양해진다. 예를 들어 나중에 설치된 경제교육국은 국민들을 정부가 바라는 방향으로 교육하는 기능까지 담당하게 되었다. 이외에도 대외경제조정실, 공정거래위원회, 통계청, 조달청을 가진 방대한 조직으로 발전하였다. 그리고 산하에 소비자보호원과 한국개발연구원KDI을 설치했으며, 한국경제의 대외개방을 추진하기 위해 관련분야 정책연구를 수행하는 대외경제연구원을 산하에 둔 적도 있었다. 경제운용과 관련한 권한이 막강했던 경제기획원은 점차 업무영역이 확대되는 모습을 보였다. **즉, 한 기관의 독점적 권력이 커지면, 담당하는 기능이 확대되는 현상이 나타난다.**

원래 경제기획원 조직의 본청은 크게 나누어 기획계통과 예산계통의 두 가지로 구성되어 있었고, 그 산하에 공정거래위원회가 있으며, 소속기관으로는 통계청과 조달청이 있었다. 그리고 경제기획원이 경제에 관하여 예산 이외의 분야에서도 할 수 있었던 일들은 많았다.[14)]

---

14) 당시 경제기획국은 다음과 같이 광범위한 일을 했다.
(1) 경제사회발전계획의 수립 및 관련 경제정책의 종합조정
(2) 연차별 경제운용계획의 수립
(3) 총가용재원의 조달과 배분계획의 종합조정
(4) 산업부문별 투자계획의 종합분석
(5) 종합자금운용계획의 종합조정
(6) 재정금융정책과 경제운용계획과의 연관분석
(7) 무역 및 국제수지계획과 관련된 정책의 종합조정
(8) 국토자원개발을 위한 투자계획 및 관련정책의 종합조정
(9) 지역 간 균형개발을 위한 투자계획 및 관련정책의 종합조정
(10) 사회간접자본 시설투자계획의 종합조정

즉, 당시 경제기획원은 첫째는 그 대상으로 하는 분야가 너무나 광범위하여 외교, 국방, 법무, 치안 정도를 제외하고 전 분야를 망라하고 있었고, 둘째는 소위 "종합조정"이라는 것이 있어 그 권한을 행사하려면 한이 없을 정도로 넓었다. 이 두 가지만으로도 과거의 경제기획원이 얼마나 많은 부처와 관련하여 막강한 권한을 행사할 수 있었는가를 알 수 있다. 물론 당시의 상황에 따라서 그 정도는 달라지기 마련이지만 제도적으로는 광범위한 권력의 행사가 보장되어 있었던 것이다.

경제기획원은 기획기능뿐만 아니라 예산권까지도 장악하고 있었고, 정책의 집행과정에서도 "조정"이라는 이름으로 세밀한 데까지 간섭할 수 있었다. 예컨대 정책조정국의 업무는 모든 산업분야와 에너지 및 첨단산업분야까지 종합조정을 할 수 있게 되어 있었다. 또한 정책의 집행과정에서 가격에 대해서도 물가정책을 통해 간섭할 수 있게 되어 있었다.

이상과 같은 모든 활동은 전부 예산결정과 배정권의 간접적 지원 밑에 이루어졌다고 볼 수 있다. 왜냐하면 모든 부처들은 경제기획원 예산실 권한의 지배하에 있었기 때문이다. 하지만 여기에서 중요한 것은 **민주주의 국가의 행정에서 존중되어야 하는 원리로서 어떤 기관도 무소불위의 전권을 행사해서는 안 된다**는 것이다. 바꿔 말하면 '어떤 조직도 자기를 감시하는 다른 조직의 통제를 받고 있어야 한다'는 원리이다.

하지만 경제기획원의 경우에는 그런 곳이 없었다. 경제기획원은 다른 행정조직들의 사업성과에 대해서 평가를 내릴 수 있었으나, 자기의 업무에 대해서는 누구로부터 평가를 받는지 불분명하였다. 경제기획원 내 평가업무를 담당한 곳으로 심사평가국이라는 것이 있었다. 이 국은 정부의 모든 분야의 주요업무 시행계획에 대한 종합심사분석을 했고 각종 투자사업과 주요정책사업의 추진실적에 대한

---

(11) 투기방지와 관련된 정책의 종합조정
(12) 인력수급 및 인력개발정책의 종합조정
(13) 고용안정 및 산업재해예방에 대한 정책의 종합조정
(14) 사회개발정책 및 투자계획의 종합조정
(15) 소비생활의 합리화 및 소득정책의 발전
(16) 사회보장 등 국민복지증진에 관한 투자계획 및 관련정책의 종합조정

진도파악 및 심사분석을 했다. 그리고 이것은 정부투자기관의 운영에 대해서도 마찬가지였다.

결정권한을 행사한 자는 그 결과에 대한 책임도 져야 권한-책임 일치의 원칙에 부합된다. 경제기획원은 이상에 열거한 여러 기능을 통해서 정부 내 몇 개의 부처를 제외한 모든 부처의 주요정책과 업무에 대한 사실상의 결정권한을 행사했으나, 이들 부처들이 집행과정에서 원래 경제기획원이 원했던 대로 되지 않는 경우에는 이들에 대해서만 평가해서 책임을 물었다.[15] 하지만 이런 경우 경제기획원도 함께 책임을 나누어 져야 했다. 즉 정책, 사업 및 진도에 대한 분석은 경제기획원 이외의 제3자가 했어야 마땅하다. 그리고 경제기획원 자체의 일에 대해서도 평가할 수 있는 제3자가 있어야 했다. **이러한 권한-책임 불일치가 경제기획원 권력을 실제보다 크게 하는 원인이 되었다.** 이를 활용하여 경제기획원 공무원들이 다른 부처에 비해 빠른 승진의 혜택을 누리는 등 인사에도 훨씬 유리하였다. 경제기획원은 일이 잘 된 경우에는 공을 자기의 것으로 돌릴 수 있었고, 대통령에 대한 "브리핑"에 있어서도 경제부처의 "아이디어"를 자기 것처럼 먼저 내세울 수도 있었기 때문이다.

경제기획원에 의한 경제부처 통제가 심할수록 각 부처가 가지고 있는 분야별 전문지식이 정책에 반영되는 일은 적어지고, 정책에 대한 여타 경제부처 공무원들의 일체의식도 적어졌으며, 따라서 정책성과도 낮아지게 되었다. 경제기획원이 이상과 같이 정책조정도 할 수 있었고, 예산도 결정할 수 있었으며, 일의 결과에 대한 평가까지 할 수 있었다는 것은 경제부처들이 하는 일의 전 분야에 대하여 권한을 행사하게 되는 결과를 낳게 되었다. 즉, 이들 부처들에 대해서 예산 이외의 관리 분야에 관해서까지 간섭할 수 있게 되어 있었다는 것을 말한다. 예를 들면 경제관계의 무슨 일이든 자기가 한다는 의식이 생기고, 그 결과로 경제에 관한 규제의 완화작업도 총무처나 총리 행정조정실이 아니라 자기들이 해야 하며, 경제부처들의 조직도 총무처의 조직국보다는 경제기획원이 결정해야 한다고 생각

15) Byung Sun, Choi(2013), Managing Economic Policy and Coordination: A Saga of the Economic Planning Board, In Huck-ju Kwon and Min Hyo Koo, ed. *The Korean Government and Public Policies in a Development Nexus*, Volume 1. Springer, pp. 31-54.

하게 되었다. 또한 경제에 관한 홍보도 공보처가 아니라 경제기획원이 해야 한다고 생각했다.

경제기획원은 경제부처들에 대한 행정관리 면의 모든 수단들을 행사하는 곳이 되고, 경제기획원과 각 부처들 사이의 구조는 마치 상급기관과 하급기관의 관계와 같이 되었다. 뿐만 아니라 원래 전 정부적으로 그 권한을 행사할 것을 전제로 만들어졌던 참모조직으로서의 처인 총무처나 공보처 등의 권한은 몇 개의 비경제부처들에 대해서만 사용할 수 있게 되었다. **한국의 중앙정부는 두 개로 쪼개져서 경제정부와 비경제정부로 나누어지는 결과를 가져왔으며, 경제정부가 주도하고 비경제정부는 종속되었다.**

예산은 어느 나라 정부에서나 가장 강력한 통제수단이다. 이것을 통해서 사실상 정부가 하는 일의 종류와 양이 결정된다. 예산을 담당하는 곳은 가장 강력한 권력을 행사하는 곳 중의 하나이다. 따라서 행정부 안에서도 예산부서를 둘러싸고 치열한 경쟁을 하게 되는 것이다. 경제기획원이 앞에서 언급된 기능들을 갖고 권력을 행사하는 것도 예산실의 뒷받침이 있었기 때문이다. 예산기능이 강력한 기능을 가지고 있기 때문에 민주주의를 하는 나라에서는 그의 상대적 지위를 낮추는 것이 관례이다.

이상과 같은 이유 이외에도 경제기획원은 어떤 부처 쪽에도 편을 들지 않는다는 객관적인 입장을 내세워 자기주장을 합리화할 수 있었고, 경제전반의 움직임에 대한 정보를 가장 많이 가지고 있었다. 뿐만 아니라 경제기획원장관은 경제 "팀"의 장으로서 대통령으로부터 특별한 신임과 기대를 받고 있는 인물이었다. 그리고 이 "팀"의 일부 멤버는 대통령에게 제청할 수 있는 때도 있었다. 이상과 같은 이유 때문에 경제기획원은 정부 내의 어떤 기관보다도 권력구조상 높은 지위를 차지하고 있었다.

이상과 같은 구조에서 예외적 취급을 받은 것은 국가정보원과 감사원뿐이며, (구)내무부도 비교적 밖에 있었고, 근래까지는 국방부가 이 구조 밖에 있었다. 그러나 이제는 모든 부처가 예외가 아니다. 조직간 경쟁을 시키면서 조직의 성과를 내세워야 하는 상황이 되면서 각 기관들은 더욱 많은 사업예산을 받고 싶어 하게 되었다. **성과관리를 강조하면 할수록 정부 내 예산담당부처의 권력이 커진다.** 일반적으로 권력을 소유한 자는 더욱 많은 권력을 소유하고 싶어하는 경향이 있으며, 현재 가지고 있는 권력을 이런 용도를 위하여 사용할 가능성이 있다. 조직개편과정에서도 이런 명제가 그대로 적용된다. 경제기획원은 그동안의 조직개편 과정에서 자기가 가지고 있는 권력을 이런 용도를 위하여 사용하여 조직을 확대했었다.

Ⅲ. 환경변화와 조직구조

1. 조직팽창

예산실은 경제기획원E.P.B 출범당시에는 몇 개 과밖에 없는 예산국이었다. 그러나 EPB의 직원들은 엘리트라는 자부심도 강했다. 조직이 팽창하고 인사 상 영향력을 미칠 수 있는 기관도 많아지니 승진 등 여러 가지 면에서 다른 부처에 비해 양호한 입장에 있어 'EPB 마피아'라는 말까지 나오게 되었다.

그러던 것이 2009년부터 1급 상당 고위공무원이 장으로 있는 예산실이 되었다. 직급의 상승은 물론이고 실제 예산실장의 권력은 다른 장관급이란 말이 나올 정도로 커졌다. 실장 밑에는 과거 2급 또는 3급에 해당하는 고위공무원단 일반직으로 보하는 심의관이 5인 이상이나 되었다. 그리고 그 밑에는 예산 분야별(즉, 각 중앙행정기관을 몇 개씩 묶은 것) 과장급으로 209인 이상을 두는 거대한 조직이 되었다. 웬만한 처나 청급 정도의 조직이 된 것이다. 그동안의 경제규모의 엄청난 확장을 감안하더라도 현재의 예산실은 지나치게 커졌다. Top-down 예산편성제도, ICT 기술을 이용한 새로운 예산실무기법 개발 등을 감안하면, 더더욱 그렇다.

그리고 예산실장은 1급이지만 사석에서는 '장관'이라고 불릴 정도로 권력이 큰 자리이다. 예산실장을 거친 사람은 차관, 청장 등 자리에 가는 것이 보통이다. 이들은 경력발전 상에 청와대 경제수석실에 근무하는 경우도 많다. 따라서 꽃보직이라고 할 수 있다. 예산의 계속성과 필요성 때문에 예산총괄과장이 중요한데, 이를 거친 사람이 예산실장을 하는 관례가 있다. 예산실 출신 공무원들도 여전히 다른 실국직원에 비해 승진을 잘 하는 편이다. 예산을 통해 막강한 권력을 행사하기 때문에, 이에 신세를 진 사람들이 많기 때문이다.

예산실이 원래의 기능인 예산편성권 자체만 가지고도 막강한 권력을 행사하는데, 이명박 정부가 대부처주의를 택한 이후, 다른 권력도 부가하여 한 부처에 집중시키는 결과를 가져왔다. 이제는 공룡과 같이 큰 부처가 되어, 경제전반에 대하여 엄청난 권력을 행사하는 조직이 되었다. **부처주의는 인접 기능을 흡수함으로써 권력간 상승작용이 일어나 더욱 더 권력이 커진다.**

후술하는 재정기능은 물론이고, 국제금융, 공공기관, 그리고 경제정책기능 등이 한 부처에 집중되면, 그 조직의 권력은 크게 팽창하게 된다. 따라서 조직을 분리할 필요가 있다. 예컨대 최근 이 부처가 경제정책과 관련하여 가지고 있는 주요 기능은 다음과 같다.[16)]

- 중·장기 경제사회발전방향 및 연차별 경제정책방향의 수립과 총괄·조정
- 경제성장 등 장·단기 경제예측, 거시경제 동향분석 및 관련 정책의 수립과 총괄·조정
- 재정·금융 및 외환 등 거시경제 관련정책의 총괄·조정
- 거시경제정책 수립 및 협의·조정을 위한 회의 운영
- 재정운용 목표 등 재정관련 정책의 협의·조정
- 실물경제 동향과 국민계정 및 산업연관 분석
- 국제수지 동향분석 및 관련 정책의 총괄·조정
- 세계경제 동향의 분석
- 주요국 및 국제기구 등과의 경제정책 협의

우리나라 정부가 해야 하는 일 가운데 가장 중요한 것 중 하나가 경제에 관한 계획을 하는 것이어야 한다. 다만 이때의 계획은 1960, 70, 80년대처럼 정부가 주도하고 계획의 집행과정까지 상세하게 규율하면서 진행하던 것과는 다르다. 새로운 계획은 민간의 창의와 주도를 전제로 하는 것이라야 한다. 정부는 장기적으로 경제가 나아갈 바를 제시하고 그 테두리 안에서 민간 기업들이 행동하게 해야 한다. 기업들의 입장에서 보면 장래에 대한 지침의 역할을 하는 것이다. 뿐만 아니라 정부의 각 기관들도 정부 전체로서 합의된 경제의 방향이 어디에 있는가를 알고 스스로 그 범위에 각자의 정책을 정하도록 해야 한다. 이런 의미의

16) 기획재정부 직제에는 경제정책국의 주요 기능은 위에 언급한 것을 포함하여 30여 가지가 나열되어 있다.

계획은 많은 분석과 조사활동을 필요로 한다. 그리고 이런 활동들이 제대로 이루어질 수 있게 하기 위해서는 경제분석 및 기획만 전담을 하는 기관이 있어야 한다. 따라서 이 기능이 약화되어서는 안 된다. 또한 예산기능을 하는 부서와 같은 부처에 놓기보다는, 서로 견제를 할 수 있도록 다른 부처에 분산시켜 놓는 것이 더 바람직하다.

2. 정치과열화와 조직

예산실은 정부의 예산이 커지고 부처 간의 경쟁이 심해짐에 따라 정부 내에서 행사할 수 있는 권력이 매우 커지게 된다. 예산을 삭감하는 역할을 하는 예산실(갑)과 자기부처의 예산편성액을 늘려야 하는 각 부처 예산담당조직(을) 간의 권력관계가 형성된다. 이 관계에서 보면, 차후에 예산실이 어떤 사업을 삭감해서 특정분야 정책이 발전하지 못했다고 하더라도 예산실이 어떠한 책임을 지는 제도가 마련되어 있지 않다. 전형적인 권한-책임 불일치 현상이 나타난다.

이러한 권력게임에서 각 부처는 국회에 제출할 예산 편성 단계에서 더 많은 액수가 편성돼야 하기 때문에 예산실에 각종 수단을 통하여 영향을 미치는 전략을 사용한다. 예산증액의 필요성을 입증할 공식적인 문서, 예를 들면 전문가연구용역 등을 통한 타당성 입증도 하지만, 비공식적인 방법으로서 예산실 직원이 선후배 동향과 스승 등 다양한 인맥을 동원하기도 한다. 정치과열화 현상이 발생한다.

정치과열화 속에서 예산실의 입장에서는 한정된 자원을 가지고 배분해야 하기 때문에 많은 어려움을 당한다. 특히 각 부처에서 요구하는 예산액수들이 턱도 없이 많은 액수이기 때문에 이것을 자르기가 쉽지 않다. 정확한 정보를 누가 더 많이 가지고 있느냐가 불확실성 영역이다. 이 불확실성 영역을 줄이기 위해 예산실 내부에는 나름 분야별 전문가들이 현장습득OJT 형으로 형성되어 있다. 예산실 내부 조직도 정부의 각 부처를 담당하는 방식으로 되어 마치 정부부처의 축소판 같이 구성되어 있는 것도 이러한 이유에서이다. 이들 관료들는 오랜 경험을 통하여 각 부처의 사정에 대해서 지식과 정보를 축적하고 있다. 마치 조직 담당 부서(즉, 행정안전부 조직실)에서 각 부처의 사정을 아는 것 같은 입장이다.

정치과열화는 예산배분방식의 개혁이전에도 이미 존재하였다. 원래 상향식bottom up 방식으로 각 부처가 차년도 필요한 예산을 요구하고, 예산실에서 이를 조정하는 방식으로 진행되었었다. 이 방식은 각 부처가 깎일 것을 예상하고 터무니없이 큰 액수를 요구하게 만들었고, 결과적으로 예산실의 업무를 과중시켰다.

이 문제점을 해결하기 위하여, 노무현 정부이후 재정회계시스템 개혁을 대대적으로 하게 된다. 하향식top down으로 예산실이 세수 예측을 한 후, 각 부처별로 한도액을 배분하는 방식으로 알려주고, 각 부처는 이 범위 내에서 예산을 요구하도록 되어 있다.[17] 심의과정에서, 각 부처 예산담당관이 예산실로 출근하여 로비를 하지 못하도록 하기 위해, 온라인으로 자료를 제출하도록 하고 있고, 필요시에는 영상회의를 하도록 하고 있다.

그러나, 각 부처의 경우 인건비 등 경상비 액수는 이미 정해져 있으므로, 새로운 예산편성 게임이 각 부처의 행태를 바꾸지는 못하였다. 예산실은 증액을 요구하는 사업의 타당성에 대해서 점점 간여하게 되고, 부처는 부처대로 이에 대응하는 과거와 같은 행태를 보여주게 된다. 즉, 예산실이 예산편성권이라는 권력을 포기하거나 줄여야 하는데, 조직의 속성상 그렇게 달라질 수는 없는 것이다. 개혁에 관하여 합리성에 기반한 이론과, 권력관계의 실제 간에 차이가 있을 수 있다는 것을 보여주는 예이다.

한 가지 달라진 점은, 과거에는 국회가 행정부의 예산안을 대체로 통과시켜주는 경향이 있었기 때문에 예산실의 예산편성 단계가 가장 중요하였다면, 이제는 국회가 삭감을 하는 것이 많아져 심의단계가 더 중요해졌다는 점이다. 정치민주화가 진행되면서 국회의 권력이 행정부에 비해서 더 증대된 결과이다. 즉, 예산배분에 대해서 과거에는 행정적 합리성이 중요했다면, 이제는 정치적 합리성이 중요해졌다.

대국회관계에서는 상술한 예산실의 갑의 관계가 바뀌어서 을이 된다. 국회(갑)를 상대로 예산실은 각 부처가 동원했던 것과 유사한 전략을 동원하게 된다. 물론 정기국회이전에 연중 각 부처도 국회의 소관 상임위 위원 등에게 온갖 비

---

17) 자세한 것은 강태혁(2013), 「예산제도와 재정관리」, 서울: 율곡출판사 참조.

공식적인 관계를 맺어 놓는다. 이에 더하여 예산실은 예산결산특별위원회를 중심대상으로 하여 중요한 역할을 할 수밖에 없다.

이러한 역할을 잘하기 위해 예산실장, 국장급 공무원, 예산총괄과장 등 예산실 요직들의 보직원칙이 달라졌다. 우리나라 정치지도는 지역성이 가장 중요한 변수이기 때문에 예산실 내 요직에 공무원의 출신지를 고려한다는 것이다. 특히 국회의 다수당, 여당의 지역색을 고려하여 영호남 출신이 고려된다. 전통적으로 예산실장이 영남이면 그 밑에 국장은 반드시 호남으로 하는 것으로 돼 있다. 따라서 예산실장, 국장, 총괄과장 등의 인적 분포가 지역적인 안배를 하고 이들이 지역출신인사들과 부드럽게 관계를 맺게 됐다.

요컨대 예산실은 정부가 편성한 예산안을 국회심의 과정에서 그대로 통과시키기 위해서 조직적 적응을 하게 되었다. 즉, 국회의 권한 강화에 따른 행정부의 상대적인 권력약화 때문에 조직의 변화를 가져온다. 국회가 가동될 때에는 공무원들이 모두 여의도로 출근하여 행정부가 마비될 정도라는 비난이 나오는 것은 이런 맥락에서 이해할 수 있다.

Ⅳ. '재무' 관련부

과거 재무부의 기본임무는 화폐, 금융, 국채, 정부회계, 조세, 외국환, 대외경제협력, 국유재산 및 전매에 관한 것이었다. 즉, 전통적인 집안으로 비유한다면 살림을 담당하는 곳간을 책임진 조직이다. 재무부로서 독립된 행정기관으로 있을 때는 비교적 구분이 쉬웠는데 최근에는 부처가 통폐합되어 한 부처에 이런 구분이 어려울 때가 많다. 아래에서 다루려는 것은 현 기획재정부에 있는 세제실, 경제정책국, 국고국, 재정관리국, 그리고 최근에 생긴 공공정책국에 관한 것이다. 금융정책에 관해서는 한국은행과 금융위원회에 많은 권한이 넘겨졌다. 금융권을 대상으로 한 단속 및 집행업무는 금융감독원이 하고 있다.[18]

먼저 이들 재정관련 부서(즉, 과거 재무부)의 모든 부처들에 대한 관계는 국고업무와 국유재산관리 때문에 발생했다. 이 두 가지 업무의 측면에서 보면 이 부

18) 자세한 점은 제6장 제3절 독립규제행정기관을 참조.

처는 전형적인 '관리업무'를 담당하는 참모부라고 할 수 있었다. 전술한 기획과 예산기능을 종이paper상의 것이라 한다면, 이 부처의 관리기능은 실제로 돈을 만지는 것이다. 즉, 재정관련 부서는 한편으로는 다른 부처에 재화를 분배해주는 참모업무를 맡고 있으면서, 다른 한편으로는 세금을 거두는 등 집행을 하는 계선적인 업무를 맡고 있었던 조직이다.

각 행정기관은 돈을 행정수단으로 사용하기 때문에 재무부(즉, 세제실)의 영향에서 벗어날 수 없다. 즉, 국고업무분야에서 각 행정조직들이 관계를 맺게 되는 것은 다음과 같은 사무들 때문이다.

(1) 회계직공무원임명
(2) 계약관계 관리지침
(3) 원가계산, 부당업자제재보고
(4) 계약실적보고
(5) 전도자금협의, 물품관리전환협의
(6) 출납공무원관계
(7) 회계검사
(8) 대형공사 공고 관계
(9) 세출예산 지출한도액 배정
(10) 세입징수관계
(11) 지출원인행위관계
(12) 국채, 차입금, 정부차관, 정부보증채무 등 채권관리관계
(13) 보관과 유가증권관계
(14) 결산보고서, 결산서 등 결산증명관계

그리고 각 행정기관은 국가의 재산(건물 등)을 사용하기 때문에 국고국의 영향에서 벗어날 수 없다. 즉, 국유재산 분야에서 모든 부처들과 관계가 성립하는 것은 다음과 같은 업무들을 통해서였다.

(1) 국유재산관리처분
(2) 국유재산관계소송
(3) 소관청 조회 및 지정
(4) 국유재산 용도폐지 및 망실 훼손
(5) 국유재산 대부 및 사용

(6) 국유재산 관리전환
(7) 국유재산 취득과 기부채납
(8) 국유재산 결산
(9) 국유재산 평가 및 감정
(10) 국유재산의 양여, 교환 및 처분

이상과 같은 두 가지 계통의 업무들은 세제실과 국고국에서 하고 있었다. 그러나 재무부는 실제로는 여러 가지 업무와 관련하여 다른 원, 많은 부, 처들과 특별한 관계를 맺고 있었다. 그 가운데 우선 과거의 경제기획원과의 관계를 먼저 보기로 하자.

과거 경제기획원은 예산을 제외하면 경제에 관하여 직접적인 수단을 가진 것은 아무것도 없었다. 수단들의 대부분은 재무부가 가지고 있었다. 심지어 예산에 관해서도 세입 쪽은 재무부가 가지고 있었기 때문에 세입이 충분하지 않은 경우 세출규모가 제한될 수밖에 없다는 점에서 예산권도 완전한 것이 아니었다. 재무부는 통화 공급량, 금리, 주요자금계획, 재정융자, 정책금융, 은행을 비롯한 각 금융권에 대한 통제, 국채와 외채, 세제 등 여러 분야에 걸친 수단들을 가지고 있었다.[19] 그러나 이제는 이런 업무를 성격을 달리하여 금융위원회에서 담당하고 있다.

재무 담당부와 다른 부들의 관계를 보면 다음과 같다. 우선 과거의 상공부, 혹은 현재의 산업자원부와의 관계부터 보자. 이 부서는 중소기업을 위시한 모든 기업들을 위해서 존재하는 부라고 할 수 있다. 특별히 2차, 3차 산업분야의 기업들에 대해서 그렇다.

정부주도형으로 경제를 끌고 오던 시기에는 정부는 기업들에 대한 각종의 혜택을 선택적으로 주어 왔었다. 그 가운데 가장 중요한 것이 금융상의 혜택으로

---

19) 이러한 권한을 바탕으로 재무부는 금융수단을 이용한 재원조달 기능을 담당하고 있었는데, 민간부문으로부터 세수 확보가 용이하지 않았던 경제개발 초기에는 국내외 금융기관으로부터의 차입이 경제개발을 위한 자금조달에서 차지하는 비중이 매우 높았다. 그렇기 때문에 경제기획원은 그들이 세운 경제운용계획을 집행하기 위해서는 세입 외에도 재무부에 의존하는 부분이 적지 않았다. 하지만 그럼에도 불구하고 재무부는 경제기획원이 담당하는 경제운용 기본방향 수립 및 정책조정 권한이라는 행정부 내 우월적 지위에 따르지 않으면 안 되었다. 이러한 이유로 인해 양 조직 사이에는 때로는 갈등, 때로는 연립(coalition)의 관계가 성립했었다.

소위 정책금융이라는 것이었다면, 이제는 정부보조금사업, 그리고 정보제공 등으로 바뀌고 있다. 그리고 그 산하에 있는 국세청을 통하여 기업들의 사활을 결정할 세무사찰이라는 수단을 사용하여 왔다. 또 국내산업의 보호를 위하여 수입관세를 조절할 수 있는 입장에 있었다.

이렇게 보면 이들 기업지원부(즉, 과거 상공부, 산업자원부, 지식경제부, 통상산업부)는 거의 일방적으로 재무 담당부에 의존하는 관계에 놓여 있었다고 할 수 있다. 이제는 오히려 기재부의 예산실의 예산편성권에 더 의존하게 되었다. 다만 경제기획원, 재무부, 상공자원 담당부의 세 개의 행정조직이 경제발전을 주도한 핵심조직들이며 3두 마차였다고 하여도 과언이 아니다. 건설 담당부, 교통 담당부 등은 2차적인 경제부들이었다.

우리나라 행정 각 부의 분업방식은 행정의 대상이 기업체들인 경우에도 이들의 사업내용에 따라서 감독 혹은 육성하는 부들을 달리한다. 예를 들면 제약업·의료기기업·식품업 등은 보건복지부가,[20] 농기계·농약·사료·제분업이나 목재·수산업 등은 농식품부가, 항공·해운·육운 사업·건설업은 건설교통 담당부가 담당하는 것과 같다. 그런데 이들 업체들도 정책금융이나, 국가채무보증, 관세율 기타를 통해서 은행이나 재무 담당부의 신세를 지게 되어 있다. 따라서 이런 의미에서 소관업체들을 매개로 하여 많은 부들의 재무부와의 관계가 성립하는 것이다.

또한 지방 담당부(구 내무부, 행정자치부, 행정안전부)는 지방세와 국세 간의 관계에 관하여, 그리고 지방자치단체의 기채협의에 관하여 재무 담당부와 밀접한 관계를 가지고 있다. 특히 전자에 관해서는 지방자치단체들의 주된 세입을 결정하는 것이므로 지방 담당부는 특별히 많은 관심을 가진다. 결국, 지방 담당부의 정치권력구조상의 높은 위치와 재무 담당부의 강력한 '돈'에 의한 권력이 서로 충돌하여 이 문제를 반드시 행정적·합리적인 차원에서 결정하지 않고, 정치적으로 결정할 가능성이 더 높았다. 국가세입을 최대한 확보하려는 국고 담당부와 지방세입을 최대한 확보하려는 지방 담당부의 이해관계는 마치 zero-sum game과

20) 박근혜 정부이후 식약처는 국무총리실 소속이 되었다. 농식품부와 복지부의 관할권 경쟁으로 어느 한 부처에 소속시킬 수 없었기 때문이다.

같은 성질을 가지고 있었다.

마지막으로 대기업의 성장에 따른 경제계의 변화가 재무 담당부의 위상에 영향을 미쳤다고 할 수 있다. 정책금융과 같은 강력한 행정수단이 없어짐에 따라, 시장질서를 위해 공정거래위원회의 권력이 증대하게 되었다. 그리고 경제계에서 대기업과 중소기업 간에 갑질문제 등이 커짐에 따라, 후자의 보호를 위해 문재인 정부에서는 중소벤처기업부가 별도로 만들어지게 되었다.

제5절 인사 및 조직관리 담당부처

Ⅰ. 조직관리 담당부처

한국정부를 하나의 단일조직이라고 하면, 정부조직전체를 관리하는 기능인 POSDCORB 중 여기서는 가장 전통적인 관리기능인 조직organizing과 인사staffing에 해당하는 기능을 분석하기로 한다. 과거의 총무처는 국무회의의 의안정리 및 서무, 법령 및 조약의 공포, 공무원의 인사관리, 행정기관의 조직 및 정원의 관리, 행정사무의 개선, 상훈, 공무원연금, 공무원교육훈련의 제도 및 계획, 정부청사의 수급 및 관리에 관한 사무를 관장하였다.

이 기능 중 김대중 정부 시 중앙인사위원회의 설립으로 인사관리기능만 분리되었다가 다시 노무현 정부 시 조직관리기능도 중앙인사위원회에 통합되었었다. 그러나 이명박 정부에 들어와서 중앙인사위원회가 폐지되고, 행정안전부로 다시 통합되었다. 즉, 행정안전부는 과거 총무처 기능과 내무부 기능을 합한 것에 안전관리 기능이 추가된 거대부처가 되었다. 박근혜 정부에서는 세월호 사건 이후, 국민안전처와 인사혁신처가 신설되고, 안전행정부는 행정자치부로 되돌아와 현재 다시 행정안전부에 이르고 있다.

이러한 조직개편사에서 알 수 있는 것은 이 기능을 담당하는 조직이 정부 내부에서는 이합집산하지만, 결국 완전히 사라지거나 외부위탁을 준 적은 없다는 점이다. 즉, 정부라는 조직이 작동하기에 필수적인 기능이다.

여기서는 과거 총무처의 업무인 소위 '행정관리'기능으로서 정부 전체 차원에서는 전형적인 참모기능에 초점을 맞춰 서술하기로 한다. 행정관리기능은 대체적으로 아래의 네 가지라고 할 수 있다.

(1) 국무회의관계 사무 및 관리
(2) 인사제도의 제정과 일부 집행업무(일부 시험, 발령, 상훈, 소청, 연금, 훈련, 복무 등)
(3) 조직 및 정원의 인가, 능률, 제안, 전산화 등
(4) 정부행사 및 청사관리

이상의 모든 일들은 정부의 각 부처와 관련되는 일들이다. 또 이상과 같은 일들은 대부분 관례화되어 있어서 "루틴"적으로 운영된다. 다시 말하면 각 부처와 골고루 관계를 맺으면서 그런 관계가 "루틴"적인 관계로 운영되는 것들이 대부분으로서 이들 가운데 중요한 결심을 요하는 일 또는 부처 간에 갈등을 일으킬 만한 일이 많지 않다는 것을 의미한다. 정부행사, 청사관리, 국무회의 등 행정관리 담당 부처의 일 가운데서 타 행정조직과 관계를 갖지만, 대체로 루틴화되어 크게 갈등관계를 수반하는 경우는 드물다.

행정관리 담당부처의 권력 가운데 가장 중요한 것은 조직과 정원을 결정하는 권한이다. 정부조직법, 각 중앙관서의 직제, 행정권한의 위임·위탁에 관한 규정 등이 전부 조직실의 소관이다. 그리고 이 실은 경제조직과, 사회조직과로 나눠서 이 내부에서 모든 중앙관서들의 조직문제를 분담하고 있다. 과거 각 행정기관은 일일이 모든 조직의 변화에 승인을 받아야 했으나, 이제는 총액인건비제 등 점차 자율권을 부여받고 있다. 하지만 구체적인 통제에서 전체적인 통제로 방식이 바뀌었을 뿐 큰 변화는 없다고 할 수 있다.

이 점에서는 지방자치단체도 예외는 아니다. 지방자치단체의 조직과 인사에 자율권을 보장하는 방향으로 변화가 이루어지고 있지만, 아직 완전자율상태는 아니다. 예컨대, 지방자치단체의 행정기구와 정원에 관한 규정(대통령령)은 단일국가로서 중앙정부의 의지대로 지방자치단체가 지켜야 하는 원칙을 규정한 것이다. 따라서 지방자치단체가 조직을 개편할 때도 지방행정관리 담당부처의 조직부서와 협의해야 한다.

조직권은 실, 국, 과 등 조직도표상의 변화를 의미하지만, 엄밀하게는 정원관

리를 의미한다. '정원'이란 구체적인 사람을 생각하지 않은 '자리'의 개념으로서, 사실상 미국의 직위position와 유사한 점도 가지고 있다. 다만 미국의 직위는 구체적인 일의 내용까지 담은 것이지만, 우리의 정원은 그 자리를 점유할 사람의 직급 정도만을 생각하는 개념이다.

그러나 모든 부처는 정원이 있어야 하부부서를 늘릴 수 있으므로, 정원을 결정하는 권한은 다른 행정기관에 매우 중요한 위력을 과시한다. 그렇지만, 이 권한도 행정관리 담당부처가 전권을 행사하는 것은 아니다. 정원의 증가는 예산의 증액을 의미하므로 예산 담당부처의 동의를 받아야 실현시킬 수 있다. 따라서 조직의 확장 또는 정원의 증가는 예산 담당부처와 나누어 갖고 있는 권력이라 하는 것이 정확한 표현이다. 정부의 운영에서 예산합리성budgetary rationality을 점점 중요시함에 따라 정원에 관해서 행사하는 권력이 행정관리 부처보다는 예산 담당부서가 더 커지게 되었다. 하지만 이것이 양 부처 간 최소한 균형을 이뤄야지, 예산 담당부서의 권력이 상대적으로 더 크게 된다면 권한-책임 일치의 원칙에 어긋나게 운영될 가능성이 높아진다. 즉, 조직 담당부서가 조직분야의 전문가로서 판단을 하여 정원을 결정해야 하는데, 이 분야에 책임을 지지 않는 예산 부처가 결정권을 갖는 셈이 되는 것이다.

물론 조직의 축소나 정원의 감축에 대해서는 예산의 구애를 받지 않는다. 반면에 이 일은 해당 부처의 반발을 사는 것이므로 이를 극복할 만한 힘이 있어야 한다. 그리고 그 부처가 권력구조상에서 비교적 높은 지위에 있을 때에는 행정관리(인사담당) 부처는 자기 혼자의 힘으로는 이를 극복할 수 없다. 이 부처가 이 일을 할 수 있으려면 대통령의 직접적인 지원을 받지 않으면 안 된다. **그렇지 못한 상태에서는 장기간에 걸쳐 관찰해 보면 인력의 증가 쪽은 이루어지고 감축 쪽은 실현되지 않으며, 결과적으로 조직은 자꾸 커지는 방향으로 변해간다.**

Ⅱ. 인사기능 담당부처

관료제 내에 사람을 배치하여 일에 투입하는 인사행정personnel administration은 정부가 효과적으로 작동하는 데 매우 중요한 기능이다. '인사는 만사'라는 속담이 말해 주듯이 인사staffing는 매우 중요한 권한이다.

정부 내 사람을 충원하고, 배치하고, 승진시키고, 보상을 주는 여러 기능들을 총괄하여 담당하는 조직을 중앙인사행정기관이라고 한다. 중앙인사기관은 대통령이나 정치에 대해 독립성, 공정성, 집권성을 가져야 한다.[21] 과거에는 오랫동안 총무처라는 형태로 이를 수행하였다. 이후에는 중앙인사위원회, 행정안전부 등 여러 형태의 중앙인사행정기관을 거쳐 왔다. 최근에는 세월호 사건 이후 인사혁신처가 탄생하였는데, 이는 과거의 총무처로의 회귀라고 할 수 있다. 다만 조직권은 행정안전부에 남겨 두었다는 점에서 반쪽만의 회귀이다.

하지만 우리나라 중앙인사행정기관은 기본적으로 공개채용 등 충원에는 실질적으로 권한을 가지고 있는데 반해, 급여, 승진 등에 대해서는 제도의 개혁에만 권한을 가지고 있다. 즉, 인사 가운데 6급 이하의 직에 대해서는 그 인사권이 해당 부·처의 장들에게 주어져 있다. 그리고 5급 이상에 대해서도 부·처의 장들에게 실질적으로 위임되어 있다. 인사 담당부처가 할 수 있는 것은 이들의 발령을 위한 실무적인 수속절차를 대행하는 것뿐이다. 인사 담당부처가 주로 하는 것은 인사에 관한 제도를 만드는 것이며, 따라서 인사 관계법령의 제정은 고유 권한에 속한다. 그러나 누구를 어떤 자리에 배치하거나 승진시킬 것인가는 해당 부처의 권한으로 되어 있다.

행정관리 담당부(특히 인사 담당부처)는 이외에도 인사부문에서 교육훈련에 관하여 각 부·처에 지시할 수 있고, 외국이나 국내 특별훈련자를 선정할 수 있다. 뿐만 아니라 5급 공채와 5급 공개승진시험을 직접 실시하여 합격자를 결정할 수 있다.

그러나 인사에 관한 권한 가운데 실질적으로 중요한 것은 어떤 개인이 어떤 자리나 직급으로 가는가에 관한 것이다. 이 권한이 각 부처에 분산되어 있다는 것은 인사권이 우리나라에서는 분산주의를 택하고 있다는 것을 의미한다. 이것을 앞으로는 어느 정도 집중하는 방향으로 바꿔야 한다. 왜냐하면 장관들이 부하감독을 인사에 의한 통제에 지나치게 의존하기 때문에 장관마다 부하들의 인사이동

---

21) 임도빈·유민봉(2019), 「인사행정론: 정부경쟁력의 관점에서」, 박영사, pp. 119-123.

을 하게 되는데 장관들의 재임기간이 매우 짧아 공무원들이 한 보직에 머무는 기간도 덩달아 너무 짧아지기 때문이다.

다음으로는 공무원들이 공무원생활의 시작 시점에서 어디에 배치되었는가에 따라 일생 동안 그 부처에만 있게 되는데 이는 매우 불공평한 처사이며, 나아가 공무원들의 능력에 있어서도 1등 부처와 3등 부처의 차이를 발생시킨다.

셋째는 둘째의 결과로써 부처에 따라 승진의 속도에 많은 차이가 생기고 있다.

넷째로 부·처들 사이에 교류를 하는 것이 상호협조 또는 소위 부처이기주의를 없애는 데 유익할 것이다.

더 큰 문제는 고위직에 올라갈수록 청와대 등 외부의 입김이 작용한다는 의혹이 크다는 것이다. 즉, 실적주의 인사가 아니고, 엽관주의적 운영을 한다는 점이다. 이것은 원래 기관장 등 대통령의 고유한 인사권 행사에 대한 비판에서 시작되었다. 그러나 중앙행정기관의 실·국장까지 정치의 입김이 작용한다는 인식은 관료들 사이에 널리 퍼져 있다. 즉, 고위직 공무원 인사에서 정치권의 영향을 배제하고 실적주의가 작동하도록 하는 것이 인사행정기관의 가장 큰 과제이다. 하지만 실제 현실은 이러한 문제를 극복하기 어렵다. 실제 인사의 공정성 등의 문제가 나오면, 그 문제의 근원인 정치권보다는 인사담당부처나 인사제도를 탓하는 경우가 많기 때문이다. 대표적인 권한-책임 불일치 현상의 하나이다.

이러한 폐단을 없애려면 인사의 집중관리에 있어 일정부분은 반드시 대통령으로부터 독립적인 인사 담당부처에서 해야 한다고 생각할 수 있다. 또한 각 부처에 완전 자율성을 주는 것은 많은 문제를 야기할 수 있다. 그러나 이러한 문제들이 일정부분 해결된다 하더라도 이 부처의 권력구조상 위치가 높지 않기 때문에 다른 권력의 압력을 받을 가능성도 높으며, 또한 역으로 인사기관이 권력구조상 높은 지위에 있으면 그 권력을 남용할 가능성이 많다. 따라서 이 권한은 정치적으로 중립적이며 독립적일 수 있는 기관에게 주어야 한다.

과거 노무현 정부와 김대중 정부에 존재했던 중앙인사위원회가 이런 목적으로 설치되었으나 소임을 제대로 하지 못하였다. 특히 대통령의 엽관인사에 대한 견제는 거의 하지 못했다. 오히려 대통령의 비위를 맞추려고 신공공관리론에 맞춰서 외국의 각종 인사제도를 도입하는 데 급급했다.[22] 이제 새로운 기구를 만든다면 인사에 관한 제도의 제정과 인사집행에 대한 감독권, 특히 대통령을 비롯한 정치인들의 인사권 남용을 견제할 수 있는 기능을 가져야 한다. 뿐만 아니라, 인사 담당부처의 자율성은 조직 담당부서와 돈 담당부서와의 관계에서 좌우된다. 예컨대 공무원의 보수는 인사 담당부처의 일인데, 이것도 예산의 지원이 없으면 불가능하다. 따라서 예산투쟁과정에서 보수를 올리려는 인사 담당부와 이를 억제하려는 국고 담당부처와의 사이에 정치과정이 벌어지게 된다. 특히 공무원 노조가 있어 인사 담당부처는 국가를 대표하여 이들과 협의하는 과정을 거치게 된다. 공무원단체나 노조가 설립되기 이전에는 이 과정에서 공무원들은 침묵상태에 있는 것이 보통이었다. 따라서 대통령이 직접 개입해서 인사 담당부처의 입장을 지지해 주어야 공무원의 대우가 개선되었다. 하지만 공무원 노조가 설립된 현재도 예산 담당부처의 이러한 권력은 여전히 상당히 큰 편이다.[23]

第6절 법제처

I. 조직역사

법제처의 기원은 대한민국 수립 이전인 조선시대로 거슬러 올라갈 수 있을 것이다. 조선시대 초기에는 의정부 소속하에 검상조례사(檢詳條例司)를 두어 법제 업무를 담당하였다. 왕으로부터 중요한 명령을 의정부에 보내기 전, 검상조례사에서 면밀히 검토한 후에 의정부에 전달되었는데, 이러한 시스템은 국정을 수행하는 데 불일치나 충돌이 없도록 해주는 기능을 하였다.

오늘날의 법제처는 1948년 8월 15일 대한민국 정부수립과 동시에 당시의 임시행정기구였던 남조선 과도정부 사법부의 법률기초국, 법률조사국과 서무처의 도서관을 인수하여 1실 3국 10과와 도서관으로 발족하였다. 처장은 현재와 같이

22) 임도빈·유민봉(2019), 「인사행정론: 정부경쟁력의 관점에서」, 박영사, pp. 125-126.

23) 예컨대, 행정관리 담당부처는 공무원연금기금에서 재정부문의 투·융자를 위하여 경제부처에게 돈을 저리로 빌려주는 것을 승인할 수밖에 없었던 경우도 있었다.

국무총리에 소속된 중앙행정기관의 하나로 국무회의에 출석하여 발언할 수 있었다. 1954년 11월 29일 헌법개정으로 국무총리제가 폐지됨에 따라 독립된 중앙행정기관의 지위를 갖는 법무부 법제실(장관급 기관)로 명칭이 변경되었다. 1960년 내각책임제가 실시되어 국무원 사무처가 신설됨에 따라 국무원 사무처 법제국으로 개편되었다. 그러다가 1962년 12월 26일 헌법개정으로 대통령중심제가 실시되었고, 법제처는 다시 국무총리 소속의 중앙행정기관이 되어 오늘에 이르게 된다.

법제처의 기능은 법치행정을 구현하기 위해 전 행정기관을 지원하는 것이다. 즉, 법제처는 정부의 입법 총괄 · 조정, 법령심사, 법령해석, 법령정비, 법제지원, 법령정보서비스 제공, 법제교류 · 협력 등의 일들을 한다. 중요한 것만 부연설명하면 다음과 같다.

– 정부입법계획

매년 각 부처에서 한 해 동안 추진하고자 하는 입법계획을 총괄 · 조정하여 정부입법계획을 수립 · 시행한다. 정부입법계획은 정부입법을 효율적 · 체계적으로 추진하기 위하여 각 부처에서 그 해에 입법하고자 하는 법률안에 대하여 정부 전체 차원에서 입법추진 우선순위와 시기 및 그 내용을 조정하는 제도이다. 주요 절차로는 법제처장이 각 중앙행정기관의 장에게 입법계획 수립지침을 10월 31일까지 통보한다. 통보를 받은 중앙행정기관의 장은 11월 30일까지 부처별 입법계획을 수립한다. 그렇게 수립된 입법계획을 법제처장은 다시 종합하여 정부입법계획을 수립하고 국무회의에 보고하여 1월 31일까지 국회에 통지한다.

– 사전입법지원

정부의 정책이 신속하고 효율적으로 법제화되도록 각 부처의 법령안 입안단계에서부터 사전적으로 지원하는 제도이다. 지원대상은 정부입법계획에 포함되어 있는 법률안과 다수 부처가 관련되는 융복합 법령안이나 이해관계가 복잡한 쟁점 법령안 등이다.

– 법령해석

법제처는 법령의 의미를 체계적으로 이해할 수 있도록 그 제정목적에 따라

규범의 의미를 명확히 하는 업무를 말한다. 법제처가 제시하는 법령의 해석의견은 행정부에서의 최종적인 결론이 되므로 '정부 유권해석'이 되며, 민사·형사·소송 관계법령을 제외한 모든 행정 관계법령(단, 법무부 소관 법령과 벌칙조항 제외)을 대상으로 한다. 이를 위해 법령해석심의위원회를 둔다.[24)]

– 법령정비

국민, 중앙 및 지방행정기관 등 다양한 경로를 통해 정비의견을 수집하거나 법제처에서 법령심사, 법령해석 등의 법제업무에서 발굴한 과제를 바탕으로 각 부처와 협의하여 법령을 개선해 나가고 있으며, 헌법재판소에서 위헌으로 결정된 법령 및 헌법에 위반될 소지가 있는 법령에 대해서도 정비를 추진한다. 특히 현실에 맞지 않거나 행정 편의적으로 규정되어 국민의 일상생활과 기업·영업 활동에 지장을 주는 법령을 찾아내어 정비하는 '국민 행복을 위한 법령정비' 사업을 하고 있다.

– 법제지원

의원발의 법률안에 대한 정부의 통일된 의견을 국회에 제시하여 효율적인 입법 활동을 지원하기 위한 업무로서, 부처 간 이견을 조정하기 위하여 정부입법정책협의회를 운영하고 있다.[25)]

Ⅱ. 법제처와 다른 조직과의 관계

법제처의 법령해석 기능은 행정부의 행정운영의 적법성과 타당성을 제고하고, 일관성 있는 법집행행위를 보장하며, 간접적으로 국민의 권리보호에 많은 기여를 해 온 것으로 평가되고 있다.[26)] 우리나라는 법령해석을 크게 민사·상사·형사,

---

24) 공정성과 전문성을 강화하는 일환으로 법제처에 접수된 법령해석 안건은 법제처 검토뿐만 아니라, 민간에서 활동하고 있는 법학 등 각종 사회 분야의 전문가인 교수, 변호사 등 150명 내외의 인사로 구성된 법령해석심의위원회의 심의를 거친다. 법령해석 안건을 심의하는 회의는 위원장(법제처 차장), 1명의 지명위원 및 7명 이상의 위촉위원 등 총 9명 이상으로 운영되고 있다.

25) 정부입법정책협의회는 국회 심의 중인 의원발의 법률안에 대하여 법률 소관부처 및 관계부처 간 협의에도 불구하고, 이견이 해소되지 않는 경우에 법제처 주관으로 개최하여 부처 간 이견 등을 조정하기 위해 만든 조직이다.

행정소송, 국가배상 관계법령 및 법무부 소관법령을 담당하는 법무부와, 그 밖의 모든 행정법령의 해석을 담당하는 법제처로 나눌 수 있다. 갈수록 고도의 행정국가화가 진행되고 있는 사회에서 행정부의 명령·규칙 제정도 급격하게 늘고 있다.[27] 이렇듯 행정의 복잡화·다양화로 인해 행정주체의 법령적용을 위한 해석단계에서 다른 행정주체와의 대립이 발생하는 경우가 점차 늘고 있기 때문에 법제처가 담당하는 유권해석기능의 중요성도 역시 점차 커질 것으로 예상된다.

법제처의 조직은 처장과 차장이 있으며 정부 입법을 총괄·조정하는 업무 및 법령정비와 그 밖의 기획·행정관리 등의 업무를 담당하는 기획조정관실, 법제정책국, 법령의 해석을 담당하는 국, 법령입안과 지방자치단체의 자치법제를 담당하는 법제지원국, 대변인실 등으로 구성되어 있다. 그리고 분야별 법제를 담당하기 위하여, 행정, 경제, 사회문화 법제국으로 구성되어 있어, 전형적인 지원조직 유형을 보이고 있다.

법제처의 법령해석은 중앙행정기관의 장, 지방자치단체장, 민원인 등의 의뢰로 활발하게 진행되고 있는 상황이다. 특히 지방자치단체와 민원인의 의뢰가 높게 나타나고 있는 점은 법제처의 법령해석제도가 본질적으로 행정 내부의 행정통제제도임에도 불구하고, 많은 민원인들이 그들의 권리나 이익을 도모하기 위한 권리구제수단의 일환으로 활용하고 있음을 알 수 있다.[28]

문제는 이러한 권리구제수단으로의 활용이 자칫 '힘'의 논리, 혹은 '돈'의 논리에 의해 좌지우지될 염려가 있다는 것이다. 2014년 단말기유통구조개선법(단통법)안을 처리할 때 법제처의 상위법과 배치된다는 유권해석으로 분리공시안[29]을 제외한 단통법 고시안이 최종 확정되어 논란이 일었던 적이 있다.[30] 이 과정에서 기획재정부와 산업통상자원부, 즉 힘이 센 부처들의 입김(힘의 논리)과 삼성전자

26) 법제처 보고서(2009), p. 4.
27) 이상윤(2011), 법제처 법령해석제도의 현황과 과제, 「동아법학」, 제51권, pp. 1-26.
28) 이상윤(2011), 법제처 법령해석제도의 현황과 과제, 「동아법학」, 제51권, p. 13.
29) 단말기 보조금 분리공시제: 이동통신사가 이용자에게 지급하는 휴대폰 보조금을 공시할 때 휴대폰 제조업체의 장려금과 통신사의 지원금을 따로 구분해서 표기하는 제도이다. 예컨대 특정 기기에 보조금 30만원이 주어질 때 제조사는 10만원, 통신사는 20만원 등으로 구분해 명기하는 것이다. 이 제도에 대한 도입이 논의되었으나 2014년 10월 제정된 단통법에는 제외되었다.
30) 헤럴드경제뉴스, 2014.09.24., http://news.heraldcorp.com/view.php?ud=20140924000314&md=20140927005321_BL.

라는 거대자본의 로비력(돈의 논리)이 개입되어 이와 같은 결과에 영향을 미쳤다는 해석이 일반적인 견해다. 실제로 KBS가 공개한 자료에 의하면, 전년도 국회 미래방통위 법안심사소위원회 속기록에서 단통법에 관련된 내용은 18쪽 분량이었으며, 이 중 삼성전자와 관련된 내용이 무려 14쪽을 차지했다고 한다. 주 내용도 삼성전자의 영업비밀이 공개됐을 때의 부작용에 관한 것들이었고, 정작 중요한 소비자 보호와 관련된 내용은 2쪽 분량에 불과하였다.[31)]

이같이 부처들 간의 힘겨루기에서 행정기관을 앞세워 합법성과 정당성을 찾는 사례들이 많다. 최근에는 행정기관뿐만 아니라 민원인이 직접 법제처로 해석을 요청하는 사례들이 급증하고 있다. 법적 구속력은 없어도 행정적 구속력으로서의 의미를 지닌다는 측면에서 법제처의 유권해석기능은 행정기능이 고도로 전문화되고 있는 오늘날 '힘'이나 '돈'에 의해 치우치지 않은 기능으로 발휘되어야 할 것으로 판단된다.

제 7 절 결론 : 참모조직의 종분할구조

이상에서 우리는 참모조직 또는 공통관리(共管)조직에 대해서 다루었다. 한국정부를 하나의 단일조직이라고 하면, 정부조직전체를 관리하는 기능인 POSDCORB 중 어느 것을 전담하여 다루는 조직들이다. 이들은 조직영토organizational domain가 정부조직전체라는 점에서 공통점이 있다. 또한 이들은 최고관리자(대통령)를 보좌하는 참모기능을 하기 때문에 다른 정책기능 기관(즉, 대통령의 계선기관)에게 직접 권력을 행사해서는 안 된다. 그런데 이들 계선기관의 입장에서 보면, 순차적 연결sequential관계가 있어서 자연스레 의존문제가 생긴다.

이하에서는 이를 조직구조라는 측면에서 좀 더 분석해보기로 한다. 이들 참모기관들의 내부조직을 보면 각 부처의 특수성을 고려하여 업무를 다룰 필요가 있는 경우에는 몇 개 부처씩 쪼개서 맡는다는 것을 알 수 있다. 즉 정부부처 전체를 획일적으로 다루는 경우(예, 인사) 이외에는 국이나 과를 만들 때에 각 국 또

31) 단통법 시행 한달, 무엇이 문제인가?
http://navercast.naver.com/magazine_contents.nhn?rid=2864&contents_id=74796.

는 과들로 하여금 각 부처들을 몇 개씩 나누어서 맡게 하는 것이다. 그러면서 과거에는 많은 경우에 1국, 2국, 3국 또는 1과, 2과, 3과 등으로 명명했다. 그러나 최근에는 소관분야를 통칭하는 이름을 부여하고 있는데, 그럼에도 불구하고 그 내부에 들어가면 역시 한 부처를 다루는 직원(사무관이나 주사)이 정해져 있다는 점은 변화가 없다. 이제 정부조직 전체에서 찾아볼 수 있는 예들을 보기로 하자.

(1) 청와대: 국가안보실, 경제수석(경제정책, 산업정책, 국토교통, 농해수, 통상, 사회적 경제), 사회수석(사회정책, 교육, 문화, 기후환경, 여성가족)
(2) 감사원: 재정경제감사국, 산업금융감사국, 국토해양감사국, 사회복지감사국, 행정안보감사국, 국방감사단
(3) 국무총리실: 일반행정정책관, 외교안보정책관, 재정금융기후정책관, 농림국토해양정책관, 고용식품의약정책관, 사회복지정책관, 교육문화여성정책관, 안전환경정책관, 산업과학중기정책관
(4) 예산실: 사회예산심의관, 경제예산심의관, 행정국방예산심의관, 복지안전예산심의관
(5) 법제처: 행정법제국, 경제법제국, 사회문화법제국
(6) 조직실: 경제조직과, 사회조직과

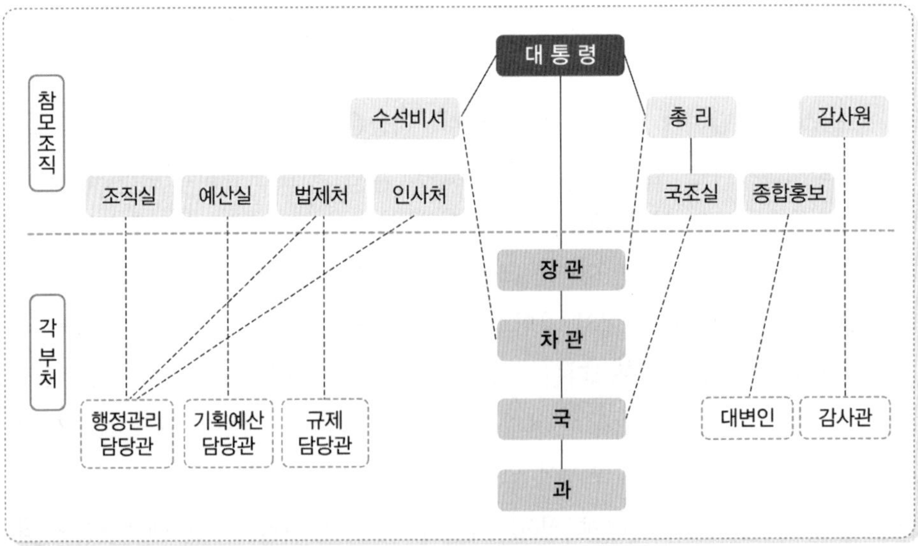

[그림 5-2] **종분할구조(참모기관)**

즉, 이러한 참모기관들은 정부의 여러 개의 부처들을 놓고 이들을 각기 자기 소관에 따라서 나누어 관리한다는 의미에서 종(從)분할한다고 할 수 있다. 한국정부구조의 큰 특색 중 하나는 이런 종분할의 조직방법을 많이 쓰고 있다는 점이다.

이와 같은 종분할 방식은 분할하는 기관의 목적을 달성하기 위해서는 편리한 분업방법임에 틀림없다. 그러나 이 방법은 이상의 참모조직들이 자신들을 상급기관으로 생각하고, 따라서 자기들의 임무는 통제에 있다는 의식구조를 대표하는 것이다. 우리나라 행정문화의 권위주의적인 면을 나타낸다고 할 수 있다. 이렇게 대상이나 기관별로 분업하면 통제당하는 조직의 입장에서는 매우 세밀한 감독을 받게 되고, 따라서 자기들의 행동반경을 좁게 생각하도록 만든다. 다른 한편으로 이런 관계가 동일한 인간들끼리의 장기적인 관계로 변질되면 통제보다 유무상통하는 관계가 될 수도 있다. 또한 부처들로 하여금 저마다 위를 쳐다보도록 하고, 옆의 다른 부처들을 생각하면서 상호 협조하고자 하는 생각을 못하게 만든다. 즉, 자발적으로 부처 간에 협조한다는 분위기가 만들어지지 않으며, 동렬의 부처들은 전부 경쟁의 대상으로만 의식하게 된다.

그리고 우리나라의 행정구조에서는 이 모든 측면을 한 곳에서 통합하여 조정하거나 그런 시각에서 보는 곳이 한 곳도 없다. 한 개의 부처에 대해서 그곳의 정책, 집행, 예산, 법령, 조직, 감사, 공보 등을 종합적으로 고찰할 수 있는 곳이 없다. 그리고 모든 부처들의 사업에 관하여 이들의 정책, 집행, 예산, 법령, 조직, 감사, 공보 등을 종합적으로 고찰할 수 있는 자리는 오직 국무총리와 대통령 두 사람뿐이다. 그러나 어떤 국무총리나 대통령도 이를 개인적으로 감당할 수 없을 뿐더러, 스스로 그렇게까지 할 필요도 없기 때문에 적어도 대통령(비서)실은 부처들을 나누어 맡는 종분할주의를 택하지 말아야 한다.

국무총리 국무조정실은 앞에서도 본 바와 같이 대통령비서실에서 하는 조정을 중복하는 종분할 형태의 조직이라는 사실과 국무총리의 지위가 상대적으로 약하다는 이유 때문에 그다지 큰 권력 발현은 되지 않고 있다. **통제의 욕구가 많으면 많을수록 종분할주의적 조직이 많이 생기고, 중복되는 경우 그 기관의 지위에 따라 실질적 권력량이 달라진다.**

제 6 장
위원회형 독립행정기관

우리나라 전통적인 정부조직의 주요 단위는 '행정관청'이다. 행정관청은 단두제로서 기관장이 곧 기관 전체의 권위를 독점하는 독임제를 의미한다. 하지만 시간이 흐를수록 이러한 행정관청 제도는 여러 가지 면에서 한계를 드러냈고, 그 결과 합의제 행정기관이 많이 등장하였다. '어려운 문제가 있으면, 일단 위원회를 만들어라'는 말과 같이 위원회가 우후죽순 격으로 많이 생겼다. 이에 따라 '위원회 공화국'이라는 표현도 나타났다. 위원회 조직은 한 사람이 권한을 갖는 독임제가 아니라 여러 사람이 의사결정에 참여하는 다두제가 특징이다. 즉, 여러 사람의 합의에 의해 의사결정을 하는 것이다. 이 장에서는 새로운 조직현상인 위원회의 다양한 유형에 대해서 논하고자 한다.

제 1 절 개 관

조직구조는 정체하지 않고 진화하며 변화한다. 위원회형 조직의 등장도 마찬가지이다. 조직군 생태론에서는 이러한 현상을 조직이 환경에 적응하는 과정으로 설명한다.[1] 환경이 변화하면서 기존의 독임제 행정기관 유형이 문제점을 노정하게 되었고, 이에 따라 새로운 유형의 조직구조, 예컨대 위원회형으로 진화한다는 것이다. 여기서 환경변화의 가장 중요한 원인은 민주화라고 할 수 있다.

---

1) W. Graham Astl(1983), The two ecologies: Population and community persepctives on organizations, *American Journal of Sociology*, 82, pp. 929-964 참조.

Ⅰ. 위원회의 유형분류

council, commission, committee, institute[2]가 모두 '위원회'로 번역된다는 점을 통해서도 알 수 있듯이, '위원회'는 다양한 형태의 조직을 의미한다. 여기서는 행정부의 기관으로 '위원회'의 범위를 한정하기로 한다. 이러한 관점에서, 국회의 상임위원회나 특별위원회는 제외된다. 행정기관 소속 위원회의 설치 · 운영에 관한 법률에 따라 운영되며, 전 정부적 차원에서 행정안전부가 관리한다. 부처 수준에서는 국토교통부, 산업통상부, 교육부, 기획재정부, 환경부 등 조직의 규모가 크고, 대민관계가 많은 부처에 많이 설치되어 있다.

이러한 다양한 위원회에 대해 법률적으로 유형이 규정된 것이 없으므로 행정조직의 특성에 따라 두 가지 기준으로 유형화를 시도하고자 한다.

– 사무 조직의 독립성 정도에 따른 분류

첫 번째는 독립성이 유지되는 단위 조직이냐, 기존 행정기관의 보조 · 보좌기관의 도움을 받는 사무처 조직이냐, 아니면 기존의 부서를 이용하는 경우냐 하는 독립성의 기준이다. 독립된 단위조직이란 보통의 부(部) 조직과 같이 일정한 규모 이상이 되고 인사행정의 기본단위가 되는 조직을 말한다. 사무처 조직은 관련 부처의 공무원들을 파견 받거나 기존 부처 조직에 전담 사무처를 가지고 있는 경우를 말한다. 반면 기존부서 조직을 이용하는 경우란 별도의 사무실을 가진 사무처 조직이 없고, 기존 부처의 실무 부서에서 다른 업무를 수행하는 동시에 위원회 관련 보조업무를 담당하는 것을 의미한다.

– 조직 설립의 법적 근거에 따른 분류

두 번째로 조직이 영구적으로 존재할 수 있느냐, 아니면 임시조직의 성격을 갖느냐도 중요한 기준이다. 헌법기관인가, 개별법에 의해 설립되는가, 아니면 대통령령 등 그 이하의 법규범에 근거해 설립되는가로 구분한다.[3] 각 법규범에 따

2) 예컨대, 국사편찬위원회의 영어명칭은 institute이다. 그런데 이런 경우에는 최고결정이 합의제적 위원회에서 이뤄진다는 것일 뿐 조직운영은 오히려 연구소에 가깝다고 하겠다.

3) 2019년 현재 558개의 위원회가 설치되어 있다. 그 '설치근거법'에 따라서 구분하면 헌법 4개,

라 개정의 용이성 여부에 차이가 있기 때문에 향후 조직의 존재 유무가 달라질 수 있다.

Ⅱ. 위원회의 유형

이 두 가지 차원을 혼합하면 조직론의 관점에서 볼 때, 다음 표와 같이 9가지의 위원회 유형이 도출된다.

〈표 6-1〉 위원회의 유형

법적 근거 / 사무조직	헌법	법	명령규칙 등
독립적 단위조직	Ⅰ	Ⅱ	Ⅲ
사무처	Ⅳ	Ⅴ	Ⅵ
기존 부서조직	Ⅶ	Ⅷ	Ⅸ

유형 Ⅰ: 헌법기관이며, 그 자체로 인사, 조직, 재정회계체제를 가지고 있다.
예: 선거관리위원회

유형 Ⅱ: 개별법에 의해 설치되어 있으며, 자체적인 사무조직을 갖추고 있다. 사실상 조직구조 및 기능면에서 중앙행정기관인 '부' 조직과 유사하다.
예: 금융위원회, 공정거래위원회, 원자력안전위원회

유형 Ⅲ: 존재하기 불가능함.

유형 Ⅳ: 헌법에 규정되어 있으며, 간소한 사무국 조직이 있다. 사무국 직원은 기존 부서에서 파견형태로 운영된다. 예, 국민경제회의

유형 Ⅴ: 개별법에 의해 설치되었지만, 사무국 조직이 있다. 예, 규제개혁위원회

유형 Ⅵ: 대통령령 등 하위 규범에 의해 설치되었으며, 여러 부처에서 파견된 관료들에 의해 사무조직이 구성된다. 예, 자치발전위원회

유형 Ⅶ: 헌법기관이면서, 별도의 사무조직을 갖고 있지 않고 기존 다른 행정기관의 부서를 사무조직으로 운영하는 경우이다. 예, 국가안전보장회의

법률 497개, 대통령령 61개가 있고, 소관부처에 따라 구분하면 대통령 19개, 국무총리 56개, 각 부처 483개가 있다. 행정기관위원회 중 법률에 의하여 행정기관 소관사무의 일부를 부여받아 독자적으로 그 권한을 행사하는 행정위원회는 37개이고, 이 중 대통령 소속 위원회가 2개, 국무총리 소속 위원회가 14개, 각 부처 소속 위원회가 21개이다. 나머지 521개는 자문위원회이다. https://org.moi.go.kr/org/external/about/CommiteeIntro_sub04.jsp.

유형 Ⅷ: 개별법에 의해 설치되었고, 사무조직을 기존 부처조직의 한 부서(흔히 '과' 정도)에 갖고 있는 경우이다. 예, 행정정보공개심의위원회
유형 Ⅸ: 대통령령 등 하위규범에 근거를 두고 설치되었으며 별도의 사무기구를 갖지 않고 다른 조직의 도움을 받는다. 예, 대부분의 자문위원회

이 장에서 가장 관심 있게 다루는 조직은 유형 Ⅰ과 유형 Ⅱ이다. 이 장에서 다루는 행정기관 중 유형 Ⅰ은 헌법에 명시되어 있는 것이지만, 조직구조상 모두 행정기관이라고 볼 수는 없다. 어떻든 이들은 보통 'commision'이라 표현되는 것으로, 독립된 조직의 지위를 가진다는 측면에서는 중앙행정기관과 다를 바가 없다. 아울러 'committee'에 가깝다고 볼 수 있는 유형 Ⅳ, 유형 Ⅴ, 유형 Ⅵ에도 관심을 둔다. 노무현 정부이후 대통령직속위원회가 유형 Ⅳ로 많이 설치되고 있는 추세에 있다. 이들은 독임제 행정기관의 한계를 보완할 수도 있겠지만 관료제 팽창의 수단으로 사용될 수도 있다.

제2절 헌법에 근거한 위원회

Ⅰ. 선거관리위원회

1. 조직임무 및 조직발전과정

서구식 민주주의 제도가 도입된 우리나라에서는 선거 때마다 부정선거라는 비판을 받아 왔다. 특히 과거 내무부 관료들이 여당의 후보를 직·간접적으로 도와주는 것이 문제시되어 왔다. 정치민주화가 이뤄지지 않은 개도국에서는 선거관리의 실무를 경찰 등 행정부소속 공무원이 맡기 때문에 관권선거 의혹을 지우기 어려운 것이 사실이다.

이러한 문제에서 벗어나기 위하여 공정한 선거를 담당하는 중립적 기관인 선거관리위원회가 신설되었다. 선거관리위원회는 1963년부터 존재하였으나, 사무처 조직의 확대 등을 통한 본격적인 활동은 민주화 운동이 진전을 보인 1980년에 들어와서 이뤄졌다. 중앙선거관리위원회 조직은 공직선거법에 규정된 대통령, 국회의원 등 각종 선거 및 국민투표의 공정한 관리와 정당 및 정치자금에 관한 사무를

처리하는 것을 목적으로 한다. 선거관리위원회법은 그 임무를 다음과 같이 열거하고 있다.

- 국가 및 지방자치단체의 선거에 관한 사무
- 국민투표에 관한 사무
- 정당에 관한 사무
- 「공공단체등 위탁선거에 관한 법률」에 따른 위탁선거

그런데 헌법 제114조 1항에는 '선거와 국민투표의 공정한 관리 및 정당에 관한 사무를 처리하기 위하여 선거관리위원회를 둔다'고 명시하고 있어서, 「공공단체등 위탁선거에 관한 법률」에 따른 위탁선거를 추가한 것은 위헌의 소지가 있다. 하지만 헌법의 '선거'란 국가의 공직자를 선출하는 좁은 것으로 해석해야지 한없이 넓게 해석하면 사기업의 주주총회까지 간여할 수 있는 것이 될 수 있기 때문이다. 이 조항은 조합장, 대학총장 등 과열되는 각종 선거의 관리까지 할 수 있도록 선거관리위원회의 조직영토를 확장한 예이다.

중앙선거관리위원회는 법에서 "독립기관"이라 규정하고 있다. 따라서 국회·대법원·헌법재판소와 동급의 조직적 지위를 가진다고 볼 수 있다. 독립기관은 정치적 독립만을 의미하는 것이 아니라, 행정적 '독립'까지 의미한다. 자체로 규칙을 제정하여 공포할 수 있고, 직원인사도 독립된 단위로서 행정부와 섞이지 않고 하고 있다. 그런데 오히려 이러한 '독립'이 장애가 되기도 한다. 예컨대 독립기관은 관련 법령을 제·개정할 경우에도 국회에 법안을 제출할 자격이 부여되지 않는다. 또한 행정부에 속한 기관이 아니기 때문에 행정부의 법안 제출 자격을 빌릴 수도 없다. 따라서 의원 입법이라는 우회적인 방법을 사용해야만 한다. 단지 선거관리위원회법 제17조에는 법률개정에 대한 의견표시를 할 수 있는 권한을 명시하고 있을 뿐이다. 즉, 한편으로, 행정기관이 선거·국민투표 및 정당관계법령을 제정·개정 또는 폐지하고자 할 때에는 미리 당해 법령안을 중앙선거관리위원회에 송부하여 그 의견을 구하여야 하고, 다른 한편으로 중앙선거관리위원회는 관할 분야에 해당하는 법률의 제정·개정 등이 필요하다고 인정하는 경우에는 국회에 그 의견을 서면으로 제출할 수 있다. 그러나 이것은 의견제출권이지, 법률안제출권은 아니다.

'선거관리사무기구에 관한 규칙'은 선거관리위원회의 조직에 관한 사항을 규정하고 있다. 조직의 목적을 달성하기 위하여 [그림 6-1]과 같이 중앙선거관리위원회, 시 · 도위원회, 시 · 군위원회, 읍 · 면 · 동위원회까지 갖춘 계서적 조직이다. 공간의 관점에서 보면, 전국을 대상으로 한다는 점에서 행정안전부와 조직영토organizational field가 비슷하나, 실질적으로는 투표권을 가진 성인에 국한되므로 차이가 있다. 그리고 시간의 관점에서 보면 국가선거관리라는 핵심 업무를 중심으로 실질적 조직활동organizational activities은 선거 시에만 있기 때문에 간헐적으로 필요한 조직이라고 할 수 있다. 행정활동은 보통 항상성을 기준으로 하고 이에 따라 상설조직을 둘 수 있는데, 이에 위반되는 조직이다.[4]

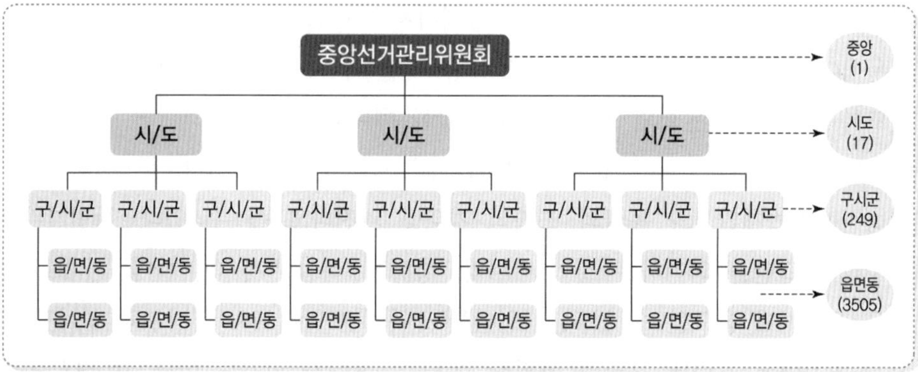

[그림 6-1] **선거관리위원회의 조직**[5]

2. 선거관리위원회 조직

선거관리위원회는 대통령을 비롯한 선거에 사활을 걸고 있는 모든 권력자들에게 대하여 독립적으로 활동할 수 있도록 하는 것이 가장 중요하다. 따라서 단두제가 아닌, 다두제 위원회로 조직을 구성하였다. 이러한 위원회 조직은 정치적으로 중립을 지킬 만한 인사로 구성하기 위한 원칙을 명시하고 있다. 즉, 중앙선거관리위원회의 구성은 임기 6년(이것은 헌법에 규정되어 있음)의 대통령이 임명하

4) 임도빈(2018), 「행정학: 시간의 관점에서」, 박영사, p. 113 참조.
5) 선거관리위원회(http://www.nec.go.kr/portal/main.do)-위원회 소개-조직 안내.

는 3인, 국회에서 선출하는 3인, 대법원장이 지명하는 3인 등 총 9인으로 이뤄진다. 그리고 이들의 정치적 중립성을 보장하기 위하여 국회의 인사청문을 거치도록 하고 있다.

또한 선거를 위시하여 방송, 인터넷, 여론조사 등에서 공정하지 못하다는 시비가 생길 때 이를 신속히 판단하기 위하여 각각의 위원회도 두고 있다(조직도표 참조). 위원회가 또 다른 위원회를 둔 셈이다.

시·도위원회와 시·군위원회는 위원 수가 단위조직별로 6명이고, 읍·면·동 선거관리위원회 위원은 각각 4명으로 상급 선거관리위원회가 위촉한다.

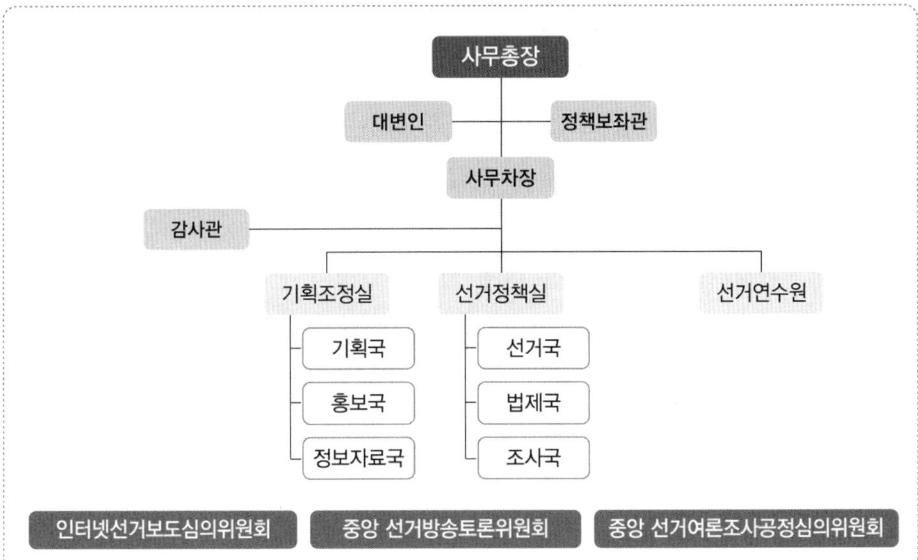

[그림 6-2] **중앙선거관리위원회 사무처 조직도**

조직의 핵심은 위원회 조직이고, 여기에 실무를 담당하는 사무처(국) 조직이 부가된다. 또한 각급 선거관리위원회별로 이를 보좌하는 사무기구를 둔다. 단, 읍·면·동선거관리위원회는 별도의 사무기구를 두지 않고, 읍·면·동 공무원을 간사와 서기로 지정하여 위원회 활동을 보좌토록 한다. 중앙선거관리위원회 사무처에는 사무총장(장관급), 사무차장(차관급), 그리고 선거정책실(3국), 기획조정실(3국), 총무과, 감사관 등 정부조직의 하부조직과 유사하게 조직되어 있다. 시·도위원회에는 사무처장 밑에 4개 과, 시·군위원회 사무국장 밑에 2개의 계를 각각 두고 있다.

선거관리위원회의 핵심적인 활동은 공정 선거관리이다. 불법선거는 민주주의를 정착시키는 데 가장 큰 장애물이다. 이에 따라, 1992년에 선거관리위원회의 선거법위반행위에 대한 중지·경고·시정명령과 고발·수사의뢰 권한을 명문화한 이래 선거범죄 조사권한을 꾸준히 확대하면서 단속활동을 강화하고 있다. 그런데 단속활동도 선거관리위원회 위원들이 직접 하기보다는 사무기구 직원들이 하는 경우가 더 많다.

선거관리위원회는 핵심 업무와 관련하여 법무부, 행정안전부와 가장 밀접한 관계를 맺는다. 검찰과 경찰은 물론이고, 지방자치단체 직원도 선거관리업무를 수행하기 때문이다. 이처럼 조직 영토가 중복되는데도 불구하고 선거관리위원회가 별도의 사무처 조직을 둔 이유는 검찰, 경찰, 그리고 지방공무원에 대한 불신에 기초한다고 할 수 있다.

중앙선거관리위원회는 2018년 현재 약 2,851명의 인력을 가진 큰 조직이다. 정무직, 1급~9급 등 행정부의 조직과 유사한 직급체계를 가지고 운영되고 있다. 이처럼 선거관리를 위해 비교적 큰 규모의 관료조직(사무처조직)을 가진 나라는 전 세계적으로 보기 드물다. 중앙의 사무처 외에 전국적으로 지방사무실이 분포되어 있기 때문에 사무실 관리 면에서 규모의 경제economy of scale 문제도 발생할 수밖에 없다. 또한 간헐적인 업무를 위해 상시적인 조직을 둔다는 문제점을 갖는다. 게다가 권한-책임 불일치의 한 예로서 권력만 있고 책임이 없는 조직으로 볼 수도 있다. 단속을 잘못하고 부정선거가 있었다고 하여 선거관리위원회가 책임을 지는 것은 아니기 때문이다.

따라서 현재의 선거관리위원회의 조직목표를 위해 이렇게 큰 별도의 관료조직을 둔다는 것은 국가 전체적으로 비효율적이다. 그러나 조직효율화, 작은 정부라는 정부차원의 조직 개혁 시에도 주목을 받지 않는 경우가 보통이다. **정치권력적 의미에서 주어진 독립기관의 지위가 다른 영역(즉, 조직관리)의 독립성까지 증폭시켜 준 것이다.**

검찰, 경찰, 그리고 지방공무원에 대한 신뢰가 회복되고, 불법선거의 경향이 줄어든다면 별도 조직의 유용성은 낮아질 것이다. 게다가 정부조직법에 행정기관의 설치요건으로 규정된 업무의 '계속성' 요건이 충분히 충족되지 않는다. 따라서 선거 민주주의가 성숙되면 과감히 축소하거나 폐지해야 할 조직이다. 과거와 같이 선거관리업무를 다른 행정기관에 집행하도록 하면 되기 때문이다.[6)]

Ⅱ. 대통령 자문회의

1. 민주평화통일자문회의

헌법에 명시되어 있는 민주평화통일자문회의와 국민경제자문회의를 순차적으로 설명하기로 한다. 이들 '자문회의'는 advisory council로 번역되며, 그 의결사항이 구속력이 없다는 것을 의미한다. 한국어로 '회의'는 위원회와 명확히 구분된다. 하지만 구성원을 '회원'이 아니라 '위원'으로 명명하고 있기 때문에 위원회로 부르는 것이 더 정확할지도 모른다.

먼저, 민주평화통일자문회의는 1980년 개정된 헌법 제68조(개정헌법에서 제93조)에 명시되어 그 이듬해에 구성되었고, 초대 사무총장은 통일원 장관이 겸임하였다.[7)] 따라서 통일부와 가장 관계가 깊은 조직이라고 할 수 있다. 민주평화통일자문회의법에 규정된 이 회의의 기능은 다음과 같다.

(1) 통일에 관한 국내외 여론 수렴
(2) 통일에 관한 국민적 합의 도출
(3) 통일에 관한 범민족적 의지와 역량의 결집
(4) 그 밖에 대통령의 평화통일정책에 관한 자문·건의를 위하여 필요한 사항

이 기구는 다양한 국민 여론을 바탕으로 국가의 장래에 중요한 변수인 대통령의 통일정책 전반에 대한 자문·건의 기능을 수행하는 것으로 되어 있다. 자문

6) 헌법 제115조 1항에는 '각급 선거관리위원회는 선거인명부의 작성 등 선거사무와 국민투표사무에 관하여 관계 행정기관에 필요한 지시를 할 수 있다'라고 명시되어 있다.

7) 유사한 명칭인 통일주체국민회의는 1972년 헌법(소위 유신헌법)에 의해 규정된 것이다. 전국 각 지방을 대표하는 2,000명~5,000명으로 구성된 이 회의는 통일에 관한 정책을 심의하는 것은 물론이고, 대통령선출권과 함께 국회의원 정수의 3분의 1을 선출할 권리를 가졌다.

위원장은 대통령 자신이다. 그러나 실제 운영은 수석부의장이 한다고 봐야 한다. 동 위원회의 실제기능은 국가가 정한 통일정책을 국민들에게 확산시키는 역할, 즉 위의 세 번째 기능을 더 많이 하고 있다고 생각된다. 민주평화통일자문회의법 시행령으로 언론 관계에 대한 기능을 많이 규정하고 있기 때문에 이런 추측이 가능하다.

전국적인 조직을 갖춘 이 회의는 여러 방식으로 추천을 받은 자로 구성한다. 실제로 위원들은 주민이 선출한 지역대표와 정당·직능단체·주요 사회단체 등의 직능 분야 대표급 인사로 구성된다. 중앙의 조직 이외에, 시·도 수준의 지역회의, 시·군·구 수준에 지역협의회가 체계적으로 갖춰져 있는 조직이다. 실제는 여론주도자급opinion leader 인사들로 구성되어 정권을 지지하는 일종의 정치적 조직이라고 할 수 있다.

현재 제18기 자문회의는 총 19,710명의 위원이 각 분야를 대표하는 직능대표 13,100명과 지역을 대표하는 인사 2,980명으로 구성된다.[8] 지역대표는 지방자치법에 따라 선출된 광역의원과 기초의원 전원이다. 이외에 재외동포대표로 122개국에서 살고 있는 3,630명이 위촉되어 있다. 시·도 수준의 지역회의의 장은 중앙의 수석부의장을 겸하고 차관급 정도의 상징적 예우를 받는다.

위원 위촉에는 통일 문제 자문이라는 표방된 목표 이외에도 암묵적 목표도 있는 것 같다. 위원 중에는 대통령 선거 시 각 지역 구석구석에서 지지를 한 사람들이 많이 포함되어 있어서 선거공로자에 대해 일종의 상징적 보상을 하는 측면도 있다.

별도의 사무기구를 두기는 하나, 기존 행정기관의 공무원들을 파견하여 사무처 조직을 구성한다는 측면에서 볼 때 유형 IV에 해당한다. 사무처에는 차관급인 사무처 직원처장 밑에 72명의 일반직 공무원을 임용하고 다른 행정기관의 파견을 받을 수 있도록 하고 있다(민주평화통일자문회의 사무처 직제 참조). 통일정책 자문국이 핵심부서이고, 위원활동 지원국 산하에 중앙과, 중부과, 남부과, 해외 지역과가 있다. 그러나 선거관리위원회와는 달리 지방에 사무조직을 두고 있지는

8) 구체적인 내용은 홈페이지 참조.
http://www.nuac.go.kr/html/int_com_org.jsp?menuid=G010102.

않다. 이 회의는 다른 자문회의와는 달리 평화통일촉진기금을 가지고 운용한다는 점에서 특수성이 있다. 가장 관련 있는 중앙행정기관은 통일부이다. 그러나 국내의 여론주도층으로 구성되었다는 점에서 국내의 안전질서를 담당하는 행정안전부와도 관련이 있을 수 있다.

2. 국민경제자문회의

헌법 제93조에 규정되어 있는 대통령 자문회의인 국민경제자문회의를 검토하기로 한다.[9] 군사독재타도를 외치는 민주화 운동중에 이뤄진 1987년 제7차 헌법개정에 따라 국민경제자문회의의 설치 근거가 마련된 후, 실제로는 설치되지 않았다. 김대중 정부 시기인 1999년이 되어서야 개별법으로 국민경제자문회의법이 제정되었으며, 그 해 처음 실제로 설치된 조직이다. 즉, 적어도 명문상으로는 대통령이 경제운영을 권위적으로 하지 않고, 전문가 의견을 수렴하여 민주적으로 하겠다는 의지가 반영된 조직이다. 국민경제자문회의법 제3조에 명시된 주요 기능은 다음과 같다.

(1) 국민경제의 발전을 위한 전략 및 주요정책방향의 수립
(2) 국민복지의 증진과 균형발전을 위한 제도의 개선과 정책의 수립
(3) 국민경제의 대내외 주요 현안과제에 대한 정책대응방향의 수립
(4) 기타 국민경제의 발전을 위하여 대통령이 부의하는 사항

위원은 의장, 당연직위원, 민간위원, 지명위원으로 구성된다. 이 중 의장은 대통령이 맡으며, 당연직위원으로는 경제부총리, 고용노동부장관과 대통령실의 경제라인 조직이 임명된다. 민간위원으로는 국민경제에 관한 학식과 경험이 풍부한 자 중에서 대통령이 위촉한 30명이 1년 임기로 위촉되며, 민간위원 중 1인이 장관급인 부의장으로 위촉된다. 거시경제회의, 민간경제회의, 혁신경제회의, 대외경제회의 및 그 밖에 자문회의의 효율적 운영을 위하여 의장이 필요하다고 인정하는 회의 등으로 되어 있다.

---

9) 국민경제 자문회의와 유사한 조직으로 헌법 제91조에 국가안전보장회의의 설치를 규정하고 있다. 그런데 이것은 제10장의 관계장관회의에서 다루므로 여기서는 설명을 생략하기로 한다. 역시 본서의 유형론의 Ⅶ에 해당하는 것으로 사무기구는 별도로 두지 않고 청와대 국가안보실에서 담당한다.

이에 더하여 지명위원이 있다. 즉, 위원이 회의 때마다 바뀔 수 있는 '융통성'을 가지는 조직형태를 띠고 있다. 자문회의에 상정된 의안과 관련하여 대통령이 지명하는 자로 회의 때마다 다르게 구성된다. 위원들은 전문 지식에 따라 각각 분과위원회로 나눠서 위촉된다.

국민경제자문회의는 이명박 정부 시에는 별도의 사무처를 두었었으나, 박근혜 정부이후에 대통령실에서 사무를 담당하는 것으로 바뀌었다. 즉, 기존 행정조직(대통령비서실)을 활용하여 사무를 담당한다는 측면에서 볼 때 유형 Ⅶ에 해당한다.

국민경제자문회의의 구성원은 겨우 30명 정도로 그 수가 적고 전문가 위주인 엘리트 회의여서 평화통일 자문회의와 같은 여론 수렴 기능은 없다고 봐야 한다. 굳이 헌법에 명시된 기구가 아니라고 하더라도 대통령이 언제든지 공식적 혹은 비공식적으로 이와 같은 의견은 구할 수 있다. 그러므로 이 회의는 헌법의 취지를 살리지 못하는 유명무실한 운영이라고 볼 수 있다.

현행 헌법 하에서 운영의 내실을 기하는 대안이 있다. '경제'를 협의로 해석하지 않고 광의로 해석하면, 한국사회에서 일어나는 모든 주요 문제에 대해 각계각층의 의견을 모으는 도구로 활용할 수 있을 것이다. 예컨대, 노무현 정부와 문재인 정부에서 국가균형발전위원회, 이명박 정부에서 사회통합위원회 등이 별도로 설치되었는데, 이들 모두 경제에 관한 사안을 주로 다루는 것이다. 따라서 대통령직속위원회를 별도로 설치하지 않고 국민경제자문회의를 활용할 수 있었을 것이다.

제 3 절 독립규제행정기관

이하에서 다룰 위원회는 유형 Ⅱ로 국가재정법 상으로는 '중앙관서'에 해당한다. 이들 기관의 조직 도표를 보면 '부'와 흡사하다. 실제로 조직 역사적으로 보면 주로 부처에서 분지(分枝)하여 나온 경우에 해당한다. 단지 최고위층에 장관 대신 위원장이 있다는 점과 비상임위원들이 있다는 점이 다르다. 이들은 법규의 위반여부 판단의 기준을 정한다는 점에서 준입법권을 가지고 있고, 준사법권을 부여받아 단속도 하고, 유죄 여부를 판정하기도 한다. 중립적인 위치에서 시장을 규율한다는 의미로 봤을 때, '독립규제행정기관independent regulatory administrative agency'이라고 할 수 있다. 이하에서는 이러한 특성을 가진 위원회 조직인 금융위원회, 공정거래위원회, 방송통신위원회, 국민권익위원회를 차례로 다루기로 한다.

Ⅰ. 금융위원회

1. 조직 발전과정

1948년 7월 대한민국 정부가 수립될 당시에는 재무부가 은행 감독 업무를 담당했다. 이후 1950년 6월 한국은행법이 제정되어 한국은행의 최고의결기구인 '금융통화위원회'에서 은행 감독권을 행사하고 한국은행 내부의 '은행감독원'이 집행 기능을 했다. 그런데 경제개발기 오랫동안 금융기관에 대한 주요 인사권과 정책금융에 대한 많은 업무들, 그리고 산업구조조정의 과정에서 금융기관에 대한 개입이 사실상 재무부에 의해 관장되었다. 1980년대에 들어서야 경제정책이 성장우선 정책에서 안정적 성장으로 전환되면서 금융감독 정책의 실행 측면에서 관치금융이 부분적으로 완화되었다.

1990년대 들어 개방경제체제로 전환하면서 금융의 자유화, 개방화, 규제완화가 불가피한 상황이 전개되었다. 이에 따라 금융기관의 업무가 겸업화, 다양화되었고 금융환경이 크게 변화하는 등 금융산업 및 시장과 관련된 불확실성은 과거에 경험할 수 있었던 범위를 크게 벗어날 정도로 확대되고 있었다. 이러한 상황에서 금융정책 및 감독에 관한 전반적인 권한은 재정경제원이 담당하고 있었지만, 실제 감독업무를 수행하는 기관은 은행감독원, 증권감독원, 보험감독원, 신용관리기금 및 여타 소규모 금융기관에 대한 감독기관 등으로 복잡다기하게 분산되어 있었다. 특히 이미 글로벌화되기 시작한 재벌그룹들의 경우에는 은행, 증권 등 다양한 금융수단을 활용하고 있을 뿐만 아니라 국내외 금융시장으로부터 자금을 조달하고 있음에도 불구하고 금융감독당국이 분산되어 있어 금융거래정보의 통합관리를 통한 금융시장 불안정성에 대한 대비기능 등이 취약한 상태였다.

이러한 상황에서 발생한 1997년 외환위기는 금융감독기구의 통합을 앞당기게 했다. 1997년 12월 제정된 「금융감독기구의 설치 등에 관한 법률」에 근거하여 설치된 금융감독위원회는 산하에 통합금융감독기구로 「금융감독원」을 두고 우리나라 주요 금융기관과 금융시장에 대한 감독업무를 수행하게 되었다.[10] 이 조직은 외환위기를 겪는 과정에서 충분한 준비와 검토를 거치지 못한 채 설립되었기 때문에 통합된 금융감독기구의 운영면에는 적지 않은 어려움이 있었다. 또한 금융감독 대상인 금융기관들의 경우에도 불편한 점이 적지 않았다. 특히 금융정책 관련 법률안 제출권은 재정경제부가 담당하고, 금융기관에 대한 감독, 검사 및 제재권은 금융감독원이 수행하며, 금융기관 감독 관련 규정 및 주요 위반사항에 대한 제재권은 금융감독위원회가 담당하는 체제는 금융감독위원장과 금융감독원을 1인이 겸직하는 체제만으로는 해소하기 어려운 문제점이 있었다.

이상의 문제점을 해소하기 위해 2008년 이명박 정부는 금융정책 및 감독기구간 권한 및 업무 조정을 단행하게 된다. 과거 재정경제부의 금융정책기능(금융관련 법률안제출권)과 금융감독위원회의 감독 정책기능(감독규정제정권)을 통합하여 금융위원회가 수행하게 하였으며, 금융기관에 대한 검사 및 제재권은 금융위원회 산하의 금융감독원이 수행하면서 금융감독위원장과 금융감독원장 간의 겸임체제는 해소되었다. 그리고 이러한 조직구조 변경으로 인해 금융위원회는 국회에 금융관련 법률안을 제출하는 권한을 가진 사무처 기능과 주요 법규위반사항에 대한 제재 등 금융감독업무를 수행하는 합의제 행정기구의 이원적 구조를 갖게 되었다.

마지막으로 금융위원회는 2012년 3월의 설립법 개정으로 기획재정부의 금융정책기능을 이관받아 금융정책, 외국환업무 취급기관의 건전성 감독 및 금융감독에 관한 업무에 있어 중앙행정기관의 지위를 확보하였으며, 국무총리 소속기관으로서 독립된 정부기관이 되었다.

금융위원회 설치 등에 관한 법 제2조에 의하면 이 위원회는 「정부조직법」 제2조에 따른 '중앙행정기관'으로서 그 권한에 속하는 사무를 독립적으로 수행한다. 즉 다른 '부'형 중앙행정기관에 비하여 위원회는 공정성 유지를 최우선의 조직원

10) 이러한 통합 금융감독기구는 전통적인 금융선진국인 영국의 FSA(Financial Supervisory Authority)가 모델이었다. 2000년에 설립된 것을 감안하면 시대를 앞서가는 기관이라고 할 수 있었다.

칙으로 하는 기관이다. 이 기관은, 금융 산업의 선진화와 금융시장의 안정을 도모하고 건전한 신용질서와 공정한 금융거래관행을 확립하며 예금자 및 투자자 등 금융수요자를 보호함으로써 국민경제의 발전에 기여함을 목적으로 한다.[11] 이 조직의 조직영토는 은행, 증권사, 보험사, 신용금고, 농협, 수협, 축협 등 금융기관이고, 보호하는 이익은 일반국민의 경제권이다.

2. 조직 및 인사 구조

금융위원회는 중앙행정기관과 같은 법률적 지위를 누리는 조직이지만, 주요의사결정은 다수의 위원이 합의를 하도록 하고 있다. 즉, 금융위원회는 정무직 국가공무원으로 보하는 위원장(장관급)이 외부에 대표하는 역할을 하지만, 실제로는 부위원장 이외에 다음과 같은 9명이 집합적으로 의사결정을 한다.

- 기획재정부 차관
- 금융감독원 원장
- 예금보험공사 사장
- 한국은행 부총재
- 금융위원회 위원장이 추천하는 금융전문가 2인. 이들은 고위공무원단의 별정직으로 임명된다.
- 대한상공회의소 회장이 추천하는 경제계 대표 1인. 비상임위원이다.

이들 위원은 정치적으로 독립성과 중립성이 중요하기 때문에 위원은 정당에 가입하거나 정치활동을 할 수 없으며, 개인의 이해관계가 연루되어 있는 사안에 대해서는 제척사유가 된다. 임기는 3년(1회 연임가능)으로 보장하여 임명권자의 눈치를 보지 않도록 하고 있다.

한편, 금융위원회 산하에 증권선물위원회도 둔다. 금융위원회 부위원장이 증권선물위원회의 위원장을 겸임하고 있으며, 위원의 독립성과 중립성을 보장하는 방법은 금융위원회의 경우와 유사하다. 인접한 분야의 위원회가 병설되면서 사무조직을 일부 공유하는 형태를 띤 조직이다. 일종의 복합중첩조직이라고 할 수 있다.

또한 2001년에는 금융위원회 소속으로 금융정보분석원을 설립하였다. 이 조

11) 금융위원회의 설치 등에 관한 법률 제1조.

직은 자금세탁방지를 위한 분석업무, 테러자금유통 등 범죄에 관련된 돈의 흐름을 파악하고 정보를 생산하는 조직으로서, 일반인의 금융거래와는 무관하다. 즉, 조직영토가 이들 범죄용 자금흐름으로 한정되어 있다는 특징이 있다. 이 업무는 경찰, 검찰, 국정원 등 범죄를 담당하는 기관과 특히 밀접한 관련이 있다.

금융위원회와 같은 독립규제형 위원회는 독임제에 비해서 최고층에 다수의 합의제 위원회를 둔 것 외에는, 조직 내 하부조직의 구조면에서 다른 중앙행정기관과 유사하다. 법적으로도 다른 행정기관과 마찬가지로 금융위원회의 조직 및 정원에 관하여 필요한 사항은 대통령령으로 정하도록 되어 있다. 현재는 4개의 국에 과를 두는 형태로 되어 있다. 직원은 국가공무원으로 보하고, 국가공무원법에 의한 인사행정대상이다.

금융위원회와 가장 관련이 있는 부처는 과거 경제기획원의 전통을 승계한 기획재정부이다. 과거의 재무부 기능 중 국고국(국고국 기능 중 대외채무 관련 조직인 국제금융국 포함)과 세제실 기능을 제외한 조직이 금융위원회라고 한다면, 기획재정부는 경제기획원 기능에 국고국 등 일부 재무부 기능을 이관받은 조직이라고 할 수 있다. 이로 인해 외국 정부 및 국제기구와의 관계에 있어 재무장관 역할은 부총리 겸 재정경제부 장관이 수행하고 있으며, 금융위원회는 금융정책 및 감독 기능만을 수행하는 정부기구로 축소된 상태이다. 따라서 금융위원회는 금융과 관련된 포괄적 정부기능을 수행하는 정부기구라고 하기에는 한계가 있는 조직이라고 할 수 있다.

또한 농협, 수협, 축협 등의 일부 금융기능에 관하여는 농림부, 해수부 등과 권한을 나누고 있으며, 통화정책의 수립과 관련해서는 금융통화위원회 및 이의 결정을 집행하는 한국은행이 있다. 통화정책은 경제의 기조를 좌우하는 매우 중요한 정책수단인데, 이제 과거와는 달리 중앙행정기관의 손을 떠나 독립적인 금융통화위원회가 담당한다. 즉, 정권의 정책방향과도 독립적인 화폐경제 정책을 유지하도록 하는 취지에서 독립기관인 한국은행에 소속되어 다두제 위원회 형태로 조직된 것이다.[12]

---

12) 중앙은행인 한국은행에 설치된 합의제 정책결정기구이다. 한국은행 총재의 의장을 겸임하며 국무회의의 심의를 거쳐 대통령이 임명한다. 위원의 임기는 4년이며 전원 상근직이다. 금융통

어떻든 금융통화위원회는 실제 통화신용정책 및 재정정책 등을 단독으로 집행 할 수 없다는 한계가 있다. 즉, 집행현장에 있어서 현장의 금융기관에 대한 감독기관의 협조는 필수적이기 때문에 기획재정부, 한국은행, 금융위원회는 긴밀한 협조 및 정보교환체계를 갖추고 업무를 수행하고 있다.[13)]

문제는 실물경제와 화폐경제는 서로 분리되어 작동하기보다는 조화를 이뤄야 한 나라의 경제가 잘 작동한다는 데 있다. 대통령에게 경제문제에 관하여 총괄책임이 있다고 본다면, 대통령은 경제부처를 통하여 실물경제만 챙기라는 것은 권한-책임 일치의 원칙에 어긋난다. 따라서 비록 조직구조 상으로는 금융관련조직이 대통령으로부터 독립되어 있으나, 청와대 별관회의 등을 통해 비공식적 조정이 이뤄지는 것이다.

Ⅱ. 공정거래위원회

1. 조직 발전과정

공정거래위원회는 국가가 경제문제를 전담하는 공산주의 국가에서는 필요 없는 조직이다. 하지만, 경제행위자간 자유경쟁을 인정하는 시장주의 경제체제에서

화위원회는 미국의 연방준비위원회(Federal Reserve)를 모방하여 탄생한 조직이지만, 실제로는 완전히 성격을 달리한다. 위원회는 총재와 부총재를 포함하여 7인으로 구성된다. 위원은 기재부, 한국은행, 금융위원회, 대한상공회의소 등에서 추천한 인사를 임명한다. 차관급의 대우를 받으며, 연 약 2억 7천만원을 받는 매우 특권적인 자리이다.

금융통화위원회가 경제에 미치는 영향은 매우 지대하다. 경제가 실물경제와 화폐경제로 구분된다면, 우리 몸에 피가 원활하게 흐르게 하는 것과 같은 화폐경제를 다루기 때문이다(화폐의 위력에 대해서 쑹훙빙(2007), 화폐전쟁, RHK 참조). 정부의 경제정책이 특정산업이나 지역 등을 대상으로 한다면, '기준금리'는 업종, 내외국인, 지역을 가리지 않는 무차별적인 효과를 가지고 있다. 주요 통화신용정책은 한국은행권 발행에 관한 사항, 금융기관의 최저지급준비율, 한국은행의 금융기관에 대한 재할인, 기타 여신업무의 기준 및 이자율, 한국은행의 공개시장에서의 증권매매 및 통화안정증권 발행·상환 등에 관한 사항, 금융기관의 예금 및 여신에 대한 이자의 최고율, 금융기관이 행하는 대출의 최장기한 및 담보의 종류에 대한 제한, 극심한 통화팽창기 등 국민경제상 긴급한 경우 금융기관의 대출과 투자의 최고한도 또는 분야별 최고한도의 제한 등이 있다. 이러한 분야의 정책 수립과 관련하여 금융기관에 대해 자료제출을 요구하거나 금융감독원에 대해 금융기관 검사 및 공동검사를 요구할 수 있다.

13) 실제로 영업행위를 하는 금융기관에 대한 감독과 통제는 금융감독원에서 담당한다. 금융감독원은 비법정 공공기관이지만, 금융위원회와는 분리하지 말고, 같이 생각하여 이해해야 포괄적이 된다.

는 필수적인 조직이다. 시장에서 공정한 경쟁이 이뤄지기 위해서는 경제적 약자에게 불리하게 작동하지 않도록 공정한 질서유지기능이 필요하기 때문이다.[14)]

현 공정거래위원회 조직의 모태는 1976년 3월 15일에 「물가안정및공정거래에 관한 법률」이 시행될 때 경제기획원 물가정책국에 설치되었던 '공정거래과'다. 공식적인 공정위의 시작은 1981년이라고 볼 수 있다. 이때 「공정거래법」이 제정·시행되면서 공정거래정책관이 공정거래실로 확대 개편되었고, 5월 7일에 심의·의결기구인 공정거래위원회가 발족되었다. 공정거래위원장은 당초에 경제기획원 차관이 겸임하였다. 즉 본서의 위원회 유형 Ⅷ에서 출발하였다.

1994년 12월 23일 「정부조직법」 개정으로 공정위는 경제기획원에서 분리되어 국무총리 소속의 중앙행정기관으로 독립하였다. 조직론적으로 본다면 미국 연방공정거래위Federal Trade Commission를 모델로 하고 있다고 할 수 있다. 96년 3월 8일에는 「공정위직제령」 개정으로 위원장이 차관급에서 장관급으로 격상되었고, 97년 4월에는 경제규제개혁의 총괄기능을 재정경제원으로부터 이관받았다. 99년 5월에는 방문판매 및 할부거래 관련 소비자보호 기능을 산업자원부에서 이관받았고, 2008년 2월 정부조직개편에 따라 재경부로부터 소비자정책기능을 이관받았다.[15)]

독점규제 및 공정거래에 관한 법률(약칭: 공정거래법)은 시장에서 공정거래질서를 확립하기 위해 필요한 원칙을 천명하고 있다. 이 법에 근거하여, 공정거래위원회는 모든 상거래에서 독점이나 과점을 방지하고 상거래 질서를 확립하는 경제경찰의 역할을 하는 동시에, 불공정거래의 의혹이 있는 경우나 제소가 있는 경우 조사를 하고 심판을 하는 사법기능을 담당한다. 즉, 검찰기능에 끝나는 것이 아니라, 재판기능까지 있어서 건물 내에는 법원과 같이 심판소도 있다. 최근 시장규모가 커지면서 정부가 시장을 일일이 감시하고 감독하는 것이 불가능할 뿐만 아니라, 특정 기업에 특혜를 준다는 의혹을 방지하기 위하여 합의제로 결정하는 위원회 형태를 취하는 것이다.

---

14) 임도빈(2018), 「행정학: 시간의 관점에서」, 박영사, pp. 94-98 참조.

15) 하태수(2008), 공정거래위원회의 성장에 대한 분석, 「한국사회와 행정연구」, 제15권 2호.

2. 조직 및 인사 구조

공정거래위원회의 위원은 9명이다. 3명은 상임위원이고, 나머지는 비상임위원이다. 위원의 임기는 3년(1회 연임가능)으로 하고, 다음의 경우를 제외하고는 그 의사에 반하여 면직 또는 해촉되지 아니한다.[16)]

- 금고 이상의 형의 선고를 받은 경우
- 장기간의 심신쇠약으로 직무를 수행할 수 없게 된 경우

공정거래위원회의 신분보장을 하는 것은 시장에 대한 공정한 검찰 및 재판관 역할을 하기 위해서이다. 선거에 의해 선출된 대통령의 정책방향도 '친재벌적이다', '아니다'라는 정치적 의도를 의심받을 수밖에 없는 시대가 되었다. 이처럼 민주주의가 성장한 상황에서 다두제(多頭制) 위원회의 조직형태를 취하여 공정성을 확보하려는 것이다. 특히 시장에서 분쟁이 있는 경우, 이를 위원회에서 심결(즉, 재판)하는 기능을 가지고 있다. 즉, 국무총리 소속의 준사법기관이다.

위원회는 공무원들로 구성된 조직이 모든 준비 작업을 해 주어야 비로소 잘 작동하는 조직이다. 즉, 위원 9명이 아무리 노력을 해도 직원들의 도움 없이는 업무를 추진할 수 없다. 직원들은 일반직공무원으로 충원되기 때문에, 행정기관이 갖고 있는 모든 문제에서 예외가 아니라고 생각해야 한다. 특히, 대부분의 행정조직에서 생각하듯이 조직이 어느 정도 커져야 독립성도 확보된다고 믿고 있다. 조직구성원들은 조직이 작으면 생존의 위협을 받게 되고, 이는 곧 독립성을 해칠 수 있다고 생각하기 때문이다. 이에 따라 출범 당시 경제기획원 산하의 심의·의결기구였던 공정거래위원회가 지금은 유형 Ⅱ인 장관급 중앙행정기관으로 성장하였다. 위원장은 국무회의에도 참석하여 발언할 수 있도록 하고 있다.

그동안 공정거래위원회의 정원도 발족 당시 71명에서 484명으로 증가하였다. 사무기구는 부처조직과 유사하게 되어 있으며, 역시 대통령령인 직제에 의해 규정되어 있다. 5개 지방 사무소도 두고 있고, 한국소비자원 같은 소속 기관도 가지고 있으며, 한국공정거래 조정원에도 출연금을 출연하였다.[17)]

16) 독점규제 및 공정거래에 관한 법률 제40조.
17) 조직도는 홈페이지 참조.

그러나 금융위원회의 금융감독원과 같은 집행기관이 별도로 없기 때문에 공정거래위원회 공무원들(특히 지방사무소 직원)이 현장에 출동하여 조사하는 등 직접 집행기능도 수행한다. 금융감독원이 별도의 민간조직으로 운영되어 왔던 것과 달리 공정거래위원회 기능은 중앙행정부처의 일부 기능으로 운영되어 왔기 때문에 행정위원회 하부조직에서 일하는 공무원으로 구성된 집행부기능을 두고 있다.

공정거래위원회의 하부기관은 재판계통(즉, 심판관실), 조사계통, 감독계통으로 구성되어 있다. 실제로 산업분야별로 분담을 하여 불공정거래행위에 대한 조사를 개별 부서가 직접 차후 심결과정에서 검찰기능까지 수행하도록 되어 있다. 즉, 시장 질서를 해치는 행위에 관해서 수사하는 경찰과 검찰의 역할을 겸해서 한다고 할 수 있다. 공정거래위원회의 직원은 다른 행정기관과 마찬가지로 내부에서 승진과 보직이동이 일어난다. 그런데 다수의 직원들이 같은 경제 계통의 대부처에 비하여, 승진의 기회가 낮다는 인식을 하고 있다. 공정위에서 장기 근속한 직원으로서 가장 바람직한 것으로 꿈꾸는 것은 승진을 하여 공정거래위원회 상임위원이 되는 것이다. 임기가 보장된 이런 고위직 자리는 다른 중앙행정기관에서 흔히 찾아볼 수 없는 것이다.

3. 다른 조직과의 관계

공정거래위원회가 어떤 부처와 관련을 맺는가는 공정거래위원회의 조직 영토인 상거래를 하는 모든 기업 혹은 개인을 중심으로 보면 알 수 있다. 물론 시장에서는 중소기업보다는 힘이 센 대기업이 공정거래위원회의 규제대상이 될 가능성이 높다. 그러나 중소기업도 여러 가지 불공정거래행위를 한다. 또한 다단계 판매와 전자상거래 등 최근 문제가 되는 분야가 계속 생기고 있다. 정부 부처로는 산업이나 기업들을 지원하는 산업 담당부나 건설 담당부와 관련이 있다. 국내에서 영업행위를 하는 외국기업도 대상이기 때문에, 외국과의 갈등이 있을 수 있고 이는 국제관계를 포괄적으로 전담하는 외교통상부와 관련이 될 수 있게 하는 요인으로 작용한다. 하지만 공정거래위원회가 가장 많은 관계를 맺는 기관은 소속 상급기관인 국무총리실이라고 할 수 있을 것이다.

---

http://www.ftc.go.kr/ftcinfo/organization/orgMapNew.jsp.

얼핏 보면, 규제개혁위원회와도 관련이 있을 것으로 보인다. 그런데 양자는 정부의 정책과정에서 작용하는 시간적 단계에서 구분된다. 즉, 규제개혁위원회는 시장경제의 자유를 보장하기 위하여 정부의 규제를 완화하는 '제도개혁'을 한다면, 공정거래위원회는 실제 경제현상에서 일어나는 '기업'의 불공정거래 '행위'를 바로 잡는 역할을 한다.

한편, 공정거래위원회는 불공정거래를 한 기업에 대해 부과하는 과징금과 이를 체납한 경우에 가산하는 가산금이 세입이다. 즉, 경제 법정을 통하여 처벌을 하고 이를 집행하는 권한을 통하여 자체적인 세입이 있다. 최근 경제규모가 커지고, 독과점으로 인해 발생하는 불법수입이 커짐에 따라 과징금의 액수가 늘어나고 있다. 불공정거래가 많이 일어남에 비례해서 수익이 창출되는 조직이다. 그러나 이런 수입액이 크다고 해서 공정거래위원회의 조직성과가 높다고 단정하기는 어렵다. **기관에 대한 성과평가가 이러한 숫자에 의존하면 할수록 과징금 등 실적을 올리려는 유인으로 작용한다.** 경찰의 단속 건이 많다고 해서 국내 치안상태가 양호해졌다고 판단하기 어려운 것이나 마찬가지 원리이다.

또한 환경과의 관계도 변화하였다. 대기업 등 규제대상인 시장이 개별적으로 대응하는 측면도 있지만, 다른 한편으로는 점점 조직화되는 경향이 있다. 즉, 경제규모가 커지면서 조직영토도 커지고, 조직화 정도도 심화된다. 대표적인 것이 김앤장, 태평양, 광장 등 대형로펌이다. 공정위가 의도한 것은 아니지만, 환경이 개척enacted environment된 것이다. 거꾸로 생각하면, 심각한 문제가 발생하고 있다. 공정위 퇴직자가 로펌에 재취업하여, 거꾸로 기업측의 이익을 위해서 로비활동을 벌이는 것이다. 2009년부터 2018년까지 4급 이상 퇴직공무원이 92명인데, 공직자윤리위원회의 재취업심사를 받은 사람이 47명이나 된다. 이 중 재취업 승인이 난 34명이 대기업이나 로펌에 취직한 것이다. 따라서 공정위는 이제는 대통령으로부터의 독립이 아니라 대기업으로부터의 독립이 중요하게 되었다.

Ⅲ. 방송통신위원회

1. 조직 발전과정

최근 이루어지고 있는 정보기술 및 방송기술의 발달은 가히 혁명적인 수준이다. 특히 통신기술은 과거 편지나 전화 수준에서 인터넷까지 급속히 발달하였다. Aston 학파는 조직이 사용하는 기술technology에 따라 조직 구조에 중요한 영향을 미친다는 입장을 취한다. ICT의 발달, 그리고 방송과 통신의 융합과 같은 현상은 기존의 중앙행정조직이란 틀로 담아내기엔 많은 특수성을 가지고 있다.

역사적으로 볼 때, 통신 분야는 체신청과 체신부를 거쳐 정보통신부로 변화해 왔는데 이는 전형적인 중앙행정기관의 틀에서 이뤄졌다. 특히 정보통신부는 우리나라를 ICT분야에서 눈부신 발전을 하게 한 효과적인 조직도구effective tool였다고 평가되고 있다. 예컨대, 정보통신 산업분야의 시장이 불안정하고 불확실할 때, 정보통신부에서 '장기' 계획을 세우고 사업방향을 제시하여 시장의 불확실성을 줄여주는 역할을 하였다. 즉, 단기적이고 단절적 정책문제에 대해 정부가 장기적 안정성을 줌으로써 시장에 도움을 주었다.[18)]

한편, 신문에 이어 언론매체로 등장한 방송이 라디오, 지상파 TV, 케이블 TV, 위성방송, 디지털방송 등으로 분화되며 많은 기술발전이 이루어지고 있다. 기술의 발달은 곧 인간관계의 변화를 가져오기 때문에 이에 대한 정부의 정책도 적절하게 바뀌어야 한다. 신문과 라디오 시대에는 정부가 언론의 보도내용을 통제하는 데 만족했지만, 이제는 언론매체들 간의 경쟁과 시장의 복잡성으로 말미암아 이런 단순한 정책대응은 충분치 못하게 되었다. 그 결과, 공보처, 문화공보부, 방송위원회 등 다양한 형태로 조직변화가 이루어졌다.

이 분야 정부조직의 가장 큰 변화는 2008년 이명박 정부에 들어와서 정보통신부를 폐지하고, 방송통신위원회를 독립적 행정기관으로 만든 것이다. 명분은 이 분야의 기술 융합 환경에 대응하여 방송의 자유와 공공성 및 공익성을 높이

18) 임도빈(2003), 시간길이와 부처조직운영에 관한 연구: 정통부와 농림부의 비교, 「한국행정학보」, 제37권 4호, pp. 79-101.

고 방송 · 통신의 국제경쟁력을 강화한다는 것이었다. 특히 방송통신위원회의 독립적 운영을 보장하기 위해, 대통령 직속으로 위원회를 설치하였다. 그리고 과거 정보통신부의 정보통신 산업에 대한 정책은 지식경제부로 이관하였다. 즉, 「방송통신위원회의 설치 및 운영에 관한 법률」에 의거하여 설립된 방송통신위원회는 (구)방송위원회의 방송 정책 및 규제 기능과 (구)정보통신부의 통신서비스 정책과 규제 기능을 총괄하는 규제기관으로 기능을 정비한 것이었다. 그러나 위원장 자리에 정치적으로 막강한 인사를 앉혔음에도 불구하고, 인사나 조직 면에서는 구 정보통신부 출신들이 위원회 조직을 지배했다고 보는 연구도 있다.[19)]

한편, 박근혜 정부이후 현재까지 '방송통신위원회의 설치 및 운영에 관한 법률'에 의거하여 이전 정부와 유사한 조직구조를 택하고 있다. 다만 과학기술 관련부를 신설하여 과거 정보통신부의 일부 업무를 담당토록 한 것이 다르다. 유료방송 분야의 관할권을 미래부에 소속시키는 문제를 중심으로 국회심의 시 갈등을 겪는 등, 합리적 조직개편의 논리가 없다는 비판을 받았다.[20)] 이 분야의 성격이 한 분야에만 국한되지 않고 다양한 분야에 걸쳐 있고, 다양한 이해관계자가 있기 때문에 겪은 문제이다.

방송통신위원회는 방송과 통신에 관한 규제와 이용자 보호, 방송의 독립성 보장을 위하여 필요한 사항 등의 업무를 담당하고 있으며, 그 주요 기능은 지상파 방송 및 종편 · 보도PP 정책, 방송통신사업자의 금지행위 위반 시 조사 · 제재, 방송통신 이용자 보호정책 수립 · 시행, 개인정보보호정책 수립 · 시행 및 불법유해정보 유통방지, 방송광고, 편성 및 평가정책 수립 · 시행, 미디어다양성 정책 등에 관한 사항이다.

2. 조직 및 인사 구조

방송통신위원회는 위원장을 포함한 5인으로 구성되어 있다. 관할분야가 신기술이 계속 발전하는 분야이기 때문에 전문가를 중심으로 위촉하도록 되어 있다.

---

19) 김대규 · 윤석민(2010), 방송위원회와 정보통신부의 통합과정: 인사와 조직문화를 중심으로, 「한국방송학보」, 제24권 3호, pp. 50-97.

20) 김경환(2013), 박근혜 정부 출범과 방송통신 관련 정부부처 개편, 「민주사회와 정책연구」, 제24권, pp. 73-103.

그러나 대통령을 포함하여 정치적인 세력이 편중된 영향을 미치지 못하도록 위원들 간 균형을 맞추는 방향으로 제도화되고 있다. 방송통신은 프레이밍이론framing theory에서 설명하는 바와 같이 객관적인 것이란 있을 수 없기 때문이다.[21] 특히 위원회가 방송통신 분야에서 일어나는 공정성이나 이해관계에 관한 분쟁 등을 해결하는 준사법적 기능도 가지고 있기 때문에 이 점이 매우 중요하다.

정치적 중립성을 위한 위원 구성은 위원으로 위촉될 수 있는 전문성 기준과 더불어 위원의 추천권자를 할당하는 방식으로 하고 있다. 위원장을 포함한 2명은 대통령이, 나머지 3명은 국회에서 지명하는데 그중 한 명만 대통령이 속해 있는 여당에서 추천하고 나머지 2명은 야당에서 추천토록 하고 있다. 비록 위원장은 국회의 인사청문회를 거치도록 하고는 있지만, 엄밀히 말해 5명 중 3명이 대통령의 추천을 받을 수 있기 때문에 대통령이나 집권 여당에 대하여 정치적 중립을 지킬 수 있는 조직방법이라고 볼 수는 없다. 이는 위원회의 의결방법이 과반수 이상의 찬성이기 때문에 더욱 그렇다. 다만, 정당원이나 3년 이내 특정 정파적 지지를 배경으로 임용될 수 있는 자리에 있던 사람 등은 배제토록 하고 있어, 매우 정치적인 사람이 위원이 되는 것을 막고 있다.

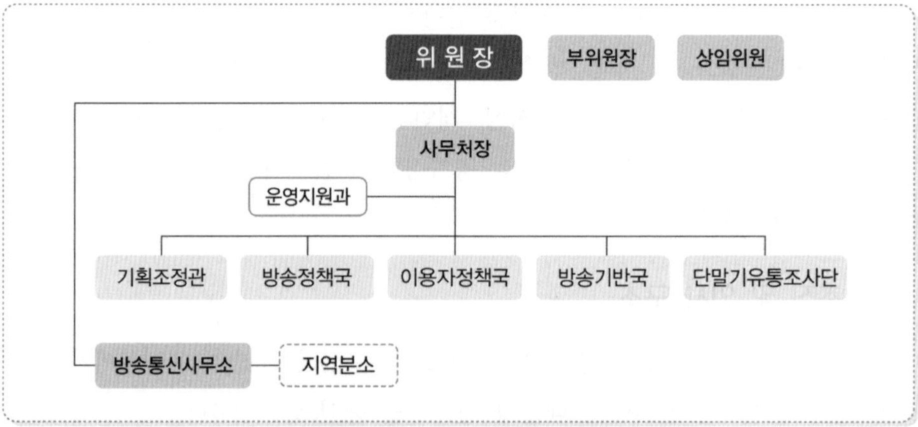

[그림 6-3] **방송통신위원회 조직도**[22]

21) 임도빈(2018), 「행정학: 시간의 관점에서」, 박영사, pp. 79-81 참조.
22) 방송통신위원회(http://www.kcc.go.kr/user.do) - 위원회소개 - 위원회조직도.

방송통신위원회는 다수의 소속기관을 가지고 있는 권력이 큰 조직이다. 대통령 직속이지만, 국무총리를 통하여 국회에 법안을 제출할 수 있는 중앙행정기관의 지위를 가진다. 위원장은 국무회의에 참석하여 발언할 권한이 부여된다.

과학기술적 측면에서 볼 때 방송과 통신이 융합되는 성향이 있지만, 이를 조직구조 상에 반영하기는 어려운 실정에 있다. 즉 방송통신위원회의 사무조직은 이들이 화학적으로 혼합되어 있는 것이 아니라, 국 단위로 병렬적으로 설치되어 있다. 예컨대, 혼합조직인 매트릭스matrix조직 형태로 작동되지 못하고 있다. 다만, 직원은 방송통신직렬의 일반직공무원으로 하되, 대통령령이 정하는 바에 따라 방송통신직렬 외의 공무원을 임명할 수 있도록 하고 있다. 즉, 방송통신직렬이 우월한 위치에 있는 조직으로, 중앙전파관리소, 위성전파감시센터와 같은 소속기관도 두고 있다. 기술의 융합이 부처 내 하부기관의 유형과 운영원리까지 바꾸지는 못한다.

비록 위원회의 업무가 중요하고 객관성을 확보하기가 쉽지는 않지만, 대통령 직속으로 놓는 것이 조직이론적으로 큰 의미가 있는 것은 아니다. 실제로는 상징성만 클 뿐이고, 대통령이 직접 관심을 갖느냐 여부는 사안이 얼마나 중요하냐의 차원과 위원장과 대통령의 친소관계 정도에 달려 있다. 국민여론 면에서 중요한 문제라면 대통령 직속으로 소속이라도 승격시키려는 경향이 있다. 하지만 제왕적 대통령이라는 비판을 받는 현 제도 하에서는 가급적 대통령 직속의 기관 설치는 자제할 필요가 있다.

한편, 방송통신위원회는 최신 통신기술의 다차원성으로 인하여 대부분의 부처와 관련이 있다고 할 수 있다. 과거의 방송통신과는 달리 1인 인터넷 방송, 소셜미디어 등의 발달 등은 새로운 문제를 야기하고 있다. 예컨대 정치적으로 민감한 사항이나 윤리적으로 문제 있는 내용을 유포하는 경우이다. 특히 콘텐츠에 관해서 과학기술정보통신부, 문화체육관광부, 교육부, 여성가족부 등과 관련이 있다.

업무를 집행하는 단계에서는 방송통신심의위원회와 깊은 관련을 맺고 있다. 이 중에서 특히 과학기술정보통신부와는 갈등의 소지를 안고 있다. 구체적으로 정보통신정책위원회 산하에 인터넷 융합정책관은 최근 IPTV 등 방송 통신 융합 매체들에 대응하고 있는 기관인 반면에, 지상파는 방송통신위원회가 관리하고 있다. IPTV와 지상파에 같은 프로그램이 나오기 때문에 프로그램 심의 결과가 과학기술부와 방송통신위원회 양쪽에 통보되어야 한다. 법률상으로도 소관 기관이 양쪽으로 나누어져 기술되고 있다. 하지만 동일한 프로그램 콘텐츠를 두고 양 기관이 관련되어 있는 것은 비효율을 낳을 가능성이 있다.

Ⅳ. 국민권익위원회

1. 조직 발전과정

국민권익위원회는 첫째, 고충민원의 처리와 더불어 이에 관련된 불합리한 행정제도를 개선하고, 둘째, 부패의 발생을 예방하며 부패행위를 효율적으로 규제하는 기능을 하는 조직이다. 즉, 국민의 기본적 권익을 보호하고 행정의 적정성을 확보하며 청렴한 공직 및 사회풍토의 확립에 이바지함을 그 목적으로 한다. 과거 국가청렴위원회와 국무총리 소속의 행정심판위원회 등 두 조직의 기능을 이어 통합된 기구이다. 구체적으로는 다음과 같은 일을 수행한다.

(1) 고충민원의 처리와 이와 관련된 불합리한 행정제도 개선
(2) 공직사회 부패 예방·부패행위 규제를 통한 청렴한 공직 및 사회풍토 확립
(3) 행정쟁송을 통하여 행정청의 위법·부당한 처분으로부터 국민의 권리를 보호

상술한 세 가지 기능은 이론적으로 모두 국민권익을 증진시킨다는 목적의 공통점은 있으나, 실무적으로 서로 깊이 관련되어 있지는 않다. 즉, 국민권익위원회는 과거 국민고충처리위원회(즉, Ombudsman)와 국가청렴위원회(즉, 부패방지위원회), 국무총리 행정심판위원회라는 세 가족이 한 지붕 밑에서 병렬적으로 동거하는 조직유형이다. 이들 행정조직이 업무를 수행하는 수준에서 서로 화학적으로 혼합될 가능성은 적다고 본다. 따라서 단일조직이라기보다는 복합조직이라고 볼 수 있다.

행정심판은 법원에 의뢰하는 행정재판으로 가기 전에 이루어지는 선심적인 것으로 매우 오래된 준사법제도이다. 행정기관에 의한 처분이 부당하다고 생각하는 사람이 이용할 수 있는 제도이다. 국민권익위원회에 있는 것은 중앙행정심판

위원회이고, 각 행정기관마다 행정심판위원회가 설치되어 있다. 최근 민주화가 진행된 이후, 이를 활용하는 비율이 상당히 증가하였다.

국민권익위원회 기능 중 특히 중요한 것은 전 세계적으로 모든 정부가 당면한 문제인 공직자의 부패 문제이다.[23] 우리나라에도 공직부패를 막기 위한 각종 제도들이 도입되어 있다. 직권조사권, 공공기관 부패청렴도 조사와 결과 공표권, 제보자 보호whistleblowing policy 등이 그 예이다.

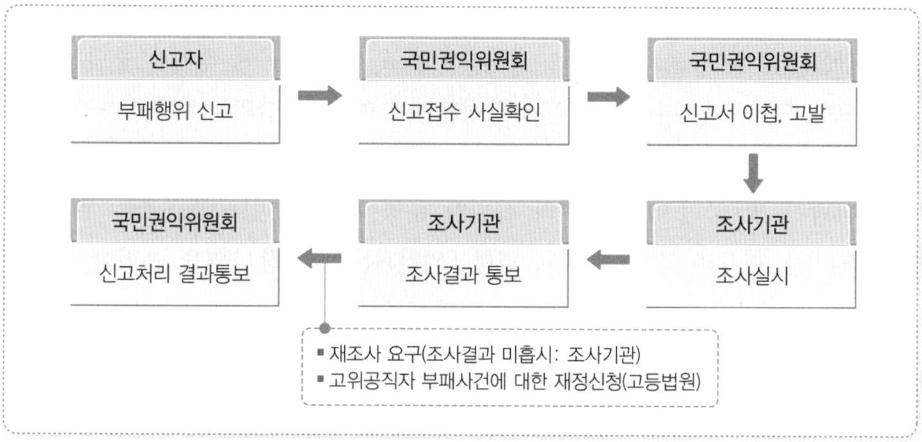

[그림 6-4] **부패 신고 절차**[24]

특히 모든 국민은 부패행위 신고나 부패행위 신고 관련 진술, 자료제출 등으로 조사에 협조한 이유로 신분상 불이익이나 근무조건 상의 차별을 당하였거나 당할 것으로 예상될 때 보호를 받을 수 있다. 즉, 국민권익위원회에 해당 불이익 처분의 원상회복, 전직, 징계의 보류 등 신분보장 조치와 그 밖에 필요한 조치들

23) 부패문제, 특히 공직부패는 행정우위 국가인 우리나라에서 중요하게 다뤄야 할 문제이다. 이 문제를 획기적으로 개선하기 위해 2001년 7월 24일 부패방지법을 제정하였으며, 이에 근거하여 2002년 1월 25일 직무상 독립성을 가진 대통령 소속하의 합의제 행정기관인 부패방지위원회가 출범하였다. 그리고 2005년 국가청렴도를 높이고 부패방지관련 업무를 효과적으로 수행하기 위해서 '부패방지'라는 소극적인 목표보다 '국가 청렴도 제고'라는 적극적인 목표달성을 위해 국가청렴위원회로 개칭된 바 있다. 이것이 이명박 정부 이후 국민권익위원회란 조직형태로 변하였다.

24) 국민권익 위원회 홈페이지 http://www.acrc.go.kr/acrc/index.do.

을 요구할 수 있다. 또한 부패행위신고로 인하여 인·허가 등의 취소, 계약의 해지 등 경제적, 행정적 불이익을 당한 때에는 국민권익위원회에 원상회복 또는 시정을 위하여 인·허가, 계약 등의 잠정적인 효력 유지 등 필요한 조치를 요구할 수 있다.

2. 조직 및 인사 구조

국민권익위원회는 부패방지 및 국민권익위원회의 설치와 운영에 관한 법률에 근거하여 국무총리 밑에 설치한다. 모든 공공기관, 행정기관, 공직자, 심지어 기업 및 민간을 조사와 규율의 대상(즉, 조직영토)으로 하기 때문에 정치적 중립성이 매우 중요한 요건이다. 따라서 독임제 행정기관이 아니라, 합의제 위원회 구조를 택한다.

부패방지 및 국민권익위원회의 설치와 운영에 관한 법률 제13조는 위원회의 구성 원칙을 다음과 같이 밝히고 있다. 위원회는 위원장 1명을 포함한 15명의 위원으로 구성하되 여기엔 부위원장 3명과 상임위원 3명이 포함되어 있다. 그런데 3인의 부위원장은 본 위원회가 포괄하고 있는 3가지 주요 기능(즉, 고충민원, 부패방지 업무 및 중앙행정심판위원회의 운영업무)를 각각 하나씩 분장하여 위원장을 보좌한다. 이 중 중앙행정심판위원회의 구성에 관한 사항은 「행정심판법」을 따르고 있다. 국민권익위원회의 부위원장 중 1명이 위원장으로 있는 중앙행정심판위원회는 위원장 1명을 포함하여 70명 이내의 위원으로 구성하되, 위원 중 상임위원은 4명 이내로 하고 있다.

상임위원은 일반직공무원으로서 위원장의 제청으로 국무총리를 거쳐 대통령이 임명하며 3년의 임기를 보장하고 있다. 비상임위원은 위원장의 제청으로 국무총리가 성별을 고려하여 위촉하여 2년의 임기를 보장한다. 위원의 자격요건에 전문성을 기준으로 할 것이 명시되어 있고 위원들은 법에 명시된 특별한 사유가 없으면 임기 중 면직 또는 해촉되지 않도록 하고 있는데, 이는 모두 직무상 독립성을 확보하기 위한 조건들이라 할 수 있다.

위원회가 다루는 정책분야가 광범위하므로 전문분과위원회로 나눠져 있다. 구체적으로 일반행정 및 사회분야, 경제분야, 건설분야, 경찰분야 등이다. 위원회의

의결은 출석위원의 과반수 찬성으로 이뤄진다.

위원회 활동을 보좌하기 위하여 설치된 사무국은 각각 3명의 부위원장 밑에 국의 형태로 되어 있다. 부패방지관련 국의 하부조직은 부패문제에 취약한 분야를 총망라하는 방식으로 되어 있다. 부패방지국은 정책 과정 중심으로 되어 있고, 고충처리국은 건축 민원, 행정문화교육, 경찰, 국방보훈 등 분야별로 과가 조직되어 있다. 행정심판국도 마찬가지의 형태로 구성되어 있다. 이런 측면에서 볼 때, 제5장에서 설명한 참모기관의 종분할구조 원리와 같은 방법으로 하부기관이 조직되어 있는 것이다. 차이점이 있다면, 참모기관은 다른 행정기관을 조직 영토로 하여 이를 지원하는 것에 그치지만 이 위원회는 조사와 심결을 하는 기능까지 가지고 있다.

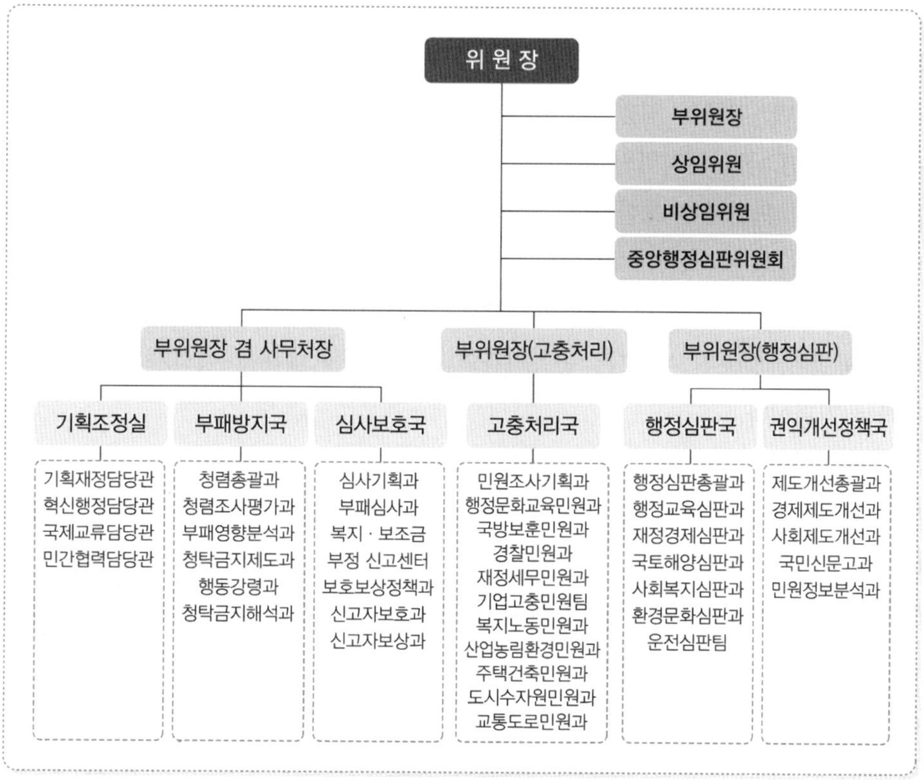

[그림 6-5] **국민권익위원회 조직도**[25)]

또한 '부패방지 및 국민권익위원회의 설치와 운영에 관한 법률'은 대법원, 헌법재판소, 지방자치단체 등에 동위원회와 유사한 기능을 하는 합의제위원회를 설치하도록 강제하고 있다. 이들 기관에 설치되는 위원회는 국민권익위원회가 정하는 바에 따라 운영되고 그 규범에 따르도록 되어 있다.

3. 다른 기관과의 관계

국민권익위원회는 부패 및 국민권익문제에 관해서 모든 공공기관과 관계를 맺고 있다고 할 수 있다. 즉, 모든 행정기관(즉, 공직자)이 조직영토라고 할 수 있다. 특히 부패문제와 관련하여 이 위원회가 관련을 갖게 되는 행정기관은 경찰, 검찰, 감사원, 국무총리실, 대통령실, 국정원 등이다. 이들 모든 기관은 공직자 감찰이라는 활동 측면에서 서로 중복된다. 재판까지 가는 경우는 고등법원과도 관련이 있다. 행정심판에 관한 것은 그에 불복하는 사람이 법원에 제소할 경우에는 행정법원과 순차적으로 연결된 의존관계이다. 이는 직접 상호작용이 일어나는 관계가 아니며, 피해를 입었다고 주장하는 사람들이 가지는 신뢰에 관한 것이다.

넓게 보면, 국민권익위원회의 업무 대상은 모든 공공기관, 행정기관은 물론이고, 기업이나 민간까지 포함한다. 국민권익에 관한 한, 다툼에 가해자와 피해자가 관·민 모두 될 수 있기 때문이다. 나아가 모든 준사법기관의 행위에 대해서도 권익이 침해되었다고 보면 국민권익위원회에 조사를 요청할 수 있다. 따라서 금융위, 공정위, 방송위 등 모든 공공기관의 결정행위에 대해서 이의가 있을 때 활용되는 기관이다.

중요한 것은, 국민이나 공직자 입장에서 보면, 국민권익위원회가 경찰, 검찰 등 다른 기관에 비하여 이용하기 가장 안전한 기관이다. 왜냐하면, 다른 기관에 비하여 조사의뢰자의 신분보호 등이 가장 철저하게 이뤄지기 때문이다.

국민권익위원회는 다른 집행기능이 없고 오직 이 문제만을 다루는 단일기능을 하고 있기 때문에 발생한 문제에 대한 관심도 가장 높다. **복합기능을 하는 기관에 비하여 단일기능을 하는 기관이 업무에 대한 민감도가 높은 편이다.** 특히 이 조직의 존재이유는 그동안 권리를 보호받지 못했던 소수를 보호하는 데 있으므로,

25) 국민권익위원회(http://www.acrc.go.kr/acrc/index.do) - 위원회소개 - 조직및직원안내.

다른 공공기관의 문제를 들춰내거나 시정토록 하는 데 있기 때문에 이 원칙에 더 부합된다.

실무적으로 가장 많은 관계를 맺는 기관은 소속인 국무총리실이다. '부패방지 및 국민권익위원회의 설치와 운영에 관한 법률'에 의해 이 기관이 설치되고, 국민권익위원회와 그 소속기관의 직제는 대통령령이며, 국민권익위원회와 그 소속기관의 직제 시행규칙은 총리령이기 때문이다. 위원회의 위원장은 국무위원이 아니어서 부령과 같이 가령 '위원회령'을 발할 수 없기 때문에 총리령으로 한다.

제 4 절 결론 : 위선적 조직

이 장에서 다룬 행정기관으로서 위원회조직의 가장 두드러진 특징은 이들의 담당기능, 권한과 조직구조는 다양하다는 점이다. 그럼에도 불구하고 이들 위원회의 공통점은 우선 보통 기존 행정기관이 독임제 행정기관인데 반해, 형식적이든 실질적이든 여러 사람이 합의를 하는 의사결정 구조를 가졌다는 점이다. 한국 행정조직의 대표적인 의사결정제도인 담당자들이 계서제의 지위에 따라 순차적으로 결재하여 장(長)이 최종 결정하는 품의제도와 근본적으로 다른 것이다.

한국의 전통에도 이런 합의제적 의사결정제도가 있었다. 고대의 남당회의와 화백제도, 고려시대의 도당회의와 도평의사사, 조선시대의 묘당회의, 의정부, 비변사, 내각회의 등을 예로 들 수 있다. 우리의 피 속에 흐르는 이러한 잠재력을 실현시켜 실질적 합의제 제도로 정착시키는 것이 장기적 과제일 것이다.

두 번째 특징은 중앙행정기관형 위원회든 아니면 자문위원회형 위원회든 관계없이 모두 사무기구를 통해 관료들의 자리를 늘리는 경향이 있다는 것이다. 예컨대, 독립기관인 선거관리위원회는 3천 명에 가까운 큰 조직이 되었다. 독립규제기관형 위원회는 자신들의 자리도 늘리지만 소속기관(특수법인 등)을 통해서도 늘린다. 즉, 조직의 외연의 확장현상이다. **조직규모의 확장은 일정수준을 넘기면 비효율을 낳는다.** 그리고 파킨슨의 법칙이 의미하는 바와 같이 조직의 팽창 수준은 스스로 정지하지 못한다. 방법을 바꿔가면서 계속 팽창을 한다. 자본주의 시대에 정부 내 권력부처로 간주되는 경제부처가 대표적인 예이다.

구체적으로 독립규제 위원회의 예를 살펴보자. 과거 경제기획원 시대에 한 과가 하던 일, 또는 재무부의 한 국이 하던 업무를 이제 부처 크기의 독립규제 위원회가 하고 있다. 신공공관리론New public management에 의해 민간위탁, 민영화를 주장하던 장본인 격인 부처임에도 불구하고 금감원과 같이 직원 수 1,500명이나 되는 특수법인까지 만든다. 경제부처가 규모가 크고 따라서 권력이 크다고 비판을 받으면, 조직을 여러 개로 나눠서라도 커지는 것이다. **권력이 큰 부처일수록 이러한 조직위선organizational hypocrisy이 생길 가능성이 크다.**

독립규제 위원회의 조직은 앞으로도 시장에서 규제완화 요구가 높아질수록 그 역할이 더 중요해지고, 결과적으로 조직이 커질 것이다. 중앙행정조직으로부터 멀어지는 원심력이 작용하면서, 조직구성원들의 대우와 특권은 오히려 커지는 모순적 성격을 띠는 것이다. 적어도 표면상으로는 행정의 절차적 통제, 행정의 민주화, 행정의 적정화, 행정의 능률화, 국민의 권익의 보호라는 필요성으로 인해 행정절차가 중시되는데 이 조건들을 충족시키는 데 이런 위원회가 도움이 된다.[26)]

그런데 실제로는 경제관련 조직과 관련하여 몇 가지 문제점이 있다. 우선 정부부처가 아닌 이런 위원회 형태로 하면, 그 독립성의 요건이 대통령으로부터 독립을 의미한다고 볼 수 있다. 하지만 실제로는 위원장의 선임부터 대통령이 하고 있으며, 상임위원의 선정 등에서 같은 성향의 인사가 안정적으로 포진한다. 즉, 대부분의 경우 위원회의 의결정족수 이상의 위원을 친여인사들이 임명된다. 그렇다면 이것이 과연 '독립'을 의미하느냐의 문제가 발생한다. 따지고 보면, 대외적으로 의사결정의 책임을 회피하는 수단으로 사용되는 경우가 많다. 독임제기관에서 기관장 혼자 책임질 경우를 집단의사결정이라는 명목으로 회피하는 셈이다.

다음으로 이런 독립성이라는 특성 자체에서 오는 문제가 있다. 시장의 논리라는 것은 자연과학에서의 문제와 같이 명확하게 떨어지기 힘든 특성이 있다. 즉, 과연 정치적 요소가 전혀 들어가지 않는 중립성이 존재할 수 있느냐이다. 어느 것이 규제에 해당하는지의 유무도 이미 정치적 선택의 문제이다. 정책에서는 경

26) 박균성(2006), 『행정법강의』, 박영사.

제가 중요한데, 경제를 대통령의 손에서 완전히 벗어나게 하여 시장의 논리에 맡긴다는 것도 실제로 실현하기도 어려울 것이고 바람직하지도 않을 것이다. 또한 이는 자칫 무책임 문제로 연결될 수도 있다.

지금까지의 경험에 의하면 이들 기관의 위원장에 (특히 대통령에 대하여) 중립적인 인사가 임명된 적이 없다. 대부분 정치인이거나 권력자에 줄을 댄 정치화된 관료politicized bureaucrats들이었다. 이와 같이 위원장이 대통령과 너무 긴밀한 관계에 있을 때, 그리고 위원회의 결정에 위원장이 결정적인 영향력을 행사할 때 합의제 위원회의 의미는 사라지게 되고, 정부 내 권력관계에서는 다른 장관이나 마찬가지가 된다. 즉, 대통령에 대해 독립이냐 종속이냐 하는 제로섬 문제가 아니라, 정치 개입의 적절한 수준을 찾는 문제가 되는 것이다.

또한 이들 조직의 힘은 실무를 담당하는 사무기구에서 나온다는 측면도 있다. 사무기구를 장악하는 방법은 이를 총괄하는 사무국장이 누구냐에 달려 있다. 보통 사무기구를 총괄하는 사무국장을 위원이 겸임하게 하면서, 위원장이 사실상 임용하는 체제로 되어 있다. 결국 사무국장은 위원장과 노선을 같이하는 사람이 되고, 결국 2인자로서 위원회와 사무기구 사이의 연결고리connecting link 역할을 하는 것이다.

게다가 위원회 업무의 독립성을 보장하기 위해서는 사무기구의 전문성이 필요하다는 입장에서 자체 사무기구를 늘리려는 힘도 항상 작용한다. 즉, 이런 기관의 독립을 위해 조직권, 예산권, 준입법권 등 자율권을 요구하는 목소리가 높다. 그리고 이런 권한을 보유한 존재로서 정부가 압력 또는 영향을 미친다는 논리가 발생한다.[27] 따라서 이러한 압력을 제어하기 위해 독립규제기관도 선거관리위원회와 같이 헌법적 차원의 높은 수준으로 더 독립기관화해야 한다는 것이다.

그러나 과도한 자율은 관료팽창을 조장하는 결과를 초래할 수 있다. 따라서 독립규제기관의 입법권을 완전하게 보장하지 않음으로써 관련 법률을 제·개정할 때

---

27) 금융 감독기구의 독립은 운영적인 측면에서 규제, 감독, 기관, 예산의 4가지로 세분할 수 있다. 여기서 규제·감독의 독립이 가장 핵심을 이루지만, '기관·예산의 독립도 결국 규제·감독의 독립을 부수적으로 지원한다는 점에서 역시 필수불가결한 것이다'라고 주장한다. 김용재(2004), 금융감독의 이상과 과제: 금융감독기구의 독립성과 책임성 확보, 「金融法硏究」, 제1권 2호, pp. 88-95.

스스로 할 수 없고 인근 장관들을 통해서 하도록 하고 있는 것이다. 즉 헌법은 국회나 대외관계에서 국무위원을 지정하도록 하고 이들이 정부를 대표하여 이런 활동을 하도록 제한하고 있는 것이다. 결과적으로 국무위원도 아니어서 국가의 최고의사결정기관인 국무회의에 참석하지 않는 위원장에게 준입법권을 부여한다는 것은 논리적으로 맞지 않게 된다. 이러한 제약이 위선적 형식주의 제도같이 보이지만 현행 법 체제에서는 불가피한 것이다.

하지만 한편으로는 실제 위원회 활동의 책임성을 확보하는 차원에서는 심각히 고민해야 하는 문제이다. 다른 행정기관을 통해 준입법권을 행사하는 것 자체가 위원회에게 권한-책임의 불일치 현상이 나타나게 하는 원인이 될 수도 있다. 또한 독임제가 아니라 합의제로 한다고 해서 그 결정이 합리성을 담보하는 것도 아니다. 예를 들어 독립규제기관형 행정위원회의 심판기능에서 절차적 합리성이 제대로 확보된다는 보장도 없기 때문이다. 결국 명확하게 설명하기 어려운 독립성이라는 특성이 또 다른 문제를 초래할 수도 있다.

제 7 장
청(廳)

중앙행정기관의 하부구조 중에서 조직을 연구하는 사람들에게 그다지 많은 주목을 받지 못하는 기관들이 있다. 이들은 '부' 수준의 행정기관보다 위상이 낮기 때문에 연구과정에서 관심의 초점이 되지 못하는 경향이 있다. 그럼에도 불구하고 이 기관들은 일반 국민들의 입장에서 보면 행정과 직접 접촉하는 창구이기 때문에 중요하다. 따라서 이들의 특성을 이해하는 것이 정부조직을 이해하는 데 도움이 된다. 특히 최근에는 이런 유형의 조직운영에 변화도 생기고 있다. 왜 이러한 현상이 생기는지에 대해서 살펴보기로 한다.

제 1 절 행정기관으로서의 청

정부조직법 제2조 2항은 '중앙행정기관은 이 법과 다른 법률에 특별한 규정이 있는 경우를 제외하고는 부·처 및 청으로 한다'고 명시되어 있다. 과거에는 외국(外局)도 있었으나, 이제는 존재하지 않는다. 청과 유사한 기능이나 조직이지만 국무총리 밑에 소속된 기관은 처라고 불린다.[1] 이들 청과 처는 다시 청을 가질 수 없지만 다른 명칭의 소속기관을 가질 수 있다.[2] 이에 비하여 부는 '청'을 가질 수 있다.

이들도 하나의 행정기관이기 때문에 다른 행정기관과 마찬가지로 관청으로서

---

1) 이명박 정부 때 식약청이 박근혜 정부 시에는 식약처가 되어 국무총리실에 소속되어 있다.
2) 예컨대 중앙기상대(현재 기상청)는 1967년에 과학기술처 소속이었다.

의 법률행위를 한다. 또한 이들은 예산과 인사행정의 주체이며, 각종 민원업무를 처리하고, 산하의 준정부조직이나 민간단체에 대한 감독도 하고 이들에게 보조도 할 수 있다.

청은 다시 지방청을 가질 수 있는데, 이때 지방청은 행정기관이 아니다. 즉, 예산과 인사의 주체가 아니다. 지방청이나 청의 소속기관 중 책임행정기관제도가 도입된 경우에는 행정기관은 아니지만 제한된 범위에서 예산과 인사의 자율성을 누리기도 한다. 최근에는 다양한 명칭의 소속기관(***원, 연구원, 시험원 등 명칭은 다양)들이 설치되고 있지만, 행정기관인 소속기관은 처와 청 두 가지뿐이다.

"행정기관의 조직과 정원에 관한 통칙"에 의하면 행정기관을 설치하고자 하는 경우에는 다음과 같은 요건을 갖추어야 한다.

(1) 업무의 독자성과 계속성이 있을 것
(2) 기존행정기관의 업무와 중복되지 아니할 것
(3) 업무의 성질과 양으로 보아 기존행정기관의 기구 개편 등으로 그 업무를 수행할 수 없을 만한 타당성이 있을 것

따라서 청이나 외국들은 기본적으로 이러한 요건을 갖추고 있어서 설치된 것이라 할 수 있다. 이외에도 부 안에서 한 개의 국으로 하기에는 그 업무량이 너무 많은 경우에도 청을 설치한다.

실제로 청을 설치한 가장 큰 목적은 청 조직이 경제발전의 수단으로 간주되었기 때문이라 할 수 있다. 즉, 정부가 경제발전을 주도하던 시대에 이를 분야별로 맡아서 추진했던 행정기관들이 바로 청이었다. 이하에 경제개발과 관련이 있는 청들의 설립연도들을 보면 다음과 같다.

〈표 7-1〉 청의 설립연도(초기)

설립연도	청
1951	전매청(1989년 담배인삼공사, 현 KT&G)
1961	조달청
1962	농촌진흥청
1963	노동청, 철도청(현 코레일)

1966	국세청, 수산청(현재 해양수산부), 산림청
1970	관세청, 병무청
1973	공업진흥청(또는 중소기업청), 공업단지관리청(현재는 없음)
1975	해운항만청(현재 해양수산부)
1977	특허청
1979	환경청(현재 환경부)

이상은 70년대까지 생긴 청만 나열한 것이다. 이들은 모두 60년대와 70년대 특히 70년대 전반까지의 시기에 집중적으로 생겨났다. 그래서 우리는 당시의 정부가 공기업과 더불어 이들 청을 경제개발의 중요한 수단으로 생각했다는 것을 알 수 있다. 이들의 가장 중요한 기능은 정부조직의 최하위층에 있으면서 경제개발계획의 집행에 일익을 담당하는 것이었다. 당시 민간부문이 발달하지 않았기 때문에 현장에서 정부의 정책 집행기능을 실행하는 조직이 필수적으로 필요했던 것이다. 다른 말로 하면 이들은 그 업무가 경제활동의 성질을 가지고 있었기 때문에 부에서 분리된 것이라 할 수 있다. 여기서 경제란 일종의 사업적 성격을 가졌다는 것을 의미한다. 그리고 많은 경우에 이들의 업무는 그들 나름대로 특별한 기술이나 전문지식을 필요로 하거나, S.O.P가 잘 발달되어 있어서 루틴적으로 할 수 있는 성질의 것들이다. 즉, 부는 정책결정에 관한 일들을 주로 하는 데 비하여, 청과 처는 집행업무를 하는 때가 많다. 물론 정책이 무엇인가라는 정의definition에 달려 있는 문제이기는 하지만, 청과 처가 정책적인 일이나 규제적인 일을 전혀 하지 않는다는 것은 아니다.

일반적으로 청의 직원들은 '부'의 승격을 염원한다. 조직의 위상이 높아져야 권력이 커진다고 생각하기 때문이다. 이 중에서 현재 부로 승격된 것은 수산청, 노동청과 환경청 등이다. 이들은 앞서 설명한 경제발전시기의 전통적인 경제와는 조금 거리가 있는 것들이다. 민주화와 환경 문제의 중요성으로 인해 정책이슈화가 이루어지면서 이에 힘입어 승격된 조직이다.[3)]

3) 임도빈(2014), 중앙부처조직의 개편에 관한 연구: 역사적 시각에서, 「한국조직학회보」, 제11권 1호, pp. 1-45.

해운항만청은 한때 해양수산부로 승격되었다가 이명박 정부 때 국토해양부로 다시 편입되었고, 이후 박근혜 정부 때부터 다시 해양수산부로 돌아왔다. 이는 대선시 영남의 표를 얻기 위해 선거공약으로 내세운, 즉 정치적 이유 때문에 부로 승격된 사례라고 할 수 있다.[4)]

한편, 수입을 창출하는 사업성이 높은 청은 NPM의 영향으로 공사화되는 경향이 있다. 즉, 효율적인 정부조직을 요구하는 세계적 추세로 기업형 청은 관료조직으로부터 탈퇴해야 한다는 이유로 개혁의 대상이 되기 쉽다. 1948년 정부수립시 재무부의 한 국(局)으로 시작하여 담배를 독점적으로 생산하고 판매하던 전매청은 담배인삼공사로 공사화되었다. 이는 다시 1989년 민영화를 거쳐 적어도 법적으로는 정부조직 밖으로 밀려났다. 철도청 역시 이후 철도공사(코레일)로 조직이 변화하였다.

이들을 제외하고 현재까지 청으로 남아 있는 기관들에서 찾아볼 수 있는 하나의 공통점은 규제적 기능을 한다는 점이다. 그리고 또 하나의 공통점은 전국의 지방에 지방청 내지 출장소를 가지고 현장에서 업무를 집행하는 유형이라는 점이다. 즉, 집행의 범위인 조직영토organizational field가 전국이다. 이러한 조직들은 업무량 과다를 이유로 지방청을 늘리고, 조직규모를 늘리려는 경향이 있다. 소속된 부와 청 간에는 일종의 기획과 현장집행이라는 수직적 분업의 원리가 작용하고 있다고 할 수 있다. **현장집행형 특별지방행정기관을 가진 청이 그렇지 않은 경우보다, 청으로서 존속될 가능성이 더 높다.**

과거 한국 행정조직에 있었던 외국은 행정기관에 있는 내국과 달리 행정관청이었다. 즉, 국장의 급이 낮을 뿐, 상술한 청이 가지는 특성을 모두 가졌다. 하지만 최근에는 정부조직에서 외국이 사라졌다. 정부 역사상 외국으로 오래 존재했던 것은 문화재관리국과 수로국이다. 문화재관리국은 원래 1961년 문교부의 외국으로 설치되었다. 그런데 정부부처가 개편되고, 신설되면서 이 외국은 자동적으로 소속을 문화부(1968년), 문화체육부(1989년), 문화관광부(1998년)으로 옮겼다가 1999년에는 문화재청으로 승격되었다. 수로국은 1963년 교통부의 외국으로 설치

---

4) 임도빈(2014), 중앙부처조직의 개편에 관한 연구: 역사적 시각에서, 「한국조직학회보」, 제11권 1호, pp. 1-45.

되어 수로(水路)를 관리하였다. 본부의 과와 더불어 2개의 지방출장소까지 있는 외국이었으나, 1996년 해양수산부의 출범과 함께 국립해양조사원에 흡수되었다. 두 개의 외국 모두 좁은 의미에서 경제집행적 성격을 갖지는 못하였고, 체계적인 특별지방행정기관도 갖지 못하였다.

외국은 청보다는 지위가 낮아서 조직으로서 생존력이 약하였다. 관료들은 가능한 한 자기의 조직을 상급조직으로 격상시켜려고 하기 때문에, 외국과 같은 지위는 별로 매력적이지 못한 것이다. '국'은 행정기관의 보조기관으로도 쓰이는 개념이라서 대외적으로 더 낮아보이는 위험성이 있다. 따라서 정부조직의 형태로서도 자취를 감추게 되었다.

제2절 청 제도의 특성

Ⅰ. '일반'청의 설치 이유

청은 1970년대까지는 주로 경제부처에서 발달했지만, 그 이후에는 비경제부처에서도 설치된다(<표 7-2> 참조). 이를 환경결정론적 해석으로 살펴보면, 한국의 경제가 성장하면서 동시에 사회가 복잡해지고, 이에 따라 국가행정이 개입해야 되는 분야도 다원화되었기 때문이라고 볼 수 있다.

한편, 관료제 자체의 팽창 경향에서도 설명을 찾아볼 수 있다. 청이 생기게 되는 경로를 보면, 처음에 부의 내국으로 있다가 2개 국 정도로 성장한 다음에, 외부로 독립해 나오면서 청이 되는 일이 많다. 2개의 국이 되는 대신 외국이나 본부가 되었다가 독립해 나오는 경우도 있다. 예컨대, 경찰청의 경우 1948년부터 1974년은 내무부 치안국이었고, 1974년부터 1990년까지는 치안본부로 있다가 청이 되었다. 물론 이들 단계마다 국민들의 관심을 끄는 대형사건이 있었다.[5)]

이들은 집행기능을 주로 하고 있고, 전국을 조직영토로 한다는 점에서 '일반'청이라고 할 수 있다. 이런 기능상의 특징이 있음에도 불구하고, 조직론적 입장

---

5) 임도빈(2014), 중앙부처조직의 개편에 관한 연구: 역사적 시각에서, 「한국조직학회보」, 제11권 1호, pp. 1-45.

에서 본다면 조직팽창의 산물이라고 볼 수 있다. '일반'청은 전국을 관할구역으로 다시 나눠 지방청을 두는 경향이 있다. 즉, 지리적 분산조직구조geographical structure를 갖는다.[6)]

여기서의 관건은 각 지방청에 조직·인사·재무 등 일반보좌기능을 담당하는 하부조직을 두느냐이다. 효율성이 문제가 되는데, 대체로 우리나라의 청들은 규모가 작기 때문에 중앙에 있는 본청이 지방의 조직·인사·재무를 총괄하는 집권형 구조를 취하고 있다.

〈표 7-2〉 **청의 설립연도(최근)**

설립연도	청	비 고
1990	통계청, 기상청	2005년 통계청이 차관청으로 격상
1991	경찰청	
1996	중소기업청, 식품의약품안전청, 해양경찰청	공업진흥청은 중소기업청에 흡수, 식약처로 소속변경
1999	문화재청	
2004	소방방재청	문화재청이 차관급으로 격상
2006	방위사업청, 행정중심복합도시건설청	
2013	해양경찰청 새만금사업청	해양경찰청은 2014년 세월호사건으로 국민안전처 소속 본부로
2018	소방청 해양경찰청	국민안전처 폐지로 각각 독립 국가보훈처는 장관급으로 격상 중소기업청은 중소벤처기업부로 격상

한편, 모든 국이나 본부가 규모가 성장했다는 이유로 결국 청으로 독립해서 나오는 것은 아니다. 대체로 독립해 나오는 경우는 해당 업무가 부처 내 다른 일들과의 사이에서 업무의 성질이 이질적이라고 간주되는 것들이다. 분리를 하려면 분리될 대상과 그렇지 않은 부분이 명확히 구분되어야 하기 때문이다. 이런 조건을 갖추었음에도 불구하고 청으로 분리되지 못하는 경우는 조직팽창을 억제하려

6) Daft, R. L.(2010), *Understanding Theory and Design of Organizations*, South-Western Cengage Learning.

는 힘이 강하게 작용하기 때문이다.

예를 들어 우체국의 경우, 해방 후부터 체신부의 소속으로 있다가 2000년 우정사업본부가 되었다. 실제 운영상으로는 청급 이상의 규모와 조직특성을 갖추고 있지만, 법적으로는 여전히 독자적인 법률행위를 할 수 있는 행정기관이 아니고, 부에 속해 있는 소속기관이다. 비록 규모 및 집행적 업무성격으로 보았을 때, '청'이 될 수 있는 조건을 갖추었어도 소속된 모부(母部)의 전체 업무에 비하여 우체국이 차지하는 비중이 절대적이기 때문에 부의 생존을 위해 분리가 어려웠던 것으로 해석된다. 청으로 승격하는데 대한 억제의 힘이 크거나 너무 작으면 청의 승격이 불가능하다.

청으로 승격하는 것은 기구가 확장되는 것이기 때문에 부의 인사문제를 푸는 방법이 된다. 항상 승진을 소망하는 관료들에게 청으로의 승격은 인사의 숨통을 트는 기회가 된다. 소속된 부에 남는 공무원들은 새로 생기는 청을 자신들의 부하로 생각한다. 특히 고위직의 경우 본청에 승진할 자리가 없으면, 청장으로 나갔다가 추후에 본청의 차관(혹은 장관)으로 돌아오는 것이 전형적인 경력발전경로가 된다. 이에 따라 부 중에서 힘이 센 경제부처의 고위직들이 청장으로 임명되는 경우가 지배적이다. 청의 핵심기능과 관련된 전문성과 관계가 없는 인사로서 합리적인 조직관리라는 측면에서 바람직하지 못하다. 청장으로 임명되는 순간부터 이미 서울로 승진하여 올라갈 것만 생각하고 근무하는 것 같이 행동하는 청장도 있다.[7] 이런 사람일수록 업무수행 중에도 위만 바라보기 때문에 권한-책임 불일치의 결과를 초래하는 행태를 보일 가능성이 높다.

청으로 승격되는 경우 나가는 직원들도 적어도 청으로 승격된 순간부터 수년간은 인사숨통이 트이게 된다. 따라서 관료들은 국의 청 승격에 대해서 찬성하는 경향이 있다. 그런데 청으로 승격이 된다고 하여 그 상태에 만족하는 것은 아니다. 청장의 직급 수준에 따라 조직의 영향력이 다르기 때문에 1급 청보다는 차관급으로 승격되기 위해 많은 노력을 기울이기도 하였다. 그 결과 2005년에는 모든 청장이 차관급으로 격상되었다. 또한 여기서 그치지 않고 '부'로의 승격도 희

---

7) 임도빈(2005), 시간관리측면에서 본 조직분석: P청 사례, 「행정논총」, 제43권 3호.

망한다.

이에 반해 정부차원에서는 부의 숫자를 억제하려는 힘이 강하기 때문에 내부적으로 승격을 도모하기가 쉽지 않다. 따라서 대선과 같이 정치적으로 큰 이슈가 있을 때마다 정치적 분위기를 타려고 하는 경향이 있다. 행정합리성의 기준으로 관리되어야 할 정부조직이 정치합리성의 지배를 받으려고 하는 것이다. 이 경우 권한-책임 일치의 원칙이 지켜지지 않을 가능성을 이미 배태하고 있는 것이다.

Ⅱ. 특수목적의 청

최근 상술한 바와 같은 일반적인 기능을 담당하는 청 이외에 특별한 목적을 가지고 신설되는 청이 등장하기 시작하였다. 이는 특별법에 의해서 신설되는 청을 의미하며, 이들은 주로 국토교통부에 소속되어 있다. 새만금개발청과 행정복합도시건설청이 그것이다.

「새만금사업 추진 및 지원에 관한 특별법」 제34조에는 새만금개발청을 설립하도록 하고 있다. 이는 특별법이기 때문에 일반법에 우선하여 적용되는 법이다. 즉, 동법은 '새만금사업에 적용되는 규제 특례에 관하여 다른 법률에 우선하여 적용한다. 다만, 다른 법률에 이 법의 규제 특례보다 완화된 규정이 있으면 그 법률에서 정하는 바에 따른다'라고 되어 있다. 이에 따라 새만금개발청의 직제가 발효되었고, 2개의 국과 직원 118명을 보유한 청 조직이 운영되고 있다.

행정복합도시건설청도 유사한 목적에서 설치되었다. 이른바 신행정수도로 개발된 세종시에 관한 업무를 보는 청으로서, 지리적 공간을 주로 세종시로 한정하고 있다. 「신행정수도 후속대책을 위한 연기 · 공주지역 행정중심복합도시 건설을 위한 특별법」 제38조에 따라 행정복합도시건설청이 설치되었고, 2개 국, 123명으로 된 청이 되었다.

'일반'청에 비해 이들 '특별청'은 다음과 같은 특징을 가지고 있다.

– 지리적 조직영토를 한반도의 특정한 일부 구역에 한정하고 있다.
– 여러 기능이 복합적이지만, 그중에서 국토건설이 주요 기능이다.
– 어느 특정시점을 지정하지는 않았지만, 특별법이 폐지되는 때까지의 한시적

인 존재기간을 가진다.
- 소재한 지방자치단체와의 긴밀한 협조를 필요로 한다.

그런데 이들이 조직의 목적을 달성하는 데에는 소속부인 국토교통부 이외에도 환경부, 기획재정부 등 다른 부처의 협조가 필요하다. 특별법에 명시된 특수한 목적을 달성하기 위해 차관급인 '청'으로 과도하게 승격을 시켜 놓았지만, 실제로는 업무수행과정에 필요한 중앙행정기관의 원활한 협조를 충분히 얻지 못하고 있는 것이다. 이러한 조직 간 협조의 문제가 드러나자, 옥상옥으로 상위기관에 조직을 신설하는 것을 해결방안으로 찾기도 한다. 국무총리실에 새만금지원단을 신설한 것이 그 예이다.

또한 이들 청은 '청'으로 하기에는 조직의 규모가 작은 것도 문제이다. 단지 직원들의 직급만 올려놓는 결과를 가져왔을 뿐이다. 결과적으로 '특별'청은 '일반'청과는 달리 행정조직관리의 비효율성을 드러내는 예라고 생각한다. 특별법이라고 해서 그 업무를 수행할 기관을 특수한 방식으로 조직하는 것은 바람직하지 못하다. 정부조직법 체계에서 일반적으로 관리되는 것이 바람직하다.

Ⅲ. 부와 청과의 관계

처 혹은 청으로 분리되어 중앙행정기관이 되는 것을 원하는 것은 '부'의 소속에 있을 때에 비하여 자율성이 신장되기 때문이다. 그런데 처와 청은 대부분의 활동을 자기의 뜻대로 할 수 있지만 다음과 같은 측면에서는 소속된 부나 원의 감독을 받게 되어 있다.

부의 장관 및 국무총리는 청(처)에 대하여 중요정책사항에 대하여는 자신의 승인을 받도록 요구한다. 예를 들면 청의 각종 기본계획의 수립과 변경, 국제협력에 관한 계획의 수립 그리고 국제기구에의 가입이나 협정체결의 추진은 승인을 받을 것을 요구하고 있다. 그리고 다음과 같은 사항들은 장관에게 보고해야 할 사항으로 되어 있다.

(1) 대통령 및 장관의 지시
(2) 주요사항에 대한 심사분석

(3) 사회적으로 물의가 있거나 중요한 민원사항
(4) 소관업무에 관하여 제의를 받았거나 입수한 국제협력에 관한 주요 정보
(5) 산하단체의 업무 중 특히 중요한 사항
(6) 대통령·국무총리 및 그 직속기관과 국회·감사원 등에 보고하거나 제출하는 자료 등 특히 중요하다고 인정되는 사항

이상과 같은 정책 또는 집행 분야뿐만 아니라 장관은 행정관리의 분야에 있어서도 다음과 같이 간섭하고 있다. 첫째로 예산분야에서 주요 업무계획을 승인받아야 한다. 그리고 매년 예산실에 제출하는 예산요구서도 승인받아야 하며, 연도 중에 예비비를 사용할 일이 있으면 이것도 사용요구서에 대한 승인을 받아야 한다. 그리고 지출, 세입, 세출의 결과 등은 보고를 해야 한다.

둘째로 인사 부문을 살펴보면, 4급 이상 공무원의 직무대리명령, 승진임용과 전보 등은 전부 장관의 승인을 요한다. 그리고 5급 이상 공무원의 특채, 특별승진, 전직의 시험 등은 장관을 경유하여 총무 담당부처에 요구하게 되어 있다. 5급 이상 공무원의 징계요구, 전출입의 요구 및 동의 등도 장관을 경유하게 되어 있다. 5급 이상 공무원들의 전보 상황에 대해서도 이를 장관에게 보고하게 되어 있다.

부의 간부들과 청의 간부들 사이에는 일반직원들에 비하여 인사교류를 하는 경우가 상대적으로 많다. 이런 경우에는 4급 이상을 대상으로 하게 되며, 이에 관한 권한은 사실상 장관에게 있다고 보는 것이 옳다. 그러나 청과 청 사이에는 설혹 같은 부의 소속이라 하더라도 인사 교류가 이루어지지 않는 것이 현실이다. 부(원)와 청 사이의 인사 교류가 이루어지는 경우에는 청이 그 부(원)의 인사를 풀기 위한 장치로서 가능하다. 그리고 일반적으로 공무원이 부에서 자기의 경력을 시작한 경우에는 청으로 갈 수 있는 가능성은 많지만, 그 반대는 가능성이 희박하다.

다음으로 조직 관리의 분야에서도 총무 담당부처에 연도별 또는 수시로 제출하는 직제개정안을 소속장관을 경유해야만 제출할 수 있게 되어 있다. 이때 "경유"라고 하는 것은, 많은 경우에 실제로는 승인을 의미한다. 부에 따라서는 소속된 청에 대한 감독이나 그 분야의 정책입안을 전문적으로 보조하기 위한 부서가 내부에 설치된 것들이 있다. 예를 들면 기획재정부의 세제실(즉, 국세청 담당)이나

법무부의 검찰국(즉, 검찰청 담당) 등이 그런 것들이다.

이상과 같이 청은 부에 대한 의존성이 매우 높다. 새로운 일을 하려면 언제나 부의 통제를 받게 되어 있다. 그리고 관례적인 일에 있어서도 여러 가지 제약이 가해지고 있다. 청이 독립적으로 행사할 수 있는 힘은 배정된 재정의 집행부분이다. 그리고 자기의 훈령과 예규를 통해서 새로운 관행을 만들어 나갈 수 있다는 점도 중요하다. 그러나 처와 청은 그 상위규범인 부령, 총리령, 대통령령, 법률 등을 제정하거나 개정하려면 반드시 직속상관인 장관의 지원을 얻어야 한다. 앞에서도 말한 바와 같이 이들 규범을 바꾸는 데는 국무회의의 심의가 필요한데, 청장은 국무회의의 구성원이 아니기 때문이다. 따라서 청에 대해서는 국회 등 정치권으로부터의 지원도 약하다.

부(원)에서 청에 대해 실시하는 이러한 감독의 이유는 직접적으로는 부(원)에 소속되어 있다는 사실도 있지만, 정부조직법상 그렇게 한 이유는 행정부의 국회에 대한 책임에서 찾을 수 있다. 국회는 대통령에게 국무위원인 장관에 대해서만 해임건의를 할 수 있게 되어 있다.[8] 다시 말하면 국무위원만이 국회에 대한 책임을 지게 되어 있다. 그리고 장관의 입장에서 보면 대통령에 대한 책임도 자기가 져야 한다고 생각한다. 청장은 국무회의의 구성원도 아니며, 다만 청에 관련된 안건이 토의될 때 배석하여 발언할 수 있을 뿐이다. 즉, 결과적으로 청장의 책임도 장관이 함께 지고 있기 때문에 이러한 감독이 이루어지는 것이다.

Ⅳ. 청과 처의 유사조직

앞서 청을 설치하는 목적은 이들에게 자율권을 주고자 하는 데 있다고 하였다. 즉 부 안에서 다른 국들로부터의 견제나 장관까지의 결재과정에서 오는 상대적 매몰성으로부터 해방시키고자 하는 것이다. 그렇게 함으로써 오히려 더 강력한 추진력을 얻게 된다. 그러나 전술한 대로 실제로는 청으로 승격된 이후에도

8) 헌법 제63조 국회의 해임건의안의 경우 그 대상이 국무총리 또는 국무위원으로 제한된다. 2016년 5.18기념식에서 '님을 위한 행진곡'을 제창이 아닌 합창으로 할 것을 결정한 박승춘 국가보훈처장의 경우 국무위원이 아니어서 해임건의 대상에 해당하지 않아서 '해임촉구결의안'이란 형태로 이뤄졌다.

소속 부나 다른 부의 간섭을 받게 되어 있다. 청의 승격이 부의 통제로부터 청 업무의 완전한 자율성을 의미하지는 않는다.

그렇다면, 처, 청이 아니면서 실제로는 청과 유사한 조직이 무엇인가 알아볼 필요가 있다. 즉, 청이 누리는 것과 유사한 정도의 자율성을 누리는 조직은 없는가? 최근 조직의 명칭과 지위가 다양해지면서 중앙행정기관이란 법적 지위는 부여받지 못하지만 사실상 유사한 조직이 많아졌다. 본부와 단, 그리고 다양한 명칭의 책임운영기관을 들 수 있다. 역사적으로는 기상청의 전신인 중앙관상대가 한때 중앙행정기관이었다.

첫째, 통상교섭본부는 법적으로는 산업통상자원부의 소속기관이다. 이 조직이 정부조직법에 규정되는 방식은 다른 부의 청과 유사하다. 그러나 본부장이 조직도표 상으로는 차관급이나 실제 비중은 장관급이라고 볼 수 있기 때문에 청장이라고 하기에는 부적합하다. 그리고 통상교섭본부에는 다른 청에서 볼 수 있는 기획조정관이나 운영지원과 같은 보좌기관이 없다. 그러나 산업통상부 공무원과 본부의 통상직렬의 공무원이 서로 인사교류가 되지 않는다는 점에서 실질적으로는 별도의 인사단위를 가지는 조직이라고 볼 수도 있다.

둘째, 다른 부처의 '본부'도 법적으로는 중앙행정기관의 보조기관이지만, 실제 조직특성으로 보면 '청'으로서의 요건을 충분히 갖춘 것이 있다. 과학기술부의 과학기술혁신본부, 행정안전부의 재난안전관리본부 등이 그 예이다.[9)]

셋째, 우정사업본부도 특수한 조직이다. 「우정사업 운영에 관한 특례법」 제2조에 따라 우편과 예금 등 법에 정한 사업을 수행하기 위한 조직으로 미래창조부 장관 밑에 우정사업본부를 두는 별도의 직제를 가지고 있다. 우정사업본부는 규모도 매우 크고 조직인사의 기본단위라는 점에서 보통의 청 이상의 조직적 조건을 충분히 갖추었다고 생각된다. 그런데 이 조직 역시 명시적으로는 중앙행정기관이 아니다. 따라서 자율성 정도는 낮다. 본부장은 차관급 정무직이 아니라

9) 박근혜 정부시 국민안전처의 해양경비안전본부도 대표적인 예이다. 이 조직은 세월호 사고 이전에는 해양경찰청이었다. 본부장은 치안총감으로 보하고, 본부에 해양경비안전국·해양오염방제국 및 해양장비기술국 등 3개 국과 기획조정관을 둔다는 점에서 청으로서의 조직규모도 갖춰져 있었다. 그리고 지방에는 이전의 지방해양경찰청과 유사한 조직을 그대로 가지고 있었다.

고위공무원단에 속하는 계약직 가급 공무원으로 보한다.

넷째, 국립수목원과 같은 많은 책임운영기관을 들 수 있다. 이들은 법적으로는 중앙행정기관이 아니지만, 조직운영 면에서는 청이 누리는 정도와 비슷한 독립성과 자율성을 누린다고 볼 수 있다. 또한 특허청은 '일반'청이지만, 책임운영기관으로 지정된 유일한 기관이다. 그 내부에 두는 하부기관구조는 다른 행정기관과 유사하지만, 운영과정에서 차이가 있다.[10)]

다섯째, 중앙행정기관인 청에 소속기관으로 있는 지방청 이외에도 '부'에 직접 속해 있는 지방청이 있다. 예컨대, 고용노동부의 소속기관으로 있는 6개 지방청이다. 이들은 이 장에서 분석한 청과 마찬가지로 본부와 직접 관련되어 있지만, 청에 속해 있는 지방청과 같은 법적 지위에 있다. 즉, 명칭이나 조직도표로 볼 때 언뜻 혼동하기 쉬우나, 엄연히 다른 지위의 조직이다.

제3절 청의 내부조직 구조

Ⅰ. 하부조직

청은 '정부조직법'에 각 부를 나열하는 조항에서 항으로 명시되어 있다. 이것은 청의 신설은 국회의 동의가 있어야 한다는 것을 의미한다. 앞에서도 언급한 바와 같이 처나 청은 언제나 국무총리나 부에 소속되어 있다. 처에도 청을 둘 수 있는가에 대해서 아직 그 선례는 없지만, 처 업무의 성격이 연구·분석 위주가 아닌 경우에는 가능하다고 생각한다. 현재도 많은 처와 청이 지방청을 가지고 있는데, 이때의 지방청은 독립된 행정기관이 아니라 소속행정기관이므로 법적 지위가 다르다.

처장과 청장은 정무직으로 하고, 차장은 고위공무원단에 속하는 별정직 국가공무원으로 보한다. 일반행정직 고위공무원인 경우 상위직인 가급으로 한다. 청에 따라서는 차장으로 임명될 수 있는 자리에 특수직렬의 고위공무원을 두기도 한다.

10) 자세한 내용은 제14장 행정조직의 행태 중 책임운영기관에 대한 설명 참조.

처와 청의 하부기관은 깊이 들여다보면, 부의 경우보다 한 단계 낮게 자리매김되는 것이 일반적이다. 처·청이 소속된 부와 총무 담당부처에서 그만큼 더 통제를 하기 때문이다. 예컨대 부·처의 기획조정'실'과 같은 것이 청에서는 기획조정'관'으로 되어 있고, 고위공무원 나급 혹은 4급으로 보하게 되어 있다. 청에도 총무과·감사담당관, 공보담당관 등과 기타 필요에 따라 다른 담당관들을 두게 되어 있다. 국장은 고위공무원단 나급으로 보하게 되어 있고, 과장은 4급으로 보하게 되어 있다. 그러나 많은 부에서 볼 수 있는 실장은 두지 않고 있으며, 국장 밑에 '**관'이라고 하여 과장 사이에 고위공무원단 직원을 추가하는 식의 계층추가는 거의 없다. 즉 대규모 '부'급 중앙행정기관에서는 국장급 이상의 고위직 자리가 많아서 국장과 과장 사이에 중간계층이 하나 더 생기는 경향이 있는데 비하여 청에서는 그렇지 않다.

청과 처도 자기의 부속기관이나 소속기관을 가질 수 있다. 따라서 직속으로 특별한 교육원도 둘 수 있으며, 또한 전국적으로 특별지방행정관서도 가질 수 있다. 문화재청이 그 산하에 많은 분야별 연구소와 사무소들을 두고 있는 것이 이러한 예라고 할 수 있다.

주목해야 할 것은 청 단위 조직에서도 직원들이 특별지방행정기관보다는 본청에서 근무하는 것을 선호한다는 점이다. 따라서 지방에서의 집행이 중요한 청에서조차도 본청의 기구는 커지고 지방은 상대적으로 작아지는 현상이 나타난다. 직원들이 본청에 자리를 하나라도 더 늘리려는 경향은 곧 조직구조에서 청의 기획기능을 강화하는 결과를 초래한다. **따라서 '부'든, '청'이든 인사상의 성향 때문에 지방조직보다는 본부조직이 커지는 구심력이 작동한다.**

청들은 보통 2개 국에서 5개 국 정도를 가지고 있다. 국과 과의 부성화 조직원리는 주요 기능을 중심으로 하는 경우, 업무과정을 중심으로 하는 경우, 고객내지 대상을 중심으로 하는 경우 등 다양하다. 이것은 청의 경우도 마찬가지이다. 업무과정process과 기능function을 기준으로 하는 예는 국세청, 관세청, 조달청 등이다. 특히 조달청은 정보화 기술을 잘 통합하여 주요 이용자들이 '나라장터'라는 온라인을 통해서 업무를 처리할 수 있게 만들었고, 이에 따라 이들의 돈과 시간이 많이 절감된다.[11]

특허청은 특허가 출원되는 산업분야별로 조직되어 있으며, 국의 숫자와 상위직이 많은 것이 특징이다. 박사나 변호사 등도 많이 있다. 전문성을 중시한다는 점에서 일종의 연구소 조직과 같은 형태를 띠고 있으나, 실제로는 이를 명분으로 과도한 관료팽창을 한 면도 보인다. 이 점에서는 통계청도 마찬가지이다. 기상청도 기상에 관한 전문가가 많은 것이 공통점이지만 일반행정직도 상대적으로 많은 편이다. 이에 따라 여기서는 일반직과의 갈등, 특정 학교출신의 지배현상 등의 문제를 가지고 있다.[12)]

법제처는 정부기관을 몇 개씩 묶어서 과를 조직한다는 점에서 지원기관에서 설명한 예산실, 조직실과 같이 전형적인 종분할형의 참모형 조직이다. 각 중앙행정기관이 법안을 제개정할 때마다 법제처의 심사를 받아야 한다는 점에서 모든 행정 각 부는 법제처와 순차적 의존관계에 있다고 해야 할 것이다.

식약처와 국민안전처는 박근혜 정부에서 '처'로서는 처음 시도하는 조직형태이다. 모두 지방에 집행조직을 가지고 있는 상대적으로 큰 조직인데, 부처간 관할권 다툼 때문에 '처'가 된 조직이다.

이들 집행형 청은 현장에 있는 직원, 즉 지방청의 직원들의 역할이 중요하다. 따라서 기회가 있을 때마다, 현장인력의 부족을 호소한다. 특히 현장에서 커다란 사건이 생길 경우, 여론의 집중을 받지만 이러한 관심을 계기로 조직을 팽창시키는 경향이 있다. '위기가 기회'라는 말이 조직팽창에 기여하는 기본 메커니즘 중 하나이다. 전술한 대로 직원들이 현장보다는 본부근무를 선호하는 일반적 경향에도 불구하고, **현장에서 단속 및 집행을 중시하는 청일수록 규모면에서 본청 조직보다는 소속기관으로 특별지방행정기관의 비중이 커져야 한다.** 경찰청, 해양경찰청, 검찰청, 국세청, 관세청, 소방청 등이 그 예이다.

청의 지방 소재 조직(즉, 특별지방행정조직)은 지방자치단체와 밀접한 관계를 맺을 수밖에 없다. 예컨대, 지방국세청은 지방자치단체의 경제부서, 지방세과 등과 업무상 관계가 있다. 이들은 현장에서 집행을 담당하는 관할구역이 중첩되기

11) Tobin Im et al.(2007), IT and Administrative Innovation in Korea: How Does IT Affect Organizational Performance?, *Korean Journal of Policy Studies*, 21(2), pp. 1-17.

12) 임도빈 외(2013), 「공직사회의 낭중지추를 찾아서」, 법문사.

때문이다. 그러나 청장 또는 처장은 지방자치단체에 대한 감독권은 없다. 왜냐하면 정부조직법에서 "각 부 장관은 지방행정의 장을 지휘·감독할 수 있다"고 규정하여 지방자치단체에 대한 감독권을 장관에게만 두고 있기 때문이다. 이들이 지방자치단체에 대한 감독을 하려면 직속상관인 소속장관을 통해서만 가능하게 되어 있다. 이러한 경직된 제도는 오히려 이들과 지방자치단체 사이의 협조를 저해하는 요인이 된다.

Ⅱ. 권력기관형 청의 구조

청은 기업적 성격을 띤 것과 국민에게 공권력을 행사하는 권력기관형 성격을 띤 것이 있다. 후자로는 전국을 분할하여 특별지방행정기관을 두고 있는 경찰청, 검찰청, 국세청 등의 소위 권력 부서로 알려진 것들이다. 이들은 다른 청들과 다른 조직론적 특성을 가지고 있다. 청 내에 특수직렬의 직원이 지배적으로 구성되어 있고, 조직 내의 구조도 일종의 군대와 같이 계서적으로 되어 있다.

우선 경찰청과 해양경찰청 경찰들의 계급제적 특성 때문에 외부에서 보기에도 이것이 철저히 지켜진다는 특성이 있다. 계서제적 조직통제를 위해 계급정년제를 실시하는 것도 공통점이다. 예컨대 기획조정관은 치안감 또는 경무관으로, 국장은 치안감 또는 경무관으로, 기획정보심의관은 경무관으로, 그리고 과장, 담당관은 총경으로 보한다. 지방근무를 의무화하고, 고위직은 지방과 본청의 근무를 교대로 하는 것도 특징이다. 그럼에도 불구하고 본청의 하부기관 구조 등은 국, 과 명칭에서 경찰업무의 특성이 반영된다는 것 외에는 다른 청과 특별히 다른 것은 없다.

그러나 검찰청은 다르다. 1948년부터 존재해 온 검찰기능은 권위주의 시대에는 정권유지에 도움을 주는 기관으로 악명이 높았다. 이에 따라 정권의 시녀라는 불명예를 벗기 위해 검찰총장을 1988년부터 2년의 임기제로 하였다. 검찰청의 장은 '청장'이라고 부르지 않고 '총장'이라고 부른다. 검찰총장은 대검찰청의 사무를 맡아 처리하고, 검찰사무를 총괄하며, 검찰청 공무원을 지휘 및 감독한다. 검찰총장은 국회의 인사청문회를 거쳐 임명되며, 장관급 처우를 받는다. 상관인 법무부 장관은 검찰의 조직 일반에 대해서는 간여할 수 있으나, 개별 사건에 대해서는 간여할 수 없다고 되어 있다.

검찰조직의 특성은 이중성이라고 할 수 있다. 우선 검찰청법 제6조에 의하면 검사의 직급은 검찰총장과 검사 두 가지뿐이다. 검찰총장은 1명밖에 없으므로, 결국 이 조항을 있는 그대로 따른다면 모든 검사가 직급 상으로는 상하가 없는 평등한 존재같이 보인다. 즉, 이론적으로는 각 검사는 독립적이고 자율적인 존재로서 수사를 진행할 수 있는 것이다.

그런데 실제로는 이의 정반대라고 봐야 한다. 즉, '검사동일체의 원칙'에 의해서 엄격한 상명하복 체제를 가지고 있다. 검찰청법 제7조에는 '검사는 검찰사무에 관하여 소속 상급자의 지휘·감독에 따른다'라고 되어 있기 때문이다. 물론 동조 2항에 나온 상급자의 지휘·감독의 적법성과 정당성이 구체적 사건에 관련될 때는 이의를 제기할 수 있다고 하고 있으나, 이 이의를 받아들이느냐 여부는 상관의 의사에 달려 있다. 결국 조직의 실제운영은 상술한 경찰조직 못지 않게 계서제적이고 권위적이라고 할 수 있다. 사법고시 합격연도를 기준으로 기수를 중시하여 승진과 일괄사표현상이 일어나는 것은 검찰 조직의 권위주의적 조직문화를 잘 대변해 준다.

이러한 계서제적 특성은 조직간 관계에서도 발견할 수 있다. 대검찰청, 고등검찰청, 지방검찰청, 지청 등이 아주 체계적으로 구분되어 있다. 그리고 이러한 지방조직의 배열과 소재지는 법원조직에 상응하도록 되어 있다. 각 청에는 장(검사장)과 부책임자인 차장검사가 있다. 그 밑에 사무국, 형사부, 공안부, 공판부, 강력부, 송무부 등이 조직되어 있다. 규모가 큰 청인 경우 형사부를 형사 1부, 2부, 3부 등 번호를 부여하는 방식으로 조직되어 있다. 미리 주어진 기능이 있는 것이 아니라 사건이 발생함에 따라 이들에게 배정하는 융통성 있는 조직이다.

검찰조직은 검사들이 주축을 이루고, 이를 보좌하는 일반직과 검찰사무직이 있다. 즉, 숫자로는 검사가 사무직 직원보다 적지만 핵심적인 자리는 검사들이 보임된다. 단, 검찰청 사무기구에 관한 규정(대통령령) 제2조에 의하면 대검찰청 및 고등검찰청의 사무국장은 고위공무원단에 속하는 일반직공무원으로 보한다. 하지만 지방검찰청 및 부산지방검찰청 동부지청의 사무국장은 고위공무원단에 속하는 일반직공무원·검찰부이사관 또는 검찰수사서기관으로 보한다.

Ⅲ. 기업형 청: 조달청

1. 중계적 기능

정부조직 내에서도 부동산중개소와 같이 수요자와 공급자를 연결시켜주고, 수익을 창출하는 조직이 있다. 조달청은 해방직후인 1949년 국무총리산하 임시 외자총국에서부터 시작된 조직이다. 외자구매처, 외자관리청 등을 거쳐 1960년대 조달청이라는 명칭으로 정착이 된다. 1961년부터 경제기획원 소속(현재에는 기획재정부)으로 바뀌어 외청으로 오늘날까지 계속되고 있다.

이 기관은 공공기관을 위해 정부물자와 서비스의 조달을 맡고 있다. 따라서 그 소속에도 불구하고 경제기획원(현 기획재정부)만을 위해 존재하는 것은 아니다. 물론 조달청은 경제 담당부처의 임무인 물가조절용의 주요 전략물자의 비축업무도 하고 있기 때문에 이 소속부와 전혀 관계없다고 볼 수는 없다.

조달청은 다른 중앙행정기관과는 달리 일종의 기업과 같은 특수한 조직으로, 수요자와 공급자를 이어주는 중계적 조직이다. 즉, 국가기관, 지방자치단체, 공공기관 등 수요기관이 필요로 하는 각종 물품을 대신하여 구매하여 공급하며, 공사를 계약하고 집행하는 역할을 한다. 따라서 조직영토organizational domain로는 이 책에서 언급되는 모든 행정기관을 수요자로 두고 있다. 조달청 입장에서 볼 때 공급기관은 물자와 용역, 그리고 공사를 공급하는 회사들이고, 수요자는 이들을 필요로 하는 공공기관이다. 이 점에서 조달청에서는 '수요자', '공급자'의 의미를 통상적인 언어와 반대로 사용한다. 그리고 조달청은 이 두 기관을 연결해 준다는 입장에서 보면 중개적 기술mediating technology을 사용하는 조직이다.

기업의 입장에서는 국가조달시장이 규모가 크고, 대금지불이 제때에 틀림없이 이뤄진다는 점 때문에 민간시장보다 매력적이다. 이 점에서 중소기업 육성을 담당하는 산업 담당부처와 밀접한 관계가 있다. 특히 공개경쟁입찰에서는 중소기업이 대기업에 비하여 경쟁력이 약하기 때문에, 특수한 입찰자격 제한이나 조건을 제시하여 중소기업이 유리하게 한다. 여성CEO 기업, 장애인 기업의 제품 등도 마찬가지이다.

조달청은 이러한 거래에 관한 서비스를 다른 행정기관에 무료로 제공하는 것이 아니라, 일정한 수수료를 부과한다. 따라서 조달청은 단순한 참모기관이 아니라 수익을 남기는 회사와 같은 조직이다. 이 점에서 국민의 세금을 쓰기만 하는 다른 행정조직과 구분된다. 따라서 예산 담당부처에 대한 의존관계는 다른 행정기관과 비교하여 다른 점이 있다. 그러나 조직 · 인사 면에서는 여전히 총무 담당부처에 예속되어 있다.

조달청의 내부조직은 거래가 되는 대상(물자와 서비스)을 중심으로 되어 있다. 세계화의 영향으로 점점 중요성이 더해가는 국제부문, 일반 물자의 구매를 담당하는 부문, 건설 등 시설물을 담당하는 부문, 그리고 ICT 기술의 발달로 새로 창출되는 거래물인 소프트웨어 등 신기술을 담당하는 부문이 있다.

조달청은 계속해서 업무영역을 확대하고 있다. 수요기관이 필요로 하는 것이면 무엇이든 거래의 대상이 된다. 예컨대, 최근에는 과거 전통적인 물자구매나 SOC 계약보다는 정보산업의 발달로 컴퓨터 하드웨어는 물론이고, 소프트웨어가 많이 거래되는 것이다. 또한 각종 연구용역도 포함하며, 나아가서 정부가 소유하고 있는 정부물품 및 국유재산도 총괄하여 관리하는 기능을 한다.

2. 조직상의 쟁점들

조달부문에 대한 몇가지 쟁점을 살펴보기로 한다. 첫째, 국방물자의 조달에 관해서는 별도로 방위사업청이 있는데, 과연 필요한 조직인가의 문제이다. 군사비밀에 관한 것을 다뤄야 할 뿐만 아니라, 무기 등에 관해서는 전문성이 필요하다는 이유에서 별도의 기관을 두는 것이다.[13] 방위사업청에는 국방물자에 대한 전략을 담당하는 부서와 획득(구매)을 담당하는 부서로 구성되어 있다. 거액의 무기를 구매하는 데에는 기획단계부터 시작하여 5년 정도의 시간이 필요하다. 하지만 조달청이 그동안 축적한 노하우가 필요한 부분과 방위사업부문의 특별한 기밀 및 전문성이 필요한 기능을 담당하는 부분과 잘 결합하면 별도의 조직을 두지 않고 통합해도 될 문제라고 본다.

---

13) 방위사업청에 관해서는 홈페이지 참조.
http://www.dapa.go.kr/mbshome/mbs/dapa_kr/index.jsp.

그런데 국방물자를 관리하는 방위사업청뿐만 아니라, 우정사업본부 직제 제20조(직무)에도 우정사업조달사무소를 두고 다음 사무를 관장토록 하고 있다.

- 우정용 물자의 조달·저장 및 보급
- 우정용 건축물의 건설 및 유지·보수
- 우편작업 기계화 시설의 건설 및 유지·보수

이를 보면 굳이 별도의 조직이 필요한 것인지 의문이 간다. 조달청의 존재이유는 조달분야 전문성에 있다. 즉, 조달청이 이런 거래의 중간에 있는 이유는 수요기관인 각 행정기관의 조달관련 전문성이 부족하기 때문이다. 조달청은 수요기관이 필요로 하는 물품의 특성은 물론이고 그것을 생산하거나 공급하는 회사의 특성까지 파악하고 있다. 수요기관의 입장에서 보면, 조달청을 이용하는 것은 몇 년 만에 한 번 필요한 물자를 위해 직원이 관련 정보를 수집하고 계약을 맺는 것보다 관련 정보를 가지고 있는 조달청을 통하는 것이 편리하고 경제적이기 때문이다. 하지만 이처럼 물자조달에 있어서 특정 조직에서 산하 조직을 별도로 두고 있다는 것은 조달청의 조달 분야 전문성에 의문부호를 남기는 일이라 할 수 있다. 한편으로는 조달청의 청장 등 고위직의 전문성에 의문부호가 달리기 때문에 이런 현상이 나타난 것은 아닌지 생각해 볼 필요가 있다. 대체로 조달청의 고위직은 소속기관인 경제부처에서 오는 경우가 지배적이다. 즉, 전문성이 없는 기관장이 전문성을 절대적으로 필요로 하는 기관을 지휘하는 격이다.

둘째, 수요기관이 조달청의 서비스에 항상 만족하는 것은 아니다. 조달품목이 민간시장에서 구입할 수 있는 것보다 가격도 비싸고 질이 낮다는 인상이 있기 때문이다. 조달청이 정부 전체를 대신하여 다량구매하면서 회사와 협상을 할 때, 회사 측에서 가격과 질을 낮게 하는 경우에 이런 상황이 생긴다. 이 이면에는 특정업체를 낙찰케 하기 위한 비리가 있었다는 의혹도 간혹 있어 왔다. 전술한 대로 국가정책에 의해 대기업 제품보다는 중소기업 제품을 우대했을 경우에도 이런 불만이 나온다.

그럼에도 불구하고 수요기관이 조달청을 이용하는 것은 법에 강제되어 있기 때문이다. 즉, 조달청과 각 행정기관과의 관계는 강제적 권력을 기반으로 하고 있다. 최근에는 일정액 이상의 고액일 경우만 조달청을 통해 공개입찰을 하도록 강제하고 있다. 그러나 수요기관의 입장에서는 조달청을 이용할 경우 차후 감사원 감사의 면제 등 혜택이 있기 때문에 조달청을 이용한다.

셋째, 조달청은 세계에서 주목받을 만큼 일찍이 정보기술IT을 도입하였다. 늘 조달비리 시비로 시달려오다가, 전자조달을 실시함으로써 모든 거래가 온라인으로 이뤄지도록 한 것이다. '나라장터'라는 이름으로 개발된 인터넷거래 시스템은 조달거래의 투명성을 획기적으로 높였으며, 이에 따라 2004년에는 UN의 모범적인 사례로 뽑히기도 하였다.

따라서 강제력보다는 가능한 한 수요기관들이 자진해서 조달청을 이용하도록 조달청 서비스의 질이 높아져야 한다. 그럼에도 불구하고 중앙조달을 해야 하는가 아니면 각 행정기관이 분산조달을 하는 것이 나은가에 대한 문제는 항상 논란거리로 남아 있다. 대체로 어느 정도 규모가 있는 수요기관인 행정기관은 분산조달을 원한다. 조달청의 입장에서 보면, 조직의 존속을 위해서라도 점점 조달청의 영향력에서 벗어나려고 하는 수요기관을 붙잡아둬야 한다. 이런 경향이 강하면 강할수록 조달청의 업무혁신 정도는 좋아진다.

넷째, 중앙조달과 분산조달 간의 장단점이 서로 다르다. 수요기관이 조달청을 거치지 않고 분산조달을 하는 경우, 우리가 개인이 물건을 구입할 때 겪는 것과 마찬가지로 가격 및 질에 대해 위험을 감수해야 한다. 그럼에도 불구하고 개별 행정기관은 이러한 조달업무를 이유로 관련 부서를 더 늘릴 수 있기 때문에 선호한다. 실제로는 조달청과 같은 전문기관이 있으면 수요기관은 이런 위험성을 조달청에 전가하는 이점이 있음에도 그렇다. 나아가서 지방자치단체 등 일부 선출직은 이러한 자체 조달을 통해 자신의 정치적 이익을 도모하려는 의도도 있다. 즉, 조달분야에서 조직이 분산되면 될수록 수요기관의 조직증대도 이뤄지고 비리의 가능성도 높아진다.

제4절 결 론

원래 처와 청 조직은 전체 정부조직구조 상에 특수한 위치를 차지하고 있었다. 그러나 그동안 운영과정에서 이런 숨어있는 원칙들이 흔들렸다고 할 수 있다. 우리나라 정책결정과정의 성질상 정책적 관심대상이 되는 업무는 장관의 부단한 관심의 대상이 되어야 하며, 그런 의미에서 청으로 독립했다는 것은 정책결정과정에서 한 발자국 뒤로 물러서 있다는 것을 의미한다. 소속 부에서 청이 다루는 업무 분야에 관하여 보조기관을 두는 것은 바로 이러한 면을 고려하여 보완한 것이라 할 수 있다. 따라서 부 안에 청을 대표하기 위한 보조기관이 없는 경우는 그 청의 업무 성격이 장관 차원에서 정책적 고려의 필요성이 적은 것들이라 할 수 있다. 그만큼 업무수행 상에서도 소속된 장관에 대하여 자율성을 더 누릴 것이다.

무엇보다도 중요한 것은 부가 청이나 외국에 얼마나 많은 독립성 또는 자율성을 줄 것인가의 문제이다. 특히 현재는 관리방법에 있어서 획일적인 통제방법들을 쓰고 있으나, 청 업무의 성질에 따라서 달리 구분하는 것이 옳을 것이다. 가령 기업적인 성질의 일을 하는 청에 대해서는 최대한 자율권을 주고, 국가 정책적 차원에서 많은 관심을 받는 일을 하는 청에 대해서는 많은 간섭을, 마지막으로 정책적으로 중요하지 않은 규제업무나 유지관리 업무를 하는 곳에 대해서는 그 중간 정도의 간여를 하는 것이 옳다.

다음으로 어떤 것은 청으로 하고, 어떤 것은 본부, 단, 국으로 할 것인가는 실제에 있어서 명확한 구분의 기준이 없다. 우정사업본부는 과거 체신청일 때 지방청을 가지고 있었는데, 이제는 인력규모나 그 기본적 조직특성은 그대로 가지고 있는데도 불구하고, 조직의 틀은 본부로 되어 있다. 이와는 대조적으로 특별법에 의한 청들은 직원 100여명의 작은 조직이다. 정부조직을 관리하는 데 있어서 좀 더 효율적으로 할 수 있는 동일한 잣대가 무엇인지 고민할 필요가 있다.

마지막으로 중요한 것은 현재 유사한 기능을 수행하고 있는 청 조직들을 지금처럼 여러 개로 할 것인가 또는 하나로 할 것인가의 문제이다. 조달청과 방위사업청을 두는 경우가 그 예이다. 또한 지방자치단체에서 자체의 조달행정조직을 두는 경우도 해당된다. 이들 업무는 최근 ICT 기술이 발달하면서 업무량이 늘어도 별도의 조직을 둘 정도로 비례적으로 느는 것은 아니다. 따라서 전문성과 투명성을 중심으로 본다면, 통합하여 한 조직에서 관리하는 것이 좋다.

청들이 청의 조직형태를 탈피하는 변천과정을 보면 두 갈래의 길이 있다. 하나는 공사화되고, 나아가 민영화되는 과정이다. 이것은 물론 공기업적인 일을 하는 청이 밟는 길이다. 앞으로 민간 주도의 경제로 가기 위해서는 현재의 청 가운데 이런 성질을 가진 것은 빨리 이 길을 가도록 추진해야 할 것이다.

다른 하나의 길은 부(部)가 되는 길이다. 이들은 그 업무가 규제적인 것들이 많고, 경제발전의 단계에 따라서 국무위원으로 하여금 정책결정과정에 대표되어야 하는 것들이다. 다만 이를 청이라는 과정을 거쳐서 점진적으로 추진했을 뿐이다. 노동부와 환경부가 그런 예들이다.

이상 두 가지를 제외한 것들 즉, 민영화될 수도 없고, 부처화될 수도 없는 것들은 상당한 기간 동안 청으로 남을 것이다. 부가 산하에 청을 가지고 있음으로 인해서 얼마나 그 자신의 권력 증가에 도움을 받는가는 일률적으로 말할 수 없다. 그러나 언제나 청은 없는 것보다는 있는 것이 유리하다. 인사 면뿐만 아니라 재정 면에서도, 그리고 고객들의 지원과 이들의 동원 면에서도 유리할 것이다. 특히 강력한 규제권한이나 사법권을 가지고 있는 국세청, 관세청이나 검찰청과 같은 조직들을 가지고 있는 기획재정부나 법무부는 이들로 인해서 권력구조상의 상대적 지위가 올라갔음을 부인할 수는 없을 것이다.

제 3 편

조직과정론

제 8 장 대통령과 조직과정
제 9 장 국무총리
제 10 장 최상층의 조직과정
제 11 장 부와 부 사이의 조직과정
제 12 장 지방행정조직 : 중앙정부와의 관계

조직과정론은 Allison의 조직절차 또는 조직과정(organizational process) 및 Cyert의 회사모형(coalition model)과 같은 것을 살펴보는 것이라 할 수 있다. 제3편에서는 제2편에서 살펴본 단위 행정기관의 특성을 기초로 하여 이들 조직 간의 관계를 보기로 한다. 비록 행정조직 간의 관계는 법적인 틀 안에서 이루어지기는 하지만, 여기서 다루는 것은 실제 단위 조직들이 서로 어떠한 업무상의 관계를 갖고 있으며, 협조와 갈등은 어떻게 일어나는 것인지에 초점을 맞추기로 한다. 정부조직은 모두 법에 근거해서 세워지기 때문에 결국은 조직 간의 관계(interorganizational relationship)라는 측면에서 살펴보는 것이 실제를 파악할 수 있는 방법이라 볼 수 있다. 구체적으로 최고의사결정권을 가지고 있는 대통령을 비롯하여 각 부 장관, 그리고 지방자치단체가 담당하는 업무에는 일정한 규칙이 있게 마련이고, 또한 업무 안에서 수많은 종류의 갈등과 협력이 일어난다. 제3편 조직과정론에서는 이러한 조직 간 관계의 모든 내용을 포괄하기로 한다.

제 8 장

대통령과 조직과정

제 1 절 대통령 자리의 권력원(源)

Ⅰ. 대통령의 개인권력

1. 대통령의 법적 권한

조직을 여러 사람으로 구성된 것이라고 할 때, 이들 간 상호작용이 일어나는 근본적 바탕, 또는 근거가 필요하다. 행정조직의 정점에 있는 대통령이 국민직선에 의하여 선출되기 때문에 갖는 합법적 정당성legal legitimacy이 중요하다. 즉, 행정조직 내 조직과정organizational process이 일어나는 것은 바로 대통령이란 자리가 있기 때문이다.

이러한 조직과정이 일어나게 하기 위해 우리나라 헌법에 내각책임제적 요소가 있음에도 불구하고, 대통령은 국가원수 및 행정수반으로서 모든 권한을 갖는 동시에 책임을 지도록 되어 있다. 헌법에 규정된 그의 권한을 나열하면 다음과 같다.[1)]

(1) 헌법개정제안, 개정안공고, 개정 공포권
(2) 외교, 국방, 통일 기타 국가안위에 관한 국민투표부의권
(3) 공무원임명권(헌법재판소장과 재판관임명권, 대법원장과 대법관임명권, 국무총리, 국무위원, 행정 각 부의 장, 감사원장과 감사위원임명권, 중앙선거관리위원회 위원임명권 등을 포함)
(4) 국회임시집회요구권, 출석권, 발언권

1) 김철수(2009), 「헌법학신론」, 박영사.

(5) 법률안제출권, 공포권, 거부권
(6) 대통령령을 발할 권한
(7) 사면권
(8) 행정권의 수반으로서의 권한
(9) 외국에 대하여 국가를 대표하고 외국을 승인하고, 조약을 체결하고, 외교사절을 신임, 접수, 파견하는 권한
(10) 선전포고와 강화의 권한
(11) 국군통수권
(12) 정당해산제소권
(13) 예산안, 추가경정예산안제출권, 예비비지출권, 긴급재정·경제처분 및 명령권
(14) 영전수여권
(15) 긴급명령권
(16) 계엄선포권

이상의 권한을 행사할 때에는 대통령이 고도의 정치적 행위를 하는 것으로 '통치행위'라고 칭한다. 이러한 통치행위는 그 절차적 요건만 충족시킨다면, 그 내용의 적합성에 대해서는 사법적 심사의 대상이 되지 않는다는 것이 행정법의 입장이다.[2] 그런데 이상의 모든 권한 가운데는 임기 동안에 한 번도 행사되지 않는 것도 있으며, 1년을 단위로 생각하여 보더라도 한 번도 행사되지 않는 것들이 있다. 그러나 이들도 잠재적으로는 행정조직에서 매우 중요한 권한으로서, 대통령의 힘의 원천이 된다. 긴급명령, 긴급재정경제명령·처분 및 계엄제도 등 국가긴급권의 행사, 선전포고와 강화에 관한 권한 등이 그런 예들이다.

평상시의 조건하에서, 또는 일상적인 정부운영의 상태에서 대통령의 권한으로 중요한 것은 1) 공무원임명권, 2) 법률안의 제출과 공포, 3) 예산안의 제출과 집행, 그리고 우리나라의 특수사정에 비추어 4) 국군통수권 등이다. "행정권의 수반으로서의 권한"은 이들을 다 포괄하는 의미를 갖고 있다. 그리고 이 행정수반으로서의 권한 속에는 각종 정책과 관련된 최종결정권한이 포함되어 있다. 행정조직은 대통령의 분신 내지 수족과 같은 존재이다.

대통령이 통할하는 행정조직이 일사불란하게 움직이게 하는 데에는 무슨 권

2) 홍준형(2018), 「행정법 입문」, 박영사, pp. 15-16.

력원(勸力源)이 있을까. 특히 행정조직의 구성원인 대통령이 행사하는 인사권은 중요하다. 군대의 장성급 장교에 대한 인사권까지 있다는 것을 생각하면 더욱 그렇다.

한 정권이 새로 들어서면 신임대통령이 바꿀 수 있는 자리는 어느 정도나 될까? 보통 정권마다 약간씩 차이가 있지만, 정무직(장관급) 40여명과 차관급 100여명, 국영기업체의 사장과 감사 기타 일부 고위공직자 등을 합하여 300~400여명 정도가 된다. 여기에 간접적으로 임명에 영향을 미치는 국책연구원장 등 많은 자리가 있다. 이에 실제로 얼마나 영향을 미치는가는 대통령마다 차이가 있지만, 500명~1000명 정도의 고위직에 대한 인사권이 정부조직을 장악하는 수단이라고 할 수 있다.

여기에 더하여 국무총리, 감사원장, 대법원장, 헌법재판소장 등 국회의 동의를 받아서 임명할 수 있는 자리가 있다. 또한 중앙선거관리위원회 상임위원, 감사위원, 대법관, 헌법재판소의 일부 재판관 등을 임명하는 권한을 가진다. 물론 이 가운데는 즉각 새로 임명할 수 있는 자리들이 있는가 하면, 임기제인 경우 현 점직자의 임기만료까지 기다려야 하는 것들도 있다.

대통령의 인사권과 관련하여 빼놓을 수 없는 것은 많은 정치지망생들이 희망하는 자리에 대한 영향력이다. 대통령이 여당의 당수를 겸임하는 시대는 지났지만, 여당의 실질적 수뇌로서 행사하는 국회의원 후보 공천권 및 지방자치단체장 후보 공천권과 여당의 요직들을 선임하는 데 미치는 영향력이 매우 중요하다. 이상과 같이 대통령의 인사권은 행정부처, 국영기업체, 군대, 국회, 여당, 때로는 사법부에까지 여러 방면에 걸쳐서 행사할 수 있는 매우 강력한 권한이다.

대통령의 지위에 따른 역할과 그 역할을 수행하기 위해서 부여된 수단이라 할 수 있는 권한을 어떻게 행사하는가는 대통령마다 구체적인 스타일이 다르다. 대통령의 리더십 스타일이 어느 쪽인가는 그의 성격, 정치, 또는 정계에 대한 사고방식, 국민여론을 중시하는 정도, 그리고 대통령을 둘러싼 당시의 상황요인 등에 의하여 정하여질 것이다.

2. 대통령 자리의 중심성

'대통령'이란 자리는 혼자 독주하는 자리가 아니고, 여러 공직자들에게 리더십을 발휘해야 하는 자리이다. 국무총리, 각 부처의 장들, 비서실 수석과 요직의 비서관들, 국가정보원장, 각 군의 총장, 국회의 간부들과 여당의 간부들, 중요 외국의 대사들 등에 둘러싸여 이들과 가장 밀접한 상호작용을 한다. 게다가 사회 각계각층의 지도급 인사들이 대통령을 면담하고 싶어 한다. 대한민국을 책임지고 이끌어 가는 자리로서 주요 구성부문에 대해 적절한 의사소통채널을 유지하는 것이다.

또한 일반국민의 생각에 신경을 써야 한다. 따라서 항상 신문·방송 등 여론의 내용과 국민들의 동향에 대해서 관심을 갖게 된다. 더불어 중요한 맹방이나 특수한 관계에 있는 나라들의 동향에 대해서도 신경을 쓰게 된다.

대통령의 자리에서는 정부 내의 어떤 직위보다도 넓은 시야를 갖고 있어야 하고, 장기적인 안목으로 생각해야 한다. 나름 역사를 꿰뚫는 통찰력과 국가의 바람직한 모습에 대한 비전vision을 가져야 한다. 재임 중 당장의 인기보다는 퇴임 후 존경받는 방향으로 설정하는 능력이 있어야 한다. 대통령은 자신의 철학이 없는 대중주의자populist보다는 자기 나름의 국정철학을 갖는 것이 매우 중요하다.[3)]

대통령은 나라의 여러 가지 다양한 요구와 세력들을 함께 고려해야 한다. 또한 대통령은 환경의 요구를 고려하여 정책policy이라는 행동action을 통하여 사회를 변화시키는 자리이다. 정책결정과정의 발안을 그가 직접 하는 경우도 많으며, 의제로 결정하는 것, 여러 정책대안 가운데 택일해야 하는 등의 경우도 많다. 일단 결정한 것에 대해서 추진력을 부여하고 지휘해야 하며, 이 과정에서 여러 의견과 계획들을 통합하고 조정하는 일도 해야 한다.

동시에 그는 대외적으로뿐만 아니라 대내적으로도 국가를 대표하는 상징으로

---

3) 역대 대통령은 나름대로 각 시대에서 요구되는 중요한 업적을 이뤘다. 즉, 혼란과 극복(이승만), 경제발전(박정희), 과도기(전두환), 지체의 시대(노태우), 민주주의 제도화(김영삼), 복지와 화해(김대중), 형평과 분열(노무현) 등이 그것이다. 자세한 내용은 임도빈(2008), 역대 대통령 국정철학의 변화: 한국행정 60년의 회고와 과제, 「행정논총」, 제46권 1호 참조.

서의 기능도 해야 한다. 이를 위하여 행사를 주재하고, 대통령이 하는 모든 말은 일일이 기자들의 주목을 받는다. 따라서 윤리나 도덕적으로도 결점이 없어야 한다. 국민들이 그에게 일체의식을 갖고 존경할 수 있어야 하기 때문이다.

아울러 대통령은 다각도로 평가를 받는 존재이다. 국운이 성하고 쇠하는 것을 모두 대통령의 책임으로 생각하는 경향도 있다. 국가안보나 치안과 같은 국민이 필요로 하는 최소한 욕구충족은 물론이고, 경제·사회·문화 발전 등 고급의 욕구도 충족시켜야 한다. 실제로 어느 누구도 대통령만큼 우리나라 전체에 미치는 권력을 가지고 있지 않기 때문에, 그만큼 책임성도 크다고 할 수 있다.

3. 대통령 권한 행사의 조직속성 : 인의 장막

대통령의 법적 지위라는 개인적 속성에서 나오는 권력이 실제로 발현될 때, 대통령을 둘러싼 여러 사람이 합창하는 것과 같은 조직적 속성을 갖는다. 대표적으로 국무총리, 그리고 장관들과의 관계는 대통령의 리더십 스타일의 여하에 따라서 달라지며 이에 따라 총리나 장관들의 스타일도 영향을 받는다.

예를 들어 국무총리와의 관계에 대해서 보자. 대통령이 국무총리에게 권한을 대폭 위임하는 경우에는 국무총리가 그에 상응하는 책임을 지게 된다. 이 경우 총리는 각 부 장관에 대한 실질적인 통할을 할 수 있다. 따라서 대통령에 의하여 해임된다 하더라도 불만이 있을 수 없다. 설혹 그것이 국회의 해임건의에 의한 경우라도 마찬가지이다.

반면에 대통령이 매우 권위주의적이어서 집권적으로 일을 처리하는 경우에는 국무총리가 할 수 있는 일이 많지 않다. 그런데도 불구하고 국무총리에게 책임을 지게 한다면 이는 불합리하다. 국회에 의한 해임건의가 있거나, 비슷한 정치상황이 있는 경우에 대통령이 총리를 해임한다면, 그는 실권을 행사하지도 못해 보고 정치적으로만 책임을 지는 희생양이 되는 것이다. 이와 같은 대통령의 권위주의적 리더십 하에서는 각 부 장관들이 대통령을 직접 상대하려고 할 것이다. 따라서 국무총리의 각 부 장관 통할권이라는 것도 무의미하거나 형식적인 것으로 그친다. 권위주의적 대통령일수록 국무총리는 더욱 권한－책임 불일치를 경험한다.

국무총리와의 관계는 다시 다른 사람들과의 관계에 영향을 미치는 풍선효과가 있다. 대통령이 국무총리에게 권한을 대폭 위임할 때는 대통령 비서실의 권한이 그에 따라서 약화된다. 뿐만 아니라 대통령에게 직속되어 직접 보고함으로써 영향력을 행사하는 조직, 예를 들면 경호실, 국가정보원 등의 상대적 지위도 따라서 약화된다.

대통령의 자리속성에서 나오는 권력이 조직차원으로 발현될 때, 대통령이 직접 상호작용을 하는 통솔범위span of control가 문제가 된다. 그러나 대통령은 수많은 사람을 상대해야 하기 때문에 인간적인 한계를 느낄 수밖에 없다. 그래서 인(人)의 장막에 둘러쌓여 있다고 한다. 이것은 개인이 아닌 조직적 속성으로 바뀌는 권력현상을 나타내는 말이다. 인의 장막을 구성하는 측근과 그 외의 사람들 사이에서 대통령은 혼란에 빠지게 될 가능성이 높다.

하나의 인간으로서 대통령의 관심영역과 범위가 한계가 있기 때문에, 이를 둘러싸고 주변 측근조직 간에 제로섬zero sum게임이 벌어지는 것이다. 이 경우에는 실제 통제권을 중심으로 하는 통솔범위span of control보다는 관심범위span of attention가 권력원(權力源)이 된다.[4)]

Ⅱ. 대통령의 권한 위임

1. 시간 부족에 따른 위임의 필요성

대통령은 전술한 법적 권한을 아무 도움 없이 혼자 행사할 수 없다. 대통령은 중요한 현안을 해결하기 위해 외국출장을 많이 갈 뿐만 아니라, 사회의 관심을 받지 못하는 불우이웃도 방문한다. 수많은 대내외적인 활동으로 인해 24시간이 부족하다. 대통령이 바쁠수록 그가 성심성의껏 그 직을 수행하기 위하여 노력을 하고 있다는 것을 의미한다. 비서실에서 대통령의 연간실적을 결재건수, 출장횟수와 거리, 면접인사의 수 등으로 발표하는 것은 이런 의미가 있다. 그러나 한편으로 대통령이 바쁘다는 것은 그만큼 자기 시간이 없으며, 사색할 시간조차도 없다는 것을 말한다.

4) 한국대통령의 관심범위란 예컨대, 대통령이 그 사람의 이름만 기억을 해도 다른 측근들이 그 사람(이름 기억하는 사람)의 의견을 존중할 정도라는 점에서 중요하다.

최고정책결정자가 사색할 시간이 적으면, 대통령이 즉흥적 결정을 하는 경우가 많아지면서, 결과적으로 밑에서 건의하는 대로 결정하게 만든다. 따라서 공식적 결정은 대통령이 하고, 실질적 결정은 아래서 하게 된다. 그러므로 시간의 차원에서 대통령이 덜 바쁘도록 부하들에게 더 위임할 필요가 있다. **위임하지 않을수록 자기는 더 바쁘게 되고, 더 바쁘게 될수록 실질적인 결정을 밑에서 하는 결과를 초래한다.**

대통령의 권력행사는 가변적이기 때문에 이런 문제를 해결하는 모범답안은 없다. 따라서 '부하'라는 인적자원이 누구냐에 따라 다르게 평가를 받고 있다. '비선실세'가 실권을 가진 부하인 경우, 많은 문제를 야기한다. 대체로 비서실장과 정무수석이 대통령의 정무적 판단을 도와주는 자리이다. 그러나 이명박 대통령은 이재오장관을 '특임장관'이란 자리를 주어, 국무회의도 참석하게 하여 상술한 대통령자리가 가진 구조적 문제를 해결한 바 있다. 즉, 이재오 장관이 대통령의 절대적 신임을 자원으로 하여, 대통령을 대신하여 재난관리 등의 정국의 난제를 풀어나가는 역할을 하였다.

2. 대통령의 스타일에 따른 위임의 정도

일반적으로 대통령의 스타일이 민주적일수록 위임을 더 많이 한다. 그러나 이 스타일은 다음과 같은 상황에 의해서도 영향을 받는다. 우리나라의 권위주의적, 또는 계서적 행정문화는 상하를 막론하고 보편적으로 만연하다. 대통령이 민주적 스타일로 하려 해도 밑으로부터 대통령의 직접 재가를 요구하는 형태가 많다. 특히 최고 관리층에서는 각 부 간 또는 행정부와 여당 간의 의견차이가 아래에서 스스로 해결될 수 없을 정도로 얽히면 결정의 권한을 위로 떠밀고 올라가는 경향이 더 많아진다. 대통령이 이 파도에 밀리면 자기 의사에 반하여 권위주의적 스타일로 변할 수밖에 없다.

또한 대통령의 스타일이 권위주의적일수록 다른 한편으로는 전문가들의 전문성을 존중하는 경향이 적어질 수 있다. 만일 대통령이 권위주의적이면서 동시에 전문성도 강조하는 사람이면 형식적 결정은 자기가 하고 실질적 결정은 아래에서 하는 결과를 가져온다. 그러나 이 상태로부터 벗어나기 위하여 대통령이 실질적인 결정까지도 하려고 하면 결정의 내용에 있어서 방향성, 일관성, 합리성, 전문성을 결하게 되고, 그 결과로 측근구조의 혼돈상태가 생기며, 이 혼돈상태를 근거로 하여 대통령의 "카리스마"가 커진다.

임기제인 대통령이 성공하려면 장기적 관점에서 시간관리가 매우 중요하다. 대통령은 재임기간의 뒤로 갈수록 전문지식(실무지식)이 많아지며, 이에 따라 대통령 스스로 실질적인 결정을 하려는 경향도 더욱 많아진다. 따라서 권위주의적 성향이 더 강하게 나타난다. 또한 재임기간의 뒤로 갈수록 자기의 권력의 범위나 무게, 강도 등을 계속 유지할 필요성 때문에 민주적이기보다 권위주의적으로 행동할 가능성이 많아진다. 그런데 집권후반기에는 소위 '레임덕'이라고 하여 부하들로부터 순응을 얻을 가능성이 낮아진다. 따라서 **대통령의 취임 초기일수록 정책집행의 추진력이 강하고, 집권 후기일수록 약화된다.**

대통령이 정책결정과정에서 해야 하는 기능이 발안기능, 의제설정기능, 채택 또는 결심기능, 대안 간의 통합·조정기능, 상징기능, 지휘 또는 집행기능 등이라 할 때, 대통령의 스타일이 권위주의적일수록 이 모든 기능을 다 활발하게 한다. 그러나 비록 대통령이라고 하더라도 이런 기능들을 잘 발휘하여 자기 마음대로 실현시키지는 못한다. 여러 가지 법적인 절차가 있기 때문이다. 대통령이 민주적일수록 채택·결정기능, 통합조정기능, 상징기능 등에 집중한다. 국민들의 지지를 얻는 것이 매우 중요하기 때문에 이 기능을 중시하는 것이다.

따라서 대통령이 민주적일수록 정책결정에 더 많은 시간이 소요된다. 선거운동시 공약과 실제 집행시 공약은 매우 다른 정치행정적 의미를 갖게 된다. 일반적으로 비록 대통령이 당선 시 약속한 중요한 정책이라고 하더라도, 실제로 정부부처가 집행하기 위해 법안개정 등 정책결정이 이뤄지기까지는 약 1년 이상이 소요된다.[5)]

---

5) 임도빈(2009), 「정부조직과 시간관리」, 서울대 출판부 참조.

Ⅲ. 정보비대칭

1. 대통령이 받는 정보

1) 실제 정보의 왜곡 및 부족

대통령은 모든 국가중대사를 결정하는 정점에 위치해 있기 때문에 많은 정보가 올라온다. 대통령이 소유하는 공식적 정보원(情報源)은 다른 어떤 직위에 비하여도 가장 다양하고 또 많다. 비서실장, 비서관, 국무총리, 각 부처장관, 국가정보원장, 여당간부들, 국회간부들, 기타 기업인들을 위시한 사회 각계각층의 사람들이 정보제공자들이다. 이들 가운데 상당부분은 면담 이외에도 제도적으로 문서에 의한 보고를 한다. 그러나 현실적으로 대통령이 이런 정보를 모두 일일이 인지하고, 분류하며, 평가하는 것은 불가능하다.

따라서 대통령에게 올라오는 각종 보고서는 참모가 요약하여 A4용지 1장 내외로 되는 경우가 많다. 이처럼 대통령이 직접 접하는 정보는 매우 압축적이어서 상세정보가 결여되어 있다. 즉, 이미 걸러진 정보만 얻는 경우가 많다. 특히 대통령의 비위를 잘 맞추려는 참모가 있는 한, 참모들을 통해 정보가 여러 번 걸러지기 때문에 대통령 자신이 좋아하는 정보만 얻을 가능성이 높다.

누군가에 의해 걸러진 정보만을 접하게 되면, 이는 인(人)의 장막(帳幕)에 둘러싸여 있다는 것을 의미한다. 의도적으로 다양한 의견을 들으려 노력하지 않는 한, 대통령은 인의 장막에 쌓여 현실을 제대로 파악조차 하기 어려운 상황에 처하기 쉽다. **권위주의적인 대통령일수록 그가 접하는 실제 정보의 부족과 왜곡현상은 심화된다.**

2) 정보 충족을 위한 대안

상기한 대통령이 얻는 대부분의 정보는 사람에 의한 접촉에 의한 경우에는 자기에게 유리한 방향으로 왜곡한 내용일 가능성이 크다. 공식적 조직을 통해 올라오는 정보들은 그 조직 속의 계서제 "채널"에 의한 여과과정을 거치기 때문에 또 한 번 축소, 왜곡, 과장될 가능성이 있다.

하지만 신문이나 방송이라는 매스미디어는 그렇지 않다. 대통령이 일반국민과 같은 내용의 정보를 접할 수 있는 계기가 마련된 것이다. 따라서 '대통령이 무슨 신문은 직접 본다'라는 말이 돌고, 관료들이나 정책관심집단에게 이들 신문의 위상은 높게 받아들여진다. 그러나 이런 뉴스도 대통령이 그대로 접하기보다는 1차적으로 걸러지는 경우가 많다. 신문기사 등은 비서들이 스크랩을 해서 올리기 때문이다.

대통령이 하의상달과정의 왜곡된 정보에 의존하지 않는 또 하나의 방법은 현장시찰이다. 이것은 독려, 사기진작, 상징 등의 효과와 함께 대통령에게 새로운 현실정보와 감각을 갖게 해주는 기능을 한다. 특히 앞에 말한 계서제의 여러 "채널"에 의하여 걸러진 정보를 받았던 것과 대조하고 확인하는 의미가 있다.

그런데 이 과정에도 대통령에게 잘 보이려는 사람들이 서로 치열하게 경쟁한다. 암행어사와 같은 자연적인 상황을 대하기보다는 이미 예행연습까지 된 것을 볼 가능성이 높다. 경호처와 의전실을 통해 분 단위로 계산된 경우가 대부분이다. 따라서 대통령이 그야말로 보통의 국민들을 만나기는 쉽지 않다. 시찰현장이든 회의석상이든 누가 대통령 옆에 있느냐, 혹은 누가 말 한마디라도 건넬 수 있느냐가 중요한 사안이 되어 참모들에 의해 연출되기 때문이다.

2. 대통령이 주는 정보

대통령의 공적 일과는 결재, 회의주재, 보고청취, 각계인사의 접견, 행사나 현지 확인을 위한 출장 등으로 구성된다. 각계인사에 대한 접견은 10분 단위로 이뤄질 때가 많다. 따라서 깊은 대화를 나누기는 쉽지 않다.

대통령의 의사를 하달하는 정보채널도 제한되어 있다. 자기의 생각을 지시하는 방법으로는 결재 시, 회의 시, 시찰 시, 보고 시 등에 직접 대면상태에서 구두로 지시하는 방법이 있고, 별도로 전화로 확인하고 지시하는 방법, 또는 문서나 메모형식으로 시달하는 방법도 있다. 여기에도 물리적 시간제약이 있기 때문에 충분히 상세한 지시를 내리기도 쉽지 않다. 상향정보와 하향정보의 양(量) 간에는 엄청난 차이가 있는 것이다. 이는 심각한 정보비대칭 현상이다.

대통령의 집무실에는 국가정보원장, 군사안보지원사령관, 국무총리, 각 부처의 장관, 특별시·광역시·도지사 등과의 직통전화가 설치되어 있다. 이들 중 최측근 참모들은 대통령이 언제든지 연락할 수 있는 핸드폰을 휴대한다. 그런데 이들 전화들은 대통령에 의한 지시와 확인용으로만 사용되고, 거꾸로 각 부 장관이나 시·도지사가 먼저 전화를 통해서 대통령에게 보고하는 일은 거의 없다. 비서실을 통한 공식적 채널을 통해 하의상달이 되는 것이 보통이다. 이것은 계서문화의 한 단면이며, 민주화가 진전될수록 후자들에 의한 사용빈도가 늘어날 것이다.

제2절 대통령비서실의 조직과정

Ⅰ. 서 론

청와대는 우리나라 정책결정과정에서 매우 큰 영향력을 갖고 있으나, 학자들이 접근하여 자료를 수집하기가 곤란한 곳이다. 청와대를 대상으로 한 연구가 상대적으로 적은 것도 그런 이유 때문일 것이다.[6] 이에 반하여 상대적으로 이 방면에 대한 신문기자들의 글은 많은데, 이는 접근가능성에 기인하는 것이라 할 수 있다. 최근에는 대통령의 사적인 메모까지 모두 기록물로 보관하고 있지만, 일정기간이 지난 후 공개되기 때문에 연구에 활용하기 곤란하다.

고도로 가변적인 대상을 놓고 사례연구도 아닌 객관적이고 경험적인 연구empirical research를 한다는 것이 무리이다. 사람이 달라지고 정권이 달라지면 청와대 조직은 또 바뀔 것이기 때문이다. 그러나 법제상의 공식적 권력구조만 갖고 이해하기에는 너무나 중요한 대상이다. 그래서 시대나 상황이 달라도 그 내용을 기술하여 두고자 한다. 그 결과 한국의 최고 권력자를 중심으로 한 조직과정을 연구하고자 하는 사람들에게는 통찰력을 줄 수 있을 것이라고 생각한다.

조직으로서의 청와대(비서실)는 정부 전체뿐만 아니라, 비서실 내부에서의 실장과 수석들과의 관계, 각 수석비서관들 사이의 관계에 복잡한 상호작용이 일어

6) 양혜원(2004), 대통령의 국정운영과 대통령비서실 조직개편에 관한 연구, 서울대학교 행정대학원 석사학위논문; 전성철(2001), 「청와대가 보인다 대통령이 보인다」, 조선일보사; 김석준(2002), 「현대대통령연구Ⅰ」, 대영문화사.

난다. 이 가운데 어떤 관계에 대해서는 자료가 있으나, 다른 관계에 대해서는 자료가 희귀한 것이 현실이며, 따라서 모든 관계에 대하여 균형있게 다루지 못하게 된 것을 유감으로 생각한다. 덧붙여 청와대비서실의 공식조직 또는 공식분업에 대해서도 소개할 것인 바, 이는 권력관계를 다루기 위해서 있어야 하는 사전 작업이라 할 수 있다.

Ⅱ. 비서실 역사

대통령(비서)실이라는 공식조직을 만들거나 운영하는 데 적용되어야 하는 원리로 가장 중요한 것은 대통령의 뜻, 또는 방침이다. 비서실은 조직성격상 개인참모이기 때문이다. 그런 의미에서 대통령의 인격의 연장이라 할 수 있다. 비서관의 권력, 또는 영향력은 자기가 속한 상관으로부터 연유한다. 즉, 청와대의 비서관이나 (비서)실장의 권력은 대통령 개인으로부터 나온다. 따라서 대통령이 비서관의 역할을 중시하지 않으면 그 영향력은 작아진다.

이승만 대통령은 오히려 장관 쪽을 매우 중시했었다. 그는 경무대비서실을 가능한 한 작게 구성하고 주로 장관들을 직접 장악해서 일을 시키는 스타일이었다. 그는 장관들을 미국연방정부의 "secretary"로 생각했고, 비서는 "assistant"로 생각했다고 한다.

박정희 대통령 때, 특히 유신체제 하에서 경제비서들을 3개로 분화시켰던 것도 대통령의 방침을 반영한 예이다. 또한 특별보좌관을 많이 둔 박대통령의 조치는 유신체제 하의 정치 무(無)의 상태를 부분적으로 커버하려는 장치였다.

전두환 대통령이 비서실 속에 사정수석을 두면서 그 밑의 하부구조를 1·2·3·4부로 분화시켰던 것도 그의 시정방향의 강조점을 반영한 것이다. 6공에 들어오면서 청와대비서실의 기구를 축소 조정한 것도 업무를 행정 각 부로 위임처리하고자 한 노태우 대통령의 방침 때문이었다.

김영삼, 김대중, 노무현 정부에서도 청와대조직은 계속 팽창하고 분화되었다. 이명박 정부는 취임 초 청와대 축소를 표방하여 이전 정부의 비서실장-정책실장-외교통일안보실장의 3두 체제를 하나로 묶어 대통령실장 제도를 신설하고 정원도 약 20%를 감축하였다. 또 대통령실과 대통령경호실을 개편하여 대통령실을 만들었다. 이는 '작은 청와대'를 만들기 위한 행보로서 비서실은 문자 그대로 보좌조직, 참모조직으로서 역할을 해나가도록 하기 위함이었다. 그러나 이후 사회통합수석과 사회복지수석 등 이전 정부의 청와대 조직에서 없앴던 역할을 다시 부활시킴으로써 당초 개편의 의미를 유명무실하게 하였다.

박근혜 정부는 대통령실을 다시 대통령비서실로 명칭을 회귀시키면서 '간결화'와 '국가전략기능 강화'를 골자로 청와대 조직 개편을 단행하였다. 특임장관을 없애고, 2실 9수석 6기획관에서 2실 9수석제로 바꾸는 등 '작은 청와대'를 정착시키려는 의도를 표했다. 그러나 박근혜 정부 역시 해가 가면서 다시 조직을 확대하고 이에 따라 청와대의 권력이 커지면서 당초의 의도를 유명무실하게 했다는 비판을 받았다.

문재인 정부는 한편으로는 권위주의적 조직운영을 타파하고, 다른 한편으로는 일하는 조직으로 바꾸려고 하였다. 전체적 구조로 본다면 청와대의 운영 등 국정 전반은 비서실장이, 그리고 대통령의 국정철학을 실현시키는 역할은 정책실장이 하는 투톱two top체제로 하고 있다. 이것은 노무현 대통령 시기의 구조를 그대로 부활시킨 것이라고 할 수 있다. 특히, 대통령 당선 즉시 권력이 주어진 헌법초유의 사례였기 때문에, 취임 초기에 대통령 비서실의 역할은 지대하였다.

Ⅲ. 대통령비서실의 공식조직

정부조직법 제14조에는 대통령비서실의 설치 근거가 나와 있다.

> 정부조직법 제14조 (대통령비서실)
> ① 대통령의 직무를 보좌하기 위하여 대통령비서실을 둔다.
> ② 대통령비서실에 실장 1명을 두되, 실장은 정무직으로 한다.

대통령비서실은 대통령의 직무를 보좌하기 위하여 둔다. 장관급인 실장 밑에서 두 계열로 나누어진다. 하나는 정부 부처의 업무를 조정하는 수석비서관 계통이고, 다른 하나는 청와대 내, 외부 관리나 정부운영전체를 보좌하는 계통이다. 보통 비서실이라 할 때는 전자를 말한다. 수석비서관은 차관급이다. 역대 정권에서 대통령비서실은 취임 초에 축소하였다가 점차로 확대하는 경향을 보여 왔다. 이는 전술한 대로 시간이 지남에 따라 학습에 의해 대통령의 권력이 점차 증대하기 때문이다.

1. 수석비서 조직의 발달과정

청와대비서실의 핵심은 수석비서관들이다. 이들 중 의전, 공보, 총무처럼 청와대 내부적인 업무를 맡은 계통보다는 정당, 국회, 행정 각 부 등 대외적인 일들을 다루는 계통이 본 연구의 관점에서는 더 중요하다. 특히 행정부의 각 부처를 몇 개씩 묶어서 관장하는 수석은 권력이 남용되는 순간 장관 위에 군림하는 옥상옥 조직이 된다.

청와대의 핵심조직은 이와 같이 행정 각 부처를 나누어서 맡는 분업방식을 택하고 있는 것이 큰 특색이다. 이는 감사원, 국무총리실, 예산실, 법제처 등에서 행정 각 부를 나누어 맡는 종분할방식과 같다.

수석은 몇 개 부처의 업무범위를 통괄하는 수석과 국정 전체에 관련된 업무를 수행하는 수석이 있다. 전자로는 역대정권마다 약간씩 차이가 있으나 정무, 외교안보, 경제, 사회, 교육과학 등이 있고, 후자로는 민정, 정책기획, 홍보(국민소통) 등이 있다. 이외에 총무, 인사 등이 기획관 혹은 보좌관이란 형식으로 수석보다는 낮은 직위로 존재한다.

수석이나 보좌관 밑에는 비서관이라 부르는 고위공무원을 둔다. 그리고 다시 그 밑에 배치된 사람들을 행정관이라 부른다. 굳이 비교하자면 비서관은 정부부처의 국장급 이상이고 행정관은 과장급이다. 대통령비서실 직제에는 구체적인 내용은 규정하지 않고, 기능의 대강과 직급별 정원만 정해져 있다. 운영상의 융통성을 주기 위한 것이다.[7)]

---

7) 또한 직제도 자주 변하여 왔다. 직제는 대통령령이기 때문에, 가변적인 상황에 대처하기 위해서 자주 고칠 수밖에 없다. 즉, 부처의 경우와는 달리 직제 개정에 대해 외부통제가 없는 셈이다. 따라서 총원에 대해서는 엄격히 통제하는 장치가 필요하다. 대통령비서실 직제의 효시는 1949년 1월 6일의 이승만대통령에 의하여 제기된 "대통령비서실직제"가 그것이다. 그 후 1990년까지 두 번의 제정과 15회의 개정을 거듭하였다. 어떤 때는 한 달에 두 번 개정한 적도 있고, 그것도 하루나 3일 만에 바뀌었다.

역대정부에서는 대통령에게 지나치게 권력이 집중된다는 비판에 부응하여 작은 정부를 표명하면서 일시적으로 청와대 조직이 축소되는 것처럼 보일 때도 있었다. 그러나 내용상으로는 계속하여 조직을 확장해 오고 있다. 조직도표상에 나타나지 않는 비공식 조직도 계속 느는 경향이 있다.

1964년 이후 수석비서관과 보좌관의 변천모습을 보면 가장 변화가 없는 안정적인 비서관은 공보(국민소통), 정무, 민정 등이다. 이에 비하여 가장 많은 변화를 겪었던 것은 경제수석비서관이었다. 이 분야에 한때는 3명의 수석비서관을 두었었고, 그 중에는 “외자관리”를 전담하거나 “조경과 관광개발”을, 그리고 “중화학공업”을 담당하는 수석도 있었다. 이러한 경제수석의 분화와 통합 등의 변화는 주로 박정희 대통령 하에서 있었다.

경제수석은 이와 같은 변화에도 불구하고 1969년 이후 오늘날까지 계속 존치하였고, 앞으로도 이 직위는 계속 존재할 것으로 예측된다. 정무도 중도에 “정무 1”과 “정무 2”로 나뉘어 설치된 적이 두 번 있었고, 후자는 후일에 “행정”으로 불리게 되었다. 아무튼 정무를 두지 않은 적이 거의 없었던 것으로 미루어 앞으로도 계속 존속할 것이다. 이는 대통령이 정치부문에서 중요한 역할을 하는 데 있어서 국회, 정당 등 정치적 기관은 물론이고 일반국민의 정치적 측면을 다루는 일을 수행해야 하기 때문이다. 다음으로 “민정” 또는 “민원”과 “정보”도 최규하 대통령시절의 짧은 기간을 제외하면 계속 존치되어 민심을 살피는 역할을 하고 있다.

이상 공보, 총무, 정무, 경제, 민정 등이 청와대비서실의 수석비서관 가운데는 가장 항구적으로 지속된 직위들이다. 수석비서관의 직급도 1964년 당시에 2급갑(甲)이었으며, 예외적으로 “정무”만 차관급이었다. 그러다가 1970년 5월에 일괄적으로 장관급으로 격상시켰으며, 다만 “총무”, “의전”만은 차관급이었고, “외자관리”(후의 경제 2)만 1급이었다. 그러다가 1971년 7월에는 “총무”, “의전”을 포함하여 전원 차관급으로 하였다. 그 수에도 다소의 변화를 보이다가 현재는 다 차관급이면서 법적으로는 장관급도 둘 수 있게 되어 있다.

2. 수석비서

수석비서관은 정무직 자리이다. 다만 사실상의 직급은 점차로 격상되는 방향으로 운영되어 왔다. 전술한 바와 같이 당초에 2급 갑(甲)이었던 수석비서관이 그 뒤에 차관급, 그리고 장·차관급으로 변한 것이 그 예이다. 수석은 장관급까지 상향되었다가 최근 수년간 차관급으로 하는 것이 제도화되었다.

수석비서 밑에는 '비서관' 또는 '행정관'이란 자리가 있는데 이는 부처의 국장급이다. 주요 부처에서 엘리트로 여겨지는 사람들이 파견되는 방식으로 인사가 이뤄진다. 주요 부처가 대표되어 마치 작은 정부 같이 되어 있는 종분할 참모조직을 갖추고 있다. 비서관 밑에는 과장급, 사무관급 직원들이 있다. 비서실의 하부조직은 대통령비서실직제 9조에 따르면 대통령비서실장이 마음대로 할 수 있는 재량권이 주어져 있다.

일반적으로 권력을 장악한 조직은 자기의 직급을 상향조정하게 된다. 그리고 직급을 상향조정하면 자동적으로 이들을 보좌하는 행정인력이 증가하게 된다. 권력이 커지면 커질수록 보좌하는 인력과 조직이 커진다.

3. 보좌관

여기서 보좌관은 비서실장의 개인보좌관이 아니라 대통령의 특별보좌관을 말한다. 특별보좌관제도가 처음으로 설치된 것은 1969년 3월 12일의 개편 때이다.[8)] 특히 노무현, 이명박 정부 시기에 대통령과 특별한 인연이 있지만, 여러 가지 이유에서 공식적 자리를 주지 못하는 경우에 거의 비공식적 자리에 가까운 특별보좌관 제도를 활용하는 경향을 보였다.

특별보좌관은 공식적으로는 청와대비서실의 일부는 아니지만, 청와대 안에서 함께 대통령을 보좌한다는 의미에서 비서실과의 관계가 있을 수밖에 없다. 다만 비서실은 실장의 통할 하에 비교적 상명하복의 조직체계가 서 있는 데 비하여,

---

8) 그리고 이들은 장관급으로 비서실장의 관할 밖에 두게 되어 있었으며, 비서실과 함께 대통령에 직속되어 있었다. 그러다가 1971년 7월에는 특별보좌관을 외교, 국방, 교육, 문화, 정치(2명), 사회(2명), 사정의 각 분야별로 분화·설치하고, 이 가운데 외교, 국방, 교육, 문화와 사정은 장관급으로 나머지는 차관급으로 하였다. 이들은 하부구조가 없었지만 "사정"만은 다시 2급 갑(甲)류 이상으로 6명의 보좌관들을 두었다. 제4공화국은 끝까지 이 기본골격을 유지했었다. 최규하 대통령도 이런 특별보좌관의 골격을 유지하다가 전두환 대통령 때부터 폐지되어 비서실만이 대통령을 보좌하게 된다. 그러다가 6공화국에 들어오면서 비서실 속에 흡수하여 "보좌관"이라는 이름으로 "정책보좌관"과 "안보보좌관" 각 1인을 두게 되었다.

특별보좌관들은 그렇지 않다는 점에서 크게 다르다. 그리고 특별보좌관으로서 초창기부터 매우 중요시되었던 "사정" 기능은 이후 비서실의 일부로 흡수되어 운영되고 있다. 이제는 국회와의 관계가 소원해지자 정무적인 용도로 특별보좌관을 활용하는 경우도 있고, 문재인 대통령은 경제비서관 자리를 두고 있다.

4. 미션 조직

노무현 대통령 이후 새롭게 등장한 조직이 '정책실장' 자리이다. 이 자리는 특정부처를 분담하는 것이 아니라 대통령의 관심정책에 대해 종횡무진으로 간여한다. 즉, 주요 국정현안에 관한 한 대통령의 분신과 같아 부처간 갈등도 조정하여, 특정 정책을 추진하기도 한다. 문재인 정부에는 청와대 내의 mission 조직과 같은 역할을 수행하는 조직도 생겼다. 국민소통수석, 시민사회수석, 일자리수석 등은 국민들의 민주화 열망을 실현시키기 위한 특수임무mission를 부여받은 조직이다.

사실 정책이란 각 행정부처를 담당으로 하여 기획되고 집행됨에도 불구하고 이를 초월하는 형태의 자리가 생긴 것이다. 최근 행정문제가 특정부처에만 국한되지 않고 여러 부처에 관련되는 것이 사실이지만, 그렇지 않아도 권력이 집중되는 청와대에 이런 조직이 많이 생기면서 다른 수석에 비해 힘이 강해지게 된다면 비정상적인 것이라고 할 수 있다.

Ⅳ. 대통령비서실 내 조직과정

1. 대통령비서실의 내부 활동

비서관은 대통령의 개인참모로서 자문과 보고를 해야 한다. 새로운 아이디어를 제공하는 것도 그의 역할이라 할 것이다. 게다가 대통령의 뜻을 관련부처에 정확하게 전달할 수 있어야 한다. 이 과정에서 부처 간의 조정을 얼마나 하며, 어느 정도까지 부처에 간섭하고, 대통령 앞에서 부처의 입장을 어느 정도 대변하며, 자기가 직접 적극적인 정책추진의 주역까지 하는가는 알 수 없다.

비서실에는 수석비서관회의라는 것이 있어서 매일 아침에 모이며, 평소에는 대통령비서실장이 주재한다. 그러나 대통령이 직접 주재하는 경우도 있다. 수석비서관회의의 의제는 수석의 판단에 달린 경우가 대부분이다. 수석들은 타 수석이 꼭 알아야 할 정도로 중요한 문제라고 생각하거나, 타 수석의 관장업무와 관련이 있다고 생각되는 업무를 회의에 올린다. 이는 대통령에 의한 직접 조정 이전에 상당한 조정을 시도하는 것으로 볼 수 있다. 한편으로는 타 수석의 관련사항에 대해서는 간섭하지 않는 관례도 있다.

이 회의는 국무회의와는 달리 매우 활발한 논의가 이루어지는 일이 많고 진지한 분위기인 경우가 많다. 대통령은 이들 일상적인 참모들로부터 틀에 박힌 사고나 말보다는 신선하고 비판적인 견해를 들을 수 있다.

2. 비서실장과 수석비서관들 사이의 상호 관계

대통령비서실장과 수석비서관들 사이, 그리고 특히 후자들 상호간의 관계가 어떠한가는 비서실 전체의 분위기를 좌우할 만큼 중요하다. 비서실장이 대통령과 수석비서관들 사이에서 하나의 명백한 계층을 형성하며 각 수석이나 보좌관이 그를 통해서만 의사소통을 하게 하는 방법이 있다. 즉, 실장(장관급)이 모든 수석비서(차관급)들을 자기의 감독 하에 엄격하게 관할하는 방법이다. 대통령의 지시사항도 일반적으로는 실장을 통해서 수석들에게 전달하는 것이다.

이렇게 되면 실장의 역할이 그만큼 증대되기 때문에 그의 권력이나 영향력도 상대적으로 커진다. 이는 정치적 영향력으로 발휘되어 국가정보원, 한때의 경호실(처), 여당, 국무총리, 특정장관 등에 대한 관계에서 실장의 상대적 지위를 부상시켰다. 일반적으로 조직의 계서제의 원리나 권한과 책임의 일치의 원리에 따르면, 실장이 대통령비서실을 이렇게 운영하는 것이 옳다고 할 수도 있을 것이다.

반면에 수석이나 실장이나 다 같은 대통령의 개인참모들이고 다만 관리의 편의상 행정적 통할과 복무감독의 책임자로 실장을 둔 것이라고 볼 수도 있다. 이런 관점에서는 (비서)실장이 대통령과 수석 사이에서 자기의 역할을 최소화하고 가능한 한 수석들과 대통령이 직접 의사전달을 하게 하는 것이 옳다고 생각할 수 있다. 이렇게 하면 수석들의 상대적 지위는 격상되고 실장의 지위는 상대적으로 격하된다. 특히 수석은 관할 부처가 있기 때문에 영향력이 상대적으로 더 커질 가능성도 있다. 이들이 대통령과의 사이에서 어떤 의사전달을 하고 있는지를 실장은 모르고 지낼 수 있다.

대부분의 비서실장들은 이 양극 사이에서 자기의 역할을 조정한다고 보아야 한다. 즉, 한편으로는 실장으로서의 권한과 책임을 생각하면서 수석비서관들의 일에 관여하고, 다른 한편으로는 수석비서관들이 대통령에 대한 개인참모로서 충실하게 비서역할을 하게 하면서 대통령에게 불편함이 없게 하고자 할 것이다.

(비서)실장과 수석비서관들 사이의 관계가 어떻게 정하여지는가는 주로 실장의 "리더십 스타일"과 대통령의 스타일에 달려 있다. 대통령이 비서실 전체의 역할을 축소하여 생각하느냐, 또는 매우 중시하여 의존하고자 하느냐와, 주로 수석들을 통해서 일을 하고자 하느냐 또는 실장을 통해서 일하고자 하느냐에 달려 있다고 할 수 있다.

3. 수석비서관들 간 상호 관계

1) 정무수석과 경제수석

다음으로 수석비서관들 상호간의 관계에 대해서 보자. 정무수석의 영향력은 국회가 강할수록 또는 정당정치가 활발하고 특히 야당세가 강할수록 커진다. 이런 관점에서는 박정희 대통령 하의 유신체제 때의 정무수석은 다른 수석들에 비하여 상대적으로 지위가 낮았을 것이라 예측해 볼 수 있다. 경제수석은 다른 수석보다 관할부처와 기관이 두 배 정도이다. 더불어 국가시책상 경제정책의 상대적 중요성이 클수록 그의 위치도 격상된다.

정무와 경제수석들은 관계기관대책회의, 고위당정회의 등에 출석하며, 국무회의에도 배석한다. 민정수석도 사정관계의 회의에 참석한다. 그러나 의전, 공보, 총무수석은 이러한 종류의 중요한 회의에 출석하지 못한다. 따라서 이들과 정무, 경제, 행정, 민정수석 사이에는 자연히 지위상의 구별이 생긴다.

2) 의전비서

대통령이 참석하는 행사를 총괄하는 의전비서관실은 공식적 기능으로는 타 수석들에 비해 권한이 크지 않다. 의전비서관실은 크게 청와대 경내에서 이뤄지는 각종 행사를 주관하는 '본관의전', 외교관계를 담당하는 '외교의전', 그리고 국내행사를 담당하는 '국내의전' 등 세 부서로 나눠져 있다. 따라서 일견 의전이라는 S.O.P.(표준운영절차)와 루틴의 일만 처리하면 될 것같이 생각되지만, 대통령의 이미지 관리를 위해 중요한 기능임이 확인되고 있다. 일반적으로 수석비서관들의 영향력이 대통령과의 독대에 의존하는 바가 많다고 볼 수 있는데, 이러한 독대의 "스케줄"을 조정할 수 있는 위치에 있는 것이 바로 의전이다.

본관의전 행사로서 국무회의는 행정안전부의 의전관실과 긴밀히 협조하여 이뤄진다. 국가기념일 행사, 서훈 등도 행정안전부가 담당하기 때문에 행안부와 많은 상호작용이 있다. 그리고 외교적 행사에는 외교부의 의전장과 긴밀한 협조를 하고 있다. 국민과의 소통을 중시하는 대통령일수록 의전비서실의 역할은 커진다. 또한 의전활동의 전문성이 필요하다는 사실을 인정함에 따라 민간전문가를 채용하여 대중적 행사를 담당토록 하고 있다.[9)]

수석들과 대통령과의 의사전달에 있어서 문서에 의한 경우와 대면에 의한 방식(소위 독대)으로 대통령이 불러서 만나게 되는 경우가 있다. 이상 두 경우에 대해서는 의전은 아무런 영향력이 없다. 반면에 자기가 원해서 대통령을 독대할 필요가 있다고 생각할 때, 즉 면전 구두보고의 필요성이 있을 때는 의전에게 신청하게 되어 있다. 의전은 대통령의 종합적인 "스케줄"을 봐서 상황을 감안하면서 수석에게 그 기회를 부여하게 된다. 또 다른 수석들은 자기의 소관업무분야에 관하여 장관이나 외부인사의 대통령 예방을 주선하는데, 이 경우도 수석이 먼저 대통령의 구두허가를 받고, 다음으로 의전 쪽에 이 사실을 알리면 의전은 이를 일정에 반영하게 되어 있다. 이상 어느 경우든지 의전이 독대나 예방을 차단할 수 있는 힘은 없지만, 그래도 "스케줄"이나 일정의 어디에 넣는가는 상당한 정도로 그의 재량에 속한다고 보아야 한다.

---

9) 김효겸(2013), 「대통령 의전의 세계」, RHK, pp. 41-42.

Ⅴ. 대통령비서실과 관련 조직과의 관계

1. 비서관의 권력 자원

비서관은 개인비서라도 그의 역할을 수행하는 과정에서 다음과 같은 권력자원을 축적하게 된다.

첫째로 시일이 지날수록 대통령의 의중을 더 잘 알게 되고, 의중을 안다는 사실 때문에 행정 각 부에 대한 그의 영향력이 커진다.

둘째로 그는 누구보다도 대통령을 만나는 기회가 많기 때문에 그 기회에 하의상달을 할 수 있다. 이 하의상달과정에서 단순히 남의 의사를 전달하는 것 이외에 자기의 의사를 가미할 수도 있다. 예를 들어 장관이 대통령을 만나는 것 또는 기타 인사들이 대통령을 만나는 것, 소관부처의 정책에 대한 내락을 얻는 것, 업무의 진행 상태를 보고하는 것 등의 과정에서 의사전달의 내용, 방법 등에 재량을 행사할 수 있다. 뿐만 아니라 상의하달과정에서도 전달내용, 시기, 방법 등에 관하여 재량을 행사할 수 있다.

셋째로 위의 보고과정에서 소관부처와 산하기관의 인사에 관하여 영향력을 끼칠 수 있다는 것도 비서관의 영향력을 크게 하는 요인이 되고 있다. 예를 들어 직언임을 가장하여 장관이나 고급관료의 경질을 유도하는 말을 하거나, 각 부 산하의 기관장의 인사에 관여하는 것을 들 수 있다.

넷째로 자기가 맡은 업무의 내용과 관련하여 스스로 건의하거나 새로운 “아이디어”를 제공하는 것을 통해서 영향력이 생긴다. 또 맡은 업무 내용의 속성도 비서관의 영향력 정도를 결정한다. 총무수석과 경제수석의 차이는 여기에 기인한다.

2. 대통령비서실과 직접 관련이 있는 조직

우리나라 최고정책결정과정에서 대통령비서실과 공식적으로 관련이 있다고 생각되는 곳은 국가정보원, 여당, 국회, 국무총리, 장관 등이다. 이 가운데 국가정보원과의 관계는 가장 적게 알려져 있는 부분이다.

1) 대통령비서실과 경호처

경호실(처)은 대통령 내외의 경호가 그 임무이나 이와 관련하여 한때는 막강한 권력을 행사한 적이 있었다. 박정희대통령 말기의 차지철 실장의 시절이 그 예이다. 이 당시 대통령비서실은 상대적으로 그만큼 약화되었다. 당시에는 비서실의 의전비서가 하던 대통령 방문자의 접견사무도 경호실에서 맡아 했었다. 심지어 행정 각 부에서 올라오는 정책보고사항 가운데 정치적 문제와 관련된 것들은 비서실장이 아니라 경호실장을 통해서 대통령에게 올라갔다.

비서실장은 많은 경우에 경호실장에게 차단되어 대통령에게 접근하기 어려웠다고 한다.[10] 이러한 조직간 경쟁이 결국 10·26과 같은 사건이 생기게 되는 원인 중의 하나였다 볼 수 있다. 오늘날에도 경호실의 권력을 무시할 수는 없다. 대통령의 안위가 국가의 가장 중요한 사안인데다 테러범들의 활동 등 위협요인이 커지고 있기 때문이다.

경호부서의 힘은 대통령에 대한 물리적 접근가능성을 통제하는 데에서 나온다. 대통령 신변안전을 책임진다는 데에서 권력이 나온다. 대통령과 가장 가까운 거리에 있을 수 있는 특권 때문에, 비공식적 정보제공 등이 가능할 경우도 있다. 이 점에서 대통령의 건강을 책임지는 주치의도 유사하다.

경호부서는 청와대 밖에서 대통령이 이동할 때, 국가원수의 근접 경호를 담당하고, 관할 지역의 경찰, 그리고 군부대가 원거리 경호를 담당한다. 이 권력으로 예컨대, 대통령의 외부출장, 행사참석에서 누가 대통령과 가까운 자리에 앉을 것인가와 같은 민감한 사안에 대해서, 만약 이들끼리 해결이 안 되면 결국 경호실이 최종 판단을 한다.

2) 대통령비서실과 국정원

국가정보원이 행사하는 권력은 대통령에게 수집·제공하는 정보 분석 보고에 기인하는 바가 가장 크다. 이것을 한편으로는 원장에 의한 대통령에 대한 정례직

---

10) 경호실과 비서실과의 대립은 정치발전이 아직 충분히 되지 않는 개도국에게 중요한 변수라고 생각된다. 자세한 것은 본서 초판 및 배명구(1988), 대통령 비서실의 구조와 역할에 관한 연구: 경제비서실을 중심으로, 서울대학교 행정대학원 석사학위논문 참조.

접보고를 통해서, 또 다른 한편으로는 매일매일의 일일 정보보고를 통해서 전달한다. 이 후자의 보고는 청와대비서실을 통해서 올라간다. 비서실장 밑에는 제1부속실이라는 독립부서가 있고, 이곳은 24시간 가동된다. 이곳을 통해서 대통령에게 직접 전달되는 보고는 “친전보고(親展報告)”라 부르고, 부속실은 대통령이 편리하게 열어볼 수 있도록 봉투의 양쪽 끝만 잘라낸 채 올린다고 한다. 즉, 비서실장조차도 그 내용을 알 수 없게 되어 있다.

이외에도 국가정보원은 대통령에게 가장 중요한 고급 정보제공자이다. 국가정보원은 많은 직원들을 통해 수집된 해외정보, 국내정보, 북한정보 등을 분석하고 관리한다. 대통령이 요구한 정보를 분석하여 올리기도 하지만, 자체적으로 중요한 정보를 선별하여 올린다. 다른 행정조직과의 관계에서는 각 부처에 배치되어 있는 국가정보원 직원들이 파악한 정보를 친전보고를 통해 올리는 것이다. 그리고 주기적으로 기관장에 대한 평가보고를 한다. 예컨대 해외에 나가 있는 대사에 대한 지휘평가는 대통령에게 중요한 인사정보가 된다.

Ⅵ. 대통령비서실의 관리

1. 대통령비서실의 조직 구성 및 인사

1) 대통령비서실의 조직 규모

대통령비서실에는 실장을 포함하여 10명 내외 정무직, 40여명의 비서관, 100여명의 행정관, 기타 하위관리 및 기능직 등을 포함하여 총 약 500명 안팎의 인력이 있다. 여기에 경호처 직원 500여명이 별도로 있다. 대통령비서실의 조직관련 법령은 구체적인 내용을 규정하지 않고 오직 대강의 기능과 공무원의 정원 및 종류만을 규정하고 있다. 결과적으로 정원범위 내에서 기구를 신설하거나 확대해왔다.

대통령비서실의 건물은 여민 1~3관으로 구성되어 있다. 예산만 하더라도 1,500억원이 넘는다.[11] 이 중 인건비가 많은 비중을 차지하지만, 용도에 비교적

11) 2018년의 경우, 대통령비서실, 대통령경호실, 국가안보실로 나눠져 있는 청와대의 예산규모는 1,635억 4백만원에 달한다. 대통령비서실과 국가안보실이 841억 3,400만원, 대통령 경호실이

융통성이 있는 특수활동비만도 200억원이 넘는다.[12] 그만큼 다른 행정조직에 비해 융통성이 많은 조직이라고 할 수 있다. 예컨대, 각종 정책문제도 부처에 의존하기보다는 직접 전문가에게 용역을 의뢰하는 경우도 있다. 만약 대통령의 권력을 줄이려 한다면, 이런 예산을 대폭 삭감하는 것도 하나의 방법이다.

2) 대통령비서실의 인력 충원

대통령비서실에 근무한다는 것은 일견 영광이기도 하고, 다른 한편으로는 격무를 감당해야 한다는 측면도 있다. 일반공무원 중 대통령비서실 소속 고유의 인력은 거의 존재하지 않는다. 일상적인 운영요원, 경호직원 이외의 비서관 대부분은 다른 행정조직에서 한시적으로 파견받는 형태로 이뤄진다.

청와대에 근무하는 일반직원의 임명은 다음과 같이 한다. 비서관의 증원은 그 필요성을 수석비서관이 대통령에게 건의하여 승낙을 받은 후 비서관 후보를 복수로 대통령에게 올려 결정을 받는 것이 일반관례이다. 증원이 아니고 부처출신 일반직 비서관이 교체될 때도 후임자의 선정은 수석이 복수안을 대통령에게 올려 선정한다. 이와는 달리 대통령의 직접 지시에 의하여 특정인이 비서관으로 신규 기용되는 경우도 적지 않다.

수석비서관 자신들은 어떤 과정을 통하여 임명되는지 불분명하지만, 이 경우 비서실장이 복수안을 제시할 것이라는 것과 대통령이 직접 기용하는 경우가 더 많으리라는 것은 쉽게 짐작할 수 있다. 다만 장관들이 자기 부처를 관장하는 행정관의 인사추천에 얼마나 관여하는가는 알 길이 없다.

3) 대통령에 따른 인사 변화

대통령이 바뀌면 비서실인원 중의 얼마나 바꾸게 되는가? 미국의 경우에는 전원을 바꾼다고 한다.[13] 일반적으로 새로 당선된 대통령의 생각을 가장 잘 이해해

793억 7천만원의 예산을 사용한다.

12) 장정욱, "업무추진비, 특수활동비 이대로 놔둘 것인가", 참여연대 행정감시센터블로그(2009.4.27). 또한 문재인 정부가 들어선 이후, 2018년 8월까지 청와대가 심야시간과 주말에 사용한 업무추진비가 약 2억5천만 원임을 심재철의원이 공개하여 정치적 문제화된 경우도 있다.

13) Paul C. Light(1982), *The Prisident's Agenda: Domestic Policy Choice from Kennedy to Carter*, Baltimore, Johns Hopkins Unversity Press, p. 177.

야 하기 때문에 전임 대통령시절의 비서관을 그대로 기용하기에는 곤란한 점이 많다. 전임자들은 어떤 형태로든 전임자에게 충성을 다했기 때문에 그들의 생각도 전임 대통령과 비슷할 것이기 때문이다. 이런 이유에서 대폭 교체가 되는 것이 불가피하고, 결과적으로 일종의 엽관제적 특성을 가질 수밖에 없다.

우리나라의 경우에도 법적으로는 전원을 바꿀 수 있는 권한을 대통령이 가지고 있다. 그러나 실제에 있어서 민간으로 대폭 물갈이되기보다는 대부분 행정부처의 고위 공무원 중 우수한 사람들로 교체된다. 따라서 업무상 어느 정도 계속성을 유지할 수는 있다. 공무원들의 청와대 파견으로 관료제의 조직적 특성이 계속된다.

제 3 절 계선-참모 조직이론의 적용

대통령비서실은 '비서'이기 때문에 참모기관이다. 그러나 권력은 어느 계선기관 못지 않게 크다. 이런 구분과는 달리 조직의 운영이 이뤄져 왔기 때문이다. 따라서 참모와 계선의 이론을 사후적으로 적용하여 해석하기에는 부자연스런 면이 있다. 그러나 지금부터라도 참모와 계선을 이론에 의하여 설명할 수 있게 한다면, 앞으로 행정조직의 분화와 전문화 그리고 운용방법 등에 대하여 많은 것을 시사해주리라 생각한다.[14)]

Ⅰ. 계선-참모 이론

대통령을 정점으로 하는 정부조직에 대하여 계선과 참모이론을 적용하면 대통령 밑에 있는 조직들은 어떻게 구분되는가? 예를 들면 장관은 계선인가, 참모인가? 국무총리는 대통령 밑의 계선인가, 또는 참모인가? 행정관리 담당 장관은 대통령의 참모인가, 또는 국무총리의 참모인가? 도청의 국장은 도지사의 참모인가, 또는 계선인가 등이 관심의 대상이 된다. 어떻게 판단하는가에 따라 운영하는 방법, 충원되어야 할 사람들의 자질, 인력의 구성형태 등이 달라져야 한다.

---

14) 중앙행정기관 내의 하부부서의 참모와 계선의 이론에 대한 설명이 여기에도 그대로 적용된다.

1. 한국 행정 조직 내 적용

1) 계선과 참모

대통령을 정점으로 하여 최일선의 읍·면장까지 포함하는 정부 조직 전체를 하나의 조직도표로 파악한다고 하자. 지휘 계통에 놓이는 대통령, 도지사(특별시장, 광역시장 포함), 시장·군수, 읍·면·동장 등은 하나의 직선상에 놓이게 된다.[15] 그리고 중앙정부의 장관들은 대통령의 참모들이며, 국무총리는 참모들을 통합 관리하는 참모장에 해당한다. 또한 도청의 경우, 국장들은 도지사의 참모들이며 부지사는 참모장에 해당한다. 시·군에도 같은 논리가 적용된다. 중앙정부만 따로 보면 국무총리와 각 부 장관들은 대통령 밑의 계선에 해당한다. 그러나 국무총리에 직속된 처의 장들은 국무총리의 참모라고 할 수 있다. 광역 시·도 본청만 따로 본다면, 계선은 도지사·부지사·국장으로 연결된다. 이 경우 기획관리실장(혹은 기획조정실장)은 참모이다.

2) 순수참모와 기능참모, 특별참모

보는 시각에 따라 장관자리는 한때는 참모였다가, 또 한때는 계선이 된다는 사실을 알 수 있다. 반면에 총리실 소속의 장들처럼 어느 관점에서 살펴봐도 참모인 경우가 있다. 예컨대 대통령비서실장은 정부 전체적으로나 청와대 조직으로 보나 항상 참모이다. 이와 같이 언제나 참모인 자를 순수참모라고 한다. 청와대 비서실장, 국무총리비서실장, 도지사비서관 등도 물론 순수한 참모이며, 이들은 다 개인참모이다.

그런데 조직을 크게 확대해서 보면 참모였다가, 작게 보면 계선이 되는 장관 등에 대해서는 어떻게 해석해야 하는가? 원래의 참모이론에 의하면 그는 지휘권한도 없으며 조직의 고유하고 본질적인 일을 하는 자가 아니어야 한다. 그런데 이들 장관들은 정부의 고유 업무를 하고 있으며, 또한 정부조직법 제26조 3항에 의하여 "소관사무에 관하여 지방행정의 장을 지휘·감독한다." 그럼에도 이들은

15) 이를 국민입장에서 거꾸로 보고 최일선 행정조직부터 광역자치단체까지 분석한 것으로 임도빈(2004), 「한국지방조직론」, 박영사 참조.

계속해서 참모적 성질을 갖고 있다고 볼 수 있다. 따라서 Taylor가 말하는 기능식 직공장functional foremanship제도에서의 기능참모functional staff에 해당한다고 할 수 있다.[16] 기능참모는 고유 업무를 전문화하여 다루기 위하여 둔 제도이다. 상급자를 위하여 지원하고 보조하는 참모의 일과, 맡은 분야에 관하여 지시하는 계선적 기능을 함께 가지고 있는 제도이다.

감사원이나 국가정보원과 같이 대통령 직속으로 있는 기관들에 대해서는 어떻게 보아야 하는가? 이들은 명백히 정부기능의 고유 업무를 하고 있는 조직이 아니다. 그리고 계선 계통에 대하여 지휘·감독권을 부여받은 것도 없다. 따라서 참모의 일종으로 보아야 한다. 그런데 그 기능의 수행에 있어서 특별한 전문성을 요구하고 또한 연구개발, 조사 분석보다 집행적인 일들이 많기 때문에 일반참모와는 다르다. 그래서 군대에서 말하는 소위 특별참모에 해당한다고 보는 것이 옳다.

Ⅱ. 정부조직 내 국무총리의 위상

국무총리에 소속된 처들은 총리의 참모이며, 순수한 참모라고 할 수 있다. 특히 법제처는 타 부처들에 대한 법제화과정을 통제하는 것을 목적으로 한다. 처들은 순수하게 조사 분석과 건의만 하는 것이 아니라, 부분적으로는 집행도 하고 있다. 그러나 그 근본성격은 본래적 의미의 참모라고 보아야 한다. 과거 정부에는 법제처 외에 정부조직의 관리기능을 담당하는 총무처(인사), 경제기획원(계획), 공보처, 통일원, 비상기획위원회 등이 총리직속으로 있었다.

대부분 정부전체에 대한 정책을 조정하는 것을 목적으로 하기 때문에 총리직속으로 설치되었다. 다만 국가보훈처는 예외이다. 현재는 이들 중 많은 처들이 부로 승격되어 계선화되었다. 계선기관과 참모기관의 구분이 잠정적이고, 점차 계선화하는 경향이 있음을 알 수 있다.

국무총리는 장관들 사이에서 조정하는 임무를 하고 있기 때문에 참모들 사이의 장이다. 크게 보면 대통령의 참모라고 볼 수 있지만 장관책임제라는 시각에서 본다면 장관들을 총괄하는 계선이라고 볼 수도 있을 것이다.

---

16) 조석준(1993), 「조직학개론」, 박영사, pp. 68-69.

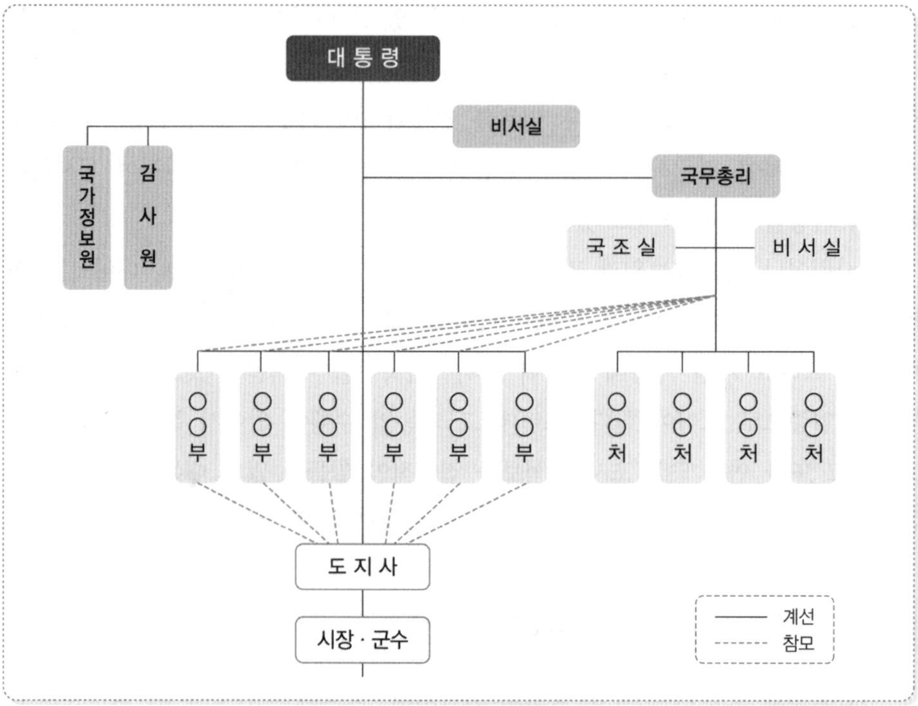

[그림 8-1] **정부조직의 계통 – 계선과 참모**

역대 정부의 운영실제로 본다면 국무총리는 대통령에 대한 참모의 성격이 강하다. 이는 비교를 통해 명확히 알 수 있다. 민선으로 선출하는 도지사는 정치적으로는 독립성을 가지고 있어서 대통령의 계선기관이라고 하기 곤란하지만, 국가위임사무의 집행 상에서는 명백히 계선에 해당한다. 하지만 국무총리는 도지사와 같이 지휘의 최종책임을 지는 것이 아니기 때문에 계선이라고 보기 곤란하다.

제 4 절 청와대와 다른 조직과의 관계

Ⅰ. 대통령비서실과 정무(특임)장관과의 관계

정치인으로 대통령이 수행하는 임무가 정무political affairs이다. 일반적으로 국회나 정당과의 관계가 정무이다. 대통령의 정무를 보좌하는 자리가 정무장관, 정무수석이다. 그렇다면 같은 여당권 안에서도 정무수석과 정무장관과의 관계는 어떤가?

1. 정무장관의 역할

우선 정무장관이 무엇을 하는 자리인가를 보는 것이 필요하다. 대통령이 정치를 담당하기 때문에 정무장관이 필요 없다고 하여 없어진 적이 있으나, 이명박 대통령 시기에 다시 특임장관이란 직책으로 부활되었다. 박근혜 대통령 이후 다시 이 자리가 없어졌다.

정무장관(특임장관)은 공식적으로는 행정부와 여당 사이의 연락업무를 맡게 되어 있다. 이 범위 안에서 구체적으로 어떤 역할을 어느 정도로 행하는가는 구체적인 인물과 당시의 상황에 따라서 많이 달라진다. 그가 참석하는 회의는 국무회의, 사정, 치안을 위시한 각종 관계 장관회의, 여당의 당직자회의, 각종 당정회의 등이다. 그는 이와 같이 정부와 여당 양측의 회의에 참석하기 때문에 당에 가면 정부의 입장을 설명하고, 정부에 가면 여당의 입장을 설명하리라는 것은 쉽게 상상할 수 있다. 그러면서 싸움은 말리고 흥정은 붙이는 입장이 되는 때가 많을 것이다.

야당과의 관계에 대해서도 정무장관이 하는 역할이 있다. 즉 여당의 총무에 대해서 야당이 일시적으로라도 불편하게 생각할 때, 후자는 대신 정무장관을 상대하는 경우도 있다. 또한 야당의 입장에서 직접 정부를 상대해야 하는 일이 있는 경우에 공식적인 통로를 정무장관으로 잡을 것이다. 이 과정에서 정무장관은 자기를 정부나 여당을 대신해서 대야의 접촉을 해야 하는 자리로 인지할 것이다.

2. 정무수석의 역할

청와대의 정무수석도 위에 열거한 각종회의 중에서 더러는 직접 참석한다. 그러나 정무장관이 언제나 정무수석보다 정치경력이 많은 사람이기 때문에 정계에서 이들 사이의 관계를 짐작할 수 있다. 다만 정무수석은 대통령의 개인비서라는 점에서 대통령의 의중을 더 잘 알고 있을 것이다. 정무수석은 대통령의 후광을 갖고 영향력을 행사하면서 가능한 한 후면에 서야 하는 자리이다. 그는 고위당정회의에 관한 주무수석이면서 이 회의에 반드시 참석한다. 고위당정회의의 소집 자체를 비서실장이 하는 경우도 있다. 앞에서도 지적한 바와 같이 국회나 정당이 우리나라 정치과정에서 활발할수록 정무수석의 상대적 비중이 높아진다.

이에 대하여 정무장관은 독립해서 국무위원으로서, 국무회의에 참석한다는 점에서 공식적으로 전면에 나설 수 있는 자리이다. 그리고 정치적 경력을 바탕으로 하여 자기 자신의 권위를 행사하는 자리라고 할 수 있다. 이에 비하여 정무수석은 비공식적 권력을 행사하는 자리이다. 다른 부의 장관들이 담당 수석비서관들에 의하여 간접적으로 통제받는 것과는 달리 정무수석은 독점적 관계를 맺을 장관이 없다.

Ⅱ. 대통령비서실과 국무총리와의 관계

우리나라의 헌법이 정해놓은 권력구조에 의하면 국무총리는 그 권한이 미미하다. 그러나 정부의 제2인자라는 상징적 의미는 매우 높다. 국무총리는 행정 각부 장관들과 달리 고유 업무는 없다. 따라서 대통령비서실은 특별히 국무총리와 관계를 맺을 필요가 적다. 의전과 사정을 통한 민정, 정무의 일부 업무만 관련이 있을 뿐이다. 다만 국무총리의 높은 상징성 때문에 대통령비서실도 예우를 할 필요가 있는 것이다.

대통령비서실과 국무총리의 직접적 관계는 성립하지 않지만, 간접적으로는 관계가 있다. 총리가 행정 각 부를 통할해야 한다는 역할 때문에 행정 각 부에 대한 대통령비서실의 관여에 대해서 관심을 갖지 않을 수 없다. 따라서, 실세 총리의 경우 대통령비서실, 특히 수석에게 불만을 가질 가능성이 크다. 조직영토가 중복되기 때문이다.

예컨대, 6공 초기, K총리의 국무회의 석상에서의 지적은 비서실의 관여에 대해 총리가 관심을 표현한 대표적인 예다. 수석비서관들은 자기의 소관안건이 국무회의에 올라갈 때는 국무회의에 배석한다. 이는 법률상 허용된 것은 아니며, 사실상으로만 있어온 관행이다. 이 회의에서 수석은 대통령의 뜻을 장관들에게 전달하고, 청와대에 들어와서는 대통령에게 보고한다. 그런데 이 과정에서 자기

해석이 가미되기 시작하면 월권하는 일이 있을 수 있다. K총리는 바로 이 점을 지적하면서 수석을 나무란 적이 있다.

일반적으로 대통령 수석비서관들은 행정 각 부나 정치권과의 연락이나 접촉을 할 때 국무총리를 경유하지 않는다. 따라서 매일매일 일어나는 긴박한 상황변화를 둘러싼 사실로부터 국무총리는 한 발짝 물러선 제2선에 있다. 국정원에 의한 대통령에 대한 보고에서도 국무총리는 그 통로에서 제외되어 있다.

대통령비서실과 국무총리는 서로 너무 가깝지도 않고 너무 멀지도 않은 관계를 유지하는 것이 일반적인 경우이다. 최근에 들어올수록 국무조정실의 역할이 강조되면서, 부처간 업무조정이 이뤄지는 데 기여하는 경향이 있다.

Ⅲ. 대통령비서실과 행정 각 부와의 관계

1. 비서관의 스타일에 따른 상호 관계

1) 보고형 vs. 연결형

청와대수석과 그 밑의 행정관들이 행정 각 부에 대하여 어느 정도로 관여하는가는 개인의 "스타일"에 따라 다르다.

첫째로 정책과 그 집행에 이르기까지 자주 그리고 상세하게 사전보고를 요구하는 형을 들 수 있다. 이 유형은 대통령과 자기의 관계를 중시하는 경향을 보인다.

두 번째로는 자신을 대통령과 각 부와의 단순한 연결고리, 또는 연락관 정도로 인식하는 사람을 생각할 수 있다. 이 유형에서는 대통령과 장관의 직접적 상호관계를 중시한다.

실제 비서관들은 이 중간의 어디에 해당한다고 할 수 있다. 비서관이 행정 각 부에 간섭하는 정도는 전자의 경우가 더 많음은 물론이다. 그러나 설혹 후자의 경우라도 행정 각 부 쪽에서 먼저 지나치게 저자세로 대하기 때문에 표면상으로는 마치 수석비서관이 그 부에 간섭을 하는 것 같이 보이는 경우도 있을 것이다.

2) 실내형 vs. 현지시찰형

수석비서관들의 "스타일"에 있어서도 유형화해 볼 수 있다. 첫째로 실내에 주로 있으면서 보고와 건의, 지시 등의 연락관계를 하고 각종회의에 참석하는 유형과, 둘째로 현지 시찰을 통해서 정책건의의 자료를 수집하고 분석하여 대통령에게 건의하는 유형을 생각할 수 있다. 대부분의 비서관들은 전자의 유형에 속한다.

또한 **수석비서관이 맡은 업무 내용이 대통령의 특별한 관심사항인 경우에는 이들의 행정 각 부에 대한 관여의 정도가 높아진다.** 이 현상이 가장 잘 나타나는 경우는 청와대(비서)실에 특정한 정책을 위한 Task Force가 설치되고, 그 장을 어느 행정관이 맡게 되는 경우다. 최근에는 여러 분야가 관련되는 복합적 문제가 많고, 확실한 해결책이 없는 경우가 많다. 관련 전문가를 모아서 회의하는 것이 잦아지는 것이 이러한 이유에서이다.

2. 대통령비서실과 각 부처와의 상호 관계

1) 대통령비서실 → 각 부처

수석비서관 또는 비서관이 평소에 행정 각 부에 관여하고 접촉하는 통로는 각 부의 국장급 이상이다. 장관들은 부하들을 통해서 청와대비서실의 생각과 관여 정도를 알게 된다. 이때 물론 어디까지가 수석의 생각이고 어디까지가 대통령의 생각인가는 불분명하게 느껴지는 경우도 있다. 그래서 장관의 입장에서 보면 대통령을 직접 만나서 보고하고 지시를 받는 것이 가장 좋은 방법이다.

장관은 해당 수석이 의전수석을 통해서 대통령의 "스케줄"에 끼워 넣어야 하게 되어 있다. 이렇게 해서라도 대통령을 가끔 만날 수 있는 장관이 있는가 하면, 1년에 2, 3회도 만나지 못하는 사람도 있다.[17] **대통령에의 접근**access**은 대통령비서실 비서관들이 각 부에 행사하는 가장 중요한 권력자원이다.**

비서관들의 행정 각 부에 대한 간섭을 줄이는 시정방안 중 하나로 비서관들이 행정 각 부에 관여할 수 있는 내용을 엄격하게 두 개 이상의 부처에 관련된

17) 박정희 대통령은 비서관들의 행정 각 부에 대한 간섭에 제동을 걸기 위하여 수석들에게 행정부에 한 지시는 반드시 사전에 대통령의 허가를 얻어서 하도록 명령한 적이 있다.

것에 대해서만 할 수 있게 하는 것을 생각해 볼 수 있다. 그러나 오늘날의 행정대상이 경제사회발전과 더불어 두 개 이상의 부처에 관련되지 않은 일이 거의 없기 때문에 이 방법으로 간섭을 크게 줄이지는 못할 것이다. 일부 행정대상이 이렇게 여러 부처에 얽히면, 행정부 고위층의 정책조정의 책임을 오히려 행정 각 부급으로부터 청와대급으로 끌어올리는 작용을 초래할 수 있다. 단일 행정부처 업무범위를 넘는 사안이 많이 생길수록 청와대의 조정권한은 강화된다.

수석비서관들은 고위당정회의와 국무회의 이외에 관계기관대책회의에도 참석한다. 이 회의는 정책의 입안과정보다는 정책의 집행과정에서의 조정을 목적으로 한 것이다. 대통령은 정책의 입안뿐만 아니라 집행까지도 관심을 갖기 때문에 수석들이 집행상황까지 챙기는 것이다. 앞에서도 언급한 바와 같이 수석비서관들은 실질적으로 인사에 관여할 수 있고, 업무에 관해서도 특정부처의 정책을 옹호하거나 반대함으로써 때로는 지지를 보내고 때로는 난처하게 만들 수 있다.

2) 각 부처 → 대통령비서실

각 부처의 입장에서 보면 비서실 내에 자기의 지지자를 확보하는 것이 필요하다. 따라서 각 부에서 파견된 행정관들에게 이런 역할을 기대할 것이며, 이들을 통해서 부와 비서실의 관계를 원만하게 유지하기를 바랄 것이다. 비서실의 입장에서 보면, 내부분업을 부처 분장주의로 한 이상 그 부처의 업무에 대하여 잘 알고 있는 전문가가 필요하다. 이렇게 파견되는 행정관들은 그 부처의 소위 "엘리트"들이다. 이들도 청와대 근무를 원하는데 그 이유는 대개 장차 승진에 유리하다고 판단하기 때문이다. 아무튼 이렇게 해서 수석비서와 각 부와의 관계는 대립과 갈등에서 서로 협동하는 관계로 변질될 수 있다.

각 부처에서 파견된 비서관들은 언젠가는 고향인 자기부처로 돌아갈 사람들이기 때문에 가능한 한 출신부처를 위해서 일을 하려고 할 것이다. 심하면 대통령의 뜻보다도 부처의 뜻이 실현되는 방향으로 될 가능성도 있다. 그리고 이런 현상은 청와대비서실이 부처분할식의 편성을 할수록 심해질 것이다.

따라서 비서관들의 분업은 가능한 한 복수의 부처를 포괄하는 대형 문제 중심으로 해야 하며, 그 문제의 해결이 끝나면 다시 새로운 문제 중심으로 재편성하는 방법을 택해서 어느 하나의 분업유형을 고정시키지 않는 것이 좋다. 그리고 부처에서 파견된 공무원들도 "프로젝트"나 정책 중심으로 할 것이며, 단기간만 근무하게 하는 것이 좋을 것이다.

제5절 청와대 권력과 정부의 조직과정

Ⅰ. 청와대 내락제도 : 집권화 악순환

우리나라에서는 어떤 결정을 필요로 하는 중요한 문제가 대두되었을 때, 대통령을 제외하면 그 밑의 구조에서는 누가 결정의 책임과 그에 필요한 권한을 갖고 있는가가 매우 불분명하다. 법적으로는 행정관청인 각 부 장관과 국무총리가 책임자라 할 수 있는 경우에도, 실제의 과정을 이들의 권한과 연결하여 보면 그렇게 단순하게 말할 수 없다. 대통령(비서)실장, 청와대 수석비서관, 각 부처장관, 국무총리, 때로는 국정원 등에까지 책임과 권한이 매우 분산되어 있는 경우가 많다. 이런 상태를 기본적으로는 유지하면서 청와대를 정점으로 하는 통제권을 강화하는 제도가 내락제도와 내인가제도이다. 정책결정과정이 청와대 내에서 발원한 경우에는 이런 제도가 필요 없으나, 반대로 각 부에서 발원한 정책인 경우에는 이 제도의 적용을 받는 경우가 많다.

이 제도 두 가지가 다 사전에 청와대의 사전결정을 거치게 한다는 공통점이 있다. 이 가운데 '내인가'라는 것은 대민관계의 인허가나 어떤 법적인 효력을 발생시킬 수 있는 공식적인 권한은 각 부 등의 행정관청에 있는데도 사전에 대통령의 승인을 받게 하는 것을 말한다. 그리고 '내락'은 어떤 정책의 내용에 대하여 사전에 청와대의 승낙을 받아 두는 것을 말한다. 그러나 정책뿐만 아니라 중요한 인사 건에 관해서도 내락을 받게 된다. 그것이 국무회의 안건인 경우에는 내락을 얻은 뒤에 비로소 국무회의에 상정할 수 있다.

이렇게 하는 이유는 이미 밑에서 결정되어서 올라온 것을 대통령이 부결하는 일이 잦으면 피차 난처하기 때문이다. 특히 국무회의 심의안건과 같이 법률적 효력이 발생할 것을 전제로 한 결정에 대해서 대통령이 거부한다면 더욱 곤란할 것이다. 결국, 이러한 제도는 대통령과 그 측근에 의한 각 부처 활동의 조정이라는 목적을 위하여 사용되고 있다고 할 수 있다.

그러나 이것이 자주 사용되면 고도의 집권화 현상을 초래하고, 그 과정에서 좋지 못한 권한 남용현상이 생길 수 있다. 그리고 이 과정에 비서진들이 관여하기 때문에 이들의 영향력도 그만큼 높게 인지된다. 대통령이 모든 문제에 사실상 관여할 수 없으면서도 고도로 집권화하면, 그 반사로서 비서실의 기능 및 권한이 커지게 되지만, 비서실은 공식적으로나 법적으로는 책임을 지는 곳이 아니다. 따라서 그 결과로 권한과 책임의 불일치현상이 생기면 또 각 부처의 권한이 불분명해지고, 총리의 부처통할권도 제한을 받게 된다.

대통령 밑의 구조 즉 비서실, 총리, 각 부처장관, 국정원 등을 둘러싼 지대의 구조를 엉성하게 해두는 것은 상황적응에 필요한 융통성을 확보해 주고, 또한 대통령에게 재량권을 준다는 장점이 있다. 그러나 대통령이 직접 관여할 수 없는 정책이나, 한 정책의 어떤 측면에 관하여 객관적 상황 때문에 신속하고 명확한 판단을 요구할 때에도 조직의 경직성으로 인해 결정이 지연되어 결국 시기를 놓치고, 결과적으로 국민들에게 실망을 주는 경우가 생긴다.

Ⅱ. 청와대의 권력증폭

청와대는 대통령과 비서실을 포함한 전체 조직을 표현하는 일상적인 용어이지만, 법적인 용어는 아니다. 문제는 제왕적 대통령[18]이란 1인 권력집중은 곧 대통령의 참모의 권력증대와 밀접한 관계가 있다는 점이다.

또한 대통령비서실장은 대통령과의 신뢰가 어느 정도냐에 따라 실질적인 권력이 좌우된다. 이 둘 사이의 관계는 외부인이 알기 매우 어렵다. 그러나 대통령비서실의 권력은 어느 장관이나 국무총리 못지않게 크다고 추측되어 왔다. 그만큼 비서실과 비서실장이 외부에 행사하는 (또는 행사한다고 믿어지는) 권력은 크다.

---

18) 각국의 헌법상에 나타나 있는 권한에 점수를 주는 방식으로 대통령의 권력 정도를 평가한 연구에 의하면, 한국은 18점으로 상위권이며, 특히 국무총리 및 국무위원에 대한 관계에서는 '제왕적'인 지위에 있다고 보고 있다. 신우철(2011), 대통령의 헌법상 권한은 과연 강력한가?: 그 정량적 비교측정 및 이를 통한 국무총리 권한강도의 추정, 「헌법학연구」, 제19권 2호.

<표 8-1>에서 한국을 움직이는 가장 영향력 있는 인물 중 정치적 인물(당(여당), 정(정부), 청(청와대))만 살펴볼 경우, 최근 3개 정부의 청와대 인물 중 박근혜 정부의 청와대비서실장이 2014년 6위를 차지하며 가장 높은 등수를 차지하고 있는 것을 알 수 있다. 이는 해당 비서실장이 큰 정치적 영향력을 발휘하고 있다고 인식되고 있음을 의미한다. 결국 청와대 인물의 권력은 청와대, 즉 대통령비서실의 권력이 될 것이다. 따라서 박근혜 정부 초기 정부조직 개편에서 추구했던 작은 청와대로의 움직임이 성공적이라고 평가하기는 어려운 이유이다.

〈표 8-1〉 '한국을 움직이는 가장 영향력 있는 인물' 순위에 오른 여당, 정부, 청와대 인물[19]

■당 ■정 □청

노무현 정부

2003년		
5위	고 건	국무총리
9위*	김근태	열린우리당 원내대표
12위	강금실	법무부장관
20위	문재인	청와대민정수석

2004년		
5위	이해찬	국무총리
6위*	이헌재	경제부총리
6위*	정동영	통일부장관
10위	천정배	열린우리당 원내대표
12위	김근태	복지부장관

2005년		
6위	이해찬	국무총리
8위	정동영	통일부장관
11위	문희상	열린우리당 의장

2006년		
6위	반기문	외교통상부장관
7위	김근태	열린우리당 의장
12위	한명숙	국무총리
19위*	정동영	전 열린우리당 의장

2007년		
9위*	정동영	전 열린우리당 의장
20위*	권오규	경제부총리

이명박 정부

2008년		
10위*	박희태	한나라당 대표
10위*	강만수	기재부장관
12위	홍준표	한나라당 원내대표
13위*	정몽준	한나라당 최고위원
13위*	한승수	국무총리

2009년		
7위	박희태	한나라당 대표
15위*	정몽준	한나라당 최고위원
20위*	안상수	한나라당 원내대표

2010년		
11위*	안상수	한나라당 대표
13위	정운찬	국무총리
18위*	이상득	한나라당 의원

2011년		
10위*	홍준표	한나라당 대표
20위*	정몽준	전 한나라당 대표

2012년은 해당 인물 없음

*는 공동순위

박근혜 정부

2013년		
13위	황우여	새누리당 대표
14위*	김기춘	청와대비서실장
16위*	정홍원	국무총리
20위	남재준	국정원장

2014년		
3위	김무성	새누리당 대표
6위	김기춘	청와대비서실장
10위*	최경환	경제부총리

19) 시사저널, "박근혜의 청와대, 비서실 가장 힘세다...", 20150217 http://www.sisapress.com/news/articleView.html?idxno=64064,(20160314).

대한민국은 일명 '제왕적 대통령제'라 하여 대통령이 강한 권력을 가지고 있는 것으로 묘사되곤 한다. 이러한 배경에는 대통령비서실이 존재한다. 역사적으로 한국의 경우 정치적으로 견제와 균형의 원리가 적용되기 어려워 대통령비서실의 권력이 남용되는 폐단이 많았다. 이에 따라 대통령비서실의 확대와 강화를 통해 "소내각"을 이루어 "제왕적 대통령", "문민독재", "군부독재" 등을 가능하게 했다는 비판이 존재한다.[20] 이처럼 비서실이 주요 정책을 총괄하며 내각을 진두지휘하는 강한 비서실의 역할을 통해 권력을 가지게 되었고, 이에 따라 컨트롤타워control tower, '옥상옥 조직' 등으로 불리게 되었다.

일반적으로 대통령비서실은 보좌기관, 즉 참모기관이라 할 수 있다. 보좌기관 및 참모기관은 보조기관 및 계선기관과 대비되는 개념으로, 명령 계통에 포함되지 않고 계선 조직이 그 목적 수행을 원활히 할 수 있도록 지원, 자문, 권고하는 역할을 한다. 법적으로 명령 계통에 포함되지 않기 때문에 의사결정권 및 지휘·명령권이 없다. 그러나 실질적으로는 청와대 조직이 '소내각'을 구성하여 내각 위에 군림하는 형태를 보인다.

이를 바로잡고자 역대 많은 대통령들이 대통령 당선 직후 정부조직 개편 때마다 '작은 청와대'를 주장하고 있다. 제18대 대통령인 박근혜 대통령도 당선된 직후, 대통령을 보좌하는 데 그쳐야 할 비서실이 법적 근거를 넘어서는 월권을 행사하는 데서 비롯된 문제들을 목도했기 때문에 청와대 수석의 역할은 대통령을 보좌하는 데 그쳐야 한다는 신념을 갖고 있다고 전한 바 있다.[21] 제17대 대통령인 이명박 대통령 또한 정부 출범 당시 직전 정부 대통령비서실의 비대했던 몸집을 정예화, 슬림화시킴으로써 대통령보좌기구의 권한 및 책임을 명확히 하고자[22] 하는 쪽으로 청와대 조직의 개편 방향을 잡았다.

그러나 대통령의 임기가 진행될수록 초심과는 다른 방향으로 대통령비서실

---

20) 김정해(2006), 역대 대통령비서실의 조직학습과정 특성 분석, 「한국정책과학학회보」, 제10권 4호, p. 66.

21) 머니투데이, "'대통령비서실'→'비서실'로... 작지만 효율적인 靑", 20130121 http://www.mt.co.kr/view/mtview.php?type=1&no=2013012118142788290&outlink=1,(20160316).

22) 배정훈(2008), 대통령 비서실 개편 및 관리원칙 연구, 「비서학논총」, 제17권 1호, pp. 115-139.

조직 규모를 키우는 행태를 보였으며, 청와대 조직은 단순한 참모의 기능 및 권한을 넘어서는 경향을 보였다. 과거 청와대에서는 수석자리가 비서실장을 제외하고 최상위자리였는데, 이제는 정책실장, 국가안보실장이라는 상위자리가 생긴 셈이다. 조직이 커지면, 공식적으로 대등한 자리 사이에 비공식적인 계서제가 생기는 경향이 있다.

구제도론적 시각에서 청와대 조직은 참모 기능을 하는 조직이지만, 신제도론적 시각에서 청와대 조직은 계선을 지휘하는 큰 계선으로 보인다. 최근 매 정부 출범마다 법적 역할과 실제적 역할의 괴리를 줄이려는 노력을 보이고 있으나, 역사적 경로의존성으로 인하여 그 차이가 쉽게 좁혀지지 않는 실정이다.

Ⅲ. 결론 : 개선방안

그동안 우리나라의 행정은 전문성을 높게 평가받지 못했다. 일반가generalist 위주로 조직이 운영되어 왔기 때문이다. 우리나라는 해방 이후 정부가 수립되면서 일본의 조직을 그대로 이어 받았다. 1950년대 후반 미국행정학이 도입되었고, 나라의 발전이 진전되면서 행정 조직이 분화하였으나 여전히 기획보다는 상명하달의 집행 위주로 조직이 운영되고 있다.

대통령비서실의 권력도 상명하달(즉, 대통령의 의중)의 메커니즘을 통하여 비대하게 운영되고 있다. 우리나라 헌법상의 권력구조, 당시의 대통령이나 상황의 영향을 받아서 정해지는 가변적인 것이다. 현재 대통령 바로 밑의 구조가 권한과 책임이 분산된 엉성한 형태로 된 것의 상당한 원인은 이런 절충형의 권력구조에 있다. 헌법대로 실행해야 할 것도 실제 운영에서는 대통령 위주로 운영되는 것이 많다.

그러나 제도보다는 이를 운영하는 사람들이 중요하다. 현행 헌법상 권력구조를 계속 유지한다는 전제하에서도, 융통성보다 더 중요한 것은, 어느 정도의 구조화가 이루어져서 적어도 권한과 책임의 불분명상태나 불일치상태를 감소시키는 방향으로 개선되어야 한다. 그러자면 대통령이 장관들과 좀 더 직결되는 것이 필요하고, 따라서 모든 장관들과 더 자주 만나야 한다. 국무회의도 대통령이 더 자주 주재하는 것이 옳다. 대통령은 비서실을 통해서가 아니라 직접 자기 스스로 장관들을 장악하도록 해야 하며, 제2선이 아니라 제1선에 서는 것이 옳다.

대통령은 정치적 판단을 하는 자리이며, 행정적 판단을 하기 위해서 있는 존재가 아니기 때문에 대통령(비서)실도 이런 정치적 판단을 돕는 역할을 해야 한다. 따라서 대통령비서실의 행정 각 부 분장 비서관들은 행정적 지식보다도 정치적 식견을 갖춘 사람이 필요하다.

특히 비선(秘線)이라고 하여, 대통령과 특히 친밀하다고 보이는 몇몇 인물들이 과도한 영향력을 행사하는 문제가 나오고 있다.[23] 과거 대통령 친인척의 영향력이 문제가 되는 것과 마찬가지로 비공식적 조직의 문제이다. 이를 공식화할 필요가 있는 중요한 조직현상이다.

청와대는 조직구성에 있어서 행정적 의미의 전문성을 강조해서는 안 된다. 지금처럼 행정 각 부를 나누어 맡는 부처 분장주의를 쓰면 자연히 행정적 전문성을 강조하게 된다. 그 결과로 행정 각 부의 업무를 반복하게 되고, 따라서 간섭과 통제도 더 많아진다. 그러므로 대통령이 스스로 관심을 가진 관심사항(예: 공약사항)별로 분장시키는 것이 좋으며, 비서관은 여러 가지 종류의 정책들을 다룰 능력이 있는 사람이라야 한다.

장기적으로는 부처에서 파견하는 비서관 숫자를 대폭 줄이는 것이 바람직하다. 비서관은 처음부터 끝까지 대통령 편에 서서 생각하고 행동해야 하기 때문에 이들을 부처에서 파견하는 것은 바람직하지 않다. 별정직으로 하여, 5년 동안 철새같이 왔다가 정치무대에서 사라져가는 존재가 오히려 더 바람직할 수 있을 것이다. 이렇게 되면 청와대가 각 부처를 움직이는 힘도 약해질 것이기 때문이다.

마지막으로 비서실의 크기는 작을수록 좋으며, 수석비서관의 직급도 상향조정하지 않는 것이 좋다. 가능한 한 하향조정하는 것이 더 좋다. 이상과 같이 하면 각 부처장관들의 권한을 지금보다 신장하는 효과가 있을 것이다.

---

23) 이 부분은 재임 중에는 알기 어렵고, 퇴임 후 역사가 말해준다.

제 9 장
국무총리

우리나라 정부에서 「국무총리라는 직위는 무엇을 하는 자리인가」라는 질문은 매우 중요한 의미를 갖는다. 왜냐하면 우리나라의 헌법처럼 대통령제를 기반으로 일부 내각책임제의 요소를 도입한 혼합형의 경우, 내각제에서는 1인자인 수상(국무총리)의 역할이 애매하기 때문이다. 양자의 좋은 점만 택하려 했으나 어느 쪽에도 충실하지 못한 정부조직 과정이 이뤄질 수 있다. 행정부의 제2인자인 국무총리의 역할이 무엇인지가 명백하지 않기 때문에 운영상으로 다양한 유형이 나타날 것이다. 따라서 우리나라 정부조직을 연구하는 사람들은 이 문제에 큰 관심을 두어야 한다. 우선 제헌헌법 당시 국무총리제도가 어떻게 생겨났는지를 살펴본다. 이것은 한국에 서구의 민주정치제도가 도입되는 과정에서, 한국의 정치상황(혹은 정치수준)이 얼마나 결정적인 역할을 했는가를 이해할 수 있는 것이기 때문에 중요한 지식이다. 아울러 신제도주의에 입각해서 본다면, 첫단추가 잘못 끼워져서 오늘날의 국무총리도 그렇게 운영될 수밖에 없지 않는가라는 설명도 가능하기 때문이다. 다음으로 한국의 정부운영과정에서 국무총리가 갖는 기능과 역할에 대해서 보기로 한다. 해방 70년이 지난 오늘날 제도가 어떻게 진화했는가를 볼 수 있기 때문에 중요하다. 국무총리제도가 유명무실하다는 입장도 있지만, 실제로는 나름대로 행정과정에서 자리매김을 하고 있다고 봐야 한다. 갈등이 많아지고, 행정문제가 복잡해짐에 따라 정부경쟁력은 저하될 가능성이 높다. 국무총리와 같은 최고위층의 기능이 중요해지는 이유이다.

제 1 절 문제제기 : '국무총리'라는 자리

내각제에는 정부를 이끄는 사람을 수상(首相)이라고 하여, 여러 장관(즉, 재상 minister) 중에서 으뜸prime이 되는 사람을 의미한다. '관리를 총괄한다'는 의미의 '총리'라는 직함은 일본, 중국 등 일부 국가에서 사용되는 단어이다.

한국 역사에서 이 자리는 조선시대에 처음 등장했다. 조선왕조는 개항 이후 열강의 통상압력과 제국주의 침략 등 대외문제에 대처하기 위해서, 1880년 통리기무아문(統理機務衙門)을 설치하였다. 이 통리기무아문의 총리대신(總理大臣)에 영의정을 임명하였는데, 이것이 우리나라의 정부직제상 처음으로 총리라는 직함이 등장하게 된 것이다.[1] 이런 맥락에서 볼 때, 제국주의에 대항하기 위해 독특한 이름을 만들기보다는 역설적으로 일제의 이름을 모방하지 않았나 추측된다. 이어서 을미개혁(1895년) 시 의정부를 공식적으로 내각이라는 이름으로 개칭하고, 이 내각의 수반으로 내각총리대신이란 자리를 만들었다. '내각총리대신'이란 왕명을 받들어 행정 각 대신을 조정·통합하고, 중요 정책은 반드시 내각회의에서 결정되도록 한 것으로 서구의 집단의사결정체제를 도입한 것이었다.

그러나 오랜 중앙집권적 역사를 가진 우리나라는 이미 그 이전의 시기에도 유사한 자리가 존재했었다. 예컨대, 신라시대에는 시중, 고려시대에는 문하시중이 있었으며, 그리고 조선시대 영의정 제도 등 오랜 역사적 뿌리를 가지고 있다. 특히 조선시대의 영의정은 특정시기에는 오늘날 서구민주주의에서 찾아볼 수 있는 정도로 왕권을 제약한 오랜 역사적 유산을 갖고 있다.[2]

그런데, '총리가 하는 역할이나 기능이 무엇인가'에 대하여 객관적이고 공통적인 인식이 있어야만 우리나라 정부의 상층구조를 합리적으로 편성하고 운영할 수 있다. 그런데 우리가 총리의 역할 및 기능을 객관적으로 정립하여 법문화하였다

1) 이민숙(2016), 김황식 국무총리의 일정 분석을 통한 업무수행의 특성 분석, 서울대학교 행정대학원 석사학위논문.

2) Im, T., Campbell, J. W., & Cha, S.(2013), Revisiting Confucian bureaucracy: Roots of the Korean government's culture and competitiveness, *Public Administration and Development*, 33(4), pp. 286-296.

하더라도, 실제 운영 면에서는 또다른 차이가 생길 수 있다. 예를 들어 대통령의 성격과 총리에 대한 역할 기대, 당시의 정치 환경에 따라서 총리의 구체적 역할이 달라질 것이다. 총리의 권력은 대통령, 총리 자신, 그리고 당시 정치상황의 함수이다.

6공화국에 들어오면서, 대통령에 대한 권력집중 현상을 비판하는 목소리를 반영하여, 대부분의 대통령이 국무총리와 각부 장관들에게 권한을 대폭 위임하겠다고 선언하였다. 이것은 청와대 역할을 감소시켜 국무총리 역할을 강화하겠다는 의미이다.

그러나 실제로는 책임총리제가 되었다고 보는 사람은 거의 없다. 즉, 의도와는 달리 운영은 잘 고쳐지지 않았다. 왜 이런 문제가 지속되는가를 고민할 필요가 있다. 국무총리 산하에 각 부 간의 조정을 요하는 업무를 가져간 경우에만 총리의 권한이 제대로 기능할 수 있을 것이다. 그러나 국무총리에 대한 권한을 확대하겠다는 선언 이후에도 결과적으로는 대통령의 생각이 바뀌거나, 제도의 회귀성으로 인해 대통령으로 권력이 되돌아가는 경우가 많이 관찰되었다.

정부 내 행정과정의 입장에서, 어떤 구조상의 지위라는 것은 자신이 그 점유자에게 무엇을 어떻게 할 수 있다는 권능을 말해준다. 국무총리와 같이 대외활동을 하는 경우에는 정치과정까지도 고려해야 한다. 어떻든 전체구조 속에 점하는 '자리'는 점직자로 하여금 목표나 상황을 인지하게 하는 범위와 그 방법을 규율한다. 개인적 특성도 이런 틀 속에서 발현된다. 즉, 대안의 발상부터 결과 평가까지도 이러한 인지에 근거해서 하게 된다. 따라서 주로 국무총리의 역할이나 기능을 다룬다는 것은 곧 우리나라의 최고정책결정과정에서 그와 그를 둘러싼 행위자들이 어떻게 관여하는지를 추측할 수 있게 해준다.

제 2 절 국무총리직의 제도화과정

Ⅰ. 국무총리제도의 형성

우리나라의 헌법은 대통령책임제와 내각책임제의 혼합형으로 프랑스 등 일부나라에서 볼 수 있는 형태이다. 한국근대사적으로는 해방 후 정부수립 시 혼란했던 상황의 산물이다. 즉, 대통령책임제를 지지하는 세력과 내각책임제를 지지하는 세력이 있어서 양자 간의 흥정 및 타협의 결과로 헌법이 탄생했고, 그 결과 국무총리라는 자리도 생겨났다. 이러한 역사적 과정을 이해하는 것은 역사적 신제도주의historical institutionalism적 시각에서 볼 때 아주 중요하다.[3)] 일부 잘못 알려진 것과는 달리 우리의 유신헌법 이후의 이 제도를 프랑스 제5공화국 헌법을 처음부터 모방한 것으로 보기보다는, 이미 제헌시대에 있었던 자생적인 것이 유지된 것으로 봐야 한다.[4)]

1. 임시 정부 하 국무총리 제도

국무총리제도는 적어도 임시정부 하에서부터 있어 왔다.[5)] 전로한족(全露漢族) 중앙총회가 만든 대한민국합의정부에서는 대통령(손병희), 부통령(박영효), 국무총리(이승만)가 있었으며, 조선국민임시정부의 조직에서는 정도령(正都領)(손병희), 부도령(副都領)(이승만)과 내각총리(이승만)가 있었다. 1919년에 국내에서 만들어진 한성임시정부에서는 집정관총재(이승만) 밑에 국무총리총재(이동휘)를 두었다. 국내 기호지방에서 만들어졌던 대한민국정부도 대통령(손병희), 부통령(오세창), 국무총리(이승만)를 두었다. 한성임시정부와 상해임시정부가 통합되어서 재중임시정부로 유일하게 8·15해방 때까지 지속되어 온 정부에서도 대통령에 이승만, 국무총리에 이동휘를 앉히게 되었다. 이 정부가 그 수반의 명칭을 집정관총재에서 대통령으로 바꾼 것은 이승만이 대외적으로 President라는 용어를 사용하여 왔기 때문에 이를 합법화하기 위한 것이었다고 한다.[6)]

그런데 이 정부의 조직이 바로 독립 이후 우리의 제헌헌법과 가장 유사하다. 즉, 이때 벌써 내각책임제를 가미한 대통령중심제를 택했다고 할 수 있다. 그러나 이때 당시의 임시정부는 미국에 있는 이승만을 대통령이라 지칭할 수 있게

---

3) 김종성(2002), 신제도주의의 행정학적 함의 – 역사적 신제도주의를 중심으로, 「사회과학연구」, 제13권, pp. 59-82 참조.

4) 오히려 우리의 대통령과 국무총리제도와 유사한 헌법구조를 가지고 있는 나라는 프랑스, 루마니아, 몽골과 우간다 등이다. 임도빈(2018), 「비교행정학」, 박영사 참조.

5) 장동관(1984), 대한민국임시정부의 변천과정에 관한 연구: 정부조직과 지도체제를 중심으로, 서울대학교 행정대학원, 석사학위논문 참조.

6) 상게논문, p. 49.

하고, 실제로는 중국에 있는 국무총리(이동휘)와 안창호계의 각 국무위원이 그 권한을 행사하는 조직이었다. 왜냐하면 대통령은 국무원의 구성원이 될 수 없었고, 대통령이 하는 국무원의 임명은 임시의정원(의회)의 동의를 받아야 했으며, 임시의정원이 대통령 선거를 하도록 되어 있었기 때문이다. 이승만은 개정안이 통과된 후에 6개월간(1920년 12월~1921년 5월)만 상해에 있었고, 대통령으로 재임한 6년간(1919년~1925년) 내내 미국에 있었다. 동시에 그는 인구세와 애국금의 징수 업무를 한성정부의 구미위원회부가 맡게 하고, 이렇게 모금된 대부분을 자신의 외교활동비로 사용하였다.

국무총리 이동휘는 이승만과 정한경이 3·1운동 전에 미국대통령에게 한국을 당분간 국제연맹의 위임통치하에 둘 것을 청원한 사실을 이유로 들어서 대통령 사퇴운동을 전개하였다. 그리고 그는 대통령과 상의 없이 국무회의 결의만으로 '레닌'에게 한국독립운동 자금 원조를 교섭할 대표를 파견하기로 결정했다. 이에 이승만 대통령은 이를 문책했으나, 이동휘는 그 문책도 무시했다. 또한 이동휘는 상해에 공산당 지하조직을 결성하여 임시정부에 공산주의가 침투하는 파문을 일으켰다.[7)]

1922년 2월에는 국무총리대리 등 국무원 전원의 사퇴, 동 6월에는 정부 재조직을 위한 의정원회의(의회), 그리고 의정원의 대통령과 국무원에 대한 불신임 등이 통과되었다. 그러나 대통령은 사퇴하지 않았다. 1924년 6월에는 의정원회의에서 이승만대통령 유고안이 통과되고, 동 12월에 박은식을 대통령대리로 선출했으며, 다음해 3월에는 이승만대통령의 탄핵을 결정하고, 곧 개헌을 통해서 대통령제를 없애고 집단지도체제인 내각책임제로 변경하였다. 이때는 국무총리를 국무령이라 불렀다. 그 뒤에 집단지도체제는 더욱 가속화되어 국무위원회 주석제도로 바꾸면서 해방을 맞게 되었다.

이상을 통하여 권력정치의 과정에서 특정인을 최고수반으로 모셔야 할 필요성을 주장하는 세력과 통치과정에 직접 참여하고자 하는 세력들이 자리를 차지해야 할 필요성이 대통령제와 내각 또는 국무원제의 절충을 낳았음을 알 수 있었

---

7) 상게논문, pp. 59-60.

다. 정부 자리들의 안배를 위해서는 대통령도 국무총리도 다 있는 것이 편리했던 것이다. 이처럼 타 세력을 참여시킴으로써 정치적 평화를 유지하는 데 도움을 줄 수 있는 자리로 존재했던 국무총리 제도는 해방 후 독립정부의 제헌과정에도 잘 나타나고 있다. 대한민국 임시정부의 헌장은 헌법기초위원회에서도 참고하였다. 그리고 당시의 헌법이 대통령중심제와 내각책임제를 절충하면서 전자 쪽에 더 많은 중점을 두었는데, 그 이유는 정치적인 안정을 확보하자는 데 있었다는 것이 서상일 헌법기초위원장이나 유진오 전문위원의 설명이었다.[8)]

2. 제헌 과정에 따른 국무총리 제도의 역할 변화

절충안이 채택되기 전 원래 헌법안에서는 내각책임제를 구상했었다. 이는 유진오 전문위원이 「헌법기초위원회에서는 저희들이 의원내각제로 된 먼저 초안을 가지고 그동안 여러 가지로 검토하고 상당히 의견대립이 있었습니다만은 지금 건국 초기에 있어서 무엇보다도 정부의 안정성……운운」이라고 말한 것으로도 잘 나타나 있다.[9)]

이처럼 의원내각제로 출발한 안이 절충식의 소위 대통령중심제로 변화하게 된 이유는 이승만(당시 국회의장)과 한민당 세력 간의 갈등에 있었다. 강욱중의원은 「지금 헌법 전문을 보건대 다소 부자연한 공기가 흐르지 않는가 합니다. 이 헌법은 대통령으로 어떠한 인물을 가상을 해 가지고 그 인물을 기초로 기초하지 않았는가 생각합니다」라고 하면서 국무책임(내각책임제)을 주장하였다.[10)] 또한 이문원의원은 「그럼에도 불구하고 이것을 어떠한 간부 진영에서 의식적으로 모순된 헌법을 만들어 가지고 자꾸만 이것을 통과시켜 가지고서 어떠한 자기의 의도를 달성해보고자 하는 것은 인민이 우리를 보낸 본의가 아니고 극단으로 말하면, 이것은 어떠한 자기의 개인주의에 흐르는 경향이 있다고 비판을 받아도 변명할 자료가 없다고 본인은 생각합니다」고 하였다.[11)] 이 발언으로 인해서 이문원의원에 대한 징계가 논의되었는데도 그는 「본인이 간부를 지칭한 것은 기초위원장이

8) 헌법제정회의록, 제헌의회, 「헌정사자료」, 제1집, pp. 101-106.
9) 상게회의록, p. 107.
10) 상게회의록, p. 252.
11) 상게회의록, p. 313.

나 우리 국회의장 진영을 의미했던 것입니다」라고 하고, 헌법안이 바뀌게 된 경위에 대해서도 「이전에 기초위원장으로부터 중간보고 할 때에 우리 기초위원회에서는 16차인지 17차에 걸쳐서 초안을 기초해서 결국 제3독회까지 끝이 난 모양이나 단 "자구수정 몇 군데가 못 된 곳이 있고 인쇄가 아직 미급해서 이틀간 휴회하게 될 것입니다"하는 그 발언으로 하여금 이틀간 휴회하게 된 것입니다. 그런데 이틀간 휴회하고 초안 나온 것을 보니까 애초에 보고를 듣던 내용에 있어서 너무나 차이가 있었던 것입니다」라고 하였다.[12)]

그러나 기초위원의 한 사람이었던 조헌영의원은 의장이나 기초위원장이 그런 명령을 하지 않았다고 하면서, 그 예로 의장은 이원제를 주장했는데도 기초위원회에서는 일원제를 택했다고 하고, 「의장의 명령에 의하여 기초위원들은 하루밤 사이에 어떻게 하였다는 이런 말씀은 이것은 대단히 사실과 다를 뿐 아니라……」라고 하였다.

그런데 1950년 3월에 제안된 내각책임제로의 개헌안에서는 제헌 당시의 헌법기초위원장이었던 서상일씨가 다음과 같은 말을 하였다.[13)]

> "단기 4281년 6월 3일에 헌법기초위원회가 성립되어서 헌법초안으로는 양원제 내각책임제로 되어 6월 22일에 제2독회를 완료하였던 것입니다. 당시 국회의장인 현대통령 이승만 박사께서 헌법기초위원회에 출석하시어 대통령중심제로 변개치 아니하면 하야하여 일 야인으로서 국민운동을 전개하겠다고 하여 대통령중심제를 강조하였기 때문에 익 23일에는 번안동의가 성립되어 대통령중심제로 되었던 것입니다."

서상일의원은 후일에는 내각책임제 주장의 기수였지만 제헌 당시에는 이승만 의장을 대통령으로 할 것을 기정사실화하였다.

또한 이승만대통령의 정치고문이었던 "올리버"박사는 당시의 상황을 다음과 같이 기술하고 있다.[14)]

> "정치인들 가운데는 대권을 국무총리에게 위임하고 대통령은 단순히 국가의

12) 상계회의록, pp. 317, 318.
13) 상계회의록, 제2집, p. 7.
14) Robert T. Oliver, 박영일(역)(1982), 「이승만비록」, 한국문화출판사, p. 241.

예식상 원수로 앉히는 헌법을 제정코자 하는 강력한 운동이 전개되었다. 이 계획을 지지하는 사람들은 김구를 총리로 지명하고 김규식을 부통령으로 그리고 이 박사는 대통령으로 하려고 궁리 중이었다."

그러나 김구가 암살되어서 제헌 때에는 없었던 점으로 미루어 보아 이상은 그 전부터의 분위기를 말하는 것 같다. 제헌 당시에는 김성수 등의 한민당 세력이 가장 중요한 내각책임제 주장세력이었고, 이들은 김성수를 국무총리로 생각했던 것 같다. 이런 상황에서도 이승만은 '올리버'박사에게 보낸 편지에서 말하기를 「한국 사람들은 국무총리를 원하고 있지 않으며 의원들도 이에 반대할 것이오」라고 했다.[15] 특히 이승만 의장이 대통령중심제를 강력하게 요구했기 때문에 그 방향으로 바뀌진 것은 틀림없다고 볼 수 있다.

이상의 과정으로 제헌헌법이 성립된 이후, 현행헌법까지도 우리나라는 대통령제에 많은 내각책임제적인 요소를 더한 행정조직 체계를 갖게 되었다. 그리고 이로 인해 체제 상 혼선이 생겨나고, 여러 가지 모순도 나타났다고 생각한다.

3. 제2인자로의 자리매김

국무총리는 기본적으로 대통령의 그늘 속에서 2인자로서 권력을 행사할 수밖에 없게 시작하였다. 이런 역사적 배경은 당시의 기록을 통해서 확인할 수 있다. 이승만 대통령은 '올리버'박사에게 보낸 편지에서 다음과 같이 말하였다.[16]

"한국 사람들은 국무총리를 원하고 있지 않으며 의원들도 이에 반대할 것이오. 그러나 불만을 해소시키기 위해서 <다만 대통령을 보좌하는 의미에서의 권한 없는 총리가 있을 수 있을 것이오.> 그 다음날 이 사람들은 국무총리가 권한은 없고 다만 대통령을 보좌하는 일에 그치도록 한 초안을 제출하였소."

---

15) 헌법초안이 바뀌게 된 과정에 대해서도 올리버 박사는 「그는 헌법을 제정중인 위원회에 출석하여 당파적 언쟁에 대하여 '엄중히' 경고하였다」고 한다. 이박사 자신이 올리버 박사에게 보낸 편지를 보면 다음과 같다.

"나는 이 사람들에게 그렇게 비애국적인 전술을 나는 대표할 수가 없다고 말하였소. 그런 사람은 국민이 뽑아 줄 가치가 없는 사람이오. 이것은 헌법위원회가 청취한 엄숙한 연설이었소. 겨우 몇 분간의 것이었지만 그 다음날 이 사람들은 국무총리가 권한은 없고, 다만 대통령을 보좌하는 일에 그치도록 한 초안을 제출하였소. 신문들은 이것을 들어 이박사의 한 승리라고 보도하였소."

16) Oliver, 전게서, pp. 241-242.

이승만 박사가 제헌과정에서 영향력을 행사하여 개정시킨 헌법초안에서 얻어낸 것은 인사권이다. 즉 국무총리의 지명권과 국무위원의 임명권의 양자이며, 특히 전자가 핵심이었다고 할 수 있다. 국무원 사무처장을 지냈던 신두영씨는 다음과 같이 회고한다.[17)]

> "이박사는 대통령중심제하에서의 총리제는 유명무실한 것으로 생각했다. 사실상 당시 국무총리란 실권이 없는 형식상의 자리였다. 국회는 이런 사정을 잘 알면서도 국무총리에게 중요기본정책들에 대한 것을 묻거나 정책전환 용의를 묻기 일쑤였는데 총리는 결정권이 없으면서도 체면상 '대통령에게 물어보고 답변하겠다'고 할 수 없어 우물우물했다."

새 정부 운영의 전통을 잡아야 할 초창기에 이승만 대통령은 국회의 여러 번의 인준거부 끝에 이범석장군을 이 자리에 임명했었다. 국무위원의 제청에 관한 총리의 의견을 물을 것인가에 관하여 이승만 대통령은 「총리의견은 내가 알고 있으니 내게 맡겨. 정치문제를 철기(이범석장군)가 어떻게 알겠느냐」라고 했다는 것이 이인씨의 회고이다.[18)]

즉, 실질적으로 권력을 행사할 수 있는 능력을 가지지 않은 사람을 총리로 임명한 것이다. 당시 총리실 비서관이었던 이동진 씨는 「이총리는 총리의 역할을 알지 못했고, 총리 스스로 행정에 어두운 무인(武人)에서 더 나아가지 못했다. 말이 국무총리이지 사실 모든 것은 이대통령이 다 했기 때문에 총리가 할 일은 별로 없었다. 대통령중심제하에서 총리역할은 한계가 있어 어느 의미에서는 특정부처를 맡고 있는 장관만도 못하다는 생각이 들 때가 간혹 없지 않았다. 특히 대통령의 성격이 강할 때는 총리가 그야말로 할 일이 없었던 것 같다」고 말하고 있다.[19)]

각 부의 통할 조정 기능 역시 제헌당시부터 첫단추를 잘못 끼웠음을 알 수 있다. 헌법과 정부조직법의 기초 토대를 만들었고, 초대 법제처장을 지냈던 유진오씨의 회고를 보면, 당시 초대 총리였던 이범석의 무능으로부터 이런 운영을 하여

17) 중앙일보, 1983.3.12, '중앙청.'
18) 중앙일보, 1982.3.24, '중앙청.'
19) 중앙일보, 1982.3.31, '중앙청.'

왔다는 것을 알 수 있다.[20)]

> “행정부의 조직을 당초 12부 4처로 했던 나의 구상은 12부가 나라의 살림을 종적으로 분할하여 맡는다면 총무 등 4처 중 총무는 나라의 살림이 아닌 행정부의 살림을, 기획처는 행정과는 관계없이 예산의 편성권한을 가져 국무총리를 중심으로 총리가 정부를 통할할 수 있도록 강력한 권한을 주고자 한 것이었다. 하지만 초대총리인 이범석씨는 총리가 무엇이라는 걸 이해하지도 못했고 또 실제로 국무회의를 제대로 이끌어 가지 못하는 명색만의 총리였다. 결국 나의 정부조직의 의도와는 달리 12부 4처가 16부로서 뿔뿔이 활동을 했다.”

초대총리였던 이범석씨의 개인적인 스타일은 이렇게 된 원인 중 작은 일부분일 뿐이다. 본질적인 원인은 국무총리의 역할에 대한 대통령의 기대였다고 생각한다. 이승만 대통령은 국무총리가 약한 존재, 또는 아무것도 하지 않는 사람이기를 기대했다. 이에 비해 법안을 기초하는 사람들은 국무총리가 강력한 조정권을 행사하기를 바랐고, 마치 그렇게 될 수 있을 거라 착각했다. 이와 같이 정부를 이끌고 갈 사람과 법안을 만든 사람들 사이에서 서로 상반된 생각을 했던 것이 조직상의 모순을 낳았다.

이후 역대 국무총리는 대통령을 보좌하는 소극적 역할을 하였다. 국무총리는 독자적으로 권한을 행사하는 주체가 된다고 보기보다는 대통령에 대한 보좌기능을 한다는 것이 더 정확한 표현이라 할 수 있다. 내각책임제였던 2공화국을 지나, 박정희에 의해 탄생한 제3공화국의 헌법에서도 국무총리라는 자리가 유지되고, 실제 2인자로서 약화된 권한은 그대로 유지되고 있다. 대통령 1인의 강력한 권위주의체제를 유지하는 데, 조연으로서 국무총리가 계속 필요했던 것으로 판단한 것 같다. 제3공화국출범 시 최두선을 국무총리로 임명하고, 이어서 정일영을 임명한다.

---

20) 중앙일보, 1982.3.29, ‘중앙청.’

제3절 국무총리 권한

Ⅰ. 법률상 권한과 실제

국무총리제도는 1948년 제헌헌법 이후 2인자로서 특수한 지위로 규정된 이래 현재의 국무총리까지 약 60여년간[21] 계속적으로 유지되어 왔다. 총리제도의 도입 초기에 생긴 관행이 이후에도 역사적 발전을 위한 촉발기제를 만나지 못하고 계속된 것이다. 실세가 아닌 총리들이 자신의 잘못이 아닌 경우에도 정치적 책임을 지고 물러나는 일이 일어나기도 한다. 결과적으로 2019년 현재 대통령은 19대이지만, 총리는 역사상 45대 국무총리이다.

많은 사람들이 헌법이나 정부조직법에서 규정하고 있는 국무총리의 지위를 그대로 믿는다. 헌법에서 "국무총리는 대통령을 보좌하며, 행정에 관하여 대통령의 명을 받아 행정각부를 통할한다"(제86조 2항)라고 하고, "대통령은 국무총리의 제청을 받아서 국무위원을 임명한다"(제87조 1항)라고 하였으며, 또한 국무총리는 국무위원의 해임을 대통령에게 건의할 수 있게 하여 놓고 있다(제87조 3항). 그러나 역대 국무총리 가운데 제청권을 제대로 행사한 사람은 특수한 상황 하에 있었던 한두 사람뿐이었고, 국무위원 해임을 건의한 국무총리는 하나도 없다.

헌법에 근거하여 보면 국무총리는 법적으로 확실히 우리나라 정부의 제2인자다. 그러나 실제 운영상 그 권한을 행사하는 측면에서는 제2인자라고도 볼 수 없다. 왜냐하면, 그는 행정 각 부를 통할하지도 못하고, 제청권도 행사하지 못하며, 자기가 행사해야 할 인사권을 대통령에게 전적으로 의존하고 있기 때문이다. 이와 같이 공식적 또는 형식적인 것과 실제적인 것 사이의 차이가 너무 크기 때문에, 공식적인 것을 믿는 사람과 실제적인 것을 아는 사람들 사이에 그 인식이 서로 엇갈려 혼선을 낳는 경우가 많다.

---

21) 국무총리제의 공백기는 총 5년 7개월이다. 1954년 11월 29일 3차 헌법개정으로 폐지되었다가 1960년 6월 15일 4차 헌법 개정으로 부활하였다(한상익, 2013). 그러나, 내각제를 채택한 2공화국 시에는 '내각수반'이란 용어를 사용했다.

예를 들어 기구개편에서 각 부 간의 강력한 조정을 요하는 문제를 어느 하나의 부처에 맡길 수 없는 경우를 생각해 보자. 공식적인 것을 믿는 사람들은 국무총리 산하에 새로운 기구(예: 위원회)를 설치하자고 주장할 수 있을지 모른다. 그러나 행정의 실제를 아는 사람들은 국무총리 산하에 들어가는 것은 결국 그 행정을 포기하자는 것이라며 반대를 할 것이다.

국무총리는 국무위원과 행정 각 부의 장의 임명에 있어서 대통령의 의중에 따르지 않을 수 없다. 따라서 장관의 선임은 대통령의 의도대로 되는 것이지 국무총리의 제청에 따라서 되는 것이 아니다. 따라서 국무총리에게 임명제청권은 대통령이 합법화 절차를 거치는 형식상의 의미와 조각 발표 전에 통지받는 정도의 의미밖에 없는 권한이다.

둘째로 국무위원 해임건의권도 의미가 없는 권한이다. 상술한 권력 구조 상 대통령이 임명한 사람을 국무총리가 해임건의하기 곤란할 것이다. 임명제청권을 행사 못하면 당연히 해임건의권도 행사 못한다고 봐야 한다.

셋째로 대통령의 권한대행권은 대통령이 임기 중에 사망하거나 장기유고가 있어야 의미 있는 권한인데, 그런 일이 발생할 확률은 매우 적다. 1979년 박정희 대통령이 암살된 후, 최규하 국무총리가 대통령권한대행을 한 바 있다. 그리고 박근혜 대통령의 탄핵이 국회에서 의결되었을 때부터 문재인 대통령이 취임한 2018년 5월까지 황교안 국무총리가 대통령권한대행을 했다. 그러나 유사시 제도로서는 필요해도 현실적으로 총리에게는 별로 의미가 없는 권한이다.

넷째로 부서권이라는 것은 어떤 의미에서 권한이라 볼 수 있는지조차 의심스럽다. 대통령으로부터 임명받은 사람이기 때문에 부서를 거절할 수 없을 것이다. 그렇다면 이것은 부서권이 아니라 오히려 부서의 의무라고 보는 쪽이 현실에 더 가까운 설명이다.

다섯째로 국무회의에서의 심의권은 그가 국무회의의 구성원으로 이 회의에 출석하여 발언하고, 표결에 참가할 뿐 아니라, 부의장으로서 사회자의 기능을 행사한다는 것이다. 이 권한은 국무회의가 중요한 정책심의결정기관이라는 것을 전제로 중요한 권한이 된다. 그러나 국무회의는 정책결정과정에서 정책내용을 결정하는 중요한 기능을 하는 것이 아니다.

여섯째로 행정 각 부의 통할권에 대해서도 그에게 통할의 능력이 주어져 있지 않은 것이 실제다. 총리령은 국무총리가 제안하거나 수정한다기보다 소관 각처의 뜻대로 한다.

일곱째로 국회출석발언권은 국무총리의 정치적 기능과 관련하여 대국회관계에서 주어져 있는 권한이다. 하지만 이것도 국회의 요구에 의해 출석하는 상황에서는 권한이라기보다 의무라고 보는 것이 옳다. 오히려 대통령이 국회에서 설명해야 하는 사항을 대신 설명하는 경우가 많기 때문이다. 결과적으로 국무총리에게 주어진 그럴 듯한 고유권한이란 없다고 생각한다.

Ⅱ. 국무총리의 인선

그럼에도 불구하고, 국무총리를 하고 싶어하는 사람은 많다. 대통령이 국무총리를 인선할 때는, 당시 정치적 상황에 도움이 되는 인물을 선택하려고 할 것이다. 즉, 자신과 팀이 되어 정치적 목적을 달성하기 적합한 인물이 선택될 것이다. 그런데, 2인자 운명으로서 역사적, 헌법적 제약 속에서도, 미세하나마, 인선의 유형도 진화되어 왔다.

대통령은 총리를 정치인 중에서 선임할 수도 있고 비정치인(관료 혹은 전문가) 중에서 선임할 수도 있다. 국무총리는 정권의 정통성을 위하여 국민들에게 비춰지는 '이미지'가 중요하다는 것은 일반적으로 여당의 권력정치과정에 깊숙이 관여하고 있는 핵심인물은 기용되지 않는다는 것을 의미하기도 한다. 여야를 포함하여 국회의 동의까지 받을 수 있는 사람이어야 한다.

국무총리는 일반국민에게 이미지는 좋으면서 권력정치과정에서는 소외된 사람이 임명될 가능성이 크다. 특히 국회의 행정부 견제권이 약했을 때에는 대통령은 국무총리는 정치력이 없는 소위 '얼굴마담'을 임명한 경우가 많았다. 명망이 높은 교수, 법관, 관료출신이 직업정치인보다 선호된다. 특히 군부정권 시에는 지식인으로서 국민적 이미지가 좋은 사람을 임명하곤 하였다.[22)]

---

22) 서울대 교육학과는 정원식, 이영덕, 단일학과 교수 중에서 약간의 시차를 두고 2명의 국무총리를 배출시켰다.

초기에는 대통령은 아무 제약없이 마음대로 국무총리를 임면하였다. 즉, 건국 후부터 김영삼 정부까지는 국회의 인준이 있기 전에 국무총리'서리'라는 직위로 직무수행을 시작하고, 추후 국회의 인준을 받으면 '서리'자를 떼었다. 국회의 인준과정이 형식적이었다는 것을 의미한다. 그런데 서리제도가 위헌임이 받아들여져서, 노무현 정부이후에는 국회인준을 받은 후에야 집무를 시작하는 것으로 제도화되었다.

내각책임제가 아니기 때문에 국무총리가 반드시 의원일 필요는 없다. 행정부 중심의 국정운영이었던 것이, 최근 국회로 권력이 많이 이동하면서 국무총리의 인선과 임무수행에서 변화가 생겼다. 무엇보다도 국회의 인준을 받아야 하기 때문에, 적어도 국회인사청문회와 인준절차에 적합한 인물을 선택해야 한다. 그런데 인사청문회과정이 언론에 대대적으로 보도되기 때문에 중도하차하는 경우도 많이 생기게 된다. 인사청문회 통과의 결정적 요인은 전문성이나 정치성보다는 개인의 윤리적 측면이 1차적이라고 하겠다.[23] 박근혜정부 시 처음에 지명한 총리 후보자 김용준이 인사청문회 통과가 어렵게 되자, 마침내 검사출신인 정홍원을 임명하게 되었다. 정홍원 총리는 임용 후 세월호 등 여러 사건을 통해 정치적 난관을 겪자 총리를 교체하려 했으나 후임이 계속 낙마하게 되어 비교적 오래 직무를 수행하게 된다. 즉, 이제 국회는 과거보다 대통령의 총리선임권을 제약하고 있다. **국회의 총리인준권 강화는 후임총리인선을 어렵게 함으로써 총리의 직무수행임기가 길어지게 하는 원인이 되었다.**

일단 임명된 국무총리가 자리를 그만둘 때에는 책임을 지고 물러나는 형식을 취하게 되는 경우가 많다. 국회의 국무총리 해임건의도 정치적인 책임을 묻는 형식을 취한다. 대통령의 입장에서 보면 국무총리나 국무위원은 자기가 임명한 사람들로서 자기의 신임을 받고 있는 사람들이다. 이들에 대하여 국회가 해임을 건의한다는 것은 간접적으로 대통령에 대한 반항을 의미한다. 이 권한은 대통령의 정부 내 '리더십'에 손상을 주기 위한 장치로서 야권에 의하여 사용된다. 그러나 대통령이 직접 책임을 지는 것은 아니다. 그는 임기 동안 직위가 보장되어 있으

23) 최준영 · 정진영(2012), 행정부 고위공직자에 대한 임명동의 결정요인, 「한국정치연구」, 제21권 2호, pp. 23-52.

며, 국회에 반드시 나가서 해명하거나 발언하지도 않아도 된다. 그렇지만 그에게 온갖 권한이 집중되어 있다. 우리나라 정부조직의 가장 큰 맹점이 바로 이 점에 있다. 대통령은 권한을 행사하되 책임은 지지 않고, 국무총리는 권한은 없되 책임은 져야 하는 것이다. 정치적으로 갈등이 있거나 국민적 분노가 많은 이슈에 대해서 현장을 방문하여 해결하려는 자세를 보여주는 것도 중요한 역할 중의 하나이다.[24] 국무총리는 정치과정에 주로 관심을 두어야 하면서도 이를 주도하지 못하고 수동적으로 대처할 수밖에 없게 된다.

Ⅲ. 제2인자의 권력유형

이런 점에서 국무총리직을 성공적으로 수행하느냐 여부는 그야말로 '관운(官運)'에 달려 있다고 봐도 과언이 아니다. 국무총리직의 권한과 책임 간의 불일치현상이 대통령의 독주를 조장하는 하나의 요인이 될 수 있다.

그럼에도 불구하고, 모든 자리는 어느 정도 임기가 길어야 권력이 축적된다는 일반적인 법칙을 주목할 필요가 있다. 즉 지나치게 자주 바뀌면, 그 자리의 특성을 파악하고 인적인 네트워크를 만드는 데 시간이 낭비되기 마련이다. 그런데 국무총리의 평균 재임기간은 약 13개월로 임기는 짧은 편에 속한다. 그러므로 대부분의 총리는 자신의 권력을 행사할 준비도 하기 전에 물러난다. 그러나 비교적 긴 기간을 재직하는 경우도 드물지 않다. 역대 국무총리 중 2번 총리를 역임한 사람은 장면, 백두진, 김종필 3명뿐이다.[25] 이제 역사가 많이 축적되어 나름대로 다양한 경험을 하였다.

국무총리의 실제 권력은 제도적 요인, 정치적 요인, 개인적 요인으로 나눌 수 있다. 제도적 요인은 앞에서 설명한 바와 같이 대통령과의 관계에서 2인자의 운명으로 자리가 만들어졌고, 이것이 지금까지 계속되고 있다. 이처럼 제도적 한계에도 불구하고 임명된 국무총리 개인의 정치적 역량이나 카리스마적 특성에 따라

---

24) 이 때문에, 총리가 국회에 불려나가서 강한 비난을 받는 것은 다반사이다. 또한 현장방문 중 계란 세례를 받는 경우도 많이 생긴다. 정원식 총리는 밀가루 세례, 정홍원, 황교안 총리는 계란 투척을 받은 예이다.

25) 이재원(2007), 「한국의 국무총리 연구」, 나남.

상대적으로 권력을 더 행사한 사람도 있다.

대체로 대통령에 대해서 내세울 만한 **자신의 정치적 자원**political capital**이 있는 총리가 그렇지 않은 총리보다 '실세총리'가 되는 경향이 많았다.** 정치적 자원이란 정당정치에서 정치인에 대한 영향력, 그리고 국민들의 지지층여부 등이다. 이런 정치적 자원을 기반으로 일종의 연립정권과 같이 다른 정치계파를 국무총리로 임명한 때에 총리의 실제 권력이 커진다. 대표적으로 김대중 대통령-김종필 총리의 경우가 있다. 분담형으로서 이해찬 총리는 당시 여당이었던 열린우리당에서의 영향력이 정치적 자원으로 크게 작용하였을 것이다.

인간의 권력추구성향을 감안한다면, 일단 국무총리로 임명되면, 나름대로 자신의 역할을 부각하고 싶을 것이라고 상정할 수 있다. 그러나 대통령의 '그늘' 역할을 하는 것으로 제도화되어 있기 때문에, 만약에 특정 국무총리의 존재가 부각되면 견제를 받을 가능성이 커진다. 김영삼 대통령 때, 법관출신이었던 이회창 총리는 법에 규정된 대로 총리의 권한을 행사하고자 하였고, 그 과정에서 한편으로는 대쪽총리로서 명성을 쌓았지만, 다른 한편으로는 대통령과 갈등관계에 들어갔다.[26] 결국 1년 만에 경질되는 운명을 맞지만, 개인적 정치적 자본political capital을 쌓는 계기가 되었다. 이를 기반으로 그 후 대선후보로서 3회나 출마하였으나 당선되지 못하였다. 그러나 대부분의 경우에는 2인자로서 대통령의 뜻에 따라 업무를 수행한 후, 대통령이 정치적으로 궁지에 몰렸을 때 대통령을 대신하여 희생양으로 물러나기도 한다.

총리의 실제 권력은 제1인자인 대통령의 권력행사 방식에 따라 달라진다. 대통령은 총리가 정치적으로 어려운 사안에 대하여 대통령을 대신하여 각 이해당사자의 의견 조율 및 조정을 잘하기를 바란다. 그러나 국무총리는 한국 정치의 소용돌이 속에서 불가피하게 '악역'에 국한될 가능성이 높다. 따라서 국무총리 당사자는 국무총리 재임으로 인하여 자신의 정치적 자원political capital을 축적하기도 쉽지 않다. 제1인자와 제2인자의 결합유형에 따라 총리의 유형이 달라질 수 있다. 정치적 권력의 크기를 강약으로 구분하면 다음 4가지의 유형이 나온다. 강한 대통

---

26) 최영묵, 혜성처럼 왔다가 재상 이회창의 무게, <신동아>, 1994년 6월호. 주돈식(1997), 「문민정부 1천2백일」, 사람과 책, p. 74.

령의 그늘 밑에서는 순응형 또는 전담형이 지배적일 수밖에 없다. 그러나, 당시의 정치상황과 총리의 개인적 정치력에 따라 다른 유형의 역할을 하기도 한다.

〈표 9-1〉 대통령과 따른 국무총리의 관계유형

구 분		대통령의 정치적 자원	
		강	약
국무총리의 정치적 자원	강	소신형 (Self-reliance)	분담형 (Partaker)
	약	순응형 또는 전담형 (Conformer)	관리형 (Caretaker)

출처: 한상익(2013), 정치적 자원과 국무총리의 권한 및 역할의 변동, 「의정연구」, 제19권 1호, p. 166.

제 4 절 국무총리의 보좌조직

Ⅰ. 총리실 조직의 진화

1. 자체조직의 탄생

국무총리실은 최초 1963년만 해도 개인비서실 정도만 있는 작은 조직이었다. 즉, 대통령과는 달리 보좌조직이 거의 없었다. 다만, 국무총리 소속의 각 부 사무의 조정업무나, 어느 한 부에 관장시키는 것이 불합리한 성질의 업무들을 총리직속의 원·처 등으로 두었었다. 이들은 부령에 해당하는 것을 독자적으로 발할 수 없고 총리령으로만 하게 되어 있었다.

그런데 전술한 대로 처와 청은 가능한 한, 총리소속에서 벗어나 독립된 부로 승격하고 싶어 한다. 과거의 통일원과 환경처가 그 예이다. 통일원과 환경처가 하나씩 독립된 부서로 나가게 되면서, 이들에게 국무총리가 총리령을 통하여 권한을 행사하기도 불가능해졌다.

물론 이렇게 조직이 중앙행정기관으로 독립되어 가는 와중에도 '처'조직으로 여전히 존속되고 있는 것도 있다. 법제처와 인사혁신처(구, 총무처)는 정부행정과

정상 필요로 하는 거의 항구적 조직이라고 봐도 무방하다. 국가보훈처는 그 상징성 때문에 국무총리 밑의 처로 비교적 항구적으로 존재하는 조직이다. 박근혜 정부에서는 세월호 사건 이후 민심수습차원에서 설치된 바 있는 국민안전처가 있다. 농림부와 보건부의 부처 간 관할권이 문제가 되어서 총리소속의 처가 된 것이 식약처이다. 결국 중앙행정기관의 지위를 갖지 못하는 '처'조직으로서 총리가 직속 관할권을 행사하는 '처'는 정부전체기능이란 측면에서 봐서 그리 핵심적인 것은 아님을 알 수 있다.

다음으로 중요한 것은, 처음으로 개인비서실이 아닌 보좌조직이 등장한 것은 1973년이라는 점이다.27) 즉, 국무총리 밑에 '행정조정실'을 두면서 총리직속의 보좌기관을 갖게 되었다. 제1조정관에서 제5조정관을 두어 행정 각 부의 소관업무를 묶는 방식으로 관장하게 된 것이다. 이후 청와대 조직과는 달리, 총리실 소속의 자체 직원을 갖게 되었으며, 이 인원은 점점 늘어났다. 1998년에는 차관급인 국무조정실장을 장관급으로 격상시켰다. 이와 같이 국무총리를 보좌하는 기구는 계속 커졌다. **조직의 생존을 위해서는 외부에 네트워크적 조직을 확장하는 것보다 내부조직화하는 것이 더 확실한 수단이다.**

또한 국무총리실의 '행정(혹은 정책)'을 담당하는 정규조직 이외의 것도 많이 있다. 사회적으로 물의가 일어나는 중요한 국정문제가 생기고, 이를 어느 한 부처에서 담당하기에는 정치적으로 비중이 큰 경우, 국무총리실에 한시조직으로 설치되는 경향이 있기 때문이다. 조직이 늘어나는 방법은 한시적 업무를 담당하는 기구를 설치한 후 일정 기간이 지나면 폐지되는 경우와 비교적 영속성을 갖고 존치하는 경우로 두 가지가 있다.

한시적으로 설치한 기구들은 범부처적 대책이 필요한 신규 정책문제를 다루는 조직으로 수질개선기획단(1997년), 부패방지기획단(1998), 안전관리개선기획단(2000), 수해방지대책기획단(2002), 주한미군대책기획단(2003), 신행정수도후속대책기획단(2004), 복권위원회 사무처(2004), 의료산업발전기획단(2005), 제주특별자치도 추진기획단(2005), 용산민족역사공원건립추진단(2005), 한일수교문서공개등대책기획

27) 1973년은 박정희 대통령이 소위 유신헌법이라고 하여 대통령 3선이 가능토록 개헌을 한 해이다.

단(2005), 새만금개발추진단(2016), 세월호피해자지원·추모사업지원단 등이 있다.[28] 이외에도 아시안게임이나 올림픽 대회를 준비하는 실무를 총괄하는 조직도 1983년에 추가된다. 후일 부처나 위원회 형태로 발전해 나간 것으로는 부패방지기획단(1998)과 2003년에 신설된 여성심의관 등이 있다.

2. 조직영토의 확보

국무총리의 핵심기능은 정부부처 간의 통합과 조정이 거론되는 정책 문제 중 우선순위에 밀려 대통령이 직접 다룰 여력이 없는 것일 가능성이 높다. 이처럼 2인자인 국무총리실의 존립 필요성은 취약하고 불확실한 기반 즉, 대통령이 할 수 없는 일의 여집합적인 것에 있다. **한 조직은 영토가 불확실할수록 새로운 영토를 찾을 것이며, 이것을 힘이 약한 다른 기관이나 모든 기관이 관련된 '공통영토'로부터 구할 가능성이 많다.**

이런 취약한 상황에서도 국무총리실이 고유한 기능으로 확보하는 데 성공한 것이 있다. 즉, 틈새영역niche으로 개척한 것은 '규제개혁'과 '정책평가'이다.

우선 김영삼정부에 들어서면서 생긴 행정쇄신위원회에 대한 지원업무가 대표적인 예이다. 이전 정권까지 행정개혁의 업무를 실무적으로 지원하거나 주관하는 기관은 총무처였다. 그런데 행정쇄신위원회의 일들이 실제적으로 민원을 해결하는 과정에서 단순한 정부조직 운영을 넘어선 규제개혁을 하게 된 것이다. 이에 따라 1998년에는 규제개혁조정관을 신설하게 된다. 행정쇄신위원회가 없어진 김대중정부 이후에는 규제개혁실이라는 형태로 존재하다가 점차 규제개혁위원회로 발전시켜 그 실무를 담당하는 조직으로 확대해오고 있다.

다음으로, 국무총리실의 영토를 확장한 또 다른 예는 정책평가이다. 원래 1994년 경제기획원으로부터 심사분석평가업무를 이양받음으로써 초보적인 형태의 정책집행(진도)평가를 하였다. 그 후 서구의 정책평가 개념을 도입하기 위해 2003년 정책평가심의관을 신설한다. 최근에는 각 부처를 비롯한 행정기관의 정책성과를 평가하는 제도를 도입한 후 이를 주관하고 있다. 청와대가 각 부처의 현

---

28) 이런 조직 중 일부는 총리를 위원장으로 하는 (한시적)위원회의 사무처 역할을 하기 위해 설치된 것이다.

안 업무를 총괄 지휘하고 국무총리는 항상 2선으로 물러나 있는 상황에서 규제개혁이나 정책평가라는 새로운 기능영역을 추가한 것이다.

이외에도 청와대에서 공직자 감찰을 하는 것과 마찬가지로 총리실에서도 규율을 담당한다. 하지만 총리실에서 맡은 사정은 청와대와 감사원의 업무와 중복되는 것이다. 그럼에도 불구하고 사회상황에 따라 암행감찰이 이뤄진다. 이것은 최근 '공직복무관리관(구 공직윤리관리관)'이 강화되는 것과 관련이 있다. 이처럼 최근에 주요하게 다뤄지는 부문을 국무총리실에서 중복redundancy하여 조직을 설치할 수도 있다.

Ⅱ. 국무총리실의 조직

1. 실의 내부조직

현재 국무조정실과 국무총리비서실로 조직이 구성되어 있다. 비서실은 비교적 정무적인 것을 다루고, 국무조정실은 문자 그대로 행정 각 부가 담당하는 업무를 조정하는 역할을 담당한다. 국무조정실장은 과거에는 차관급이었는데, 국무총리의 권한을 강화한다는 입장에서 직급이 상향조정되어, 장관급이 되었다. 장관급 실장 밑에는 차관급의 국무1차장과 2차장이 있다. 조직 내에 고위직을 가지고 있는 셈이다. 이에 따라, 국무총리실 조직이 커지면서 인력의 규모는 평균 약 450명 수준이 되었다. 여기에는 각 부처에서 파견받은 인력을 포함한 것이다. 300명 정도의 인력과 차관급 2명이 최고위직이었던 때에서 점점 늘어나 장관급 1명과 차관급 3명, 그리고 총인력이 600여명으로 늘어나기도 한다. 이것은 청와대 못지않게 큰 인력이다.

국무1차장 밑에는 3개의 실, 제2차장 밑에는 2개의 실을 두고 있다. 실장 밑에는 다시 고위공무원단으로 보하는 심의관, 또는 조정관들을 두고 있다. 각 실은 사실상 정부부처를 몇 개씩 관할하는 방식으로 조직되어 있다. 예컨대 외교·안보·교육·문화 및 일반 행정 관계부처의 행정의 지휘·조정에 관한 사무를 맡는 실, 경제 관계부처의 행정의 지휘·조정 및 감독에 관한 사항을 맡는 실, 행정안전, 사회복지 관계부처의 행정의 지휘·조정에 관한 사무를 맡는 실과 서울특별시와 수도권관계의 사무를 맡는 실 등이다. 이외에도 각종 '단'이 있다.

위에서 제시한 국무조정실의 조직 구성 및 내부 분업방법은 그 방법에 있어서 대통령(비서)실의 그것과 본질적으로는 같다. 그렇기 때문에 대통령비서실과 기능중복이 된다. 결과적으로 국무조정실은 대통령비서실이 하지 않고 있는 일만 해야 하게 되어 있는데, 이러한 대통령비서실의 방침을 구체화하는 일은 해당 각 부처가 맡아서 하게 되어 있어 그 관계가 복잡하다.

총리가 수행하는 업무내용상 다른 소관부처와 밀접한 관계를 맺게 된다. 예컨대, 이명박정부시 총리실 내부조직과 이들이 각각 분할하여 담당하는 소관부처를 보면 다음과 같다.

〈표 9-2〉 **총리실과 소관부처와의 관계**

분류	국무총리실 담당실(정책관)	소관 부처
정치 행정	국정운영1실 (일반행정정책관)	법무부, 행정안전부, 국민권익위원회, 법제처, 검찰청, 경찰청, 소방방재청 소관 업무
	정무실	대국회 업무
	공보실	대언론 업무
외교 안보 통일	국정운영1실 (외교안보/개발협력정책관/ 주한미군기지이전지원단)	외교통상부, 통일부, 국방부, 국가보훈처, 병무청, 방위사업청 소관 업무
경제	국정운영2실 (재정금융/산업/농수산국토/ 제주특별자치도정책관)	기획재정부, 교육과학기술부, 농림축산식품부, 지식경제부, 국토해양부, 공정거래위원회, 금융위원회, 국세청, 관세청, 조달청, 통계청, 농촌진흥청, 산림청, 중소기업청, 특허청, 해양경찰청, 행정중심복합도시건설청 소관 업무
	규제개혁실 (경제규제정책관)	
사회 교육 문화	사회통합정책실 (사회총괄정/교육문화여성/ 안전환경/고용식품의약정책관)	교육과학기술부, 문화체육관광부, 보건복지부, 환경부, 고용노동부, 여성가족부, 방송통신위원회, 문화재청, 식품의약품안전청, 기상청 소관 업무
	규제개혁실 (사회규제정책관)	
기타	국정운영1실 등	범부처 업무 또는 소관업무가 명확하지 않은 업무

출처: 이민숙(2016), 김황식 국무총리의 일정 분석을 통한 업무수행의 특성 분석, 서울대학교 행정대학원 석사학위논문.

2. 조직규모와 권력크기

국무총리는 대통령에 이은 행정부 2인자에 걸맞는 보수와 대우를 받는다. 2019년 기준으로 국무총리의 연봉은 약 1억 7,900만원이다. 이는 대통령의 약 2억 3천만원보다는 적지만, 각 부 장관의 1억 1,600만원보다는 많은 액수이다. 보수 이외에 8억 여원 수준의 업무추진비가 있으며, 공관, 관용차량, 운전기사, 개별 경호팀도 있다.[29)]

그럼에도 불구하고, 우리나라에서 국무총리는 대통령의 대역과 같은 존재로 활동할 뿐이지 자신의 권력을 행사한다고 보기 어렵다. 국무총리가 축사총리, 대독(代讀)총리, 방탄총리 등의 다른 이름으로 불리게 된 이유가 여기에 있다. 방탄총리란 국무총리는 대통령에 대한 정치적 공격을 대신 받아내다가 자신의 정치력을 소진하고 사라지는 경우가 많다는 것을 풍자한 것이다.

그러나 이것은 정치적인 측면이고, 일상적으로 보면, 행정적인 기능을 담당하고 있다. 즉, 국무조정실의 규모가 커지고, 많은 회의를 하고 있다. 정치적 권력이 그늘 밑에서 발현되지 못한다면, 행정적 권력은 있는지 의문을 제기할 필요가 있다. '조정권'이 자리를 잡아가고 있느냐의 문제이다. 특히 최근의 정책문제는 한 부처의 소관에 국한되지 않는 것이 많아서 갈등의 소지가 많다. 그리고 사회적으로 갈등 자체가 많아졌다. 국무조정실은 국무총리의 보좌기관이기 때문에 각 부처 간에 조정을 하는 실무적인 일을 해야 한다.

그러나 2인자인 국무총리를 보좌하기 때문에 1인자인 대통령, 즉 청와대의 영향력하에 있는 것도 부인할 수 없는 사실이다. 즉, 국무조정실이 조정권을 어느 정도로 할 수 있는가는 대통령비서실의 운영방법, 국무총리의 정치적 영향력과 의도 등 여러 가지 요인들에 의하여 결정될 것이다. **대통령(비서)실이 많은 분야에서 적극적일수록 그리고 국무총리가 상징적인 지위에 머물수록 국무총리 국무조정실이 해야 하는 일은 적어질 것이다.**

---

29) 관련 내용은 다음의 기사를 참조할 것.
레이더P. 대한민국 총리의 역할과 위상. 2015.4.26.
http://m.raythep.com/newsView.php?cc=&no=3331

한 가지 흥미로운 사실은 국무총리실의 인력규모와 조직의 권력관계이다. 관료들은 조직의 규모가 커지면 그만큼 권력이 커지는 것으로 생각한다. 조직의 여유organizational slack가 크기 때문에 외부의 충격에 대응할 여력이 크다고 알려져 있다. 그렇다면 국무조정실의 조직규모가 커지면, 각 부처에 행사하는 조직의 권력도 증가하는가라는 의문을 제기해볼 필요가 있다.

예컨대, 노무현 정부 때 책임총리제를 실시한다고 하여 총리에게 권한을 많이 주고, 인력도 624명 정도로 늘린 바 있다. 그런데 이명박 정부에 와서는 인력을 299명으로 줄였다. 그렇다면 정부조직 내에서 총리실의 상대적 권력이 두 시점에서 약 2배의 차이를 보였는가? 이를 실증적으로 측정하기는 어렵지만, 일단 그렇지 않은 것으로 보인다. 물론 이해찬 총리시절에 총리의 권력이 커졌기 때문에 상대적으로 국무총리실(국무조정실)의 권력도 커졌다고 할 수 있을 것이다. 그러나 대통령의 권위에 눌려, 총리실의 권력이 그만큼 충분히 증대하지 못한 것 같다. 즉, 1인자를 보좌하는 조직(즉, 청와대)의 권력은 그 조직규모와 직접적인 관계가 있을지 모르지만, 제2인자를 보좌하는 조직은 그 규모가 권력을 결정짓지는 않는다고 봐야 한다. **장(長)의 권력이 증대하지 않는 한, 보조 · 보좌조직의 규모가 늘어도 기관의 권력은 증대하지 않는다.**

제 5 절 국무총리의 기능

Ⅰ. 정치세력 간 통합기능

1. 정치적 기능

국무총리라는 자리가 여러 정치세력들이 권력을 위해 경쟁을 하는 정치과정에서 타협에 의해 생겨났다는 것은, 다른 말로 하면 타협에 의해서 그 자리가 없어지지 않았다는 말이다. 그런 의미에서 국무총리라는 자리는 체제의 통합이나 유지에 일조를 하는 기능을 한다고 생각한다. 그러나 국무총리의 권력은 대통령의 절대적 권력에 의존적이어서 자체적으로 힘을 발휘하지 못한다. 대통령은 국

무총리나 장관에 대해서는 '제왕적'일 만큼 큰 제약조건이 되는 자리이다.[30)]

따라서 국무총리의 정치적 기능은 다음과 같다.

첫째, 대통령에 대하여 총리의 정치적 자율성이나 독자성은 기대하지 말아야 한다. 그는 대통령이 추진하는 정책에 대하여 야당이나 국민들이 지지하는 인물로서 체제의 통합과 국민들로부터의 일체감을 조성할 수 있으면 된다.

둘째, 국무총리는 정치적 직위이면서 정치세력들이 교차하는 지점에 놓여 있으므로, 정치세력들의 움직임에 특히 민감해야 한다. 독자적인 행보를 할 수는 없지만, 늘 대통령을 염두에 두고 정치적 활동을 해야 한다. 특히 대국회, 대(對)야당관계에 있어서 더욱 그렇다고 할 수 있다.

셋째, 국무총리의 역할이 적극적으로 행사되지 못하는 것은 당연하다고 봐야 한다. 그 자리의 탄생 자체가 타협의 산물이기 때문에 본질적으로 수동적일 수밖에 없다. 만일 그가 정치적 역할을 적극적으로 행사하면 권력균형상의 새로운 변화를 야기하는 원인이 되기 때문이다.

2. 상징적 기능

정치 전체의 '시스템'이라는 입장에서 보면 정권을 담당하고 있는 측에서는 그 정권의 정통성을 확보하고 향상시키기 위해서 국무총리를 인선하게 된다. 그리고 이를 통하여 대국민 '이미지'를 좋게 하고자 한다.

국무총리는 소위 제2인자로서 대통령 유고시에 계승권을 갖는 자이다. 물론 현직대통령이 재임 중에 유고할 만한 이유가 없을 때에 계승권이라는 것은 별로 큰 의미가 없으나, 정부를 대표하는 제2인자라는 것은 상징적으로 매우 중요한 의미를 갖는다. 국무회의를 사회하거나, 각종의 의식, 행사 등에 대통령을 대신해서 혹은 스스로 독자적으로 참여하는 것 등의 의례적 활동도 역시 상징과 관련되어 중요한 일이라 할 수 있다.

국무총리가 대표로 참석하는 대외행사가 많이 있다. 대통령이 갈 수 없는 여러 행사에 참석하여 축사를 하는 것이 가장 중요한 활동 중의 하나이기 때문에

30) 신우철(2011), 대통령의 헌법상 권한은 과연 강력한가?: 그 정량적 비교측정 및 이를 통한 국무총리 권한강도의 추정, 「헌법학연구」, 제19권 2호.

'축사총리'라는 별명이 붙을 정도이다. 국무총리는 국내의 이런 활동에 집중하기 때문에 대외문제에는 별로 간여하지 않는 것이 보통이다. 물론 대통령이 특별한 대외적 임무를 부여한 경우는 예외이다.

이러한 상징적 기능 때문에 국무총리라는 지위를 활용하는 특이한 조직이 생긴다. 정부조직개편 때마다, 많은 행정조직은 정부 내에서 조직의 위상을 제고하려고 경쟁한다. 이들이 가장 원하는 것은 대통령 직속화이다. 사회적으로 큰 문제가 생길 때마다 '컨트롤타워'를 운운한다. 그러나 대통령 직속으로 무한정 조직을 붙여 놓을 수는 없다. 따라서 차선책으로 국무총리 소속으로 하는 방법을 택한다. 차선책이란 관련 이익집단, 혹은 일반국민에게 '그래도 정부가 신경을 쓴다'는 상징적 메시지를 줄 수 있다는 뜻이다. 세월호 사건 후 생긴 국민안전처, 인사혁신처가 대표적인 예이고, 국가보훈처나 조세심판원도 역사적 연유는 비슷하다.

Ⅱ. 행정 각 부에 대한 조정기능

1. 각 부의 통할권

대통령의 보좌와 관련하여 국무총리의 행정 각 부에 대한 통할권을 살펴보자. 과연 국무총리는 정치 분야의 법적 권한도 실제로 행사하기 어려운 상황에서 행정 분야에 관해서는 얼마나 많은 일을 할 수 있는가?

현행 헌법에 의하면, 각부 통할권이라는 것은 「행정 각 부에 대한 지시와 조정을 말한다」고 한다.[31] 헌법은 "국무총리는 대통령을 보좌하며, 행정에 관하여 대통령의 명을 받아 행정 각 부를 통할한다"(제86조 2항)고 하고, 정부조직법은 "국무총리는 대통령의 명을 받아 각 중앙행정기관의 장을 지휘·감독한다"(제18조 1항)고 하고 있다. 즉, 대통령에 대해서 보좌기관이고, 각 부에 대해서는 보조기관의 역할을 하도록 되어 있다. 또한 "중앙행정기관의 장의 명령이나 처분이 위법 또는 부당하다고 인정될 경우에는 대통령의 승인을 받아 이를 중지 또는 취소할 수 있다"(제18조 2항)고 하고 있다. 법문에서 보이는 바와 같이 국무총리

31) 김철수(2009), 「신고헌법학개론」, 박영사, p. 593.

가 권한을 행사하기 위해서는 "대통령의 명을 받아"야 하고 "대통령의 승인을 받아"야 하게 되어 있다.

그러나, 정부조직법은 "대통령의 통할하에 다음의 행정각부를 둔다"(제26조 1항)고 하여 각부(장관)는 대통령 직속임을 천명하고 있다. 따라서 국무총리는 자기 의사로 각 부에 간섭하기 어렵게 되어 있다. 장관들의 입장에서도 한편으로는 대통령의 통할 하에 있다고 하고, 다른 한편으로는 국무총리의 통할 하에 있다고 하여 2중 명령계통의 상황이 되어서 어느 쪽에 따라야 할지 불분명하다. 결국 장관들은 법보다는 권력의 행방에 따라 행동할 수밖에 없다.

장관들은 2중 명령계통 상황이라는 불확실성 하에서 권력의 행방에 따라 움직이게 된다. 이때, 권력의 핵심은 인사권과 연결되기 때문에, 결과적으로 장관들은 대통령과 직결되고, 국무총리는 소외된다. 그 구체적 이유는 다음과 같다.

첫째, 각 부는 전문 분야를 관장하고 있기 때문에 국정 전 분야를 담당하는 국무총리 스스로나 그를 보좌하는 인력은 그만큼의 지식을 구비하지 못하고 있는 것이 일반적이다.

둘째, 각 부 장관은 국무총리의 제청이나 해임건의와는 상관없이 대통령에 의하여 임명되기 때문에 각 부 장관의 국무총리에 대한 충성은 형식에 그칠 것이다.

셋째, 위와 같은 이유 때문에 각 부 장관은 직접 대통령과 접촉할 것이며, 국무총리에게는 필요 최소한으로 보고하거나 형식적인 결재를 받는 절차를 취할 것이다. 대통령실은 각 부를 직접 관장하는 식으로 분업하고 있기 때문에 국무총리실을 거치지 않고 각 부와 직접 접촉한다.

넷째, 국무총리는 대통령, 동비서실, 각 부 장관들의 사이에서 일어나는 교호작용이 존재하는 정보통로에서 소외되는 경우가 더 많다. 국가정보원이 대통령에게 하는 정보보고에서도 소외된다. 또한 국군에 대한 통수권은 대통령으로부터 국방부장관, 그리고 합참의장으로 이어지기 때문에 이 계통에서도 제외된다. 그러기 때문에 군령(軍令)에 속한 일에 대해서는 전혀 알 수 없게 되어 있다.

그러므로 행정의 실제운영은 국무위원 또는 그에 준하는 장으로 대표되는 독립관청에 의하고 총리령에 대한 결재는 형식적일 수밖에 없다. 따라서 총리가 실질적인 통할조정권을 행사한다고 보기도 어렵다.

2. 합법화 기능

국무총리는 형식적으로는 행정부의 제2인자로서 결재 계통에 놓여 있기 때문에 대통령과 장관, 처장들 사이에서 결재하게 되어 있다. 즉 대통령에게 올라가는 부처의 문서는 국무총리의 결재를 받게 되어 있으며, 특히 국무회의에서의 심의를 필한 것은 반드시 국무총리를 경유하여 대통령에게 올라가게 되어 있다. 다만 그는 부처의 정책안건에 관하여 그 내용을 수정하거나 결정하지는 않는다. 해당 정책 안건은 사전에 청와대 비서진의 중개로 이미 결정된 것이며, 이를 국무총리가 사후적으로 결재를 함으로써 합법화, 공식화하는 것이다. 이런 의미에서 합법화 장치로서의 부서권을 가진 국무총리는 국무회의의 실질적인 주재자로서 어느 정도의 영향력은 가지고 있다고 할 수 있다.

국무총리가 각종 위원회의 위원장으로 되어 있는 것도 넓은 의미로 보면 일종의 합법화 기능이다. 범정부적으로 설치되는 위원회는 여러 가지 갈등요인을 해소하고 합리화하는 기능을 하는 것이 많다. 국무총리는 자신이 일일이 기억하기도 어려울 정도로 많은 위원회의 위원장이 되어 있기 때문에 모두 참석하기는 불가능하다. 그러나 중요한 사안이 있을 때마다 회의를 직접 주재함으로써 그 결정을 합리화 내지 공식화하는 기능을 한다.

규제개혁은 역대정권이 추구해 온 정책이다. 어느 시기에는 총리실에 규제개혁위원회라는 형태로 있었다. 이제는 ‘규제조정실’이 있어 총리실의 고유업무로 자리잡았다고 볼 수 있을 정도의 비중을 차지하게 되었다. 이제 정부입법안 성안과정에서도 규제개혁심사가 필수 단계로 들어가 있을 정도이다. 그런데, 역대 대통령은 규제개혁관련회의를 스스로 주재하고, TV로 생중계하기도 한다. 국민적 관심사라고 보기 때문에 정치적 행보를 하고 있는 것이다. 그런데 비록 대통령지시사항이라고 하더라도, 국무조정실에서 이런 합법화과정을 추진하지 않으면 무산되는 것이다.

Ⅲ. 국무총리 기능의 현실

1. 일정분석 : 김황식 총리

국무총리가 실제로 수행하는 역할이 무엇일까에 대해서는 많은 의문이 있다. 외부 활동에 경호원도 있고, 매우 바쁜 일정을 보내고 있으니 어떠한 역할이든 수행하고 있는 것이지 노는 것은 아니다. 그렇다면, 국무총리가 수행하는 일정을 보면, 그 역할이 무엇인가를 어느 정도 짐작할 수 있다. 국무총리마다 역할이 달라서 일반화는 어렵지만, 이명박정부시 비교적 장기간 국무총리직을 수행한 김황식 총리의 일정을 분석하면 <표 9-3>과 같다.[32] 행정부 제2인자란 대통령 그늘 밑에서 하는 제한적 정치활동이고, 차상급 행정관청으로서의 역할은 행정부의 통할기능을 의미한다.

〈표 9-3〉 **국무총리 일정 분석**

		건수 (%)	순위
행정부 제2인자	외부행사 참석	402 (22.58)	2
	훈・포상식, 임명장・위촉장 수여식	49 (2.75)	8
	국내인사 접견	32 (1.80)	10
	해외인사 접견 및 해외순방	325 (18.26)	3
	공무원 등 격려 오・만찬	83 (4.66)	7
	소계	891 (50.05)	–
차상급 중앙 행정관청	대국회, 정무	111 (6.24)	5
	대언론, 공보	47 (2.64)	9
	국정협의체 운영, 보고	439 (24.66)	1
	현장방문	197 (11.07)	4
	정책전문가 및 이해관계자 간담회	95 (5.34)	6
	소계	889 (49.95)	–

출처: 이민숙(2016), 김황식 국무총리의 일정 분석을 통한 업무수행의 특성 분석, 서울대 행정학 석사학위 논문.

32) 김황식 총리는 역대 총리 중 일정자료가 비교적 잘 정리되어 분석이 가능한 유일한 총리이다.

첫째, 총리의 역할은 대통령을 보좌하는 제2인자로서의 활동과 행정부를 총괄하는 활동으로 나눌 수 있다. 김황식 총리의 경우 이 양자가 각각 균등하게 나타남을 알 수 있다. 즉, 대통령의 역할에 형식적인 자리매김을 하는 역할은 약 절반 정도라는 것이다. 이에 비하여 국정협의체의 운영이나 정책 현장방문, 간담회 등 국정운영 전반을 관리하고 공공갈등을 조정하는 역할을 어느 정도 담당했던 것으로 평가할 수 있다.

둘째, 업무내용 면에서 볼 때, 경제 분야의 일정이 가장 많았고, 사회·교육·문화 분야는 전체에서 4위에 불과했다. 다섯 가지 분야의 비중이 모두 20% 전후로서 국무총리가 한 분야에 치중하지 않고 국정 전반에 대해 고른 행보를 보였다고 판단된다. 이는 국무총리 개인의 개성이 일정에 반영되지 못했다는 것이다. 그러나 실제 일정수행방식에 있어서, 여러 부처가 관계된 업무인 기타 분야는 국정협의체의 운영 등을 통해 조정 역할을 한 반면에, 대통령이 주도하는 외교 분야에서는 외빈 접견과 같은 형식적인 역할을 담당했다.

셋째, 전체 일정을 업무장소에 따라 구분해 보면, 청사내부 일정보다는 외부 일정이 더 많았다. 해외 일정을 제외하고도 수도권과 지방 일정이 내부 일정보다 더 많았다. 이는 국무총리가 행정적 역할보다는 정치적 역할을 더 많이 수행함을 의미한다.

이상은 일반화할 수 없지만, 적어도 국무총리의 실제 기능에 대해 하나의 예시는 된다.

2. 국무총리실의 조정기능

행정부통할기능 중 대표적인 것이 조정기능이다. 특히 국무총리는 2003년 '정부업무조정 등에 관한 규정'(총리훈령)을 제정하여 한국사회에서 일어나는 복잡한 갈등을 조정하고 해결하는 역할을 본격적으로 수행하기 시작한다. 국무총리실은 국무조정실 등 명칭을 달리해 왔다. 역사적으로 보면, 국무총리의 보좌기관으로서 국무총리비서실과 보조기관으로서 국무조정실로 나눠져 있었다가도 양 기능이 실제로는 크게 구분되지 않기 때문에 양자를 통합한 때도 있었다. 이러한 특성을 통하여 국무총리와 그 보조기관의 역할을 하는 국무조정실 및 국무총리실의 핵심

기능이 조정이라는 것을 알 수 있다.

행정기관에는 실국이란 자리가 있다. 그런데 과거 국무조정실 내부에 있는 고위직 자리의 명칭도 '조정관(현 조정실장)'이란 표현을 썼다. 심의관은 외교부 등 다른 행정기관에서도 찾아볼 수 있으나 조정관은 다른 행정기관에서 찾아보기 힘든 직책명이다. 이것은 갈등조정의 역할을 중시한다고 볼 수 있는 명칭이다. 이들은 문제가 생기면, 국가정책조정회의, 국정현안정책조정회의, 혹은 다른 명칭으로 부처간 이견을 조정하는 역할에서 실무역할을 맡는다.

갈등 조정은 어떤 갈등이 발생하기 이전에 이를 사전에 방지하기 위한 사전조정과, 일단 갈등이 표출된 이후에 당사자를 대상으로 조정하는 사후조정으로 나눌 수 있다. 전자가 비용도 덜 들고 바람직한 것임은 두말할 필요가 없다. 그러나 이에 대한 자료획득이 어려우므로 후자의 경우에 국한해서 보기로 한다.

자료확보가 가능한 258건을 분석한 연구는 다음과 같은 특성을 보여준다.[33)]

첫째, 국무총리실의 조정은 평균 3.5개월이 걸리며, 82% 이상의 대부분의 갈등은 6개월 이내에 조정완료된다는 점이다. 이 점에서 효과적인 기능이라고 할 수 있으나, 사실 갈등의 난이도가 낮거나 보통인 경우가 대부분인 점에서 볼 때, 이런 효과성을 신중하게 해석해야 할 것이다.

둘째, 정책조정과제의 70%는 중앙부처 간의 갈등이고, 이 중 58%는 방침조정, 22%는 업무관할 갈등이었다. 즉, 국무총리실이 조정한 대부분의 갈등은 행정부를 통할하는 지위에서 부처간 정책방향의 갈등을 조정하는 역할이라고 할 수 있다.

셋째, 갈등당사자 수가 증가할수록, 조정난이도가 높을수록, 갈등이슈의 수가 많을수록, 국무총리실의 갈등조정력은 낮아진다.

넷째, 정부의 정책이념이란 측면에서 볼 때, 보수정부일 때가 진보정부일 때보다 국무총리실의 정책조정력이 증가하는 것으로 나타났다.

---

33) 권용식(2016), 중앙부처의 정책조정에 관한 연구 - 정책조정결과에 대한 '조정추체요인'의 영향력을 중심으로, 「한국정책학회보」, 제25권 1호.

제6절 이론화 : 최고위층의 융통성 조직

국무총리는 국가정보원장, 장관들, 정당의 간부들이 대통령을 만나서 어떤 이야기를 주고 받았는지 알 길이 없다. 다른 사람들도 마찬가지다. 청와대의 수석비서관도 자기의 소관이 아닌 분야에 관하여 총리, 장관, 다른 수석비서관이 무슨 이야기를 하였는지 알 길이 없다. 청와대비서진의 부처 분할식 분업 때문에 꼭대기에서부터 밑으로 장관이나 부처에 이르는 종적인 구조의 선상에 놓인 사람들은 자기의 계통에 관해서만 안다. 따라서 대통령의 방침이나 의중을 여러 분야에 걸쳐서 골고루 아는 사람은 아무도 없다.

그러므로 직업 관료들이 부처 간에 서로 연계하여 협력하면서 일을 추진하는 것을 기대하기 어렵다. 행정조직들은 각기 가족과 같아서 가장인 장관의 허락 없이 다른 기관과 협력한다는 것을 매우 거북하게 생각한다. 장관들은 서로가 권력을 위한 경쟁관계에 있기 때문에 어느 장관도 선뜻 자발적으로 타 부처에 협력하는 행동을 개시하지 않는다.

대통령을 둘러싸고 있는 최고관리구조가 어떤 형태인가는 대통령의 개인적인 스타일에 많이 달려 있다. 대통령에게 권력이 집중되어 있는 것이 근본적인 상태이기 때문에 어떤 대통령이든 이 자리에 취임하면 자기의 스타일대로 지도할 수 있다. 그 결과로 대통령마다 자기의 구조를 만든다고 할 수 있다.

이하에서는 이러한 구조를 아노미 구조, 경직성 구조, 융통성 구조의 세 가지로 나누고, 각각의 특징에 대해서 기술하고자 한다. 물론 이들은 개념상의 구조들이기 때문에 구체적인 대통령과 일치하지 않는 경우도 있다. 그리고 아노미 구조와 경직성 구조는 양극을 대표하기 때문에 대부분의 대통령들은 이 중간에 속할 것이다. 과거의 대통령 가운데 노태우대통령 같은 사람이 아노미 구조를, 그리고 박정희대통령 같은 사람이 경직성 구조에 비교적 가까웠던 사람들이라 할 수 있다. 그리고 융통성 구조는 중간에 있는 것으로 이상적인 구조를 뜻한다.

Ⅰ. 아노미anomie 구조

아노미 구조는 명백한 구조가 없는 경우이다. 새로운 방향, 정책, 방침 등이 대통령에 의하여 발표되면 그것의 진의를 아는 사람이 없다. 그렇다고 서로 물어보기도 거북한 상황이다. 그래서 모호한 상태는 장기간 계속되며, 새로운 변화가 생기기를 기다리게 된다. 누구에게 물어보아야 권위 있는 해석을 할 수 있는지 알 길이 없기 때문에 아무도 소신있는 행동을 하지 못한다. 따라서 추진력 또한 없어진다.

대통령은 내각에 대폭 위임을 하기 때문에(혹은 위임을 했다고 생각하기 때문에) 눈에 보이는 구조가 생길 때까지 오랜 기간이 걸리게 되고, 장관들은 상당한 기간 동안 소신껏 일을 하지 못한다. 업무가 여러 부처에 연결되어 있고, 따라서 대통령의 조정에 기대야 하지만 문제를 대통령에게까지 가지고 가기를 꺼린다. 그렇다고 대통령의 의중을 정확히 아는 것도 아니다. 그래서 수석비서들이 대통령의 의중을 해석하거나 전달하는 역할을 하게 되고 시일이 경과하면서 이들의 권력이 점점 커진다.

결과적으로 대통령은 위임했다고 생각하고, 장관들은 충분한 권한을 받지 못하고 있다고 생각한다. 심하면 되는 것도 없고, 안 되는 것도 없는 상태가 생긴다. 상층구조가 이런 '아노미'상태에 있으면 대통령의 입장에서는 지배하기 쉬운 상황이라 할 수 있다. 자기의 지시에 의존하는 일이 많아지고 자기가 모든 일의 중심임을 실감할 수 있기 때문에 심리적으로 편한 상태가 된다. 그 결과로 카리스마도 더욱 커지게 된다.

Ⅱ. 경직성 구조

경직성 구조는 누가 보기에도 명백한 경우이다. 비교적 상세한 데까지 정하여져 있어서 관련된 자들이 자기의 역할을 명백하게 알고 있다. 따라서 누가 무엇을 해야 되는가에 대해서 물어볼 필요가 없다. 다만 너무나 상세한 데까지 정해져 있기 때문에 개인의 재량권이 없다는 결점이 있다.

이 구조에서 대통령은 커다란 방침이나 지침만 주는 것이 아니라, 상세한 부분까지 간섭하게 된다. 즉 방침만 정하는 것이 아니라 전면에 나서서 진두지휘를 하는 경우가 많다. 대통령이 어려운 결심을 하기는 하나, 이후 그 뒤의 집행과정에 대해서도 세세하게 통제하고 보고를 요구한다.

집행과정에서 문제가 발생하여도 권한이 고도로 집권화되어 있기 때문에 대통령만 만나고 나면 해결된다. 하지만 모두 대통령에게 직접 호소하려고 해서, 결과적으로 대통령을 만나기는 더 어려워진다. 따라서 대통령비서실은 강력한 권한을 행사하게 되고, 대통령을 둘러싸고 있는 몇 사람의 실력자들에 의해 사람(인)의 장막이 만들어진다. 이들은 대통령의 의중을 비교적 정확하게 아는 사람들로 행세한다.

이때, 한 번 정한 일은 잘 추진되지만 시일이 지날수록 대통령의 현실감각이 떨어지고, 따라서 그가 하는 결정이 현실과 맞지 않는데도 모르고 지나가게 되는 일이 잦아진다. 즉 형식과 실질이 맞지 않는 상태가 생기는 것이다. 이러한 상태에서 행정의 집행은 문서상으로는 잘 되나, 실제로는 잘 되지 않는다.

대통령은 내각에 별로 위임하지 않기 때문에 장관을 '주사장관'이라 부르는 사태가 생긴다. 국무총리도 거의 상징적 존재에 지나지 않게 된다. 게다가 이런 구조 하에서도 각 부처들 사이의 횡적 협조는 잘 되지 않는다. 모든 부처들은 대통령에 대한 충성의 경쟁을 하고 있으므로 다른 부처가 자기 부처에 협조하는 것은 원하지만, 다른 부처에 자기가 협조하는 것은 하지 않으려고 한다. 결과적으로 대통령에 의한 해결을 요구하는 수준이 더 높아지면서 집권화 정도가 심해지고 그에 따르는 폐단도 증가한다.

Ⅲ. 융통성 구조

융통성 구조는 아노미 구조와 경직성 구조의 사이에 위치한 중간의 구조를 말한다. 대통령을 중심으로 하는 최고 관리층에서 하는 일은 정책의 장기적인 비전 제시와 정치적 활동 등으로 주로 추상적이고 거시적인 가치를 다룬다고 할 수 있다. 이런 일을 하는 데는 경직성 구조가 적합하지 않다. 대통령을 보좌하는 사람들, 즉 국무총리나 장관들도 상당한 정도의 재량권이 있어야 한다. 이들도 자기가 맡은 분야에서 융통성 있게 조직 구조를 만들어서 자기 스타일의 리더십을 발휘할 수 있어야 한다. 특히 국내정세와 국제정세가 급변하는 상황에 적응하려면 굳어진 조직구조를 갖고는 어려움에 봉착할 수 있다. 따라서 이런 때는 어느 정도 엉성하고 막연한 면은 있어도, 대강의 확실한 구조는 확립되어 있는 융통성 구조가 유리하다.

융통성 구조라는 것은 구조를 상세한 데까지 정하지 않아서 바꾸기 쉽다. 그러나 아노미 구조와는 달리 대통령의 새로운 정책에 대하여 아무도 그 진의를 몰라서 서로 물어봐야 하는 상태까지 의미하는 것은 아니다. 대통령은 큰 이슈에 대한 결심을 한 이후에는 상당한 정도로 위임을 한다. 그러므로 경직성 구조와 달리 국무총리도 어느 정도 통할권을 행사할 수 있고, 장관들은 주사장관이라 불리지 않는다. 내각에서는 어느 정도의 '팀 정신'도 생긴다.

우리나라의 경우에는 융통성 구조가 필요하다. 그러나 아노미 구조와 경직성 구조 사이의 거리가 너무나 크기 때문에 중간에 존재하는 융통성 구조에도 여러 가지 모양이 있을 수 있다. 이는 대통령 개인의 성향과 당시의 상황조건들에 의하여 결정될 것이다. 더군다나 우리나라의 경우에는 헌법이 마련한 권력구조의 모호성 때문에 대통령이 어떤 구조를 가지고 이끌고 나갈 것인가에 대한 재량의 폭이 너무 넓다. 그래서 개인마다 이 구조들 사이를 왕래하는 거리에 많은 차이가 나는 것이 현실이다.

Ⅳ. 개선방안

현행헌법 하에서 국무총리가 좀 더 많은 기능을 하게 하는 방법은 없겠는가? 우리나라 조직은 운영상 자연적으로 집단제보다는 단두제적 특성을 가지는 경향이 있다. 그동안 대통령의 권력을 줄이려는 노력이 많았음에도 불구하고 결과적으로 제왕적 대통령으로 평가된다는 것이 이를 증명한다. 그러므로 대통령의 권한을 줄이고 총리에게 실질적인 권한을 부여할 수 있는 대안을 마련해야 한다. 프랑스에서 동거정부 시 대통령과 수상이 권력분점을 하는 유형이나 김대중대통령-김종필총리 시의 유형과 비슷한 것을 생각할 수 있겠다.

대통령은 외교와 자신이 공약한 대통령 어젠다presidential agenda만 간여하고, 기타 일상적인 정부운영은 총리에게 맡기는 것이다.[34] 이것을 책임총리제라고 한다. 물론 이것은 전적으로 대통령 개인의 뜻에 달려 있다. 만일 대통령이 국무총리에게 대폭 위임하고 그와의 대좌를 자주 하면 국무총리가 약간은 부상될 수 있다.

그러나 이 경우에도 두 가지의 조치가 병행되어야 한다. 첫째는 대통령이 총리에게 구체적인 정보를 주고 지시하거나 상의해야 한다. 앞서 지적했듯이 총리는 정보의 통로에서 소외되는 경우가 많다. 정보 없이 독대하는 것은 일반론에 흐르기 쉽고, 따라서 오래 지속되기 힘들다.

둘째, 대통령비서실이 축소되어야 한다. **대통령비서실이 각 부처에게 직접 관여하는 정도가 심할수록 국무총리가 소외된다.** 대통령비서실과 국무총리실은 사실상 중복된 조직이지만 끊임없이 예산과 조직을 팽창시키고 있으며 이는 비효율을 가져오는 원인이 된다.[35] 그렇다고 대통령비서실이 국무총리실을 경유하여 각 부처에 관여하라고 할 수도 없는 것이 현행 제도이다. 이승만대통령은 장관들을 미국식의 secretary로 간주했으며, 따라서 경무대비서들은 순수한 개인 assistant로 간주했다는 것은 이미 지적했다. 그러나 박정희대통령 이후로 청와대비서진은 기능별 분담 참모로 강화되었으며, 이에 따라서 장관들에 대한 관여가 더욱 전문적인 차원으로 빈번해졌다. 그 결과, 상대적으로 국무총리의 역할이 더 격하된 것이다.

우리는 위에서 국무총리의 기능과 역할을 매우 소극적·수동적으로 보았다. 그러나 국무총리의 자리는 상징적으로 매우 중요하다. 국무총리의 상징성과 합법화 기능에 의해 발생하는 영향력을 가지고 정권의 '이미지' 창출에 공헌할 수 있다. 또한 국회나 야당권으로 하여금 당시의 권력균형을 유지하는 범위 안에서 정부 지지 쪽으로 설득하는 작업을 하는 것도 그의 역할이라 할 수 있다. 정책이나

34) 임도빈(2004), 정부조직의 재설계: 최고조정체계를 중심으로, 「행정논총」, 제42권 3호.

35) 유현종·이윤호(2010), 제도적 대통령 부서의 발전에 관한 역사적 분석, 「한국행정학보」, 제44권 2호, pp. 111-136.

행정에 관해서도 그는 제3자적인 입장에 있기 때문에 객관성을 대표하는 존재로서의 권위를 가질 수 있다. 특히 현대행정은 각 부 간의 갈등을 수반하는 문제가 많이 증가하고 있으므로 국무총리의 조정역할은 더욱 중시될 것이다.

청와대비서진이 기능별로 각 부처를 종적으로 분할하여 담당하고 있는 현실하에서는 각 부처를 연결하는 조정에 관한 의견을 제시할 수 있는 사람은 국무총리나 대통령(비서)실장뿐이다. 국무총리는 바로 이 부문에서 자기의 역할을 부각시켜야 한다. 특히 그는 경제문제가 경제부처의 일에 한정되는 것이 아니라 비경제부처들의 일과 조정되어야 한다는 점을 강조해야 한다.

또한 국무총리가 실질적으로 각 부를 조정하는 것을 생각해 볼 수 있다. 예를 들어 법제처, 기획처(만일 이런 처를 신설한다면) 등의 행정관리수단(법, 조직, 인사, 예산)을 통하여 각부 간 조정을 할 수도 있다. 조직을 운영하기 위한 가장 중요한 자원인 인사와 예산권만 준다면 총리의 권한이 실질적으로 강화될 수 있다. 이것이 어렵다면 만일 처의 장관 또는 처장들에 대한 실질적 인사제청권만이라도 총리에게 주어진다면 어느 정도 도움이 될 것이다.

현재 제도상으로 국무총리가 국무회의를 실질적으로 주재하고 있으며, 다른 한편으로는 국무조정실장이 차관회의를 주재하므로 어느 정도는 정보의 중심에 서게 되었다. 앞으로 예산과 인사라는 행정관리수단들을 통해서 각부 간 조정을 하는 방법을 쓰면 어느 정도 효과를 볼 수 있을 것이다. 만약 예산권도 가져오면 경제장관회의도 총리실에서 주관하게 된다.

결론적으로 우리나라의 현행 권력구조, 특히 정부의 최고관리구조 하에서는 대통령이 국무총리를 실질적으로 중용하고자 하는 의도에 따라, 더불어 이에 수반하는 권한의 위임과 신임이 얼마나 많은가에 따라서 국무총리의 위상과 실질적으로 기능이 수행되는 활성화 정도가 결정된다. 권한과 책임을 일치시켜야 한다는 방향에 비추어 보아도 대통령이 국무총리에게 많은 권한을 위임함으로써 국무총리가 그만둘 때에는 스스로 책임을 지는 것이 마땅하다는 생각을 가질 수 있게 해야 할 것이다.

제 10 장
최상층의 조직과정

행정조직 내부에서 일어나는 일은 모두 의사결정decision-making행위이다. 국가정책과 같이 중요한 차원에서는 아무리 고위층이라고 하더라도 혼자서 의사 결정을 하는 경우는 드물다. 심지어 대통령조차도 단독으로 의사결정을 하기 전에 거쳐야 할 일정한 절차가 있다. 집합적 의사결정은 정책의 타당성과 신뢰성을 높이고, 실수를 할 확률을 최소화한다. 서로 다른 입장을 가진 행정조직간 합의를 이루는 메커니즘은 하루 아침에 이뤄진 것이 아니고, 오랜 기간을 두고 진화되어 왔다. 이 장에서는 정부조직에서 이뤄지는 합의기제를 분석하기로 한다. 먼저 헌법에 명시되어 있는 공식적 기구로서 국무회의를 다루고, 다음으로 헌법규정사항은 아니지만 실제로 정부업무의 종합조정을 위해 이루어지는 관계장관회의를 다루기로 한다.

제 1 절 국무회의와 차관회의

Ⅰ. 국무회의

1. 국무회의의 참석자

우리나라는 대통령중심제를 택하고 있지만, 대통령 혼자 중요사항을 결정하기보다는 국가의 중요한 의사결정은 국무회의의 심의를 반드시 거치도록 하고 있다. 국무회의는 대통령 · 국무총리와 15인 이상 30인 이하의 국무위원으로 구성된다. 국무회의에는 국무위원 외에도 법령에 따라 대통령비서실장 · 국가안보실장 · 대통령비서정책실장 · 국무조정실장 · 국가보훈처장 · 인사혁신처장 · 법제처장 · 식품의약품안전처장 · 공정거래위원회위원장 · 과학기술혁신본부장 · 통상교섭본부장 및 서울특별시장이 배석한다.[1] 다만 서울특별시장의 경우 대통령과 같은 정당이 아닐 때 저조한 출석률을 보인 바 있다. 국무회의 간사로서 총무 부처 담당국장(현, 행정안전부 의정관)이 국무회의 배석자도 엄격히 통제한다.

대통령소속 특별위원회 혹은 청급에 관련된 의안을 다룰 경우에도, 위원장이나 청장은 국무위원이 아니므로 소관 장관이 대신 발언을 한다. 그러나 필요시 이들을 참석시키고, 해당 국무위원(장관)이 모두발언을 한 후 보충발언을 하는 방식으로 진행된다. 또한, 보충설명자로서 필요에 따라 의안제출부처의 3급 이상 공무원 혹은 고위공무원이 참석할 수 있게 되어 있고 관련 전문가도 참석하여 발언할 수 있다. 그러나 의결권은 대통령[2]과 국무위원만 행사한다.

국무회의의 의장은 대통령이며, 부의장은 국무총리이다. 대부분의 회의는 국무총리가 주재하는 것이 관례다. 대통령에 따라 국무회의를 직접 주재하기도 하지만 그 빈도는 다르다.

2. 국무회의의 기능

국무회의는 헌법상으로 심의기관이다. 즉, 국무회의의 1차 기능은 국정문제에 대한 조정심의다. 부처 단위의 좁은 시각에서 이뤄진 의안을 국가 전체라는 넓은 시각에서 최종적으로 검토하는 기회라고 볼 수도 있고, 대통령의 밀실결정이나 독단적 결정을 견제하는 일종의 견제장치라고도 볼 수 있다.

심의안건은 출석위원의 3분의 2 이상의 찬성으로 의결하도록 되어 있는데, 실제로는 거의 만장일치로 의결되는 것이 관례이다. 따라서 그의 의결에 의하여 대통령이 구속을 받지는 않지만, 그렇다고 단순한 자문기관도 아닌 것이다. 헌법 제89조에 의하면 다음의 사항들은 반드시 국무회의 심의를 받아야 한다.[3]

1) 이외에도 개별 법령에 따라 법원행정처 및 차장, 헌법재판소 사무처장, 국가인권위원회위원장, 금융위원회위원장, 방송통신위원회위원장, 원자력안전위원회위원장, 한국은행총재가 국무회의에 출석하여 발언할 수 있다.

2) 대통령은 국무위원이나 행정 각 부의 장관을 겸임할 수 없다(헌법 제39조).

(1) 국정의 기본계획과 정부의 일반정책
(2) 선전 · 강화 기타 중요한 대외정책
(3) 헌법개정안 · 국민투표안 · 조약안 · 법률안과 대통령안
(4) 예산안 · 결산 · 국유재산처분의 기본계획 · 국가의 부담이 될 계약 기타 재정에 관한 중요사항
(5) 대통령의 긴급명령, 긴급재정 · 경제처분 및 명령 또는 계엄과 그 해제
(6) 군사에 관한 중요사항
(7) 국회의 임시회집회의 요구
(8) 영전수여
(9) 사면 · 감형과 복권
(10) 행정 각 부간의 권한의 획정
(11) 정부안의 권한의 위임 또는 배정에 관한 기본계획
(12) 국정처리상황의 평가 · 분석
(13) 행정 각 부의 중요한 정책의 수립과 조정
(14) 정당해산의 제소
(15) 정부에 제출 또는 회부된 정부의 정책에 관계되는 청원의 심사
(16) 검찰총장 · 합동참모의장 · 각군참모총장 · 국립대학교총장 · 대사 기타 법률이 정한 공무원과 국영기업체 관리자의 임명
(17) 기타 대통령 · 국무총리 또는 국무위원이 제출한 사항

국무회의는 연 55회 정도 소집되고 연간 심의안건은 1,000건이 넘는다. 국무회의가 대체로 1시간 정도 진행되고 1회당 처리안건이 16.6건 내지 29.6건이므로 한 개의 안건 당 소요시간은 약 3분 정도에 불과하다.[4] 이는 의안취지 설명조차 충분히 하기 어려운 시간이므로, 국무회의가 진정한 토론의 장이 아니라는 것을 의미한다.[5] 그러나 이렇게 형식적이라 할지라도 필요 없는 절차라고 보기는 어렵다. 후술하는 바와 같이 국무회의에 상정되는 안건은 이미 선심절차에 따라

---

3) 만약 국무회의의 심의 없이 대통령이 법적 행위를 할 경우, 그 행위의 법적 효력이 유효한가 아닌가에 대해서는 유효설이 다수설이다. 노기호(2009), 정부형태에 따른 국무회의의 법적 지위와 권한, 「한양법학」, 제26권, pp. 263-287.

4) 이송호(2007), 「관계장관회의」, 대영문화사, p. 47.

5) 따라서 국무회의 규정 제2항의 '국무회의는 국가의 중요정책이 전(全)정부적 차원에서 충분히 심의될 수 있도록 운영되어야 한다'는 조항을 스스로 지키지 못한다고도 볼 수 있다. 그런데 노무현 대통령은 국무회의를 단순한 통과의례가 아닌 자유토론의 장으로 만들려고 시도하였다.

각 관련 부처의 의견이 투영된 것이기 때문이다.

국무위원은 각자 소관 사무에 관련되었을 때 간혹 발언을 하고, 관련이 없는 사항은 침묵을 지키는 분위기가 지배적이다. 대통령이 아무리 '자기 부처 소관 사항이 아닌 경우에도 의견을 내라'고 해도 침묵을 지키는 경향이 있다. 여기에서 부결되면, 그 이전 단계에서 수고한 관련 부하들로부터 불만을 사게 된다는 것을 알기에 다른 국무위원의 체면이나 심기를 불필요하게 건들지 않으려는 동양적 조직문화가 작용한다.

국무회의의 두 번째 기능은 부처 간 정보를 공유하는 것이다. 국무회의규정 3조 6항에 규정된 다음의 사항은 국무회의에서 서로 의견을 교환하도록 되어 있다.

(1) 국내외 중요 정보 분석 상황
(2) 정부의 역점사업 추진 현황
(3) 국민생활에 영향을 미치는 중요 시책의 추진 현황
(4) 대국민 홍보를 적극적으로 하여야 할 중요 사항
(5) 부·처 간의 협조가 필요한 사항
(6) 대통령 및 국무총리의 지시사항

이상의 내용은 사실 각 부처가 추진하고 있는 정책이나 문제 중 다른 부처와 관련된 것이 있다면 모두 정보를 공유하라는 의미이다.

Ⅱ. 차관회의

1. 차관회의의 의의

국무회의는 매주 화요일 오전에 열리고, 목요일 오후에는 차관회의가 열린다. 차관회의는 각 부처의 차관으로 구성되며, 의장은 국무조정실장이다. 과거 경제부총리가 의장인 시대가 있었으나, 국무조정실장으로 바뀐 것이다. 국무총리가 국정의 중심에 선다는 입장에서 보면 바람직한 변화이다.

차관이 1인인 부는 그가 자동적으로 차관회의의 구성원이 된다. 그러나 최근 대부처주의로 인해 차관이 2인 이상인 부가 많은데, 차관회의는 그중의 1인만 구성원이 된다. 중앙행정기관의 장인 청장은 차관급이기는 하지만, 필요시에만 차

관회의에 참석하여 발언할 수 있을 뿐 의결권은 갖지 않는다. 법제처 차장은 법령안 및 조약안이 상정되는 차관회의에 배석한다. 간사는 총무 담당부 의정과장(현, 행정안전부 의정담당관)이 된다. 기타 의안제출부처에서 보충설명자로서 국·과장이 참석할 수 있음은 물론이다. 국무회의와 마찬가지로 차관회의는 매주 1회 소집되는 정기회의와 임시회의가 있다.

2. 차관회의의 기능

차관회의는 국무회의에 대한 선심기관이다. 따라서 그의 소관사항도 위에서 열거한 국무회의의 경우와 유사하다. 단, 검찰총장·합동참모의장·각군참모총장·국립대학교총장·대사 기타 법률에 정한 공무원과 국영기업체 관리자의 임명과 같은 인사권은 차관회의의 심의사항에서 제외된다. 또한 국회로부터 이송받은 법률공포의안도 제외된다. 기타 선전·강화·계엄 등에 관련된 것도 안건의 예외가 된다.

국무위원들이 분주한 일정으로 국무회의에서 충분한 시간을 갖고 토론을 할 수 없는데 비하여, 차관회의는 조금 덜 분주한 차관들이 안건에 대해 실질적인 토론을 하는 자리이다. 회의시간도 길고, 차관의 대부분이 그 부처의 직업관료 출신이기 때문에 전문성을 전제로 한 실무적인 차원의 검토가 이뤄진다. 국무회의가 다분히 형식적인 자리라고 한다면, 차관회의는 충분한 토론의 장소라고 할 수 있다. 차관회의는 과반수 이상의 출석으로 개회되며, 출석과반수 이상으로 의결된다.

원칙적으로 차관회의는 국무회의에 상정되기 위해 모든 안건이 반드시 거쳐야할 단계이다. 즉, 차관회의에서 가결된 의안은 그 의결 결과를 첨부하여 국무회의에 상정하고, 부결된 의안은 국무회의에 상정하지 아니한다. 그러나 예외적인 방법도 가능하다. 차관회의에서 그 부결이유를 명시한 심의의견을 의안에 첨부할 경우에는 이를 국무회의에 상정할 수 있다. 따라서 차관회의는 안건자체를 국무회의에 올리지 못하게 차단하는 역할은 하지 못한다.

Ⅲ. 의안상정 절차

국무회의, 차관회의와 같은 의사결정조정기제는 주요 국가정책에 관한 조직과정이 단순히 장관→국무총리→대통령이라는 개인수준에서 결재를 받는 방식으로 이뤄지지 않는다는 것을 보여준다. 대통령 등이 행정기관으로서 갖는 결정권과 별개로 일정한 합의과정을 거치도록 한 것이다. 이는 후술하는 품의제도에 의해 해당부처의 실무자로부터 장관에 이르기까지 순차적으로 관련 부처의 협조를 구하는 과정을 거쳐 올라오는 것과 다르다. 물론 품의제도에서도 각 과정에서 관련 부처의 동급 직위의 관료들을 한 자리에 모이게 하는 공식적, 비공식적 회의가 소집된다. 즉, 집합적, 순차적 의사결정과정이라는 점에서 품의제와 최고위층의 의사결정조정제도는 공통점이 있다.

국무회의에 올릴 모든 보고사항과 의결사항인 의안은 총무담당 부처(즉, 행정안전부) 의정관실에 접수시켜야 된다. 그러나 의안의 성질에 따라서 다음과 같은 사전조치들이 필요하다.

먼저 의안이 다른 부처와 관련되는 때에는 그 부처와 협조한 다음에 제출해야 한다. 그리고 경제부처의 의안은 경제장관회의를 거쳐야 한다. 또한 법령안은 법제처의 심의를 먼저 받아야 한다.

법령안의 경우, 그 법령안이 조직에 관련되면 총무담당 부처(행정안전부), 예산에 관련되면 예산담당 부처(기획재정부), 회계에 관련되면 재무 담당부처나 감사원, 형벌과 관련되면 법무부, 학교와 관련되면 교육부의 합의를 얻어야 한다. 그리고 그 법령안이 경제관계법령이거나 경제부처가 제출한 것이면 경제정책조정(장관)회의의 심의에 부쳐야 한다.

경제정책(장관)회의에서 통과되면 법령안의 원본과 사본 각 5부를 법제처 담당과에 접수시킨다. 법제처는 접수받은 법령안을 법률과 대통령령으로 분류하여 각각 대장에 기록하고, 처장·차장에게 먼저 열람하도록 하여, 심의법제관의 지정과 기타 지시를 받는다. 법제처 내부는 각 법제관별로 이미 담당부처가 정해져 있기 때문에 이 소관부처대로 지정된다. 법제관은 제안부처의 법무관 또는 주무국 · 과장을 부르기도 하고, 정책적인 것은 기획조정실이나 차관보를 불러서 함께 검토하기도 한다. 법제처 내부에서 합의법제관과 합의한 뒤에 담당법제관은 국장 · 차장 · 처장의 순으로 품의하게 되며, 결재 후에 총무 담당 부처 의정관실에 보낸다. 다른 의안들도 이와 마찬가지로 차관회의개최 3일 전까지 총무 담당부의 의정담당관에게 접수되어야 한다.

의정담당관은 차관회의 개최일 2일 전까지 의안을 의사일정과 함께 차관회의에 참석할 자에게 배부한다. 전술한 바와 같이 차관회의는 정례회의로 매주 1회 소집된다. 차관회의에서 법령안에 대한 수정이 있은 때에는 법제처안과 수정안이 함께 국무회의에 상정된다.

총무담당 부처(행정안전부 의정관)는 차관회의의 심의가 끝난 의안을 국무회의 개회 2일 전까지 의사일정과 함께 국무회의에 참석할 자에게 배부해야 한다. 국무회의도 전술한 바와 같이 정례회의와 임시회의로 나뉘며, 전자는 매주 1회, 후자는 수시로 필요에 따라 모인다.

물론 이상은 공식적인 절차이나, 실제에 있어서는 시간을 단축하기 위해서 그리고 때로는 반대를 제거하기 위해서 임시회의를 사용하기도 한다. 또한 차관회의를 생략하고, 규정된 최소 사전소요시간을 지키지 않는 일도 있다. 뿐만 아니라 안건이 국무회의 석상에서 즉석에서 구두로 접수되어 안건화되는 경우도 있었다. 그러나 최근 의사결정과정은 점점 공식화되어 가는 추세다.

마지막으로 국무회의는 차관회의의 의결에 의해 구속을 받지 않는다. 따라서 차관회의에서 부결된 안건이 국무회의에 상정되기도 한다. 뿐만 아니라 긴급한 의안에 대해서는 차관회의를 거치지 않고 직접 국무회의에 상정할 수도 있다.

국무회의나 차관회의에 올리는 의안은 의결사항과 보고사항으로 양분하는 것이 통례로 되어 있다. 전자는 법률의 중요도에 따라, 즉 법률안, 대통령령안, 기타 안건 순으로 상정되는데, 시간절약을 위해 유사한 안건들은 일괄상정하여 처리하는 것이 보통이다. 또한 대통령 지시사항과 총리 지시사항의 실천, 법률공포안 · 법률제정안 · 대통령령안 · 양해사항 등으로 나누어진다. 이들은 다시 보고사항과 함께 그 내용의 성질을 정책적인 것과 그렇지 않은 것으로 구분할 수 있을 것이다.

그런데 국무회의는 실제 정책적 문제를 상당수 다루게 된다. 즉, 각 부처가 추진하는 정책 중 다른 부처와 관련된 것을 최종적으로 범정부차원에서 조정되는 과정이다. 이를 통해 대통령의 의중을 파악할 수 있으며, 대통령의 통치철학이 전파된다.

요컨대 차관회의와 국무회의는 국가의 주요의사결정을 공식화하는 집단의사결정체제이다. 그런데 후술하는 바와 같이 현대의 정책이 복수 이상의 부처와 관련되는 것이 많아지기 때문에 관련장관회의가 분야별로 제도화되어 있다는 점을 주목해야 한다. 따라서 분야별 장관이 이들 회의를 통해 이미 합의한 사안이라도, 하급의 차관들이 모인 차관회의를 거쳐야 한다는 모순이 생기게 되었다. 이것은 각종 관계장관회의가 많이 설치되었던 노무현 정부에서 더욱 극심하게 나타났던 현상이기도 하다.[6]

Ⅳ. 조직과정 장치로서 국무회의

1. 심의의 실제기능

회의는 정보의 분배와 교환을 통한 횡적 및 수직적 의사전달기능을 수행한다. 국무회의 역시 대통령과 국무총리의 의중과 지시사항이 시달되고, 그 실천방법이 논의되는 수직적 의사전달 기능을 한다. 그리고 각 부 장관은 이 회의를 통해서 타부에서 일어나고 있는 일의 내용과 방향 등을 알게 된다.

회의는 열띤 안건 토의와 해결의 장이어야 한다. 하지만 국무회의 상정 이전에 관계부처 간의 합의가 있어야 하는 데도 그것이 최소한도로 한정되고 있거나, 국무회의에 상정되지 않아도 되는 문제에 대해서 부처 간에 서로 협조를 기피하는 상황에서는 국무회의가 조정의 기능을 제대로 한다고 할 수 없다.

대체로 국무회의에 상정되는 안건 중 대다수가 2개 이상 부처끼리 상호 관련된 것들이다. 이와 같이 여러 부처가 관련된 안건들이 상정되고 있음에도 불구하고 실제 '국무회의석상'에서 적극적으로 부처 간의 협조와 조정이 이루어지는 일은 적은 편이다. 이처럼 국무회의가 토론을 통하여 적극적으로 부처 간의 횡적

---

6) 이송호, 전게서, pp. 50-51.

조정을 위한 장치로서의 기능을 못하는 이유는 다음과 같다.

1) 청와대의 사전조정

국무회의가 실질적 역할을 하지 못하는 이유는 회의당 안건이 많아 실제 토론할 시간이 없다는 데 있다. 그 이면에는 대부분의 경우 국무회의에 올라오기 이전에 청와대 조직을 통해서 내락을 받았거나 사전조정이 되었기 때문이기도 하다. 다시 말하면 우리나라의 실제 최고위 조직과정은 각 부 장관과 청와대 사이에서 이루어지며, 국무회의는 이를 공식화하기 위한 장치에 지나지 않는다.

그렇기 때문에 어떤 부의 장관은 자기 부의 이해관계가 충분히 반영되지 않았다고 생각해도 회의석상에서는 이를 거론하지 않는다. 즉, 대통령이 권위주의적인 경우 국무회의는 사실상 유명무실한 통과의례가 될 가능성이 높아지는 것이다.

헌법 제89조에 열거된 국무회의의 심의안건들을 보면 법률적 의미의 의결을 요하는 것들이 대단히 많다. 또한 다수가 국무회의 의결이 있은 뒤에는 대통령이 결재를 거절하기에 매우 난처한 성질의 것들이다. 이 점이 바로 사전에 대통령의 내락이 일상화되는 이유다. 예를 들면 다음과 같다.

> 선전, 강화 기타 중요한 대외정책, 헌법개정안, 국민투표안, 조약안, 법률안, 대통령령안, 예산안, 결산, 국유재산처분의 기본계획, 국가의 부담이 될 계약 기타 재정에 관한 중요사항, 대통령의 긴급명령, 긴급재정·경제처분 및 명령 또는 계엄과 해제, 국회의 임시회 집회의 요구, 사면, 감형과 복권, 정당해산의 제소, 검찰총장, 합동참모의장, 각군참모총장, 국립대학교총장, 대사 기타 법률이 정한 공무원과 국영기업체관리자의 임명 등

수많은 사안에 대해 이미 내락을 받은 상태에서 국무회의에 상정되면, 토론 없이 단시간 내에 만장일치로 결정될 것은 당연하다. 미국과 같은 나라에서는 최고 관리청의 회의에서도 찬반 의견이 활발하게 교환되는 것이 통례이다.[7)]

---

7) 그러나 이들 나라의 정책결정이 무결점의 합리적인 것이라고 단언하기 어렵다. 1941년 12월 일본군이 진주만을 공격할 때나, 1961년 미국 CIA가 쿠바 Pig만을 공격하는 민병대를 지원할 때나, 모두 미국은 올바른 결정을 하지 못하여 큰 피해를 입었다. Janis, I. L.(1982), *Groupthink: Psychological Studies of Policy Decisions and Fiascoes*, Boston: Houghton Mifflin 참조.

2) 행정문화의 영향

우리나라의 국무회의는 전통적인 행정문화의 영향 때문에 명시적 반대가 적은 회의체라고 할 수 있다. 명시적 반대를 하는 경우 해당부처 장관에 대한 개인적 '공격'으로 이해될 수도 있다. 특히 최고 권력자인 대통령이 미리 내락한 사안에 대해 이의를 다는 것은 매우 불손한 것으로 여겨질지도 모른다. 비공식적인 정보를 포함하여 의안에 대한 배경지식이 충분히 없는 경우에는 가만히 있는 것이 낫다는 생각이 우리의 문화이다.

따라서 의장인 대통령이 주재하면 국무회의는 어전회의와 같이 지시와 훈화를 듣는 회의가 될 가능성이 매우 높다. 안건당 소요시간이 짧고, 안건이 제출만 되면 통과될 확률이 높은 것도 이런 이유 때문이다. 국무회의뿐만 아니라 경제정책조정회의에서도 부결, 철회, 수정의결 등의 가능성이 매우 낮다.

3) 부처 간 사전 의견 조율

국무회의에 이르기 이전에 이미 관련 부처 간 의견도 차관회의에서 어느 정도 조정이 이루어진다. 경제안건의 경우에는 경제정책조정(장관)회의에서 조정이 어느 정도 이루어지고, 법령안의 경우 법제처, 조직개편안인 경우 총무담당 부처, 예산을 수반하는 경우 경제담당 부처, 회계에 관련된 경우 재무담당 부처나 감사원, 기타 명백히 타 부처의 기능과 관련이 있는 경우에는 사전에 협조가 된다. 특히 경제정책조정(장관)회의는 출석위원 과반수로 의결할 수 있게 하여 국무회의의 3분의 2의 찬성에 비하여 비교적 쉽게 의결이 성립될 수 있다.

국가의 중요 정책은 대부분 '돈'과 관련되어 있다. 특히 국무회의의 안건 중 ① 국정의 기본계획과 정부의 일반정책, ② 예산안, 결산, 국유재산처분의 기본계획, 국가의 부담이 될 계약, 기타 재정에 관한 중요사항, ③ 행정 각 부간의 권한의 획정, ④ 국정처리상황의 평가·분석, ⑤ 행정 각 부의 중요한 정책 수립과 조정 등의 상당부분이 경제정책조정회의에서 결정되며, 이들 가운데 국무회의로 가는 안건은 소수에 지나지 않는다. 만약 국무회의로 올라가더라도 형식적으로 처리될 가능성이 높다. 대다수의 장관들이 경제정책조정회의의 구성원임을 고려

했을 때, 이들 간 합의와 양해가 이루어진 안건이 국무회의에서 부결되기는 어렵다. 즉, 국무회의에서의 결정에도 기재부장관의 영향력이 크다.

4) 비공식적인 네트워크

우리나라는 공적인 협조보다 사적이며 개인적인 관계를 통한 협조에 더 많이 의존하는 경향이 있다. 장관 간에는, 고시동기, 동향사람, 초중고대학의 동문, 종교 등 여러 가지 인연으로 이미 개인적인 네트워크가 형성되어 있다. 부처 간에 조정이 어려운 문제가 있고 공식적인 통로로 해결이 어려우면, 이런 비공식적 조직이 가동된다. 여러 가지 통로로 사전에 걸러진 사안이 국무회의에 상정된다.

따라서 국무회의에서는 부결이라는 형식의 결정을 하지 않는다. 그러나 보류라는 형식을 통해서 반려하는 것과, 시간부족을 이유로 장시간 보류함으로써 자진철회라는 형식을 통하여 실질적으로 부결시킨다. 그러나 자진철회와 보류는 매우 적어서 각 부처와 국무회의에 안건을 제출한 경우 실질적으로 부결된다는 것은 아주 드문 일이다. 바꾸어 말하면 대부분은 통과되리라고 기대할 수 있다. 제출된 안건이 수정될 가능성도 많지 않다.

다만 안건 종류별로 봤을 때, 법률안과 대통령령안은 보고사항이나 기타사항보다도 수정 내지 부결될 가능성이 훨씬 더 높다. 국무회의에서 절대로 수정되거나 부결되지 않는 안건은 그 성질상 대통령 지시사항, 국무총리 지시사항, 중요인사에 관한 사항 등이다.

2. 국무위원으로서의 관심과 장관으로서의 관심

국무위원은 동시에 어떤 부처를 담당하고 있는 장관이다. 이들이 국무회의에서 정부 전체의 입장, 즉 국무위원 입장에서 회의에 임하는가, 또는 어떤 부를 대표하는 입장에서 회의에 임하는가는 흥미 있는 연구주제다. 정치가로서 정부 전체의 성과에 관심을 갖고 있지만, 행정가로서 부처를 이끌고 정책을 집행해야 한다. 장관으로서 관심이 더 크다면, 행정적 합리성 때문에 국무회의에서 자신의 입장을 강하게 대변해야 한다.[8] 우리나라가 만일 내각책임제의 나라라면 이들

---

8) 부처관료의 관리에 관해서는 김경은(2015), 한국의 장관은 정치가인가 행정가인가: 장관 리더

간의 공동운영체 의식이나 연대의식이 매우 강했을 것이다. 그러나 현행과 같은 대통령중심제 하에서는 오히려 경쟁의식 내지 '부'의 대표자의 의식이 더 강하다.

물론 이들 간에 동류의식이 전혀 없진 않다. 오히려 대통령의 측근자, 같은 장관으로서 우리나라 행정부의 최고 심의체의 구성원이라는 지위의 동질성과 이들 간의 상호교제 덕분에 동질감이 높은 편이다. 회의에서의 의결방법도 법적으로는 출석위원 3분의 2 이상의 찬성을 얻으면 의결할 수 있는 데도 실제에 있어서는 만장일치의 형식을 택하고 있는 데서도 알 수 있다. 투표에 의한 다수결보다도 만장일치가 이롭다고 생각하는 문화가 존재하는 것이다. 안건상정이나 처리에 있어서 "즉석구두"가 가능하여 때로 비공식적인 분위기마저 생긴다. 부결보다 오히려 철회형식을 택하는 이유도 동료의 체면을 챙기려는 노력의 일환인 것이다.

그러나 국무위원은 각 부의 대표자의식이 더 강하다. 예를 들어 자기 부의 안건이 상정되지 않는 날을 택해서 결석하는 성향이 대표적이다. 물론 이때는 차관 등 대리출석자를 보낸다. 따라서 국무회의는 통상적으로는 국무위원들의 회의라기보다는 각 부 장관들의 회의라고 할 수 있다. 그만큼 이해관계가 상충되고, 따라서 조정이 곤란하다는 것을 의미한다. 차관회의로 내려오면 이 현상은 더 심해진다.

제 2 절 장관급 조정회의

Ⅰ. 개 관

중앙행정기관은 각각 고유의 업무영역을 가지고 있고, 장관을 중심으로 의사결정이 이루어진다. 장관은 자신의 소관 분야에서 가장 합리적인 정책을 수립하려고 한다. 그러므로 모든 정책은 어느 특정 행정기관의 소유물이며, 이를 부정적 측면에서 보면 부처이기주의의 원인이 된다. 부처이기주의는 정부 전체로 보면 정책 간 모순과 갈등을 유발하며, 국민전체의 공익을 해칠 가능성이 높다.

부처이기주의는 관료들의 행태를 중심으로 보는 것이며, 실제 정책의 내용을

십에 대한 근거이론 적용, 「한국행정학보」, 제49권 3호, pp. 391-425 참조.

보면 그리 간단한 문제는 아니다. 깊이 들여다보면 매우 복잡한 문제로서 단순히 한 부처의 양보로 간단히 끝날 문제가 아닌 경우가 많다. 즉, 정부의 최고위층에서 다루는 문제들은 대부분 딜레마적인 특성을 보인다고 할 수 있다.[9] 딜레마적 상황은 첫째 주어진 맥락에서의 선택을 해야 하는 시간적 제약이 있고, 둘째 상충되는 두 가치가 대안으로 부상하고, 셋째, 대안들 간의 비교가 불가능하지만 그 중요성이 비슷하며, 넷째, 두 대안이 지닌 기회손실이 커서 대안의 선택이 곤란하다는 특성들을 지니고 있다.

딜레마와 같은 어려운 상황에서 국가전체의 이익을 도모하는 방향으로 정책결정을 종합하는 장치가 전술한 국무회의와 차관회의이다. 그런데 차관회의에 올리기 이전에도 복잡한 부처 내외 의사결정과정이 있다. 이 회의들에도 나름의 강점이 있지만, 어떤 이유에서든 충분치 않다는 비판이 많다. 따라서 이를 보완하는 추가적인 조정 장치를 필요로 하며, 구체적인 이유는 다음과 같다.

첫째, 시간적 신속성이다. 통상적인 의사결정과정은 너무 시간이 많이 걸려 적절한 시기를 놓칠 수 있다. 예컨대 대통령이 개인적으로 관심을 갖고 있는 정책이라고 하더라도 예산을 동반한 것(예산실과 협의)이나 법개정(법제처, 국무회의 등)이 요구되는 것은 그렇지 않은 것보다 몇 개월이 더 소요된다.[10] 따라서 긴급을 요하는 특정 이슈에 대해 관련 있는 부처만 모여 신속히 의견조정을 해야 할 필요가 있다.

둘째, 정책내용의 타당성이다. 주요 관련 부처의 전문적인 논의를 충분히 하자는 것이다. 각 부처에는 전문 관료들이 있어서 관련 과학기술지식, 관련 정책의 역사, 선행조건 등 여러 가지 심층적인 고려를 할 수 있다. 경우에 따라서 외부의 전문가들을 참여시키는 일도 타당성 제고에 도움이 될 수 있다.

셋째, 정책의 효과적인 추진력이다. 어떤 정책의 집행이 성공적이려면 관련 부처가 총력을 집중하여야 한다. 정책형성 시에는 관심을 갖는 척하다가 그 후에 무관심하다든지 아니면 의도적이든 아니든 기존 정책과 모순관계에 있는 정책을 추진하여 정책효과를 무력화시킨다든지 등의 위험성이 있기 때문이다. 가장 핵심

9) 이종범 · 안문석 · 염재호 · 박통희 외(1994), 「딜레마 이론: 조직과 정책의 새로운 이해」, 나남.
10) 임도빈 외(2008), 정책결정 소요시간에 관한 연구, 「한국정치학회보」, 제42권 2호.

적인 장관을 중심으로 주기적으로 확인·보완토록 하면 추진력에 도움이 될 수 있다.

따라서 정부에서는 상술한 정책 결정의 시간적 신속성, 정책내용의 타당성, 정책의 효과적 추진을 위해 공식적으로 관계장관회의를 설립하였다. 종래 비공식적으로 필요에 의해 모임을 하다가 정례화된 까닭에 설치근거 역시 법률, 대통령령, 총리령 등으로 다양하다. 문제 발생 시에만 한시적으로 모이는 장관회의도 있다. 회의의 명칭도 **관계장관회의, **회의, **위원회, **심의회, **정책조정회의 등 다양하다.

그러나 이런 모임에 참석하는 장관들도 매우 바쁜 일정을 소화하고 있기 때문에 회의에서 심도 있는 논의를 할 수 있는 처지에 있지 못하다. 따라서 관련 차관회의, 혹은 실무급 고위관료회의가 설치되고, 이들이 관계장관회의를 준비한다. 장관급이 각 중앙행정기관의 최고 의사결정자이기 때문에 원활한 조정을 위해 장관급회의를 구성하면서, 사실은 차관이나 그 이하의 고위 공무원들이 회의의 대부분을 준비하는 것이다. 국무회의를 사실상 준비하는 존재가 차관회의인 것과 마찬가지이다. 분주한 일정을 소화해야 하는 사람들로 구성된 회의는 이를 준비하는 차하급 회의가 생기는 경향이 있다. **공식적 의사결정기구 구성원이 바쁘면 바쁠수록, 이를 준비하는 하급회의가 사실상 더 결정적 역할을 한다.**

Ⅱ. 정책조정회의의 발달과정

경제발전을 달성하기 위해 경제관련 장관들이 모여서 논의하는 것은 1961년 '경제장관회의'라고 칭한 것이 효시이다. 1960년대 한국경제의 고도성장을 위해 경제개발 5개년 계획을 수립하여 국가행정시스템이 일관된 방향으로 총력을 기울이기 시작한 것이다. 당시에는 건설부 장관이 경제장관회의를 주재하였다.[11]

관계장관들이 모이는 회의체가 구성된다는 것은 한편으로는 개별장관이 추진하는 정책이 다른 부처의 비협조로 약화된다는 것과 다른 한편으로는 정권이 중

11) 경제장관회의 규정(1961.6.22. 각령 제19호) 제2조. 또한 동 규정 제1조에는 경제장관회의의 목적을 각의에서 심의한 경제문제를 선심하는 것으로 규정하고 있다.

점적으로 추진하는 정책이 존재한다는 뜻이다. 사회가 복잡화되면서 각 부처가 협력하여 추진해야 할 이런 정책의 숫자도 많아진다. 따라서 관계장관회의의 숫자도 많아진다. 이하에서는 이러한 추이의 변화를 간략히 살펴보기로 한다.[12)]

우선 박정희 대통령은 국가 경제발전을 최우선 목표로 삼고 이를 위해 부처간 이견을 조정하는 장치를 도입하였다. 행정조직 내부의 운영이 매우 권위주의적이고, 대통령의 영향력이 절대적으로 컸음에도 불구하고 이러한 조치를 취한 것이다. 집권 초인 1960년대에 설치된 경제장관회의, 수출진흥위원회, 국토건설종합계획심의회, 경제계획심의회 등은 모두 경제 관련 회의였다. 여기에 국가안전보장회의가 추가되었음을 볼 때, 이 시기 정책의 중점이 어디에 있었는지 이해할 수 있다.

다음으로 전두환 대통령 시절에도 경제 문제를 다루기 위한 관계장관회의가 다수 설치되었다. 박정희 정권 시대와 다른 것은 경제의 자율화와 개방화를 추구하면서 발생하는 경제 문제를 해결하기 위한 것으로 초점이 바뀌었으며, 경제성장과정에서 소외된 계층을 위한 회의도 추가되었다. 소비자위원회(1980), 농어촌대책위원회(1985), 청소년육성위원회(1987)가 그 예이다. 위원회의 운영을 내실화하기 위해 지원기구로서 간사를 공무원으로 지정하고, 대통령 수석을 참석멤버에서 제외한 대신 민간전문가의 참여를 강화하였다. 이에 대해 이송호(2007)는 관계장관회의 시스템의 민주화라고 규정한다.

노태우 대통령은 1989년에서 1991년 사이에 일어난 공산권의 붕괴라는 국제환경의 변화에 대처하기 위해 안보관련 관계장관회의를 신설하였다. 통일관계장관회의(1991), 남북 및 북방교류협력조정위원회(1989)가 그것이다. 그러나 이것은 원래 존재했던 국가안전보장회의를 유명무실화하는 부작용을 초래하였다. 물론 이 시기에는 전 정권의 관계장관회의를 대부분 그대로 유지하는 기조를 취하였다.

김영삼 대통령은 재임 당시 발생하는 각종 문제에 대한 대책회의와 국가경쟁력 강화를 위한 회의라는 두 가지 종류의 관계장관회의를 신설하였다. OECD 가입 등 한국이 개발도상국에서 선진국으로 진입하는 데 중점을 둔 것으로 보인

12) 이송호, 전게서, pp. 127-185.

다. 예컨대 세계화추진위원회(1994), 정보화추진위원회(1995), 과학기술장관회의(1996), 벤처기업활성화 위원회(1997) 등이 대표적이다. 이 시기에는 민간위원들의 참여가 더욱 활성화되었다. 또 하나 특이한 점은 기존 문제에 대한 대처라는 수동적 입장에서 한걸음 더 나아가서, 이러한 부처 간 회의체를 통해 정책의제를 적극적으로 개발하기 위한 실무기구(기획단)를 신설하였다는 것이다.

김대중 정부에서는 제1차 외환위기(1997)에 대처하기 위한 경쟁력 강화와 함께 사회복지 분야의 관계장관회의가 신설되었다. 실업대책위원회(1998)와 사회(복지정책)장관회의(2000)가 대표적인 사회복지 관련 관계장관회의이다. 특히 환경분야에서 기후변화협약 대책위원회(2001)가 신설된 것도 선진국의 탄소배출문제에 대응하려는 것으로 주목할 만하다. 아울러 인적자원개발회의(2000), 지방이양추진위원회(1999), 국가표준위원회(1999)가 경쟁력 강화라는 측면에서 신설되었다. 이 시기에 특이한 현상은 관계장관회의가 지나치게 많음에 따라 이를 정리하기 시작했다는 점이다. 국정을 총괄하는 주무장관회의(2000)를 신설하거나, 장관급회의를 차관급으로 격하시키는 방법을 통해서이다.

노무현 정부에서는 관계장관회의가 더욱 분화되었다. 국정현안 조정회의라고 하여 그야말로 각종 '정책'조정회의의 춘추전국시대였다고 할 수 있다. 특히 정책과제별로 주요 장관들을 구성원으로 하는 대통령 직속의 위원회가 가장 많이 신설되었던 시기이다. 새로운 정책이슈를 찾아내는 기획단이나 위원회도 상당히 많이 등장하였다. 조정회의가 지나치게 많다고 지적될 수 있음에도 불구하고 분야별로 체계가 잡혔다는 장점도 있다. 예컨대, 국가안전보장회의, 경제정책조정회의, 인적자원 개발회의, 사회문화정책 관계장관회의, 과학기술 관계장관회의가 그 예이다. 이렇게 분야별 관계장관회의는 어떻게 보면 국무회의의 하부 분과회의와 같은 구성과 기능을 가졌다고 볼 수 있다. 이에 따라 오히려 국무회의나 다른 대통령 직속위원회와 기능중복 등의 문제가 생기게 되었다.

다음으로 등장한 이명박 정부는 이러한 관계장관회의를 정비하는 작업을 한다. 또한 존속한 관계장관회의의 추진력 강화를 위해 대통령 수석 등 측근이 참여하는 것으로 그 시스템이 변화한다. 하지만 노무현 정부 때 국무총리가 주재한 국정현안정책조정회의의 정책조정기능을 폐지하였다가, 2008년 국가정책조정회의라는 명칭으로 부활시키기도 하였다.

박근혜 정부는 무역진흥회의 등 기존의 경제관련 회의는 그대로 활용한다. 아울러 교육 · 사회 · 문화 관계장관회의를 설립하기도 하였다. 특히 2015년 초에는 소통 통로를 다양화한다는 명목으로 정책조정협의회를 신설하기도 하였다.[13] 하지만 메르스 사태 이후로 대책 마련 중심의 컨트롤타워에 집중하였다.

문재인 정부에서도 경제장관회의, 사회장관회의 등 분야별 장관회의를 하고 있다.

이상에서 논의한 것을 종합하면 다음과 같다. 원래 관계장관회의는 국무회의와 같은 공식적 조정장치가 미흡하기 때문에 하나 둘씩 등장하게 된다. 구체적인 이유는 약술하기로 한다.[14] 첫째, 국정이 나아가야 할 방향이 다변화됨에 따라 관련 부처들의 협조를 통해 추진력을 강화하기 위해 다른 관계장관회의가 지속적으로 신설된다. 둘째, 국민 여론이 집중되는 중대한 문제가 생기면 한시적 문제를 다루기 위한 관계장관회의가 등장한다. 셋째, 단순히 정책의 조정에서 한걸음 더 나아가서 정책의 추진실태를 점검하는 역할을 추가한다. 넷째, 제기되는 정책문제들을 수동적으로 조정하기보다는 적극적으로 새로운 문제를 찾아내는 기능의 관계장관회의가 생긴다.[15]

조직은 필요에 의해 계속하여 신설되는 경향이 있으나, 어느 시점부터는 이들 간 조정의 문제가 제기된다. 장관들의 업무를 줄이고 수렴하자고 설치한 것인데, 거꾸로 그만큼 더 복잡해지는 것이다. 이러한 부분이 한계점에 달하면 거꾸로 관계장관회의를 정비하는 단계에 들어간다. **조직 간 조정 기구는 일정수가 지나면 정비단계에 들어간다. 즉 시간상으로 보면, 거꾸로 된 U자형 모습을 보인다.** 만약 이러한 기구의 축소를 통한 조정이 이루어지지 않으면, 여러 기구를 총괄하는 기구가

13) 정책조정협의회는 정책과정에서 초기단계부터 사전 조율을 원활하게 하기 위한 목적으로 신설되었다. 기본적으로 경제, 사회 부총리를 비롯하여 청와대비서실의 정책조정, 경제, 홍보수석 및 국무조정실장이 참여한 상태에서 정책이슈에 따라 관련 부처의 장관 등이 참석하는 형태이다.

14) 이송호, 전게서 참조.

15) 실제로 박정희 대통령 때 신설된 장관회의는 15개, 전두환 정권과 노태우 대통령시 각각 11개, 김영삼 대통령시 17개, 그리고 김대중 대통령시 19개, 노무현 대통령시 15개가 각각 신설되었다. 이 숫자에서 각 대통령의 재임기간을 고려하면 후반기로 들어올수록 관계장관회의의 신설이 더 증가한다.

생긴다.

Ⅲ. 경제정책조정회의

1. 경제 장·차관회의

경제장관회의는 박정희 대통령이 집권한 후 최초로 설치한 관계 장관회의체이다. 1998년 경제장관 간담회라는 형태로 일시 정지된 적은 있으나 1999년 다시 경제정책조정회의라는 명칭으로 부활했다. 즉, 경제에 관한 정책을 관련 장관들이 모여 협의를 하는 기구로 국무회의보다 공식화 기능은 약하지만, 사실상 강력한 부처 간 의견조정 기구로 작동해오고 있다. 법적 근거는 헌법을 근거로 하는 국가안보회의와는 비교도 안 될 정도로 미약한데, 정부조직법 제19조 4항에 명시된 기획재정부장관의 경제정책조정 역할에 근거할 뿐이다.

경제장관회의는 비록 근거 법령은 미약하지만, 정부운영에 있어서 매우 중요한 기구다. 경제정책에는 거의 모든 부처가 관련되어 있어, 국무위원인 대부분의 장관이 구성원이다. 현재 기획재정부장관·교육부장관·과학기술정보통신부장관·행정안전부장관·문화체육관광부장관·농림축산식품부장관·산업통상자원부장관·보건복지부장관·환경부장관·고용노동부장관·여성가족부장관·국토교통부장관·해양수산부장관·국무조정실장·금융위원회위원장·공정거래위원회위원장·대통령실 경제수석으로 구성된다. 그리고 필요시에는 관련 행정기관의 장과 민간전문가를 참석토록 하여 의견을 들을 수 있도록 하고 있다. 여기에 통상적으로 참석하는 민간 경제전문가는 예컨대 한국은행총재를 들 수 있을 것이다.

오늘날 경제는 국가정책의 가장 중요한 우선순위임을 부정하기 어렵다. 이러한 주요 경제정책을 종합적인 관점에서 일관성 있게 수립·추진하고, 경제정책과 관련하여 정부부처 간의 협의가 필요한 현안사항을 효율적으로 협의·조정하여, 경제의 건실한 성장·발전을 뒷받침하고자 경제정책조정회의를 두는 것이다. 경제정책조정회의의 정례회의는 매주 1회 금요일에 있고, 이 외에 기타 심의회의가 있다. 안건은 보고사항·의결사항·기타사항으로 나뉘며, 대통령 지시사항·국무총리 지시사항·법률안·대통령령안 등이 있다. 회의는 위원 과반수 이상의 출석과 출석위원 3분의 2 이상의 찬성으로 의결한다. 국무회의가 실질적으로는 만장일치제를 택하고 있는 데 비하면, 여기서는 훨씬 쉽게 의결할 수 있도록 하고 있다.

국무회의와 마찬가지로 경제정책조정회의도 차관조정회의를 두어 구성부처의 차관들로 회의를 구성하는데, 기획재정부 차관은 여기서도 의장이 된다. 이뿐만 아니라 실무조정회의를 두어 장관급 회의에서 다루지 못하는 것들을 다루도록 하고 있다. 실무조정회의는 기획재정부 차관보가 의장 역할을 담당한다.

경제정책조정회의에서는 즉석 구두로 제출되는 안건이 매우 많다. 그리고 경제장관회의의 안건의 대부분은 보고사항과 의결사항 · 기타사항으로 구성되어 있다. 그리고 국무회의의 경우와 마찬가지로 대통령 지시사항이나 국무총리 지시사항을 더 빨리 처리하는 경향이 있다. 경제정책조정회의에서 처리된 안건으로서 국무회의로 넘어가는 예는 극소수로서 법률안이나 대통령령안이 그 주종을 이룬다. 또한 국무회의가 경제정책조정회의에 안건을 회부하는 경우도 있다.

경제정책조정회의에서는 기획재정부 장관이 적극적으로 많은 지시를 하달한다. 국무회의에서는 이를 주재하는 국무총리의 지시가 극히 적은 것과 대비하면 양자 간 분위기의 차이를 짐작할 수 있다. 차관회의와 실무조정회의 모두 기획재정부 관료들이 주재하는 것을 보면, 적어도 이러한 조정권이 다른 부처에 비하여 우월한 권력관계를 가지게 하는 도구라고 생각된다. 따라서 경제정책조정회의에서도 부결, 철회, 수정의결 등의 가능성이 매우 적다. 그러나 법률안이나 의결사항 등이 원안대로 통과할 가능성은 국무회의에 비하여 훨씬 적다.

2. 기타 조정회의

정부 내 경제담당 장관의 권력은 이것 이외에도 더 있다. 경제정책조정회의가 내각회의 중 '소내각회의' 정도의 역할을 하는데 비하여, 무역과 관련하여 장관간 의견을 조정하는 회의가 있다. 매월 2회 '대외경제장관회의'를 개최하는데, 이 회의 역시 기획재정부 장관이 주재한다. 회의의 구성원은 소수 정규회의멤버와 그 외의 멤버로 융통성 있는 구조를 택한다. 즉, 기획재정부장관 · 과학기술정보통신부장관 · 외교부장관 · 농림축산식품부장관 · 산업통상자원부장관 · 환경부장관 · 국토교통부장관·해양수산부장관·중소벤처기업부장관·국무조정실장·대통령비서실경제수석비서관과 회의에 상정되는 안건을 제안한 부처의 장 및 그 안건과 관련되는 부처의 장이다. 대외경제장관 회의의 안건은 다음과 같다.

(1) 대외경제동향의 종합점검과 주요 대외경제정책의 방향설정 등 대외경제정책 운영 전반에 관한 사항
(2) 양자·다자·지역간 또는 국제경제기구와의 대외경제협력·대외개방 및 통상교섭과 관련된 주요 경제정책에 관한 사항
(3) 외국과의 정상회의시 경제분야 의제의 선정 및 기본입장에 관한 사항
(4) 재정지출을 수반하는 각 부처의 대외경제 분야 주요정책 또는 관련 중장기계획
(5) 국내경제정책이 대외경제관계에 미치는 영향과 효과에 대한 사전검토에 관한 사항
(6) 대외경제홍보활동에 관한 사항
(7) 대외경제정책과 관련하여 대통령 또는 국무총리가 심의·조정을 지시하는 사항
(8) 그 밖에 대외경제정책의 효율적 수립·추진을 위하여 필요한 사항

역대 정권에 걸쳐 발견되는 공통된 현상은 경제정책조정회의는 경제담당 부처가 다른 부처의 업무를 제약하거나 유도하는 도구로 사용된다는 점이다. 그렇지 않아도 예산편성권으로 다른 부처에 대하여 우월한 권력관계를 가지고 있는데, 이러한 조정권을 통해 경제담당 부처의 권력이 더욱 강화되는 것이다. 경우에 따라서 국무회의의 의결내용을 미리 조정하는 실질적 역할도 한다. 또 한 가지 주목해야 할 점은 기재부 위에 청와대가 있다는 점이다. 따라서 이들 회의에 청와대가 구성원일 때, 다른 부처의 장관들은 자기부처의 목소리를 높이기 어려운 입장에 설 수밖에 없다.

더욱 중요한 것은 중요사안은 장관들이 결정하지 못하고, 청와대에서 실질적인 권력을 행사하는 집권화현상이다. 비공식회의가 실질적인 결정권을 행사하고, 공식적인 회의는 이를 합법화하는 형식적인 들러리에 가까운 경우가 많다는 점이다.

'서별관회의'가 대표적인 예이다. 서별관은 신분증을 체크하는 청와대 출입 절차를 밟지 않고도 별도의 입구로 드나들 수 있는 청와대 본관 서쪽에 위치해 있

는 회의용 건물이다. 이 건물에서 경제 현안 회의가 처음 열린 건 제1차 외환위기가 있었던 1997년 김영삼 정부 때부터다. 중요한 사안에 대해서 주요인사들이 모여 정책을 조정하는 회의이다. 회의록도 없는 비공식 모임이다. 경제부총리, 경제수석, 금융위원장, 한은총재 같은 경제 실세(實勢)들이 화요일마다 모이면서 '서별관회의'라는 별칭이 붙었다. 이들이 중요 정책을 사실상 결정하고, 다른 공식적 회의는 이를 구체화시키고 공식화하는 것은 대표적인 책임-권한 불일치 현상이다. 청와대가 주요 정책결정을 하는 실질적 중앙집권체제이고, 몇몇 실세가 있는 한 이런 비공식적 모임은 사라지기는 어렵다.

Ⅳ. 안보정책 조정회의

대통령은 직속의 자문기관으로 국가안전보장회의를 두게 되어 있다(헌법 제91조). 이에 따라 국가안전보장회의법이 별도로 존재한다. 국무회의와 마찬가지로 헌법에 명시된 합의기구인 것이다. 1963년에 설치된 국가안전보장회의는 외교, 국방, 대북문제를 종합적으로 심의조정하는 관계장관회의이다.

국가안전보장회의의 설치목적은 국가안전보장에 관련되는 대외정책, 군사정책과 국내정책의 수립에 관하여 국무회의 심의에 앞서 대통령의 자문에 응하기 위한 것이다. 국가안전보장회의의 구성원은 대통령 · 국무총리 · 외교부장관 · 통일부장관 · 국방부장관 및 국가정보원장과 대통령이 정하는 약간의 위원이고, 대통령이 의장이다. 그리고 의장은 필요하다고 인정하는 경우에는 관계부처의 장, 합동참모의장 기타의 관계자를 회의에 출석하여 발언하게 할 수 있다.

이 회의와 관련하여 설치된, 외교안보정책 조정회의의 구성원은 외교부장관, 통일부장관, 국방부장관, 국가정보원장, 국무조정실장 및 청와대의 국가안보실장이다. 그리고 필요한 경우에는 관계 장관을 참석시킬 수 있는 가능성을 열어놓고 있다. 간사도 청와대 국가안보실장이 맡고 있으며, 이는 그만큼 청와대가 깊이 간여하는 장관급 조정회의라는 의미이다.

또한 외교안보정책조정 실무회의도 두고 있다. 국무회의-차관회의의 관계와 마찬가지로 이 회의의 안건은 실무조정회의의 선심을 요건으로 하고 있다. 그러나 긴급을 요하는 사항에 대해서는 이의 예외도 인정하고 있다.

이 회의는 비밀을 요하는 내용을 다루는 경우가 많기 때문에 비공개로 하게 되어 있다. 따라서 공식적 회의로서 소집하지 않고, 관계 장관을 위시한 자들을 대통령이 특정 장소에 소집하여 수시로 상황을 검토하고 대응방안을 살펴보는 것이 더 편리한 측면이 있다. 그런 의미에서 이 회의의 정식 소집은 대국민관계의 상징적인 의미가 더 많다고 할 수 있다.

또한 무엇보다도 대북한 정세나 국제관계가 어떻게 전개되는가의 상황 변화가 이 회의의 개최빈도와 밀접한 관련이 있다. 국가정보원이 기밀을 요하는 새로운 정보가 있을 때 이것을 공식적으로 논의할 수 있는 거의 유일한 장소이다. 주목할 점은 대한민국의 국방과 관련하여 군대의 작전 지휘권을 미국 측이 가지고 있는 것도 이 회의 소집의 필요성을 제약하는 요인이다.

이명박 정부에 들어와 국가안전보장회의는 비상설기구로 바뀌고 사무처는 폐지되었다. 그러나 초계함 침몰이라는 초유의 사태를 겪으면서 통합적인 위기관리-대응 시스템의 필요성을 인지하고, 안보특보 신설 및 국가위기관리센터를 확대 개편하였다. 박근혜 정부는 정부 출범 시 국가안보실을 신설했다. 국가안전보장회의 상설 사무조직 설치를 지시하면서 2008년 폐지되었던 사무처가 5년 만에 부활하는 수순을 밟게 되었다.

이상과 같은 관점에서 보아 이 회의의 특징은 다음과 같다.

첫째로 기밀을 요하는 사안이기 때문에 구성원의 숫자도 적고 제한적이다. 따라서 민간전문가의 참여도 제한된다. 이것은 풍부한 아이디어를 찾는 다른 관계장관회의와 구분되는 특성이다.

둘째, 통일문제, 외교문제, 북한문제의 3자가 그 중요성에 따라 비중을 달리한다. 사실 이 세 가지 이슈는 서로 연관이 있다. 그런데 주관하는 부처가 통일부, 외교부, 국정원 등 서로 다르다 보니 분리시켜 정보를 분석하고 대책을 마련하는 것이다. 이들 모두 국내에서 주도하기보다는 환경변화에 적응하고 그에 따라 적절한 대책을 마련해야 하는 수동성을 어느 정도 안고 있다.

셋째, 이 회의의 실제적인 기능은 대통령에 따라서, 그리고 상황에 따라서 다르다. 즉, 회의의 실제기능이 유동적이다. 어느 경우에는 이 회의가 유명무실하여 다른 기구가 더 중요하게 작동하고, 어느 경우에는 실제로 중요 기능을 담당하는 것이다. 그리고 내부의 운영에 대해 잘 알려져 있지 않기 때문에 정책의 결과를 놓고 언론이 추측하여 보도하는 정도이다.

V. 과학기술정책조정회의

한국의 경제가 일정 수준 이상으로 발전하게 되면서, 국제무역시장에서 과학기술의 발달없이는 생존하기 어렵다는 것을 깨닫게 되었다. 원래 과학기술진흥법이 1967년에 제정되어 시행중이었으나, 정부 내 실무 차원에서는 과학기술의 중요성이 충분히 고려되지 않았었다. 1973년 동법의 개정으로 인해 비로소 국무총리를 위원장으로 하는 종합과학기술심의회가 탄생하였다. 이는 과학기술진흥종합계획을 수립하고, 이에 필요한 예산과 연구 사업을 조정하는 기능을 가진 회의이다.

그 후 정부는 1997년 과학기술혁신을 위한 특별조치법을 5년 한시법으로 제정하여 재정경제원 장관(후에 과학기술부 장관)이 의장인 과학기술장관회의를 설치하였다. 1999년 동법을 다시 개정해 대통령을 위원장으로 하는 국가과학기술위원회를 설치하고, 이의 실무기구로서 과학기술관계장관회의가 운영되는 2원체제가 되었다.

국가주도형 경제개발을 하면서 한국은 60년대와 같이 국가가 수출만 독려하는 정책으로는 여러 가지로 한계가 있음을 알게 되었다. 특히 단기적 이익을 추구하는 민간부문이 투자를 꺼려하는 연구개발R&D 사업을 국가가 지원하여 기술우위를 확보하는 것이 중요함을 깨달았다. 연구개발을 지원하는 것이 국제관례에도 맞고 실질적 효과가 있음을 절실히 깨닫게 된 것이다. 따라서 2001년에는 과학기술기본법을 제정하기에 이른다.

정부에 따라 이러한 조정회의를 운영하는 모습은 변화하였다. 노무현 정부 시기에는 과학기술부 장관이 부총리를 겸임하여 정책조정기능을 강화하였다. 국가과학기술위원회는 심의대상이 확대되었을 뿐 아니라, R&D 예산 배분권까지 부여되었다. 이명박 정부 전기에는 위원회 간사를 대통령실 교육문화수석비서관이 담당하여 대통령의 영향력이 확대되었으며, 민간위원이 과반을 넘게 구성되었다. 후기에는 국가과학기술위원회를 대통령 직속 행정위원회로 개편하였다. 박근혜 정부 시기에는 이를 폐지하고 미래창조과학부장관이 간사인 국가과학기술심의회를 통해 정책을 조정하였다.

문재인 정부는 국가과학기술심의회를 폐지하고 헌법 제127조 3항에 근거한 국가과학기술자문회의를 활용하고 있다. 관계중앙행정기관장과 정무직공무원, 민간인 전문가로 구성되는 민관공동위원회이다. 현재 관련 행정기관장으로는 기획재정부장관, 교육부장관, 과학기술정보통신부장관, 산업통상자원부장관, 중소벤처기업부장관 및 자문회의에 상정되는 안건과 관련이 있다고 의장이 인정하는 중앙행정기관의 장이 포함된다. 정무직공무원은 대통령비서실의 과학기술보좌관이다.

동법 제6조를 살펴보면, 정부는 기업, 교육기관, 연구기관 및 과학기술 관련 기관·단체가 지식기반경제사회에 부응하는 과학기술을 혁신하기 위한 활동을 적극 수행할 수 있도록 효과적인 국가과학기술혁신체제를 구축하여야 한다고 규정하고 있다. 또한 기술혁신체제를 구축하기 위한 환경과 기반을 만들어야 하고, 기업, 교육기관, 연구기관 및 과학기술 관련 기관·단체 또는 그 구성원들이 서로 인력, 지식, 정보 등을 원활하게 교류·연계 및 공유할 수 있도록 필요한 지원시책을 세우고 추진하여야 한다.[16] 이를 실행하는 가이드 역할을 하는 것이 5년마다 세워지는 과학기술기본계획이다.

이 계획에 따라 국가 내 각종 관련 행위자들의 행위를 조정하여 소기의 목적을 달성시키는 종합 사령탑이 바로 이 기구이다. 연구개발 사업에는 엄청난 액수의 예산이 소요되는데, 그 효과는 장기적으로 나타나기 때문에 그 결과를 바로 확인하기는 쉽지 않다. 또한 과학자들은 각기 자신의 연구가 중요하다고 주장한다. 서로 대립하는 연구개발방향이 있을 때 어느 쪽을 택하느냐가 향후 운명을 좌우하기도 하는데, 이런 방향을 정하고 적절한 수준의 연구비를 배분하는 것이 과학기술정책의 핵심이다. 그러나 별도의 과학기술 정책 관계장관회의의 구성을

16) 과학기술계 현장에는 여러 가지 이해관계가 다른 집단이 연구비 수주를 위해 각축을 벌이고 있다. 과연 어느 분야에 얼만큼 예산을 배분해야 하느냐는 전문가집단 간에도 의견이 일치하지 않기 때문에 조정이 쉽지 않다.

하느냐 여부는 정권에 따라 다르다.

Ⅵ. 기타 관계장관회의

국가의 인적자원개발도 중요한 정부정책방향이다. 이를 위해 1976년에 설치된 인력개발촉진회의가 이 분야 최초의 관계장관회의이다. 그럼에도 불구하고 정부 내에서는 교육부, 노동부, 여성부, 과학기술부 등 다수의 부처에서 인적자원개발 업무를 담당하였으며, 부처 간에 제대로 조정이 이루어지지 않는 편이었다. 2002년에 이르러서야 비로소 인적자원 개발기본법이 제정되어 다른 관련법이 이에 구속되도록 하고 있다. 노무현 정부 때 교육인적자원부를 신설하고 장관을 부총리로 승격시켜 그 위상을 더 제고시키려 하였다. 이 분야의 관계장관회의의 구조와 운영은 전술한 과학기술관계장관회의와 유사하다. 인적자원개발 기본계획을 5년마다 세우는 것도 비슷하다. 이명박 정부 이후에는 인적자원개발에 대한 중장기계획은 세워지지 않고 있다.

이외에도 사회문화정책 관계장관회의를 언급할 필요가 있다. 이 분야는 상술한 다른 정책분야에 비하여 관계장관회의가 늦게 발달하였다. 2000년 처음으로 사회복지정책장관회의가 설치되었고, 2004년 소관기능 중 사회질서분야를 제외하고 환경과 여성분야를 추가한 사회문화정책 관계장관회의로 바뀌었다. 박근혜 정부이후, 교육사회문화 관계장관회의가 사회부총리 겸 교육부 장관 주재로 시행되고 있다.

제3절 결 론

이상에서 우리는 이 나라 행정부의 최고정책결정기구로서 조직과정을 살펴보았다. 이 과정에 간여하는 공식적 합의체(즉, 회의)는 독립된 행정기관이 아닌 조직이다. 별도의 조직(물론 간단한 사무기구는 조직의 성격을 갖는다)이 아니라, 기존 조직의 장이 정기적으로 혹은 필요시 만나서 의견을 조율한다는 입장에서 보면 조직 간 조정기구이다.

가장 중요한 합의체는 국무회의이다. 행정조직 공무원들의 입장에서도 평소에 가장 중요하게 생각하는 것은 국무회의이다. 그렇기 때문에 오랫동안 추진하여 오던 정책안이 국무회의를 통과하면 비로소 안심을 하게 된다. 실질적인 토의의 장으로는 각종 정책조정회의 혹은 장관회의가 중요하다. 자주 모이는 빈도로 보나 의결사항의 법적 효력으로 보나 그렇다.

행정조직의 공무원들의 입장에서 보면 국무회의의 가장 중요한 기능은 정책의 법령화다. 그런데 법령화하는 것은 정책결정의 최종단계이며, 더 중요한 것은 그 이전의 단계이다. 정책을 발상하여 의제화하고, 대안을 둘러싸고 찬반을 겨루며, 정책의 실현을 위해 각종 합리적·비합리적 수단들을 동원하는 것은 국무회의 또는 차관회의에 올라가기 전에 이루어지는 것이다. 이런 과정을 거친 뒤 즉, 정책으로 확정된 뒤에 법령화의 작업이 시작되는 것이다. 설혹 법령조문안이 처음부터 함께 올라가도 이에 대한 토론은 실제 정책에 대한 토론이 끝난 다음에 시작되는 것이다.

정부정책 결정과정의 대부분과 가장 중요한 국면들은 국무회의에 넘어가기 전에 대통령, 대통령비서실, 각 부 장관, 기획재정부장관, 국가정보원장, 여당의 간부들, 관련 이익단체와 언론·방송 등의 상호작용관계에서 이루어지는 것이다. 행정조직들의 관심의 초점도 바로 이런 과정에 있으며, 부처 간의 협조, 협상, 강요, 양보 등도 이 과정에서 이루어진다. 국무회의에서도 부처 간에 보이지 않는 정치가 있지만 그 이전의 과정에 비하면 그 비중이 매우 적다.

최고 정책결정 체제에서 개선되어야 할 방향은 국무회의를 중심으로 실질적 결정을 하도록 하고, 기타 다른 장관회의는 가급적 줄이는 것이다. 즉, 최고 의사결정체제의 효율성을 높여야 한다.

국무회의의 실질적 역할은 국무위원의 수와 관계장관회의의 기능에 달려 있다. 사실 장관의 수에 따라 관계장관회의의 필요성도 달라지므로 결국 국무회의의 실질적 역할은 장관들에 달려 있다고 할 수 있다. 장관이 많아서 이들 간 분야별 부총리를 둔 노무현 대통령 시기는 결국 부총리라는 핵심장관 4-5명을 조정권의 중간거점으로 만든 것이다. 관계장관회의의 의장도 의사결정의 중간거점으로 이해할 수 있다.

국무회의는 충분한 토론을 하기에는 구성원의 수가 너무 많다. 거기에 더해 함께 토론에 참가하는 것이나 다름없는 상시적 배석자들까지 합치면 30명이 된다. 심지어 서울특별시장까지도 상례적으로 배석하고 있다. 이만큼의 인원들이 같은 회의에서 토론을 벌이고 의견을 하나로 묶기에는 너무 많은 수라고 생각한다. 이에 비하여 경제정책조정회의 등 다른 회의는 정회원은 10명이며 별도로 항구적 배석자로 지정된 자도 없다. 따라서 국무회의도 국무위원의 수를 줄이고, 의결정족수도 내려야 한다.

또한 국무회의는 그 역사가 경제장관회의보다 길며, 그가 하는 일도 형식적인 법률적 성질의 의결을 하는 일이 많기 때문에 이제는 그 운영이 그런 방향으로 제도화되어버려서 자동적으로 S.O.P.만을 따르는 경향이다. 게다가 상정되는 안건의 수는 매우 많은 반면, 회의에 할애하는 시간은 길지 않다는 것이 다른 장관회의와는 다른 점이다. 따라서 국무회의에 상정하는 안건의 수를 줄이는 방안을 강구해야 한다.

또 한 가지 중요한 것은 최고 정책결정에서 합리성을 높이기 위한 조직민주화다. **국무회의가 실질적 의사결정기구가 되느냐는 대통령과 청와대가 얼마나 하향식 의사결정을 하느냐에 달려 있다.** 장관들에게 실질적 권한과 책임을 주면 국무회의는 장관들의 실질적 토론 장소가 될 것이다. 그러나 장관의 임면권자인 대통령이 정책의 구체적인 것까지 간여하고 자신의 입장이 뚜렷하면 장관들은 소신을 갖기보다는 청와대의 눈치를 볼 수밖에 없다. 이는 관계장관회의도 마찬가지이다. 청와대의 수석을 참석시키느냐 여부가 정권에 따라 달라졌는데, 대통령이 집권적 행정을 한다면 차라리 수석을 참여시켜 실질적 조정을 하는 것이 낫다. 그러나 제왕적 대통령이라는 한국정치의 병을 고려한다면, 장관에게 권한을 많이 위임하고, 청와대 수석들도 이들 회의에 참석하지 않는 것이 보다 근본적인 해결책이다.

역대정권을 통해 살펴보면, 한국정부에서는 경제담당 장관의 역할이 과대팽창되어 있다. 기재부장관은 경제 "팀"의 장으로 인식되고 있고, 때로는 조각할 때에 일부 경제장관을 제청하는 경우도 있다. 이에 비하여 국무총리는 실제로 장관의 제청권을 행사하지 못하는 경우가 대부분이다. 즉 헌법상 제청권을 행사하도록 되어 있는 사람은 제청권을 행사하지 못하고, 헌법상 그런 권한이 주어져 있지 않은 경제 담당장관은 사실상 제청권을 행사하는 경우가 있다. 뿐만 아니라 그는 각 부처의 예산을 장악하고 있기 때문에 각 부 장관이 그에게 의존하게 되어 있다. 또한 대통령과의 독대의 기회도 국무총리 못지않게 주어지는 자리이다. 경제수석과 경제담당 장관이 바로 국정을 좌지우지할 수 있는 자리라고 봐도 과언이 아니다. 요컨대 우리나라 정부의 최고관리구조에서 국무총리는 명목상의 회의인 최고심의기구를 주재하고 있고, 경제담당 장관은 실권이 있는 정책결정회의를 주재하고 있다.

따라서 경제담당 장관이 대통령의 신임관계에 따라서는 대독 국무총리를 넘어서는 실질적 2인자인 시기도 있다. 이는 합리적인 의사결정을 하는 데 장애가 될 가능성이 높다. 국가정책은 종합적인 시각에서 봐야 하는데, '경제'라는 좁은 시각에서 볼 가능성이 높기 때문이다. 최고위층에서 조직과정을 합리화하기 위해서는 기획재정부 장관의 역할을 축소하는 방법을 심각히 고민할 필요가 있다. 그렇지 않으면, 기획재정부 장관은 권한 - 책임 불일치 현상의 가장 대표적인 자리가 될 가능성이 높다. 조직과정에서 견제와 균형이 필요한 이유이다.

예컨대, 회의형식의 의사결정기구로서 국무회의가 이상과 같은 기능밖에 하지 못하는 대신에, 정말로 긴급한 안건으로서 관계 장관들 사이에 의논을 해야 할 필요가 있을 때는 소위 관계장관간담회라는 것을 한다. 국무회의에 이어서 국무총리실에서 이 회의가 열리는 경우를 가끔 볼 수 있다. 이렇게 인원수를 줄이고 직접 관계있는 장관들끼리 모이는 경우가 격식의 구속도 덜 받고 실질적인 의논도 더 잘 된다고 볼 수 있다. 이런 회의는 필요할 때마다 이뤄져야 한다. 그러나 관계장관간담회의 공식기구화는 효율적인 의사결정을 위해 지양해야 할 것으로 보인다.

제 11 장

부와 부 사이의 조직과정

이 장에서는 중앙정부 내의 각 부가 다른 부들과 어떻게 상호작용하는가에 대해서 고찰하고자 한다. 이들 가운데는 다른 부들과의 관계에서 구조면의 공통점을 가지고 있는 것들이 있다. 예를 들어 행정안전부와 외교부가 이에 해당한다. 이들은 Gulick과 Urwick의 소위 부성조직의 기준인 4P의 원칙에 따르면,[1] 지역place에 의한 조직이라는 면에서 공통점을 가지고 있다. 즉, 전 정부의 입장에서 볼 때 행정안전부가 "국내"라는 지역을 기초로 한 조직이라 한다면, 외교부는 "국외"라는 지역을 기초로 한 조직이 부성화된다. 이들의 일선 또는 집행조직들도 함께 지역별로 조직되어 있다. 그리고 이들은 각각 관할지역 안에서는 종합행정을 하고, 이에 대한 책임도 지게 되어 있다. 그래서 우리는 먼저 이들 두 개의 부를 다룬 다음에, 지역 단위를 넘어서 여러 가지 다양한 목적으로 활동을 하는 다른 부와 부 사이의 상호작용에 관한 조직과정을 다루고자 한다. 그런데 일반적으로 단위조직으로서 부는 고정되어 있는 것이 아니고 계속 변화한다. 본서에서는 잦은 조직개편에도 불구하고 비교적 안정적으로 존립해 온 부를 중심으로 고찰하되, 논의를 명확히 하기 위해 필요한 경우 주요 기능을 중심으로 '** 담당부'라는 명칭도 병용한다.

---

1) 조석준(1988), 「조직학개론」, 박영사, pp. 43-47 참조.

제1절 이론적 배경

통합구조의 원래 개념에 의하면, 하부단위들 사이에서는 수평적 직접 접촉은 없으며, 공동 소속의 상급조직을 통해서만 접촉이 이루어진다. 각 부는 대통령의 분신과 같은 존재이기 때문에 기본적으로 위만 보고 일하려 한다. 그러나 한 부와 다른 부와의 관계가 전부 이런 형태를 띨 수는 없다. 그 이유는 다음과 같다.

첫째로, 어떤 조직이든지 공동소속의 상위조직이나 상급자를 통해서만 상호접촉이 된다면, 의사전달과정에 지연이 발생한다. 따라서 어느 정도까지는 하위 단위 간 직접 접촉을 하는 것이 불가피하며, 또한 그것이 능률적이다. 대통령이 그 밑의 국무총리나 장관 수준에 얼마나 많이 위임하여 처리하는가에 따라서 접촉의 양상이 달라진다. **대통령이 위임을 많이 하는 경우에는 동렬에 있는 부와 부 사이의 직접 접촉이 많아지게 되고 그 반대도 성립한다.**

둘째로, 실제 현대행정이 풀어야 할 문제의 특성상 부 간에 직접 접촉이 더욱 빈번해지고 있다. 한 국가의 발전수준이 낮을 때는 행정업무의 내용도 복잡하지 않고, 따라서 한 부의 일도 타 부와 관련되는 사례가 적었다. 반면에 한 나라의 경제나 사회가 발전하여 민주화되고, 국제적인 교류도 많아지게 되면, 한 부의 업무내용은 그 처리과정에서 타 부와 연결되어 있어서 서로 협조하지 않으면 안 되는 것들이 많아진다.

부와 부는 서로 기술적으로 연결되어 있거나 이해관계 면에서 연결되어 있으며, 고객, 대상, 취급물, 지역면에서도 얽히게 되어 있다. 부성화departmentalization의 4원칙[2]인 목적purpose, 과정process, 정책대상people, 지역place 중 어느 하나의 기준만을 가지고 부처조직이 이뤄진 것이 아니라, 여러 기준이 혼재하기 때문이다.

또한, 최근의 융합시대에는 한 부의 일이 대부분 다른 부와 관련이 있거나,

2) Daft(2014), *Understanding the Theory & Design of Organizations*, South-Western, pp. 82-92.

관련이 있는 일마다 하나의 부가 아닌 여러 부와 협조하지 않으면 안 되는 경우가 많다.

이와 같이 여러 가지 이유 때문에 행정조직과 다른 부 사이에는 상호의존관계가 생긴다. 물론 부의 업무내용의 성격에 따라서 이 의존관계는 일방적인 경우부터 시작하여 비교적 균등한 상호의존관계까지 다양하다. 이렇게 보면 각 부 사이의 관계는 이들이 자기의 조직영토 안에서 아무리 독점권을 행사하고 있다 하더라도, 때로는 갈등, 그리고 강요와 복종의 관계로 전개되는 일도 있다. 다만 이들은 다 통합적 구조 속에 있기 때문에 이런 관계를 공식화, 현재화, 표준화시키지 못하고, 비공식화, 잠재화시키는 데 지나지 않는다. **대통령이 자기의 권한을 하부에 위임할수록 이 관계는 점차로 공식화, 현재화되게 된다.** 또한 이들 각 부 사이에서도 특별히 그 권력이 커서 다른 부가 자기에게 의존하게 하거나 심지어 강요에 의하여 지배할 수 있는 부가 있으면, 복종하는 쪽의 부는 원래 법적으로 대등해야 하는 관계에 비추어 불만이 많아지게 되고, 이것이 잠재화되면서 축적되어 간다.

대통령에 의한 지배방식이나 정권의 속성이 권위주의적이고 강요적일수록 부처들 사이의 권력구조도 계층화되어 가는 경향이 생긴다. 이러한 계층화의 산물로 나타난 권력부처가 권한은 과도하게 행사하면서 그에 상응하는 책임은 지지 않는 권한-책임 불일치 현상을 초래하는 것이다.

제2절 지방 담당(행정자치)부와 다른 부와의 관계

Ⅰ. 지역인가, 기능인가

대한민국 영토를 대상으로 하여 국민의 안전과 질서를 총괄하는 부처로 1948년부터 내무부가 있었다. 이것이 1998년 총무처와 통합되어 행정자치부로 존재하였다가, 2008년부터는 중앙인사위원회와 비상기획위원회를 합한 행정자치부로 되었다. 이 장에서는 행정자치부(현 행정안전부, 이하 '행정안전부')의 임무 중 주로 과거 내무부의 기능, 즉 지방행정, 선거, 국민투표 및 민방위, 그리고 치안 등에 관

한 것에 초점을 두어서 논하기로 한다.[3)]

대한민국 영토를 외국의 침입으로부터 보호하는 역할은 국방부가 담당하며, 국경의 경계활동에 중점을 둔다. 이에 비하여 내무 기능은 영토 안의 일반 사람의 일상생활을 편안하게 하도록 보호하는 데 중점이 있다. 구체적으로 첫째, 일정한 구역을 분할하여 자치적으로 통치하는 지방자치단체를 통해서 하는 것과 둘째, 전국적인 국가경찰을 통해서 하는 것이 있다. 행정안전부 장관 밑에 경찰청을 두어 운영하며, 경찰위원회의 위원과 경찰청장의 임명을 제청하는 것을 행정안전부장관이 하게 되어 있다. 그리고 자치경찰제가 도입되어도 국가경찰체제의 틀은 유지된다. 행정안전부 하부조직은 다른 부처와 마찬가지로 국, 과 체제를 가지고 있다.

행정안전부는 앞에서도 지적한 바와 같이 지역을 기준으로 한 부이다. 이에 대하여 대부분의 다른 부들은 기능부functional ministry(혹은 부성화원리에 의하면 purpose)들이다. 즉 행정안전부는 지역에 대한 관할권을 갖는데 비하여, 다른 부들은 기능(혹은 목적)에 대한 관할권을 가지고 있다. 어떤 기능이든지 그것은 국내외의 어떤 지역에서 이루어진다. 반면에 지역을 기준으로 한 조직도 그 지역 안에서 기능이 이루어지지 않으면 아무 의미가 없다. 그러니까 지역부와 기능부와의 사이에는 서로 뗄 수 없는 밀접한 관계가 성립하게 된다. 따라서 행정안전부는 우리 정부의 모든 부처와 관련을 맺게 된다는 점에서 다른 부들과 그 성격이 사뭇 다르다.

행정안전부가 다른 부들과 어떤 관계에 있는가를 제도적으로 가장 잘 표현하고 있는 것은 정부조직법 제26조 3항의 "장관은 소관사무에 관하여 지방행정의 장을 지휘·감독한다"는 규정이다. 이 규정에 근거하여 감독할 수 있는 장관들은 기획재정부장관, 교육부장관, 과학기술정보통신부장관, 외교부장관, 통일부장관, 법무부장관, 국방부장관, 행정안전부장관, 문화체육관광부장관, 농림축산식품부장관, 산업통상자원부장관, 보건복지부장관, 환경부장관, 고용노동부장관, 여성가족부장관, 국토교통부장관, 해양수산부장관, 중소벤처기업부장관 등이다.

3) 총무기능에 대해서는 제5장을 참조할 것.

이들 장관들은 중앙에 있는 행정안전부를 거치지 않고 직접 도지사에게 지시할 수 있고, 이러한 지시는 일선의 읍·면·동까지 내려간다. 물론 이들 부가 어떤 사업을 지방에서 전개할 것인가에 대해서는 행정안전부장관이 국무회의를 통해서 알 수 있고, 또한 예산편성과정에서 이들 부들이 지방에 보내는 보조금에 대해서도 알 수 있다. 그러나 국무회의에서 알려지지 않은 일, 보조금과 직접 관련이 없는 일들에 대해서는 행정안전부장관도 도지사를 통해서 알게 되거나, 또는 전혀 모를 수도 있다. 그렇기 때문에 중앙에서부터 일이 잘 조정되려면 행정안전부장관의 조정력이 크게 필요하게 된다.

그런데 이들 부들은 사실은 지방행정의 장을 지휘·감독하기보다 오히려 이들에게 의존하는 관계라고 말할 수도 있다. 즉 아무리 중앙 각 부의 지시라 하더라도 그의 집행과정에서 지방행정에 종사하는 사람들이 얼마나 잘 집행하는가는 여러 가지 요인에 의하여 결정되는 것이다. 예를 들면 조선시대까지의 왕조행정에서는 지방행정의 장이 그 지역의 모든 기능을 자기 밑에 통합하여 장악하고 있었다. 심지어 군대도 장악하고 사법기능인 재판까지 지방행정의 장인 이조판서가 했다. 그러나 오늘날의 행정은 중앙정부에서부터 매우 많은 분화와 전문화가 이루어졌으며, 이는 지방행정에도 그대로 반영된다. 그 결과, 과거부터 하던 지방행정은 일반 행정직의 지식으로는 이를 도저히 수행할 수 없게 된다.

따라서 기능부는 전국을 관할하는 행정안전부에 의존해야 하는 관계에서 벗어나고 싶은 욕구가 생기게 된다. 그 결과로 중앙의 전문화된 각 기능부들은 별도로 자기의 조직체계를 지방에 두게 된다. 소위 특별지방행정관서라는 것이 생기게 되는 것이다. 특별지방행정관서를 설치하면 기능부가 인사권을 행사할 수 있는 범위도 따라서 넓어지게 된다. 그리고 중앙의 행정이 분화되면 될수록 지방에서의 특별지방행정관서의 종류도 많아지게 된다. 그렇게 되면 지방 안에서의 자치단체와 특별지방행정관서들 사이의 행정의 조정 또는 행동의 통일 문제가 큰 과제로 제기된다. 그리고 이 조정의 책임이 일반행정의 장에게 주어진다. 또한 지방에서의 조정의 문제는 바로 중앙에서의 조정의 문제로 귀착되며, 이것은 곧 행정안전부와 다른 부 사이의 갈등의 문제로 번질 가능성을 의미한다.

이론적으로 기능부의 입장에서 보면 행정안전부와의 관계에는 두 가지 길이 있다. 하나는 지방자치단체와 관계된 해당 과 등을 설치하여 지방행정의 장을 통해서 일하는 것이다. 둘째는 자기의 독자적인 특별지방행정관서의 체계를 가지고 집행하는 것이다. 다른 조건이 동일하다면 기능부들은 행정안전부와의 관계에서 자기의 독자적인 집행체계를 갖는 것을 선호할 것이다. 즉, 집행의 효율성을 이유로 자신의 독자적인 지방행정기관을 갖고자 한다. 그렇기 때문에 **장기적으로 보면 특별행정관서의 종류는 증가할 것이다.** 물론 이 현상이 생기는 이유의 다른 하나로 일반적으로 행정이 점차 더욱 분화되어 간다는 사실도 들 수 있다.

특별지방행정관서들과 소속한 중앙행정기관들 가운데 중요한 것들만 보면 다음과 같다.

(1) 법무부 : 지방검찰청, 출입국관리사무소, 교도소, 보호소, 구치소, 치료감호소, 소년원, 소년감별소, 보호관찰소
(2) 농림축산식품부 : 국립농산물품질관리원, 국립수의과학검역원, 국립종자원, 국립수산과학원, 국립수산물품질검사원
(3) 국토교통부 : 지방국토관리청, 홍수통제소
(4) 산업통상자원부 : 자유무역지역관리원, 광산보안사무소
(5) 보건복지부 : 국립검역소
(6) 고용노동부 : 지방노동청
(7) 교육부 : 지방교육지원청[4)]
(8) 환경부 : **강유역환경청, 지방환경청
(9) 산림청 : 지방산림관리청
(10) 국가보훈처 : 보훈지청
(11) 병무청 : 지방병무청
(12) 국세청 : 지방국세청
(13) 관세청 : 세관
(14) 조달청 : 지방조달청
(15) 중소벤처기업부 : 지방중소벤처기업청
(16) 식약처 : 지방청
(17) 우정사업본부 : 지방우정청
(18) 통계청 : 지방통계청, 통계사무소

4) 교육분야의 특별자치제도 때문에, 교육감은 선출된다. 따라서 교육부와 교육청과의 관계는 나열된 다른 부가 갖는 관계와 다르다.

(19) 문화재청 : 지구문화재 연구소, 관리소
(20) 해양수산부 : 지방해양항만청, 동해어업관리단, 서해어업관리단

Ⅱ. 지방(자치) 담당부의 기본 기능

행정안전부의 내무기능(지방기능)에는 세 가지의 중요한 것들이 있다. 그 가운데 첫째의 것이 가장 중요하며, 둘째와 셋째는 첫째로부터 파생되는 것들이다.

첫째로 행정안전부는 무엇보다도 정권의 창조에 참여하고 국가의 유지관리에 있어서 가장 중요한 역할을 담당한다. 행정안전부 장관은 대통령이 외국순방을 떠날 때 정부를 대표하여 비행장까지 수행한다. 즉, 외무장관은 대통령과 비행기를 같이 타지만, 내무(행안부)장관은 국내에 남는다. 이는 국가원수의 외국체류 중에 국내에 남아서 모든 문제를 실무적으로 책임진다는 상징적 의미이기도 하다.[5)]

행정안전부는 전국적으로 자기의 조직망을 가지고 있으며, 전 국민을 대상으로 치안을 담당하고 있다. 행정의 기본 기능이 국민에 대한 서비스의 제공과 국민에 대한 규제라고 한다면, 이를 집행하는 수단으로서의 조직 중에서 가장 중요한 것을 행정안전부가 장악하고 있다. 지방자치단체장이 주민직선에 의해 선출되기는 하지만, 자치단체장은 국가사무에 관한 한 행정안전부 장관의 부하인 셈이기 때문이다. 일반 행정 이외에도 경찰기능까지 가지고 있으며, 특히 경찰은 행정의 모든 집행에 있어서 필요불가결의 기능인 만큼 이를 통한 행정안전부의 역할은 대단히 중요하다. 또한 치안 문제는 물론이고 각종 재난이 발생하면, 비상대책본부를 설치하는 곳도 행정안전부이다.

각종 선거의 준비와 실무가 행정안전부(즉, 과거 내무부)에 주어져 있는 것도 이 때문이다. 선거업무는 물론 헌법기관인 선거관리위원회의 기능이긴 하지만, 선거를 집행할 때의 실무적인 지원은 주민조직과 가까이 있는 읍·면·동 등 지방행정조직에 의존하지 않을 수 없다. 특히 과거 군사정권 시 선거가 여당을 위하여 불공평하게 시행되던 때에는 내무부가 여당의 편에 서서 주민조직을 이용한 예가 많았다. 민주화가 되면 될수록 이러한 가시적 기능은 없어지고, 간접적이고

5) 최근에는 통신수단이 발달하여 대통령의 외국 체류 중에도 언제든 전자결재를 하고, 필요한 지시를 한다.

비가시적 방법으로 변화된다.

간접적 방법이란 지방조직을 통하여 평소에도 국가행정에 대한 국민의 "이미지" 형성에 많은 영향을 줄 수 있다는 것을 의미한다. 즉, 이것도 집권여당을 위한 지지의 획득이나 다음 선거를 위한 평소의 대비를 위하여 사용될 수 있다는 것이다. 이러한 요인들 때문에 흔히 행정안전부장관의 자리에는 여당의 정치권 출신이 오며, 특별히 대통령의 신임이 두터운 사람이 임명될 가능성이 많다. **정권의 정통성이 취약할수록, 대통령이 행정안전부(내무기능)에 의존하는 정도가 더 커진다.**

아무튼 행정 각 부들 사이에는 행정안전부장관이 차지하는 권력이 크다고 할 수 있다. 과거에는 행정 각 부의 서열에서 내무부가 외교부 다음인 두 번째의 자리를 차지하고 있었다. 이는 내무 기능이 국가의 기능으로서 그만큼 중요하다는 것을 의미한다. 또한 이는 대부분의 국가에서 다 있는 조직이며, 또한 행정조직 탄생의 순서에 있어서도 가장 오랜 역사를 지닌 조직이다.[6] 그만큼 행정안전부는 정통성이 있는 조직이다.

행정안전부의 둘째 기능은 지방행정에 대한 감독기능이다. 지방담당부는 그 자체로서 고유의 사업, 또는 기능이 없기 때문에 행정관리적인 측면에서 지방행정을 지원, 또는 감독한다. 총무 담당부처의 기능과 관련하여 행정안전부는 지방행정에 관한 총무처(즉, 인사와 조직기능)라고 할 수 있다. 행정안전부는 지방자치단체들에 대하여 총무처로서의 기능뿐만 아니라 재정경제부적인 기능, 법제처적인 기능, 감사원적인 기능 등도 수행한다. 행정안전부의 하부직 가운데 지방행정국은 행정관리(총무처), 법제처적인 기능을 하며, 지방세제국은 기획재정부적인 기능, 감사관은 감사원적인 기능을 하는 곳이라고 할 수 있다.

행정안전부의 이와 같은 기능에 관하여 다음과 같은 사항들을 지적할 수 있다. 우선 행정안전부와 관련이 많은 부처들은 상술한 부처들이며, 갈등도 이들과의 사이에서 많이 생길 것이다. 특히 정부권력구조상 높은 자리를 차지하고 있는 재정 담당부와의 사이에 갈등이 많은 편이었다. 행정안전부도 권력구조상에서 매우 높은 위치에 있었기 때문이다. 이 두 행정조직 사이의 갈등은 주로 지방재정

6) 서구에서도 내무부에서 다른 기능부서들이 파생되어 설치되었다. Timsit, G.(1986), *Etats et Administrations*, Paris: PUF.

에 대한 관할권을 둘러싸고 일어났다. 재무 담당부도 국세와 지방세 간의 조정, 국세에 대한 부가세나 양여세 등의 제도를 둘러싸고, 행정안전부와는 이해관계가 상반된다. 그러나 최근 '돈'에 의한 조직관리가 지배적이어서 이 점에서 권력은 재무 담당부 쪽으로 기울어졌다고 봐도 과언이 아니다.

다음은 행정안전부가 하는 지역부로서의 기능이다. 즉 지역적인 책임을 지기 때문에 지역 안에서 일어나는 일들을 통해서 앞에서 언급한 첫 번째의 기능을 수행해야 한다. 중앙정부의 부처들 가운데 기능부functional ministry들은 이 기능을 통하여 행정안전부와 관련을 맺게 된다. 행정안전부는 이들이 지방에서 벌이는 사업을 통하여 주민들에 대한 서비스를 제공하고 지지를 만들어 나가야 한다.

Ⅲ. 지방자치 담당부(내무기능)와 관련이 많은 기능부들

중앙정부의 기능부나 청 가운데서 지방행정을 가장 많이 활용하는 관서와 이들이 주로 상대하는 지방행정의 계층을 보면 다음과 같다.

(1) 농림축산식품부 · 해양수산부 : 도, 군, 읍, 면
(2) 국토교통부 : 도, 군
(3) 보건복지부 : 군
(4) 산업통상자원부 : 도, 군
(5) 문화체육관광부 : 시, 군
(6) 산림청 : 군

이들은 주로 지방행정의 장이 가지고 있는 보조기관(즉, 지방자치단체 집행부)을 통해서 일을 하는 경우가 많다. 그런데 지방행정의 대상은 시대의 변천에 따라서 변화하게 되어 있다. 가령 주민의 대부분이 농민인 경우와 이들이 2, 3차 산업에 종사하고 있는 경우와는 행정의 내용이 달라질 것이다.[7] 한국과 같이 급격하게 변화하고 있는 사회에서는 지방행정의 대상의 속성도 급격하게 변화하기 마련이다. 그래서 이전에는 지방행정의 내용이 농림축산식품부의 것이 제일 많았으나, 새로운 시대에는 산업통상자원부나 고용노동부의 것들이 다수를 이루게 될

7) 국가가 농어촌의 발전과 중소기업의 육성에 기여해야 하는 것은 모두 헌법 제123조의 규정사항이다.

것이다. 인구노령화에 따른 보건복지부, 그리고 문화수준의 향상으로 인한 문화체육관광부와의 업무도 그만큼 더 많아질 것이다. 요컨대 지방의 사회문화적 특성 변화에 따라 지방행정 담당부와 기능면에서 밀접한 관련을 맺게 되는 부들도 달라진다. 이하에서는 현재까지 행정안전부와 가장 밀접한 관계에 있는 농림축산부(여기서는 농림축산식품부와 해양수산부를 통칭함)와 보건복지부, 국토교통부 등과의 관계를 좀 더 자세히 보도록 하자.

우선 농림축산부는 자기조직 목표의 성취를 위하여 행정안전부에 의존하고 있다. 농작물의 재배나 농촌의 활성화는 행정안전부의 지방에 대한 지원에 많이 달려 있기 때문이다. 반면에 행정안전부는 과거까지는 농촌 주민을 위한 각종 사업들을 농림축산부의 분야라고 의식해 왔다. 그 결과, 농림축산부와 행정안전부의 밀접한 관계는 정상적인 보조기관 이외에도 도지사 밑에 농촌진흥원을 두고, 군수 밑에 농촌지도소를 두고 있는 것에서도 잘 나타나고 있다. 그리고 많은 경우에 도정이나 군정의 목표가 농림축산식품 분야에 관한 것들이었다. 행정안전부와 농림축산부와의 관계는 마치 서로를 활용하는 관계였다고 할 수 있다.

그런데 1차 산업에 종사하는 인구가 점점 줄어들고 농촌이 도시화되어 가면서 산업 담당부와의 관계가 많아지게 된다. 즉 행정안전부의 일의 중점이 농어촌으로부터 도시로 이동하는 것이다. 문제는 농어촌에 대해서는 행정안전부가 농민들에게 영향을 줄 수 있었지만, 도시지역에서는 이것이 쉽지 않다는 것이다. 산업통상행정은 기업체나 조직체들을 상대하는 것이기 때문에 농어촌행정과는 다르다. 농어촌행정에서는 농림축산부가 행정안전부에 의존하는 관계였지만, 도시행정에서는 산업통상자원부가 행정안전부에 의존하는 관계가 아니다. 다른 말로 하면 행정안전부가 일을 못해도 산업 담당부에는 별로 지장이 없다. 그러나 농어촌행정에서는 행정안전부가 일을 잘못하면 농림축산식품부와 해양수산부에 지장이 있었다. 결과적으로 과거에 새마을사업이 농촌에서는 뿌리를 내렸지만, 도시 새마을사업이나 직장 새마을운동은 성공할 수 없었던 것과 유사한 관계가 생길 것이다. 과거 행정안전부가 지방자치단체들을 돕던 때와는 전혀 다른 새로운 방법이 필요해지는 것이다.

행정안전부와 밀접한 관계를 가지고 있는 또 하나의 기능부는 보건복지부이다. 사회복지분야의 사업들은 대부분 주민들과 1 대 1의 관계에서 이루어진다. 그렇기 때문에 보건복지부가 자기의 역할을 제대로 하기 위해서는 행정안전부에 의존해야 할 필요성이 생긴다. 반면에 행정안전부가 사회복지서비스의 제공을 정권에 대한 "이미지"의 조성이나 선거의 차원에서 생각하게 되면, 그도 보건복지부에 의존하는 관계가 생긴다. 보건복지부의 행정안전부에 대한 의존은 지방청의 기구상으로도 가정복지국, 보건소, 보건지소 등에 의하여 나타나 있으며, 심지어 민간조직인 지역의료보험조합의 사무까지도 지방행정의 일선사무실에서 맡아 하는 것을 보면 알 수 있다. 최일선행정기관인 읍·면·동을 행정복지센터로 전환하는 것도 이러한 측면에서 이해해야 한다. 행안부 입장에서 보면, 자신의 하부조직의 절반을 복지부에 내어주는 셈이 된다.

국토교통부도 도로, 하천, 도시계획, 국토계획, 수리시설, 댐, 주택, 운수, 항공 등과 관련하여 행정안전부의 지역개발 및 지역경제사업 등과 밀접한 관련을 맺고 있다. 국토교통부와 행정안전부의 관계는 후자가 전자에게 의존하는 경우가 더 많은 관계이다. 반면에 국토교통부는 행정안전부에 의존할 일이 거의 없다고 할 수 있다. 국토교통부가 국가를 대표해서 할 수 있는 일과 지방행정이 자기의 지역 안에서 일어나는 일과의 사이에 갈등이 생기고, 행정안전부가 지역을 대표하는 입장에 서야 하는 때가 많은 것이다. 그러나 이 경우 다른 모든 조건들이 동일하다면 국토교통부의 주장이 관철될 확률이 높다.

앞으로는 지방행정 담당부에 종사하는 조직이나 공무원들의 의식구조도 이에 맞추어서 바뀌어야 한다. 예를 들어 도의 경우 과거에는 농어촌행정을 위주로 하였기 때문에 도청의 조직도 그쪽이 강조되었고, 도의 공무원들도 농어촌 위주의 사고방식을 가지고 있었다. 그러나 도시화, 산업화에 따라서 도청의 조직에서도 도시, 환경, 공업, 노동, 교통 등의 분야가 강조되게 되었고, 공무원들도 2, 3차 산업과 도시문제 등에 익숙한 사람들이어야 할 필요성이 생겼다. 이것은 지방행정 담당부(행정안전부)의 공무원들의 의식구조나, 이들이 주로 상대해서 조정을 해야 하는 부들의 공무원들도 전문성이나 정책방향을 바꿔야 함을 의미한다.

제3절 외교부와 다른 부와의 관계

Ⅰ. 외교부의 조직구조

1. 본부 및 공관

외교부는 외교, 국제관계 업무에 관한 조정, 조약을 비롯한 기타 국제협정, 재외국민의 보호・지원, 재외동포정책의 수립, 국제정세의 조사・분석에 관한 사무를 관장하는 조직이다. 본부[8]의 하부구조는 다른 부들과 같이 국, 과의 편성을 가지고 있으며, 수 개의 지역국들 이외에 국제기구 및 조약을 다루는 국과 국제경제, 문화외교에 관한 국 및 영사교민국을 가지고 있다.

외교부의 협의의 미션은 외국과의 정무적 외교이다. 이를 위해 전 세계를 권역으로 나눠서 다루는 국이 있다. 국 밑에 과는 다시 세분화시켜 결국 나라별 담당직원이 있다. 외교부에서 미국이 속해 있는 북미국을 가장 중요하게 여겨왔고, 이에 따라 북미국은 모든 직원이 가고 싶어 하는 부서이다. 부서 선호에 대한 '쏠림현상'이 있는 것이다.

이러한 전통적 외교를 위해 전 지구를 권역으로 구분하여 담당하였는데, 이외에 특수기능을 담당하는 국(局)조직이 생기게 된 것이 외교부 조직을 크게 변화시킨 원인이 되었다. 즉, 지역국에 더하여 국제협력 등 특수기능을 담당하는 하부조직이 있다. 다른 국은 지역국을 보완하는 잔여적 성격을 갖는 경우도 많다.[9] 경제와 무역, 문화가 그 대표적인 예이다. 국제기구가 다양하게 설립됨에 따라 이를 담당하는 부서도 부가된다.

외교부는 특정직으로 직원을 충원하기 때문에 일반직 공무원과는 다른 인사행정체제를 가지고 있다.[10] 본부에 근무하는 인력보다 200여개의 외국공관에 근

---

8) 외국에 주재하는 대사관에서는 관례적으로 서울의 본청을 총칭하여 '본부'라고 부른다. 그러나 이것은 정부조직상의 본부(예, 통상교섭본부)와는 다른 개념이다.

9) 김명섭・양준석(2013), 한국외교사에서 아프리카와 중동: 인식변화와 담당 외교조직의 변천을 중심으로, 「한국정치학회보」, 제46권 5호, pp. 296-295.

10) 임도빈・유민봉(2019), 「인사행정론: 정부경쟁력의 관점에서」, 박영사, pp. 109-111.

무하는 인력이 많다. 이처럼 외국근무를 기본으로 하지만, 주기적으로 본부에 들어와 근무하는 순환근무의 특성이 있다.

외교직 고위직 관료들의 꿈은 대사이다. 보통 오랜 순환근무 후에 작은 나라의 대사를 한 후 본부에서 몇 년 대기하다가 큰 나라의 대사를 하고 퇴임하는 것이 관례이다. 이러한 인사경로의 특성 때문에 본부에 머무는 사람이 많아 상위직 자리가 과대팽창되어 있다.

외교부의 핵심조직은 해외의 공관이다. 일반적으로 이들이 해야 하는 일들은 다음과 같다.

(1) 한국정부를 대표하여 주재국과 대화하는 것
(2) 주재국정부와 협상하고 합의사항을 집행하는 것
(3) 주재국에서의 중요사건들에 대한 주재국정부의 반응 등의 정보를 본국에 보고하는 것
(4) 주재국의 관리 및 국민과의 상호이해촉진으로 경제, 문화, 과학면의 관계를 개발하고 우호를 촉진하는 것
(5) 주재국 내의 교민을 보호하는 것
(6) 주재국행정부 내 타기관에 협조하고 지원하는 것
(7) 주재국 내 타국 파견공관과의 사이에 외교업무를 수행하는 것

이상과 같은 여러 가지 기능을 수행하기 위한 공관은 그 급에 있어서 대사관, 대표부, 총영사관 등이 있고, 이곳에 근무하고 있는 외교관들은 특명전권대사, 공사, 총영사, 영사, 부영사, 영사대리, 참사관, 1등서기관, 2등서기관, 3등서기관 등의 직급을 부여받고 있다. 각 공관에는 필요에 따라 총무과, 정무과, 경제과, 영사과와 전문분야별 담당관을 둘 수 있게 되어 있다. 그러나 공관의 규모가 작은 경우에는 소수의 인력이 여러 과의 업무를 통합하여 담당한다.

외교부에 근무하는 공무원들은 특정직으로 외무공무원법에 의하여 규율되는 경력직들이다. 이들을 특별히 일반직과 구별하여 인사관리를 하는 것은 외교업무의 특수성 때문이다. 일반직의 경우와는 다른 자질을 요구한다고 보기 때문에 공직충원경로부터 다르다. 다른 나라들도 이들이 자국 또는 주권자를 대표하는 것으로 인정하여 불체포특권 등, 외교특권을 주게 된다. 나아가서 이들은 일반직과는 다른 직급구조를 가지고 있다.

2. 외교부의 권력자원

외교부 또는 외교부장관은 대외적으로 국가를 대표하는 상징적 기능을 하기 때문에 중요한 부이다. 그러나 외교부는 특별히 많은 재정동원력을 가진 것은 아니다. 또한 인적, 물적 자원에 있어서도 특별히 공급권을 가진 것도 아니다. 다른 장관들에 비하여 대통령의 신임을 특별히 더 많이 받는 사람이 장관으로 임명되는 경향을 가진 것도 아니다. 정권의 탄생과정에서 특별히 공을 세울 수 있는 것도 아니다. 그런가 하면 남이 가지고 있는 권한이나 권력을 뺏을 수 있는 입장에도 있지 않다.

결국 외교부가 가지고 있는 권력의 근원은 두 가지로 볼 수 있다.

첫째는 앞에서도 언급한 상징적인 권력이다. 이는 장관뿐만 아니라 외교관 개인에게 기대되는 역할이다. 그렇기 때문에 이들에게 특별한 요구도 하지만, 대신 그러한 권능도 부여한다고 할 수 있다. 이런 이유로 다른 부처의 경우도 외국과의 새로운 협력통로를 만들 때 외교부를 거쳐야 한다.

외교부가 가지는 권력의 또 다른 원천은 외교관들이 가지고 있는 인적자본 human capital이다. 즉, 전문지식, 경험, 정보, 이들만이 가지고 있는 외국정부인사와의 인적 네트워크, 정무적 통찰력 등이라고 할 수 있다. 이것들은 직업외교관으로서의 경력이 오래될수록, 그리고 어느 특정 지역이나 분야에 전문화할수록 많아진다.

외교부는 직원의 핵심구성원인 대부분의 직업외교관들이 주로 외국에서 근무하기 때문에 국내 네트워크가 취약하다는 약점이 있다.[11] 즉, 외국에는 기지(공관)가 있어서 유리한 반면, 국내에는 인간적으로 끈끈한 관계를 맺는 인맥이 부족하다는 약점이 있다. 또한 각 분야별 전문가가 요구되는 행정 현실에서 직업외교관으로서 일반가generalist에 머문다는 약점도 있다.

이상과 같은 권력의 원천과 약점들은 어느 하나 다른 사람을 강요할 수 있는 성질의 것들이 아니다. 그리고 외교부 권력의 이러한 특성은 정부조직이란 전체 업무 수행 과정process에서 많은 강점과 제약점으로 작용한다.

---

11) 임기모(2012), 「외교관의 솔직토크」, 동아일보사 참조.

Ⅱ. 외교부와 다른 부와의 관계

1. 외교서비스 지원

외교부는 전 세계를 조직영토organizational field로 하고 있기 때문에, 다른 나라와 소관업무(즉, 기능)상 관련을 맺는 모든 기능부처와 관계를 갖게 된다. 즉, 해외공관이란 조직자원을 가지고, 다른 부처를 지원하는 관계에 있다. 따라서 외국에서 상주하며 긴밀한 관계를 맺어야 하는 부처의 경우, 외교부와 협력 혹은 갈등관계를 가질 수밖에 없다.

외교부와 관계를 가지고 있는 기능부들은 세 가지 부류로 나눌 수 있다. 첫째는 항구적 관계를 가진 부들이다. 둘째는 준항구적 관계를 가진 부들이다. 셋째는 그 관계가 일시적이며 이슈issue별로 성립하는 부들이다. 넷째, 어떤 부든지 잠재적으로는 외교부와의 관계가 언제라도 성립할 수 있다.

첫 번째의 관계에 있는 것은 국방부와 국가정보원이다. 전자는 무관을 파견하고, 후자도 자기의 직원을 파견하여 공관에 주재시킨다. 그런데 특히 후자가 본국에 보내는 정보와 공관의 대표자가 보내는 정보가 서로 계통이 다르기 때문에 동일한 대상을 다루는 경우에는 갈등이 발생할 수 있다. 국가정보원은 대사관 전체의 운영 및 비리 등에 관해서도 전반적으로 본국에 보고할 수 있기 때문에 위협수단이 된다.

두 번째의 부류에 속하는 것이 소위 주재관을 보내고 있는 행정조직들이다. 주재관의 파견 상황은 아래 표와 같으나, 이들은 항상 고정되어 있는 것이 아니다. 공관에 따라서 관계된 업무가 없어지면 주재관도 없어질 수 있고, 반대로 새로운 업무가 생기면 새로 생길 수도 있다. 그러나 우리나라의 국제관계가 다양해지면서 이들은 증가하는 추세이다. 특히 이들을 보내는 조직의 입장에서 보면 그만큼 정원이 늘어나는 것이기 때문에 인사를 풀기 위한 동기와 겹칠 수도 있다.

〈표 11-1〉 해외주재관 파견 부처

파견부처	업무분야
기획재정부	경제조사, 재무
국방부	무관
산업통상자원부	상무, 자원
국토교통부	건설,
문화체육관광부	홍보, 문화
교육부	교육
과학기술정보통신부	과학기술, 정보통신
조달청	외자구매
공정거래위	공정거래
통일부	통일연구
환경부	환경
경찰청	외사
국세청	세무
관세청	관세
법무부	출입국관리, 법무
농림축산식품부	농무
산림청	산림
식품의약품안전처	식품의약
보건복지부	보건사회
고용노동부	노무
해양수산부	해무, 해양수산
특허청	특허

과거에는 업무가 국내문제에만 국한되어서 세 번째 유형의 부처도 많이 있었다. 그러나 이제는 거의 모든 부처가 외국 정부나 국제기구와 교류를 한다고 봐도 과언이 아니다. 즉, 세계화가 중앙행정기관의 조직영토를 해외로 넓혔다. 국제관계가 증가할수록 주재관의 파견부처와 수는 증가하는 추세를 보인다.

2. 주요 부처와의 관계

외교부에게 가장 중요한 부처는 산업통상자원부, 국방부, 문화체육관광부이다. 외교와 국방안보는 원래부터 국가의 계속성을 확보하기 위한 동전의 양면과 같은 기능이다. 최근 경제, 국방, 문화면에서 외국과의 관계에서 중요해졌다. 특히, 경제외교가 중시되는 오늘날 통상교섭본부는 외교부의 가장 중요한 하부조직이었다. 문재인 정부 이전까지는 이것이 외교부에 소속되었었다는 점이 그 중요성을 말해준다. 다음 정부에서 다시 외교부로 돌아올 수도 있는 뜨거운 감자이다.

산업통상자원부는 KOTRA라는 거대조직이 있고, 문화체육관광부는 '한국의 집'과 '세종학당'과 같은 조직이 전 세계에 설치되어 있다.[12] 이 두 기관을 통한 예산이 많기 때문에 외교부로서는 중요한 조직들이다. 외교부가 과거 해외공관조직을 독점적으로 가지고 있었던 시기에 비교할 때, 이것은 외교부에게는 위협요인이 될 수 있다.

외교부와 관련을 맺는 조직들은 이상의 것들 이외에도 많다. 이들은 주로 어떤 사안이 발생하면 관계가 성립하는 경우들이다. 그리고 관계가 생기는 장소는 주로 외국이지만, 때로는 국내에서도 관계가 성립하는 경우들이 있다. 예를 들어 법무부와의 사이에서 출입국관리와 관련하여, 상공 담당부와는 무역과 관련하여, 보건복지부와는 의료문제에 관련하여, 행정안전부와의 사이에는 여권발급사무의 위탁과 관련하여, 북한관계에 관하여 통일부와의 사이에, 노동관계의 국제협약과 관련하여 고용노동부와, 국제환경협약과 관련하여 환경부와, 면세협정과 관련하여 기획재정부와, 항공협정과 관련하여 국토교통부와 관계가 생기는 것 등을 많은 것들 중의 일부로 들 수 있다.

그런데 이들 부처가 주재관을 파견하는 나라는 외교부의 경우처럼 외교관계가 수립된 모든 나라가 아니라 중요국가이거나 해당 업무와 특별히 관계가 있는 나라들이다. 결과적으로 주재관들은 선진 일부국가들에 집결하는 경향이 있다. 결과적으로 심한 곳에서는 주재관의 수가 공관원의 수에 못지않게 많은 곳

---

12) 전 세계 주요 도시에 설치되어 있는 세종학당은 외국인에게 한국어와 한국문화를 보급하는 교육기관으로서 문화체육관광부의 관할하에 있는 재단법인 세종학당(공공기관)에 소속되어 있다.

도 있다.

과거에는 외교관만이 외국어를 잘 구사할 수 있어서, 각 부처는 외교부에 의존적이었다. 오늘날의 정부업무는 옛날에 비하여 횡적인 전문화가 많이 발달하였고, 또한 국가 간의 교호작용이 옛날보다 훨씬 더 복잡하게 되었다. 사실 각 중앙행정관서의 입장에서 보면 외교부 직원들만의 능력으로는 도저히 판단할 수 없는 일을 해야 하는 경우가 있다. 예를 들면 선박검사나 과학기술과 같은 것이 여기에 속한다. 즉, 행정의 전문성이 제고되면서, 일반 외교관들의 독점성에 불확실성이 커졌다.

3. 해외공관 내의 권력과정

각 부처가 소관업무에 관하여 국제관계를 직접 해결하려는 경향은, 외교부의 입장에서 보면 반드시 반가운 일이 아니다. 즉 “외교 일원화”라는 입장에서 통일된 의견표시를 해야 할 때, 공관과 이들과는 일치하지 않는 입장을 취할 수도 있다. 해외주재관들은 현지공관이나 외교부와의 협의도 없이 직접 소속 부처로부터 훈령을 받을 가능성이 많다. 이 경우 공관장은 이들 사이에 무엇이 일어나고 있는지조차 모를 수도 있다. 즉, **전문화가 강화되면 될수록, 부처 주재관들이 공관장으로부터 멀어지려는 원심력이 작용한다.**

이를 시정하기 위하여 공관장을 통하여 지시하고, 보고하게 강제하는 경우에도 전문지식이 없는 공관장은 사실상 파견기관의 뜻에 따르게 되므로 실질적으로는 별로 차이가 없다. 결국 국가차원(즉, 외교부의 대표인 해외공관장)에서 이들 주재관들의 활동을 통합integrate하고 조정coordinate하는 것이 중요한 문제가 된다. 즉, 지리적으로 떨어져 있지만 상급자가 각각 달라 명령통일의 원칙이 지켜지지 않는 복합조직에서 지리적으로 근접한 일시적 관리자가 순응을 확보하는 문제는 대단히 어려운 것이다. 멀어져가는 부처들을 협력의 장으로 끌어오는 구심력이 필요하다. 이런 경우 지리적 거리보다는 일시적 관계인가 장기적 관계인가라는 시간적 차원이 더 중요한 요소가 된다.

공관장은 주재관에 대해서 다음과 같이 여러 가지 강제할 수 있는 장치를 확보하고 있다.

우선, 인사발령절차에 있어서 각 원·부·처·청의 장이 파견주재관을 외교부장관에게 추천하면, 외교부장관은 인사담당 부처장관과 협의하여 후보자의 외국어 능력 및 해외에서 담당할 직무수행에 필요한 지식 정도를 검토하여 임명하게 되어 있다.

둘째, 보고계통의 문제에 관해서는 지시의 경우는 원소속기관의 장이 주재관에게 소관업무에 관하여 지시하고자 할 때 외교부장관을 거쳐 관할 공관장에게 지시하여야 하고, 다만 외교교섭에 관계되지 아니한 사항으로 긴급을 요하는 사항에 대하여는 직접 지시할 수 있고, 이 경우에도 곧 외교부장관에게 통보하게 하였다. 반대로 주재공무원이 소관업무에 관하여 원소속기관의 장에게 보고하고자 할 때에는 재외공관장의 명의로 외교부장관을 거쳐야 하고, 다만 외교교섭에 관련되지 아니한 사항으로 긴급을 요하는 사항에 대하여는 직접 보고할 수 있으며, 이 경우에도 지체 없이 공관장에게 보고하도록 되어 있다.

셋째, 주재관의 근무에 대하여 공관장은 다음과 같은 권한을 갖고 있다. 즉, 주재관의 근무실태 보고서를 연 2회 외교부장관을 거쳐 원소속기관의 장에게 제출할 수 있으며, 후자는 이를 인사에 반영시키도록 하고 있다. 그리고 주재관의 근무성적이 극히 불량하거나 기타 이유로 부과된 직무를 수행할 수 없다고 판단한 때에는, 공관장은 외교부장관을 통하여 파견기관의 장에게 소환요구를 할 수 있다.

그럼에도 불구하고 공관장의 리더십과 영향력에 따라 이러한 장치가 유명무실한 경우가 많다. 비록 문제가 심각한 주재관이라고 하더라도, 한국과 같이 '정(情)'을 중시하는 문화에서 공관장이 위에서 열거한 권한을 그대로 행사하지는 않기 때문이다.

Ⅲ. 외교부와 행정안전부와의 비교

외교부와 행정안전부는 여러 가지 면에서 다르다. 하나는 외치(外治)를 다루고, 다른 하나는 내치(內治)를 다룬다. 한쪽은 외교공무원들로서 경력을 쌓는 사람들이 근무하는 곳이고, 다른 한쪽은 일반직의 행정직 공무원들이 근무하는 곳이다. 다루는 일의 내용도 대단히 다르지만, 종사하는 공무원들의 자세, 태도, 지식, 행동양식 등도 대단히 많은 차이가 난다. 따라서 국이나 과의 분위기가 양부 간에 전혀 다르다. 또한 한 쪽은 일생의 상당부분을 여러 나라들을 돌면서 보내는데 반해, 다른 한쪽은 전적으로 국내에서만 근무한다.

이렇게 보면 양 기관은 아무런 공통점이 없는 것 같이 보인다. 그러나 조직의 형식적인 속성 면에서 보면, 양자는 함께 지역부라는 점에서 다음과 같은 공통점을 가지고 있다. 공관 속의 주재관들은 조직구조 형태상으로는 도청 속의 기능국이나 도 지역 내의 특별지방행정관서와 유사하다. 도지사가 도 관내의 모든 특별지방행정기관들의 행동을 통일시켜야 바람직한 것처럼 공관장도 주재관들과 공관 사이의 행동을 통일시켜야 한다.

우리는 앞에서 행정안전부에 관해서 논할 때에 행정안전부의 기능 중의 하나로 지방행정에 대한 행정관리적 통제 또는 감독의 기능이 있다고 하였다. 그런데 외교부는 공관지역 내의 여러 기능부들의 대표들에 관하여 이런 기능을 할 필요는 없다.

또한 지방행정에 대해서는 정부조직법에 명백히 "행정각부의 장은 소관사무에 관하여 지방행정의 장을 지휘 · 감독할 수 있다"고 명문화되어 있지만, 공관에 대해서는 이런 규정이 없다. 다만 앞에서 언급한 것처럼 가능한 한 외교부장관과 공관장을 통해서 운영하도록 요구하고 있다. 다만 조정을 요하는 무대가 하나는 국내이고 하나는 국외인데, 실제 조정을 요구하는 정도는 외교부의 주 무대인 국외에서 더 많다는 것이 차이이다. 외교부는 사실상 주재관들에 대한 인사권이 없으므로 공관장의 주재관들에 대한 관계는 마치 도지사의 관내 특별지방행정관서장에 대한 관계와 유사하다고 할 수 있다.

마지막으로 사무실 공간 면에서 재외공관에서는 대부분의 경우 주재관이 대사관에 사무실이 있는 반면, 국내에서는 특별지방행정기관이 다른 장소에 각각 조직과 사무실을 가지고 있다. 즉, 사무실 공간적인 차원에서 볼 때 재외공관장은 정기적으로 간부회의를 쉽게 소집할 수도 있는데 반해, 시 · 도지사는 이것이 쉽지 않다. 이 점에서 미루어 볼 때, 각 지역수준에서 통합의 정도는 국내가 국외보다 더 취약한 상황에 있다고 볼 수 있다.

제 4 절 지원 부처에서 계선 부처로 전환한 부

여기서는 한때 국무총리 밑의 참모기관(처)으로 있다가 부로 승격된 경험을 가지고 있는 부를 다루기로 한다. 이들은 독점적인 조직영토가 없고, 다른 기능 부서들의 협조가 있어야 정책목표가 실현되는 업무를 핵심으로 하고 있다. 정부 전체의 업무를 과정process으로 본다면, 이들은 어느 단계를 담당하고 있으며 다른 부를 통하여 완성을 할 수 있게 되어 있다.

Ⅰ. 환경부와 다른 부와의 관계

1. 집행력과 조직

환경부는 자연환경 및 생활환경의 보전과 환경오염방지를 임무로 하는 조직이다. 즉, 각종 환경오염으로부터 국토를 보전하여 보다 쾌적한 자연, 맑은 물, 깨끗한 공기 속에서 생활할 수 있도록 하는 것을 목적으로 한다. 원래 이 조직의 기원은 1967년 보건사회부 환경위생과의 '공해계'라고 할 수 있다. 이후 조직이 점점 격상되어 1980년 환경청으로 격상되고, 1990년에는 국무총리실 소속의 환경처로 설치되어 환경문제가 국내에서 심각하게 인식되기 이전에 이 문제에 대한 연구기능을 주로 담당하였다.

사실 한국은 급속한 산업화를 통한 경제성장을 추구하였기 때문에 환경문제는 오랫동안 이상ideal이었지 현실은 아니었다. 그러나 점차 환경에 의한 피해가 생기고, 국제적인 압력이 거세어지면서 정책을 집행해야 한다는 필요성이 대두되었다. 이러한 맥락에서 1994년에 환경부가 탄생하게 되었다. 환경부와 같이 배타적인 조직영토도 없으면서 참모적 행정기관이 계선적 행정기관으로 바뀐 것은 집행력의 중요성 때문이다. 즉, 집행력의 필요성 때문에 부가 탄생한 조직이다.

환경부의 임무는 자체적으로 정책을 집행해서 달성되는 것이 아니라, 여러 부처의 활동을 조정하고 협조시켜야 하는 성질을 가지고 있다. 즉, 정책의 대상은 국토(즉, 흙, 물, 공기 등 자연)인데, 이 국토를 오염시키는 활동과 관련되는 부서의 협조가 관건이다. 예컨대 환경부의 정책대상policy object은 국토교통부, 산업통상자원부와 해양수산부의 조직영토를 합한 것과 일치한다. 동일한 영토에 환경부는 환경보존이란 목적을 위하여 규제활동을 하도록 되어 있다. 특히 물의 오염을 막기 위해 환경부는 주요 하천을 중심으로 **강 유역 관리청을 두고, 지방 여러 곳에 "지방환경청"들을 가지고 있으며, 또한 몇 곳에는 출장소도 가지고 있다.

환경부가 다른 부처의 업무(조직영토)에 환경보호라는 입장에서 규제를 하는 시어머니 역할을 주로 하는 것이 사실이다. 그러나 지구온난화 등 국제적으로 환경에 대한 관심이 커지면서 점점 권력적 위상이 높아지고 있는 상승 국면에 있는 부처이다. 이러한 상승분위기에 힘업어, 고유의 조직의 조직영토를 확보하는데 성공하기도 하였다. 그것은 그동안 관할권 다툼이 많았던 '수자원 관리', 즉 물(水)이란 조직영토이다.

환경부 본청의 하부조직은 다른 곳과 마찬가지로 국·과 체제를 가지고 있는데, 다만 그의 기술적인 성격 때문에 국·과장 등 보조기관의 자리에 기술직을 많이 배치하도록 하고 있다. 그러나 공보관, 비상계획관, 감사관, 운영지원 과장, 기획조정실의 담당관들을 제외한 일반 계선 부서들의 직위에 대해서 전부 복수직렬을 둘 수 있게 해놓고 있는 것이 특색이다. 환경업무의 기술적인 성격 때문에 공업, 농림, 시설, 보건, 환경 등의 직렬에 속한 사람들이 많이 배치되어야 한다.

그런데도 환경부 직제는 환경부 고유 업무를 관장하는 모든 과장들과 모든 국장들에게 행정직렬의 이사관, 부이사관, 서기관 등을 둘 수 있게 하여 놓고 있다. 좋게 해석하면 융통성을 주기 위한 것이라고 할 수 있으나, 융통성은 동시에 권한의 남용도 의미한다. 즉, 융통성을 위해 모든 국장들과 과장들에게까지 복수직위가 필요했는가에 대해서 매우 많은 의심을 갖게 한다.

한편, 환경부와 업무상 관련을 맺게 되어 있는 부들과 관련 업무들을 살펴보면 다음과 같다.

(1) 산업통상자원부: 원자력발전소건설, 유해화학물질의 생산, 산업폐기물, 폐합성수지, 악취발생물질, 대기오염, 공장폐수배출시설, 각종연료 자동차 기타공장과 관련된 환경오염

(2) 농림축산식품부 : 자연생태계의 보존, 토양, 농작물, 농약, 과수원, 특정지역지정, 축산물 폐기
(3) 보건복지부 : 환경질환, 독극물관리, 수질, 의료폐기물
(4) 국토교통부 : 하천, 수원지, 공원사업, 산림관리, 특정지역지정, 각종 자동차규격, 항공기와 열차소음, 노후차량
(5) 기획재정부 : 환경보전 및 개량투자사업, 기금관리, 비축부담금제도, 내국세 및 관세지원
(6) 외교부 : UN환경회의, 해양협약 등 각종 국제협약
(7) 교육부 : 환경교육
(8) 행정안전부 및 지방자치단체 : 분뇨종말처리장, 오수 · 하수의 처리, 하천오염, 쓰레기수거 및 소각, 특정지역지정, 분쟁조정, 감시, 감독 등 집행업무
(9) 과학기술정보통신부 : 환경관련 R&D
(10) 해양수산부 : 해양오염

2. 목표대립과 조직 간 관계

정부 역사상 경제성장의 논리가 지배적 목표인 발전행정시기에는 환경보존이란 목표는 차선의 위치에 있었다. 그런데 환경이 중요해지면서 국토교통부와 환경부는 조직의 목표가 정면으로 대치되는 관계에 들어간다.[13] 시간적으로 보면, 전자는 설치된 지 오래된 조직으로서 기존의 법제와 방법을 수호하는 보수적 입장에 선다면, 환경부는 1994년에 설치된 비교적 젊은 조직으로서 새로운 아이디어idea를 바탕으로 신조직영토를 개척해야 하는 서로 대립되는 입장이었다.

국민들이 삶의 질에 대한 관심이 커지면서 환경부의 업무는 사안에 따라서는 다른 기관들도 연관된다. 즉, 공식적으로 서로 관련을 맺게 되는 사안들은 위에 나열한 것 같은 것들이지만, 부처 간 관계에서 환경부가 처하는 일반적인 환경을 보면 매우 넓은 것을 알 수 있다. 무엇보다도 오염원을 발생시키는 업체들을 지원해야 하는 부들과의 관계에서는 이들로부터의 협조를 얻기가 어려울 것이다. 즉, 조직의 목표 면에서 상충하는 부처가 많다는 것이다.

13) 김창수(2007), 개발과 보전을 둘러싼 정책갈등과 정책조정: 건설교통부와 환경부의 관계를 중심으로, 「행정논총」, 제45권 3호, pp. 285-317.

예를 들면 국토교통부는 도로나 도시를 건설하여 국민들의 삶을 편리하게 하는 것을 목표로 한다. '건설'에는 자연파괴가 동반될 수밖에 없다. 육상, 해상, 공중의 교통체계도 개선하면 자연히 오염을 부산물로 더 산출하게 된다.

산업통상자원부는 민간업체들을 독려하거나 지원하여 더 좋은 상품을 더 싸게 생산해야 하는 입장에 있다. 오염방지 처리와 같은 생산원가의 상승요인이 되는 조치를 강요할 입장이 되지 못한다고 할 수 있다.

토양오염의 주범 중의 하나인 축산폐기물의 억제도 농축산인들의 소득증대를 위해 총력을 기울이는 농림부가 강요할 사항이 아닐 수 있다.

국민의료수준을 우선적으로 향상시켜야 하는 보건복지부에서 의료폐기물를 고가로 처리하는 것에 정책우선순위를 두기는 쉽지 않다. 그리고 이들 전체 부처의 뒤에는 일정한 경제성장률이나 수출실적을 달성하고자 총지휘하는 기획재정부가 있다.

산림이 많은 우리나라에서 주로 산지에 위치해 있는 국립공원지역은 환경부 이외에도 산림청, 국토교통부, 문화체육관광부 등도 깊이 관련된다. 이에 따라 조직개편 시마다 서로 자신의 조직목표의 우월성을 주장하는 조직영토 싸움이 벌어지고 있으며, 국립공원관리소 조직의 소관 부처가 정권에 따라 바뀌는 것은 이 때문이다.

어떻게 보면, 이들 모든 부처와 환경부는 정책목표 면에서 대치관계에 있다고 할 수 있다. 거꾸로 관련 부처의 입장에서는 환경업무를 자기의 고유영역에 대한 간섭이나 침해와 같이 인식할 수 있다. 이들 모든 부처 간 목표를 단순 종합한다면 정부전체 차원에서는 목표가 애매모호해진다.

중앙정부 차원에서 목표 대립을 극복해야 하는 환경부의 또다른 어려운 점은 현장에서 정책을 어떻게 잘 집행하는가의 문제이다. 국민이나 기업의 일상생활에 가장 밀접하게 집행하는 조직은 지방행정조직이다. 그런데 지방자치단체들은 자치제도의 실시와 더불어 과거보다 더욱 자체재원의 확보를 위하여 노력하게 되고, 이것은 기업체들의 유치와 적극적인 개발을 하려는 자세를 가지게 하였다. 따라서 오염 발생자들을 억제하는 일에 소극적인 자세를 취하기 쉽다. 자치단체들을 지원하는 지방행정 담당부의 입장도 유사하다고 생각된다. 농림축산식품부의 경우에

축산업자나 농약제조업자와의 관계, 식약처의 경우에 식품회사나 제약회사들과의 관계 등도 유사한 입장이라고 할 수 있다.

그렇다고 환경부에 다른 기관에 대하여 법적으로 강력한 지휘권이 주어진 것도 아니다. 정부 안의 권력구조상에서 차지하고 있는 지위도 그다지 높지 않기 때문에 부처들 사이의 조정을 하기가 어렵다. 다른 부에 비해 큰 예산을 가진 것도 아니다. 대통령이 특별히 이 분야에 관심을 가지고 직접 챙기는 것이 중요한 수단이지만, 이것을 매번 할 수 있는 것도 아니다.[14)]

결국 환경부가 관여하는 정책들은 이상적으로 좋지만 현실적으로는 어려운 정책들이다. 물론 문제를 보는 시간적 관점을 달리하면 양자의 결합은 가능하다. 즉, 단기적 시각에서 본 비용(환경보호비용)이 장기적 관점에서는 이익이 된다는 점이다. 그러나 매년 경제성장률, 고용률 등을 최고의 정책우선순위로 추진하고 있는 우리나라에서는 양자 간 실질적 조화점을 찾는 것이 쉽지 않다.

이상에 의하여 알 수 있는 것은 환경부의 업무에 자발적으로 협조해 줄 만한 부가 주위에 존재하지 않는다는 것이다. 각 부처가 친환경정책으로 포장하여 추진하는 정책도 환경부의 입장에서 보면 바람직하지 않은 것으로 판단되는 것이 있을 수 있다. 이런 상황에서 환경부가 일을 추진하는 방법은 광범위한 연합세력의 집단을 형성하여 이들의 지지와 후원을 받는 일이다. 즉 환경문제에 관심을 가지고 있는 시민단체들, 피해를 입고 있는 사람들의 집단들, 여론기관들, 국제단체들의 지원을 동원하여야 한다. 환경오염에 대한 관심이 언론을 통하여 제고되고 있으므로, 언론과의 관계도 매우 중요하다. 같은 맥락에서 학계와의 돈독한 관계를 맺는 것도 중요하다.[15)]

환경부의 입장에서는 정부조직 내보다는 밖에서 지지세력을 확보하는 전략이 더 유효하다. 지구온난화라는 전 지구적 관심사로 인해 국제환경이 유리하고, 이에 따라 정치인들도 적어도 말로는 관심을 표하고 있다는 것은 긍정적이다. 그

14) 다만 이명박 대통령은 '녹색성장'을 중요한 정책방향으로 내세웠었다. 앞서 지적한 대로 환경보호와 경제성장과는 모순관계에 있는 것이 사실이다. 그런데도 불구하고 이 양자를 결합시킨 정책을 펴겠다는 것이었다.

15) 과거와는 달리, 탄소세 도입이나 가습기 사건(옥시) 등 환경문제가 사회의 중요한 이슈가 되고 있다.

러므로 표의 행방을 주시하고 있는 정치인들의 도움도 청하여야 한다. 행정부 안에서는 위에 열거되지 않은 부처들이 연합전선을 위한 동조세력이 될 수 있다. 이해관계에 반하는 경우보다 그것에 중립적인 조직이 더 가까워질 수 있기 때문이다. 또한 위에 열거된 부처들도 그중에는 자기 부에 관계된 대상국민들이 달라지면 부의 입장도 달라지는 관계에 있는 것들도 있다. 요컨대 이해관계의 정확한 파악에 의하여 주변의 힘을 모아서 이들의 지원 하에 일을 추진하는 것이 좋을 것이다.

Ⅱ. 과학기술 담당부와 다른 부와의 관계

1. 조직변천 과정

1967년 과학기술처로 시작하여, 1998년 과학기술부로 승격된 이후 국가의 과학기술분야를 담당하는 곳이다. 과거의 과학기술처는 "과학기술진흥을 위한 종합적 기본정책의 수립, 기획의 종합·조정, 기술협력·원자력과 기타 과학기술 진흥에 관한 사무"를 관장하는 곳이었다. 과학기술처는 그 업무의 성격이 여러 부처에 관련되며, 여러 부처들 사이의 조정을 필요로 하므로 이를 처로 하여 국무총리 소속으로 두고 있었다. 이는 우리 정부가 각 부처에 관련된 조정업무를 국무총리에게 맡기는 참모조직의 원리에 따른 것이었다.[16)]

과학기술처가 처음에 생긴 1967년 당시에 모체 역할을 한 곳은 국제협력업무였는데, 이것은 1950년대부터 있었던 미국과 국제기관들이 주는 기술 원조를 받는 업무였었다. 여기에 기존의 원자력청을 합쳤던 것이다. 원자력청이라는 것도 1959년부터 있어온 조직인데, 당시의 우리나라의 발전도에 비추어 이것은 상징적인 의미가 강한 기관이었다. 즉 국제협력업무나 원자력청의 업무는 주로 행정 위주의 운영을 해 왔던 것이다.

1998년 부로 승격한 이후 과학기술부는 국가의 연구개발R&D이 경제발전에

16) 과학기술처의 하부조직을 보아도 다른 부처들과는 다른 특색을 가지고 있다. 보통의 행정조직들은 국·과 체제로 하는 것이 일반적이다. 그런데 과학기술처는 실과 담당관제도를 많이 택하고 있었다.

가장 중요한 요소로 인식되면서 그 역할이 증대된다. 예산도 증가하고, 조직과 기능도 증가한다. 2004년 10월에는 과학기술부 장관이 부총리로 승격되어, 전 부처의 연구개발을 총괄하는 기능까지 부여받았다. 이제는 이러한 특성을 기구상으로도 충분히 반영하고 있는 것으로 보인다.

2008년 이명박 정부가 출범하면서 대부처주의에 따라 교육부와 통합되어 교육부가 되기는 했지만, 그 기능이 축소되지는 않았다.[17] 왜냐하면 한국이 선진국으로 진입하면서 이제 독자적인 과학기술의 개발이 매우 중요하다는 인식이 확산되고 있기 때문이다. 박근혜 정부와 문재인 정부에서는 다시 교육부를 분리하였고, 정보통신기능을 통합한 조직형태로 갖추게 되었다.

2. R&D 분야의 정책기능

과학기술 담당부의 중요한 일은 한편으로는 국가적으로 중요한 과학기술분야 연구research를 진흥시키고, 다른 한편으로는 이들은 공산품으로 연결될 기술개발을 진작시키는 것이다. 연구개발의 방향을 설정하면, 지원하는 방법은 각종 제도의 개선과 더불어 연구비를 지원하는 것이다. 따라서 과학기술 담당부와 의존관계에 있는 집단은 과학기술 연구자들, 특히 대학 및 연구소들이다.[18] 그리고 연구비의 지원은 보통 거액의 연구비가 요구되는 경우가 많기 때문에 상술한 관련 집단과는 매우 밀접한 상호의존관계에 있다. 연구비를 연구자에게 배분하는 일을 하는 집행기관으로 한국연구재단이 있다.

순수 과학기술은 궁극적으로는 공업제품으로 상품화되어야 비로소 인류사회가 혜택을 보게 된다. 이렇게 생산품으로 연결시키는 것을 개발development이라고 한다. 공업제품이나 에너지를 위시한 각종 자원과 정보통신기기의 개발이나 이용은 산업 담당부의 소관이다. 유전공학이나 1차 산업분야의 신기술은 농림축산식품부 담당이고, 의학이나 약품은 보건복지부가 관장하게 되어 있다. 기초연구나 과학기술의 교육은 교육부의 관장이다. 토목, 주택, 건축의 신기술개발은 국토교

17) 여기서는 과학기술 조직에 관한 사항만 다룬다. 교육부 부분은 다음 제6절을 참조할 것.
18) 이공계 석·박사 등의 인재양성기능까지 포함하면 교육부와 가장 밀접한 관계에 있다. 이 때문에 이명박 정부에서 양 부가 통합된 바 있다.

통부가 맡고 있다. 고속전철이나 항공 산업도 마찬가지이다. 인공위성이나 방송은 방송통신위원회가 자기들의 것이라 주장한다. 무기분야의 신기술은 국방부의 관장으로 되어 있다.

과학기술 담당부가 어떤 분야를 하려고 하여도 대개의 경우 다른 부의 소관을 건드리게 된다. 오늘날의 과학기술은 여러 개의 분야에서 협력하여 성과를 내게 되어 있다. 이에 따라 다양한 부처가 조직영토로 삼고 있는 분야 간 협력이 요구되기 때문에 부처 간의 이기주의 또는 권한다툼이 치열하다. 결국 여기서 과학기술 담당부가 해야 하는 중요한 기능은 각 부처의 관련 정책을 조정하는 것이다. 앞서 설명한 환경부와 다른 것은 환경부는 다른 부의 정책목표와 반대로 가는 것이 많다면, 과학기술 담당부는 다른 부와 같은 방향으로 가는 경우가 많다. 그리고 정책목표의 방향과 사용하는 행정수단이 같아지면서 다른 부처와의 갈등상황이 발생한다. 다른 부처의 업무도 과거에는 규제 위주였다가 최근에 올수록 보조금 지급 등 금전적 인센티브 방법이 더 강조되고 있다. 이 점에서 과학기술 담당부의 행정수단과 유사해지고, 과학기술 담당부가 특정 정책을 더욱 강조하거나 인접 부처와 교통정리를 해주려고 하면, 반발이 거세진다. 다른 부처의 행정수단이 금전적 인센티브로 전환하면 할수록 과학기술정보통신부의 특정분야 간여가 다른 부처의 저항을 유발한다.

따라서 과학기술 담당부에서는 자기 혼자서 할 수 있는 일, 즉 조직 고유의 영토를 찾아보려고 하고 있다. 그것은 장기적인 전망 하에서 추진하는 과학기술사업, 사기업이 자금동원력의 한계 때문에 도저히 할 수 없는 국가적 사업, 그리고 이윤과 연결이 되지 않는 사업, 국가 차원의 정보화사업, 또는 기초연구사업 등을 국가사업으로 결정하는 것 등이다. 원자력, 생명공학, 고속전철, 우주산업 등이 그 예이다. 그리고 그것들의 집행과정에 대하여 관계부처와 관계민간부문들을 조정하는 일을 해야 한다.

이처럼 고유의 영역을 만들어내기 위해서는 그 분야에 관한 한 과학기술 담당부 직원이 전문지식의 집단으로 인정을 받든가 그런 집단들과 연합하여야 한다. 그리고 무엇보다도 대통령을 자기편으로 가지고 있어야 한다. 그러기 위해서는 헌법에 근거한 과학기술자문회의를 활성화하고, 청와대비서실에 과학기술담당

수석비서관이나 특별보좌관을 두려고 한다.

하지만 과학기술 담당부가 다른 부와 마찬가지로 '부'의 조직을 갖는 것은 바람직하지 못하다고 생각한다. '처'와 같은 작은 조직으로 하고, 동시에 매우 융통성이 있는 조직으로 만들어야 한다. 내부조직도 과학기술과 정보통신의 주요 분야별로 하는 것이 좋을 것이다. 즉, 관리위주의 실, 국, 과, 담당관과 같은 하부조직 유형과 일반 행정직 위주의 보임은 잘못된 것이다. 과학기술 담당부 자체가 연구소 조직같이 될 필요는 없으나, 관련 분야의 동향을 파악하고 국가적으로 추진할 거대 방향을 잡을 정도의 학습브레인 조직이어야 한다.

따라서 과학기술 담당부는 무엇보다도 일반행정기관과 똑같이 만들어 경쟁하려는 의식구조에서 벗어나야 한다. 일반행정직으로 채워진 거대한 관료조직이 스스로 향후 첨단과학기술의 발전을 예측하고 정책방향을 잡아나가는 것은 쉽지 않다. 전문성이 부족하기 때문에 일부 정치화된 연구자들에게 포획당할 가능성도 높다.[19] 일단 과학기술 담당부에 근무하는 관료들은 과학자, 즉 기술직이 많아야 하고, 그들 중에도 매우 학구적인 성향을 가진 엘리트들이어야 한다.

그럼에도 불구하고 관료의 전문성에는 한계가 있으므로 외부 전문 인력을 균형있고 적절하게 활용하여 정책결정을 해야 한다. 예컨대 직원들의 전문성 부족을 보완하기 위해 과학기술인을 주요 보직에 시간제로 두어, 연구하는 본직과 겸임시키는 방법이 있다. 인력활동이 왕성한 연구자들은 이런 행정적 일을 하기에는 시간이 없을 것이기 때문이다. 아니면 정년퇴임한 연구인력을 활용하는 방안도 있다. 연구지원의 방향을 결정하기 위해서는 관련 연구 분야의 세계적인 최근 동향을 잘 파악하고 그 잠재적 의미를 파악할 줄 아는 직원이 필요하다. 그래야만 연구 사업이 제대로 성과를 거둘 수 있다. 다음으로는 행정수단 또는 집행수단을 독자적으로 가지고자 하는 노력이 필요 없다는 것을 알아야 한다. 이 기관이 다른 집행조직과 경쟁하여 행정집행조직이 될 필요는 없기 때문이다.

---

19) 2005년 연구진실성이 문제시되는 연구에 대해서 국가석학으로 지정하여 경호제공은 물론이고, 거액의 예산지원을 한 사건이 그 예이다. 이 황우석 사건을 계기로 장관이 사임하고 연구지원이 중단되었다.

3. 전자정부 기능

과학기술분야의 정책은 하나의 분야나 "프로젝트"가 두 개 이상의 부에 관련되기 때문에 이들 사이에 갈등이 벌어지는 때가 많다. 과학기술 담당부는 이런 경우에 그 사이의 조정을 해주어야 하는데 이를 충분히 할 수 있는 힘이 없다는 것이 한계이다.

예를 들면 과거 IT 산업을 육성하는 것이 국가적으로 대단히 중요했는데, 이 분야에 관해서는 산업 담당부, 방송통신위원회도 자기의 것이라고 주장하여 심한 갈등을 겪은 바 있다. 특히 이 이면에는 기금을 누가 사용하느냐라는 문제도 얽혀 있다.

정부 내 ICT 기술의 적용 문제와 규제에 관해서도 마찬가지이다.[20] 이 중에서 전자정부를 누가 담당해야 하는 문제는 항상 논란이 되어 왔다. 한편으로는 이 분야 기술 전문성을 기준으로 볼 때, 공무원들의 전문성이 활용되도록 전문부서가 다뤄야 한다는 기술전문주의(과학기술정보통신부, 구 정통부)와 다른 한편으로는 전 정부적 차원에서 다른 행정기관에 강력하게 추진할 조직적 힘이 있는 부에서 다뤄야 한다는 집행우선주의(행정안전부)가 대립한 것이다.

이러한 대립은 정부통합전산센터구축, ITA, 전자정부평가, 전자정부진흥원 설립, 정보자원관리, 행정전자서명, 전자정부 국제협력, 표준·감리, 전자정부통신망, U-시티 등 전자정부 핵심사안마다 나타났다[21]. 행안부는 정부 내 분권화, 전문화, 세계화 등의 추세로 인하여 과거의 권력을 점점 잃어가는 추세에 있는 조직이므로, 전자정부기능을 고수하는 전략을 사용하고 있다. 결과적으로 전자정부 문제는 범정부적 차원에서 협조를 해야 하는 업무로 인식되고, 이 정책의 추진과정에서 많은 장애물을 만나게 된다.[22] 부처간 조정의 어려움에도 불구하고 대체적으로 행안부의 '실' 혹은 '국' 수준의 조직을 유지하고 있다. 과거 정부에서

20) 이 문제는 방송통신위원회에서 다뤘다.

21) 유홍림·윤상오(2006), 전자정부 추진과정에서 부처 간 갈등 분석: 행자부와 정통부 간 갈등을 중심으로, 「한국정책과학학회보」, 제10권 4호, pp. 397-420.

22) 김석주(2009), 전자정부 추진과정에서 부처 간 협력방안 연구, 「한국지역혁신논집」, 제4권 3호, pp. 41-56.

는 이에 더하여 국무총리 소속 정부3.0추진위원회를 설치하는 조직방법을 사용하기도 하였다.

Ⅲ. 통일부와 다른 부와의 관계

북한을 통일하는 것은 대한민국만의 독특하면서도 중차대한 과제이다. 상술한 지역구분이란 기준에서 볼 때 외교부(외국)와 내무부(구체적으로 남한지역)가 구분된다면, 통일 담당부는 주로 북한지역을 중심으로 우리 정부가 해야 할 일을 총괄하는 입장에 있다.

1969년 국토통일원이 국무총리 소속으로 설치될 때만 해도 통일이 요원해 보여서 이 조직은 통일에 관한 연구기관적 성격이 강했다. 그런데 소련과 동유럽 붕괴 등의 여파로 국제환경이 급속히 변하면서 통일이 현실적인 문제로 부각됨에 따라 1990년 12월 통일원으로 개칭하면서 장관을 부총리급으로 승격시켰다. 이후 김대중 정부가 소위 햇볕정책을 추진하면서 통일부로 확대개편하였고, 노무현 정부에서는 다시 장관을 부총리급으로 격상시켰다.

이명박 정부에서는 당초 대통령직 인수위원회의 조직개편안에 통일부가 외교부로 통합되는 안이 제시되었으나, 국회에서 정부조직법을 개정하는 과정에서 살아남았다. 그리고 정부조직에서 부총리 제도를 없애면서 장관이 되었다. 박근혜 정부이후에도 통일부의 조직은 그대로 유지되고 있다.

통일부는 통일 및 남북대화 · 교류 · 협력 · 인도지원에 관한 정책의 수립, 북한정세 분석, 통일교육 · 홍보, 그 밖에 통일에 관한 사무를 관장한다. 구체적인 통일부의 주요 업무는 다음과 같다.

- 대북정책을 총괄 · 조정하고 중장기 통일정책을 수립
- 남북장관급회담을 중심으로 경제 · 군사 · 인도적 지원 등 다양한 분야의 남북회담을 총괄
- 남북교류를 총괄. 즉 금강산 관광, 개성공단사업, 남북철도연결 등 남북간 경제교류협력을 추진하고 민간차원의 경제협력사업을 지원
- 체육, 문화, 학술 등 사회문화분야 교류협력사업을 적극 추진하고, 인도적 대북지원, 이산가족 문제, 북한이탈주민 조기정착 등 남북간 인도적 문제

해결을 지원
- 북한의 정치군사, 사회문화, 경제과학 분야 등에 관한 정보를 분석하여 통일정책 수립·추진의 기초자료로 활용
- 전 국민을 대상으로 통일정책 및 북한실상에 대해 체계적으로 교육을 실시하고, 이를 위해 다양한 형태의 교육프로그램을 운영
- 한반도 서쪽의 경의선과 동쪽의 동해선 철도·도로 연결에 따라 육로로 이동하는 인원·물자의 남북간 출입을 관리

이상에서 볼 수 있는 바와 같이 통일부는 통일관련 정책을 총괄하거나 지원한다. 과거 통일원 시절에는 연구기능이 주된 것이었다고 하면, 이제 남북교류기금을 활용하여 지원하고 특정 정책을 추진한다. 물론 한국정부의 특정정책과 관련된 사안은 모두 소관 부처와 중복된다. 그래서 통일정책조정회의라는 장관급 조정회의를 통해 조정을 해야 한다. 특히 통일부의 업무와 관련되는 부의 예를 들어보자.

(1) 기획재정부 : 대외경제정책조정, 남북교역과 관세문제
(2) 외교부 : 국제협력 및 외교정책과의 조율, 6자회담
(3) 행정안전부 : 치안 및 이북5도 도청 및 주민관계
(4) 법무부 : 출입국관리 및 반공법
(5) 국방부 : 국방전략 및 전술과의 조정
(6) 교육부 : 통일에 관한 교육
(7) 문화체육관광부 : 문화교류 및 체육교류
(8) 산업통상자원부 : 남북교역협력
(9) 국가정보원 : 남북대화, 정보제공, 탈북자 관리

이외에도 이제 거의 모든 부처가 남북교류에 연관되어 있다고 봐도 과언이 아니다. 농림축산식품부의 농업생산성 제고를 위한 협력, 산림청은 산림녹화 사업, 기상협력에 관해서 기상청, 적십자회담과 북한의 의료협력에 관해서 보건복지부 등과 관계가 성립할 수 있다.

현재는 남북 간의 접촉을 위해서 통일부를 경유하도록 독점적 권한을 부여하고 있지만, 각종 정책의 집행은 사실상 반드시 통일부가 존재하지 않아도 가능한 것들이 대부분이다. **통일부가 집행업무를 가져오면 올수록 다른 부처는 통일문제에 무관심해질 수 있다.** 따라서 기존 기능 부처에 의존하여 집행토록 하는 것이

자체적으로 집행하는 것보다 더 바람직하다. 통일의 문제는 전 정부적으로 대비해야 하기 때문이다.[23] 다만, 남북경제교류를 하는 기업이나 탈북자 등 특수한 집행적 성격의 업무는 '청'급의 조직만 가지고 있어도 충분히 수행해 나갈 수 있을 것이다.

그럼에도 불구하고 이 업무를 위해 부 정도의 조직이 있어야 하는 이유는 상징성 때문이라고 할 수 있다. 이 조직이 있다는 사실을 통해서 국내적으로는 국민들에게 통일에 대한 의지를 보여주고, 대외적으로나 대북한 관계에서 우리가 통일에 대한 관심이 많고, 우리에게도 북한의 조직과 대응하는 조직이 있다는 것을 증명하는 역할을 하는 것이다.

대체로 통일부는 통일에 관한 정책방향을 주도하지는 못한다. 청와대의 국가안보실장을 중심으로 외교부와 국방부가 커다란 그림을 그리는 데 더 큰 역할을 할 수밖에 없기 때문이다. 통일은 국가안위와 관련이 있는 문제이기 때문에 대통령 자신은 물론이고, 국가안보실 등이 대부분의 권한을 가지고 있다. 이러한 점에서 통일부는 전 정부차원에서 볼 때 2차적 행위자에 머무를 수밖에 없는 것이 현실이다.

북한에 관한 정보가 불확실성 영역에 속하는데, 북한이 폐쇄국가로 존재하는 한, 국가정보원이 통일부보다 고급정보를 더 많이 갖고 있는 상황이다. 즉, 정보면에서 의존관계에 있다. 실제 남북회담 등 각종 회의도 사실상 통일부가 혼자 하기는 벅찬 일이다. 북한에 관한 정보, 특히 비밀정보까지 합해서 가장 많은 것을 가지고 있는 곳은 국가정보원이기 때문이다. 통일부가 하는 연구는 공개 자료에 의한 것이 대부분이고, 자료 획득망도 제한되어 있다. 따라서 통일부는 정보에 관해서는 국정원에 의존하는 관계가 성립할 것이다.

통일부의 조직으로서 큰 제약점은 역설적이지만 통일이 되기 전까지만 존재하는 한시적 조직이라는 점이다. 통일이 되는 순간 현재의 업무는 거의 필요가 없어진다. 다만, 통일이후 전환기에 중요한 기능을 하게 될 수도 있다.[24] 그러나

23) 통일 직후의 정부조직에 관해서는 김병섭 · 임도빈 외(2010), 「통일한국정부론」, 나남 참조.
24) Tobin IM(2000), The Reorganization of Government Structures to Facilitate the Process of Reunification, *The Korean Journal of Policy Studies*, No.23, vol.2.

그 패러다임이나 방법론이 완전히 달라져야 하기 때문에 통일부의 현 조직과 인력을 그대로 전환해서 사용하기는 어려울 것이다. 따라서 한시적 조직으로서 통일부의 조직은 작을수록, 그리고 융통성이 있을수록 좋다.

제5절 권력 부(部)와 다른 부와의 관계

여기서 다루려고 하는 두 부처는 특정직이 지배적이면서, 동시에 정부 내 권력이 큰 부이다. 또한 이들은 권력 중에서 물리적 강제력을 행사할 수 있는 입장에 있는 부이다. 따라서 이를 '권력 부'라고 칭하기로 한다.

Ⅰ. 법무부와 다른 부와의 관계

1. 조직의 특수성

1948년 출범당시 법무부는 국가형벌권 행사와 범죄인 교정이라는 소극적 임무를 하였다. 즉, 모든 국민을 정책대상으로 하는 내무 담당부에 비해서 법무부는 범죄와 연루된 것으로 추정되는 사람만을 대상하는 조직이었다.

그러나 법무부는 60년 동안 부처명을 한 번도 바꾸지 않은 '계속성'이란 측면에서 확고부동한 조직이다. 현재에는 대한민국이란 국가의 정통성을 지키는 좀 더 적극적 의미로 법질서 유지를 임무로 하고 있다. 구체적으로는 검찰, 보호처분 및 보안관찰처분의 관리와 집행, 행형, 소년의 보호와 보호관찰, 갱생보호, 국가보안사범의 보도, 사면, 인권옹호, 공증, 송무, 국적의 이탈과 회복, 귀화, 법무에 관한 자료조사, 대통령, 국무총리와 행정 각 부처의 법령에 관한 자문과 민사·상사·형사·행정소송 및 국가배상관계법령의 해석에 관한 사항, 출입국관리사무 기타 일반법무행정에 관한 사무를 한다.

법무부의 하부조직의 특징은 국·과장자리에 행정직이 갈 수 있는 자리는 거의 없다는 점이다. 대부분 검사들이 차지하고 있고, 출입국관리국만 공안직군인 출입국관리 이사관, 출입국관리 부이사관, 출입국관리 서기관 등으로 보하게 되어 있다. 또한 기획조정실의 담당관들과 심지어 운영지원과장도 검찰서기관 또는 교정감으로 보할 수 있게 하여 놓고 있다. 그러니까 법무부에는 행정직이 발을 붙일 수 있는 자리가 적다. 행정이나 관리가 전문지식이라는 면에서 보면 법무부에는 그것이 들어갈 여지가 적기 때문에 행정의 생산성이나 능률성의 향상을 위한 주장을 할 수 있는 부서가 없다.

그리고 법무부는 검사나 법률가 위주로 구성되어 있다. 따라서 조직구성원의 사고방식도 행정합리성보다는 법적 합리성이 지배적인 조직이다. 대규모 조직인 검찰청이 중심이 되고, 본부조직이 이를 뒷받침해 주는 것과 같은 인상을 주는 조직이다. 본청 조직 속에서는 기획조정실, 법무실, 검찰국, 범죄예방 정책국이 최상위의 권위를 누리고 있고, 그 밑으로 교정본부가, 그리고 최하위에 출입국관리, 외국인 정책국이 놓여 있는 구조라고 할 수 있다.

법무부 조직이 가지고 있는 문제점은 특정직(검찰직)의 과도한 지배현상이다. 검찰은 단순한 분류체제가 아니고 그 대우 면에서 행정직보다 우월할 뿐만 아니라, 전관예우, 기수 존중 등 특수한 문화가 지배하는 조직이기 때문이다.[25] 또한 차관급인 고검장급 자리가 50여 개나 되는 등 상위직 인플레도 심한 조직이다.[26] **법무부 조직의 합리성 증대는 부 내 검찰 영향력에 반비례한다.**

2. 상호작용 대상 부처

법무부는 정부의 모든 부처들에게 변호사와 같은 관계가 성립한다. 즉 법무부는 대통령, 국무총리와 행정 각 부처의 법령에 관한 자문과 민사 · 상사 · 형사(다른 법령의 벌칙조항 포함) · 행정소송 및 국가배상 법령의 해석을 하게 되어 있다. 뿐만 아니라 직접 국가를 당사자로 하는 소송의 지휘 · 감독을 하고 행정소송의

25) 운영지원(총무)과는 많은 부처들에서는 과장 가운데 가장 높은 위치에 있고 때로는 국장과 과장의 사이 정도의 자리라는 것을 앞에서 말했지만, 법무부의 이 자리는 그의 권위 면에서 다른 과장들보다 하위에 있는 것으로 생각된다.

26) 검찰청은 다른 행정기관에 비해서 큰 조직권력을 누린다. 따라서 조직의 축소나 폐지는 매우 어렵다. 2012년 대검 중수부의 폐지는 검찰 내부의 내분과 대선이라는 정치적 흐름이 우연히 만나서 이뤄진 예외적인 것이다(권석천 · 장현주(2015), Kingdon의 다중흐름모형을 통해서 본 검찰개혁과정 - 대검찰청 중앙수사부 폐지과정을 중심으로, 「한국정책학회보」, 제24권 2호, pp. 335-362). 검찰청 조직에 관해서는 제7장 청을 참조.

수행을 지휘·감독한다. 또한 국가를 제3채무자로 하는 사건과 비송사건의 지휘·감독도 한다. 그리고 조약 등 국제협약의 국내적 시행에 관련된 법률문제의 검토에 관한 사항도 관장하고 있다.

다만 이상에 관하여 법제처의 기능과 어떤 관계가 있는가가 의문이 된다. 법제처도 각 원·부·처의 요청에 의한 법령해석을 해 주게 되어 있다. 그러나 민사·상사·형사·행정소송 및 국가비상관계법령과 다른 법령의 벌칙조항의 해석은 법제처에서는 하지 않게 된다. 즉, 행정법령의 일반적인 해석은 법제처에서 하지만, 벌칙이 관련된 경우 그리고 행정소송이 관련된 경우만 법무부 소관이 된다.

법무부와 특별히 관계가 많이 생기는 일은 경찰업무인데, 이에 따라 행정안전부와 밀접한 관계에 있다. 일반 형사사건뿐만 아니라 공안사건에 대해서도 그렇다. 특히 범죄수사과정에서 검사의 지휘를 받아야만 하는가 또는 경찰이 수사상 독립적으로 행동할 수 있는가는 오랫동안 계속되어 온 쟁점에 속한다. 검찰과 경찰의 정치적 무게가 비슷했었다는 것도 이 문제를 어느 방향으로 결정짓지 못하고 있었던 이유 중의 하나이다. 즉, 수사권독립과 기소권 독점의 문제가 논란이 되고 있다. 이를 바탕으로 검찰은 권한-책임 일치의 원칙에 벗어나 특혜를 누리고 있는 것이다.

범죄혐의자에 대한 수사와 기소 면에서는 경찰→검찰로 순차적 의존관계 sequential interdependence가 있다.[27] 그런데 검찰이 구속영장을 청구해도 법원의 결정이 필요하고, 기소를 하여 재판을 받더라도 형의 최종결정은 법원에 달려 있다. 즉, 경찰→검찰→법원으로 공장의 일관생산체제Assembly line와 같은 관계가 생긴다. 그러나 이 관계에서는 선행자가 후행자의 결정을 구속할 수 없다는 제약이 있다는 점에서 다르다. 최근 사법경찰권이 일반 행정기관에도 확대되고 있는데, 환경경찰, 공정거래위원회, 금융위원회 등의 경제경찰 등이 그 예이다. 상술한 순차적 논리관계는 여기에 모두 동일하게 적용된다.

또한 검찰의 공안 업무는 그동안 국가정보원의 업무와도 밀접히 관련되어 있었다. 이것은 검찰의 정치적 중립성 문제와도 연관되어 있다. 국가정보원은 특히

---

27) James D. Thompson(1967), *Organizations in Action*, N.Y.: McGraw-Hill, pp. 83-98 참조.

기소단계 이후에는 표면에 나서지 않기 때문에 소송수행의 책임을 법무부가 지게 된다. 결국 실제로 결정권을 행사하는 곳은 국정원이었기 때문에 많은 경우 검찰이 책임을 지고, 권한은 국가정보원이 행사했었던 것이 현실이었다. 그러나 국정원은 기소권이 없기 때문에 법무부에 의존할 수밖에 없다. 그래서 법무부와 국정원 사이에는 일종의 협력, 협조 관계가 만들어지기도 하였다. **법무부와 국정원 사이의 밀월관계는 정치의 민주화수준에 반비례한다.**

외국인의 출입국과 체재관리에 관해서는 외교부와 관계가 있으며, 마약단속업무로 인해 보건복지부와도 관계가 있다. 국내에 거주하는 외국인이 많아지고, 그에 따라 외국인의 범죄도 증가하고 있다. 다문화국가로 변화하면서 이민자와 영주권자를 대상으로 하는 여러 가지 문제들도 최근 많이 대두되고 있다. 한국국적취득 신청자에 대한 심사와 이들의 동화과정이 일관적으로 이뤄져야 한다는 점에서 여성가족부, 교육부, 행정안전부, 고용노동부 등과도 관계가 있다.

특히 외국인의 유입은 늘어가고, 이들이 한국사회에 미칠 영향에 대해서 정부차원에서 공통된 목표가 설정되지 않은 것이 문제이다. 이러한 새로운 문제에 대해서는 후술하는 바와같이 '위원회'를 통하여 대안을 찾는 경향이 있다. 그런데 동일한 정책대상에 대하여 여러 개의 부처가 각기 다른 정책목표를 추구하여 갈등을 초래할 뿐만 아니라, 정책경쟁이 일어나고 있다. 이를 표로 정리하면 다음과 같다.

〈표 11-2〉 **외국인 부처의 정책목표**

부처	관심 분야	정책목표	법적 근거	위원회
기재부	중장기 이민정책	외국인 유입은 경제정책 틀에서 관리	법적으로 추진할 권한 無	-
행안부	외국인 체류환경 외국인 사회통합	외국인도 일반 주민으로 관리	법적으로 추진할 권한 無	-
고용부	외국인근로자 등 단순노무 정책	단순노무 외국인력의 원활한 수급	단순노무인력 법적 총괄 권한(외국인고용 등에 관한 법률)	외국인력 정책위원회

여가부	결혼이민자 및 그 자녀의 사회 통합	다문화가족의 안정적인 가족생활(외국인 전체를 다문화가족으로 포섭 희망)	결혼이민자 및 그 가족에 대한 지원 권한 보유(다문화가족지원법)	다문화가족 정책위원회
법무부	모든 외국인의 이민 전 과정	국경관리와 외국인 체류, 국적, 사회통합을 통한 대한민국의 발전	사증, 국적·영주, 단속조사, 사회통합프로그램 제공 등(출입국관리법, 국적법, 난민법, 재외동포법)	외국인 정책위원회

자료: 차용호(2019), "외국인정책은 과연 쉬운 정부정책인가", 제940회 「정책&지식」 포럼, 자료. p. 7.

교정시설의 재소자의 건강과 의료문제에 대해서는 보건복지부와 관계가 있다. 재소자의 경우 의식주를 국가가 모두 책임지기 때문에 모든 부처에 관련된다. 즉, 교정시설은 사회와 단절된 또 하나의 조그만 사회이기 때문에 모든 부처의 기능이 관련될 수밖에 없다. 예컨대 재소자의 교육문제는 교육부와 관련된다. 재소자의 인권문제에 대해서는 국가인권위원회도 관련이 된다. 그러나 실제로는 이들 양 부처 간에 밀접한 협조와 교류가 있는 것이 아니고, 문제가 발생할 때만 상호작용이 이뤄진다.

탈북자의 국적취득 등에 관해서는 통일부와 관계가 있다. 여기에는 비밀정보를 가장 많이 갖고 있는 국정원과도 협조가 필요하다. 그리고 소년범죄와 보호, 감찰 등에 관하여 청소년문제에 관계가 있는 많은 부처들이 이론상으로는 관련되어 있다고 볼 수 있으나, 실제로는 이 문제도 경찰과의 관계가 가장 밀접하다고 할 수 있다.

마지막으로 강조해야 할 것은 법무부의 권력은 검찰의 기소독점권에 있다는 점이다. 즉 구체적으로는 마약사범단속, 지적재산권보호, 민생침해사범단속, 부정부패사범단속과 같은 단속활동에서 권력이 발현된다. 특히 주요 권력 있는 인사들은 자신이나 친인척이 범죄에 연루될 경우가 생기든지, 혹은 그럴 경우를 대비하든지, 여러 가지 이유에서 검찰과 개인적 네트워크를 형성하려고 한다. 지방에서는 기관장회의에서 검사들이 거의 윗사람 대접을 받기도 한다.[28] 이러한 현상

28) 임도빈(2004), 「한국지방조직론」, 박영사.

은 관존민비와 같은 전통문화와 관련 있다. 이와 같이 권력이 강한 법무부는 필요 이상의 권력이 거품으로 생기는 것이 문제가 된다. 경찰과의 수사권조정이나 자치경찰의 필요성이 이런 맥락에서 이해될 수 있다.

Ⅱ. 국방부와 다른 부와의 관계

1. 군정과 군령기능의 구분

국방은 외국의 침입으로부터 국민을 보호하고, 국가로서 존립하기 위한 최소한의 기본기능이다. 1945년 해방이후 남한에는 미군정이 시작되었다. 10월 21일 경찰 조직이 창설되었고, 11월 13일 미군정청 산하에 국방부의 효시가 되는 조직인 국방사령부가 설치되었다. 국방부는 1946년 3월 29일 국방사령부가 국방부로 개칭된 후 70여년이 지난 오늘날까지 명칭의 변함없이 존재한 조직이다.

그러나 정부 내 조직 간 권력관계라는 측면에서 보면, 권력위상이 가장 많이 하락한 기관이다. 군사정권에서는 정부 내 국방부의 영향력은 절대적이었다. 장군들은 장관자리를 맡을 확률이 가장 높은 집단이었다. 위관급들은 전역 후 사무관이 될 수 있었는데, 이들을 '유신사무관'이라고 불렀다. 영관급 장교들은 전역 후 각 부처의 비상계획관, 민방위 등에 보임되었다. 그러나 군사정권에 대한 비판 때문에 이러한 특권들은 점점 사라져 갔다. 현역군인은 대통령과 국무총리가 될 수 없도록 헌법에 명시해 놓았다. 그럼에도 불구하고 계속되는 군인들의 정치참여 가능성을 근본적으로 차단하기 위해 김영삼 대통령은 군부 내 비공식조직인 '하나회'를 근절시키는 공을 세웠다.[29] 이제 군은 국방본연의 임무에 국한될 수밖에 없는 상황이 된 것이다.

국방부는 국방에 관련된 군정(軍政) 및 군령(軍令)과 기타 군사에 관한 사무를 관장하는 곳이다. 국방부 조직에서 첫번째로 생각해야 하는 것은 군정과 군령에 관한 것이다. 군사에 관한 것을 이렇게 두 가지로 나누는 것은 문(文)과 무(武)의 관계에 관하여 문은 군정에만 관여하고 군령에는 관여할 수 없으며, 군령은 군인

---

29) 임도빈(2008), 역대대통령 국정철학의 변화: 한국행정 60년의 회고와 과제, 「행정논총」, 제46권 1호.

만이 한다는 사고방식에 기초를 두고 있다. 이 사고방식에 의하면 군의 행정에 있어서는 문민 우위의 원칙을 지키게 되어 있다. 이런 개념은 일정시의 일본에서 온 것인데, 일본은 이것을 프러시아의 군대나 프랑스의 군대에서 가져왔을 것이다. 그러나 이 원칙을 지키려 하여도 실제에 있어서 군정과 군령이 명백히 구분되는 것인지가 의문이다.

아무튼 우리나라 국방부의 직제는 제3조 "임무"에서 이런 개념을 사용하고 있으며, 국방부는 군정과 군령에 관한 사무를 한다고 하고 있다. 이것은 첫째로 군의 작전 지휘권은 현역군인인 각 군 참모총장, 합참의장을 거쳐 민간인인 국방부장관, 대통령에게로 연결된다는 것을 의미한다. 5·16 군사 쿠데타 이후 6공의 전반까지는 대통령과 국방부장관이 그 자리에 앉기 직전까지 현역군인들이었다. 그런데 앞으로 만일 순수한 민간인이 국방부장관이 되면 그럴 경우 군령계통은 어떻게 되는지, 또한 국무총리는 언제나 이 계통에서 제외되는 것이 옳은지가 논의의 대상이 될 것이다.

또 한 가지 고려하여야 하는 것은 군정(즉, 군대의 작전을 제외한 각종 정책)을 하는 국방부는 문민 우위의 원칙에 의하여 조직되어야 한다는 것이다. 이들은 각 군 본부와 밀접한 관계가 있다. 그런데 육해군 본부는 모두 군인으로 채워져 있다. 이들의 정책전문성이 문제가 있을 가능성이 높다. 요컨대, 국방부가 군령과 군정에 관한 사무를 하는 것이 아니라, 국방부장관은 군령을, 그리고 국방부는 군정을 다룬다고 하는 것이 정확한 표현일 것이다.

현재 군령권(즉, 작전권)은 미군과 함께 있는 합참에 있다. 국방부 장관의 군령에 관한 권한행사를 돕기 위하여 다른 부에는 없는 조직이 있다. 이것이 즉 군무회의이며[30], 그 구성원은 국방부장관, 국방부차관, 합동참모의장, 각 군 참모총장, 병무청장, 국방부 기획조정실장, 국방부 주요 실·국장 등이다. 이들은 분기별로 1회 모이는 정기회의와 임시회의를 통해 의견을 조율한다.

한국군대의 작전지휘권이 미군 또는 UN군에 있는 동안은 한국군의 군령권이라는 것은 정치적 의미 말고는 큰 의미가 없다. 그렇기 때문에 현역군인들이 군

---

30) 국방부와 그 소속기관 직제에 관한 규정 제15조.

정 분야까지 직접 다루게 되었다고 볼 수도 있고, 무엇보다도 군사정권이 오랫동안 계속되었던 데 가장 큰 원인이 되었다.

2. 상호작용하는 부처

국방부와 관련이 있는 행정조직들은 다음과 같다.

우선, 국방예산의 규모가 너무나 크기 때문에, 그리고 현역군인들의 보직이 단기간에 자주 바뀌기 때문에, 일찍부터 예산실과의 관계를 잘 유지하는 데 특별한 신경을 썼다. 그래서 다른 부처럼 기획예산담당관(과장급)을 두지 않고 별도로 예산, 회계를 묶어서 국장급인 기획예산관실을 두고, 재정기획, 예산편성, 예산운영, 재정회계, 민간투자까지 각별히 신경을 쓴다. 특히 미국의 군사원조가 없어지고, 국방비의 자기부담과 방위산업의 육성 등이 함께 합해지면서 이런 관계는 더욱 중요한 의미를 갖게 되었다. 이렇게 국방부 예산이 막대함에 따라 잠재적으로 비리 의혹이 생길 가능성이 높으므로 감사원과 밀접한 관계에 있다.

다음으로 군대라는 하나의 체제system가 유지되기 위해 필요한 환경적 행위자가 많이 있다. 예컨대, 방위산업과 관련하여 실제로 산업체를 소관하고 있는 산업 담당부(현, 산업통상자원부)와의 조정이 중요하다. 그리고 외교부는 공관에 파견되는 무관과 미국과의 군사문제에 관한 각종 협정과 관련하여, ROTC나 병역문제에 관하여는 교육부와, 군의관 충원과 관련하여 보건복지부와 관계가 있다. 또한 징병이나 예비군자원의 관리와 관련하여 내무 담당부(현, 행정안전부)의 지원을 받고 있다. 그리고 군사시설과 관련하여 국토종합개발계획이나 “그린벨트”를 관장하고 있는 국토교통부와 관계를 조율하여야 한다.

국방부 조직의 목표라는 측면에서 볼 때 정치상황에 따라서는 일종의 경쟁관계에 있는 조직은 통일부이다. 이것은 노무현 정부 때 특히 부각된 문제인데, 북한을 주적(主敵)으로 보느냐의 여부이다. 국방부는 북한을 무력침공의 위협요인으로 보는 반면, 통일부는 반드시 이렇게 보지는 않는다. 그 결과 안보정책 조정회의와 같은 곳에서 의견이 달라서 조정을 할 필요가 있기도 하였다. 이 경우에는 각 계층별로 상향적 조정이 이뤄지기보다는 최고위층에서 이뤄지는 경향이 있다.

북한에 대한 정보수집이라는 측면에서는 국가정보원과 국방부가 밀접한 관계에 있다. 국방부에서는 군사안보지원사령부가 정보수집업무를 담당한다. 그러나 북한에 대한 정보력은 국정원이 대체로 국방부보다 더 우월한 위치에 있다고 할 수 있을 것이다. 따라서 남한에의 간첩침투나 검거에 대해서는 양 기관의 밀접한 협조가 필요할 것이다.

또한 체제system내부 관리에도 다른 부처와 연관이 있게 된다. 전술한 법무부의 경우, 교정시설에 수용된 사람들의 경우 외부와 단절되었지만 하나의 조그만 사회와 같다고 하였다. 이와 마찬가지로 국방부에 속해 있는 군인들은 외부와 단절되었지만 의식주 등 모든 활동이 일어나는 작은 폐쇄사회이다. 차이가 있다면 교정시설의 수용자가 법무부 행정활동의 객체라고 한다면, 군인들은 국방부 활동의 주체라는 점이다. 군대사회는 규모가 클 뿐만 아니라, 자체 사법기관을 가지고 있는 등 자족성이 더 강하다.

그럼에도 불구하고, 이들 군대 조직에 관한 한, 일반국민의 경우에 해당되는 각 부처의 기능이 간접적으로 거의 연관된다고 할 수 있다. 그러나 폐쇄체제이기 때문에 이런 측면에서 타 부처가 군 내부에서 일어나는 일을 간섭하지는 못한다. 다만 군에서 토양오염, 인권문제 등 이슈화가 되는 중요한 문제가 발생한 경우에만 관련 행정기관의 간섭이 있을 수 있다. 폐쇄체제에 대해서는 조직목표가 다른 경쟁조직의 영향력이 제한적이다.

결과적으로 살펴보면, 원칙적으로 국방부는 타 부처들에 의존하는 관계에 있는 업무가 존재함에도 불구하고, 그동안 군부가 정권을 장악하고 있었기 때문에 국방부의 상대적 지위가 높게 평가되어 실제에 있어서는 국방부가 원하는 대로 할 수밖에 없는 경우가 많았다. 하지만 최근에 이러한 부처 간 관계가 달라지고 있다. 국방부가 이런 면에서 권력상실을 경험하는 조직이기는 하지만, 이것은 권력상실이 아니라 비정상이 정상으로 시정되는 것이라고 봐야 한다.

조심해야 할 문제는 이러한 권력약화가 극단까지 가는 경우이다. 국방조직의 문민화가 곧 군인에 대한 불신 혹은 비하로까지 가서는 안 된다. 국방기능은 국가를 유지하기 위한 필수적인 요소이고, 위기 시에만 그 진가가 발휘된다는 특징이 있다. 이 점은 평화 시에는 잘 인식이 되지 않는 경향이 있다. 평화 시기일수록 이러한 점을 제대로 인지하고 있어야 할 것이다.

제6절 사회문화 관련 부와 다른 부(部)의 관계

Ⅰ. 교육부와 다른 부와의 관계

교육부는 1948년 11월 '문교부'라는 이름으로 시작되었으며, 1990년 12월 '교육부'로 명칭이 바뀐 다음, 2001년 1월에 '교육인적자원부(부총리급으로 승격)'가 되었고, 2008년에는 과학기술부와 통합하여 교육과학기술부가 되기도 하였다. 당초 문교부는 문화예술, 교육, 체육에 관한 업무를 포괄적으로 담당하였으나, 1968년 문화예술업무를 문화공보부로 이관하고, 1982년 체육업무를 체육부로 이관하여 교육업무만 담당하게 되었다. 그리고 이후 교육인적자원부가 되면서, 단순히 교육에서 벗어나 한층 높은 차원인 인적자원human capital이란 측면에서 업무를 수행하게 되었다. 최근 정부에서도 장관은 부총리로서 관련 분야를 총괄하는 위치에 있다. 따라서, 학령기 국민집단을 대상으로 하는 이들 관련부처와 밀접한 관련을 가질 수밖에 없다.

여기서 다룰 교육 담당부는 인적자원 개발정책, 학교교육, 평생교육 및 학술에 관한 사무를 관장하고 있는 곳이다. 따라서 이 네 가지 요소를 중심으로 각각 실·국조직이 구성된다. 다른 기관과 마찬가지로 교육부는 단일의 체제system를 유지하는 조직이다. 교육부는 교육행정직, 시설직, 교육공무원과 일반 행정직들로 구성되어 있다. 그리고 지방에 소재한 교육청과 학교가 있기 때문에 본청과 지방근무를 교대로 하는 경우가 많다. 이러한 경력과정을 통하여 한국교육이라는 특수한 업무와 함께 상황에 맞는 업무를 수행하는 곳으로 나름의 독특한 조직문화도 있다. 이는 교육부 직원들이 나름대로 어느 정도 수준의 '전문화(?)' 과정을 거친다는 것을 의미한다.

첫째로 우리나라 사람들은 대학진학률이 높고 교육열도 강하기 때문에 교육에 무관심한 국가에 비해서 교육제도에 대한 불만도가 상당히 높다. 더구나 조직영토인 학생들은 모두 학부모와 연결되어 있기 때문에 대부분의 국민이 교육부의 고객이라고 할 수 있다. 교육제도에 대한 불만은 매스컴을 통해서 자주 다뤄지고 있으며, 특히 정권의 지지에 큰 영향을 미친다. 공교육 붕괴와 사교육시장의 문제는 역대정권이 해결하겠다고 선언한 문제이지만 지금까지도 문제의 해결이 요원하다.

둘째로 교육부는 국민들의 최종 관심사인 대학교육에 많은 자원을 투입한다. 인재정책실에서 이 기능이 이뤄지는데, 이것의 전신은 교육정책실이다.[31] 하지만 대학이 우수한 학문 후속세대를 양성하는 것인지 아니면 직업교육을 하는지에 대해 실제 현장에서는 목표의 혼란이 있다. 교육부는 국립대학은 물론이고, 사립대학에 대해서도 규제와 재정보조를 통한 지대한 영향력을 행사하는 중앙행정기관이다.

셋째로 교육부 본청의 직원들은 현장 교육에서 멀리 떨어져 있고, 실제로 교육을 현장에서 실현시키는 수단은 단위학교이다. 즉, 수많은 학교를 조직영토로 가지고 있다. 정책방향을 제시하고, 이들을 통제하는 권한을 행사한다.

단위학교는 교육자치제의 영향권에 있으며, 교육재정에 관하여 지방자치단체로부터 보조를 받고 있다. 중학교까지 의무교육이기 때문에 초등과 중등교육에서 사립학교라는 것은 사실상 큰 의미는 없다. 초중고 교육이 지방교육청(선출직 집행부)을 통해 이뤄지고, 지방교육위원회(선출직 의회)는 지방의회에 부분적으로 관련이 되어 있다. 과거에는 교육부와 행정안전부 사이에 일반자치단체로부터 교육을 독립시키기 위한 심한 경쟁을 한 적도 있었다. 그리고 아직도 관계가 그리 명확하게 결론이 난 것은 아니다.

선출직 교육감들이 (특히 정당이 다를 때) 교육부 본청의 정책에 동조하지 않는 경우도 생긴다. 그러나 교육문제에 관한 한 교육부 본청과 지방교육청 간에 서로 상호의존관계에 있는 것은 명약관화하다. 교육부 본청에서는 각 교육청의 부교육감을 교육부 고위공무원 직원으로 임명하기 때문에, 이들을 통해서 최소한의 연결관계를 갖고 있다.

---

31) 교육정책실은 원래 군사정권하에서는 국가정보원과 매우 밀접한 관계가 있었던 곳이다. 대학생들의 시위가 정치적인 영향을 주던 시절이었으므로 정권유지를 위하여 국가정보원이 이를 통제하였고, 그 창구역할을 했던 곳이다. 즉, "학원문제의 분석과 대책을 수립"하고 "면학분위기의 조성"을 했으며, "대학생의 건전생활지도"를 하고, 대학의 육성·발전, 정책과제의 개발, 학사운영에 관한 장기대책 등을 수립하던 곳이다.

이상의 설명을 종합하면, 다음과 같다.

첫째, 교육부는 '권한과 책임의 불일치 현상'이 두드러진 조직이다. 즉, 교육부 직원들은 교육의 결과에 대해 직접적으로 책임을 질 만한 교육현장과는 떨어져 있다. 하지만 항상 학부모들로부터 비판을 받는다. 매스컴 비판도 가세하고, 대통령은 이에 민감하다. 사교육 과열문제는 과외금지 조치 등 모든 수단을 동원해도 시정되지 않는 복잡한 성격의 문제이다. 그럼에도 불구하고 여론은 모두 교육부에게 화살을 돌린다.[32] 따라서 교육부 직원들은 책임회피를 위해 '전문화'를 할 수밖에 없다. 전문화의 내용은 첫째 교육이론이나 외국사례에 대해 상당한 전문지식이 있고,

둘째, 실패를 각오하고 문제를 적극적으로 해결하려고 하기보다는 여론이 들끓는 문제발생을 피하는 전략을 구사한다. 즉 실패를 최소화하려고, 매우 치밀하고 빈틈이 없으며, 신중을 기하기 때문에 문제에 대한 반응시간이 늦다. 그리고 문제가 생겼을 때에는 그에 대한 설명(변명)을 하는 데 익숙하다. 이러한 관료적 행태가 교육부 직원들이 외부비판에 탄탄해지는 전문화의 구체적 내용이다.

이러한 교육부식 관료주의적 행태는 조직영토의 확장을 초래하기도 한다. 예컨대 평생교육과가 평생직업국으로 격상되면서 조직이 확대되었다. 이것은 학교교육에만 집중한다는 비판에서 벗어나기 위한 정책적 고려도 있겠지만, 한국사회가 평생교육시대로 전환되고 있다는 현실적응적 고려가 더 크게 작용한 결과이다. 어떻든 관료팽창이라는 입장에서 조직영토를 확장하는 것이다.

교육부와 업무상 관계를 갖고 있는 부는 많이 있다. 대표적으로 인적자원 관리 기본법에 관련된 부가 가장 직접적으로 관련된 조직인데, 그중에서 고용노동부를 꼽을 수 있다. 노동부에서 직업교육을 통해 실업해소 문제를 다루기 때문이다. 여성부와는 유아교육, 유치원 교육 문제로 관련이 있다.

과학기술분야의 연구에 관해서는 과학기술정보통신부와 관련되어 있다. 우리나라의 많은 연구가 대학에서 이뤄지고 있고, 연구자인 대학교수는 물론이고 연구보조원인 대학원생들이 교육부의 관할하에 있기 때문이다.

---

32) 하연섭(2015), "지위경쟁과 사교육비 대책", 임도빈 편, 「실패한 정책들」, 박영사.

지방행정 담당부(행정안전부)와도 밀접한 관계가 있다. 지방자치단체와 교육자치단체로 자치가 2원화된 것에서 문제가 비롯된다. 교육부에서 지방자치단체들과 협력이 필요한 사항 때문에 회의를 소집하면, 이들의 참석률이 저조하다. 반대로 행자부가 지방교육청과의 협의를 위해 회의를 소집하면 이들의 반응이 냉담하다. 평생교육도시, 마을기업, 사회적 기업 등 다양한 면에서 양자의 협조가 중요한데 그렇게 원활히 되지는 않는다.

이외에도 교육부는 각종 예산을 획득하기 위해, 그리고 교육차관사업 등으로 인해 기획재정부(예산실)와도 깊이 관련된다. 또 외교부와의 사이에는 외국인의 국내유학에 관하여, 청소년 담당부(문화체육관광부)와의 사이에는 청소년들의 체육교육에 관하여, 그리고 방송통신위원회와의 사이에는 방송교육 때문에 상호작용이 일어난다. 또한 보건복지부와의 사이에는 의료인의 교육, 대학병원, 학교보건, 급식사업, 학생들의 영양지도 그리고 특수교육과 관련하여 관계가 있다. 마지막으로 국방부와의 사이에는 학생들의 병역의무 및 ROTC 등과 관련하여 관계가 있다.

Ⅱ. 보건복지부와 다른 부와의 관계

1948년 정부수립 당시 보건, 후생, 노동, 주택 및 부녀문제에 관한 사무를 관장하기 위해 신설된 사회부와 1949년 국민보건, 위생, 방역, 의정 및 약정에 관한 사항을 분장하기 위해 신설된 보건부가 1955년 보건사회부로 통합된 것이 모체가 된 부이다.

이 시기에 우리나라는 경제발전 또는 성장을 국가의 주요 목표로 설정하고 있었기 때문에, 분배 및 복지는 중요한 정책목표는 아니었다. 즉, 보건사회부가 담당하는 업무를 낭비적 성격으로 인지하였다. 따라서 보건사회부는 정부 내 정책결정과정의 중심이 될 수 없었으며, 정부권력구조상으로도 낮은 지위를 가질 수밖에 없었다. 흥미있는 점은 이런 상황에서도 당시 보건복지부는 현재의 복지문제를 다루는 조직들은 과, 계 수준이라도 어느 정도 갖추고 있었다는 점이다. 이후 현재의 노동부와 환경부가 모두 이 부에서 갈라져 나갔다. 즉, 과거 보건사회부는 이후 보건복지부, 노동부, 환경부 등으로 그 정책 영역이 확대되어 나누어졌다.

이후 일정 수준의 경제성장이 이루어지면서 그동안 등한시했던 복지문제에 주의를 기울이기 시작하였다. 1994년 보건위생, 방역, 의정, 약정, 생활보호, 자활지원, 여성복지, 아동(영유아보육제외), 노인, 장애인 및 사회보장에 관한 사무를 관장하기 위해 보건사회부를 보건복지부로 개편한 것이 계기가 되었다.

보건복지부가 정부조직과정에서 핵심행위자로 자리매김하게 된 것은 전 국민 의료보험 혜택 등 본격적인 복지정책을 추진한 김대중 정부에 들어와서이다. 현재 보건복지부는 일반회계에 계상되는 예산뿐만 아니라, 국민건강증진기금, 국민연금기금, 응급의료기금, 청소년육성기금 등 총 4개의 기금도 관할하고 있다. 이는 그만큼 보건복지부가 관장하는 정책의 범위가 넓다는 것을 보여준다. 이러한 정책의 확대는 곧 담당부처 조직의 확대를 의미한다.

보건복지부의 내부조직은 다음과 같은 특색을 가지고 있다.

첫째로 크게 보건계통의 실·국과 복지계통의 실·국으로 구성되어 있다. 이 가운데 보건계통의 국장과 과장들의 보직은 행정직뿐만 아니라 보건기감이나, 보건부기감, 보건기정 등으로 보할 수 있게 되어 있다. 만일 이들이 전원 보건직으로 충원된다면 행정직은 갈 수 있는 곳이 제한적이라는 결과가 된다. 물론 이것은 국 업무의 전문기술적 성격 때문에 불가피한 일이다. 주로 상대하는 고객도 의료전문직들이기 때문에 일반행정직이 담당하기는 어려운 업무이기 때문이다. 다른 부처의 경우도 전문성을 요구하는 경우 이와 같이 행정직보다는 관련 직렬을 우대하는 것이 전문성 제고에 도움이 될 것이다.

그러나 이렇게 뚜렷이 구분되는 전문가집단의 목소리가 부처 내에서 너무 커지면 문제가 있다. 전문분야의 자체논리에 몰입되어 전체 국가적 종합성이 저해되어서는 안 될 것이다. 복지계통의 자리에도 일반행정직보다는 사회복지직렬이 차지하는 비중이 점점 높아지는 추세에 있다. 그러나 복지는 의약분야와는 달리 요구되는 전문성의 종류가 다르다. 복지분야는 법제도 등 정책에 관한 전문성이지 학문으로서 사회복지학의 전문적 심오함은 약한 편이다.

보건복지부 조직의 둘째 특성은 개별화된 개인들을 대상으로 하는 행정서비스를 담당한다는 것이다. 즉, 만족시켜야 하는 특수 고객층이 있다. 그렇기 때문에 국민 개개인의 생활과 직결되면서 동시에 전국적으로 조직망을 가지고 있어야 한다. 행정안전부와 보건복지부는 전 국민을 대상으로 한다는 점에서 유사한 조직이다. 그런데 보건복지부는 전 국민 중에서 특히 건강이나 복지의 문제가 있는 사람들에게 초점을 맞춘다는 점과 행안부와 같은 지리적 구역(지방)이라는 개념이 약하다는 차이가 있다. 그렇기 때문에 읍·면·동 주민조직을 관장하고 있는 행정안전부에 의존하게 되고, 밀접한 관계를 가지고 있게 된다. 광역자치단체마다 보건복지관계의 국을 가지고 있고, 기초자치단체에는 보건소와 사회복지관련 과가 있는 것도 이 때문이다. 업무상으로는 지방자치단체들과 보건복지부는 서로 돕는 관계에 있다. 즉, 행정안전부와의 사이에도 상호협조관계가 성립되어야 할 것이다.

식품의약품안전처와의 관계에 대해서는 약품을 둘러싼 논쟁이 있을 수 있다. 보건복지부의 검사기능이 환경문제와 관련될 수 있으나, 본질적으로는 환경부와는 협조할 수 있는 사이라고 보는 것이 옳다.

그리고 의약계열의 대학교육 및 대학병원과 관련하여 교육부와 관계가 있다. 역시 학교급식과 양호문제에 관해서도 교육 담당부와 관련이 있다. 또한 식품 내지 식품공업을 둘러싸고 농림축산식품부 및 산업통상자원부와의 사이에 이해가 상충되거나 협력해야 하는 경우들이 있을 것이다. 마지막으로 법무부와의 사이에는 마약의 단속과 관련하여 협력해야 하는 관계에 있다.

끝으로 보건복지부 장관은 경제정책조정회의의 구성원인데, 이 자격은 재검토되어야 한다. 경제장관회의를 창설할 당시에는 보건사회부는 노동청을 거느리고 있었다. 따라서 경제장관회의의 구성원이 되는 데는 문제가 없었다. 노동부가 독립한 다음에는 환경청을 거느리고 있었다. 이 때문에 당시 보건사회부 장관이 이 회의의 구성원이 되는 것과 관련하여 자격 논란이 제기되지 않았다. 그러나 지금은 환경부 장관도 독자적으로 이 회의의 구성원이 되었다. 이런 상태 하에서 보건복지부 장관은 국민연금공단, 의료보험 등 경제적 영향력이 있는 분야를 총괄하고 있지만 경제정책조정회의에서 중요한 역할을 할 수 있는지 의문이다.

Ⅲ. 문화체육관광부와 다른 부와의 관계

1. 문화분야

문화체육관광부Ministry of Culture, Sports and Tourism는 문화예술의 창달, 전통문화의 보존, 계승 및 발전과 문화관광산업의 육성, 체육 진흥을 통하여 국민의 삶의 질을 높이고, 국가 경쟁력 강화를 목표로 관련정책과 시책을 수립, 추진하는 일을 수행하는 중앙행정기관이다. 1948년 11월 4일 공보처로 처음 설립된 이래 공보처, 공보실, 공보부, 문화공보부, 문화부, 문화체육부, 문화관광부 등을 거쳐 2008년 2월 문화체육관광부로 개편되어 현재에 이르렀다.

문화체육관광부의 임무는 문화, 예술, 체육, 관광 및 청소년에 관한 사무를 하는 것이다. 이 부는 과거 문화부의 문화부분, 체육청소년부, 국정홍보(공보)부 등이 합쳐진 조직이다. 따라서 지금의 하부구조에 있어서도 실, 국 등의 구조에 이 세 가지가 나타나 있다. 종교 관련 부서, 문화예술 관련 부서, 관광산업 관련 부서가 문화계열이고, 체육정책과 체육청소년 관련 부서가 체육계통이며, 미디어와 홍보 관련 부서가 국민소통(즉, 국정홍보) 계열이다. 문화콘텐츠 국은 '문화외교'라고 할 만큼 문화의 중요성이 높아짐에 따라 그 활동이 팽창되고 있는 곳으로, 굳이 따지자면 문화계열이지만 실제로는 여러 분야가 융합되는 곳이다. 어떻든 세 곳에서 모여 한 부를 이루었기 때문에 기능범위가 가장 넓은 부 중의 하나이다. 특히 문화계통과 체육계통은 각각 다양하고 강력한 이익단체들을 대상으로 하고 있다.

문화체육관광부의 활동영역은 최근 급격히 증가하고 있다. 정부 전체 예산에서 이 부의 예산이 차지하는 비중은 아직 1%가 못되지만, 문화가 단순 소비가 아니라 중요한 산업이라는 인식이 생기면서 급속히 팽창하고 있다. 문화관련 기금은 문화예술진흥기금, 영화발전기금, 지역신문발전기금, 신문발전기금, 관광진흥개발기금, 국민체육진흥기금 등이 있다. 또한 이 부는 문화상품을 직접 생산해내는 소속기관도 많이 가지고 있다.

그런데 문화의 융합적 성격 때문에 문화관련 업무는 여러 부처와 관련이 되어 있다. 최근 문화콘텐츠 개발이 중요한 이슈로 부각되었는데, 이것만 살펴봐도 대단히 많은 부처가 관련되어 있다. 문화콘텐츠 산업을 둘러싼 환경은 온라인화되고 있으며, 네트워크와 플랫폼의 통합으로 융·복합이 두드러지게 이루어지고 있다. 문화콘텐츠들이 장르나 내용의 종류에 관계없이 디지털 콘텐츠의 압축, 저장, 전송, 처리 기술의 발달로 손쉽게 제작되고 소비되는 것이다.

따라서 과거에는 콘텐츠 영역에 포함되기 어려웠던 교육, 금융, 의료, 법률 등과 같은 서비스들도 새로운 디지털 콘텐츠로 태어나고 있으며, 그동안 한정되었던 정책 대상이나 범위도 과거와는 크게 다르게 변화하고 있다. 이것은 문화콘텐츠산업을 둘러싸고 관련된 부처들 또한 더욱 다양해졌다는 것을 의미한다. 많은 부처들이 다양한 분야에서 문화체육관광부 콘텐츠산업실의 업무분야와 중복되거나 혹은 연관성을 가지고 있다. 나아가서 위 부처들을 비롯하여 문체부와 조직간 관계를 맺으면서 콘텐츠산업 정책의 구체적 환경으로 위치하고 있는 타 부처들을 살펴보면 다음과 같다.

- 금융위원회 및 기획재정부 : 산업 인프라를 담당하는 부서로서 금융, 산업육성정책, 예산 등 실질적 정책 추진에 상당한 영향력을 미침
- 방송통신위원회 : 방송콘텐츠 분야의 제작을 비롯하여 모바일 유통분야와 미디어 관련 정책을 전담
- 교육부 : 문화관련 인력양성(대학) 및 e러닝 분야 제작 지원
- 과학기술정보통신부 : 콘텐츠 제작과 관련된 IT 기술 개발과 e러닝 분야 제작 및 전 분야 지원
- 중소벤처기업부 및 외교부 : 수출 지원을 통한 콘텐츠 유통 지원

이상은 IT시대의 새로운 분야로 부각되고 있는 문화콘텐츠 분야라는 극단적인 예이다. 그런데 행정과 문화계 간의 관계는 불가근불가원이라는 표현이 중요하다. 금전적 지원은 하되 내용에 대해서는 간섭하지 않는다는 소위 팔걸이의 원칙arm's length principle이 그것이다. 그러나 이 원칙이 만족스럽게 지켜지는 것은 어려우므로, 정권이 바뀜에 따라 정책 중점이 달라져 왔다.[33] 결과적으로 현실에서는 정

33) 이민아(2018), "예술지원 정책의 자율성에 관한 연구-한국문화예술위원회의 예산분석을 중심으로", 서울대 행정대학원 박사학위 논문.

부지원에 의존하는 문화계 특정 집단과 소외된 집단을 둘러싸고 많은 갈등과 문제를 가지고 있다.

전형적인 문화체육관광 분야도 다른 부와 많은 관련을 맺고 있다. 특히 문화체육관광부의 일들은 일반 국민들을 대상으로 하는 것들이 많다. 그렇기 때문에 지방행정과는 밀접한 관계가 있다. 예를 들면 문화회관, 박물관, 도서관, 지방문화재, 청소년지도 등이 그런 것들이다. 이는 지방자치단체들과는 물론이고, 간접적으로는 지방행정 분야를 담당하는 행정안전부와도 관련이 있다는 것을 의미한다. 문화마을가꾸기 사업은 양 부처 간 관련되는 정책의 대표적인 예이다.

외교부와는 국제문화교류를 위한 협정이나 체육교류, 그리고 한국문화의 소개와 관련해서 상호관계가 있다. 문화체육관광부는 주요국에 "한국의 집"이라는 조직을 별도로 운영하고 주재관(한국의 집 원장 겸임)을 파견하고 있다. 문화예술체육교육에 관해서 교육부와 관계가 있으며, 통일부와도 남북한 사이의 문화예술이나 체육의 교류 때문에 관계가 성립한다.

2. 국정홍보 : 국민소통실

과거 공보처는 국내외 홍보·여론조사·언론·보도 및 방송에 관한 사무를 관장하는 곳이었다. 이 기구는 언론기관을 관장하고, 동시에 이들 언론기관을 활용하여 국가의 활동을 적극적으로 대내외에 홍보해야 하는 필요에 의해 설치되었다. 현대사회가 대중사회이고 정부와 일반대중 간의 관계는 언론매체에 의해서 이뤄지기 때문에 최근 들어 그 역할이 더욱 강조되고 있다. 아무리 정치를 잘해도 언론이 긍정적으로 보도하지 않으면 국민여론은 부정적이기 때문이다. 역대 대통령이 이를 중시할 수밖에 없는 이유가 바로 여기에 있다.[34)]

역사적으로 보면 국정홍보기능은 문화공보부 아래 공보처로 있다가 분리되는 과정을 겪었다. 1999년에는 문화공보부에서 다시 국정홍보처로 분리되었다. 노무현 정부는 언론과 갈등이 가장 많았던 정부이고, 이를 극복하기 위해 국정홍보처 조직을 강화한 바 있다. 하지만 이것이 오히려 비판의 대상이 되어 이명박 정부 들어와서는 국정홍보처를 없애고 일부 기능이 다시 문화관광부의 국으로 통합되었

34) 따라서 과거 공보처장관은 국무위원이며 정부대변인의 역할을 하였다.

고, 이후 정부에서 국민소통실로 조직되어 있다. 그러나 청와대 수준에서 국민소통수석(구, 홍보수석)이 부활하고, 디지털소통센터를 두는 등 사실상 국가정책을 홍보하는 활동은 과거 정부보다 훨씬 강화되었다. 어떻든 국정홍보는 필수적인 기능이면서 동시에 정부 내부에서 참모기능임에는 틀림이 없다. 최근에는 정부에서는 공보담당 중앙행정기관(장관급)이 별도로 없지만 기능상으로 문화체육관광부에 '실'로 남아 있다.

국정홍보기능에 대해서는 과거 군사정권시절에 언론을 통제하고 정권을 위하여 일방적으로 선전을 하던 것에 대한 조직기억organizational memory이 있다.[35] 최근 각 행정기관은 홍보실(즉, 대변인실)을 두어 좀 더 다양하고 고차원적인 홍보 및 소통활동을 강화하고 있다. 그런데 이러한 홍보활동에는 각 행정기관 수준에서 홍보활동을 하도록 하는 분권형과 정부차원에서 이를 조율하고자 하는 집권형 사이에 모순관계가 존재한다. 대통령의 입장에서는 정부전체 차원에서 일관된 정책홍보가 이뤄지기를 바랄 것이다. **집권적이고 권위적인 정부일수록 정책홍보의 집권성과 일관성을 더욱 강조한다.** 청와대 국민소통수석실에서 주요 언론기관의 기자들과 좋은 유대관계를 맺으려고 노력하고, 외국 언론과도 직접 접촉하는 것은 이러한 이유에서이다.

이 기능 때문에 공보담당 기관은 모든 부처들과의 관계가 성립한다. 공보담당기관과 특별한 관계에 놓이는 조직들은 국가정보원, 외교부, 통일부, 지방자치단체를 포함한 행정안전부 등이다. 위로는 청와대 국민소통실의 지휘에 따른다. 각 부처와의 사이에서 실무적 역할은 각 부처의 홍보담당관들이 맡는다.

정부가 언론 통제를 하던 때, 실질적인 권력은 국가정보원에 있었고, 표면적인 창구로 공보처(또는 문화공보부)라는 정부조직을 사용했다. 즉, 언론 통제가 잘 이루어지면 그것은 국정원의 공이었고, 잘못되면 공보처의 책임이었던 것이다. 권한과 책임이 분리된 전형적인 사례에 해당했다. 그러나 공보처의 이런 권력은 대 언론관계가 주된 것이었기 때문에, 다른 행정조직과의 관계에서 그의 상대적 지위가 올라가는 것은 아니었다. 이제는 언론이 독립적이어서 과거와 같은 통제

35) 집단기억에 관해서는 신나윤(2011), 공공문제와 집단기억: 촛불집회와 과거청산 정책을 중심으로, 서울대 행정학 박사학위논문 참조.

는 할 수 없게 되었기 때문에 이러한 방식의 설명력은 약화되었다.

최근 국가정책에 대한 홍보는 각 부처에서 개별적으로 활발하게 하고 있다. 홈페이지 운영과 정책고객에게 주기적으로 뉴스레터 이메일을 보내는 것은 이제 거의 모든 부처가 하는 일이 되었다. SNS 등 새로운 매체를 이용한 홍보에도 적극 임하고 있다. 각 부처에 대변인이 있고, 기자출신 직원, 사진사 등 작은 규모의 조직을 가지고 적극적으로 부처홍보업무를 하고 있다.

이에 더해 정부차원에서는 한국방송KBS, 아리랑TV, 한국정책방송KTV이라는 텔레비전 채널도 운영한다. 연합통신과 같은 1차 뉴스보급기관, 서울신문과 같이 정부가 실제적으로 지배하는 언론사들도 있다. 외국에 대해서는 외교부와 문화체육관광부가 가장 활발한 홍보부처조직이다. 한국의 집, 한국관광공사는 해외에서 홍보를 직접 담당하는 집행자 역할을 한다. 특히 한류로 인해 문화예술작품을 통한 국가홍보가 중요한 위치를 차지하게 되면서 이들 기관의 역할도 중요해지고 있다.

Ⅳ. 여성가족부와 다른 부와의 관계

여성정책은 1948년 정부수립 이래 1955년까지는 사회부 부녀국에서 다루었고, 1983년 국무총리 산하 여성정책심의위원회를 거쳐 1988년 정무 제2장관실로 개편되어 중앙정부의 독립된 행정기관에서 관장하기 시작하였다. 김대중 정부인 1998년에는 다시 대통령직속 여성특별위원회와 여성정책담당관실이 설치되었다. 특히, 1999년에는 「남녀차별금지 및 구제에 관한 법률」을 제정해서 여성정책분야의 행정이 이뤄지는 법적인 근거를 마련하였다.

그러나 1998년에 설치된 여성특별위원회는 조직과 기능, 인력과 예산 등 여러 가지 한계를 가지고 있다는 비판을 받았다. 그 결과, 2001년 1월 29일 입법·준사법권을 갖춘 중앙부처로서 여성부가 탄생했다. 이와 같이 여성정책을 담당하는 부가 독립하여 설치된 것은 전 세계에서 유례를 찾아보기 힘들다. 이것은 남성중심적 유교문화에서 여성의 사회적 지위가 매우 낮았다는 것을 의미하기도 하고, 사회적 관계의 문제를 국가가 해결하려고 적극적으로 부를 설치함으로써 강력한 행정국가의 특성을 보여주는 것이기도 하다.

여성부장관은 여성정책의 기획·종합, 여성의 권익증진 등 지위 향상에 관한 사무를 관장한다. 규모 면에서 작은 부이고, 하부조직은 피해여성을 보호하는 임무를 수행하는 계통의 부서와 적극적으로 여성의 지위를 향상시키는 것을 임무로 하는 계통의 부서로 나뉜다. 가족은 하나의 공동체이고 여기에서 여성이 '엄마' 혹은 '아내'로서 중요한 역할을 맡고 있는 만큼 다른 가족구성원과 여성을 분리해서 정책을 다루는 것은 쉽지 않다는 한계가 있다. 여성의 문제가 남성이 연결되어 있는 경우가 많고 더불어 그 가족 내 구성원들, 아동과 청소년이 피해자로 연루되어 있는 경우도 많기 때문이다. 이러한 통합성 때문에 여성부는 '가족' 관련 기능을 함께 받아 여성가족부로서 기능이 확대되었다. 여성 담당부처에서 '가족'기능을 지속적으로 가지고 있었던 것은 아니다. 보건복지 담당부처와 여성 담당부처 사이에서 '가족' 관련 기능이 이관되는 것이 반복되어 오다가 현재는 여성 담당부처가 가지고 있게 된 것이다.

전 인구의 절반 가량이 여성이므로 사실 조직영토 자체는 넓은 편이다. 하지만 조직영토에 비해 실제 영향력을 발휘한다고 볼 수는 없다. 즉, 이 부처의 권력 자체는 낮은 편에 속한다. 2015년도 여성부의 권력지수는 자원은 11.63, 자율성은 29.03, 네트워크는 9.74, 영향력은 9.63, 잠재력은 9.86으로 최종 권력지수는 14.85로 나타났다. 즉, 연구된 43개 중앙행정기관 중 25위이며, 그중 15개 부 중에서는 하위권으로 권력지수가 매우 낮다. 이는 업무의 성격이 가장 비슷한 보건복지부의 권력지수가 39.55로 10위에 해당한 데 비해서 낮은 편이다.[36)]

보건복지부는 인간의 보건과 복지를 책임지고 있는데, 이는 부모와 자녀, 아동, 청소년 등으로 이루어진 가족, 즉 가구 단위로 정책을 실현해 나가는 경우가 많기 때문에 가족 관련 기능이 보건복지 담당부처와도 관계가 있는 것이다. 따라서 여성가족부와 보건복지부는 밀접한 관계를 맺고 있다고 볼 수 있다. 또한 여성고용의 촉진과 같은 정책은 고용노동부와 관련 있고, 여성기업인 문제는 산업통상자원부와 관련이 있다. 그리고 국공립 보육시설 업무는 보건복지부에, 청소

36) 오재록(2018), 관료제 권력 측정: 박근혜 정부 중앙부처를 중심으로, 「한국행정학보」, 제52권 1호.

년 관련 정책은 문화체육관광부 및 교육부와 연관이 된다.

어떻든 이러한 조직목표를 담당하는 기능부처가 각각 있는데도 불구하고, 특 고객(즉, 여성)집단을 담당하는 별도의 '부'조직으로 두어야 하는지는 생각해 볼 필요가 있다. 이런 논리로 본다면, 남성부의 필요성도 예측할 수 있다. 따라서 정부조직의 효율성이라는 측면에서 재검토될 필요가 있다.

제 7 절 경제관련 부와 다른 부와의 관계

Ⅰ. 농림축산식품부와 다른 부와의 관계

농림축산식품부(이하 농림부)는 1948년 농림부로 출발하여 수산해양기능의 분리와 합병을 거쳐 오다가, 현재 농림축산식품부와 해양수산부로 기능이 나누어져 있다. 업무는 농산 · 잠업 · 식량 · 농지 · 수리 및 축산에 관한 것이다.

그런데 대체로 농림부는 새로운 조직영토가 확장되는 문화체육관광부와는 정반대로 소관 산업이 하향곡선을 보이는 특성이 있다. 즉, 공업화와 기계화가 진행됨에 따라 농업인의 비중이 상대적으로 줄어드는 것이다. 앞으로 1차 산업이 점점 더 사양화하면서 농림부의 입지는 점점 더 약해질 것이다. 농업인구가 감소하는 것은 조직영토가 점점 축소되는 추세에 있다는 의미이다.

전체 국토는 주력 업종에 따라서 농어촌과 산업 지역으로 나누어져 있다. 따라서 농어촌과 산업 지역 관련하여 기능하는 부처와 밀접한 관계가 있을 수밖에 없다. 국토교통부는 '전 국토'를 대상으로 하고 이를 활용(즉, 건설)하려 한다는 점에서, 국토 중 '부분'을 대상으로 보존하려는 농림부보다는 우세에 있다고 할 수 있다. 농림부 하부조직들은 바이오농업 등 새로운 기능을 추가하기도 하고 방향 전환도 하고 있다. 하지만 농림부의 하부조직이나 산하기관 가운데 아직도 옛날의 전통을 고수하고자 하는 조직들이 있다. 예컨대, 도시화와 공업화로 농어촌 지역은 축소되고 있다. 즉, 환경이 바뀌었는데도 기존 조직의 이기주의를 고수함으로써 여론의 비판대상이 될 가능성이 높다. 따라서 보수성이 강한 조직인 이 부가 자기변화를 통한 신속한 대응을 하지 않으면 이런 쇠락 경향은 더욱 가속화될 것이다. 농림부와 관계를 맺는 대표적인 부를 열거하면 다음과 같다.

- 기획재정부 : 예산편성, 농어촌문제 대책비용
- 외교부 : FTA
- 행정안전부 : 농어촌마을 정책, 지방자치
- 산업통상자원부 : 농업기술, 농업기계
- 환경부 : 토양오염, 산림관리
- 보건복지부 : 농어민보건
- 식품의약품안전처 : 식품안전 관리
- 문화체육관광부 : 전통주, 식품관련 전통문화
- 해양수산부 : 어업 보호 및 어민안전

행안부가 '전 국민'을 정책대상으로 한다면, 이 중에서 산업통상자원부는 산업인력(즉, 2차 · 3차산업 종사자)에, 농림부는 1차 산업 종사자에 정책대상 집단을 국한한다는 점에서 차이가 있다.

농림부는 주로 추곡수매가 등 농어민보호 문제에 관하여 기획재정부와 의견의 차이를 나타내는 경우가 많다. 이때 농림부는 모자라는 힘을 정치권으로부터 보충을 하게 된다. 예컨대 농림부는 국회, 정당, 농민단체 등으로부터의 지원에 힘입어 추곡수매가를 올리려고 하고, 기획재정부는 내리려고 한다. 농산물 개방에 대한 대책 때문에 기획재정부 및 외교부 등과도 관계가 있다. 또한 산업 담당 부와의 사이에서는 농기계, 비료 등의 제조, 농산물의 유통 등과 관련하여 관계가 형성된다. 그리고 국토교통부와는 국토종합계획과정에서 농지를 확보하기 위해 관련을 맺는다.

최근에 들어와서 서로 갈등관계를 맺고 있는 부처는 과거 전통적인 것이 아니라 새로운 분야이다. 식품의약품안전처와는 과연 농산물이 어디까지이고, 식품이 어디까지인가의 구분만큼이나 혼란스럽다. 가공하기 이전까지는 농림산물(농림부 소관)이고, 가공한 이후에는 식품이라서 식약처 관할이라는 도식은 이론적으로는 그럴 듯해 보이지만 실제에서는 구분이 어렵다. 또 다른 분야는 농촌관광산업과 식품관련 전통문화재를 중심으로 문화관광부와의 관할권 문제이다. 과거에 존재하지 않던 새로운 기능은 전통적인 부처보다는 후발부처가 먼저 주장할 가능성이 높다. 따라서 후발부처가 그것을 관할할 가능성도 높다. **새로운 기능의 소관은**

수세에 있는 부처보다는 공세에 있는 부처에 갈 가능성이 높다.

Ⅱ. 산업 담당부(산업통상자원부)와 다른 부와의 관계

1. 국내에서의 관계

이 부의 근간은 산업자원부와 정보통신부이고, 산업자원부 역사를 거슬러 올라가면 한때 있었던 동력자원부가 합쳐진 부이다. 1948년에 신설된 원래의 상공부도 국의 수가 많은 부였는데, 그 후 1실 3국을 가진 동력자원부(석유파동이후 에너지 수급을 위해 1977년 신설하여 1993년에 통합)와 합쳐지면서 중앙관서 중에서 국 수가 가장 많은 부가 되었다.[37)] 이렇게 하부조직이 많은 이유는 이 부의 부성조직방법이 대체로 산업을 분야별로 담당하기 때문이다. 그리고 산업은 계속하여 분화하여 가기 때문에 자연스럽게 하부조직이 늘어나는 것이다.

지식경제부는 이명박 정부에서 현대 경제와 산업의 특성에 맞게 명칭을 바꾼 부이고, 박근혜 정부이후 산업통상자원부가 되었다. 그동안 이름이 자주 바뀌어 왔기 때문에, 본서에서는 쉽게 이해하기 위해 '산업 담당부'란 표현과 병행하여 사용한다. 이 부는 기본적으로 광공업, 서비스업, 무역, 상업 등 모든 산업을 진흥하는 임무를 가지고 있다.

산업 담당부는 우리나라 경제발전을 수출주도형으로 밀고 나가는 데 있어서 수출을 진흥시킨 주역이라 할 수 있으며, 이 일의 실무적 책임은 지금의 무역투자실의 전신인 상역국에서 맡아 왔었다. 즉, 경제기획원이 성장에 대한 목표치와 전략을 세우는 역할을 했다면, 산업 담당부는 이를 실제로 현장에서 지휘(진흥과 조정)하는 역할을 한 것이다.

전술한 대로 교육 담당부가 국민들의 비판에 대응하는 수동적이고 방어적 조직문화를 발전시킬 수밖에 없었다고 본다면, 산업 담당부는 기본적으로 산업(기업인)을 도와주는 입장에 있기 때문에 적극적으로 혜택을 베푸는 전략을 구사한다. 기업인들은 대체로 이 부를 좋아하고, 이 부를 통하여 더 많은 혜택을 받으려고 서로 경쟁한다. 따라서 조직문화는 혁신적이고 자유로운 편이다. 같은 경제부처

---

37) 적어도 2008년 이명박 정부에서 몇 개의 초대형 부처를 통폐합한 이전까지 그렇다.

중에서도 재정(국고) 담당부와 이 점에서 대조적이다.

산업 담당부의 이러한 업무추진 수단은 정부의 자유시장주의 원칙과 어긋난다. 이 점에서 시장경제에 국가의 개입을 반대하는 입장인 규제개혁위원회(국무총리)의 조직 목표와 대치된다.

그러나 산업통상부도 산업에 대한 새로운 방법으로 규제를 해야 조직의 존재이유를 찾을 수 있는데, 여기서 새로 등장한 정책 분야가 바로 표준화이다. 이는 세계적 추세로서 이를 새로운 틈새조직영토niche로 하기 위해 소속 기관인 기술표준원을 확대시켰다. 과거의 특정기업에 보조금을 부여하는 방식 등은 오늘날 국제 규범에 맞지 않기 때문에, 각종 재화와 용역에 표준을 정하는 방법으로 개입하는 것이다. **각 산업의 발달단계에 따라 이 부의 개입수단이 직접적, 금전적 방법에서 간접적, 표준제정 방식으로 전환된다.** 그러나 표준화도 산업 담당부 단독의 독점적인 영토는 아니고, 다른 부처와 상호연결되어 있는 것이다.

인적 자원이란 입장에서 볼 때, 산업 담당부와 조직의 영토를 거의 정반대로 가지고 있는 기관이 고용노동부이다. 기본적으로 산업 담당부는 사용자측의 입장에서 기업의 생산증대에 관심이 있다면, 고용노동부는 노동자측의 입장에서 노동자의 권리보호에 관심이 있기 때문이다. 따라서 고용노동부와는 노동쟁의, 노동조건 등을 둘러싸고 관계가 생기는데, 노동조합의 세력이 강하고 쟁의의 빈도가 많은 경우에는 고용노동부와 산업 담당부와의 관계가 더 많아지게 된다. 국가 경제의 상황에 따라 때로는 산업 담당부가 고용노동부에 의존하는 관계가 되고, 때로는 상호의존관계가 될 것이다.

과학기술 담당부와의 관계에서 기술개발을 사이에 두고 경쟁과 갈등관계에 있다는 것도 이미 지적하였다.[38] 양 부의 조직이 각 산업 혹은 기술 분야를 유형화하여 총괄하는 점이 같으나, 과학기술 담당부의 정책고객은 과학기술연구자들이라고 한다면, 산업 담당부의 주요 고객은 기업인이라는 차이가 있다. 또한 원자력발전에 관하여 안전의 문제는 원자력안전위원회에서 맡고 있기 때문에, 원

38) 산업 담당부는 경제정책조정회의 구성부처와 가장 밀접한 관계를 갖게 된다. 기획재정부와의 관계, 외교부와의 관계 등은 이미 위에서 언급하였다. 이하에서는 기타 부들과의 관계에 대해서 보기로 한다.

자력발전을 둘러싸고 양 기관 사이에 갈등이 있다.

또한 국토교통부와의 사이에 자동차, 항공기, 선박제조공업 등에 관하여 형식과 규격의 문제를 둘러싸고 관할권 분쟁이 있을 수 있다. 예컨대 철도차량제조공업이 어느 쪽 소관인가는 불분명하다고 볼 수도 있다. 아울러 공업단지조성이나 도시가스 공급과 같은 문제도 관련이 있다.

산업 담당부는 발전 패러다임 하에 있을 수밖에 없기 때문에, 환경보전 패러다임에 있는 환경부와는 대립할 수밖에 없다. 이 점에서는 산업 담당부와 국토교통부가 같은 입장에 있다. 각종 공장의 환경오염문제와 관련해서 환경부와 갈등관계에 있다는 것도 앞에서 지적하였다. 최근에는 국제적인 추세에 따라서 탄소배출권 거래제가 도입된 것을 단적인 사례로 들 수 있다. 이 제도의 도입 시기를 늦추자는 것이 산업 담당부의 입장이었다. 그러나 한국환경공단이 설립되고, 결국 배출권 거래제가 실시됨으로써 산업 담당부가 받아들여야 하는 입장이 되었다.[39]

각 지방자치단체에 농공단지 조성 등 지역경제발전 문제와 관련해서는 행정안전부와 관계를 맺게 된다. 북한지역에 입주하는 남한의 기업에 관해서는 통일부와 관련이 있다. 국방부와는 그동안에 방위산업의 추진과 관련하여 산업 담당부가 이들 업체들을 관리하여 왔다.

2. 통상기능: 외국과의 관계

원래 외무부Ministry of Foreign Affairs는 외국과의 관계를 거의 독점적으로 하는 창구였기 때문에, 통상(무역)에 관해서는 의존적일 수밖에 없었다. 다른 부처들은 외무부를 통해서 외국의 정보를 얻고, 외국과의 관계를 맺을 수 있었다. 마치 지방자치 실시 이전의 내무부가 전국의 지방을 장악하고 다른 장관(특히 특별지방행정기관이 없는 장관)들이 정책집행을 위해서는 내무부 라인에 의존해야 했던 것과 유사하다. 당연히 외국과의 통상마찰 문제가 생기면 외교적 차원에서 다뤄졌다.

그런데 세계화 물결에 따라 한국경제에서 무역의 중요성이 높아짐에 따라 이

39) 임도빈(2018), 「행정학: 시간의 관점에서」, 박영사, p. 95 참조.

러한 문제가 더욱 상시적으로 발생하게 되었다. 이에 따라 각 부처도 직접 외국과 교류를 하는 경우가 생겨나기 시작하였다. 따라서, 무역관련 경제정책을 담당하는 경제 담당부 및 상품을 생산하여 수출하는 산업 담당부와의 사이에는 해외통상의 문제에 관하여 유사한 기능들이 중복되게 되었다. 과거 재정경제원은 통상정책수립기능, 통상정책조정기능, 정보기능, 홍보 및 친선기능을 하고 있고, 외무부는 통상정책수립기능, 통상정책조정기능, 통상 협상 및 교섭기능, 정보기능, 민간부문 지원기능, 홍보 및 친선기능을 하며, 산업 담당부는 통상정책조정기능만 빼고 이들을 다하며, 여기에 더하여 국내집행 및 사후관리 기능까지 하고 있었다.[40] 따라서 커다란 갈등과 혼란이 생겼다.

1994년부터 1998년까지는 통상산업부로서 통상기능이 산업 담당부에 있었다. 그러나 이때에는 통상산업부의 대외관계에서 통상기능이 그리 중요한 비중을 차지하지 못하였다. 외교부는 대외관계에서 우월적 지위를 주장하였고, 이러한 갈등을 해소하기 위해 1998년 대통령령 제1510호에 의해 통상 및 통상교섭과 대외경제관련 외교정책을 종합적으로 수립하고 시행하는 통상교섭본부를 신설하고 이것을 외교통상부의 부서조직으로 하였다. 이외에도 '대외경제관련 외교정책의 수립, 시행 및 종합 조정'을 외교통상부의 주요 임무로 하게 되었다. 이렇게 하여 외교통상부가 탄생하였다.

결과적으로 이 당시 외교통상부 내에는 전통적인 외교업무를 담당하는 하부부서와 통상업무를 담당하는 하부부서가 공존하게 되었다. 통상교섭본부의 직원은 출범 직후 관련 부처의 공무원이 직렬을 변경하여 소속토록 하였고, 그 후에는 자체 직원을 충원하였다. 이것은 외교통상부 내에 외무직 관료와 통상직 관료가 공존하며 서로 섞이지 않는다는 것을 의미한다. 또한 통상교섭본부장은 장관급으로 하여 외교통상부 장관과 함께 한 부에 두 명의 장관이 있는 기형적 조직이 되었다. 이런 상황에서 부처 내부에 양 그룹 간 보이지 않는 갈등이 존재하는 것은 당연하다.

그러나 외교부는 통상 분야에 전문성이 약하다는 점과 함께 산업과의 관계를

---

40) 이수철(1993), 국제화시대에 부응하는 통상조정체제 개편에 관한 연구, 「한국행정연구원」, 연구보고서, pp. 29-30.

중시하는 목소리가 커지게 되면서 박근혜 정부이후 통상교섭본부를 외교부에서 산업 담당부로 변경하게 된다. 어떤 경우든 정치적 측면의 외교활동과 경제적 측면의 외교활동이 유기적으로 종합 조정되는 것은 아니다. 문제가 커지면 결국 청와대가 조정하는 역할을 담당하게 된다.

산업 담당부(산업통상자원부)에는 원래부터 무역을 증진하기 위한 투자를 담당하는 조직이 있어 무역에 대한 추진력 강화와 조정을 하여 왔다. 산업통상부 내의 다른 부서도 모두 소관분야별 국제동향의 파악은 물론이고 대책을 마련하는 기능을 하고 있다. 또한 실물경제라는 측면에서 무역도 담당하고 있다. 실제로 KOTRA(무역진흥공사)가 세계 주요국에 나가 있기 때문에 실무적으로도 외국의 경제사정에 대해서 많은 정보를 가지고 있으며, 추진력도 있다. 최근 국제개발협력ODA이 활성화되면서 외교부에도 KOICA(국제협력재단)가 있어 해외에서 주로 무상원조에 대해 조직영토를 확대하고 있다. 결과적으로 KOTRA는 부자나라에, KOICA는 가난한 나라에 주재원이 상주하는 셈이 된다.

기획재정부도 국제경제 관계 업무를 많이 가지고 있다. 경제정책국의 임무 중 국제수지 동향분석 및 관련 정책의 총괄·조정, 세계경제 동향의 분석, 주요국 및 국제기구 등과의 경제정책 협의 등이 대표적인 예이다. 이외에도 국제경제국이 있어 전적으로 국제적인 문제를 다루고 있으며, 금융정책국 등 다른 국도 국제 업무를 하고 있다. 특히 기획재정부 장관은 대외경제정책조정회의의 의장이며, 기획재정부가 이의 실무업무를 담당한다.

물론 글로벌 경제 시대에 접어들면서 한국경제는 좋은 기회를 맞이하고 있다. 이것은 위에서 언급한 세 개 부뿐만 아니라 전체 경제부처가 외국과의 관계에서 관련 정보를 수집하고, 직접 상대방과 교류하며, 협상해야 하는 시대가 왔다는 것을 의미한다. 어느 한 부처가 대외관계를 독점하도록 해서는 안 된다.

우리는 기획재정부가 경제에 관한 모든 것을 하는 기관이 아니라고 생각한다. 즉 기획재정부의 이 분야 기능은 축소될 필요가 있다. 특히 경제는 언제나 경제 이외의 문제들과 밀접한 관련이 있기 때문에 이들과의 조정이 강조되어야 하며, 기획재정부는 각 기능을 맡고 있는 부처들만큼의 전문기술지식도 없기 때문이다. 또한 대외협상에 있어서는 협상전략 면에서 협상체제가 집중화되지 않는 것이 유리하다고 생각한다.

Ⅲ. 국토교통부와 다른 부와의 관계

국토교통부는 우리나라의 경제발전을 이루는 데 사회간접자본SOC을 갖추는 기능을 한 조직이다. 건설부는 1955년 부흥부로 설치되었다가 1961년 6월 건설부로 명칭이 변경되었고, 같은 해 7월 경제계획 내 국토건설청으로 축소되었다가 다음해 6월에 다시 건설부로 회복되었다. 1994년 도로, 철도, 항공운수 및 해운업무를 담당하던 '교통부(1948년 설치)'와 산업입지, 도시, 주택, 수자원업무를 총괄하던 '건설부'를 통합하여 만들어진 부서이다. 2008년 한때 건설교통부와 해양수산부를 통합하여 대부처가 된 경우도 있었다. 박근혜 정부시 해양수산부가 독립하여 국토교통부가 되었다.

국토교통부는 국토종합계획의 수립·조정, 국토 및 수자원의 보전·이용 및 개발, 도시·도로 및 주택의 건설, 해안·하천·항만 및 간척, 육운·철도 및 항공에 관한 사무를 한다. 따라서 하부조직으로 실국은 국토건설계통, 교통계통의 두 가지로 병설된 구조로 되어 있다. 그리고 종전에 행정안전부에 있었던 지적(地籍) 관련 사무를 이양 받아 국토종합개발 업무를 총괄하게 되었다.

국토교통부는 경제발전과정에서 국토에 관련된 하부구조Infrastructure를 만드는 데 큰 공을 세운 행정조직이다. 이 부의 업무 중 국토(건설)부문과 관련이 많은 곳들은 기획재정부, 행정안전부, 산업통상자원부, 환경부, 농림축산식품부, 보건복지부, 문화체육관광부, 국방부 등이다. 경제 담당부와의 사이에는 국토건설계획이나 수도권계획, 지역계획 등을 둘러싸고 여러 기관들이 관심을 갖게 된다. 특히 전 국토를 대상으로 하는 사업의 경우, 행정안전부가 여기에 가장 많이 관련된다. 행정안전부는 국토교통부의 건축행정, 방재업무, 상·하수도업무, 도시계획, 댐 등에도 큰 관련을 갖는다.

산업 담당부는 공장들의 토지구입과 관련하여 국토교통부의 산업입지계획이나 공단조성계획에 관심을 가지게 된다. 농림축산식품부는 공유지수면매립 또는 간척사업과 관련하여 식량증산을 연결시키며, 국토건설종합계획에서 가능한 한 많은 농지를 확보하려고 한다.

농업용수, 발전 등을 위하여 댐건설 또는 수자원계획에 대해서도 국토교통부 등 몇개의 부처가 관련된 업무를 하고 있었으나, 이제 환경부가 많이 관할하게 되었다. 특히 수자원이 고갈되고, 중요해짐에 따라 관련부처들 간에 관할권 다툼이 오래전부터 있었다. 특히 대규모 댐건설은 향후 없는 것으로 하고 수자원관리를 환경부에서 하기로 2018년에 일원화 하였다.

국방부와의 관계는 군사보호지역을 지정하는 것과 관련 있다. 군사보호지역은 군사적인 목적으로만 지정되는 것이면서, 국방부에 의하여 일방적으로 정하여졌기 때문에, 이에 의하여 국토교통부가 구속받는 관계에 놓이는 경우가 많다. 환경부는 국토교통부의 국토개발종합계획뿐만 아니라 수자원개발, "그린벨트"의 관리, 공원과 지정공단조성 등 업무 영역 전반적으로 관련되는 경우가 많다. 이는 앞에서 설명한 바와 같이 조직의 목표 면에서 양 부가 서로 대립되는 위치에 있기 때문이다. 국토교통부의 주택건설에 관해서는 보건복지부가 관심이 있으며, 국립공원지정과 관리 및 해안국립공원 문제에 관해 문화재관리와 관광을 맡은 문화체육관광부와 관련을 갖게 된다.

국토교통부는 교통업무와 관련하여 산업 담당부와 관계를 맺게 되는데, 주로 교통수단들의 형식승인과 관련해서이다. 행정안전부와의 사이에는 교통, 관광 등의 분야에서 요금을 포함한 각종 규제로 인해 관계가 있을 수 있다. 다른 경우와 마찬가지로 시내, 도내, 도간, 시외, 전국 등 지역적인 개념에 의하여 분업함으로써 교통요금체계 등에 갈등이 없게 한다. 또한 교통경찰과 교통 담당부와의 분업상태에도 협조가 필요한 부분이 있다. 국방부와의 사이에는 군 공항의 사용, 노동부와의 사이에는 항만노역, 그리고 외교부와의 사이에는 항공협정, 해운협정 등과 관련하여 관계가 성립한다.

Ⅳ. 해양수산부와 다른 부와의 관계

3면이 바다로 둘러싸여 있는 우리나라는 지정학적으로 바다가 안보 및 경제 분야에서 중요한 가치를 가지고 있다고 할 수 있다. 이에 관한 업무를 담당하는 중앙부처로는 과거 국토교통부가 해양업무를, 농림수산부의 수산업 진흥과가 수산 업무를 각각 담당하였으나, 이제 독립된 중앙행정기관인 해양수산부의 소관으로 통합되었다.

해양수산부는 조직안정성이 약하여, 역사적으로 정치적 상황에 따라 중앙행정조직으로서 출몰하는 경향이 있다.[41] 1996년 이전까지는 정치적 상황과 고려에 따라 해무청, 수산청 등의 이름으로 존재하였다가 사라지는 일이 많았다. 그러다가 우리나라가 해양대국을 지향하면서 1996년에 해양수산부가 탄생하고 이명박 정부가 출범할 때까지 12년 간 독자적인 부로 존재하였다. 이명박 정부 때에는 국토교통부 및 농림부가 각각 해양과 수산 업무를 분산 수행하면서 독자적인 해양수산부는 5년 간 폐지되었다가 박근혜 정부에서 부활되어 현재에 이르고 있다. 이것은 선거 때마다 높아지는 영남지역의 정치적 목소리가 작동한 조직신설의 예이다. 여러 가지 설명이 가능하지만, 부산지역 소리를 이유로 이 지역에 해양수산부를 신설하는 것을 공약으로 내세우고 실천한 것도 사실이기 때문이다.

다른 부와의 관계를 살펴보면, 어촌 문제에 대해서는 행정안전부와 관계가 있으며, 해양오염 등 환경문제에 관해서는 환경부와 관계가 있을 수밖에 없다. 청 조직으로는 지방해운항만청이 있는데, 이는 해양수산부의 업무를 집행하는 중요한 조직적 수단이다. 국방부(해군)와는 해안 및 해상의 안전과 경비 기능 때문에 관련이 있다. 다만, 해양수산부가 보유한 주요 기능 중 하나인 해양경찰 기능은 2014년 세월호 사건 이후 국민안전처로 이관되었다가, 문재인 정부에서 다시 해양수산부 소속으로 이관되었다. 향후 해양수산부의 역할 중 더욱 중요해지는 분야로는 해양수산에 관한 과학기술의 발달이 있는데, 이를 증진시키는 문제는 과학기술 담당부(과학기술정보통신부)와 관련되어 있다.

Ⅴ. (고용)노동부와 다른 부와의 관계

노동부는 1963년 보건사회부 소속의 노동청으로 출발하여 1981년 부로 승격

41) 도수관 · 김동신 · 장덕희(2015), 우리나라 해양수산행정조직의 역사적 변화과정 및 기능과 역할에 관한 연구, 「한국정책연구」, 제5권 3호, pp. 17-38.

된 조직이다. 노동부는 고용정책의 수립·총괄, 직업능력개발훈련, 고용보험, 산업재해보상보험, 고용평등과 일·가정 양립 지원, 근로조건의 기준, 근로자 복지, 노사관계 조정, 노사협력 증진, 산업안전보건, 그 밖에 고용·노동에 관한 사무를 관장한다. 조직의 역사와 더불어 분장사무의 근접성 때문에 노동부는 보건복지부와 업무상 많은 관계를 맺고 있다.

역사적으로 우리나라는 5·16 군사정부가 경제개발을 시작한 이래 5공화국 때까지 노동조합이나 쟁의에 대해서 계속 억제정책을 써왔다. 산업평화의 보장을 노동자 쪽의 일방적인 희생에 의지해 온 것이다. 이 과정에서 국가정보원이 실질적으로 관여하고, 대외적인 또는 공식적인 책임은 노동부가 지는 식으로 운영되어 왔다. 권위주의 정부 하에서 권한과 책임이 일치하지 않았던 경우의 전형적인 예에 속한다. 지금도 노동부의 하부조직 가운데 노사정책실의 협력관이나 기획관을 별정직으로도 보할 수 있게 되어 있는 것은 그때의 유산이다.

노사갈등이나 노동권 보장이라는 조직목표를 넘어 고용이 추가된 것은 이명박 정부 때이다. 이는 실업률이 중요한 사회문제가 됨에 따라 노동문제를 고용이란 측면에서 보자는 것이다. 즉, 목표의 확대현상goal enlargement이 일어난 것이다. 그 결과, 보건복지부 등 다른 부처와 더 많은 관계를 맺게 되었다. 예컨대 장애인 직업정책에 관해서는 보건복지부와 관련이 있어 양 부처 간 갈등을 낳기도 하였다.

노동부는 부처 목표를 달성하기 위하여 본부조직 이외에 지방에도 많은 지방노동청과 지방노동사무소들을 가지고 있다. 어느 지방에 위치한 기업에서 노사관계에 문제가 생겼을 때는 노동조합 및 노동관계조정법에 의거하여 적절한 절차를 거쳐 파업도 할 수 있다. 이 과정에서 지방노동청은 지방노동위원회의 사무도 보좌한다. 즉, 노동관련 분쟁을 해결하기 위하여 설치된 일종의 준사법기관인 노동위원회의 운영도 고용노동부의 중요한 업무 중의 하나이다. 그러나 갈등을 사전에 막기 위해 현장실태 파악과 더불어 예방조치를 하는 것이 더 중요한 업무이다. 노동부의 대상고객은 명백히 노동자들이며, 이들의 조직적인 힘이 노동부의 결정에 영향을 준다. 그러나 노동부가 언제나 노동자의 편에만 서는 것은 아니다. 때로는 기업가의 입장에도 서고, 때로는 양자 사이의 중립적인 입장에서기도 하며, 정부의 방침이라는 이름 하에서 이 사이를 왔다갔다 한다. 여기에는 여러 가지 주변 여건도 함께 작용한다.

일단 노동쟁의가 대규모로 발생하면 노동부는 긴장상태에 들어가고, 국민들 특히 정치계의 관심대상이 된다. 특히 1980년대 이후 2000년대 후반까지 우리나라의 노동쟁의는 전 세계에서도 보기 드물게 거친 편이었다. 노동운동이 정치민주화 운동과 결합하면서, 노조가 정치화된 문제도 있었다. 대규모 노동문제가 있을 때는 대통령 등 상관이 관심을 갖기 때문에 장관이 직접 나서야 한다.

노동쟁의가 발생하면 지방자치단체가 그 과정에 관여하게 되며, 경찰도 동원되게 된다. 이런 의미에서 행정안전부와는 밀접한 관계가 있다. 그러나 사태가 해결되고 나면 이 관계는 다시 원점으로 돌아가는 성질이 있다. 그리고 이 관계는 많은 경우에 노동부가 행정안전부에 의존하는 관계라고 할 수 있다. 최근에는 공무원 노조와 관련하여 행정안전부와 직접적인 관계를 갖게 되기도 하였다.

노동자들이 근무하는 곳들은 기업체들이며, 이들은 업종에 따라서 여러 부들과 관계를 맺고 있기 때문에, 이런 의미에서 모든 부들과의 관계가 성립할 수 있다. 그러나 무엇보다도 전술한 대로 산업 담당부와의 관계가 가장 중요한 것이다. 조직의 목표라는 측면에서는 노사갈등으로 관계를 맺게 되며, 점거농성 혹은 직장폐쇄 등의 조치가 취해지는 경우에는 경제성장을 주도하는 경제부처가 관심을 갖는다. 보건복지부와의 사이에는 산업재해와 안전, 산업보건, 근로자복지 등과 관련하여 관계를 가지고 있다. 또한, 여성가족부와는 소년의 노동 등과 관련하여 관계를 가진다.

이 밖에 국제노동협약에 관하여 외교부와의 관계가 있다. 그동안 ILO에서 요구하는 수준의 노동기준이 마련되지 않아 국제적 압력에 따라 제도발전을 시켜온 면도 있다. 근로자 교육과 관련해서는 교육 담당부와 그리고 근로자 기술교육이나 기술검정과 관련하여 과학기술 담당부와, 산업재해보상특별회계와 관련하여 예산실이나 재정부와, 마지막으로 산업재해와 관련하여 환경부와의 관계가 생긴다.

제8절 정부부처들 사이의 조직과정 변화

우리는 이상에서 정부의 각 부처들이 업무의 내용으로 보아 상호작용관계가 어떻게 성립할 수 있는지를 살펴보았다. 행정조직들 사이에서 실제로 어떤 교호작용이 일어나는가를 알려면 우선 이를 참여관찰하는 것이 가장 정확한 방법일 것이다. 이는 매우 방대한 정보이고, 그 교호작용을 유형화하는 것도 중요한 과제이다. 예컨대 부처들 간 교호작용은 공식적 회의, 비공식적 모임, 전화, 이메일, 방문 등 다양할 것이다. 다음으로는 문서화된 자료에 의존하는 방법이 있다. 이것은 객관적이라는 장점이 있다. 전술한 품의제도에 의해 정기적으로, 그리고 법적으로 이들 사이에 어떤 상호 보고를 하며, 상호 협조를 하게 되어 있는가에 대한 분석을 통해서 부분적으로나마 교호작용을 알아보는 것도 중요하다. 그러나 이것도 그 교호작용의 내용과 강도까지 다루는 것은 너무 복잡하다.

우선, 여기서는 노무현 정부 시 국무회의에 상정된 법령의 제정 또는 개정안의 제안부처와 협의부처를 기록하여 정리한 자료를 활용한 연구를 보기로 하겠다.[42] 중요한 정부의 결정은 국무회의를 거치기 때문에 적어도 이 자료는 어느 정도 큰 맥락은 보여준다고 할 수 있다.[43]

42) 이창길(2007), 중앙부처의 수평적 정책네트워크 구조 분석: 협력과 경쟁 그리고 권위의 관계를 중심으로, 「한국행정학보」, 제41권 1호, pp. 21-47.
43) 시간적으로는 2004년 6월부터 2006년 6월까지 제정되거나 또는 개정된 법률 및 대통령령을 대상으로 하였고, 분석에 사용된 총 표본 수는 1,538건이다.

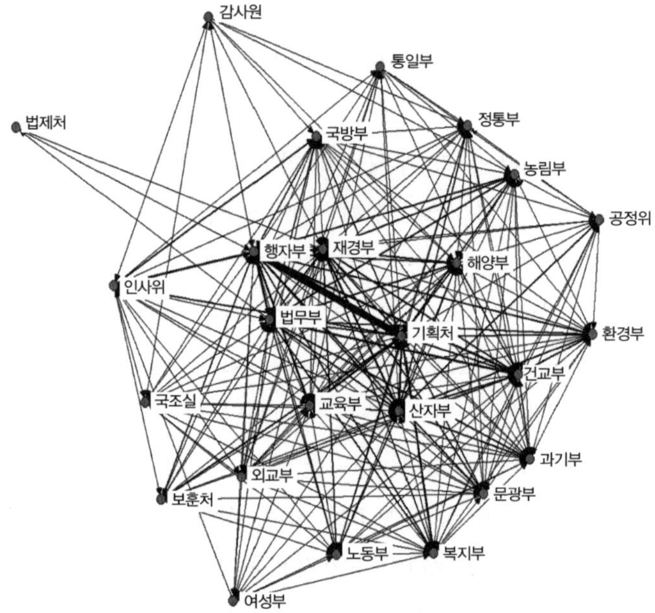

[그림 11-1] **중앙부처간 교호작용**

출처: 이창길(2007), p. 36.

위 그림에서 선의 존재는 부처 간 상호관계가 있다는 것을 의미한다. 화살표는 상호작용 관계의 방향을 나타내며, 선의 굵기는 상호작용의 강도를 나타낸다. 이 그림은 네트워크분석법에 의해 상호작용이 있는 것을 중심으로 그린 것이다. 따라서 여러 부처와 상호작용이 많은 부처는 자연히 그림의 중앙에 위치하고 그렇지 않은 경우에는 외곽에 위치한다.

분석결과, 중앙에는 행정안전부, 재정경제부, 법무부, 기획예산처(즉, 기재부 예산실에 해당) 등이 위치한 반면, 외곽에는 법제처, 여성부, 통일부, 감사원 등이 위치하고 있다. 또한 선의 굵기로 보아 행정안전부와 기획예산처(현 기재부) 간의 상호작용 강도가 가장 강한 것으로 나타나고 있으며, 법무부, 재정경제부, 건설교통부, 교육부, 외교부, 산자부 등도 상호작용이 상대적으로 다른 부처보다 더 많은 것으로 나타난다. 그러나 동 연구에서는 이들 상호관계가 왜 이렇게 나왔는지에 대해서 자세한 설명을 덧붙이지 않았다. 예컨대 국무회의에 상정되는 모든 법안에 관해서는 법제처의 검토가 필요하기 때문에 법제처가 중앙에 위치해야 하고 모든 관계가 성립하여 굵은 선이 되어야 하는데 그렇지 못하다. 다만 법제처가 비록 외곽에 있기는 하지만, 중심적 부처인 행정안전부, 재정경제부, 법무부와 연계되어 있음을 알 수 있을 뿐이다.

다만 어느 부를 기준으로 할 때, 어떤 부처에 협의를 요청하고 어느 부처로부터 협의를 요청받느냐는 다음 표에서 알 수 있다. 일반적으로 요청을 받는 부처가 요청을 하는 부처보다 더 우월한 권력관계에 있다고 볼 수 있을 것이다.

〈표 11-3〉 **부처간 관계에서 협조 요청을 받는 부와 제안하는 부**

구분	협의받는 부(IN)	제안하는 부(OUT)
감사원	행자	인사, 행자
건교부	기획, 재경, 행자	법무, 행자, 환경
공정위	산자	산자
과기부	산자	산자
교육부	여성, 통일, 행자	행자
국방부	행자	행자
국조실	행자	행자
기획처	농림, 문광, 법무, 보훈, 복지, 산자, 여성, 인사, 해양, 행자	건교, 문광
노동부	재경	산자
농림부	재경	기획, 법무
문광부	재경	기획, 행자
법무부	건교, 농림, 법제, 복지, 여성, 재경, 해양, 행자	기획, 행자
법제처	행자	법무, 재경, 행자
보훈처	행자	기획, 행자
복지부	행자	기획, 법무, 여성, 행자
산자부	공정, 과기, 기획, 환경	공정, 과기, 기획, 재경, 정통

여성부	복지, 행자	교육, 기획, 법무
외교부	재경, 행자	인사
인사위	감사, 외교, 행자	기획, 행자
재경부	법제, 산자, 행자	공정, 노동, 농림, 문광, 외교
정통부	산자	법무
통일부	행자	교육
해양부	행자	기획, 법무, 행자
행자부	감사, 공정, 교육, 국방, 국조, 문광, 법무, 법제, 보훈, 복지, 외교, 인사, 해양	감사, 건교, 교육, 국방, 국조, 기획, 법무, 법제, 보훈, 복지, 여성, 외교, 인사, 재경, 통일, 해양
환경부	건교	산자

출처: 이창길(2007), p. 37 발췌수정.

다음으로 이명박 정부를 대상으로 네트워크 분석을 한 것을 보면 변화가 있어 보인다.[44] 전술한 바와 같이 노무현 정부에서는 국가관리기능을 담당하는 부처들인 행정안전부, 재정경제부, 법무부, 기획예산처의 중심성이 높았다. 그런데 이 연구에서는 전 정부에서 중앙인사위원회와 행정안전부에 대한 네트워크 집중도가 높았던 반면, 이명박 정부에서는 산업경제기능을 담당하는 부처들에 대한 집중도가 두드러지게 높아졌다는 점을 밝히고 있다. 특히 기획재정부, 국토해양부, 지식경제부, 금융위원회, 농림축산식품부들의 사이중심성이 유의미하게 높아진 것으로 나타났다. 이들 부처들은 경제부처들로서, 중앙정부 내 부처 간 업무과정에서 중심적 위치에 있다는 것을 의미한다.

그중에서도 기획재정부의 경우, 내향중심성과 사이중심성 모두 큰 폭으로 상승한 것으로 보인다. 이는 전자의 분석이 기획예산처와 재정경제부로 나눠진 때를 대상으로 하였기 때문에 양자 간 약간의 견제와 균형이 있었던 것으로 보인다. 어떻든 이제 기획재정부가 네트워크 구조에서도 중핵적인 역할을 하는 것으로 분석된 후자의 결과를 주목할 필요가 있다. 이는 부처 간 권력에서 기획재정

44) 박치성 · 오재록 · 남주현(2011), 정부조직개편의 효과 실증분석: 노무현, 이명박 정부의 중앙부처 간 업무관계 네트워크 변화를 중심으로, 「행정논총」, 제49권 4호, pp. 51-82.

부가 가장 강력한 지배적 위치에 있다는 것을 실증적으로 나타내 준다.[45] 또한 이것은 곧 기획재정부가 다른 부처와의 관계에서 권한-책임일치의 원칙을 무시하는 행태를 보일 가능성이 있다는 것을 보여주는 결과이기도 하다.

이상은 조직중심으로 그들 간의 관계를 본 것이다. 분석에 사용된 자료의 한계인지 모르지만 일반적으로 알려진 것과 다른 면도 있다. 이는 곧 추가적인 연구가 필요하다는 것을 의미한다. 그런데 이를 뒤집어서 일의 주체 또는 이슈issue별로 볼 수도 있을 것이다. 즉 어떤 일이 발생했을 때, 어떤 행정조직들이 정책결정과정의 주역들로 나타날 것이며, 이들 사이에는 어떤 영향 관계가 있을 것인지, 따라서 어떤 과정을 밟게 되고, 이들이 어떤 행태를 보일 것인지를 살펴보는 방법도 있을 것이다. 이것도 추후 연구과제이다.

45) 기획재정부의 기능에 관해서는 지원 부처에 관한 분석 내용 참조.

제 12 장

지방의 행정조직 : 중앙정부와의 관계

중앙행정조직을 이해하는 것만으로는 국가의 행정조직 전체를 알았다고 보기 어렵다. 중앙정부가 해야 할 기능을 실제로는 지방행정조직이 수행하는 경우가 많기 때문이다. 즉, 지방행정조직을 모르면 중앙행정기관이 결정한 정책의 집행이 어떻게 되는지 모르는 것과 같다. 우리나라의 지방행정조직을 이해하기 위해서는 우선 헌법의 제8장 “지방자치”를 알아야 하며, 다음으로 정부조직법을 보고, 이어서 행정안전부 직제를 참고하여야 한다. 구체적으로 지방행정조직을 직접적으로 다루는 것은 지방자치법이다. 이 법은 지방자치단체의 종류를 특별시, 광역시, 도, 특별자치시, 특별자치도, 시, 군, 구로 하는 것을 정하고, 군 밑에 읍·면을 두고 시와 구에는 동을 둔다는 것을 명시하고 있다. 그리고 다시 동에는 반을, 읍과 면에는 리를 두는 것도 정하고 있다. 이 장에서는 중앙의 행정조직과 지방의 행정조직이 어떤 유사성이 있고, 또한 서로 어떤 관계에 있는지 분석하기로 한다.

제 1 절 지방행정조직의 법적 체계

1. 지방행정기관의 역사

조선시대까지의 도, 군, 부 등은 중앙정부의 집권자가 자기의 지배력을 전국적으로 미치게 하기 위하여 신하를 그 지방에 주둔시키는데, 이 신하의 지휘를 받는 조직들이 있었다. 오늘날 역시 적어도 상징적으로는 군수, 시장, 도지사가 지방에서 대통령을 대표하는 것으로 간주되고 있다.

조선시대에 중앙의 각 조(曹)에 의하여 지방기관이 기능별로 통제를 받으면서 모든 기능을 수행하는 종합행정기관으로 간주되었던 것과 같이, 오늘날에도 지방자치단체는 중앙정부의 통제를 어느 정도 받고 있으며, 사람들의 인식 속에는 국가의 종합행정기관으로 여겨지고 있다.

조선시대 지방 책임자를 보조하는 관아의 조직이 중앙의 각 조(曹)의 축소판이었던 것도 오늘날까지 전승되어 오고 있다. 다만 오늘날에 와서는 이들 지방기관을 총괄하는 중앙부서로서의 행정안전부가 따로 있고, 그들 지방기관장의 권한으로부터 군과 사법(3권 분립에 의함)에 관한 것은 물론이고, 교육자치 분야, 그리고 기타 특별지방행정관서의 업무가 제외되었다는 점 등이 다르다.

2. 중앙과 지방의 정부조직 체계

헌법은 행정권은 대통령을 수반으로 하는 정부에 속한다고 규정하고 있다. 이에 따라 대통령은 국무총리 및 국무위원의 임명, 행정 각 부 장관의 임명 권한을 가지고 있다. 또한 감사원을 대통령 하에 설치할 수 있다고 규정함으로써 대통령이 자신이 임명한 사람들을 감시하는 권한까지 부여하고 있다. 이를 통하여 대통령은 수반으로서 책임을 가지고 행정조직을 이끌어나가게 된다. 헌법에서는 행정조직을 구성하는 행정 각 부의 설치, 조직과 직무범위는 법률로 정한다고 규정한다.

국가행정사무의 체계적이고 능률적인 수행을 위하여 국가행정기관의 설치·조직과 직무범위의 대강을 정함을 목적으로 하는 정부조직법이 있다. 정부조직법에서는 중앙행정기관과 특별지방행정기관의 설치에 대하여 규정하고 있는데, 이들을 국가행정조직으로 이해할 수 있다. 또한 지방자치단체의 종류와 조직 및 운영에 관한 사항을 정하고, 국가와 지방자치단체 사이의 기본적인 관계를 정함으로써 지방자치행정을 민주적이고 능률적으로 수행하고, 지방을 균형 있게 발전시키며, 대한민국을 민주적으로 발전시키는 것을 목적으로 하는 지방자치법이 있다. 지방자치법은 지방자치단체의 종류와 법인격, 관할과 특별지방자치단체의 설치에 대해 규정한다. 이로써 중앙과 지방의 행정조직 체계를 크게 정부조직법에 근거를 두고 있는 국가행정조직과 지방자치법에 근거를 두고 있는 지방행정조직으로 나누어 볼 수 있다.

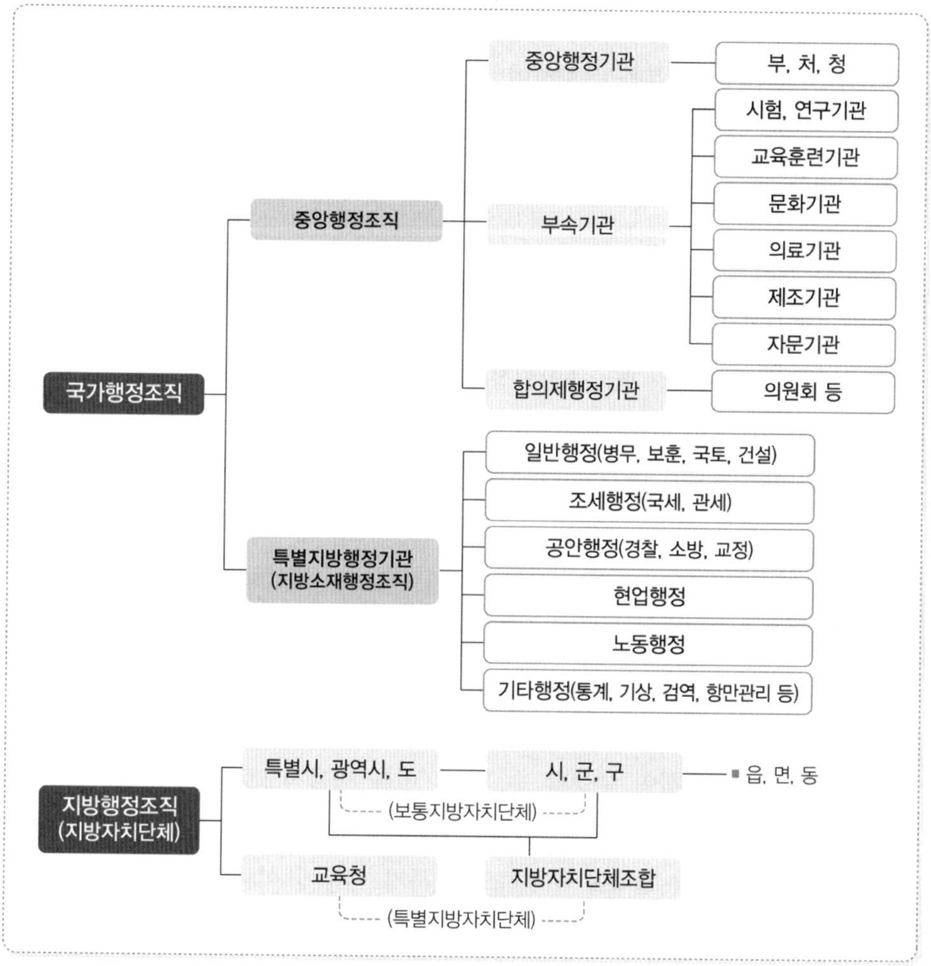

[그림 12-1] **행정 조직 체계**

정부조직법에서 규정하고 있는 국가행정조직은 중앙행정조직과 지방행정조직으로 나누어진다. 부, 처, 청으로 대표되는 중앙행정조직은 그 외에도 부속기관 및 합의제 행정기관을 두고 있다. 부속기관에는 시험, 연구기관, 교육훈련기관 등이 포함되는데 이들은 부, 처, 청에 부속하여 해당 기관을 지원하는 역할을 맡는다. 이들의 지리적 소재지는 대부분의 중앙행정기관이 있는 세종시가 아닌 다른 지방인 경우가 많다.

정부조직법은 '행정기관에는 그 소관사무의 범위에서 필요한 때에는 대통령령으로 정하는 바에 따라 부속기관을 둘 수 있다'고 규정하고 있다. 한편, 행정기관에는 그 소관사무의 일부를 독립하여 수행할 필요가 있는 때에는 법률로 정하는 바에 따라 행정위원회 등 합의제 행정기관을 둘 수 있다고 규정함으로써 부속기관과 합의제 행정기관의 근거가 각각 명령과 법률로 다른 데에 있다는 사실을 알 수 있다.

그러나 중앙행정기관의 소관 범위에 대해서는 법령에 언급하지 않고 있다. 하지만 지방자치법시행령에서 자치단체의 관할이 미치는 범위를 일정지역이라고 규정한 것으로 미루어 볼 때, 중앙행정기관을 이의 여집합(餘集合)이라고 본다면, 그 관할권이 미치는 범위가 대한민국 전체인 기관이라고 규정할 수 있을 것이다.

다만 지역적 특성에 맞게 중앙이 일을 해야 할 필요가 있는 경우를 대비하여 지방에 행정기관을 설치할 수 있는 규정을 두고 있다. 이에 따라 각 중앙행정기관에는 소관 사무를 수행하기 위하여 필요한 때에는 법률로 정한 경우를 제외하고 대통령령으로 정하는 바에 따라 지방행정기관을 둘 수 있다. 또한 이들은 업무의 관련성이나 지역적인 특수성에 따라 통합하여 수행하는 것이 효율적이라고 인정되는 경우에는 대통령령으로 정하는 바에 따라 관련되는 다른 중앙행정기관의 소관 사무를 통합하여 수행할 수 있다. 이를 법률적으로 특별지방행정기관이라 한다. 특별지방행정기관은 중앙부처가 지방자치단체를 이용하기보다는 지방에 독자적인 기관을 두어 업무를 수행하도록 하기 때문에 이론적으로는 중앙집권의 산물이라 할 수 있다.[1]

지방행정조직, 즉 지방자치단체는 보통지방자치단체와 특별지방자치단체로 나뉜다. 보통지방자치단체에는 광역자치단체로서 특별시, 광역시, 특별자치시, 도, 특별자치도와 기초자치단체로서 시, 군, 구가 있다. 광역과 기초를 포함한 모든 지방자치단체는 법인으로서 관할 구역의 자치사무와 법령에 따라 지방자치단체에

---

1) 임도빈(2004), 「한국지방조직론」, 박영사, p. 381.

속하는 사무를 처리한다. 지방자치법시행령은 “지방행정기관”이란 지방자치단체의 행정사무를 담당하기 위하여 설치된 행정기관으로서 그 관할권이 미치는 범위가 일정지역에 한정되는 기관이라고 규정한다.

보통지방자치단체 외에 특정한 목적을 수행하기 위하여 필요하면 따로 특별지방자치단체를 설치할 수 있다. 특별지방자치단체의 설치 · 운영에 관하여 필요한 사항은 대통령령으로 정하기로 되어 있으며, 우리나라에는 교육자치단체인 교육청이 특별지방자치단체의 대표적인 예이다. 지방교육자치에 관한 법률은 교육감의 선거 및 임기 등을 규정하고 있다. 특별지방자치단체로는 이외에도 각종 자치단체조합이 있다.

3. 지방자치단체와 지방자치법

연방국가가 아닌 단일국가인 우리나라는 지방행정기관이 관할하는 지역단위를 ‘지방자치단체’라고 한다. 또한 상술한 의미의 지방행정기관과 거의 동의어로 지방‘자치단체’라는 용어를 사용한다. 즉, 지방자치단체란 지역을 의미하기도 하고, 기관을 의미하기도 한다. 서양에서 사용하는 ‘지방정부’라는 개념은 학계에서는 사용하지만, 법률적으로는 옳지 않은 개념이다. 우리나라에서 ‘정부’란 중앙정부만을 의미한다.

자치단체는 독립적으로 법률행위를 할 수 있는 법인격을 부여받는다. 헌법은 지방자치를 보장하고, 지방자치단체의 조직과 운영 등에 관한 사항을 법률로 정하도록 하고 있다. 이에 관한 주요 법률인 지방자치법은 각 자치단체의 장의 선거, 임기, 권한과 하급기관 또는 공공단체에 대한 위임 또는 위탁에 대한 근거를 마련하고 있다. 지방자치법은 장의 보조기관에 대해서는 부지사, 부시장, 부군수, 부구청장에 대해서만 정하고, 그 이하의 조직에 대해서는 하위법령에 위임하고 있다. 대통령령인 지방자치법시행령은 사업소, 출장소, 합의제 행정기관 및 기타 자문기관의 설치 등에 대하여 규정하고 있다. 또한 지방자치단체의 행정기구와 정원기준 등에 관한 규정(대통령령)은 지방자치단체에 두는 행정기구에 관한 여러 가지 기준과 원칙을 규정하고 있다.

그리고 자치단체 상호간의 조직으로서 행정협의회와 지방자치단체 조합을 둘 수 있게 명시하고 있다. 지방의 업무를 처리하는 데 있어서, 자치구역의 경계를 넘어 인접자치단체와 협력해야 할 사무가 많기 때문에, 이런 조직도 늘어나고 있다.

서울특별시 등 대도시, 세종시 그리고 제주특별자치도에 관해서는 특례를 인정할 수 있게 하여 놓고 있다. 서울특별시는 위에 언급한 특례 허용근거에 따라서 "서울특별시 행정 특례에 관한 법률"이라는 것을 별도로 가지고 있다. 이 법은 서울특별시를 정부직할에 두고, 수도로서 특별한 지위를 누린다는 규정을 두고 있다. 그리고 행정안전부가 서울특별시의 공채승인이나 감사를 하고자 할 때나, 수도권 지역에서 도로, 교통, 환경 등의 계획수립과 집행에 있어서 관계 중앙행정기관의 장과 의견의 불일치가 생기는 경우에는 국무총리가 조정을 하도록 하고 있다.

제주특별자치도와 세종특별자치시에는 다른 자치단체와는 달리 한층 큰 자율권을 부여하고 있다[2]. "제주특별자치도 설치 및 국제자유도시 조성을 위한 특별법"의 규정에 따르면, 제주특별자치도는 중앙행정사무의 이양에 따라 자치적으로 입법할 수 있는 사무가 확장되었고, 기구 및 정원 관리에 대한 특례를 인정하고 있다. 또한 자치단체로서 시·군의 폐지에 따라 시·군의회가 없어지고 제주시와 서귀포시가 행정시가 됨에 따라 다른 자치단체와 차별화된 행정조직구성을 보이고 있다. 마찬가지로 세종특별자치시 설치 등에 관한 특별법 제15조(조직 특례)는 세종시에 두는 행정기구에 대한 자율권을 부여하고 있다. 그리고 제주도와 세종시의 자치제도화를 둘러싼 문제를 다루기 위해 국무총리 밑에 심의기구로 위원회를 각각 두고 있다.

제 2 절 중앙정부와 지방자치단체 간의 관계

Ⅰ. 포괄적 계서관계

중앙정부와 지방정부(즉, 지방자치단체)가 서로 대등한 관계인가 여부는 단일국

2) 제주특별자치도 설치 및 국제자유도시 조성을 위한 특별법 참조.

가인가 아니면 연방국가인가에 따라 다르다. 미국과 같이 역사적으로 지방정부(즉, 주정부)가 먼저 생기고 이들의 합의에 의해 나중에 중앙정부(연방정부)가 생긴 경우는 당연히 지방정부가 중요하다.[3] 그러나 우리나라는 전통적으로 단일국가이기 때문에 중앙정부가 지방자치단체에게 주권 중의 일부인 자치권을 위임한 것으로 본다. 전자를 '주민자치', 후자를 '단체자치'라고 한다. 단체자치형에 속하는 우리나라는 중앙정부가 지방자치단체에 대해 계서적으로 우월한 지위에 있다. 이것은 후술하는 바와 같이 법률체계에서도, 자치단체가 만드는 조례가 국회가 관장하는 법의 하위규범으로 여겨지는 것과도 관련 있다.

중앙행정기관은 국민으로부터 주권을 위임받아 실현하는 도구로서 국가사무를 집행한다. 지방자치법에 명시하고 있는 국가사무의 기준은 국가의 존립에 필요하거나 전국적 규모인 경우, 또는 전국적으로 통일되거나 조정할 필요가 있는 사무인지의 여부이다. 중앙정부가 담당해야 하는 사무에는 지방자치법 제11조에 다음과 같이 나열되어 있다.

(1) 외교, 국방, 사법(司法), 국세 등 국가의 존립에 필요한 사무
(2) 물가정책, 금융정책, 수출입정책 등 전국적으로 통일적 처리를 요하는 사무
(3) 농산물 · 임산물 · 축산물 · 수산물 및 양곡의 수급조절과 수출입 등 전국적 규모의 사무
(4) 국가종합경제개발계획, 국가하천, 국유림, 국토종합개발계획, 지정항만, 고속국도 · 일반국도, 국립공원 등 전국적 규모나 이와 비슷한 규모의 사무
(5) 근로기준, 측량단위 등 전국적으로 기준을 통일하고 조정하여야 할 필요가 있는 사무
(6) 우편, 철도 등 전국적 규모나 이와 비슷한 규모의 사무
(7) 고도의 기술을 요하는 검사 · 시험 · 연구, 항공관리, 기상행정, 원자력개발 등 지방자치단체의 기술과 재정능력으로 감당하기 어려운 사무

지방자치법은 이를 지방자치단체에 대한 "국가사무의 처리제한"이라는 이름으로 나열하여 지방의 사무가 될 수 없음을 명시하고 있다. 중앙행정기관은 이러한 국가사무를 스스로 집행할 뿐만 아니라, 정부조직법 제6조 제1항 및 행정권한의 위임 및 위탁에 관한 규정(대통령령) 제6조의 규정에 근거하여, 위임 및 재위임과

3) 임도빈(2018), 「비교행정학」, 박영사.

위탁사무에 대하여 지방자치단체장을 지휘・감독하고, 그 처리가 위법하거나 부당하다고 인정될 때에는 이를 취소하거나 정지시킬 수 있는 권한을 가지고 있다.

나아가서 지방자치법 제166조에 의하면, 지방자치단체의 사무에 대해서도 중앙행정기관의 장은 조언 또는 권고하거나 '지도'할 수 있으며, 이를 위하여 필요하면 지방자치단체에 자료의 제출을 요구할 수 있다. 이때, 국가나 시・도는 지방자치단체가 그 지방자치단체의 사무를 처리하는 데에 필요하다고 인정하면 재정지원이나 기술지원을 할 수 있다. 행정지도는 법적으로는 반드시 복종해야 하는 강제성이 주어지는 것은 아니지만 실제로는 거의 지켜지는 것이 관행이다.

또한 지방자치단체나 그 단체장이 처리하는 단체위임사무 또는 기관위임사무에 대하여 수임기관이 시・도일 경우에는 주무부장관이 지도・감독하고, 시・군 및 자치구는 1차로 시・도지사가, 2차로 주무부장관이 지도・감독한다. 이외에도 지방자치단체장의 기관위임사무에 대한 주무부장관 또는 시・도지사의 직무이행명령, 지방자치단체 자치사무에 대한 행정안전부장관 또는 시・도지사의 감사권한을 인정하고 있다. 이것은 업무수행 방법론상에 포괄적 계서제를 상정하고 있는 것이다. 즉, 중앙행정기관과 지방행정기관 간에 명령통일의 원칙을 명시하고 있다.

이뿐만 아니라 지방자치단체의 활동 내용에도 제약을 가하고 있다. 일례로 지방자치법 제22조에서 지방자치단체는 조례를 통하여 법적인 활동을 할 수 있다고 규정하고 있다. 그런데 조례는 법령의 범위 안에서만 제정할 수 있다. 특히, 주민의 권리 제한 또는 의무 부과에 관한 사항이나 벌칙을 정할 때에는 반드시 법률의 위임이 있어야 한다. 이 점에서 볼 때, 중앙행정기관이 입법기관의 법률 제・개정에 큰 영향력을 행사할 수 있으므로, 지방행정기관은 중앙행정기관에 종속될 수밖에 없다. 또한 이러한 계서관계는 같은 지방행정기관이라고 해도 광역자치단체와 기초자치단체 간에도 존재한다. 왜냐하면 지방자치법 제24조에는 '시・군 및 자치구의 조례나 규칙은 시・도의 조례나 규칙을 위반하여서는 아니된다'고 규정하여 기초자치단체의 입법한계를 명시하고 있기 때문이다.

Ⅱ. 지방자치단체의 사무기준

우리나라는 일제강점기에 형식상 법치주의를 택하면서, 지방자치단체도 법인격을 갖게 되었고, 고유사무나 위임사무에 관한 구별이 생기기 시작했다. 그리고 단체자치형이라는 큰 틀에서 (기관)위임사무라는 개념도 나온다. 광복 이후에는 일시적으로 지방자치제도가 도입되었으나, 곧 군사 쿠데타로 인해 중지되었다. 6공 정부에 들어와서 민주화에 대한 요구가 거세지자 비로소 주민직선의 지방의회가 다시 탄생하고 그 후 문민정부가 들어서면서 지방자치단체장도 주민들이 직접 선출하게 되었다. 역대정부를 거치면서 지방자치단체들은 점차적으로 자치권을 확대해가고 있다. 그러나 이러한 변화들은 과거의 것들의 토대 위에서 이루어진 것들이기 때문에 신제도주의에서 말하는 대로 경로의존성을 갖고 있다. 따라서 아직도 과거의 중앙과 지방의 본질적 관계 즉, 계서관계를 바탕으로 하고 있으며, 그 위에 각색을 한 것들이라 보아야 한다.

그렇다면 지방행정기관은 무엇을 할 수 있는가? 지방행정기관은 지방의회가 조례로 규정한 것을 기반으로 하여 주민의 편의와 복리 증진을 달성하기 위해 주로 그 지역의 주민생활에 관한 것을 담당한다. 국가사무와 같이 지방자치단체가 할 수 있는 기능들도 역시 지방자치법 제9조 제2항에 여러 가지 예시되어 있다. 이들을 몇 가지로 묶어서 간단히 보면 다음과 같은 부류에 속한 것들이다.

(1) 지방자치단체의 구역, 조직 및 행정관리 등에 관한 사무
(2) 주민의 복지증진에 관한 사무
(3) 농림, 상공업 등 산업진흥에 관한 사무
(4) 지역개발 및 주민의 생활환경시설의 설치 · 관리에 관한 사무
(5) 교육 · 체육 · 문화 · 예술의 진흥에 관한 사무
(6) 지역민방위 및 소방에 관한 사무

지방자치법시행령은 이들을 다시 구체화하여 자치단체의 종류별로 좀 더 구체적으로 분류하여 제시하고 있다. 상대적으로 광역적, 통일적 집행사무 등은 시 · 도의 사무로 하고, 주민생활과 밀접한 관련이 더 많은 사무나 순수한 집행적

사무는 이들을 시 · 군 · 구의 사무로 하여 그 내용을 예시하고 있다. 이들을 대체적으로 보면 다음과 같은 업무를 시, 도의 사무인 광역적 사무로 보고 있다.

(1) 행정처리 결과가 2개 이상의 시 · 군 및 자치구에 미치는 광역적 사무
(2) 시 · 도 단위로 동일한 기준에 따라 처리되어야 할 성질의 사무
(3) 지역적 특성을 살리면서 시 · 도 단위로 통일성을 유지할 필요가 있는 사무
(4) 국가와 시 · 군 및 자치구 사이의 연락 · 조정 등의 사무
(5) 시 · 군 및 자치구가 독자적으로 처리하기에 부적당한 사무
(6) 2개 이상의 시 · 군 및 자치구가 공동으로 설치하는 것이 적당하다고 인정되는 규모의 시설을 설치하고 관리하는 사무

이에 비하여 시 · 군 · 구가 해야 할 기능은 일반적으로 광역자치단체에서 처리해야 할 사무들을 제외한 모든 사무를 말한다.[4] 이들은 시 · 군 · 구의 조직, 재정, 자치입법에 관한 사무와 지역주민생활과 밀접한 봉사사무, 그리고 기능수행결과가 해당 시 · 군 · 구에만 미치는 집행적 사무 등을 포함한다.

Ⅲ. 집행과정에서의 조직체계

1. 현장에서의 집행조직

지방자치법에 나열된 국가사무는 원칙적으로 중앙행정기관이 직접 처리해야 한다. 그리고 위임된 국가사무의 구체적 집행에 관해서는 지방행정기관도 중앙행정기관의 지휘 · 감독에 따라서 집행해야 한다. 이에 비하여 위에서 열거한 지방자치단체의 자치사무는 지방행정기관이 중앙행정기관과 관계없이 자율적으로 수행할 수 있어야 한다. 그러나 지방의 집행현장을 들여다보면, 집행조직이 복잡하게 설치되어 있다.

다음의 <표 12-1>에서 보는 바와 같이 국가사무를 중앙행정기관이 직접 처리하는 경우(유형 Ⅰ)와 지방사무를 지방행정기관이 직접 처리하는 경우(유형 Ⅳ)는 위의 원칙에 비춰봐서 아무 문제가 없다. 물론 지방자치법 제166조에 의해서 지방의 사무처리(즉, 유형 Ⅳ)에 대해서도 중앙행정기관의 장이 지도나 조언을

4) 다만, 인구 50만 이상의 시에 대하여는 도가 처리하는 사무의 일부를 직접 처리하게 할 수 있다(지방자치법 제10조 2항).

할 수는 있다.

〈표 12-1〉 **사무구분과 집행기관**

집행기관 ＼ 사무소관	국가사무	지방사무
국가행정조직(특별지방행정기관 포함)	Ⅰ(Ⅰ-1)	Ⅱ
지방행정조직	Ⅲ	Ⅳ

중앙행정기관의 입장에서 볼 때 국가사무를 지방에서 집행하는 방법은 특별지방행정기관에 의해서 하는 방법(유형 Ⅰ-1)과 지방행정기관을 통해서 하는 방법(유형 Ⅲ)이 있다. 이것은 항상 양자 중 어느 하나를 선택할 수 있는 것이 아니라, 소관 사무에 따라 혹은 부처에 따라서 중앙부처 소속의 특별행정기관이 없을 때는 불가피하게 유형 Ⅲ을 택할 수밖에 없다. 어떻든 유형 Ⅲ의 경우 지방행정기관은 중앙행정기관의 대리인에 불과하다. 이를 기관위임사무라고 하며, 대표적인 예로 가족관계부사무, 주민등록사무, 여권발급사무 등을 들 수 있다. 참고로 지방사무를 중앙행정기관이 처리하는 유형 Ⅱ는 드문 편이다. 지방자치단체가 필요한 7급, 9급 지방공무원을 채용할 때 시험의 출제와 관리 등을 인사혁신처에서 대신 해 주는 경우가 한 예일 뿐이다.

그런데 이러한 집행기관의 유형화는 이론에 불과하다. 실제로는 국가사무와 지방사무가 서로 그리 명료하게 구분되는 것은 아니기 때문이다. 예컨대 국가사무로 나열된 '(2) 물가정책, 금융정책, 수출입정책 등 전국적으로 통일적 처리를 요하는 사무와 (3) 농산물 · 임산물 · 축산물 · 수산물 및 양곡의 수급조절과 수출입 등 전국적 규모의 사무'는 지방사무로 나열된 '농림, 상공업 등 산업진흥에 관한 사무'와 아주 밀접하게 관련되어 있어서 분리하기 어렵다.

이렇게 애매한 경우에 중앙행정기관은 법령 제 · 개정권과 우월한 재원을 기초로 지방행정기관의 일에 간여할 수 있다. 거꾸로 지방행정기관은 중앙행정기관을 능가해서 이런 일을 처리할 수 없다. 권력적으로나 재정적으로나 강자와 약자의 관계라고 봐야 한다. 이러한 권력관계에 의해 중앙행정기관은 지방행정기관에 대해 기존의 영향력을 유지하려 한다.

이러한 국가사무집행을 전국적으로 집행해야 하는 것이 중앙정부의 책무에 해당한다. 지방행정기관의 고위직자리에 국가기관적인 성격을 보장하기 위해서 최근까지 국가공무원이 부단체장 등으로 파견되었고, 그들은 지방공무원을 감독하게 되어 있었다. 뿐만 아니라 중앙정부는 지방자치단체의 재정을 지배할 수 있다. 지방세의 결정은 중앙정부의 관장사항이며, 교부금, 양여금도 중앙정부의 재정에서 충당되기 때문이다.

한편, 지방자치에 대한 요구가 강해짐에 따라 지방행정기관은 유형 Ⅳ의 사무를 더 많이 갖고 싶어 한다. 이런 요구는 보수적 정권보다는 진보적 정권일 때 더욱 더 거세지고, 그것이 정책에 반영되는 경향도 강하다. 실제로 김대중 정부와 노무현 정부 시절 지방자치에 대한 개혁이 많이 추진되었다. 자치권 제고를 주장하는 여론이 세면 셀수록 유형 Ⅳ의 업무를 지방행정기관이 하려는 움직임이 커진다. 그리고 이를 처리할 조직, 인력, 예산을 요구하게 된다. 이에 더하여 수도권 인구집중의 문제가 부각되면 될수록 이런 요구가 거세진다. 그리고 결국은 국가사무를 지방사무로 재분류해 달라는 요구까지 생긴다. 예컨대, 극단적으로는 지방이 외교권을 갖고자 하는 요구도 나타날 수 있는데, 이러한 주장은 곧 연방국가화를 의미한다. 그리고 이것은 헌법의 개정까지 포함하여 근본적인 개혁을 필요로 한다.

2. 자치인가, 균형인가

각 지방자치단체는 지역의 경제성장을 우선시하는 성장 위주의 개발 정책을 경쟁적으로 추진하고 있다.[5] 자치단체들은 중앙정부에 간섭을 그만하고 자신들끼리 경쟁을 하도록 해달라고 주문한다. 지방은 중앙에 대해서, 기능도 많이 달라고 하지만 특히 돈을 많이 달라고 한다. 일부 농촌지역의 단체들은 국세 위주로 되어 있는 것을 지방세 비율을 높여서 재정자립도를 높여달라고 주문한다. 지방행정기관의 입장에서는 재원을 무조건 중앙으로부터 많이 받아내는 것이 능력이 있는 것으로 인식하고 있어서 세종시에 숙소를 마련하는 등 재원 마련에 몰두하는 모습을 보인다. 이렇게 얻은 예산을 효율적으로 사용하고자 하는 유인이 약해

5) 임도빈(2004), 「한국지방조직론」, 박영사.

질 수 있다. 일례로 강원도 태백시의 오투리조트 사업[6]과 같은 지역개발정책의 경우, 세금을 임자 없는 돈처럼 생각하여 '무조건 쓰고 보자'는 정서가 함께 작용되었다고 볼 수 있다. 더불어 지방자치단체에 대한 관리 및 감독의 문제도 더해져서 해당 사업은 결국 대표적인 지역개발정책 실패 사례로 남게 되었다. 만약 이와 같은 방식으로 개혁이 이루어질 경우, 지방의 세원이 줄어서 오히려 재정자립도가 더 낮아질 자치단체도 많이 있다. 즉, 문제는 이런 논리가 지역 간 부익부빈익빈이란 결과로 나올 가능성이 크다는 점이다. 인구 고령화와 도시집중현상은 이를 가속화하였다. 즉, 지방자치 개혁은 이러한 현실을 잘 모르고 하여 의도치 않은 결과를 가져오는 경우가 많다.

이런 맥락에서 중앙정부는 지역균형이란 목표를 내세운다. 지방단체단체의 재정을 통하여 많은 영향력을 행사하고 있다. 지방세의 결정은 중앙정부의 관장사항이며, 교부금, 양여금도 중앙정부의 재정에서 충당된다. 교부금은 자치단체 간 차이를 보전해 균형발전을 유도하는 중요한 재정적 장치이다.

중앙정부는 자치단체 간 경쟁을 하게 하는 동시에 이들 간 형평성을 보장한다는 두 마리의 토끼를 잡으려 한다. 나아가 대부분의 중앙행정조직들이 나서서 정책을 집행하면서 예산을 일부 부담하여 그것을 근거로 지방자치단체를 감독한다. 감독, 평가, 확인에는 지방자치단체를 믿을 수 없는 존재로 본다는 전제가 깔려 있다.

그러나 중앙도 지방에 대해 책임을 전가하거나 무책임한 정책을 시행하기도 한다. 중앙정부(기획재정부)가 부동산 경기 활성화를 위해, 취득세를 인하하는 데, 지방의 동의나 협의없이 발표하는 것이 그 예이다. 이런 정책으로 지방자치단체는 세수의 감소를 감수해야 하는 문제를 안고 있다. 또한 영유아보육 정책 등 중앙정부가 시행하는 정책에 지방의 재원이 소요된다는 점에서도 역시 중앙정부의 권한-책임 불일치 현상이 나타나고 있다. 이런 정책이 발표되기 전, 행정안전부가 중앙정부 내에서 지방을 적절히 대변해주어야 존재이유를 지킬 수 있을 것이다.

---

6) 오투리조트 사업의 실패 사례에 대한 내용은 임도빈(2015), 공약과 돈쓰기 경쟁: 지방개발정책의 실패 사례, 「행정논총」, 제53권 3호 참조.

제3절 중앙정부와 지방자치단체 간의 게임

Ⅰ. 기능재배분의 방법

1. 기능배분 현황

중앙정부가 무엇을 맡아야 하고 지방자치단체는 어떤 일을 맡아야 하는가에 대해서는 일반적으로 큰 이론이 없다. 이들 사이에 분업하는 제도로서 어떤 방식을 택하는가에 따라서, 그리고 상황에 따라서 다를 수 있다. 우리나라는 단일국가 체제인데, 이를 연방국가와 유사한 것으로 보느냐에 따라 처방이 다르다.

과거에는 포괄적 지정방식을 택해서 지방자치법에서 "지방자치단체는 그 지방의 공공사무와 법령에 의하여 그 단체에 소속된 사무를 처리한다"고 하였다. 그러나 역설적으로 원래 성질상 지방자치단체의 사무인데도 중앙정부가 지나치게 관여하게 되는 폐단도 생겨났다.

따라서 새로운 지방자치법에서는 자치사무들을 구체적으로 예시하는 방식을 택했다. 그렇게 함으로써 적어도 무엇이 자치사무인지를 명백히 알게 하고 국가의 지나친 간섭을 배제하고자 하였다. 이제는 적어도 고유사무가 무엇인지 그 일부는 명백해졌고, 따라서 어떤 것들이 조례제정의 대상이 되는 일들인가도 알 수 있게 되었다. 그러나 예시주의라는 것은 어디까지나 예시이기 때문에 열거되지 않은 것들도 자치사무가 될 수 있다.

따라서 우리나라에서 진정한 지방자치를 실현시키는 것은 중앙정부가 관할하는 사무를 지방자치단체에 얼마나 이양하느냐에 달려 있다. 1961년 이후 30년간 헌법이 보장하는 지방자치는 운영되지 못하였으나, 1991년 지방의회의 구성과 1995년 민선자치단체장 체제의 출범이 이루어지면서 지방자치에 대한 요구가 높아졌고, 이에 따라 비로소 국가사무의 지방위임정책이 시작되었다. 최초의 국가사무 지방이양은 노태우 정권 후반기인 1991년에 시작되어 김영삼 정부까지 이어졌다. 이들 각 정부에서 이양이 완료된 국가사무는 각각 818건과 723건이었다.

김대중 정부에서는 지방자치의 활성화를 도모하고자 1999년 국무총리를 위원장으로 하는 대통령소속 민관합동 위원회인 '지방이양추진위원회'를 신설하여, 국가사무를 지방사무로 이양하는 강제조치를 취하였다. 당시 실제로 이양이 완료된 국가사무는 792건이었다. 뒤이은 노무현 정부에서는 지방이양추진위원회와 정부혁신지방분권위원회를 통해 강도 높은 지방분권을 시도한 결과, 국가사무 1,211개의 지방이양을 완료하였다. 이명박 정부에서는 지방이양 건수가 516개로 줄어들긴 하였으나 그동안 이양되어온 사무들을 고려한다면 적지 않은 수치이다[7]. 그러나 여기에는 이양된 단위사무의 중요도나 처리빈도 등은 고려된 것이 아니기 때문에 이를 통해 지방자치가 얼마나 강화되었는지 평가하기 쉽지 않다. 대략 이양된 사무 숫자를 통해서 간접적으로 추론해 볼 수 있을 따름이다.

〈표 12-2〉 **정권별 사무이양의 법적 근거 및 추진기구**[8]

정부	법적 근거	추진 기구
노태우 및 김영삼 정부 (1991-1999)	국무총리훈령 및 총무처 조직관리지침	지방이양합동심의회 -총무처소속
김대중 정부 (1999-2003)	중앙행정권한의 지방이양촉진 등에 관한 법률	지방이양추진위원회 -대통령소속
노무현 정부 (2003-2008)	중앙행정권한의 지방이양촉진 등에 관한 법률 (지방분권특별법)	지방이양추진위원회 (정부혁신지방분권위원회) -대통령소속
이명박 정부 (2008-2013)	지방분권촉진에 관한 특별법	지방분권촉진위원회 -대통령소속
박근혜 정부 (2013-2017)	지방분권 및 지방행정체제 개편에 관한 특별법	지방자치발전위원회 -대통령소속
문재인 정부 (2017-)	지방분권 및 지방행정체제 개편에 관한 특별법	지방분권위원회 -대통령소속

7) 김성호(2015), 행정을 말하다: 포커스 04, 역대 정부 지방분권 평가와 과제, 「지방행정」, 제64권 739호, pp. 24-27.
8) 김재훈(2015), 행정을 말하다: 포커스 01, 민선 20년의 중앙과 지방 간 사무이양 평가, 「지방행정」, 제64권 746호, pp. 14-17.

한편, 여기서 한 가지 생각해야 할 것은 국가사무의 지방사무화(즉, 유형 Ⅰ에서 유형 Ⅳ로 전환)만이 지방주민의 복리를 위한 바람직한 방법이냐는 것이다. 이를 위해 필요한 전제조건은 지방자치단체(즉, 단체장과 지방의회)가 첫째, 자신이나 정당의 이익을 떠나 진정으로 그 자치단체만의 이익을 위해 정책결정을 하는지의 문제와, 둘째, 국가가 처리할 때 생기는 규모의 경제를 희생해도 좋은지의 문제, 셋째 국가 전체의 이익이나 지역 간 균형문제, 그리고 지방자치단체의 재정적 실현가능성 문제가 해결되어야 한다.

또한 우리는 국가정책이라는 큰 틀 속에서 지역의 특수성을 반영하기 위해서는 특별지방행정기관의 장에게 자율성을 더 부여하는 방식의 개혁(즉, 유형 Ⅰ에서 유형 Ⅰ-1로 전환)도 생각해 볼 필요가 있다. 특별지방행정기관의 장은 주민에 의해 선출되지 않았기 때문에 주민에 대한 책임성은 없지만, 지방에 근무하면서 지역정치에 휘말리지 않고 그 자치단체의 특수성을 고려하여 정책을 집행할 수 있는 입장에 있다. 더욱이 일부 지방자치단체의 심각한 재정건전성 문제 및 복지비 지급불능 선언 위기 등의 재정적 한계를 고려할 경우 무조건적인 국가사무의 지방사무화보다는 특별지방행정기관에 국가사무를 위임하는 방식도 확대할 필요가 있다.

2. 특별지방행정기관과 영토싸움

1) 기능재배분 게임의 배경

(1) 지방자치화와 지방분권화

지방자치화decentralization란, 중앙정부의 기능을 지방자치단체에 이양하는 것이다. 국가사무를 자치사무화하여 자치단체에 주는 것이 완전한 의미의 지방자치화라 할 수 있다. 그리고 국가사무를 자치단체에 위임하여 처리토록 하는 것은 절반 정도의 지방자치화라고 할 수 있다.

반면, 지방분권화deconcentration의 의미는 중앙행정기관이 직접 처리하지 않고 지방에 설치한 자신의 하부기관으로 하여금 업무를 수행케 하는 것이다. 즉, 업무처리기관의 지리적 소재지만 다를 뿐, 여전히 중앙부처 행정기관이 그 업무를 처리한다는 점에는 변함이 없다[9]. 지방분권화의 대표적 기관의 예가 특별지방행정기관이다.

특별지방행정기관은 업무의 전문성이나 관할 구역의 필요성에 따라 예외적으로 설치되는 것이 원칙이다. 지방자치법 상에는 업무의 관련성이나 지역적인 특수성에 따라 통합하여 수행함이 효율적이라고 인정되는 경우에는 대통령령으로 정하는 바에 따라 관련되는 다른 중앙행정기관의 소관 사무를 통합하여 수행할 수 있다고 규정하고 있다. 특별지방행정기관은 관할 범위가 지방에 국한되어 있으나 중앙행정조직의 일환으로 쓰인다는 특성이 있다. 각 중앙 부처들은 자신이 관할하고 싶으나 지나치게 광활한 범위에 놓여있는 업무의 경우 특별행정기관을 설치하여 업무 수행을 원활히 하고자 한다. 현재 전국에 설치되어 있는 특별지방행정기관이 5천개가 넘는다. 이 중에는 검찰, 경찰 등 공안행정기관과 실제 행정서비스를 국민에게 제공하는 현업행정기관이 주를 이룬다.

〈표 12-3〉 **연도별 특별지방행정기관 수**

구분	1993년	1998년	2003년	2007년	2009년	2012년	2016년
노동행정기관	58	58	46	46	47	47	47
세무행정기관	198	204	175	182	182	186	190
공안행정기관	4,416	3,849	3,466	1,916	2,136	2,578	2,655
현업행정기관	2,507	2,693	2,495	1,977	1,987	1,998	1,967
기타 행정기관	604	598	392	385	351	349	303
계	7,783	7,402	6,574	4,506	4,703	5,158	5,162

자료: 민기(2017), p. 236.

그러나 사실, 많은 특별지방행정기관의 기능은 보통 지방자치단체가 할 수 있는 영역이기도 하다는 점에서 조직영토 중복의 문제가 있다. 일반적으로 특별지방행정기관을 잘 활용하면 지방자치의 목적인 주민접근성 및 민주성을 향상시킬 수도 있다. 특별지방행정기관에 일정한 재량권을 준다면 지역 내에 위치하고 있기

9) 임도빈(2004), 「한국지방조직론」, 박영사, p. 381.

때문에 해당 지역의 주민들이 쉽게 다가가, 재량권 내에서 대응성을 높일 수 있기 때문이다.

하지만 주민입장에서는 지방 수준에서 서로 유사하거나 연계되는 업무가 특별행정기관과 지방자치단체에서 각각 따로 수행되어, '누가, 무엇을 하는지' 혼란스럽게 된다. 일반주민이 자신의 업무가 수많은 특별행정기관과 지방자치단체 부서 중 어디가 담당하는지 구분한다는 것은 불가능하다. 더구나 최근 주민들에 대하여 공간의 제약 없이 서비스를 한 번에 가능케 해주는 one-stop service가 강조되고 있는 흐름에 역행하는 것이다. 또한 비슷한 업무를 여러 기관이 수행하는 경우 서로 업무에 대한 책임을 회피하려고 하는 문제도 있을 수 있다. 주민의 눈에는 관료제의 병폐로 보일 가능성이 높다.

(2) 특별지방행정기관과 지방자치단체와의 관계

특별지방행정기관과 지방자치단체는 관할 범위가 지방에 있다는 점에서 관계가 있을 수밖에 없다. 동일한 지역 내에 주민들의 서비스를 제공하는 두 기관이 어떻게 다른지 살펴볼 필요가 있다.

첫째로, 지방자치단체는 독립적인 법인격이 부여되어 있기 때문에 독자적으로 의사결정을 하고 집행할 수 있다. 그러나 특별지방행정기관은 법인격이 없을 뿐만 아니라 소속 중앙부처에 완전히 종속되어 있기 때문에 업무상 자율성이 결여되어 있다.[10] 즉, 지방자치단체보다 특별행정기관이 중앙정부의 영향력을 더 크게 받을 것이다. 따라서 자율권 및 재량권과 연관되어 있으며 주민들에 대한 대응성 측면에서는 지방자치단체가 더 유리할 것으로 보인다.

둘째로, 특별지방행정기관은 보다 전문적인 업무를 맡는 경우가 많다. 중앙 부처에서 전국적으로 전문화된 서비스를 시행할 필요가 있을 때, 특별지방행정기관을 설치함으로써 업무를 해결할 수 있기 때문이다. 따라서 지방자치단체의 공무원이 해당 전문 업무에 대하여 특별지방행정기관에 문의하는 경우가 그 반대인 경우보다 많다.

셋째, 특별지방행정기관과 지방자치단체는 공동 업무를 처리하는 경우가 드물

10) 임도빈(2004), 「한국지방조직론」, 박영사, p. 395.

다는 특성이 있다. 서로 비슷한 업무에 대하여 공동으로 의사결정을 하는 기제가 없다는 것이다. 실제 특별행정기관과 지방자치단체는 설치 목적이 다르며 관할 범위가 둘 다 지방이라 하더라도 서로 완벽히 일치하는 범위를 관할하고 있지 않다. 따라서 파트너십 관계가 형성되지는 않는다. 공무원 간에도 비공식적 정보 교환을 하는 정도로 최소한의 관계가 있을 뿐이다.[11)]

(3) 특별지방행정기관과 주민과의 관계

특별지방행정기관은 지방자치단체와는 달리 특정 주민(고객)들만 직접적 관계를 맺고 있다. 즉, 특별지방행정기관의 조직영토는 제한적이지만, 지방자치단체의 조직영토는 자치구역 전체이다. 따라서 대부분의 주민은 특별지방행정기관의 소관 업무를 잘 모르거나 존재를 모르는 경우도 있다. 따라서 주민들은 민원 사항 등이 생기는 경우에 소관 특별지방행정기관보다 읍·면·동이나 시·군·구를 먼저 찾기 마련이다. 특별지방행정기관은 내부적으로 행정서비스 향상, 성과평가 등 행정개혁을 끊임없이 진행한다.

이러한 상황에서 기관 간 서로 업무 교류가 되어 있지 않으면 소관 업무가 아니라는 이유로 주민이 특별지방행정기관으로 찾아가야 하는 상황을 만듦으로써 주민 편의에 장애가 될 가능성이 높아진다. 따라서 주민의 입장에서는 불만요소가 된다.

2) 제주도 실험의 결과

현재와 같이 특별지방행정기관이 지방에 존재하는 것이 필요하다고 보는 시각은 인력의 '전문성'과 '규모의 경제'에서 오는 장점을 주요 근거로 든다. 반면, 필요 없다고 보는 시각은 지방에서 지자체가 해야 '민주성'이 확보되고, 지방에 맞는 차별화된 서비스가 제공될 수 있다고 주장한다. 이 주장 중 어느 것이 맞는지는 알기가 힘들다.

다행인 것은 제주 특별시법에 의거하여, 제주도에서 과거 10년 동안 특별지방행정기관을 제주특별자치도(지방자치단체)에 이양하여 운영해 본 경험이 있다는 것이다. 실험대상이 된 조직은 즉 7개 분야의 특별지방행정조직으로서, 제주 지

11) 임도빈(2004), 「한국지방조직론」, 박영사, p. 397.

방 국토청, 제주지방중소기업청, 제주지방 노동위원회, 광주지방노동청 제주지청, 제주보훈청, 제주환경출장소, 제주지방해양청 조직이다. 이들이 담당하는 기능 중 가능한 한 많은 공무원 정원과 예산을 이체한 것이다.

한 연구에 의하면, 각 분야 담당했던 사람들을 대상으로 인터뷰도 하여, 다음 세 가지 범주의 조직으로 이양여부의 효과가 나타났다.[12)]

첫째 지방노동위원회, 지방보훈청의 기능은 현행과 같이 특별지방행정기관이 수행할 필요가 있다. 왜냐하면 전국적인 경험을 바탕으로 하는 국가차원의 전문성이 필요하기 때문이다.

둘째, 지방중소기업청과 지방보훈청의 경우, 지방의 행정수요자 입장에서는 좀 더 큰 기관이, 즉 전국적 네트워크와 정보가 많을수록 좋다는 입장이다. 따라서 지방자치단체가 해도 안 될 것은 없지만, 특별지방행정기관이 하는 것이 더 좋다고 본다.

세 번째로 지방이 담당해도 근본적으로 큰 어려움이 없는 것은 국토관리조직, 고용노동조직, 환경조직, 해양 조직이라고 판단되었다. 즉 규제업무를 담당하는 조직이기 때문에 주민의 요구에 반응성이 중요하기 때문이라고 본다.

이 실험의 결과는 지방조직을 권력론적으로 볼 때 많은 시사점을 제시해준다. 서로 많은 조직을 차지하려고 경쟁하지만, 권한-책임 일치의 원칙에서 본다면, 어느 정도 판단이 가능하다. 즉, 정보, 재원, 인적 능력면에서 책임질 능력이 있는 부분은 지방자치단체가 하는 것이 더 낫다고 할 수 있다.

Ⅱ. 지방행정기관의 팽창과 동형화

1. 정원 관리의 역사적 전개

정부수립 이후부터 1998년 총무처와 통합되어 행정자치부(현, 행정안전부)로 개편되기 전까지는 내무부가 지방행정기관의 조직과 정원을 일일이 통제하였다. 따라서 전국의 지방행정기관의 조직도표는 획일적이었고, 서로 간에 별다른 차이

12) 민기(2017), 제7장 지방조직과 좋은 행정: 특별지방행정기관의 이관실태를 중심으로, 임도빈 편저, 「국가와 좋은 행정」, 서울대 출판원, p. 231.

가 없었다. 우리의 중앙정부는 기능별로 조직되어 있고, 이것은 중앙의 각 부마다, 지방자치단체의 보조기관에 자기의 축소판조직을 가지는 형태로 확장된다. 그리고 이러한 조직방법은 최일선의 읍이나 면사무소에까지 연장된다. 중앙에서 지방으로 내려오면서 한 개의 보조기관이 복수의 중앙 행정조직의 업무를 담당하도록 되어 있는 것이다.

중앙에 의한 통제는 조직권, 인사권 이외에도 예산에 대한 통제(행자부 승인)를 비롯하여 각 부와 행정안전부의 보조금이 있다. 보조금은 각 부가 지방자치단체에 대한 감사를 진행하는 주요 근거가 된다. 이에 반해 지방자치단체는 중앙정부에 대한 자치권의 확대를 요구하는데, 그 내용은 항상 지방에게 조직권과 인사권을 더 많이 달라는 것이다. 이러한 압력에 못 이겨 1988년 내무부(행안부의 전신)가 각 자치단체의 정원을 일일이 통제하는 권한을 다소 합리화하여 자치단체에 총정원 관리제를 도입하였지만, 이후로도 중앙정부가 지방자치단체의 조직과 인사를 일일이 통제하는 현상은 크게 변하지 않았었다.

하지만 우리나라가 본격적인 지방자치를 실시한 이후에는 자치조직권에 대한 요구에 부응할 수밖에 없는 상황이 되었다. 따라서 1997년 1월 1일 '표준정원제'를 도입하였는데, 이것은 회귀방정식으로 자치단체의 정원을 산정하는 것이었다. 그리고 지방행정기관에 두는 보조기관과 보좌기관도 공통필수 기구를 몇 개 지정하여 이것만 강제로 하고 나머지는 자유롭게 하도록 하였다. 그러나 총기구수를 통제하고, 직급별, 직렬별 상한인력을 지정하는 등의 조건 때문에, 여전히 실질적 조직자율권이 없다는 비판을 받았다.

이후에도 지방자치단체의 자율권 요구가 계속되자, 행정자치부는 표준정원제 실시이후 10년이 지난 2007부터 총액인건비제를 도입하였다. 이 제도는 지방자치단체의 정원을 기준으로 예산 중 차지하는 총액인건비의 한도를 정해주고 이 범위 내에서 자치단체의 인사자율권을 부여하는 제도이다. 단 자치단체가 둘 수 있는 부단체장 및 보조기관에 대한 제한규정은 그대로 두었다. 어떻든 지방자치단체들은 과거보다는 확실히 신장된 자치조직권을 갖게 되었다. 과거에는 서울시의 직제도 대통령령에 의해 정해졌으나 이제 서울시의회의 의결이 필요한 조례로 하도록 되어 있다. 광역시와 도, 시 · 군 · 구에 대해서도 마찬가지로 각 자치단체의회에서 하는 '**행정기구 설치조례'로 정하도록 되어 있다.

최근 행정안전부는 지방자치단체의 행정기구와 정원기준 등에 관한 규정을 제정하여 일반적인 원칙을 규정한 바 있다. 이에 따라 지방자치단체의 기구팽창과 정원팽창을 억제하는 역할을 수행하고 있다. 과거와 같이 기구명이나 정원을 일일이 통제하지 않고 자율권을 주었지만 실제 관료팽창에 대한 통제의 필요성은 과거와 달라지지 않았다고 보고 있기 때문이다.

2. 중앙행정조직의 복사판

1995년 이후 일어난 지방행정조직의 개편을 실증적으로 분석해 보면, 중앙정부 개편, 단체장 교체, 조직의 기능이 조직 개편에 영향을 미치는 요인으로 밝혀졌다.[13] 마치 대통령이 취임하기 전 대통령직 인수위원회가 활동하듯이, 지방에서도 선거 후 단체장 인수위원회가 조직되고 이에 따른 조직 개편이 항상 이슈로 등장한다.

이런 조직현상을 종합하면, 지방자치가 실시된 지 20년이 지났어도 아직, 이 책의 전체에서 분석한 중앙행정조직에서 발견되는 문제가 지방에서도 그대로 재생산reproduction되고 있다고 요약할 수 있다. 물론 과거보다는 조직의 명칭 등에서 다양성이 높아진 것은 사실이다. 하지만 지방행정기관의 규모는 점점 커지고 있으며, 이는 화려하고 거대한 청사건물이 증명하고 있다.

첫째, 편법적인 상위직 자리의 증가현상이 뚜렷하게 나타나고 있다. 부단체장 수도 늘어나고, 국장급 자리도 늘어난다. 이것은 행정안전부의 통제 하에서도 멈출 수 없는 추세였으며, 지방자치단체가 권한을 많이 갖고 있음에도 여전한 추세이다.

둘째, 연구원, 교육원, 지방공기업 등 각종 기구들이 늘어난다. 지방에서는 중앙정부가 하는 일을 전부 스스로 하려고 하니, 항상 조직과 기구가 부족하다는 것을 느낀다. 그리고 관료제 팽창 욕구가 설명하듯 일시적인 수요를 위해서 인접 자치단체나 다른 기구를 이용하기보다는 스스로 기구를 갖고 싶어한다.

13) 김대욱(2016), 지방행정조직 개편의 영향요인 연구: 서울시 본청조직 개편에 대한 생존분석, 「한국행정학보」, 제50권 1호.

셋째, 단체장으로의 권력집중이 심화된다. 결과적으로 하급행정기관보다는 본청의 기구와 인력이 커진다. 단체장에게는 청와대 수석과 같은 기구가 없지만, 비서실에 근무하는 인력은 과거에 비하여 매우 많이 늘어났다. 지방자치단체 내 정책연구기구가 없다는 이유로 세워진 연구원은 단체장의 사조직(私組織)화되었다. 또한, 연구원장은 단체장 선거 운동에 기여한 사람에게 주는 전리품이 되었다. 그 결과, 박사를 받은 귀한 인재들이 단체장이 원하는 보고서 만들기에 바쁘다.

이처럼 중앙행정기관에서 나타나는 관료제의 팽창현상이 지방행정기관에서도 빠르게 나타난다. 이것은 인구가 줄어드는 지방자치단체도 예외가 아니다. 즉, 조직자율권을 제고시켰음에도 기대한 효과는 나타나지 않았다고 할 수 있다.

조직이 계속 증가한 이유는 조직팽창의 비용을 고려하지 않고 자신의 이익만을 극대화하려는 게임이 벌어지기 때문이다. 행정안전부-다른 중앙부처-지방자치단체 간에 벌어지는 중앙 수준의 3자 간 게임과 지방의회-단체장-지방공무원 사이에서 벌어지는 지방 수준의 3자 간 게임이 서로 맞물렸기 때문이다.[14] 즉, 단체장이 조직팽창의 책임을 지방이 지지 않아도 되는 식의 권한-책임 불일치의 현상 때문이다.

또한, 계서제적 기관배열구조상, 상급기관의 업무를 하향식으로 받아야 하는 입장에서는 조직의 구조를 상급기관의 구조를 모방하여 만들 수밖에 없다. 따라서 시·도에서 시·군·구 그리고 읍·면·동으로 내려갈수록 하나의 보조기관이 맡아야 하는 중앙기관의 수는 증가한다. 즉 중앙에서 지방으로 내려갈수록 기능별 전문화의 정도는 감소한다. 반면에 중앙에서 지방으로 내려갈수록 지역에 대한 지식은 증가한다.

Ⅲ. 최일선 행정조직

1. 통·반·이장

일반국민의 입장에서 접촉할 수 있는 최일선의 하부행정기관은 읍·면·동의

14) 임도빈(2009), 지방행정조직의 개편방향: 전략분석 게임론적 시각에서,「지방행정연구」, 제23권 4호.

조직이다. 그런데 읍·면·동장을 임명하는 권한은 시·군·구청장이 가지고 있기 때문에 권위를 가진 최일선 행정기관은 시·군·구라고 할 수 있다. 사실 읍·면·동 자치센터는 주민에게 권력을 행사하는 규제기관이라고 인식되기보다는 등·초본발급, 사회복지서비스, 주민센터 강의를 제공하는 기관으로 인식된다. 따라서 주민센터라고 명칭이 바뀌고, 일부는 행정복지센터로 활용되고 있다.

그러나 읍·면·동 자치센터의 창구근무 직원 외에 환경단속, 쓰레기 투기단속, 불법건축물 단속, 규제업무를 담당하는 직원들도 있으며, 실제로 세금, 벌과금 등을 부과하는 규제기관으로는 시·군·구청이 있다. 그리고 경찰서, 세무서, 소방서 등도 주민과 가까이 있는 조직이다. 나아가서 고용지원센터, 국민연금공단, 특별행정기관이나 공공기관의 지소나 출장소, 경찰 지구대 역시 가까이 있는 조직이다. 현실적으로 광역자치단체인 시·도는 보통의 일반주민에게는 거리가 먼 조직에 해당한다. 게다가 중앙정부조직은 일반국민 중 실제로 그 사무실을 방문해본 사람은 별로 없을 정도로 심리적 거리가 먼 조직이다.

그렇다면 가장 주민과 밀접한 행정기관은 무엇인가? 그 답은 농어촌 지역의 이장과 도시지역의 통장이라고 할 수 있다. 이들은 법적으로는 민간인이지만 수당을 받고 주민의 대표자로서 행정의 접촉점 역할을 한다는 측면에서 보면 반관반민이다. 즉, 이장과 통장은 기초자치단체의 최하부조직이자, 주민의 대표자인 셈이다.

이·통장제도의 기원은 조선시대의 '이장'이라고 할 수 있다. 조선시대에는 공동재산의 관리, 공동사무처리 등 주민자치 기능을 수행하는 면의 하부조직으로 '리' 또는 '통'을 운영하였는데, 이러한 하부조직을 이끄는 대표로서 '리정'과 '존위'를 두었다. 이처럼 조선시대부터 존재해 온 전통적 이·통 제도는 지방자치제의 실시와 함께 법적으로 명시된 공식 직함이 되었다. 현재에는 지방자치법 제3조 제3항 및 동법 시행령 제81조, 지방자치법 제4조의2 및 각 지자체 조례 또는 규칙에 근거하여 이장과 통장을 임명할 수 있도록 규정하고 있다. 앞서 반관반민이라고 표현하였듯이 이장 또는 통장이 '준공무원'과 같은 존재로 인식되기 쉽지만, 실상 이들은 법적 지위를 가진 민간인에 해당된다.[15)] 이들은 읍·면·동장의 보조 역할을 수행하며, 실비에 대한 보상 수준의 수당을 받는 것에 그친다.

그럼에도 불구하고 이·통장의 역할은 가벼운 것이 아니다. 이·통장은 지역 주민들이 지방행정과 친숙해지는 데에 윤활제 역할을 하여 주민참여의 증진에 기여하기 때문이다. 특히 도시의 통장은 동장 및 지방자치단체장과 주민 사이에서 가교역할을 하는데, 좀 더 구체적으로는 일반국민과 가장 가까운 거리에서 시·구의원 그리고 동사무소 직원들과 협조를 하는 중요한 역할을 한다.[16)]

읍·면사무소에서 비교적 먼 농어촌의 면지역의 마을인 경우에는 이장의 역할이 더 중요해진다. 상급관청에서 다양한 사무가 읍·면사무소에 도달하면, 이장에게 여러 부처의 일들이 모이는 결과가 된다. 이장의 집에 있는 서류들은 행정보고, 조사, 교육, 문화체육, 농수산, 재무, 병무, 건설, 산림, 농촌지도, 농축협 등으로 나눌 수 있다. 이장이 하는 일은 소득추계, 축산물 현황, 임산물생산통계, 농기구보유현황, 농사용 유류소비조사, 상수도 수질조사 등 주로 보고용이 많으며, 면사무소직원이 직접 해야 할 보고용의 자료 수집도 해 준다. 그 외에 영농자금배분, 영농자재신청, 벽보 붙이기, 경로잔치 등 매우 다양한 일을 수행한다. 물론 그는 공무원이 아니기 때문에 책임을 물어야 하는 일은 시키지 않아야 하지만 실제로는 이 원칙이 엄격하게 지켜지기란 어렵다.

국민들이 읍·면·동 사무소만 가더라도 다양한 직원들이 업무분담을 하고 있기 때문에 누가 담당자인지를 찾아야 한다. 그런데 국민 개개인의 입장 또는 농민의 입장에서 보면 이장이 지역 내 다양한 업무를 통합하여 담당하는 사람으로 보인다. 즉, **조직계통상 최고위에서는 대통령이 통합하는 위치에 있다면, 중간에서는 수직적으로 분화만 되었다가 최하층인 이장에 와서 통합되는 것이다.**

동이나 마을 단위에는 새마을지도자, 읍·면·동 선거관리위원, 평화통일자문회의위원, 지방자치 모니터 등 여러 관조직 혹은 관변조직들의 최하부 단위 대표자리들이 있다. 물론 이들은 '자리'라기보다는 보수가 주어지지 않는 자원봉사와 유사한 개념의 일들이다. 그런데 농민들 사이에는 이장을 위시한 극소수의 사람

---

15) 이장 및 통장에 대한 보다 자세한 내용은 다음의 연구들을 참조할 것.
한국지방행정연구원(2012), 「이·통장의 법률근거 마련 방향 및 제도개선 방안」, 내부보고서; 한영수·김필두(2003), 통·리·반장제도 실태분석과 개선방안, 「한국자치학회보」, 제15권 1호, pp. 25-45.

16) 임도빈(2004), 「한국지방조직론」, 박영사, pp. 44-46.

들이 이런 조직들의 장을 여러 개를 겸해서 맡게 된다. 그리고 세월이 오래 지나면 이들 중 일부 사업은 쇠퇴하게 되고, 이들 조직의 장을 하는 사람들도 자기가 어떤 조직들의 장인지 잘 모르는 경우가 많아진다. 농어촌 인구고령화로 운전을 할 수 있는 '비교적 젊은(?) 노인'이 이장업무를 담당하는 경우도 많아지고 있다.

한편, 반드시 규제자라고 볼 수는 없는 통장과 이장과 같은 존재도 행정의 수단으로서 기능하는 것은 사실이다. 이들을 통해 일반국민을 규제하는 것은 별로 없지만, 국민에 대한 각종 보고나 정보전달을 통해 행정의 형식주의적 운영에 일조한다고 볼 수 있다. 행정조직의 보고나 사실을 전달하는 이장의 역할을 일반국민의 입장에서 단순히 사적으로만 여긴다는 것은 현실적으로 어렵기 때문이다. 그러나 최근에는 전자정부로 면 대 면 접촉이 많이 줄어들면서 특히 도시 지역을 중심으로 반장의 역할도 점점 줄어들고 있다.

2. 행정수단 변화와 조직과정

지방의 행정조직은 주로 정책을 집행하는 역할을 한다. 주목할 점은 정부가 주로 사용하는 행정수단administrative tool이 규제에서 돈에 의한 것으로 바뀌고 있다는 점이다.[17] 즉, 과거에는 위반자를 적발하고 단속하는 방식이었다면, 이제는 특히 사회(개인이나 단체)의 협조가 필요한 정책문제를 해결하기 위해서 고안한 정책을 중심으로 특정 정책방향에 순응하면 금전적 인센티브를 주고 그렇지 않으면 주지 않는 형태로 바뀌고 있다. 즉, 지방행정조직이 국민과 상호작용하는 방식이 바뀌는 것이다.

또 다른 행정수단의 변화는 금전적 인센티브를 주지 않아도 국민들의 경제활동에 영향을 미칠 수 있는 행정수단인 표준화를 활용한다는 것이다. 행정기관에서 어떤 표준을 정한 뒤 이에 순응하면 그만큼 시장에서 유리하게 된다. 이것은 지방자치단체에서 이뤄지기보다는 국가차원에서 이뤄지는 것이라서 지방행정조직의 구조에는 큰 영향을 주지 않는다. 구조보다는 담당공무원의 일하는 방식에 변화를 가져온 경우가 많다.

국가행정기관으로서 세무서의 경우도 마찬가지이다. 과거에는 납세자별로 담

---

17) 임도빈(2018), 「행정학: 시간의 관점에서」, 박영사, pp. 117-124 참조.

당직원이 정해져 있어서 단속이 용이하였지만, 비리의 여지도 그만큼 많았다. 게다가 정권 차원에서 세무조사를 통하여 국민을 길들이는 측면도 많았다. 하지만 이제는 국세청조직도 바뀌었다. 홈텍스라는 웹사이트를 통해, 국민이 인터넷을 통해 스스로 세금을 확인하고 납부할 수 있게 되었다. 연말정산도 컴퓨터를 통하여 할 수 있게 되었다. 국민들이 세무서를 실제로 찾을 일이 그만큼 줄어든 것이다. 이에 따라 일선 세무서의 조직도 바뀌었다. 과거에는 총무관, 소득세과, 법인세과, 부과세과 등 '세금종류별'로 조직되었지만, 지금은 납세지원과, 징세과, 조사과, 세원관리과 등 주민이 업무를 처리하는 '과정process'에 따라 조직된다.

Ⅳ. 지역 내의 행정조직 간 조정

1. 통합의 필요성

우리는 여기에서 중요한 현상으로 주목해야 할 것이 있다. 그것은 바로 위와 같은 운영방법에 의하면 지역 안에서의 조정이나 통합area coordination을 누가 하는가의 문제이다. 상술한 이장은 최일선의 심부름 역할을 수행할 뿐, 조정권을 가지는 것은 아니다.

지금까지는 이에 대한 필요성을 느끼지 못했기 때문에, 이를 충분히 고려하지 않았다. 그러나 지금은 많은 행정조직(중앙행정기관의 소속 기관, 국가의 특별지방행정기관, 지방자치단체의 행정조직, 공공기관의 지역 사무소 등)들이 우후죽순격으로 생겨나서 이제 어떤 조직이 있고, 또한 그들이 무엇을 하는지 등을 포함하여 전체 그림을 다 파악하기 어려운 실정이 되었다. 언뜻 보기엔 자치단체장이 이들에게 명령할 권한이 있는 것 같지만, 반드시 그런 것도 아니다. 각각 소속된 중앙행정기관이 다른 특별행정기관들의 경우에는 단체장의 말을 들을 이유가 없다. 그리고 단체장이나 의원들의 소속 정당이 다를 때는 더욱 문제이다.

일반적으로 행정안전부 이외의 부들이 업무수행에 있어서 지방자치단체를 더 많이 활용하며, 또한 이들은 지방자치단체보다는 특별지방행정기관(그리고 공공기관, 소속기관)을 더 많이 활용한다. 중앙의 부들이 국가사무에 관해서 각급 자치단체에 있는 보조기관들을 활용하여 말단의 읍·면까지 내려갈 뿐만 아니라, 특별히 국가적 중점사업인 경우에는 각지마다 나름대로의 조직들을 가지고 있는 경우가 많기 때문이다. 다시 말하면 중앙에서 시작한 수직적인 기능별 분할은 시·도와 시·군·구 수준까지 그대로 연장된다.

통합의 역할을 하는 유사기관으로는 광역시·도와 시·군·구에 일종의 친목단체와 비슷하게 존재하는 '기관장회의'가 있다. 경우에 따라서는 읍·면·동에도 있다. 이들 모임의 구성원은 자치단체장은 물론이고 그 지방에 소재한 특별행정기관의 장, 검사장, 법원장, 국정원지부장, 심지어 민간까지 구성원인 경우가 있다. 그런데 이들 회의는 소위 '장'이 서로 식사를 하는 비공식적 모임이지 공식적인 업무협의를 하는 자리는 아니다. 엄밀히 말해 통합의 역할을 한다고 보기 어렵다.

지방행정조직이 이상과 같이 운영되고 있는 것이 현실이기 때문에 그로부터 생기는 문제에는 여러 가지가 있다. 자치단체 쪽에서는 사기가 높지 못하고, 스스로 알아서 또는 찾아서 일하는 것보다, 상부의 지시만 바라보는 경향이 심했다. 일이 잘 돌아가지 않아도 그것은 상부의 책임으로 생각했다. 뿐만 아니라 지방자치단체와 특별지방행정관서 사이에도 서로 제각기 행동하면서 불협화음이 발생하였다. 서로 협조해야만 일이 잘될 줄 알면서도 실천하지 않는 탓이다.

중앙행정조직들은 일이 잘되면 자기의 공이지만, 잘못되면 이를 지방의 잘못으로 돌린다. 권력이 많은 자가 권력이 적은 자에게 책임을 떠넘기고, 권력이 많은 자는 공만 차지하는 불일치현상이 중앙과 지방 사이에서도 있어 왔다. 뿐만 아니라 중앙에서도 행정안전부와 다른 부 사이에 일이 잘못되었을 때는 행정안전부의 잘못으로 돌리려 하고 잘 되면 자기의 공으로 하려는 경향이 있다. 행정안전부와 각 부 사이에 눈에 보이지 않는 경쟁과 질시의 관계가 생기는 것은 이런데도 원인이 있다. 현장에서 집행이 잘 안 될수록 각 중앙부처는 특별지방행정기관을 신설하려고 하고, 이미 있는 경우에는 규모를 늘리려고 한다.

한편, 지방행정기관은 지방행정기관대로 조직이 작아서 그렇다는 불평을 한다. 그런데 이들 지방행정기관이 정원을 늘리는 경우도 살펴보면, 실제 인원이 필요한 현장조직의 인원이 느는 것이 아니라 각각의 조직체계에서 본부에 인력이 느는 경우가 더 많다. 모두 기획이나 명령만 하려고 하기 때문이다. 결과적으로 상위직만 늘리고 현장직은 늘지 않는다. 각 단위행정조직에서 기획부분이 늘어나면 이들 행정조직간 조정의 문제는 더욱 심화된다. 이러한 책임과 권한의 불일치에서 나오는 조직강화는 결국 행정기관의 규모만 늘리고, 실제 조직활동의 효과성은 그리 증대되지 않는다.

2. 행정조직 간 횡적 조정

어떤 경우라 할지라도 지방에서 일어나는 문제는 그 지방 수준에서 조정이 되어 해결하는 것이 좋다는 입장에서 보면 조정의 책임을 져야 하는 자는 자치단체의 장이다. 왜냐하면 옛날부터 도지사나 군수는 그 지방에서 중앙정부를 대표하여 왔기 때문이다. 그래서 노동자들이 파업하면, 아직까지도 지방노동사무소에 몰려가는 것이 아니라 군청이나 시청으로 간다. 그러나 군수나 시장은 그 문제에 관한 권한이 없다. 그런 의미에서 여기에도 권한과 책임의 불일치현상이 있음을 알 수 있다. 따라서 그 지역 안에 있는 일반지방자치단체, 특별지방행정관서, 그리고 공기업이나 준정부조직 등이 모여서 횡적 조정을 할 필요가 있는 것이다.

그러나 지방자치단체장이 특별지방행정기관(즉, 중앙정부)에게 강제력을 행사할 수 없다는 것이 문제이다. 게다가 정치가인 단체장들이 실무를 잘 모르는 경향도 있다. 결국 지방에서 국가(즉, 중앙정부)를 대표하여, 행정활동을 조정할 존재가 필요하다. 예컨대 국가적 재난이 발생한 경우, 신속하게 명령체계를 확립하여 효율적인 대응을 하느냐의 문제가 바로 조정의 문제이다. 그리고 이는 재난 이외의 다른 분야도 마찬가지이다.

특히 이러한 조정의 문제는 지방자치가 실시되면서 더욱 더 중요해질 문제이다. 우리 사회는 경제 발전과 더불어 사회적, 문화적으로 지속적인 분화가 이루어져 왔다. 여기에 더하여 규제의 완화 및 지방이양의 물결이 심화되었으며, 이에 따라 많은 권한(집행적 권한)을 지방에 이양하여 왔다. 그뿐만 아니라, 다양한 사회적 요구에 따라 중앙행정기관의 조직도 분화되어 왔다. 일반적으로 높은 곳에 자리가 하나 생기면 이것은 곧 낮은 곳에서의 업무량의 증가를 의미한다. 즉, 중앙에 새로운 부서가 생기면 지방기관들에게는 그만큼 업무량이 늘어난다. 결과적으로 지방행정에 새롭고 많은 업무량이 생겼으며, 지방에서는 이들을 처리하기에도 충분히 바쁘다. 따라서 다른 기관들과의 사이의 횡적 조정의 문제까지 신경을 쓸 겨를이 없다.

게다가 횡적 조정에 대해 지방행정이 무언가를 할 수 있기란 매우 어려운 것이 현실이다. 실제 지방에서의 지역적 조정의 책임은 다시 중앙정부로 되돌아오게 된다. 왜냐하면 일반자치단체 이외의 조직들도 다시 중앙의 조직들에 속해 있고, 집권화되어 있다는 특성을 가지기 때문에 지방의 각 기관에서 해결되지 않는 문제들은 결국 중앙으로 올라가는 시스템을 가지기 때문이다. 그러나 중앙에서도 부처이기주의로 인하여 조정이 원활히 이루어지지 않는 경우가 많다. 그렇기 때문에 행정조직간의 횡적 조정의 문제는 그만큼 복잡하고 어려운 것이다.

그렇다면 횡적 조정을 위해 무엇을 해야 하는가. 우선 횡적 조정의 문제에 앞서 지방 수준에서 조직을 정비해야 한다. 이때 조정의 기준은 행정의 효율성보다는 주민의 편의가 되어야 한다. 예컨대 거동이 불편한 사람들이 필요로 하는 모든 행정서비스는 읍 · 면 · 동 사무소에서 제공해야 한다. 여기에는 특별지방행정기관의 서비스도 포함한다. 읍 · 면 · 동 사무소는 전국적으로 주민 가까이에 위치한 건물에 있으므로 여기에 지방공무원은 물론이고 특별지방행정기관에 근무하는 국가공무원도 같이 근무하는 통합사무실을 만드는 것이다. 주민들이 그것이 국가사무가 되었든 지방사무가 되었든 대부분의 일을 동사무소에 가면 처리할 수 있는 소위 원스톱one stop 서비스가 이뤄져야 한다. 방문빈도가 낮고, 특정집단에만 필요한 행정업무일수록 상위계층기관을 방문하도록 한다. 최근 정보화기술의 발달로 행정기관에 직접 방문할 필요를 없게 하는 개혁도 옳은 것이다. 급격한 기능이양이나 조직통합이 없이도 주민의 편의를 증대시킬 수 있기 때문이다.

제 4 절 지방행정조직의 발전방향

Ⅰ. 행정안전부의 존폐문제

만일 지방자치단체가 거의 완전한 자치를 한다면 과연 행정안전부는 필요한 것인가? 이런 물음에 대해서 우리는 부정적인 답변을 가지고 있다. 왜냐하면 일단 우리는 지방자치단체들에게 연방국가 수준의 자치를 허용하지 않을 것이기 때문이다. 다른 말로 하면 행정안전부의 기능 중 첫째 국가의 체제유지기능은 계속해서 수행해야 하기 때문이다.

그러나 다른 한편으로 보면 행정안전부가 역설적으로 지방자치발전을 억제하는 역할을 해 온 것도 사실이다. 그렇기 때문에 지방자치를 더 신장하려면 행정안전부의 이러한 통제기능은 축소되어야 하는 것도 사실이다. 그런데 행정안전부 스스로는 지방자치를 신장하는 기능을 한다고 주장한다. 행정안전부가 다른 중앙행정조직에 대하여 자기의 권한을 주장하고, 자기에게 유익한 것을 얻기 위해 "지방자치를 위하여"라는 근거를 자주 댈 것이다. 그러나 자기에게 필요한 것을 얻은 뒤에, 돌아서서 지방자치단체를 대할 때에는 지방자치단체들에 대한 통제를 위하여 행동할 가능성이 매우 많다. 이렇게 되면 "지방자치를 위하여"라는 구호는 사실은 "행정안전부를 위하여"였다는 것을 의미한다.

따라서 행정안전부가 본부조직으로 방대한 조직을 가지고 있는 것은 "지방자치를 위하여" 해롭다고 생각한다. 그럼에도 불구하고 조직을 확장한다면 이것은 관료적 이익을 실현시키기 위한 것이고, 행정안전부의 우월한 권력을 이를 위하여 사용한 것이라고 볼 수 있다.

행정안전부는 지방자치단체들을 위한 행정관리적 지원과 통제를 하는 곳이다. 그런데 행정관리의 각 측면을 전문화한 기획재정부, 감사원 등이 중앙정부 내에 이미 존재한다. 따라서 이들로 하여금 직접 자기의 소관분야에서 지방자치단체들을 지원하게 하면 된다고 생각할 수 있다. 그렇게 된다면 행정안전부를 별도로 중앙에 둘 필요가 없다고 생각할 수도 있다. 또한 국가는 지방자치단체에 대하여 전혀 간섭할 필요가 없기 때문에 지방담당기구라는 것이 없어도 된다고 생각할 수 있다. 후자는 연방국가나 Anglo Saxon 계열의 지방자치제도에서나 볼 수 있는 것이며, 이미 위에서 이것은 우리나라에서 있을 수 없다는 것을 지적하였다. 그리고 전자의 사고방식은 지방자치를 오히려 인정하지 않고 국가가 직접 통치하는 관념을 대표하는 것이기 때문에 반대한다. 결론적으로 행정안전부라는 조직은 언제나 필요한 조직이다. 그리고 이 조직의 최대의 과제는 "지방자치를 위하여"

라는 구호가 자치단체 쪽을 향해서도 사용될 수 있게 조직을 운영하는 것이다.

이런 새로운 변화 속에서 행정안전부는 무엇을 해야 하는가? 행정안전부의 기본임무는 무엇보다도 지방자치를 육성하는 것이다. 그런 의미에서 건전한 방향으로의 지방자치활동은 오히려 장려하여야 한다. 예를 들면 중앙정부가 그 권한을 지방에 이양하지 않는 이상 지방자치는 실질적으로 보장되지 않는다. 그런데 이런 권한들은 대부분 각 부들이 장악하고 있으며, 각 부는 이를 자치단체에 이양하기를 꺼린다. 정녕 이양해야만 하는 상황이 오면, 자기의 지방관서를 통해서 집행하는 쪽을 택하려고 한다. 지방자치는 행정안전부만 앞장을 선다고 실현되는 것이 아니다. 각 부가 함께 앞장을 서야 하는 것이다. 즉, 지방자치는 전 정부적으로 추진되어야 성공할 것이다. 이 과정에서 행정안전부가 해야 할 일은 각 부로 하여금 설득하여 자치단체에 많은 기능을 이양하도록 하는 것이다.

각 부는 지방자치단체들의 모든 요청이나 압력, 요구 등을 다 충족시킬 수는 없다. 하지만 결과적으로는 행정안전부의 의견을 경청하지 않을 수 없을 것이다. 특히 행정안전부는 국가를 대표해서 전국적인 견지에서 지방자치단체들의 균형발전을 위해서 노력하지 않으면 안 된다. 그리고 행정안전부의 기능 가운데 행정관리적 기능은 앞으로 그 중요성이 더 강조되어야 할 것이다. 특히 행정의 합리성과 생산성을 지키는 일을 하여야 한다. 예를 들어 지방에서의 정치과정이 행정의 영역에 들어와서 합리성을 떨어뜨리는 일이 많이 생길 것이다. 공무원 인사의 불합리성, 조직의 확장, 무분별한 개발 등 그 예는 매우 많다고 생각한다.

이상은 행정안전부를 둘러싼 각 부 간의 관계도 변화하리라는 것을 뜻한다. 과거와 같이 기획재정부와 함께 정권을 떠받치는 양대 지주의 역할을 하지 못하게 되었다. 결과적으로 기획재정부와의 권력격차가 커지게 되었다. 더욱이 지방자치단체장들이 연합세력을 형성하고, 행정안전부보다 기획재정부를 위시한 각 기능부처를 직접 상대하는 일이 많아졌다.[18] 이 과정에서 같은 지방출신 국회의원들과 유지들이 동원될 것이다.

다음으로 행정안전부의 지방행정 관련 조직에 대하여 보자. 이 부의 전신인

18) 임도빈(2009), 지방행정조직의 개편방향: 전략분석 게임론에 시각에서, 「지방행정연구」, 제23권 4호, pp. 3-26.

내무부는 처음에는 지방국과 치안국으로만 구성되어 있었다. 근래에는 2개의 실인 지방자치분권실, 지방재정경제실로 구성되었다. 행정안전부 조직의 확대는 중앙정부 위주의 집권화 시절의 업무량 증가에 따른 면이 없는 것은 아니지만 내무부라는 조직의 정치적 비중 때문에 그런 확대가 가능했다고 볼 수 있다. 내무부는 새마을사업이 없어지자, 이를 지역경제국으로 바꾼 뒤, 해당 국은 존속시켰다. 그리고 6공 이후의 지방자치기획단이라는 임시조직을 지방기획국화하여 항구조직으로 만들었다. 한편으로는 지방자치를 부르짖으면서 결과적으로는 중앙기구를 키운 셈이다. 지방재정국은 지방국에서 분화되고, 지방세제국은 지방재정국을 다시 나눈 것이었는데, 이명박 정부이후 다시 합쳐졌다.

Ⅱ. 경찰조직과 자치경찰제 도입

다음으로 경찰행정의 기구를 보자. 치안국에서 치안본부로, 그리고 경찰청으로 승격하면서 확대성장의 과정을 거듭한 기구로, 특히 유신체제 하인 1974년도에 치안본부로 승격되면서 확장되었다. 그러면서 과장 위에 부장제도를 새로 만들고 세 명의 부장들을 두었다. 그러다가 5공 때였던 1986년에 치안감으로 보하는 조정관을 다섯명이나 새로 두고, 이와는 별도로 본부장 직속으로 치안기획관, 치안감사관, 외사담당경무관과 통신담당경무관을 두었다. 그리고 부장도 12명으로 늘렸다. 과거에는 경무관이 과장이었는데 이후로는 부장과 담당관이 하게 하고, 대신 총경들이 과장을 하게 하였다. 그리고 부장을 정식 국장으로 바꾸었다. 이로 인해 경찰청은 국장급 16명에 과장급 31명의 대기구가 되었다. 유신체제 전인 1971년에 12과가 있었던 것에 비하면 격세지감이 있다. 그리고 이후 1980년 11월에 14과 3부장으로 늘어났으며, 1987년 12월에는 33개과 11부장 5조정관 2담당관으로 확장되었다가 현재의 경찰청으로 확대 개편되었다. 마치 한때 한국군의 별이 미국군보다 많다는 풍자가 나왔던 것과 마찬가지로, 경찰에도 치안감의 숫자가 호화스러울 정도로 많아졌다. 이처럼 성장한 기구는 그 유례를 찾아볼 수 없다.

물론 그동안에 시위운동의 진압, 범죄의 양이나 질의 변화, 도시화 등으로 인해 행정수요가 증가했다는 것은 인정한다. 그러나 자기의 조직을 이와 같이 단시일 안에 확대하고 격상하였다는 것은 누가 보아도 특별히 정치권력의 혜택을 보았거나, 정치권력의 비호를 경찰관료제의 특수이익을 위하여 사용하였다고 할 수밖에 없다.[19] 향후 경찰의 정치적 중립이 조직생존을 위해 가장 중요한 요건일 것이다.

지금은 행정안전부의 지방자치단체들에 대한 통제력도 많이 약화되었다. 특히 야당출신의 단체장들이 많이 생겼다는 것은 지방자치의 역사에 있어서 커다란 변화를 의미한다. 적어도 지방자치단체가 중앙정부를 지원하거나 중앙의 정권을 지탱하기 위한 장치는 아니라는 것을 의미하게 되었다. 행정안전부는 과거처럼 선거에 적극적으로 간섭할 수도 없게 되었다. 이는 우리가 앞에서 주장한 행정안전부의 첫째 기능 즉 정권을 창출하고 유지 관리하는 기능이 없어지고 있다는 것을 뜻한다. 그리고 이는 곧 중앙정치 구조 속에서 행정안전부의 지위가 약화되고 있다는 것을 뜻한다. 앞에서 언급한 지방자치단체에 대한 행정안전부의 지방자치단체의 인사권의 상실도 원인이다.

문재인 정부에서 지방자치 개혁을 더욱 적극적으로 추진하고 있다. 그중의 하나가 자치경찰제의 도입이다.

자치경찰조직을 어떻게 설계하느냐는 다음과 같은 유형을 생각할 수 있다.

첫째 유형은 현재 지방경찰청 이하 모든 경찰조직을 자치경찰로 전환하는 것이다. 이 유형은 현재의 대통령 임명직 경찰청장이 지방자치경찰을 지휘한다는 측면에서 지방자치 정신에 반하는 측면이 있다.

둘째 유형은 현재의 지방경찰청장(국가경찰)과 유사한 지위로서 자치지방경찰청장(지방경찰)을 신설하는 것이다. 이하 경찰서－지구대도 국가경찰계통과 지방경찰계통이 병렬적으로 존재하게 된다. 조직중복의 문제는 물론이고, 양자간의 분업을 어떻게 해야 하는가의 문제가 있다.

이미 제주도에 시범실시된 자치경찰제도는 세종시 등 몇 자치단체에 다시 실험을 한 후 전국에 확대될 예정이다. 특히, 검경수사권조정이라는 개혁과제를 실

19) 임도빈(2014), 중앙부처조직의 개편에 관한 연구: 역사적 시각에서, 「한국조직학회보」, 제11권 1호, pp. 1-45.

현시키는 과정에서 자치경찰제가 더 적극적으로 활용될 가능성이 있다. 현재의 지방경찰청 조직체계는 유지한 채, 자치경찰조직을 신설하는 것이다. 이 경우 국가경찰과 자치경찰 간의 역할 배분과 협조문제가 생길 것으로 보인다. 조직분화와 더불어 조직중복 문제가 생길 것이기 때문이다. 조직영토가 중복됨에 따라, 두 기관간의 기능이 제대로 작동되지 않으면, 결과적으로 주민행복(즉, 치안서비스)에 부정적 영향을 미칠 수도 있다.

Ⅲ. 지방행정조직의 강화

우리는 현재 나라 전체가 세계화, 개방화, 자율화, 민영화의 물결 속에 둘러싸여 있다. 그리고 경제사회발전의 진전과 더불어 지방의 사정도 많이 달라졌다. 도시화가 급격히 진행되어 농촌에서는 농민의 수가 줄어들고 있으며, 젊은이들이 많이 떠나갔다. 노령화와 인구감소가 지방에 심각한 위기를 가져오고 있는 것이다. 예전과 달리 농민들도 각종 통신수단들의 발달로 인해 도시인과 다름없는 정보를 가지고 산다. 또한 과거에 비하여 상대적으로 관에 대한 의타심, 복종심도 점차 없어져가고 있다.

우선 전반적으로 중앙정부가 지방에 대하여 더 많은 권한을 이양하여야 한다. 이때 "지방"이라고 하는 것은 지방자치단체뿐만 아니라 특별지방행정관서도 포함한 것이다. 즉, 구체적으로 행정안전부는 지방자치단체들에게 더 많은 이양을 하여야 하며, 또한 간섭이나 통제의 권한을 대폭 포기하여야 한다. 그리고 중앙의 다른 행정조직들은 자기들에게 소속되어 있는 특별지방행정관서들에게 더 많은 권한을 위임하여야 한다. 동시에 이들은 자기들의 일선기관보다 일반지방자치단체들을 더 많이 활용하여야 하며 이때, 감시 및 감독 기능을 통하여 지방 행정의 부패를 막아내야 한다.

이상은 결국 중앙에서 행정조직들마다 그 크기를 축소해야 한다는 것을 의미한다. 그리고 이 축소의 대상에는 각종의 청들도 포함되어야 한다. 전체 규모를 축소하거나 팽창을 억제하는 동시에, 본청을 중시하는 것보다는 현장을 강화하는 조직개편이 되어야 한다.

한편으로 지방 수준에서 기관의 설치상태를 종합적으로 재검토해야 한다. 특별지방행정기관은 그 관할범위가 다양하다. 업무의 성격에 따라 광역 수준에 놓아야 할 것과 그렇지 않은 것이 있을 것이므로, 주민의 편의라는 측면에서 적정한 수준에 기관을 위치시켜야 한다. 여기에는 교통·통신수단의 발달 수준을 중요한 변수로 넣어야 한다. 고속철도와 고속도로망의 확충으로 전국이 2시간 내에 다닐 수 있는 상황에서, 그리고 대부분의 업무는 온라인으로 처리할 수 있는 상황에서 옛날의 전통을 고수하려고 하면 안 된다.

다음으로 이들 간 횡적 조정을 해야 한다. 각 수준에서 특별지방행정기관이 처리하는 업무 중 지방자치단체로 이양할 것과, 거꾸로 지방행정기관에서 처리하던 것을 특별지방행정기관으로 이양할 것을 검토해야 한다.[20] 각자 독립건물이나 독립조직을 가지려는 조직이기주의를 떠나서, 서로 소속이 다른 기관이라도 지방에서는 같은 사무실이나 건물에서 근무하는 통합사무실을 만드는 작업도 해야 한다. 지리적·공간적 사무실 배치가 주민의 행정편의를 현저히 증대시킨다.

따라서 향후 지방은 더 많은 권한을 누리게 될 것이다. 그리고 이에 따라 지방자치단체의 행정조직이 팽창되고 남설되는 경우도 늘어날 것이다. 이는 행정안전부에서 통제를 함에도 불구하고 그렇다. 행정조직뿐만 아니라 지방공기업 같이 지방 수준의 준정부조직들도 많이 생기고 있다. 과거에는 위로 자꾸 올리고 자기는 빠져나가던 지방행정이 스스로의 일을 수행하려고 욕심을 부리게 되기 때문이다. 따라서 통합조정메커니즘이 제대로 설계되지 않으면 기구가 과도하게 증대하는 현상이 불가피할 것으로 보인다. 지방자치단체의 자율통제력이 없는 상태에서는 관료팽창은 억제하기 어려울 것이다. 자치단체의 조직권에 대하여 권한-책임 일치원칙을 수립해야 한다.

한편, 행정안전부의 지방자치단체에 대한 통제권은 계속 감소할 것이다. 자치단체의 장을 민선한다는 것은 이들이 행정안전부와 중앙정부의 통제로부터 자율권을 얻게 되는 가장 확실한 길이다. 자치단체의 장들은 자기들의 연합세력을 만든 후, 이렇게 합해진 힘을 가지고 행정안전부를 상대하려고 하고 있고, 이들의

20) 기능이양을 받은 제주도의 경우, 다른 자치단체에 비하여 중앙정부(특별행정기관)의 관심 밖으로 밀려났다는 불평도 나오고 있다.

활동범위는 행정안전부뿐만 아니라 전(全) 정부적으로 그 영역을 넓혀갈 것이다.

그러나 지방자치가 정치화되는 것은 경계해야 한다. 주민을 위한 자치가 아니라, 선출직들을 위한 자치가 되어서는 안 된다. 특히 중앙정치에서 나타나는 단점들이 지방에서도 재생산되는 것이 문제이다. 가급적 정당정치에서 벗어나 생활자치가 되어야 한다. 따라서 중앙정부는 지방자치단체의 사업에 대한 감독을 통하여 지방자치단체의 정책실패를 막는 역할은 계속 해나가야 할 필요도 있다.

마지막으로 우리는 다음과 같은 것을 강조하고자 한다. 지방에서의 변화는 모두 중앙정부 안 각 행정조직들 사이의 권력관계에 변화를 초래할 것이라는 점이다. 행정안전부의 상대적 지위가 낮아지면 이것은 그의 모든 부들에 대한 관계에 영향을 줄 것이며, 행정안전부 이외의 부들 사이의 상호관계에도 영향을 미칠 것이다. 자치단체들에 대한 행정안전부의 통제권이 작아진다면, 그에 따라서 각 부가 자치단체를 활용하는 정도도 많아질 것이다.

우리는 앞에서 행정안전부와 다른 부들과의 관계에 있어서 과거에는 행정안전부와 농림부의 사이가 업무상 가장 밀접한 관계에 있었지만 그 자리가 점차적으로 2차, 3차 산업을 주관하는 산업 담당부나 국토교통부 같은 부들에 의하여 대치될 것이라고 보았다. 최근에는 자치단체들의 자발적인 국제화의 노력으로 인해 외국으로 진출하게 되면서, 직접 국제자문대사자리를 신설하고, 이로 인해 외교부와의 관계도 생기게 되었다. 이러한 변화에 따라 지방자치단체는 행정안전부의 관할권에서 벗어나 독립성을 확보하기 위한 다양한 전략의 게임을 계속할 것이다.[21] 그리고 지방자치단체들은 과거와 달리 행정안전부를 직접 통하지 않고 필요에 따라 각각의 중앙부처에 직접 재원을 얻어내어 사업을 진행하려고 할 것이다. 결국 남는 문제는 기획재정부의 힘이 과도하게 증가된다는 것이다.

그러나 기본적으로 명심해야 할 것은 지방자치란 '주민 스스로' 문제를 해결하는 것이지, '지방행정조직'이 하는 것은 아니라는 점이다. 더 큰 행정조직을 만들기 위해 중앙정부로부터 재원을 더 많이 가져오는 지대추구자rent seeker와 같은 게임이 되어서는 안 된다. 이제는 지방의 조직을 늘리기 급급하기보다는 주민

21) 임도빈(2009), 지방행정조직의 개편방향: 전략분석 게임론적 시각에서, 「지방행정연구」, 제23권 4호, pp. 3-26.

자치, 생활자치, 근린자치가 핵심적으로 중요하다. 오히려 사회적으로 공동체 정신의 회복이 지방자치에 있어서 더 근본적인 과제라고 할 수 있다.

제 4 편

조직현상론

제 13 장 한국행정조직의 문화
제 14 장 행정조직의 행태
제 15 장 그림자 행정조직 : 공공기관
제 16 장 조직개편과 조직개혁

제4편에서는 행정조직이 실제로 어떻게 운영되는지를 중점적으로 보기로 한다. 특히 국민의 입장과 조직구성원 개인의 입장에서 본 조직의 문제와 해결방법에 대해 다루기로 한다. 15장은 조직구조를 다루는 측면을 가지고 있다. 그러나 제2편에서 다룬 기존의 행정조직들이 현실문제를 해결하는 데 제약점이 많기 때문에 이를 우회하는 방법으로서 탄생한 조직들이라는 이유에서 조직 차원의 변용된 형태라고 본 것이다. 즉 조직의 역동성(dynamics)을 보자는 것이므로, 크게 조직행태론(organizational behavior)이라고 볼 수도 있을 것이다. 그러나 보통 미국의 조직행태론이 조직구성원의 심리적 상태, 즉 조직심리학적인 것을 다루기 때문에 제4편에서는 조직행태론이라는 이름을 붙이지 않았다. 조직현상론에서는 조직을 의인화하여 조직이라는 것에 실제로 어떠한 문제가 있고, 그 조직이 어떻게 작동되는지에 관한 것 등 실질적인 내용을 다루기로 한다. 따라서 제4편에서는 조직개편, 행정개혁뿐만 아니라, 조직문화와 조직행태와 같은 것들을 모두 포함하여, 국민과 조직구성원의 일상생활과 밀접하게 연결되어 있는 조직의 문제를 취급한다.

제 13 장
한국행정조직의 문화

제 1 절 문화의 다차원성

Ⅰ. 문화의 개념

문화와 같이 개념정의하기가 어려운 단어도 없다. 여러 분야에서 다양한 개념으로 사용하고 있기 때문에 모든 사람이 동의할 수 있는 정의를 내린다는 것은 불가능에 가깝다. 여기에서는 문화를 '가치관, 태도를 포함한 인간의 삶의 양식'으로 정의를 내리고자 한다.

문화는 공간적 단위와 문화의 깊이라는 두 가지 측면으로 나눌 수 있다. 첫째, 공간적 단위의 측면에서는 문명civilization, 국가문화, 조직문화 및 하위문화로 나눌 수 있다. 문명은 사무엘 헌팅턴이 이야기한 바와 같이 이슬람 문화권, 기독교 문화권, 불교 문화권과 같이 국경을 초월한 유사성으로 묶인 일정한 지역의 문화라고 할 수 있다.[1] 국가(민족)문화는 한 국가의 구성원들이 공유하는 가치관 또는 철학, 그리고 그 나라 사람들의 공통된 삶의 양식을 나타내는 것이다. 이어서 조직문화는 한 국가 내에 있는 조직, 예를 들면 정부조직이나 기업조직과 같은 하위 조직을 의미한다. 이러한 조직문화도 더 미시적으로 살펴보면, 정부 부처별 하위문화로 세분할 수 있다.

다음으로 문화의 깊이다. 문화는 보이지 않는 측면과 보이는 측면, 또는 근본

1) Huntington, Samuel P., The Clash of Civilizations?, in *"Foreign Affairs"*, vol. 72, no. 3, Summer 1993, pp. 22-49.

적인 것과 좀 더 지엽적인 것으로 나눌 수 있다. E. Schein[2)]은 문화를 인조물 Artifacts, 부여된 가치Espoused Values, 근본적 가정Basic underlying assumptions의 3차원으로 구분한다. 여기서 문화의 첫 번째 차원은 가시적인 것으로서 이집트나 마야문명에서 피라미드나 각종 무덤과 같이 상징적으로 만들어진 인조물을 말한다. 보통 이방인이 특정집단으로부터 감각기관을 통하여 보고, 듣고, 느끼는 차원을 말한다.

문화의 두 번째 차원은 그 사람들이 공유하는 가치적인 측면으로서 무엇이 옳고 그른 것인가에 대한 가정들을 의미한다. 보통 어느 집단의 리더들이 이런 차원의 문화를 주도하고 공유하게 하는 역할을 담당할 수 있다. 이는 사람들에게 부여된 가치로서 보통 의식적인 차원conscious을 이야기하는 것이다

마지막 차원의 문화는 인간의 내면 속에 가지고 있는 가장 근본적인 가정들을 지칭한다. 이들은 구성원들의 내면에 단단한 뿌리내려 있는 가정들로서 애초에 회의의 대상이나 논란거리가 되거나 비판을 받지 않는다. 즉, 구성원들의 삶 속에서 당연시 받아들이는 차원이다. 이러한 근본적 가정은 전자(인조물, 부여된 가치)에 비하여, 어떤 리더라도 바꾸기 어렵고 곤란한 것들이다. 이는 보통 무의식적인 관념성을 가진 것으로 개인들의 피 속에 흐르는 것이라고 봐야 한다.

한편, 여기서 그 구성원의 행태를 지배하는 결정적인 요인이 무엇인가는 경우에 따라서 달라질 수 있다. 일반적으로 말할 때의 문명, 특히 종교와 결합된 문화는 인간의 머릿속에 깊이 박혀 있고 일상생활을 지배하면서 수천 년을 가는 반면, 가장 좁은 범위의 조직차원에서의 가시적인 것은 비교적 쉽게 바꿀 수 있다.

Ⅱ. 광역 지역으로 본 한국문화

1. 유교문화권

어떤 문화라고 규정할 수 있는 공간적 단위는 무엇인가? Huntington은 공산권이 무너진 1993년 글을 쓸 당시를 기준해서, 미래의 갈등이나 충돌은 경제적인 이슈가 전면에 나서는 경제 전쟁이나 자본주의, 공산주의 같은 이데올로기가

2) Schein, E.(1997), *Organizational Culture and Leadership*, Jossey-Bass, Inc. pp. 16-27.

아니라 바로 문명의 충돌이라고 보았다. 문명의 충돌은 기독교 문화를 가지고 있는 서구 즉, 요즘 미국과 유럽의 대부분 국가로 구성된 문화권의 도전 내지 헤게모니 갈등을 예견하였다.[3)]

그가 구분한 문화권은 서구west 중심의 기독교 문화권, 러시아를 중심으로 한 정교문화권orthodox, 중동과 북아프리카지역을 주로 하는 이슬람 문화권, 중국을 중심으로 한 유교 문화권, 불교 문화권, 인도 지역을 중심으로 한 힌두권 등이다. 여기에 중남부 아프리카 지역을 나타내는 아프리카 문화권, 라틴아메리카 문화권, 그리고 일본 문화권을 덧붙였다. 총 아홉 개의 문화권으로 세계를 구분하여 바라본 것이다. 이는 주로 인종, 종교, 민족을 중심으로 나눈 것으로서 특히 종교가 큰 기준임을 짐작할 수 있다. 주목할 점은 헌팅턴이 중국을 중심으로 한 유교 문화권에 한국을 포함시켰다는 점이다. 아마도 한국의 독특성에 대해서 잘 알고 있지 못하거나, 중국, 일본, 러시아, 미국에 둘러싸인 비교적 작은 영토규모를 가진 한국이란 국가에 대해 그다지 관심이 없었기 때문일 것이다. 이에 반해 일본 문화권을 별도로 구분한 것은 일본의 경제력을 중시하는 미국적인 사고가 작용했기 때문에 그런 것으로 보인다.

몇몇 한계에도 불구하고 헌팅턴의 작업과 같이 전 세계를 국가, 국경을 넘어서 광역 문화권 지역으로 분류해서 말하는 것은 상당히 예측력이 있었던 것으로 보인다. 그의 통찰력은 적어도 이라크와 미국 간 전쟁, 그리고 이에 따른 미국의 세계무역센터 건물이 무너져 내린 9·11 테러사건, 나아가 IS와 같은 이슬람 극단주의에 의한 동시다발적 테러 등은 이슬람 문명권과 서구의 대립이 오늘날 세계 문명의 갈등의 중심이라는 사실에 비추어 볼 때 어느 정도 설명력이 있다고 생각한다.

비록 헌팅턴은 한국을 중국을 비롯한 유교 문화권에 포함시켰지만, 한국은 한반도를 지리적 경계로 하여 중국과 일본의 사이에서 상당히 독특한 문화권을 형성한다. 물론 크게 보면 중국, 일본을 포함한 동아시아 문화권이라고 볼 수도 있

---

3) Huntington이 언급한 문명의 충돌에 대한 보다 자세한 내용은 그의 저서인 Hungtigton, Samuel P.(1996), *The Clash of Civilizations and the Remaking of World Order*, Simon & Schuster에서도 참조할 수 있다.

을 것이다. 특히 5천년 역사 속에서 유교문화권에 있었던 조선시대를 보면 그럴 것이다. 그러나 중국은 문화혁명 이후 유교를 폐기하였고, 일본은 역사상 유교가 지배적인 종교가 된 적이 없다는 점에서 한·중·일 3국을 유교문화권으로 보는 것도 무리가 있다. 한국의 문화는 5천년 역사 속에서 다양한 종교문화가 형성되었고, 한·중·일 간 다방면의 교류 속에서 독자적인 문화를 발달시켜 나갔다. 특히 현재 유교 문화권으로 설명하기 어려운 중국이나 일본의 문화에 비해 적어도 조선시대 500년 이상 지속된 유교정신 등은 오늘날 한국인에서 찾아볼 수 있는 깊은 차원의 문화, 즉 Schein의 Basic underlying assumptions에 영향을 미쳤을 것임에 틀림없다.

유교문화의 핵심은 모든 인간 간의 관계를 계서제로 교통정리하는 특성을 가지고 있다. 유교는 친구 사이를 제외한 인간관계를 언제나 수직적 관계에 놓았다. 군신의 관계, 부자의 관계, 부부의 관계, 형제의 관계, 사제의 관계가 모두 그렇다. 관계의 어느 쪽에 있는가에 따라서 권위를 행사하고, 권위에 복종하게 되어 있다. 실제로는 군(君), 부(父), 부(夫), 사(師), 형(兄)의 어느 쪽이 자기 역할을 다하지 못한 때에도 신(臣)은 충(忠)하고 자(子)는 효(孝)해야 하고, 부(婦)나 제(弟)는 복종해야 되고, 제자(弟子)는 존경을 바쳐야만 했다. 즉 무조건적인 복종이 요구되었다. 우리나라의 행정문화가 권위주의적인 이유 중 하나이다. 군사부일체(君師父一體)의 문화가 우리 민족의 피 속에 흐르고 있다고 봐도 과언이 아니다.

2. 관민관계

만약 군(君)에 의하여 대표되는 행정이 민(民)을 위하는 역할을 충분히 수행하지 못하였을 때 어떤 책임을 지는가? 물론 유교는 권력을 가진 자가 도덕적으로 수련을 하여 책임을 지는 것을 내면화할 것을 요구한다[4)]. 그러나 유교는 권위 행사자가 자기의 역할을 충분하게 지키지 못하였을 때 민(民)이 중심이 되어 직접 표현하는 시민불복종과 같은 상황에서 어떤 책임을 지는가에 대해서는 명시적으로 밝히지 않고 있다.

---

4) Frederickson, H George(2002), Confucius and the moral basis of bureaucracy, *Administration & Society*, 33(6), pp. 610-628.

하지만 역사적으로 무책임한 공직자들이 존재해 온 것은 사실이다. 이런 경우에도 암묵적으로 민(民)은 계속해서 공직자들에게 복종만 해야 한다, 즉 민(民)에게는 의무만 있고, 군(君)에게는 권리만 있다는 사고방식을 갖게 된다. 이러한 사고구조에는 권한과 책임이 일치하지 않는 문제가 발생한다. 우리 행정의 대표적 문제 중 하나인 권한과 책임의 불일치는 군사정권 이후 생겨난 것이 아니라, 우리 전통문화인 유교에 그 배경을 두고 있다고 해도 과언이 아니다. 목민심서(牧民心書)는 행정을 목민으로 생각하고, 관은 목자이고 민은 양이며, 따라서 민은 양같이 완전히 무력한 보살핌의 대상만으로 파악한다. 이러한 논리에 따르면 민(民)은 무조건적으로 사랑하고 아낌을 받아야 하는 존재가 된다. 즉, 권위주의 중에서도 온정적 권위주의였다고 할 수 있다.

어떤 나라의 국민이든지 관료제를 상대할 때의 심리 구조에는 공통점이 있다면, 그것을 문화라고 할 수 있다. 우리나라를 비롯해 국가주도형 경제개발을 하는 국가에서는 독특한 행정문화가 심하게 나타난다. 우리나라의 고도 경제성장시기의 현상은 발전국가론developmental state의 설명이 설득력이 있다. 한국의 경우, 관료들이 조국근대화에 견인차 역할을 한다는 자부심을 갖고 관료제 전체가 응집성과 정책일관성을 갖고 가능한 모든 자원을 동원하여 경제발전을 이루었다.[5] 이런 과정에서 관료들의 인식은 국민에 대하여 대등한 관계보다는 계서제적 관계로 고착이 되었을 것으로 보인다. 이는 마치 아동이 성인을 대하는 심리와 같다는 White, Jr.의 주장이나, Mcgregor의 Theory X와도 관련된다.[6]

어느 나라의 행정이든지 대부분 국민들의 일상생활은 행정과 직접적인 상호작용이 별로 없다. 1년에 몇 번 또는 몇 년에 한 번 관청을 방문하는 것이 보통이다. 일반국민들은 보통 선거 때만 정부와 직접적인 관계를 갖게 된다. 바꾸어 말하면 대부분의 사람들은 정부의 혜택과는 아무런 관계도 없으며, 정부에서 접촉하여 법적으로 요구받는 신고, 승인, 세금고지서 등과 같은 각종 행정절차 및

5) Chibber, V.(2002), Bureaucratic Rationality and the Developmental State, *American Journal of Sociology*, 107(4), pp. 951-989.

6) White, O. F.(1969), The Dialectical Organization: An Alternative to Bureaucracy, *Public Administration Review*, 29(1), pp. 32-42.
McGregor, D.(1960), The human side of enterprise, McGraw-Hill, NewYork, NY.

의무를 귀찮은 것이라고 생각한다.

한편으로는 복지국가가 되면서 정부가 자기를 위해서 무엇을 베풀 수 있을 것 같고, 따라서 내가 호소하면 혜택을 줄 것 같은 존재로 생각한다. 이와는 달리 다른 한편에서는 정부를 두렵게 느끼고, 따라서 상대하지 않을수록 좋다고 생각한다. 이와 같은 개인 심리의 갈등은 관이 줄 수 있는 혜택이 꼭 필요하다고 생각하는 사회 계층에서는 전자의 쪽으로 기울어지고, 그런 혜택이 없어도 좋다고 생각하는 층은 후자의 쪽을 택하게 된다. 그러나 기본적으로는 양자 모두 '관'에서 스스로 알아서 자기들의 문제를 해결해주고, 보살펴주기를 기대한다. 반대로 무엇이 문제라고 생각하면 그것은 모두 '관'이 잘못해서 그렇다고 생각한다.

현재의 한국은 서구문화의 유입으로 이러한 수직적 인간관계도 많이 완화되었다. 그럼에도 불구하고 우리의 잠재의식 속에는 아직도 계서제를 기반으로 한 사고방식이 살아 있다. 여전히 민과 관을 구별하면서 민관관계라 하지 않고 관민관계라 부른다. 직위를 관직이라 부르고, 그 자리를 그만두어도 계속해서 그 전 관직명으로 부른다. 직위 이름에는 장관, 차관, 이사관, 서기관, 사무관과 같이 꼭 「관」자를 붙인다. 건물의 이름도 관청, 관가 등으로 부른다. 관계자라는 말은 관계관이라 하며, 관청에서 발생하는 공보는 관보라 부른다. 우리 문화 속에 뿌리 깊게 박힌 가치관이자 태도이기 때문에 단순히 시간이 흘렀다고 해서 쉽게 바뀌지는 않기 때문이다.

Ⅲ. 국가단위의 문화적 상대주의

그렇다면 아시아, 유럽 등 지역region 단위의 문화보다 좁은 개념이라 할 수 있는 국가라는 단위의 문화는 어떠한가. 우리나라는 산과 바다와 같은 자연적 요인에 의해 인근 국가로부터 격리되어 독립된 생활공간을 가진 국가였다. 즉, 과거로부터 육지로 외국과 접하고 있는 나라에 비하여 우리나라는 외국과의 인적·물적교류가 제한적이었기 때문에 나름대로 독특한 문화를 가질 수 있었다.

이러한 국가 단위의 문화National cultures를 실증적으로 규명하는 데 공헌한 학자로 Hofstede가 있다. Hofstede는 국가 단위의 문화를 살펴보기 위해 권력 거리power distance, 개인주의individualism, 남성 문화masculinity, 위험회피문화 uncetainty avoidance, 장기적 안목long term perspective, 그리고 주도적으로 삶을 즐기는 문화indulgence라는 6가지 기준을 설정하였다. 그리고 이를 바탕으로 설문지를 작성하여 세계의 경영인CEO을 대상으로 조사하고 있다.

이에 따르면, 한국은 권력 거리가 60점으로 높은 편이고, 개인주의는 18점(다시 말해서 집단주의가 강하고)이며, 남성 중심의 문화가 39점으로 나타났다. 남성 중심의 문화 부분은 과거에 비해 가부장문화가 많이 해소된 수치이다. 또한 위험회피문화가 85점으로 상당히 높게 나타나 전반적으로 안정성을 추구하는 성향으로 나타났다. 장기적 안목의 경우에는 100점으로 매우 높은 편이며, 마지막으로 자기가 주도적으로 삶을 즐기는 적극성이 29점으로 낮은 편이다.[7)]

Hofstede의 국가문화론을 어떻게 활용하느냐는 그 사람의 문화의 가치기준에 달려 있다. 과거에는 우리나라의 문화가 남성 중심적이고, 권력자가 많다는 것을 부정적으로 생각하여 이것을 완화하는 쪽으로 가는 것이 바람직하다고 보는 경향이 지배적이었다. 하지만 이러한 태도는 한편으로는 서구 중심의 문화절대주의, 다시 말해서 서구문화 우월주의적 태도가 반영된 측면이 있다. 한국의 문화를 열등한 것으로 보고, 서구의 기준에 맞추어 문화적 특성이 바뀌어야만 한다고 이야기하는 것이다. 그리고 이것은 과거 근대화론을 주장하는 사람들이 전근대 사회에서 근대 세계로 가는 방법을 논의한 것과 일맥상통한 이야기이기도 하다.

1960년대 이후 T. Parsons 같은 많은 학자들은 문화를 전근대 문화/근대 문화로 양분하여 이론을 발전시켰다. 이들과 같은 서구근대론자들은 기본적으로 [근대문화 = 서구문화], 그리고 [전근대문화 = 그 나라의 전통 문화]로 단순화시켜 바라보았다. 이러한 문화적 절대주의는 개발도상국의 입장에서 보면 문화제국주의, 문화식민주의 등이라고 볼 수 있다. 우리나라에도 과거에는 이러한 시각이 지배적이었다. 가족주의, 혹은 정적(靜的) 인간주의는 부정적이기 때문에 서구식 합리주의로 바뀌어야 한다는 주장이 그 예이다.[8)]

하지만 과연 한국의 전통문화는 상술한 바와 같은 단점만 가지고 있는 것인

---

7) Hofstede, G.(2010), *Cultures and Organizations: Software of the Mind*, McGraw-Hill.
8) 백완기(1982), 「한국행정문화」, 고려대출판부.

가, 무조건 바꿔야만 하는 것인가에 의문을 제기할 필요도 있다. 즉 문화를 문화적 상대주의의 측면에서도 살펴보자는 것이다. 문화적 절대주의와 대척점에 있는 문화적 상대주의는 문화 간 우열의 차이가 없고 각각의 그 맥락에서 가치가 있는 것으로 보는 것이다. 문제가 있다는 것을 부정하는 것이 아니라, 해당 국가에서 독자적으로 생겨난 그러한 문화 역시 고쳐야만 하는 존재로 보는 입장도 또 다른 형태의 폭력이 될 수 있다. 나아가서 Schein이 구분한 근본적 차원의 문화는 비록 단점으로 보이더라도 쉽게 바꾸기 어렵다는 한계도 있다. 그렇다면 이를 대안 없이 비판만 할 것이 아니라 반대로 잘 활용할 필요가 있다. 우리는 이 책에서 문화적 상대주의 입장을 취하여 한국 문화의 장점을 살리고 단점을 보완하는 쪽으로 보고자 한다.

우리나라의 가치관, 생활, 철학 등 문화의 전반은 수천 년의 시간이 만들어 냈다. 이러한 근본적 차원의 문화는 쉽게 변하지 않는 특성을 지닌다. 다음으로 가장 가시적인 문화로서 상징물을 이야기 할 수 있다. 예를 들어 한글, 태극기, 온돌식 주거, 한복, K-pop, 아파트, 자동차 등이 있다. 이들은 직접 관찰할 수 있는 것으로서 문화를 나타내는 상징물인 동시에, 우리 인간의 행태를 규제하는 역할도 한다. 또한 상술한 최상위 차원의 가치관과 가시적인 상징물 사이에 두 문화의 특징이 섞여 있는 중간 문화가 있을 수 있다. 즉, Schein이 언급한 두 번째 차원의 문화로서 구성원들의 의식적인 가치관(부여된 가치Espoused Values)이 바로 그것이다. 이를 조직 차원에서 살펴보면, 잘 바뀔 수 있는 유연혁신문화냐 경직적인 통제중심 문화냐, 혹은 내부지향적인 문화냐 외부지향적인 문화냐 등으로 나누어 볼 수 있다. 이러한 구성원들의 의식적인 가치관은 잘 바뀌지 않는 국가문화보다 리더들이 능력을 발휘할 수 있는 그 하위 단위에 더 적합한 논의라고 생각된다. 이를 위해 기존 문화를 진단하는 방법과 함께 리더를 포함한 조직 구성원들이 지향할 것을 모색하는 방법 등이 조직론에서 논의된다.[9]

9) Cameron, K., & Quinn, R.(1999), *Diagnosing and Changing Organizational Culture*: Based on the Competing Values Framework. Addison-Wesley.

제2절 한국행정의 조직문화

Ⅰ. 한국의 행정문화

1. 권위주의

이제 한국만의 독특한 행정문화를 살펴보기로 한다. 기업체를 겪어 본 사람이라면 행정조직은 그 분위기가 다르다는 점을 느낄 것이다. 대부분의 회사들은 직장분위기가 긴장되어 있고 동적인 데 반해, 행정조직은 훨씬 더 조용하고 행동이 느리다. 적어도 평상시에는 활력이 없어 보이며, 업무를 빨리빨리 진행시켜 매듭을 지으려는 분위기도 약하다.

행정조직의 입장에서 보면, 국민은 멀리 있는데 반해, 당장 가까이에서 독려하는 높은 사람들은 자주 교체되기 때문에 바뀌지 않는 경력직 공무원들만 주인이 된 듯한 착각에 빠지게 된다. 물론 이러한 행정조직의 문화는 어느 나라에나 공통으로 있는 요소들과 한국 특유의 요소들이 공존하고 있으므로 반드시 '한국적'이라고 말할 때에는 조심해야 한다.

한편 한국행정의 현실에도 변화의 물결이 여러 번 일어났다. 이는 한국 사회의 전반적인 민주화 흐름과 함께 유입된 서구문화의 영향에 기인한다. 이에 따라 공무원에게는 공복 혹은 머슴이라는 새로운 역할이 부여되는 분위기가 만들어진 지 오래되었다.[10] 즉 공무원이란 주인인 국민의 심부름꾼에 지나지 않는다는 것이다. 이는 공무원들의 민에 대한 계서제적 권위를 인정하는 문화적 전통을 근본적으로 뒤흔드는 것이라고 할 수 있다.

현재 한국에는 행정이 국가 발전의 선도적 역할을 해야 한다는 주장과 공복

10) 참고로 미국의 영향으로 고객이라는 개념도 등장하였다. 그러나 이 경우에도 매우 유사한 개념들이 쓰이는데, (1) Customers: 가끔씩 관리하는 관계, (2) Clients: customer보다는 더 강하고 장기적이며, 보통 계약적인 관계를 가지는 관계, (3) captives: 경찰이나 규제기관과 같이 정부에서 독점적으로 관리(?)하는 대상이라는 의미 등을 들 수 있다. Carolyn Ball, Kenneth L. Nichols Harold F. Gortner(2007), *Organization Theory: A Public & Non-Profit Perspective*(3rd), Wadsaworth, Chap.2.

의 개념이 공존한다. 합쳐서 말하면 국민의 입장에서는 아직까지 국가 발전을 위해 주인(국민)이 머슴(공무원)의 지도를 받아야 한다는 모순된 역할기대가 있다는 것이다. 즉, 한편으로 공무원의 입장에서 보면, 과거에 비해 권위는 실추되었는데도 불구하고, 다른 한편으로는 민을 대상으로 행정 지도의 업무는 지속해야 한다는 것을 의미한다. **공무원의 이와 같은 역할갈등은 행동을 하지 못하게 하든가 또는 상관이 지시한 경우에만 행동하는 형태를 낳았다.** 또 공무원들로 하여금 정치의 역학 관계에 예민하게 반응하도록 만들었으며, 힘이 강한 쪽의 편에 서게 만든 것도 공무원들이 이러한 갈등 속에서 적응하기 위한 행태 중 하나였다고 볼 수 있다.

공무원들이 기자를 대하는 태도나 국회의원을 대하는 행동도 이들이 여론을 대표한다거나 국민을 대표한다는 의식보다는 당시의 정치과정에서 누가 또는 어느 쪽이 강한가에 따라서 결정된다. 기자를 싫어하고, 의심하며, 경계하고, 국회의원을 싫어하면서 복종하는 척하는 것도 공무원들의 적응 형태의 일환이라 할 수 있다.

한편, 국민들도 행정조직 또는 관료에 대하여 모순적 기대를 가지고 있다. 국민들은 한편으로는 민주화의 영향으로 관료를 공복, 혹은 자신들과 대등한 존재로 인식하며, 따라서 그에 맞게 행동하기를 기대한다. 관료들에게 불필요한 규제 등과 같이 적극적으로 나서지 말고, 수동적으로 국민들의 요구를 잘 수렴하는 정도의 역할을 기대하는 것이다.

하지만 다른 한편으로는 전통적인 섭리국가모델을 따른다. 행정 또는 관료가 미래를 예측하여 미리 대비하기를 바라며, 문제가 발생하면 신속하고 충분한 조치를 취하는 형태의 적극적인 역할을 수행하기를 바라는 것이다. 큰 사건이 날 때마다 '정부는 그동안 팔짱만 끼고 무엇을 했느냐?'는 불만의 여론이 팽배한 것은 이러한 이유에서이다. 자신(즉, 국민)이 미리 감시 내지 제안을 하지 못했다는 자성의 목소리는 거의 들리지 않는다.[11]

앞으로 우리 사회는 행정이 우월한 입장에서 민간을 지도 또는 선도하는 것

11) 전자를 헤라클라스 모델, 후자를 주피터 모델이라고 할 수 있다. 두 모델에 관한 자세한 설명은 임도빈(2008), 거버넌스와 관료: 공기업 분야를 중심으로, 「국정관리연구」, 제3권 1호, pp. 63-95를 참조.

이 아니라, 민간의 자율에 맡기거나 민의 주도로 나아갈 가능성이 높다. 국가주도의 발전과정에서 생성되었던 수많은 규제가 풀리고 정부에 대한 기대수준이 낮아지게 되면, 적어도 집행업무를 담당하는 공무원들의 역할 갈등도 줄어들게 될 것이다. 그리고 이러한 사회적 전환과정을 거쳐 점차적으로 공무원들에게서 소신 있는 행동이 나올 수 있을 것으로 기대된다.

2. 지역주의

우리나라는 Huntington의 문화 분류 체계로는 중국문화권으로 분류될 만큼 작은 나라이지만, 그 내부에는 뿌리 깊은 지역주의가 있다. 영남, 호남, 충청, 강원, 경기 등과 같은 광역권 지역 간 갈등이 다양한 양상으로 나타난다. 이들 지역 간의 각기 다른 성향이나 그에 따른 갈등은 우리나라 정치행정조직의 운영에 매우 중요한 결정요인 중 하나이다.

지역패권주의가 어느 시대에 어떻게 형성되었는지는 분명치 않다. 조선시대로 거슬러 가는 의견도 있고, 박정희 대통령으로부터 원인을 찾기도 한다. 특히 영·호남 갈등의 경우에는 박정희 정권 당시의 호남차별론이 강화시켰다고 보기도 한다.[12] 이러한 지역주의는 광역 단위의 지역 수준을 넘어서 기초자치단체 수준, 나아가 읍면동 단위의 지역감정, 즉 지역이기주의 현상으로까지 심화되고 있다.

특히 지역주의는 우리나라에서는 대선과 총선 등 각종 선거에서 중요한 결정요인 중 하나이다. 영·호남을 경계로 명확하게 나누어지는 역대 선거결과가 이를 보여주고 있다. 물론 최근에는 득표율 양상에서 조금씩 지역주의가 완화되는 결과를 보여주고는 있으나, 여전히 지역주의가 선거의 결정변수인 경우가 대부분이다.

이러한 뿌리 깊은 지역주의 정치구조 때문에, 행정부의 주요 정무적 자리를 임명하는 경우에 출신지를 중요한 변수로 고려한다. 예컨대, 대통령이 영남 출신인 경우, 민주화시기 이후에는 비영남인사를 총리로 발탁하는 것이다. 새 정권이

---

12) Im, Tobin(2019), *The Two Sides of Korean Administrative Cuture: competitiveness or collectivism?*, Routledge.

출범할 때마다 주요 자리의 인사를 출신지역을 기준으로 언론에서도 중점적으로 다루곤 한다. 그리고 이는 정무직을 떠나 각 부처의 내부인사 때마다 소문으로 나도는 중요한 변수 중 하나이다. 각 지역의 다양한 행정수요를 살펴야 하는 정부의 입장에서 지역출신에 대한 고려는 피할 수 없는 문제인 것이다.

Ⅱ. 행정조직 내부의 문화

행정조직 내부의 문화는 서로 유사한 점도 있지만, 특정 행정조직마다 특수한 면도 많다. 예를 들어서 국방부와 교육부의 분위기가 다르고, 또한 외무부와 법무부가 다르다. 따라서 조직개편으로 인해 두 개 이상의 부처가 하나의 부처로 통합된 경우, 일하는 방식이나 분위기 등 모든 면에서 서로 다르기 때문에 보이지 않는 갈등이 존재한다.[13] 단순히 두 부처를 통합한 것을 물리적 통합이라고 한다면, 이런 문화까지 통합하는 것을 화학적 통합이라고 부른다. 뿐만 아니라 하나의 행정조직 안에서도 국별로 분위기가 다른 경우도 있다. 예를 들면 같은 기획재정부 안에서도 예산실과 다른 국은 그 분위기가 많이 다르다. 이와 같은 이야기는 중앙기관과 지방기관 사이에 대해서도 유사하다고 할 수 있다. 또 기술직과 행정직들 사이, 그리고 기타 각종 비공식적 기준에 의한 집단들 사이에도 각기 다른 문화가 존재한다. 그러나 이하에서는 이상과 같은 차이보다도 행정조직 고유의 공통적인 면들을 살펴보고자 한다.

1. 계서주의

유교문화에서 나타나는 대표적인 특성인 계서제적 문화는 공직사회에서도 지속되고 있다. 즉, 민주화의 영향으로 민-관 관계는 (적어도 일반국민이 관을 보는 시각이) 조금씩 변화하고 있지만, 관 내부에서는 그렇지 않은 것 같다. 이러한 계층제적 문화의 지속성은 공무원들을 대상으로 하는 인식조사에서도 그대로 나타난다.[14]

---

13) 이를 스키마(schema)라는 프레임에 비춰 분석한 연구도 있다. 최성욱(2001), 조직문화를 통해서 본 통합관료조직, 「한국행정학보」, 제35권 3호, pp. 127-145.

14) 주재현(2011), 한국 행정문화의 지속과 변화에 관한 연구: Grid-Group 문화이론의 적용, 「정

계서제적 사회문화 속에서 살고 있는 우리나라 사람들은 권위주의적 사고를 하고, 그것은 행정조직의 내부문화에서도 많이 나타나고 있다. 물론 어느 나라의 조직이든 그것이 관료제인 경우에는 대부분 권위주의적 속성을 지닌다. 여기에서 한국이 그렇다는 것은 적어도 자유민주주의체제를 채택한 다른 선진국들에 비하여 더 두드러진다는 것이다. 우리 행정조직의 내부에서는 높고 낮은 것을 명백히 구별하려고 하는 정도가 심하다. 법적으로는 평등한 지위를 부여하더라도 직원들끼리는 계서적 관계를 유지한다. 예컨대 대규모 식당에서 일하는 종업원끼리도 자생적으로 '왕언니'라는 계층이 생기고, 이것이 업무분담에도 작용한다.[15)]

일반적으로 공식적 계서제문화는 이를 나타내는 여러 가지 상징들을 통해서 알 수 있다. 지위상징의 발달은 권위주의적 분위기의 방증이라고 볼 수 있다. 계급이 높으면 출입구, 통로, 계단, 엘리베이터, 사무실의 위치 · 크기 · 장식, 자동차의 종류와 번호 등이 달라진다. 그리고 실제 이러한 지위상징은 우리나라 행정조직 내부에 그대로 반영되어 있다.

또한 같은 조직 내에서도 '신분'이 구별되는 방식으로 나타나기도 한다. 고급공무원이라 하면 고시를 통과한 후 임명되는 사무관 이상으로 생각하며, 여전히 고시 합격은 예전 과거급제와 같은 생각을 한다. 실질적으로 행정조직에서 큰 역할을 수행함에도 불구하고 대접을 받지 못하여 불만이 많은 계급들을 위해 대외적으로는 '주무관'이라는 명칭을 만들어 낸 것도 이러한 이유에서이다. 어떻든 주사 이하는 사무관으로의 승진도 원칙적으로 차단되어 있어 승진심사나 시험을 통해서만 가능하다. 따라서 6급 이하의 공무원들은 5급 이상 고급공무원, 특히 고시 출신 공무원들의 문화와는 다른 별도의 하위문화를 갖고 있다. 이렇듯 고시 합격유무와 5급을 기준으로 명백히 달라지는 분위기 속에서 지방공무원 중에서는 5급으로 승진하는 것을 가문의 영광으로 생각하는 사람도 많다.

행정조직은 엄격한 계서제로 움직이기 때문에 대부분의 공무원은 상관에게는 언제나 복종하되, 돌아서서 부하를 다룰 때는 매우 엄하게 다룬다. 상관은 말로

부학연구」, 제17권 1호, pp. 1-34.

15) 임도빈 · 전별(2012), "공공조직의 내부조직화 현상-비공식적 계서제화", 「행정논총」, 제50권 2호, pp. 1-33.

만 감독하는 사람, 결재하는 사람으로, 인식하고 실제로 하는 것은 '실무'라고 하여 부하 또는 실무자들만이 하는 것으로 생각한다. 따라서 권한은 자꾸 높은 곳으로 올라가고, 결국 모든 일이 제일 높은 한 사람에게로 몰리게 되면서 형식적인 결재가 많아진다. 그래서 실무자가 의도한 대로 흘러가 통과된다고 하여 '주사행정'이라 불리기도 한다. 상관은 복종을 잘 하는 부하들만 대하다 보니 태도가 오만해지고 일선에서 이루어지는 일에 둔감해진다.

이처럼 우리나라 사람들의 권위주의적 사고는 계서적 조정문화로 이어진다. 이에 따라 우리 행정에서는 상하의 계급을 강조하게 되고, 계급상의 차이가 때로는 인간 가치의 차이로까지 인식되는 때도 있다. 위 계급으로의 승진에 대한 압박이 다른 나라에 비하여 특별히 강한 것도 이런 데 일부 원인이 있다고 볼 수 있다. 일반적으로 조직 내부에서 계급은 능력을 의미하는데, 전문가임에도 불구하고 계급이 낮다면 비전문가인 상관에게 언제나 복종해야 하는 불합리한 상황이 발생한다.

여기에 가족의식까지 합세하면 조직은 그의 장을 정점으로 하여 하나로 단결하게 되고, 다른 조직을 질투, 시기나 경쟁의 대상으로만 인식하며, 협조의 상대로 생각하지 않는다. 소위 부처 간의 "할거주의" 또는 "부처 이기주의"가 생기는 것이다. 그렇기 때문에 조정coordination의 방법면에 있어서도 같은 급의 사람들 간에서는 업무task 상으로도 협조가 잘 안 될 때가 있다. 갈등의 그 내면에는 심리적 요인이 작동하곤 한다.

결국 문제가 발생할 때마다 권위주의적 조정인 '계서적 조정hierarchical co-ordination', 즉 상급자에게 호소하여 그의 지시에 의해서 해결하는 경향이 있다. 장이 부하에게 권한을 위임하여도 부하들끼리 협조하지 못하기 때문에, 부하는 자기에게 주어진 권한을 제대로 행사하지 못하고 다시 상관에게 되돌아가는 것이다. 제도적 장치가 마련되어 있음에도 불구하고 보조기관들이 권한 행사를 제대로 못하고 있는 것이 그런 예라고 할 수 있을 것이다.

2. 가족의식

우리나라 행정조직에서 볼 수 있는 또 하나의 특성은 가족의식이다. 각각의 행정조직을 하나의 가족으로 취급하는 것이다. 좀 더 넓은 의미로는 '우리성 weness'[16]이 있는데, 우리성이 강화되면서 '우리가 남이가?'라는 구호와 같은 조건 없는 단결심을 보인다. 이러한 우리성은 '한 가족'이라는 인식 하에 심리적 안정감을 주고, 조직에 대한 신뢰나 헌신의 정도를 높이며, 이를 바탕으로 안정적인 조직운영을 이끌어낸다. 하지만 한편으로는 개별 조직이 우리성을 앞세우면 다른 조직에 대한 배타성이 생겨나고 이는 업무상 비협조 행태로 나타날 수 있다.

이러한 가족의식은 권위주의와 결합하여, 권위주의가 일방적이고 강압적으로만 나타나는 것은 아니라는 점을 보여주기도 한다. 하나의 행정조직이 가족처럼 취급되고, 나아가 서로를 무조건 보호해주는 1차 집단화하는 것이다. 예컨대 권위주의적인 분위기에도 불구하고 상관은 자신을 따르는 부하의 장래문제에까지 신경을 쓴다. 이러한 관점에서 정부조직을 들여다보면, 마치 하나의 씨족마을과 같이 어른, 장손 등 구성원들은 서열화되어 있지만 내부적으로 역할분담이 이뤄지는 현상을 발견할 수 있다.[17]

이런 문화는 조직구성원 간에 끈끈한 정(情)이 흐르고, 아무리 미워하는 사람이라도 신상에 문제가 되는 것을 하지 않으려는 현상으로 나타난다. 즉, 성격이 상자라고 하더라도 인사상의 불이익을 주지 않으려는 온정주의로 나타난다. 아무리 성과평가 등 서구의 정량적 인사제도를 도입하더라도, '자신의 손에 피'를 묻히는 격인 인사상 불이익을 주는 데 가담하기를 싫어하기 때문에 서구의 인사제도가 제대로 작동하지 않는다.

이러한 가족주의는 재직기간 중에만 국한되는 한시적인 것은 아니다. 인사 이동이나 신변 변화가 있어 다른 조직으로 간 이후에도 평생 끈끈한 관계가 지속된다. 좋은 사람들끼리 서로 사모임을 만들고, 한때 모셨던 상관은 끝까지 상관으로 생각한다. 공직을 떠난 상관에게 계속해서 당시의 직책명으로 호칭하면서 상관 또는 선배로 대우한다. 같은 조직에서 일한 사람들이 모여 조직 이름의 첫자 등을 따서 적당한 이름까지 붙여서 **회라고 하면서 '공식화'하기도 한다. 부

---

16) 동 문단에서 설명하는 '우리성'에 대한 보다 자세한 내용은 양하이데 · 유민봉(2012), 조직에서 구성원이 경험하는 '우리성'에 대한 질적 연구: 근거이론(Grounded Theory)의 적용, 「한국행정학보」, 제46권 4호, pp. 325-355 참고.

17) 자세한 내용은 조석준(2002), 「행정조직과 조직문화」, 대영문화사 참고.

하들이 당시 상관을 모시거나 상관이 부하들을 소집하는 형태로 주기적으로 만나 식사를 하는 등 정을 나누는 것도 흔한 일이다. 이들 간에는 '형님', '동생'으로 부르기도 하고, 계속해서 서로 보이지 않는 도움을 준다.

한국적 비공식 조직informal organization의 특수한 변형은 단순한 친목을 넘어 권력을 독점하는 특권집단화하는 것이다. 과거의 하나회 등 사조직이 대표적인 예이다. 한 사람이 대통령이 되든지 대통령의 측근이 된다면, 이 조직의 구성원은 대한민국을 장악하는 권력집단화되는 것이다. 따라서 **이런 모임에 많이 속해 있을수록 그 사람의 승진은 빨라진다**고 믿고 평소에 시간투자를 한다. 이와 같은 문화 속에서는 한때의 상관으로부터 받은 은혜는 언젠가 적당한 기회에 갚아야 하는 것이 옳다고 생각한다.

가족주의는 만인에게 평등하게 법규범을 적용한다는 법치주의의 실현에 장애가 된다. 법률을 가족이 아닌 대상에게는 엄격하게 적용하려 하고, 가족구성원에게는 한없이 관대하려는 경향이 생기기 때문이다. 즉, 도덕적 판단의 수준이 1차 집단 위주의 상호호혜적인 사고에 머무는 것이다.[18] 인사에서도 능력 있는 사람을 높이 평가하는 실적주의보다는 아는 사람을 중용하는 정실주의로 가는 데 일익을 담당한다.

물론 이러한 온정적 권위주의 내지 가족의식 때문에 조직의 단결력이 생기고 생산성 향상에 도움을 주는 측면도 있다. 하지만 행정조직 전체적으로 보았을 때에는 부처들 사이의 협조가 잘 되지 않는 문제가 발생한다. 합리적으로 생각하면 다른 부처의 의견이 옳은데도, 이에 동조하면 자기가 속한 가족에 대한 배신으로 여겨질 수 있기 때문에 조심해야 하는 것이다. 즉 가족주의는 부처이기주의가 생기는 문화적 뿌리인 것이다.

뿐만 아니라 때로는 인사상의 파벌을 낳아 오히려 조직 내의 단결을 해치기도 한다. 심지어 같이 오래 근무한 사람에게 그가 공직을 그만둔 뒤에도 직장을 마련해 주는 형태의 특혜를 주는 일을 별로 양심의 거리낌 없이 하게 된다. 그래서 관변단체들이 생겨나고, 그 운영이 부실해지며, 입찰조건이나 자격 등이 이들

---

18) 이는 Kolberg의 도덕발달 6단계에서 3단계에 머문다는 것을 의미한다. 자세한 내용은 임도빈(2007), 「글로벌공공윤리」, 법문사, p. 282를 참조.

에게 유리하게 정하여지기도 하는 것이다. 이들 가족주의적 단결심이 마피아 조직과 같다는 의미에서 언론에서는 <관피아>란 별칭도 사용한다.[19]

3. 자리문화와 인사에 대한 집착

우리나라 공무원들에 대한 인사집행권은 기관장, 중앙에서는 행정 각 부처의 장관이나 처장에게 주어져 있다. 이들의 입장에서 보면 감독·통제의 수단으로 가장 효과적인 것은 인사권의 행사다. 행정 각 부처는 인사단위로 되어 있기 때문에 공무원은 처음에 입직한 그 부 또는 처에서 평생을 보내게 된다. 또한 특별한 경우를 제외하고는 부처 간 인사교류가 없는 것이 원칙처럼 되어 있다. 따라서 관청인 부(部)가 일종의 가족단위가 되는 것이다.

대신 한 행정조직 안에서는 횡적으로 많이 이동한다. 지금은 상관이 아닌 사람도 언제 나의 상관으로 올지 모르며, 지금 나의 상관과 헤어져도 또 언제 어느 부서에서 다시 만날지 모른다. 장관은 자기의 권한으로 공무원들에게 더 많은 보수를 줄 수는 없기 때문에 결국 그는 인사권에 가장 많이 의지하게 된다. 공무원들도 인사에 대해 가장 관심이 많다. 「인사가 만사다」라는 말은 인사가 가장 중요하다는 객관적 사실을 기술할 뿐 아니라, 공무원들이 인사에 대해서 가장 큰 관심을 갖고 있다는 말이기도 하다. 각 부처에서 인사행정의 실무를 담당하는 인사 담당관 혹은 총무(운영지원)과장이 다른 과장보다도 사실상 요직으로 보이는 것도 이 때문이다.

여기서 권한과 책임에 대한 사고방식을 살펴보면 다음과 같다. 앞서 말했듯 한국 행정은 위로 올라갈수록 권한을 많이 행사하고, 밑으로 내려갈수록 책임을 더 많이 져야 하는 비대칭적 권한-책임 구조를 보인다. 이에 따라 하위 공무원들 사이에서는 일이 잘못 되면 「나만 뒤집어쓴다」는 피해의식이 있다. 그래서 의심받을 일을 해서는 안 되고, 정직해야 하지만, 혼자서만 끝까지 정직하다가는 혼자 비난을 받을 수 있다고 생각한다.

---

19) 관피아란 용어는 학문적 용어가 아니어서 정확한 정의도 어렵다. 대체로 퇴직관료가 업무와 관련된 부문에 재취업하여 여전히 과거의 영향력을 행사하는 집단을 의미한다. 한번 관료는 영원한 관료라는 의미에서 공익보다는 관료의 이익을 추구하는 부정적 의미에서 사용된다. 현 행법은 관피아를 금지하고 있지만, 이를 완전히 차단할 수 없다고 보는 견해가 강하다.

하위 공무원들은 무엇보다도 약점을 잡히지 말아야 한다는 생각이 강하다. 법령에 규정된 대로, 무엇이든지 법령의 근거가 있어야 움직인다. 그들에게는 충분한 토론과정을 거치지 않았어도 법령은 다 같다. 국회의 심의절차는 귀찮은 것으로 생각하고, 국회 회기 말에 수십 개의 법률이 토론 없이 일괄 통과되면 이를 다행이라 생각한다. 법적 근거에 의해서만 한다는 것은 무슨 일이든지 서류에 의하여 근거를 남기되 이를 완벽하게 하는 것으로, 그렇게 해야만 후환이 없다고 생각한다.

하위 공무원들은 횡적으로 다른 사람, 다른 부서, 다른 부처들에 대해서는 권한을 최대한 존중한다. 간섭으로 느껴지는 일은 절대 하지 않는다. 민원사무도 실무자가 자리에 없으면 곁의 사람이 대신해 줄 수 있는 일일지라도 그럴 수 없다고 생각하고, 다른 부서에 대한 협조요청도 부당한 간섭으로 느껴지지 않도록 최대한 배려한다. 이러한 행태는 기관 간 또는 조직 간의 협조를 활성화시키지 못할뿐더러 나아가 행정 서비스에 지장을 준다.

이렇듯 자리에 대한 집착과 집착할 수밖에 없는 행정문화는 공익에 멸사봉공한다는 공복의 정신은 사라지고, 가장 기본적인 행동기준이 자신의 '자리보전'이 되는 결과를 초래한다. 일반국민이 기대하는, 혹은 공무원이 공직에 처음 들어올 때 다지는 각오와는 다른 조직문화가 형성되면서, 목표수단도치means-ends displacement현상이 여기저기에서 발견되는 것이다. 전문가로서 훌륭한 관료가 되기보다는 보신주의와 특권계급화하는 과잉관료제로 가는 경향이 발생한다.[20)]

과소관료제화, 이념형적 관료제, 과잉관료제화는 개념으로서 우리나라 관료제가 이중 어디 하나에 속한다고 단언하기는 어려울 것이다. 오히려 관료마다, 그리고 부처, 부서, 계급에 따라 이 중 어느 유형이 더 지배적인가라는 차원에서 앞으로 검토해볼 만한 논의들이다. 그리고 관료제화 현상은 사실 우리나라만의 특성이 아니고, 다른 나라에서도 발견되는 현상이라는 점도 참고할 필요가 있다.

자리문화는 긍정적인 면도 가지고 있다. 승진을 위해 다른 동료들과 항상 경

---

20) 과소관료제, 이념형으로서의 관료제, 과잉관료제에 대해서는 윤견수(2011), 정부의 질과 관료제의 합리성: 관료제 이념형 구성의 기본단위인 "공직" 개념을 중심으로, 「정부학연구」, 제17권 3호, pp. 19-49를 참고하라.

쟁하려는 경쟁심이 있다는 점이다. 이것은 현재에 만족하고 직무몰입을 하지 않는 서구의 관료병을 예방하는 메커니즘이다. 진정한 실적주의와 성과중심의 승진체계가 확보된다면 공무원의 동기부여는 거의 자동적으로 이뤄진다. 조직에 활기를 불어 넣고 다이나믹하게 만드는 기능을 하는 것이다. 서구에서 고민하는 동기부여의 문제가 우리나라에서는 쉽게 해결될 수 있다. 그러나 수단과 방법을 가리지 않고 승진을 하려는 현실이 오히려 역기능을 가져오는 것이다.

4. 체면과 차별의 문화

다음으로 지적되어야 하는 특성은 다른 집단과 비교하고 차별하는 문화이다. 대표적으로 비전문성 또는 일반성generalist에 따른 비교 및 차별의 문화를 들 수 있다. 승진이나 전보에서 언제나 기술직을 행정직보다 불리하게 취급하는 것, 오랜 계급제의 전통, 교육배경과는 상관없이 보직배치하는 관행, 보직을 단기간 내에 자주 변경하는 것 등이 전부 이런 문화를 대표한다. 특정분야에 국한된 전문성으로 특정자리를 담당하는 전문가보다 어떤 보직을 담당하든지 재빨리 업무를 파악하여 지장 없이 조직을 이끄는 행정관리능력을 기르는 메커니즘을 중시하는 경향이 있다. 즉 일반행정가generalist가 전문행정가specialist보다 선호되는 문화가 있다. 그리고 이를 통해 그렇지 못한 사람들과 비교하고 차별함으로써 자신의 존재감을 강화하는 심리적 메커니즘이 있는 것이다.

행정업무의 독특성을 기반으로 자기들이 단기간에 얻은 실무지식을 가지고 '비공무원(학자, 언론, 일반국민 등)이 무엇을 아나?', 혹은 '우리가 시키는 대로 하는 사람들'이라 생각하며, '겉으로만 대접하는 척하면 되지' 하는 것도 이런 사고방식의 일단을 보여주는 것이라 할 수 있다.

체면을 중시하는 것도 이런 맥락에서 이해할 수 있다. 전문성이나 실력보다는 그 사람의 자리나 계급을 중시하기 때문에, 혹시 자신의 약점이 노출되더라도 남에게는 안 그런 척하는 체면의식이 발달되어 있다. 일반행정가로서 남으로부터 존중받는 것을 중시하기 때문에 나타나는 현상이다. 내용물이야 어떻든 포장 즉, 자리에 걸맞는 대우를 받아야 한다고 생각하기 때문에 체면을 중시하는 것이다.

어떤 모임에 나가더라도 자신과 급이 비슷한 사람이 나오는 것을 중시하고, 만약 자신보다 낮은 급의 사람의 모임에 함께 섞이게 되면 체면이 상했다고 생각한다. '내가 국장 지낸 사람인데, 어떻게 과장급들의 모임에 나갈 수 있어?'라는 식의 사고이다. 또한 옛날 왕조시대부터 이어 내려오는 문민 우위의 전통이 바닥에 깔려 있기 때문에 기술직을 천시하는 의식도 사람들의 머릿속에 깊이 박혀 있다.

나아가 어떤 학교출신인가, 어떤 지역의 출신인가, 연령이 많은 사람인가, 공채자인가 특채자인가 등이 앞에 언급한 행정직인가 기술직인가, 고급공무원인가 하위공무원 출신인가, 타부처에서 전입해온 사람인가 처음부터 일한 사람인가, 그리고 어떤 과나 어떤 국의 소속인가 등과 복잡하게 얽혀 구체적인 하위문화의 색채를 이룬다고 할 수 있다. 신라시대에 존재하던 진골, 성골, 육두품과 같이 등급을 나누던 경향과 유사하게 자신이 어디에 속하는가에 따라서 우월의식이나 열등의식이 생기고, 때로는 인사에 있어서 밀고 당기는 관계가 형성되며, 나아가 권력정치의 과정과 연결됨으로써 합리적인 결정을 방해하는 경우가 많다.

차별문화는 대체로 부정적이라고 생각할 수 있는 반면, 체면문화는 관료 개인 차원에서 보면 긍정적인 면도 가지고 있다. 공직자들이 체면 때문에 하고 싶은 일을 못하게 하는 억제의 효과가 있어 윤리실현에 도움이 된다. 탐욕적인 욕심이 부패로 연결되는데, 발각되었을 때 깎이는 체면 때문에 못하는 것이다. 그러나 만약 발각이 되지 않는다는 것이 확실하면 이런 억제기능을 하지 못하는 한계점도 있다.

Ⅲ. 행정조직문화의 변화

1. 역동성

이상의 몇가지 조직문화가 한국행정문화의 독특한 점이라고 요약할 수 있다. 이상의 여러 기준들이 얽히고 설켜서 역동적으로 작동하는 것이 행정조직인데, 이를 요약하는 방법이 있을까? 바로 평등의식과 우월의식이다. 잘하는 동료들을 칭찬하기보다는 질투의 눈으로 본다. '배고픈 것은 참아도 배 아픈 것은 참지 못하는 습성'이 있다. 적어도 어떤 기준에서 나하고 비슷한 동료가 있으면 승진이나 공식적인 면에서 최소한 나도 그 사람과 같은 대접을 받고 싶어 하고 또 받아야 한다고 생각한다. 다른 한 편으로 항상 다른 사람보다 자신이 앞서기를 바란다. 내세울 것이 없으면, 심지어 '어린 것이 철도 없다', '하룻강아지 범 무서운 줄 모른다'는 식으로 나이라도 내세우고 싶어 한다.[21)]

반대로 자신이 동료보다 앞서면 신바람이 나서 일을 한다. 조직에서의 인정이 곧 자아실현인 셈이다. 현실에서는 남이 알아주지 않더라도 자신의 성취감을 중시하는 진정한 의미의 자아실현형self actualization 인간은 그리 많지 않다.

더구나 이런 성취를 장기적으로 이루어 나가기보다는 최대한 짧은 시간에 이루려고 한다. 그러다 보니, 남에게 뒤지지 않기 위한 눈치도 발달되어 있다. 따라서 조직구성원의 행태만으로 국한해서 본다면 '빨리빨리 문화'가 지배적일 수밖에 없으며, 장기적인 안목이 결여되어 있다고 할 수 있다. '형님, 동생'하는 비공식적 모임을 만들고, 이를 통해 출세를 빨리 하려는 우월의식을 가지고 있기 때문에 문제이다. 공정한 절차나 정당한 수단을 무시하는 것이 문제이다.

이러한 개인의 특성은 변화가 빠르고 예측이 불가능한 역동성을 창출하는 한국 사회와 한국 행정조직을 낳는다. 조직팽창을 통해 이런 욕구를 일부 분출할 여건이 오면 다행이지만, 환경에 부적응할 경우 조직의 공룡화가 발생하는 동시에 모든 사람이 피곤해진다.

2. 문화의 위협요인

모든 문화는 장·단점이 있다. 우리는 전술한 전통문화에 서구문화가 유입되면서 그동안 어느 정도 장점이 발휘되었다고 볼 수 있다. 이제 이러한 두 이질적인 문화가 혼합되어 나타나는 역동성이 유지되기에는 변곡점을 지나지 않았나 한다.

예컨대, 가족주의 문화가 단점만 가지고 있는 것은 아니지만, 최근의 변화는 가족주의의 단점만 발현되고 장점은 나타나지 않는 방향으로 발전하고 있다. 개인단위가 중시되면서, 조직이 유지되기 위해 개인이 어느 정도 희생(또는 양보)하는 미덕을 잃어가는 것이다. 조직이 있어야 '내'가 있다는 생각보다는 거꾸로 '내'

---

21) 임도빈(2007), 한국 행정현상에 대한 설명모델을 찾아서, 「한국거버넌스학회보」, 제14권 1호, pp. 1-30.

가 앞서는 것이다.

민주주의 정신에도 자유와 평등이라는 대립된 가치가 있다는 것을 잊은 채 자유만 강조하는 사람들이 많이 있다. 조직에서는 권리와 책임(의무)이 동시에 충족되어야 함에도 불구하고, 권리만 내세우는 경향이 있다. 즉, 극단적인 이기주의적 행태를 보이는 것이다.

물질주의적 성향도 마찬가지이다. 경제(돈)가 중요하지 않은 것은 아니지만, 돈 이외의 더 중요한 가치가 있다는 것을 망각하는 경향이 있다. 수단과 방법을 가리지 않고 금전적 이익을 취하도록 하는 문화가 독버섯같이 자라고 있는 것이다. 과거에는 당연히 조직을 위해서 봉사하던 것도 이제는 경품이나 성과급 등 금전적 보상을 제시해야 비로소 참여하는 현상이 나타난다.

이러한 문화적 정체성이 혼돈적인 상황에서 상관은 각 단위부서가 잘 움직이게 해야 하는 것이 한국 행정조직이 처한 근본적인 문제이다. 조직이 개인 중심으로 파편화되고 개별화, 물신화되는 것을 상쇄할 힘이 필요한 것이다. 이를 각 부서장의 리더십만으로 메꿀 수 있는지는 의문이다.

제 14 장

행정조직의 행태

이 장에서 우리는 행정조직의 구성원 개개인이나 민간에게 행정조직의 행태가 어떻게 보이는가를 다루려고 한다. 조직론에서 조직행태organizational behaviour는 직무만족, 조직몰입 등 개인의 심리적인 측면을 다루는데, 여기서는 그러한 내용을 다루지는 않는다. 더 적절한 용어가 없어서 조직행태라는 용어를 쓰는 것일 뿐, 실제로는 앞에서 본 조직의 구조와 과정이 조직현장에서 어떻게 발현되는가를 다룬다. 특히 조직에서 일어나는 핵심현상은 '권력'이므로, 권력이 행사되고 발현되는 측면을 보고자 한다. 그리고 일반국민의 입장에서 바라보는 행정조직 내부의 역동적 구조와 과정을 보고자 한다. 구체적으로는 조직의 권력순위, 장관의 권력행사, 행정조직 내부의사결정 과정, 각종 위원회와 그 조직활동의 민주성 여부 등을 보려고 한다. 나아가서 미래 권력의 발현으로서의 대통령직 인수위원회와 조직의 자율성을 추구한 개혁모델로서의 책임운영기관의 실제 권력작용에 대해서 다루려 한다. 이는 조직 및 조직구성원의 민주성 여부와 밀접한 관련이 있는 주제들이다. 즉, 이 장의 문제의식은 민주화를 향한 개혁을 통해서 '정부 내 소위 힘이 센 행정기관, 집단, 장관 등 개인이 과연 과거 그들이 독점했던 권력을 다른 행위주체와 공유하느냐?'이다. 우리는 권력정치의 과정, 특히 권한과 책임 일치의 원칙들이 실제로 어떻게 나타나는지에 관심이 있다.

제 1 절 중앙행정기관의 권력

Ⅰ. 권력의 행사

1. 조직의 권력순위

조직은 조직단위로 하나의 권력체를 형성한다. 중앙행정기관도 마찬가지이다. 이들이 모두 예외 없이 국민직선의 대통령이 가진 권력을 분담하여 행사하는 존재라고 하더라도, 오랜 역사를 거쳐 그 자신만의 권력을 구축하여 왔다.

오재록[1)]은 설문을 통하여 중앙행정기관의 권력 원천에 대해 다음과 같은 것을 중심으로 살펴보았다.

- 예산 및 인력규모
- 기관업무에 대한 대통령의 관심과 지지
- 기관장에 대한 대통령의 신임과 총애
- 기관의 법적 · 공식적 권한
- 일반국민들의 지지와 관심

이 중에서는 객관적으로 측정가능한 것이 있고, 그렇지 않은 것도 있다. 어떻든 그는 이러한 권력원을 놓고 중요도에 대한 순위를 매길 수 있다고 보았다. 그리고 이러한 이론적 근거를 바탕으로 노무현 정부와 이명박 정부 시 중앙행정기관을 대상으로 권력순위를 평가한 바 있다. 구체적으로 기관의 자원, 자율성, 네트워크, 잉여력, 잠재력 등을 종합적으로 평가하여 권력지수를 측정한 것이 <표 14-1>이다.

결과에 따르면, 기획재정부의 권력이 역대 정권을 거쳐서 단연 1위이다. 이는 객관적 수치에 의해 계산된 것으로, 관료나 정부를 잘 아는 기타 사람들이 주관적으로 느끼는 것과도 일치한다. 또한 검찰청 2위, 경찰청 9위, 국세청 19위로 청급의 기관도 상위에 있다. 소위 3대 권력부처라는 말이 나오는 것과 일치한다.

---

1) 노무현 정부의 것은 오재록(2007), 「한국의 관료제 권력구조: 진단과 처방」, 한국학술정보(주) 참조.

그러나 그 외의 대부분의 청은 하위권에 머물러 있다. 처나 청이 권력순위에서 높은 서열에 있는 것이 사실 정상은 아닐 것이다. 그렇다고 하위권에 있는 것이 정상적인 것이라고 하기도 어렵다.

〈표 14-1〉 중앙부처의 관료제 권력지수(BPI)

순위	기관명	권력지수	순위	기관명	권력지수	순위	기관명	권력지수
1	기획재정부	72.10	16	농림축산식품부	31.40	31	조달청	11.52
2	검찰청	70.82	17	해양수산부	30.89	32	방위사업청	11.50
3	국방부	68.77	18	고용노동부	30.36	33	특허청	10.81
4	국토교통부	54.19	19	국세청	27.53	34	중소기업청	10.45
5	산업통상자원부	50.94	20	환경부	26.02	35	산림청	9.74
6	교육부	49.24	21	금융위원회	25.22	36	국가보훈처	7.69
7	국가정보원	47.65	22	국민안전처	21.84	37	문화재청	7.51
8	행정안전부	45.02	23	식품의약품안전처	16.44	38	통계청	7.15
9	경찰청	42.03	24	공정거래위원회	15.43	39	기상청	6.71
10	보건복지부	39.55	25	여성가족부	14.88	40	국가인권위원회	5.98
11	외교부	38.88	26	방송통신위원회	14.66	41	농촌진흥청	5.72
12	미래창조과학부	37.08	27	관세청	14.22	42	병무청	5.60
13	문화체육관광부	36.00	28	통일부	13.93	43	법제처	4.14
14	감사원	32.95	29	국민권익위원회	12.89			
15	법무부	31.41	30	인사혁신처	12.86			

출처: 오재록(2018), "정부부처의 권력", 「한국행정학보」, 제52권 1호.

이 순위는 조직이 가진 공식적 권력, 그리고 중앙행정기관 간의 권력에 국한된 것이 아니라, 정부조직 내외의 권력현상을 종합한 것이라고 할 수 있다. 다만 여기서 지적하고 싶은 것은 기관 간 권력차가 많이 난다는 점이다. 부 조직임에도 불구하고 여성부는 규모도 작고, 정부조직 대내외 권력도 작아 30위에 머물고 있다.

권력의 불균형은 청을 소유한 부와 그렇지 않은 부를 고려하면 더욱 그렇다. 이미 단독으로도 권력지수가 높은 기획재정부의 경우, 소속하고 있는 통계청, 관세청 등을 포함하면 더욱 강력한 부가 된다. 이런 청을 소유했다는 사실로 부의 권력이 올라가고, 부는 소속 청을 통해 자신의 인사적체를 해소하는 등의 행태를 보이기도 하나, 청을 조직관리의 수단시 하는 것은 바람직하지 않다.

2. 권력행사의 원인 : 스키마

조직도 개인의 경우와 마찬가지로 일정 분야에서 자기를 전문화시키면, 자기 나름의 스키마schema가 생긴다. 즉, 세상을 이 스키마에 의거하여 보게 된다. 조직의 목표와 임무에 따라 한 조직의 구성원들은 다른 조직의 구성원들과는 다른 나름대로의 사고방식을 갖게 된다. 그리고 이러한 스키마는 조직원 간의 상호작용으로 인하여 강화된다.

기획재정부의 권력은 이러한 스키마가 강하게 작용한 예이다. 이미 1960년대부터 경제기획을 하는 사람들은 오직 '경제성장'의 시각에서 세상을 보게 되었다. 예를 들면 이들 관료들의 눈에는 정부의 교육기능은 그 자체의 가치보다도 경제성장을 위한 고급인력공급의 수단으로 인식하게 된다. 사회개발기능도 그것 자체의 가치보다도 성장을 방해하는 '마이너스'적 요인으로 보인다. 환경기능도 단기적인 시각에서 보면 낭비적 투자로 보인다. 농업과 같은 1차 산업도 낮은 생산성 때문에 투자효율이 적은 분야로 보인다. 따라서 경제적 시각을 강하게 함양한 이들이 정부 내 정책결정과정을 지배하면 위와 같은 분야는 뒤로 밀려나게 되고, 장기적으로는 국가적으로 큰 손실을 초래하게 된다. 그렇기 때문에 정책결정과정은 여러 분야에서 골고루 실질적으로 참여하여 이루어져야 국가발전도 균형 있게 이루어진다.

물론 1990년 후반 한국경제는 성장에 이어 위기를 맞이하였고, 이어서 기획재정부의 역할에 대한 회의적인 시각도 따라 나왔다. 경제기획원이 창설되었던 1960년대와 달리 1990년대에는 경제의 "민간주도", "자율의 경제", "경제규제의 해제" 등과 같은 가치관이 전면에 등장하면서 경제에 대한 정부의 적극적인 개입의 시대는 지나갔다고 이야기한다. 예산편성방법도 달라져서 점증주의적 성격을 가진 다수의 경직성 경비에 대한 심사를 줄이고, 대규모의 신규예산에 대한 심사를 강화하였다.

그럼에도 불구하고 예산실의 예산편성권은 여전히 큰 권한을 가지고 있다. 중앙부처 간 관계에서는 오히려 과거보다 더 커지면 커졌지 작아지지는 않았다는 의견이 지배적이다. 기획재정부 관료들은 나름대로의 스키마를 가지고 있으며, 조직에 대해 강한 자부심도 가지고 있다. 이들은 다른 부처의 관료들을 예산을 낭비하는 존재로 인식하고, 이들과 대등한 관계에서 경청하려는 자세도 미흡하다.

한편, 기획재정부 직원들은 자신들이 과거와 같은 '힘센 부처'는 아니라고 말한다. 그러나 직접적인 방법으로 경제부문에 간여하는 방법 면에서 변한 것이지, 개입 자체가 줄어든 것이라고 보기는 어렵다. 즉, 직접적·가시적 수단에서 간접적·비가시적 수단으로 바뀐 것뿐이지, 기재부는 여전히 큰 권력을 누리는 부처이다. 특히 경제규모가 커지면서 전체적인 경제상황을 파악하기조차 어려워진 관계로 이를 위해 통계분석, 자료수집, 자료분석 등의 기능이 커졌다. 이런 변화 속에서 기획재정부는 과거와 같은 영향력을 계속하여 유지하는 것이다.

이러한 스키마현상은 정도만 다르지 다른 부처에서도 찾아볼 수 있다. 국토교통부, 국방부, 교육부 등이 특히 심하게 나타나는 것으로 알려져 있다. 그리고 조직환경과 조직기술이 바뀌어도 계속하여 그 권력을 행사하려고 한다. 그리고 대부처주의의 조직개편으로 인해 과거의 2개 이상 부가 하나로 합쳐졌지만, 그 내부에는 여전히 기존 조직 스키마가 있는 사람들로 구성되어 조직융합이 잘 되지 않는 것도 커다란 문제이다.

겉으로 보이는 조직도표의 변화가 곧 조직의 성과향상을 가져온다고 착각해서는 안 된다. 비공식적 조직구조는 조직 스스로, 자연발생적으로 생성되며, 항상 조직화organizing되는 과정에 있다.[2)] 결국은 우리 행정조직의 근본적인 체질을 이해하는 것이 선행되어야 한다. **일단 어떤 기관에 권력이 주어지면, 그 권력은 조직차원에서 계속 유지되는 경향이 있다.** 주도적인 집단들은 상황적 여건의 유불리에 따라 권력행사의 방법을 바꿀 뿐이다.

---

2) 임도빈·전별(2012), 공공조직의 내부조직화 현상: 비공식적 계서제화, 「행정논총」, 제50권 2호, pp. 1-33.

Ⅱ. 장관의 권력

장관권력의 차원에서 볼 때, 장관을 나름대로 정치적 자원political capital이 있는 사람과 정치적 자원이 부족하지만 개인의 전문지식이나 경험(관료출신)이 축적된 개인적 자원personal capital이[3] 있는 사람으로 구분할 수 있다. 즉, 정치가형 장관과 전문가형 장관의 문제이다. 물론 가장 좋은 것은 양자가 어느 정도 균형을 이루는 것이라고 본다.

장관의 권력은 어느 정도 보장된 임기가 있어야 가능하다. 그러나 한국장관의 임기는 평균 13.86개월로 역할을 배우다가 끝나는 경우가 많다. 또한 장관이 대통령(그리고 청와대)과의 관계에서 얼마나 자율권을 가지고 부여된 업무를 수행할 수 있느냐의 문제도 있다. 이는 정치가형과 전문가형 장관의 문제가 아니라, 대통령의 신뢰의 문제이다. 대통령 개인이 장관을 신뢰하는 경우에는 청와대 참모들과의 관계에서 비교적 능력을 잘 발휘할 수 있다. 역대 대통령은 기획재정부 장관을 항상 자신이 가장 신뢰하는 사람으로 임명하는 경향이 있다.

다른 차원에서 접근하면, 대통령이 많은 권한을 장관에게 위임하는 위임형과 미시적인 부분까지 지시하고 통제하는 집권형으로 구분할 수 있다. 이 두 가지 차원을 결합하면 다음과 같은 4가지 유형의 권력관계가 나온다.

〈표 14-2〉 장관권력의 크기

장관 \ 대통령	위임형	집권형
정치가형	++++ (유형 1)	++ (유형 3)
전문가형	+++ (유형 2)	+ (유형 4)

주: +의 수는 권력의 크기를 의미함.

우리나라의 역대 대통령은 '제왕적 대통령'이라는 별칭이 붙을 정도로 집권적인 성향을 보여 왔다. 미래 한국의 장관 유형으로는 유형 1 혹은 유형 2가 바람

3) 해당 부처에 관료로서 근무한 경험이 있는 장관일수록 재임기간이 길어진다는 특성이 보인다. 성시영(2015), 장관의 재임기간에 영향을 미치는 요인, 「한국행정학보」, 제49권 3호.

직할 것이다. 하지만 현재는 유형 3과 유형 4가 많다. 그럼에도 불구하고 역대 정권을 보면, 다른 대통령에 비하여 상대적으로 더 집권적인 대통령이 있고, 또한 동일한 대통령이라 하더라도 장관이 누구냐에 따라 위임형으로 대하기도 한다. 유형 4에 해당하는 장관은 매우 제약된 상황에서 업무를 수행한다.

유형 1의 장관은 관할하는 부처의 전문 관료와 보완적 관계에 있다. 장관은 정치적인 차원의 문제를 해결하고, 관료들은 행정적 차원의 문제를 해결할 수 있다. 이러한 관계로 인하여, 행정적 전문성 때문에 관료를 통솔하기 어려운 경우가 발생한다. 유형 2는 관할부처의 관료를 통솔하는 데 유리하지만, 만약 장관 개인의 개성이 지나치게 강하면 역으로 관료들과 갈등을 겪을 수 있다.

장관의 권력은 부처소속 관료에 대해 행사할 수 있는 인사권에서 나온다고 볼 수 있다. 그러나 고위직 관료의 경우, 그 승진이 청와대 등 외부의 영향을 받기도 한다고 알려져 있다. 특히 유형 3, 4의 경우, 인사권의 제약이 커서 조직통솔에 어려움이 있을 가능성이 높다. 또한 장관은 자기의 말을 잘 듣는 사람을 요직에 앉히려고 한다. 그러다보니 장관 개인과의 연결고리가 강조된 인사가 이루어지기도 한다. 일례로 박정희 대통령 이후 영남출신이 대통령 자리를 거의 독점하다시피 하여, 특정지역 출신이나 학연 등이 작용하여 인사가 이뤄진다고 보는 사람이 많다.

장관은 정치가로서 이상을 추구하지만 행정가로서 현실에서 변화를 일으켜서 조직을 이끌어야 하는 존재이다.[4] 이러한 변화를 위한 장관의 실제 권력행사는 주요 사안에 대해 결재권을 행사하면서 생긴다(후술 품의제도 참고). 결재사안을 빨리 파악하고, 부하들이 받아들일 만한 적절한 판단을 내리는가가 실제 권력행사를 좌우한다. 장관비서실 등의 참모기관이 존재하기는 하지만, 장관들은 대체로 매일매일 꽉 짜여진 일정을 소화하기 바쁘다. 부하들은 지나치게 빽빽하게 채워진 일정을 만들어 장관을 피곤하게 만들 수 있다. 장관의 권력행사에 간접적으로나마 영향을 미치는 것이다.

장관의 권력이 실질적으로 행사되는 것은 품의제도를 통한 결재권이다. 외부인이 장관에 임명되면, 부하들은 전임자에 비교하여 저울질을 하게 된다. 이에

4) 김경은(2015), 한국의 장관은 정치가인가 행정가인가: 장관리더십에 대한 근거이론 적용, 「한국행정학보」, 제49권 3호.

반하여, 장관은 부하들을 완전 장악하고 싶어한다. 즉, 실질적 권력관계가 다시 형성되게 된다. 대체적인 과정은 다음과 같다.

우선, 부하들은 모든 사안을 샅샅이 장관결재에 올린다. 장관은 격무에 정신을 차리지 못하게 된다. 부하들은 일일이 장관에게 보고함으로써 충성심을 보일 수 있고, 자기 멋대로 하지 않는다는 인상을 주기 때문에 이 전략이 안전한 보신방법이다.

다음으로, 신임장관은 그동안 잘못된 관행을 바로 잡고 싶어하는데, 초기에는 현황파악조차 안 되기 때문에 불가능한 상태이다. 시간이 지나면서 상황을 파악하게 되면, 조직 내 이해관계가 얽히고 설켜 있다는 점을 알게 된다. 결재를 하고 하지 않음에 따라 충성자와 반대자가 생긴다.

셋째, 유능한 장관은 대부분은 품의가 올라오는 대로 결재를 하되, 간혹 주요안건에 대하여 부하의 기대와 반대로 결재를 하지 않음으로써 권력을 행사한다. 즉, 예측대로 하지 않음으로써 부하들을 불확실성 영역에 몰아 넣는 것이다.

이러한 권력게임은 일정한 공식이 없다. 부하와 산하의 조직들을 잘 이끌어 성과를 내야하는 예술art과 같은 것이다. 부하들도 모두 동질적인 집단이 아니고, 내부를 자세히 들여다보면 비공식적 집단으로 구성되어 있다. 이들은 철새같이 왔다가 가는 장관에 대해 어느 정도 충성해야 하는가를 스스로 판단한다. 조직의 경우, 본청의 간부는 물론이고, 소속기관의 장도 있다. 여성부 등 소형인 부를 제외하면 대부분의 부가 크기 때문에 이들을 일일이 통할하는 것도 용이한 일이 아니다. 거꾸로 소속기관의 입장에서 보면, 본청의 통제가 원활한 업무수행에 방해가 되기도 한다. 현재 우리나라의 책임운영기관이란 제도는 이러한 소속기관의 입장을 반영하여 도입한 제도라고 할 수 있다.

Ⅲ. 행정기관 내 권력

1. 특정직의 지배

대부분의 중앙행정기관은 일반행정직 공무원들이 주를 이룬다. 이러한 일반행정직 지배의 문화로 인해 종종 행정조직은 전문성이 낮다는 비판을 받는다. 그러나 일부 부처는 기술직, 또는 특정 직렬의 관료들의 숫자와 권력이 무시할 수 없을 만큼 크다. 보건복지부의 경우, 의사, 약사 등이 요직을 담당하고, 이들 중 일부는 이익단체의 압력 때문에 강한 권력을 행사하고 있다. 또한 특정직이 지배하는 부처도 있다. 일반직 지배의 조직도 문제이지만, 특정직들도 많은 문제점을 가지고 있다. 정부조직법의 제2조 제7항은 다음과 같이 되어 있다.

> 제6항에도 불구하고 대통령령으로 정하는 바에 따라 교육부의 보조기관 및 차관보·보좌기관은 교육공무원으로, 외교부의 보조기관 및 차관보·보좌기관은 외무공무원으로, 법무부의 보조기관 및 보좌기관은 검사로, 국방부의 보조기관 및 차관보·보좌기관과 병무청 및 방위사업청의 보조기관 및 보좌기관은 현역군인으로, 행정안전부의 안전·재난업무를 담당하는 보조기관과 차관보 및 보좌기관은 특정직공무원으로, 경찰청과 해양경찰청의 보조기관 및 보좌기관은 경찰공무원으로, 소방청의 보조기관 및 보좌기관은 소방공무원으로 보할 수 있다.

이들 기관에서는 일반직 공무원들이 지배적인 다른 중앙행정기관과는 달리 일반행정직이 열거된 보조·보좌기관 직위에 보임되는 예가 제한될 수밖에 없다. 설혹 이들 기관에 일반직이 들어간다 하더라도 하위직에만 머무르게 조직이 설계되어 있다. 특정직을 강조하는 이들의 논리대로만 한다면, 일례로 교육부 본부 요직은 모두 교사출신으로 해야 할 것이다. 하지만 특정직을 강조하는 논리를 면밀히 살펴보면, 이는 겉으로는 행정의 전문성을 향상시키는 것 같으나, 속에서는 두 가지 문제를 야기한다.

첫째, 법무부의 경우 대부분의 실·국을 검사로 보하도록 되어 있고, 일부는 검사 또는 고위공무원단에 속하는 일반직 혹은 별정직공무원으로 보할 수 있도록 하고 있다. 따라서 합법적으로 법무부의 주요 보직이 거의 검사들로만 채워질 수 있다. 이러한 경우, 검사들이 행정의 법률적 측면을 지나치게 중시한 결과 법무부의 운영에 있어서 행정능률이나 효과 개선 측면이 뒤떨어질 가능성이 많다.

둘째, 이들 검사들이 검찰청과의 사이를 왕래하며 보직을 받게 되어 있어, 장기간 법무부 본부의 보직에 있으면서 행정에 익숙해지기 위한 기간이 짧다는 단점이 있다. 특히 검사들은 임용 당시부터 행정고시 출신자보다 우위 직급의 대접을 받는다. 차관급인 검사장급 자리도 50개나 되어 지나치게 많다. 동일한 수준의 고시인데 검사가 행정사무관보다 이런 대접을 받는 것은 바람직하지 못하다. 부처 간 권력 균형화와 조직공정성을 위해 반드시 시정해야 할 것이다.

외교부의 경우도, 외국과 본부를 번갈아 근무하는 외무공무원이 본부의 요직을 독차지한다는 문제를 가지고 있다. 즉, 훌륭한 대사가 본부에서 외교부 행정과 정책을 잘하라는 법은 없다. 과거 국방부의 경우에는 사정이 더욱 심각했다. 1991년 국장의 전부, 담당관의 대부분, 과장의 약 2/3를 현역군인으로 보직하고 있었다. 이들도 법무부의 경우처럼 자기 소속 군과 본부의 사이를 왕래하게 되어 있으며, 이들은 평균 2년 정도 국방부에서 근무하고 떠난다. 그러나 법무부와 다른 것은 이들의 인사이동을 결정하는 곳은 각 군 본부인 세 곳 또는 네 곳으로 분산되어 있다는 점이다. 또한 이들이 사용하는 소위 국방비가 우리 정부의 재정상 차지하는 규모가 엄청나다는 것이다. 즉, 2년 이내의 국방부 본부 근무경력을 갖고, 인사상의 관심은 소속 군에 가 있으면서, 가장 큰 규모의 예산을 사용하여 온 것이다.

따라서 소위 문민우위의 원칙이나 군정과 군령의 분리원칙에 의하면, 국방부 본부의 직원들은 대부분 민간인 신분의 사람들이면서 장기간 근무하는 경력직으로서 전문적으로 일을 처리하게 해야 한다. 현역 군인이 주요 직위를 차지하는 체제 하에서는 장기간 근무하는 사람들은 문관들과 소수 하위계급의 일반직인데, 이들은 승진의 가능성도 없어서 사기도 낮은 사람들이다. 따라서 이들의 결정에 국방예산의 사용을 맡길 수도 없는 실정이므로, 이 부분에 점점 개혁이 이뤄지고 있는 것은 바람직한 현상이다.

2. 주무제도

국이나 과 가운데는 주무국이나 주무과라는 것이 있다. 첫째로 주무국장이나 주무과장이라는 것은 국장이나 과장급 중에서 서열상의 순위가 첫째라는 것을 의미한다. 그러나 모든 국이나 과들에 관하여 기관마다 서열이 정해져 있다는 것은 아니다. 다만 주무국이나 주무과라는 것이 있어서 언제나 서열 첫째의 국과 과는 명시된다는 것을 의미하는 것이다. 이때 직제에 표시하는 방법은 '타국(과)에 속하지 않는 사항을 관장한다'는 표현을 통해서이다. 주무국·과의 제도는 전통적인 가족 속에서 맏형을 중시하는 사고방식에서 유래했다고 볼 수 있다. 직제규정상으로나 기구도표상으로도 주무국이나 주무과는 맨 처음에 표현하는 것이 관례로 되어 있다.

주무국장이나 주무과장은 차상급자가 사고가 생겼거나 출장 중일 때에는 그를 대리한다. 어떤 국이나 과를 주무국 또는 주무과라고 하는 것은 그 부처나 국의 존립목표에 비추어 가장 직접적인 관련이 있기 때문인 경우가 많다. 물론 이 사실이 곧 부처 내 또는 국 내의 권력 구조상의 제1위를 의미하는 것은 아니다. 그러나 국장이나 과장의 인사에 있어서 주무국장이나 주무과장 자리에는 선임자를 임용하는 경향이 있다. 그 이유는 전술한 바와 같은 서열상의 지위와 대리권 때문이다. 결과적으로 이러한 인사배치로 인해 주무국이나 주무과는 설혹 권력 구조면에서 제1위가 아닌 경우라 하더라도 상당한 영향력을 행사할 수 있는 위치에 서게 된다.

둘째로 주무국이나 주무과를 두는 제도는 어떤 사무가 소관이 불명할 때, 그의 담당부서를 정해주는 기능을 하게 한다고 할 수 있다. 대개의 경우 소관이 불명한 일이라는 것은 기존의 루틴한 업무가 아니라, 새로 발생하는 일로서 그 집행방법도 불명한 일인 때가 많다. 그래서 이러한 제도는 국 또는 과 간의 책임회피 및 권한쟁탈을 방지하기 위한 장치라고도 할 수 있다. 그러나 실제 주무국이나 주무과가 자기 소속부의 목표와 가장 직결된 분야들을 관장하고, 또한 정책·계획 등의 일을 주로 담당하면서 이에 더해 명백히 타국·과에 속하지 않는 업무들까지 주무국·과로 몰리는 경향이 있다. 그리고 이는 당연하게도 주무국·과의 영향력 향상에 기여한다.

셋째로 주무국이나 주무과라는 제도는 부 또는 국 내에서 타국·과에 대한 지원 및 서무 업무를 이곳에서 맡게 된다는 것을 의미한다. 예를 들어 인사, 예산회계, 문서 등이 대표적인 것들인데, 이들 권한은 타국이나 타과를 지원하기 위해서 사용될 수도 있지만, 때로는 이들의 활동을 방해하는 장치로도 사용될 수 있다. 예를 들어 주무과가 타과들이 기피하는 소관 미정업무를 도맡고, 서무업무도 순수하게 봉사적으로 수행하는 경우 잡무과와 같이 취급될 가능성이 있다. 반면에 과가 선택적으로 새로운 업무를 맡고, 서무업무도 통계용으로 사용하는 경우에는 타과를 지도하는 과와 같이 될 가능성도 있다. 이와 아울러 지적되어야 하는 사실은 과 속에도 주무사무관이 있어서 이러한 서무기능을 맡고 있다는 것이다.

이상의 제 조건 이외에도 해당 국의 인력의 크기, 예산규모, 고객의 속성, 전통 등이 국 사이의 권력구조를 정하는 데 매우 중요한 기준으로 작용할 것이다. 장관은 주무국장과 주무과장에 자신의 뜻을 잘 아는 사람을 배치하려고 한다. 조직을 장악하는 것은 모든 직원들과 동일하게 상호작용하면서 이뤄지는 것이 아니라, 몇 사람의 충성스런 사람을 통해서 이뤄지기 때문이다.

제 2 절 공식적 의사결정구조

중앙행정기관은 관청으로서 장(長)이 대내외적으로 공식적인 책임을 지는 조직이다. 행정기관의 내부에는 공식적인 의사결정을 하기 위한 절차가 관행으로 굳어져 있는데, 일제 강점기 때 우리나라에 도입된 것으로 보이는 품의제도가 그것이다. 이 제도가 조직비효율성의 원인이라고 보는 비판이 많아 없애려는 노력은 계속되었으나, 여전히 존재하고 있다. 우리의 조직문화나 체질에 부합하기 때문이 아닌가 한다. 그럼에도 불구하고 조직 내부적으로 이를 개선하는 노력도 많이 있는데, 위임전결제도나 전자결재가 그 예이다.

Ⅰ. 품의제도 : 조직 내 의사결정과정

1. 기안과 품의

"품의(稟議)"라는 말은 '상관의 재가를 받기 위하여 의논을 드린다'라는 뜻이며, 이것을 '품신한다'고도 표현한다. 품의의 개념은 '결재'와 '합의'의 양자로 이루어진다. 결재나 합의는 모두 기안이 근거가 되기 때문에 기안에 대한 설명을 필요로 한다. 품의는 공식적 의사결정과정이기 때문에, 품의없이 이뤄진 행정행위는 불법이다.

의사결정과정의 시발은 크게 두 가지로 나누어 볼 수 있다. 첫째로 접수문서

(외부의 발의)에 의한 것이 있고, 둘째로 기안자가 소속된 기관발의에 의한 것이 있다. 후자는 다시 법령 · 규정의 근거에 의한 것, 상관의 지시에 의한 것, 자기 발안의 세 가지로 나누어진다.

“기안”이라는 것은 기관의 의사를 문서로써 구체화할 기초가 되는 문안을 작성하는 것을 말한다. 품의는 어떤 중요한 의사결정을 하기 이전, 즉 ‘사전’에 일어나야 하는데, 그 시발점이 기안이다. 기안이라는 행위가 시작되는 역할을 하는 사람이 실무자이다. 그는 첫째로 당해 기관의 책임자의 입장에서 기안해야 하며, 둘째로 발신자의 입장에서, 셋째로 수신자의 입장에서, 넷째로 결재자의 입장에서 기안을 하는 것이 옳다. 기안자는 기안을 위하여 자료를 수집하고 검토해야 하는 경우가 많다.

기안자는 항상 기안을 독자적으로 작성하는 것은 아니다. 미리 결재권자가 기안을 지시하는 경우도 있고, 기안자가 고안한 아이디어라면 구두로 동의를 받는 선결과정을 거치는 경우가 많다. 이때 받은 지침 또는 법규나 관례 등이 정하는 바에 따라서, 내부적으로 상관이 새로 지시한 건에 관하여 담당자가 기안문서 작성을 하게 된다.

조직이 어떤 행동을 취할지 결정하는 것은 기본적으로 기관장의 책임과 권한이다. 그러나 이러한 내용을 문서화하는 작업은 관료가 한다. 예컨대 어떤 위원회를 개최할 경우, 이전에 이런 회의를 하겠다는 것을 품의를 해야 하고, 자문위원회 개최 후에는 발생한 회의비 처리 등을 위한 품의를 해야 한다. 같은 사안에 대해서 두세 번의 품의가 일어나는 것이 보통이다. 이러한 아이디어를 처음 문서화하는 것을 기안이라고 한다.

2. 결재과정

기안된 것은 계선에 따라 과장, 국장, 기획조정실장, 차관, 장관의 순으로 올라가면서 서명을 받게 된다. 모든 사안이 장관까지 가는 것이 아니고 어느 단계까지 올라가야 하는가는 전결규정에 의한다. 그러나 사무관리규정 제15조 2항은 행정기관의 장은 결재권자의 결재에 이르기까지 검토자의 수가 2인을 넘지 아니하도록 노력하여야 한다고 명시하고 있다.[5] 2015년도 조직관리지침에는 중앙행정기관에서 차관에 이르기까지 결재단계를 4단계 이하로 하도록 하고 있다. 이는 장관까지는 5단계가 될 수 있다는 것을 의미한다.

상관은 결재, 보류, 반려 등 세 가지 중에 하나를 택한다. 자신의 의견을 써넣어 부하들이 참고하도록 하기도 한다. 부하를 불러 추가적인 설명을 요구할 수도 있다. 이 과정에서 타부서와의 합의가 필요한 건에 대해서는 관련 과 또는 국의 협조를 받게 되어 있다. 이때 타부서가 기안문을 검토하거나 협조함에 있어서 그 내용과 다른 의견이 있는 때에는 당해 문서 또는 별지에 그 의견을 표시하여야 한다.

우리나라의 경우에 동일 국 안에서 관련 과 사이에 합의를 구하는 것은 주무과장까지 중간 결재한 다음에 관련된 과장에게로 가게 되어 있다. 그런데 관련 과장은 다시 담당자에게 의견을 묻는다. 타국과의 협의를 요할 때는 주무국장까지 중간 결재한 다음에 관련된 국장에게 넘기는데, 관련 국장 역시 이를 다시 담당자에게 보낸다. 그리고 최종적으로 합의 받은 것은 주무과장이나 주무국장이 다시 올리도록 되어 있다.

합의에는 회람식 합의와 병렬식 합의라는 두 가지가 있다. 모든 절차를 다 밟아서 진행하면 관련 부서를 모두 만족시킬 수 있는 반면에, 너무 오랜 시간이 걸린다는 단점이 있다. 게다가 어떤 것이 타기관에 관련된다고 볼 것인가에 대해서는 막연한 경우가 많다. 확대해석하면 타기관과 다소나마 관련되지 않는 안건이 없을 정도로 그 수가 많다. 그러나 이를 좁게 해석하면 타기관에 명백하게 관련되는 안건은 매우 적다고 할 수 있다.

협조를 청한다는 것은 그만큼 서류의 진행을 지체시키고, 때로는 복잡하고 어려운 문제를 야기할 수도 있다. 뿐만 아니라, 협조요청을 받은 사람의 입장에서 보면 남의 일에 반대의견을 달기가 매우 어렵다. 따라서 아주 중요한 사안이거나 자기 부서의 이해관계와 명백하게 충돌하지 않는 한 대개의 경우에는 동의하게 된다. 결국 요청자는 늘 동의가 나오는 협조를 무엇 때문에 해야 하는가 하고 그 가치를 의심하게 된다.

---

5) 그러나 대부분의 중요사안의 경우 검토자 수가 2인을 넘는다. 법규정과 현실과의 괴리를 나타내 주는 대표적인 예이다.

이상과 같은 이유 때문에 품의과정을 이용하는 횡적 협조는 잘 되지 않는 경우도 있다. 그래서 실제로 필요한 협조가 이루어지지 않고 추후에 문제가 발생하거나 또는 장관이 결재를 보류하고 협조를 지시하기 때문에 소요시간이 훨씬 더 길어지는 경우도 발생한다. 어떻든 이렇게 해서 확정된 문서내용은 시행되며, 시행문서는 처리과에서 발송한다.

한편, 실제로 장관이나 상관은 결재를 하기 위해 자료수집이나 분석을 할 시간이 없다. 후술하는 전결규정에도 불구하고 실제로는 장관 등 상급자에게 결재서류들이 집중하는 경향이 있다. 장관이나 상관은 바쁜 가운데 이들을 단시간에 처리하려 하기 때문에 항상 다루는 유형의 안건에 대해서는 그 내용을 제대로 검토하지 않고 결재하는 경우도 있다. 실무자의 기안내용과 중간단계 사람들의 판단을 신뢰하고 결재하기도 한다. 지방자치단체나 작은 조직도 마찬가지이다. 이 경우 기안자가 대부분 6급 주사인데, 상술한 바와 같이 이들이 올린 안이 그대로 통과되는 확률이 높기 때문에 이것을 가리켜 소위 "주사행정"이라 부르기도 한다.

이상의 것은 베버가 주장하는 관료제의 특성 중 문서주의를 나타낸다. 그러나 중요한 문제의 경우 실제 의사결정은 품의제도 밖에서 이루어지는 경향이 있다. 따라서 품의제도는 사후에 일어나는 형식적인 것에 지나지 않으며, 단지 의사결정과정을 문서화하는 과정이다. 중요한 의사결정의 대부분은 이미 실질적인 의사결정이 이루어진 다음에 이것을 공식화하는 수단으로 품의제를 사용하는 데 지나지 않는다. 즉, 이런 경우 접수공문에 대해서 회신공문의 내부기안이 시작되기까지의 사이에 일어나는 활동들이 실제의 의사결정과정이라고 할 수 있다. 또한 상관의 구두지시에 의하여 발안된 것은 지시가 내려온 순간부터 기안하는 시점까지의 과정이 더 중요하다고 볼 수 있다. 이 기간 동안은 면담 또는 전화를 통한 지시, 보고와 건의, 상의, 메모의 전달, 각종 회의 개최, 합숙작업 등을 통해서 의사결정과정이 진행된다.

이와 같은 품의 이전의 기간에 이루어지는 활동에서 부 내의 누가 더 많은 영향력을 행사하는가는 내부권력구조에 의한다. 예를 들면 파벌 또는 비공식조직의 분포, 신임하는 정도, 총무과장이나 비서관의 상대적 영향력, 국장·과장 등의 사회적 배경, 소속한 인맥 및 이들 직위의 상대적 가치 등에 영향을 받는다.

3. 공문서제도

외국의 경우, 공직자가 쓴 편지의 형태(예컨대, 추천서, 초청장)도 공문서로 법적인 가치가 인정된다. 그러나 우리나라에서는 이런 경우에도 공문이 있어야 하고, 편지는 첨부서류로, 즉 보완서류로 활용된다. 즉 우리나라 행정기관에서 일어나는 행위는 문서를 통해서 이뤄진다. 행정기관을 접촉하면 '공문을 보내라', '공문을 못 받아서 못 한다' 등의 말을 흔히 듣는다. 이때 공문이란 기관장의 직인이 찍힌 문서나 품의과정을 거친 문서를 의미한다. 행정 효율과 협업 촉진에 관한 규정(대통령령) 4조는 공문서의 종류를 다음과 같이 정의하고 있다.

1. 법규문서 : 헌법 · 법률 · 대통령령 · 총리령 · 부령 · 조례 · 규칙 등에 관한 문서
2. 지시문서 : 훈령 · 지시 · 예규 · 일일명령 등 행정기관이 그 하급기관이나 소속 공무원에 대하여 일정한 사항을 지시하는 문서
3. 공고문서 : 고시 · 공고 등 행정기관이 일정한 사항을 일반에게 알리는 문서
4. 비치문서 : 행정기관이 일정한 사항을 기록하여 행정기관 내부에 비치하면서 업무에 활용하는 대장, 카드 등의 문서
5. 민원문서 : 민원인이 행정기관에 허가, 인가, 그 밖의 처분 등 특정한 행위를 요구하는 문서와 그에 대한 처리문서
6. 일반문서 : 제1호부터 제5호까지의 문서에 속하지 아니하는 모든 문서

이런 문서를 생산하거나, 남이 생산한 것을 받는 사람은 이에 대해 어떤 행동을 취해야 한다. 누가 무엇에 대한 기안을 하고, 이를 누가 결재할 것이며, 결재한 것을 어떻게 시행하는가의 문제를 생각해야 하기 때문에 품의제도는 직제와 전결제도, 공문서 수발제도 등과 함께 이해되어야 한다.

전자정부 개혁 이후 상술한 종이문서가 아닌 전자적으로 이뤄진다. 일반화되어 사용되고 있는 전자문서인 경우에는 접수등록번호와 접수일시가 자동으로 표시되도록 하여야 한다. '행정 효율과 협업 촉진에 관한 규정' 5조에는 모든 문서를 전자문서로 하는 것을 규정하고 있다. 이것은 과거 종이문서로 하던 때에 비하여 많은 변화를 가져왔다. 즉, 과거에는 수작업으로 했던 문서의 기안 · 검토 · 협조 · 결재 · 등록 · 시행 · 분류 · 편철 · 보관 · 보존 · 이관 · 접수 · 배부 · 공람 · 검색 · 활

용 등 모든 처리절차가 전자적으로 처리된다.

그렇다고 하여, 전통적인 품의제도가 사라질 정도로 완전히 달라진 것은 아니다. 행정조직 내 관료들의 업무방식에는 근본적으로 바뀐 것이 거의 없다고 봐야 한다. 전자문서로 접수된 문서는 처리담당자가 어떻게 처리해야 하는가를 정해야 한다. 이를 위하여 처리담당자, 즉 누가 결재권자인지를 알아야 한다. 그리고 이는 전결규정을 통해서 알 수 있다. 그러나 전결규정의 문구가 불명확하거나 전결규정의 제정시일이 너무 지나서 실정에 맞지 않기 때문에 아무도 그것에 신경을 쓰지 않는 때에는 관례에 의하든가, 가장 안전한 방법으로서 최상위자에게까지 갖고 가서 결재를 맡게 된다. 이때 결재권자가 서명하는 행위를 결재라고 부른다. 하지만 중간단계의 사람들의 공람도 사실상 결재라고 부르기도 한다. 아무튼 이 과정에서 접수문서에 대한 처리 지침은 주로 결재권자로부터 내려오게 된다.

4. 품의제도의 장점

상술하였듯이 품의제도는 일본행정의 잔재라고 볼 수 있다. 하지만 우리나라의 가족주의적 행정문화를 반영하고 있는 제도이기도 하다. 마치 가장이 모든 권한을 가지고 있는 것으로 전제하고, 다른 구성원들은 일일이 가장과 상의하고 허락을 맡게 되어 있는 것과 같다고 할 수 있다. 이것을 통해서 가족이 소통하고 화목이 이루어지기도 하는 것처럼 행정조직도 품의제도를 통해 단합이 이루어지는 것으로도 볼 수 있다. 게다가 우리의 행정문화에서 '의논드린다'는 것 자체가 미덕과 같이 취급되는 경향이 있다. 서구에도 집단 의사결정체제는 있지만, 우리의 품의제도와 같이 관련된 조직 전체가 사안을 결재하는 것은 아니라, 최소한의 관련자만 결재한다. 문서의 형식도 자유롭고 간단하다. 다른 모든 제도도 그렇듯이 품의제도도 장·단점을 가지고 있는 제도이다. 먼저 장점을 살펴보면 다음과 같다.

우선, 상관의 입장에서 보면 품의제도는 조직 내 매일 발생하는 업무를 자세하게 파악할 수 있는 가장 좋은 수단이다. 결재를 통하여 모든 일이 자기의 통제하에 운영될 수 있다는 자신감도 준다. 이와 같이 품의제도는 상관을 위한 가장 적절한 통제도구이면서 정보획득 수단이 된다. 또한 종적으로는 상관과 부하 간에 정보를 공유하게 하여 상하간 의사소통의 간극을 좁히는 장치라고도 할 수 있다. 즉, 종적 참여제도라고 할 수 있는데, 건별로 기안자, 과장, 관련과장, 국장, 관련국장, 실장, 차관, 장관 등이 모두 참여하게 된다. 그리고 조직 구성원 개인의 입장에서 충성심, 단결심은 이런 데서 나온다고도 볼 수 있다. 사실 품의 상신과 결재의 과정을 통하여 상관과 부하가 같은 문제를 논의하게 될 뿐만 아니라, 직접 대면하는 기회도 주어진다고 할 수 있다. 특히 가장 후배인 젊은 기안자가 장·차관이 하는 결정에 참여할 수 있다는 것은 큰 보람으로 느껴진다.

다음으로는 기안자가 동시에 실질적인 집행자라는 것이다. 그리고 집행과정에서 난관에 부딪히는 경우, 언제든지 차상급 이상의 사람들에게 호소할 수 있으며, 이들은 품의제도를 통하여 그 문제를 알고 있고 승낙했기 때문에 곧 의논에 응해 준다. 따라서 집행자의 입장에서 심리적으로 안정감을 가지고 집행할 수 있다는 장점이 있다.

마지막으로 품의제도는 O.J.TOn the Job Training의 제도 또는 내부사회화의 장치라고 할 수 있다. 우리나라와 같은 일반주의의 행정문화에서는 공무원 훈련 내용이 직무에 직결된 전문적인 것이 되기 어렵기 때문에 신규채용자는 실무에 배치된 뒤부터 특히 기안과 합의, 결재과정을 통하여 필요한 공식적, 비공식적 지식을 터득하게 된다.

5. 품의제도의 단점

이상과 같은 여러 장점 때문에 품의제도는 우리나라의 행정기관에서 앞으로도 계속 사용될 것으로 보여진다. 하지만 다음과 같은 단점들도 있다.

무엇보다도 모든 과에서 상부로 향하여 문서가 올라가기 때문에 상부에서 문서과다 집중현상이 일어난다는 것이다. 상대적으로 상위직에 올라갈수록 대외활동이나 기타 결재 이외의 일에 시간을 들여야 하는 정도가 증가한다. 또한 장관은 그의 공직생활 경험을 비롯하여 그 직위가 요구하는 관심의 내용으로 볼 때, 하부 실무자들만큼 자세한 내용을 모르고 있거나 또한 몰라도 된다고 생각한다. 그럼에도 불구하고 매우 실무적인 일까지도 장관에게 올라가서 그의 시간을 소비하게 하는 것이 품의제도의 단점이다.

과거 종이문서로 하던 시기에는 품의제도로 인해 업무처리시간은 상당히 길어졌다. 특히 이들 가운데 부재중인 사람이 발생하면 타인이 대신하여 결재하기도 어려운 면이 있다. 현행 제도상 결재권자가 휴가・출장 기타의 사유로 결재할 수 없는 때에는 그 직무를 대리하는 자가 대결할 수 있지만, 잘 활용되지 않는 편이다. 전자결재로 바뀌었고 전 세계 어디서나 인터넷에 연결되어 있기 때문에 이런 문제는 많이 해결되었다.

다음으로 공무원들의 태도와 행동이 문제가 된다. 품의제도라는 것은 밑의 사람들의 입장에서 보면 공무를 구실로 하여 상관과 접촉하고 자기의 존재를 알리는 기회를 마련해 주는 제도이다. 따라서 가능한 한 그런 구실을 만들어야 한다. 상관의 재가를 얻고자 하는 행위, 그의 의견을 묻는 행위는 미덕이며, 부하들은 사소한 사항이라도 위로 가지고 올라가려고 한다. 사후에 만일 어떤 문제가 생겨 감사, 투서, 여론의 반대 등의 대상이 된 경우 자기가 책임을 지는 것을 면하거나 또는 책임을 가볍게 하기 위해서도 상관의 결재를 받아 놓는 것이 유리하기 때문이다.

또한 상관의 결재를 선호하는 이유도 중요한 시사점을 던져준다. 상관에게 있어 결재행위 자체는 권한을 행사하는 가장 중대한 기회로 여겨진다. 대체로 기관장이 처음 부임해 오면, 기존에 결재가 '자동적(?)'으로 나던 사항도 꼼꼼히 보고 결재를 거부하는 경향이 있다. 다시 말하면, 자기가 아무리 사소한 일이라 할지라도 왈가왈부 할 수 있는 존재라는 것을 부하들에게 인식시켜 권력을 행사하는 것이다.

또한 앞에서도 말한 바와 같이 이 제도를 통해서 자기 밑에서 일어나는 일들을 훤하게 파악할 수 있고, 모든 것을 자기 관할 아래 둘 수 있다고 생각한다. 대부분의 상관들은 중요하다고 생각하는 상관이나 외부인사가 어떤 안건에 대하여 문의하여 왔을 때, 자기가 내용을 알고 있어서 즉각 답변할 수 있어야 체면이 선다고 생각한다. 또한 부하가 갖고 온 품의에 대해서는 그 내용을 자기가 알 수 없는 경우에도 자기의 무지를 드러내기 싫어하는 경향이 있다.

품의제도의 또 하나의 단점은 리더로 하여금 적극성을 결여하게 만든다는 것이다. 즉 품의제도에 의하면 지도자는 자리에 앉아서 결재를 하면서 조직의 업무가 어떻게 돌아가고 있는지를 알 수 있다. 뿐만 아니라 자기의 이니셔티브

initiative로 무엇을 하려고 해도 아랫사람으로 하여금 기안을 시켜서 결재절차를 밟아야 하기 때문에 신속하고 기민하게 대처하기도 힘들다. 사실 품의제도 하에서는 지도력이 없는 사람도 소극적으로나마 리더 행세를 할 수 있다고 말할 수 있다.

게다가 수시로 크고작은 안건들이 섞여서 결재에 올라오는 산발성 때문에 리더가 일관된 생각을 하다가도 자주 중단되고, 자기의 계획과 방침 등이 행정의 모든 측면에 골고루 침투하게 만들기도 힘들게 되어 있다. 예를 들면, 공사 실시 품의서의 경우 집행 도중에 발생한 사건 때문에 계획을 급하게 변경해야 하는 때도 다시 품의절차를 다 거쳐야 하기 때문에 적시를 놓치고 마는 경우가 있다.

아울러 품의제도라는 것은 기안자, 중간·최종결재자, 합의자 등이 각자 화면에 문서를 읽으면서 조용히 혼자서 가부를 결정하는 것이기 때문에, 중도에서 관련자들이 전부 모여 회의와 토론을 하는 일이 없다는 것도 단점의 하나이다. 즉, 토론이 의사결정과정에 주는 장점을 활용하지 못한다.

기안이라는 것은 대부분 하나의 안을 그대로 또는 약간만 수정하여 가부를 결정하는 형식으로 이루어진다. 따라서 두 개 이상의 유사한 대안들을 놓고 그들 사이의 장·단점들을 비교하면서 그중의 한 개의 안을 선택하는 의사결정의 과정을 밟지 않는다는 것도 단점으로 지적될 수 있다. 이런 면에서 품의제도는 합리성을 결여한 제도라고 할 수 있다.

하나의 부나 처를 "집"으로 본다면 품의제도를 통하여 어떤 안건에 대한 집안의 합의와 단합이 이루어진다고 볼 수 있다. 그래서 그 건에 관하여 다른 부 또는 처와의 사이에 이견이 생기면 서로 양보하지 않는다. 즉 자기 의견을 지나치게 고집하게 되며, 그런 면에서 품의제도는 부처이기주의sectionalism의 가속화작용을 한다고 할 수 있다.

결과적으로 품의제도가 우리나라의 문화적 배경에 깊이 뿌리를 박고 있는 제도라는 점을 고려할 때, 그것을 성급하게 폐지하기보다는 장점을 살리고 단점을 보완할 수 있는 대안의 모색이 필요하다. 이미 전자결재제도가 도입될 당시에는 컴퓨터를 통하여 결재가 품의제도의 단점을 극복할 것으로 기대되기도 하였다. 그러나 전자결재제도도 역시 품의제의 의사결정구조를 근본적으로 변화시키지는 못하고 있다. 전자결재제도가 도입된 이후 근무하게 된 공무원들도 품의제가 아닌 다른 방식의 의사결정구조에 대해 상상하기조차 힘들어 하는 것이 현실이다.

이러한 품의제도에 대한 향후 개선방안으로는 최다결재단계의 규정화, 속도촉진제도의 사용, 전결규정제도의 개선, 사후일괄보고제도의 도입, 계획성의 도입 등이 고려될 수 있다. 그러나 어떠한 개선책이든지 종합적으로 접근할 필요가 있다. 즉, 위임전결규정, 직제, 보고규정, 예산제도, 위원회규정, 사무관리규정, 사무관리규정처리규칙, 행정기관의 조직 및 정원에 관한 통칙 등 여러 규정이 동시에 상호보완적으로 개정되어야 개혁의 효과를 거둘 수 있을 것이다.

Ⅱ. 위임전결제도

권위적 기관장은 의사결정권을 집권화하는 경향이 있다. 그리고 품의제도는 이러한 집권화를 도와주는 제도이다. 품의제도는 모든 의결사항을 기관장까지 올리게 하는 속성이 있기 때문이다. 대부분의 조직이론들은 집권화를 부정적으로 보고 이를 해소하는 방안들을 제시하고 있는데, 분권화decentralization와 위임delegation이 그 예이다.[6] 전자는 권한과 책임을 모두 부하에게 옮기는 것이고, 후자는 결재권은 넘기지만 결국 최종적인 책임은 여전히 상관에게 있다는 차이가 있다.

우리나라는 상위층으로 갈수록 결재건수가 많아지는 문제를 해결하기 위해 각 행정조직마다 장관 또는 처장의 훈령으로 위임전결규정이라는 것을 제정토록 하고 있다. 이 규정은 조직의 장으로부터 시작하여 밑으로 모든 중간결재자를 다 열거하고, 각 결재자마다 최종결재할 수 있는 안건들을 ○표로 미리 표시해 놓은 문서이다. 예컨대 예산지출의 경우, 액수를 몇 구간으로 나눠서 적은 액수일수록 부하가 재량적으로 지출할 수 있게 하고 있다. 이렇게 함으로써 위임전결된 사안에 대해서는 그 계층 이상의 상관에게는 결재가 올라오지 않는다. 따라서 예를 들어 과장은 이 전결규정에 지정된 사안만은 적어도 자기만이 최종결재자라고 주장할 수 있게 된다. 그는 모든 과장에게 공통으로 위임전결되는 사무들과 자기가 맡은 과에만 관련하여 지정된 전결사항에 관하여 이러한 권한을 가지게 된다. 중요한 사무를 하위의 보조기관에게 전결시킬수록, 그리고 많은 수의 사무들을 위임할수록

6) Daft(2014), *Understanding theroy & Design of Organizations*, South Western, pp. 73-92.

그 행정조직은 그만큼 분권화되어 있다고 할 수 있다.

그러나 행정조직의 업무 내용을 하나의 전결규정에 다 기재하기에는 너무나 많으며, 또한 조직을 둘러싸고 있는 환경은 자꾸 변하고 있다. 게다가 많은 경우에 규정 속에 있는 것들도 해석상 이견이 발생할 가능성이 있다. 따라서 현실에서는 부하들이 여전히 상관에게 상의하는 경향이 있다. 그리고 어떤 문제가 생기면 전결규정을 개정하여 다시 상급자로 최종결재권을 올리게 된다.

어떻든 위임전결은 업무처리의 신속성과 조직 구성원의 책임성을 확보하기 위한 방법의 일환으로 활용되고 있다. 행정조직의 복잡·다기한 사무를 기관장 이외의 자에게 배분함으로써 조직 내부적으로 사무처리의 효율성을 확보하고자 하는 취지이다. 결국 위임전결의 취지를 살리면서 상술한 문제점을 해결하고 위임전결의 효과를 극대화하기 위해서는 위임전결의 수준을 하향조정하는 것이 필요하다.

이에 따라 매번 중앙행정기관에서도 효율적인 위임전결 시스템을 구축하기 위한 노력들이 전개되고 있다. 중요한 것은 규정상의 문제라기보다는 행태변화의 문제이다. 장관을 비롯한 상관은 부하를 신뢰하고 과감히 위임을 해야 하며, 부하는 전문성과 실력을 갖추고 소신있게 위임받은 사항을 처리할 줄 알아야 한다.

제 3 절 행정조직 내 의사결정의 민주화 : 행정기관 위원회

중앙행정기관은 수많은 위원회로 둘러싸여 있다. 이에 따라 '위원회 공화국'이란 별칭이 생길 정도이다. 여기서는 중앙행정기관이 아닌 위원회를 다루기로 한다. 제6장에서 설명한 위원회 분류유형으로 본다면, 여기서는 유형 Ⅴ, 유형 Ⅵ, 유형 Ⅷ, 유형 Ⅸ 등 다양한 형태의 것을 다룬다.

Ⅰ. 우후죽순격 위원회

우리나라의 위원회는 행정기관 위원회가 존재하는데, 법적으로는 행정위원회와 자문위원회로 구분된다. 즉, 정부조직법 제5조의 "행정기관에는 그 소관사무의 일부를 독립하여 수행할 필요가 있는 때에는 법률로 정하는 바에 따라 행정위원회 등 합의제행정기관을 둘 수 있다"란 규정은 행정위원회에 관한 것이다. 이에 비하여 제4조의 "행정기관에는 그 소관사무의 범위에서 필요한 때에는 대통령령으로 정하는 바에 따라 시험연구기관 · 교육훈련기관 · 문화기관 · 의료기관 · 제조기관 및 자문기관 등을 둘 수 있다"란 규정은 자문위원회에 관한 것이다. 자문기관과 자문위원회는 분명히 구분되는 개념이지만, 사실상 '위원회'라는 용어를 통용하기 때문에 혼란을 일으키는 것도 사실이다.[7)]

어떻든 합의제 위원회의 수가 증가하는 경향이 있다. 특히 대통령직속 자문위원회의 수가 증가하는 추세에 있다. 국민들은 모든 중요한 정책문제에 대해 대통령이 직접 관심 갖기를 원하는 데 비하여, 대통령은 '독단적으로 결정한다'는 인상보다는 '민주적 결정'을 한다는 인상을 주길 원하기 때문인 것으로 보인다. 대통령 직속 자문위원회의 숫자는 대통령 개인의 집권적 성향에 비례한다.[8)]

위원회가 설치되면 이를 지원하는 행정조직이 생긴다. 대체로 위원회의 소관 정책분야와 직접 관련있는 정부 부처에서 위원회의 실무지원을 위해 인력을 파견하는 방식으로 한다. 대부분이 '별도 정원' 형식으로 하고 있어, 결과적으로 위원회 조직은 공무원 수를 편법적으로 늘리는 데 이용되고 있다. 따라서 각 행정기관의 입장에서는 항상 자문위원회를 설치할 유혹이 존재한다. '문제가 있으면 위원회를 만들어라'라는 표현은 여기서 나왔다고 볼 수 있다.

그동안 「정부조직법」과 「행정기관의 조직과 정원에 관한 통칙」 등 정부조직 관련 법령에는 정부위원회의 설치 근거에 대한 대강의 기준만 마련되어 있을 뿐 위원회의 설치 · 운영에 대한 종합적인 관리체계에 관한 규정은 없었다. 이러한 환경 속에서 <표 14-3>에서 보는 바와 같이 위원회가 남설되는 경향이 있다. 많은 경우, 위원회를 구성만 한 후, 한 번도 회의를 개최하지 않기도 한다.

이러한 문제를 해결하기 위해, 2008년 「행정기관 소속 위원회의 설치 · 운영에 관한 법률」이 제정되었다. 동법 14조에 의하면, 행정안전부가 각 행정기관의

---

7) 김병섭 외(2002), 정부위원회 조직의 개혁: 반복되는 답과 잃어버린 질문, 한국행정학회 학술대회 발표논문, p. 4.

8) 2018년 기준 문재인 대통령 직속자문위원회는 17개이다.

위원회 설치를 모니터링하고, 운영의 시정 · 보완 · 통폐합을 하도록 되어 있다. 2008년~2017년까지 총 539개 건에 대한 조치를 완료한 것으로 되어 있지만, 전체적인 위원회 숫자는 크게 줄어들지 않았음을 표에서 알 수 있다.

〈표 14-3〉 **위원회 증가추세**[9)]

구분	연도	대통령	국무총리	각 부처	행정위원회	자문위원회	총계
	1997	10	23	347	23	357	380
국민의 정부	1998	13	26	344	29	354	383
	1999	16	28	275	29	290	319
	2000	18	31	303	32	320	352
	2001	18	32	316	33	333	366
	2002	18	34	312	35	329	364
참여정부	2003	17	35	316	35	333	368
	2004	23	44	291	42	316	358
	2005	25	47	309	42	339	381
	2006	28	50	325	44	359	403
	2007	28	52	332	44	372	416
	2008.2.28.	30	69	480	44	535	579
이명박 정부	2008.2.29.	17	67	483	39	528	567
	2008.5월	17	67	489	39	534	573
	2009.8월	21	57	383	42	419	461
	2010.6월	20	53	358	40	391	431
	2011.6월	18	56	425	34	465	499
	2012.6월	20	55	430	36	469	505
	2013.2.24.	21	58	451	37	493	530
박근혜 정부	2013.3.23.	15	60	459	37	497	534
	2013.6월	17	60	459	37	499	536
	2014.6월	17	65	455	38	499	537
	2015.6월	17	65	467	37	512	549

9) 행정안전부(http://www.mois.go.kr), 2018년 행정기관위원회 현황.

	2016.6월	17	62	475	36	518	554
	2017.5.9.	17	59	482	36	522	558
현정부	2017.6월	18	59	479	38	518	556
	2018.6월	19	56	483	37	521	558

Ⅱ. 위원회의 다양성

1. 위원회의 유형

행정기관 위원회를 설치하는 이유는 기존의 행정기관이 민주화된 사회환경에 맞지 않기 때문이다. 즉, 행정기관의 단독적 행정행위를 점점 받아들이지 않음에 따라, 집행에 문제가 생기기 때문이다. 그 장점은 다음과 같다.

첫째, 폐쇄적인 관료들이 단독으로 결정하면, 관료들이 이해하는 한정된 범위의 시각만 반영될 위험이 있다. 반면 위원회를 구성하면 다양한 시각의 사람들이 모이기 때문에 사회 각종의 이해관계를 정책에 고루 반영할 수 있다.

둘째, 고도의 전문성이 필요한 사안에 대하여 관련 전문가의 의견을 청취한다.

셋째, 분쟁의 소지가 있는 사항에 관한 사실을 분석적으로 조사하고 경우에 따라서는 중립적 입장에서 심판한다. 최근에는 사회적으로 찬반이 극명하게 나뉘는 사안에 대하여, 보통사람들이 숙의deliberation과정을 통해 결론을 내리도록 하는 한시적 위원회도 등장하고 있다. 공론화위원회가 그 예이다. 하지만 위원회는 사실 단일 성격이 아니고 여러 가지 성격이 혼재되어 있다. 실제 기능을 중심으로 이를 유형화하면 다음과 같다.

위원회에는 심의·조정을 하는 위원회, 법적인 결정을 하는 의결위원회, 그리고 자문위원회가 있다. 자문위원회는 소관 행정기관이 자문위원회의 자문을 거칠 수도 있고, 거치지 않고 의사결정을 할 수도 있는 조직이다. 그 규모는 일정하지 않지만 일반적으로 3명~15명 정도의 규모로 구성된다. 각 부의 자문위원회는 그 숫자가 증가하는 추세이고, 위원회별 위원 수도 증가하는 추세에 있다.

유형화에도 불구하고 명칭을 보고 어떤 유형인지 분간하기는 쉽지 않다. 예컨대, 중앙행정기관인 '국민권익위원회' 내에 행정위원회인 '중앙행정심판위원회'가 있다. 위원회 명칭 앞에 '심의', '심판', '심결', '감독', '자문' 등 여러 가지 명칭이 붙지만, 실제 기능이 무엇인지 명칭만 보고 바로 판단하기는 어렵다.

〈표 14-4〉 **위원회의 유형**[10]

구분	특 징	법령 표현	위원회
자문 위원회	정책결정자에 대해 단순의견을 제시하는 협의수준(비기속적)	'자문'을 명시	정책자문위원회(각 행정기관), 법무자문위원회(법무부)
심의·조정위원회	정책결정이나 행정처분에 있어서 사전심의가 필요한 사항을 심의(비기속적)	'심의' '심의·자문' '심의·조정' 을 명시	중앙약사심의위원회(복지부) 건축위원회(지자체) 문화재위원회(문화재청)
의결 위원회	행정기관의 법령상 행정권한 사항 중 법령에서 위원회의 의결을 거치도록 정한 사항을 심의(사실상 기속적)	'심의·의결'을 명시	지방세심의위원회(행자부) 건강보험정책심의위원회(보건복지부) 정부공직자윤리위원회(인사처)

2. 행정위원회

행정기관이 단독으로 결정하지 못하게 하고 반드시 위원회의 결정에 따르도록 법적으로 규정된 위원회가 있다. 구체적으로는 장관독점이나 합의제로 의결을 하는 위원회와 심의(즉, 결정력이 없는)위원회가 있다. 이들은 관료독점적 정책결정과정에서 벗어나 집단적으로 권한을 공유하는 민주적 거버넌스라고 할 수 있다.

〈표 14-5〉 **행정기관 위원회 현황(행정위원회)**[11]

연번	소속	위원회명	근거법령	설치일자	위원수
1	대통령	개인정보보호위원회	개인정보 보호법 제7조	2011.09.30	15
2	대통령	규제개혁위원회	행정규제기본법 제23조	1998.04.18	25
3	국무총리	거창사건등관련자 명예회복심의위원회	거창사건등 관련자의 명예회복에 관한 특별조치법 제3조	1996.04.06	13

10) 행정안전부 - 위원회소개(http://www.org.mopas.go.kr), '각종 심의·의결위원회의 공정성·투명성 제고방안' [국가청렴위원회] 참조 구성.

11) 행정안전부(http://www.moi.go.kr), 행정안전부 소관 위원회 현황 및 활동내역서(2018년 6월 말 기준).

연번	소속	위원회명	근거법령	설치일자	위원수
4	국무총리	납북피해자보상및 지원심의위원회	군사정전에 관한 협정체결이후 납북피해자의 보상 및 지원에 관한 법률 제6조	2007.10.28	9
5	국무총리	노근리사건희생자심사및 명예회복위원회	노근리사건 희생자 심사 및 명예회복에 관한 특별법 제3조	2004.06.06	15
6	국무총리	동의대사건희생자명예회복 및보상심의위원회	동의대 사건 희생자의 명예회복 및 보상에 관한 법률 제3조	2012.08.23	10
7	국무총리	민주화운동관련자명예회복 및보상심의위원회	민주화운동 관련자 명예회복 및 보상 등에 관한 법률 제4조	2000.01.12	7
8	국무총리	부마민주항쟁진상규명및 관련자명예회복심의위원회	부마민주항쟁 관련자의 명예회복 및 보상 등에 관한 법률 제4조	2013.12.05	13
9	국무총리	사행산업통합감독위원회	사행산업통합감독위원회법 제4조	2007.07.27	14
10	국무총리	제주4·3사건진상규명및 희생자명예회복위원회	제주4·3사건진상규명 및 희생자 명예회복에 관한 특별법 제3조	2000.01.12	19
11	국무총리	한센인피해사건진상규명 위원회	한센인피해사건의 진상규명 및 피해자지원 등에 관한 법률 제3조	2008.10.18	20
12	고용노동부	고용보험심사위원회	고용보험법 제99조	1995.07.01	13
13	고용노동부	산업재해보상보험재심사 위원회	산업재해보상보험법 제107조	1964.01.01	52
14	고용노동부	중앙노동위원회	노동위원회법 제1조	1953.03.08	168
15	교육부	교원소청심사위원회	교원의 지위향상 및 교육활동 보호를 위한 특별법 제7조	1991.07.01	8
16	교육부	국사편찬위원회	사료의 수집·편찬 및 한국사의 보급 등에 관한 법률 제4조	1987.11.28	13
17	국가보훈처	보훈심사위원회	국가유공자 등 예우 및 지원에 관한 법률 제74조의5	1984.08.02	118
18	국민권익위원회	중앙행정심판위원회	행정심판법 제6조	2010.01.25	67
19	국방부	특수임무수행자보상 심의위원회	특수임무수행자 보상에 관한 법률 제4조	2004.07.30	8
20	국토교통부	중앙토지수용위원회	공익사업을 위한 토지 등의 취득 및 보상에 관한 법률 제49조	1962.01.15	15
21	국토교통부	항공철도사고조사위원회	항공·철도 사고조사에 관한 법률 제4조	2006.07.09	12
22	금융위원회	증권선물위원회	금융위원회의 설치 등에 관한 법률 제19조	2008.02.29	5
23	기획재정부	복권위원회	복권 및 복권기금법 제13조	2004.04.01	21
24	농림축산식품부	지리적표시심판위원회	농수산물 품질관리법 제42조	2009.12.10	10
25	농림축산식품부	품종보호심판위원회	식물신품종보호법 제90조	1997.12.31	8

연번	소속	위원회명	근거법령	설치일자	위원수
26	문화체육관광부	10·27법난피해자 명예회복심의위원회	10·27법난피해자의 명예회복 등에 관한 법률 제3조	2008.06.29	10
27	문화체육관광부	동학농민혁명참여자 명예회복심의위원회	동학농민혁명 참여자 등의 명예회복에 관한 특별법 제3조	2004.03.05	9
28	법무부	보호관찰심사위원회	보호관찰 등에 관한 법률 제5조	1989.07.01	45
29	산업통상자원부	무역위원회	불공정무역행위 조사 및 산업피해구제에 관한 법률 제27조	2001.02.03	9
30	산업통상자원부	전기위원회	전기사업법 제53조	2001.02.24	9
31	인사혁신처	소청심사위원회	국가공무원법 제9조	1963.06.01	9
32	인사혁신처	정부공직자윤리위원회	공직자윤리법 제9조	1993.08.09	11
33	행정안전부	승강기사고조사판정위원회	승강기시설 안전관리법 제16조의4	2012.02.22	20
34	행정안전부	이북5도위원회	이북5도 등에 관한 특별조치법 제7조	1962.01.20	5
35	행정안전부	재일교포북송저지특수임무수행자보상심의위원회	재일교포 북송저지 특수임무수행자 보상에 관한 법률 제3조	2011.12.01	7
36	행정안전부	주민등록번호변경위원회	주민등록법 제7조의5	2017.05.30	11
37	환경부	중앙환경분쟁조정위원회	환경분쟁조정법 제4조	1991.02.02	22

첫째, 심의·조정위원회가 있다. 이는 정부 각 부처 내, 부처 간, 관민 간에 서로의 의견을 개진하여 이해를 증진시키고자 한다. 과거 전통적인 관료제가 독점적으로 의사결정을 하던 것에서 벗어나 다른 행위자를 참여시킨다는 점에서 민주적 의사결정이란 측면을 가지고 있다. 그리고 여기에는 민간의 참여란 특징도 있지만 관련 부처 간 조정이란 기능도 있다.

이 유형의 위원회는 특정 문제의 조정에 관련된 부처나 이익집단의 참석이 요구되므로 대체로 규모가 작다. 심의·조정위원회의 특징은 참여자들이 타 분야에 대한 지식과 이해를 증진시킬 수 있다는 것이다. 이로써 자신의 담당업무가 아닌 타 분야 간의 연관성 및 영향관계를 명백히 파악할 수 있게 됨으로써 일종의 교육기능도 수행하게 된다.[12)]

둘째, 의결위원회가 있다. 의결위원회는 심의위원회보다 의결강제성이 더 크다. 특히, 일종의 입법 혹은 사법기능을 갖고 그 의사결정이 기속력을 갖는다는

12) 이종수·전주상·김철(2003), 「정부위원회의 효율적 운용방안」, 한국행정연구원.

점에서 자문위원회와 구별된다. 본서에서 지적하는 행정의 권위주의적이고 일방적 의사결정이라는 문제를 완화시킬 수 있는 장치가 될 수도 있다.

의결위원회의 법적 근거는 행정기관의 조직과 정원에 관한 통칙 제21조에서 찾을 수 있다. 구체적으로는 "(정부조직)법 제5조의 규정에 의하여 행정기관에 그 소관사무의 일부를 독립하여 수행할 필요가 있을 때에는 법률이 정하는 바에 의하여 행정기능과 아울러 규칙을 제정할 수 있는 준입법적 기능 및 이의의 결정 등 재결을 행할 수 있는 준사법적 기능을 가지는 행정위원회 등 합의제 행정기관을 둘 수 있다"고 하고 있다. 이들은 행정기관에 소속되기는 하나, 자문위원회와는 달리 행정기관으로부터 업무의 독립성을 인정받고 있다.

이들은 조직유형으로 볼 때, 별도의 사무조직을 두지 않는 유형 Ⅷ에 해당한다. 즉, 해당 위원회의 설치에 대한 법적 근거보다는 특정 국가행위에 대한 개별법에 근거하는 것으로 이 법들은 대체로 의사결정에서 공익을 담보하기 위해 이런 위원회 절차를 준수하도록 하고 있다.

이러한 위원회는 공권력을 행사하는 행정기관이 단독으로 결정하는 경우 공정성을 해칠 우려가 있기 때문에 집합적 결정을 하도록 한 것이다. 그리고 이들의 심의나 결정에 대해서 불복하는 경우 법원에 제소할 수 있다.

이처럼 전통적 합의제 심의기관 유형에서 벗어난 유형들이 최근에 정부조직에 도입되고 있다. 소위 대안적 분쟁조정ADR : Alternative Dispute Resolution이 그것이다. 이는 법원 이외의 갈등을 조정하는 모든 것을 지칭하는 개념이다. 환경분쟁조정위원회가 대표적인 예이다.[13)]

환경분쟁조정위원회는 중앙뿐만 아니라 지방자치단체 수준에도 설치되어 있다. 중앙의 것은 환경부에 속해 있으면서, 20여명의 사무조직을 가지고 있는 합의제 행정위원회 조직이다. 지방조직으로는 보통 광역지방자치단체의 환경과에서 사무업무를 담당하고, 민간위원들이 위원회 활동을 한다.

2007년부터 5년간의 운영실적을 분석한 연구결과에 의하면, 환경분쟁조정위원회는 연 평균 351건을 접수하고 205건을 처리하여 분쟁처리율은 58.3%이다.[14)]

---

13) 공정거래위원회의 공정거래조정원 같이 민법상의 법인과 같은 성격으로도 이런 기관이 존재한다. 제15장 그림자 행정조직 참조.

이 중 분쟁조정성립률은 84%이고, 분쟁해결방식으로 보면, 재정이 98.1%로 대부분을 차지하고 있고, 조정이 1.9%이다. 또한 재정이 이뤄진 98.1%(즉 201건) 중 배상결정이 61.9%, 중재합의가 21.5%, 기각이 16.0%이다. 이 분쟁조정은 무료로 제공되는 서비스가 아니고, 중재요청자가 일정률의 수수료를 납부한다. 1년간 기구운영에 따른 총편익은 약 177억원이며, 기구운영비용을 제외하면 약 93억원의 편익이 발생한 것으로 보고 있다. 여기서 편익은 이와 같은 분쟁해결방법이 없었을 경우, 정식 재판을 하여 생길 수 있는 비용(즉, 변호사 선임료 등)을 가상적 편익으로 본 것이다.

3. 자문위원회의 기능

자문위원회는 특정 개인 또는 조직 전체(행정기관)에 전문적인 의견을 제공하거나 심의·조정·협의하는 등 의사결정에 도움을 주는 행정기관으로, 그 결정의 정치적 영향력은 있을 수 있으나 법적 구속력을 갖지는 못한다. 현재 중앙정부에는 500여개의 자문위원회가 설치되어 있다.[15] 정부업무평가위원회(국무총리 산하) 등과 같은 각종 '평가'위원회도 있다. 법적 근거가 없이, 행정기관이 자체적으로 비공식적 자문위원회를 운영하기도 한다. 이상과 같은 자문위원회들이 어떤 기능을 하는지 살펴보기로 한다.

1) 자문 기능

첫째는 본래의 취지대로 진정한 의미의 자문활동을 하는 경우를 생각할 수 있다. 위원회는 여러 이해관계자가 정책결정과정에 실제로 참여함으로써 의견이나 전문지식을 제공하고 정책의 최종결정권자가 참고할 수 있도록 한다. 기관의 장은 비록 의사결정권한을 독점하고 있더라도, 자문위원회가 부정적 의견을 낸 것에 반해서 강행하기 어렵다.

그러나 많은 경우에 '의사결정의 진정한 민주화'라는 의도된 기능이 실현되지 못한다. 자문위원회를 만든 사람이 다른 의도가 없었더라도, 다시 말하면 원래의

---

14) 임동진(2015), 분쟁조정기구의 분쟁조정방법과 경제적 효과분석, 「한국행정학보」, 제49권 1호, pp. 117-143.

15) 행정안전부, 「행정기관 소속 위원회 현황 조사자료」.

목적대로 사용하고자 하여도 한국의 행정문화의 영향으로 그렇게 되지 않는 경우도 많다. 즉 우리나라의 행정문화 때문에 자문위원회의 활동이 진정한 민주적 참여 장치로서 기능하지 못하는 경우가 많다.

구체적으로는 다음과 같은 행태가 나타난다. 우선 위원들이 발언을 잘 하지 않고, 일부 위원이 발언을 독점한다. 분위기를 깨지 않으려는 한국 행정문화 때문이기도 하다. 발언내용은 언제나 의안을 지지하는 쪽으로 기울어진다. 물론 일부 비판하는 경우에는 감정이 개입되거나 극단적인 내용을 말하는 경우도 있다. 그러나 위원 가운데 관과의 관계를 원만하게 하고자 하는 사람들의 발언은 사안에 대한 지지나 반대를 하지 않는 방향으로 하기 때문에, 큰 흐름을 바꾸기는 쉽지 않다.

2) 상징적 기능

자문위원회의 두 번째 기능은 상징성이다. 위원회가 있다는 것 자체가 행정절차는 민주적이라는 의미를 가지고 있다든지, 정책결정과정에서 많은 대안들을 들어 보았다는 합리성을 의미한다든지, 위원들이 사회각계를 대표하기 때문에 공평성을 기했다는 것을 의미한다든지, 위원들이 사회적으로 존경을 받고 있는 사람들이기 때문에 매우 합리적인 의견들이 반영되리라는 것을 의미한다든지, 위원들이 그 방면의 전문가이기 때문에 공무원들이 못 가진 전문성을 고려하였다는 것을 의미한다든지 하는 것 등이 전부 위원회의 상징성을 이야기하는 것이다. 행정조직의 의사결정과정에 일종의 들러리인 셈이다.

그런데 자문위원회의 이러한 상징성을 지나치게 강조하면 할수록 의사결정과정이 실질보다는 형식에 그칠 가능성이 커진다. 즉 자문위원회에서 무엇이 토론되었다거나 어떻게 가결되었다는 것보다, 자문위원회가 모였다는 사실이 더 중요한 것으로 인식된다. 심하면 자문위원회가 있다는 사실 하나만으로도 이러한 상징적 기능을 하게 된다. 따라서 자문위원회는 모일 필요가 없거나, 모였다 하더라도 그 토론 내용에 대해서는 별로 관심이 없다. 자문위원회가 부실하게 운영되는 이유의 중요한 부분이 이와 같이 상징성에 근거한다. 물론 위에서 언급한 바와 같은 행태상의 특징도 자문위원회의 역기능에 함께 기여한다.

애초에 자문위원회의 상징적 기능이 설치의 첫째 목표이면서도 이를 대외적으로 밝힐 수 없기 때문에 자문위원회의 부실화 원인을 행태적 측면에 돌리는 일이 많다. 부실화 원인의 행태적 측면으로 많이 거론되는 예의 하나가 위원회를 구성하는 학자들이 현실에 대해서 모른다는 것이다. 이것은 부분적으로는 사실이다. 그러나 많은 경우 학자들이 하는 말이 행정에 대한 비판이기 때문에, 또는 관료들이 선호하지 않는 의견을 개진하기 때문에 구실을 학자에게서 찾는 면도 있다. 나아가 계속하여 반대하는 입장을 견지하는 학자는 차후 위원 위촉에서 배제시킨다. **관료들은 관련 학자들의 명단을 파악하고 자신들의 구미에 맞는 사람을 위촉하는 역선택의 문제를 가지는 것이 보통이다.** 이와 같이 학자들을 선별적으로 참여시키면서도 이들이 현실에 대해서 모른다고 말하는 것은 대표적인 권한-책임의 불일치 현상이라 하겠다.

자문위원회의 상징성을 가장 전형적으로 그리고 체계적으로 사용한 예는 우리나라에서 5 · 16 군사 쿠데타 직후부터 국민의 정부 사이에 만들어진 많은 자문위원회들이다. 이들은 새로운 정권이 탄생하면 그 초창기에 가장 많이 성행하다가 정권이 어느 정도 안정이 되면 그 존재가 부실해지곤 하였다. 그리고 많은 경우에 학자들이 이러한 위원회들에 참가하는데, 이것은 새로운 정권이 자기의 부족한 정통성을 보충하기 위한 장치로 이들을 이용하는 것이다. **정책의 지지율이 낮으면 낮을수록 상징성을 주목적으로 하는 자문위원회들이 많아진다.** 그리고 그 반대도 성립한다.

Ⅲ. 위원회의 조직구조

1. 권력측면에서 본 조직구조

1) 결정의 민주성

행정위원회는 민주화되기 이전 권위주의 시대에도 존재하였다. 그때의 의사결정은 대부분의 경우, 위원간 독립성에 기반하는 민주적인 결정이 아니고, 소속 행정기관(장)의 의견을 정당화시켜주는 정도에 그쳤을 것으로 추측된다.

제왕적 대통령이란 비판이 많아지자 청와대 수준에서의 최고정책결정과정의 민주화를 위해 대통령 직속으로 설치된 위원회가 많아지게 되었다. 이런 경향은 행정의 기능이 다양해지고 다양한 요구에 귀를 기울여야 한다는 민주화에 대한 요구가 강해졌기 때문이라고 할 수 있다. 비록 법적으로는 '자문'위원회이기는 하지만, 원래 정책결정권을 가진 행정기관으로서는 자신이 누리던 독점적으로 행사하던 권력을 나눠 갖는다고 인식하는 수가 있다. 행정기관 내부 의사결정과정에서, 그동안 행정관청으로서 혼자 결정할 수 있었던 권력을 실질적으로는 한 단계(위원회 심의)를 더 거쳐야 하기 때문이다. 특히 심의심판기능의 위원회의 결론은 곧 소관 행정기관이 따라야 한다는 점에서 합의제적 집단의사결정이라는 점에서 실질적 민주성 확보가 매우 중요하다. 위원회의 실제 의사결정방식에 따라 민주성이 얼마나 작동하느냐는 다음과 같은 차원에서 평가할 수 있다.

– 이슈가 되는 것에 대해 얼마나 찬반토론이 활발한가
– 구두로 '찬반'을 묻는 형식으로 결론을 유도하는 분위기인가
– 앉은 자리에서 투표용지를 나눠주고 투표하게 하는가
– 별도의 기표소를 만들어 (옆 사람이 보지 못하도록) 투표케 하는가

순수 자문위원회의 경우도, 부정적 의견이 나오면 기관장이 이에 반하여 강행하기 어려운 측면이 있다. 거꾸로, 위원회의 부결을 이유로 자신이 결정하기 어려운 것을 넘기는 경우도 있다. 책임을 위원회에 넘기는 권한-책임 불일치의 한 또 다른 예이다.

이상에서는 행정의 민주화를 위해 거버넌스체제를 바꾸는 것을 목적으로 하는 위원회에 대해서 적용되는 설명이다. 그런데, 이런 범주에 예외가 있다. 한국의 지나치게 온정주의적인 행정문화를 극복하고, 합리적 의사결정을 하도록 하는 장치가 그 예이다. 즉, 직원의 해고나 불이익을 주는 일 자체는 그 죄의 경중을 떠나서 누구도 하고 싶어하지 않는다.

위원회라는 조직을 두어서 소위 '악역'을 맡게 하는 방법이 있다. 예컨대, 명문 S대에는 '교수승진 및 정년보장위원회'와 '교원징계위원회'라는 사례가 있다. 한편으로는 위원들이 누구인지는 철저히 대외비로 하고 있고, 다른 한편으로는 위원회는 각 후보자에 대한 심층토론를 거친 후 승진 여부를 무기명 비밀투표로

결정한다. 불이익을 당하는 당사자들이 온갖 방법으로 사후에 보복을 할 수도 있고, 미리 로비 작업을 할 수 있기 때문에, 이를 막기 위한 장치로서 이런 제도적 진화를 한 것이다. 성격상으로는 자문위원회인 이 위원회가 결정한 의견에 따라, 차후 부총장이 위원장인 본부 인사위원회가 공식화하는 방법을 사용한다. 한국의 행정문화에서 위원회 제기능을 다하기 위한 독특한 조직진화 사례라고 할 수 있다.

2) 위원장과 권력

위원회가 얼마나 독립성이 있는가는 위원장 '자리' 속성과 '개인' 속성에 따라 달라진다.

먼저 자리 속성은 대통령 직속, 국무총리 소속, 부처 소속이냐에 따라 다르다. 동시에 기존의 부처가 갖는 관료제적 병폐, 특히 부서이기주의를 극복할 수 있다고 보기 때문이다. 민간인 1명을 위원장으로 하는 경우와, 공무원을 한 명 더 임명하여 민관 공동위원장으로 한 방법이 있다. 후자의 예로는 규제개혁위원회가 있는데 국무총리가 공동위원장이다.

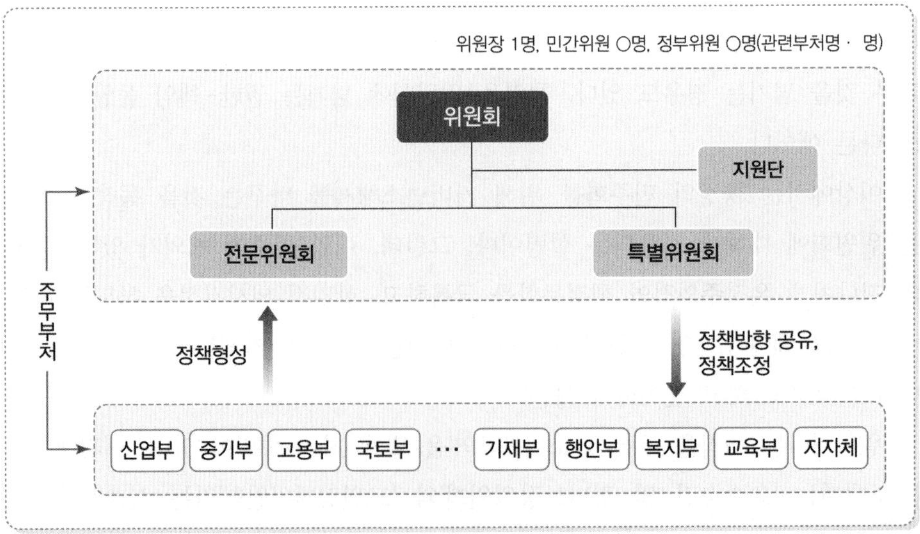

[그림 14-1] 위원회 조직도

위원장 자리가 상임이냐 비상임이냐에 따라서 위원회의 조직효과성이 달라지게 된다. 상임인 경우에는 위원장이 계속 출근하여 사무국 직원을 독려해서 일하는 보통의 행정기관 형태로 운영될 가능성이 크다. 비상임인 위원장인 경우에는 위원장이 시간과 열정을 얼마나 투입하느냐에 따라서 그 실제 기능이 달라진다. 위원장에게는 관용차, 비서 등이 주어지기 때문에, 비공식적으로나마 장관급, 차관급 등과 같은 인사상의 급이 있다.

다음으로 개인 속성으로는 위원장의 사회적 명망도와 대통령의 개인적 신뢰도가 중요하다. 부처에 속한 위원회에도 위원장은 전문성, 명망도에 따라 비중이 달라진다. 특히 대통령으로서는, 어떤 특정정책에 역점을 두는 경우, 기존의 부처를 활용하기보다는 별도의 위원회를 설치하고 명망가인 민간인을 위원장으로 임명하면 국민적 지지도를 높일 수 있다. 대체로 대선 때 자신의 선거캠프에 있었던 인사를 위원장으로 임명하는 경향이 있다. 위원장은 청와대에서 인사검증을 한 후 임명된다. 대통령 직속 위원회 위원장은 그 분야의 행사에 참석하여 축사를 하는 등 대통령이 시간제약으로 직접 할 수 없는 업무의 일부를 담당하기도 한다.

3) 위원회의 조직화

위원은 보통 20~30명 정도로 구성된다. 중요한 문제일수록 관련 부처의 장관을 '정부위원'이라고 하여 당연직 위원으로 포함시킨다. 장관은 많은 위원회에 참석할 시간 여유가 없기 때문에, 실제 회의에는 차관이나 국장이 참석하는 경우가 많이 있다. 정부위원은 위원회의 의결사항과 관련부처의 정책집행 사이의 연결고리 역할을 한다는 장점이 있다.

위원회는 집행권이 없기 때문에 예산도 회의비가 대부분을 차지한다. 위원회의 결정사항이 정책으로 집행이 되려면, 중앙행정기관의 협조가 필요한 것이다. 따라서 위원회를 관할하는 주무부처가 한 개 정도 지정되지만, 몇 개 복수의 부처를 관련부처로 지정하기도 한다.

보통 본위원회 하나만 있는 단층인 경우와 본 위원회 밑에 전문(실무)위원회 그리고 필요에 따라 특별위원회를 두는 2층으로 구성되는 경우가 있다.

첫째 전문위원회는 위원회 업무를 체계적으로 다루기 위해 설치된다. 본위원회의 위원들이 명망가이고 대표성은 있지만 실무작업을 할 연배는 지난 사람이 많을 때, 그리고 다뤄야 할 문제가 복잡하여 하위 범주로 나눠서 다뤄야 할 때 하위 분과위원회(즉, 전문위원회)를 두는 경향이 있다.

이때 본위원회와 전문위원회와의 연결관계가 문제가 될 수 있다. 따라서 본위원회의 일부 위원이 전문위원회의 위원장을 맡는, 계층제적 구조로 구성하는 경향이 있다. 전문위원은 본위원보다 나이가 적은 교수나 민간인이 하는 경향이 있는데, 이들이 조사나 문서작업 등을 도맡아서 하는 경우가 많이 있다.

둘째, 특별위원회는 위원회 업무 중, 특히 역점을 두어 다뤄야 할 문제가 있을 때 소수로 구성된다.

위원회의 모임은 정기적으로 하는 경우와 부정기적으로 하는 경우가 있다. 특히 법령에 따라 특정 사안에 대한 위원회의 심의(또는 의결)가 필수적일 때에 소관부처에 대한 위원회의 권력은 커진다.

위원의 위촉은 그 분야 전문가이면서 동시에 위원회가 다뤄야 할 문제에 관련된 정책대상집단을 대표하도록 선정하는 경우가 많다. 최근에는 위원의 일정비율을 여성으로 하는 암묵적 규칙이 있다.

다음으로 위원회업무를 지원하는 사무조직에 대해서 살펴볼 필요가 있다.

위원회의 사무국은 마치 정부 부처조직의 한 실이나 국과 유사한 형태로 조직되어 있다. 지원단이라는 조직명칭을 사용하는 것이 보통이다. 최고책임자 1명 아래, 국장급, 과장급, 일반직원 등으로 나눠져 있고 계서제적으로 움직인다.

보통은 관련 부처에서 파견되는 공무원으로 구성되고, 이들에 대한 인건비 등의 비용도 관련 부처에서 충당하는 경우가 많이 있다. 좀 더 전문적인 업무를 담당하게 하기 위하여 박사급 직원을 채용하는 위원회도 있다. 정권에 따라 한시적으로 조직되는 위원회의 경우, 자체 직원을 뽑을 때 일정기간이 지난 후 정규직으로 전환해야 하는 문제가 있다.

위원회의 사무국에 파견되는 경우, 본청의 핵심부서에 있는 것보다 한직이라고 생각할 수 있다. 그러나 위원장이 정치적으로 비중이 있는 사람일 때는 오히려 위원장을 가까이 모심으로써 개인적 친분을 쌓을 기회가 되기도 한다.

사무국이 별도로 조직되지 않는 경우에는 소관부처의 '과'에서 실무지원을 담당한다. 위원장은 임기제이기 때문에, 자신의 임기가 끝난 후, 이들 직원을 승진시키거나 경력발전을 도와주려는 식의 행정문화가 있다.

2. 위원회 권력과 실제 기능

1) 책임전가

현실적으로 위원회는 책임전가의 대상이 되는 경우가 많다. 공무원들의 입장에서 보면, 되지 않을 일들은 위원회에 맡기는 것이 유리하다고 볼 수 있다. 즉, 될 일들은 자기가 책임을 맡아서 하고, 말썽의 소지가 많은 일인 경우에는 후일의 책임회피를 위하여 미리 위원회에 부의하는 것이 편리할 수 있다. 책임회피를 해야 할 객체로는 위원회에 의해 대표되는 민간부문뿐만 아니라, 상부의 정책결정자, 정치계 그리고 여론 등이 있다. 이 점은 노사정위원회와 같은 의결위원회에서도 찾아볼 수 있다. 서로 입장이 다른 위원들은 자신의 소속집단을 대변하느냐 아니면 위원회 전체의 입장에서 합의를 하느냐라는 딜레마 상황에 있다. 위원회 차원의 상징적 합리화 기능 이면에는 이들 위원들의 소극적 전략(예: 지연전략)이 작동한다.[16)]

2) 조직 권력 증대 기능

위원회의 다른 기능은 그것을 설치하는 행정조직의 권력을 증대시킨다는 것이다. 행정조직은 자기 주변에 많은 유명인사들과 단체들을 연결지어 놓는 방법으로 위원회를 사용하는 것이다. 따라서 **어떤 행정조직에 위원회가 많을수록 그리고 이들이 건전하게 운영된다는 전제 하에서는 그 행정조직의 권력은 많아질 것이다.** 겉으로는 소관 중앙행정기관의 장이 혼자 결정하는 것이 아니기 때문에, 결정의 정통성도 올라간다. 공정성에 대한 시비를 벗어날 수 있으므로 조직의 권력은 증대하는 셈이다. 또한 이는 위원들이 그 조직을 지지하는 힘의 일부가 되기 때문에 더욱 그러하다.

특히 유명인사 등 상징적 자원을 동원할 수 있는 사람들이 위원으로 있는 경

16) 소영진 · 이영철 · 윤견수 · 하민철 외(2009), 「딜레마와 제도의 설계」, 나남출판.

우에는 더욱 그럴 것이다. 따라서 평소에 친정부적인 사람들에게는 하나의 감투를 주어 계속 협조적으로 만든다. 반대하는 사람을 위원으로 위촉하여 포섭시키는 것은 흡수co-optation전략으로서 자주 사용되는 방법이다.[17] 우리나라에서는 대체로 전자의 용도로 위원위촉이 활용된다.

이러한 자문위원회의 내실을 기하기 위해서는 관료들에 의해 이미 정해진 방향을 추인하는 기능이 아니라 실질적인 결정을 하게 해야 한다. 이를 위해서는 위원회 개최 시기가 자문대상인 문제의 발생 초기이어야 한다. 나아가서 위원의 구성이 중요한 관건이다. 정부위원회의 인적 구성은 그 위원회의 결정에 지대한 영향을 미칠 수 있는 아주 중요한 요소 중에 하나이며, 그중에서도 가장 중요한 원리로 제시되는 것이 '전문성과 대표성'이다.[18] 이미 정권에 협조적인 인사들로 위원 다수를 위촉하는 '들러리 위원회'는 설치하지 않아야 한다.

3) 위원회를 통해 본 행정조직 간 관계

중앙행정기관 간의 어느 부처의 권력이 큰가는 짐작은 할 수는 있으나 측정하기는 어렵다. 이러한 상황에서 정부 안에 설치되어 있는 위원회들을 통하여 부처들이 상호 간에 어떻게 대표되어 있는가를 보면, 행정조직의 상호관계를 짐작하는 데 일부 도움이 될 수 있다.[19]

법제처와 많은 청들의 경우를 보면 자기의 위원회에 다른 기관을 대표시키지 않고 있다. 소관의 위원회에 여러 개의 다른 행정조직들을 대표시키고 있는 것들을 순위별로 보면, 총무 담당부, 산업 담당부, 재정경제 담당부, 교육 담당부, 국토교통부, 농림부, 지방행정 담당부 등이다. 대신 자기가 다른 행정조직의 위원회에 대표되는 기관들을 순위별로 보면 재정경제 담당부, 농림부, 산업 담당부, 국토교통부, 국방부 등이다. 즉 총무 담당부는 자기의 위원회에 남을 대표시키고 있으면서, 다른 부처의 위원회에서는 대표되지 못하고 있다는 것을 의미한다. 한

17) 이미 미국에서 대공황을 극복하기 위해 케인즈식 정책을 시행할 때에 쓰던 방법으로 개념화되었다. Selznick, Philip(1984), Guiding Principles and Interpretation: A Summary, *In TVA and the Grassroots*, pp. 249-266, Berkeley: UC Berkeley Press 참조.

18) 김정해 · 조성한(2006), 정부위원회의 운영 및 관리상의 문제점과 개선방안, 2006년도 한국조직학회 월례세미나 발표논문.

19) 조석준(1988), 「한국행정학」, 박영사, pp. 503-504.

기관이 다른 기관을 자기의 위원회에 대표시킨다는 것은 자기의 업무수행에 있어서 후자의 참여가 필요하다고 보기 때문이다. 이는 결국 간접적으로 행정조직들 사이의 권력관계를 나타낸다. 다른 부처를 위촉은 하지만 위촉받지 못하는 부처는 권력의 서열에서 낮은 자리에 있고, 반대의 경우 가장 높은 자리에 있다는 것을 뜻한다.

위원회의 소집 측과 피소집 측 양자에서 함께 높은 순위를 차지하는 기관들이 우리나라 행정조직들 사이의 교호작용관계에서 가장 빈번히 상호 접촉하는 기관들이다. 그런 의미에서 핵심조직들이라 할 수 있다. 이런 행정조직들은 산업 담당부, 재정경제 담당부, 보건복지부, 행정안전부, 농림부, 국토교통부, 교육부 등이다.

위원회를 설치할 때에는 설치하는 부처 측에서 다른 부처를 자발적으로 대표시킨다. 즉 어떤 부처가 다른 부처의 위원회에 대표되기를 요구하기 때문에 후자가 위원회에 들어가는 사례는 매우 드물다. 그렇다면 한 부처가 다른 부처를 자기의 위원회에 대표시킨다는 것은 전자가 후자에게 의존하는 관계에 있음을 나타낸다고 할 수 있다. 위의 총무 담당부처처럼 자기의 위원회에는 많은 타 부처 출신들을 참여시키면서, 자기는 다른 부처의 위원회에 참여하지 못하는 또 하나의 행정조직은 보건복지부이다. 반대의 입장에 있는 것, 그러니까 자기의 위원회에는 남을 적게 대표시키면서 자기는 남의 기관에 많이 대표되는 기관들은 행정안전부, 재정경제 담당부 등이다.

이상의 모든 것들을 종합하여 알 수 있는 것은 지금까지는 우리나라 행정조직들 사이에서 재정경제 담당부, 행정안전부, 산업 담당부, 국토교통부, 국방부, 법무부 등이 권력구조의 상층에 있어 왔고, 보건복지부, 총무 담당부 등이 하위권에 있어 왔다고 할 수 있다.

Ⅳ. 미래의 권력: 대통령직인수위원회

1. 실세 위원회

상술한 위원회들은 대체로 권력이 별로 없는 편이지만, 거꾸로 권력이 막강한 위원회가 존재하는데, 바로 대통령직인수위원회이다. 이 위원회는 대통령이 당선된 후 권력을 이양받기 위한 것으로 처음에는 비공식적인 조직이었다가 점점 공식화되어 법률로 제정되기에 이르렀다.

동 위원회는 취임하기 전에 대통령 당선인의 업무를 보좌하기 위한 일종의 사무조직인 셈이지만, 실질적으로는 매우 큰 권력을 가지고 있다. 취임 전 대통령 권한은 잠재적 권력 수준에서 비공식적 팽창과정을 거쳐 끊임없이 커지는 성향이 있기 때문이다. 취임 전이기 때문에, 권력이 주어져 있지 않은데도 몇 달 후인 미래의 권력을 기반으로 막강한 권한을 행사한다고 인식되는 조직이다.

대통령직인수위원회는 대통령선거에 따라 5년마다 생성되는 한시적인 조직이다. 인수위원회는 두 정권이 교체되는 시기의 시차간극을 효율적으로 사용하기 위한 컨트롤타워 역할을 자처한다. 이를 통해 대통령 당선인은 공약으로 내세운 정책들을 국정운영정책으로 변환하여 현실화하도록 재정립 및 숙성시킬 수 있는 시간과 권한을 확보한다. 또한 이 시간을 통하여 전임 대통령과 후임 대통령 모두 자신의 신변을 정리하고, 지위와 업무를 매끄럽게 위임하여 국정운영의 계속성과 안정성을 유지하는 것에 그 목적[20]이 있다.

대통령직인수위원회라는 제도가 도입되기 전에는 대통령취임준비위원회라는 명칭을 사용하였다. 동 위원회의 업무는 1) 정부업무의 기본적인 자료의 수집, 2) 정부의 인적·물적 자원에 대한 관리계획의 수립, 3) 국가주요정책의 분석, 4) 새정부의 정책기조설정을 위한 준비, 5) 대통령의 이·취임행사등 관련업무의 준비 그리고, 6) 기타 정부이양준비에 관한 사항으로, '순조로운 정부이양으로 국정운영의 영속성 유지'가 주된 목적이었다.[21]

대통령직인수위원회가 처음 도입된 14대 대통령직인수위원회의 경우 이전의 조직과 유사한 계속성을 가지고 있다. 즉 주요 업무가 1) 정부 각 부처·조직 및 예산파악, 2) 정부의 인적·물적자원 관리계획 수립, 3) 국가 주요정책 분석 및 수립, 4) 새정부의 정책기조설정을 위한 준비, 5) 정부기능 수행과 관련되는 주요민간단체와의 업무협조 관계 수립, 6) 대통령 취임행사 및 업무 준비, 7) 기타 정부인수준비에 관한 사항 등이었다.

---

20) 대통령직 인수에 관한 법률 제1조 (목적).
21) 대통령취임준비위원회설치령 제3조 (직무).

인수위원회의 권력이 매우 막강하기 때문에 지속적으로 그 업무의 영역이 확장되고 있다. 2012년 개정된 법률에 따르면 공식적인 업무로는 1) 정부의 조직·기능 및 예산현황의 파악, 2) 새 정부의 정책기조를 설정하기 위한 준비, 3) 대통령의 취임행사 등 관련 업무의 준비, 4) 대통령당선인의 요청에 따른 국무총리 및 국무위원 후보자에 대한 검증, 5) 그 밖에 대통령직 인수에 필요한 사항으로 정하고 있다.[22] 여기서 5)의 필요한 사항이 위원회에게 넓은 가능성을 열어주고 있다.

대통령직인수위원회는 비밀로 하는 사항이 많기 때문에 구체적인 내용까지는 제대로 알 수가 없다. 새로운 정부의 출발은 새로운 정부조직에 달려 있기 때문에 정부조직개편을 담당하기도 한다. 이러한 조직개편도 실제로는 위원이 맡아서 하는 경우 이외에도 비공식적 조직에서 하는 경우가 있을 수 있다. 대외적으로는 누가 했는지조차도 모르는 경우도 있다.

2. 대통령직인수위원회의 존속기간

대통령당선인은 대통령당선인으로 결정된 때부터 대통령 임기 시작일 전날까지 현 제도상 약 66일 정도 그 지위를 갖는다.[23] 그 기간 동안 국회의 인사 청문절차를 거치게 하기 위해 국무총리 및 국무위원 후보자를 지명한다. 이와 함께 국정의 공백과 혼란을 최소화 하는 방안으로 대통령직인수위원회를 조직한다.

인수위원회 조직의 경우, 대통령 임기 시작일 이후 30일의 범위에서 존속한다고 명시[24]되어 있다. 그러나 그 구성시기에 대해서는 정확한 규정이 없다. 따라서 표면적으로 인수위원회 조직은 대통령당선인의 당선 날로부터 대통령 임기 시작일 이후 30일까지 최대 총 96일 동안 운영이 가능하다.

독일은 헌법상 총선 후 30일 이내에 연방하원을 개원하도록 하고 있음으로써 새 정부 출범을 위한 준비는 약 30일의 기간을, 프랑스는 대통령 선거 후 10일 이내에 취임식이 이루어지는 것을 비교해 볼 때,[25] 한국은 전임 정부와 신임 정

22) 대통령직 인수에 관한 법률 제7조 (업무).
23) 김광수(2012), 대통령직 인수위원회의 권한과 한계에 관한 입법학적 고찰, 「입법학연구」, 제9권 2호, pp. 35-50.
24) 대통령직 인수에 관한 법률 제6조 (대통령직인수위원회의 설치 및 존속기한).

부가 중첩되는 시간이 긴 편에 속한다.

3. 대통령직인수위원회의 조직

현행법상(법률 제11490호) 인수위원회는 위원장 1명 및 24명 이내의 위원으로 구성한다. 대통령당선인은 위원회 구성을 위한 위원장·부위원장 및 위원을 임명한다. 위원장은 대통령당선인을 보좌하여 위원회의 업무를 총괄하며, 위원회 직원을 지휘·감독한다.[26] 그리고 위원회의 원활한 운영이 가능토록 행정안전부장관이 업무 지원을 한다.[27] 별도의 사무실도 마련된다. 인수위원회에 파견되는 관료는 능력을 인정받아 나중에 중요한 일을 맡게 되는 경우도 많다.

위원은 일거수일투족이 언론의 집중적인 관심을 받게 된다. 향후 5년간 펼쳐질 정책방향, 개혁의 내용 등 이들이 그린 집권기의 청사진이 곧 향후 대통령 권력행사의 방향이기 때문이다. 또한 청사진을 그린 사람이 그 집행의 일관성을 유지하는 데 적합하다는 이유로 장관, 청와대 수석비서관 등 요직을 맡을 가능성이 높기 때문이기도 하다. 대통령의 입장에서도 이들과 맞춘 호흡이 중요하다고 느낄 수밖에 없다.

위원회의 규모는 공식적으로는 인원수를 명시하고 있으나, 실제로는 그보다 몇 배나 많은 인원으로 구성된다. 선출된 대통령으로서는 위원의 선임이 매우 중요하다. 대선 때 몸바쳐 충성한 사람(즉, 충성파)과 실제 일을 시키면 일을 잘 할 수 있는 실무집행자(즉, 행정 및 정책전문가)를 구분해야 하기 때문이다. 인선을 놓고 논공행상 때문에 난처해질 수도 있다. 더구나 워낙 권력이 막강하다고 믿어지기 때문에, 공식적 직책이 없더라도 자원봉사 개념으로 하려고 하는 사람이 많다. 법적인 제약이 있으나, 조직규모는 비공식적으로 커지는 경향이 있다.

제14대 대통령직인수위원회의 경우 법적으로는 위원장 1인과 15인 이내로 구

---

25) 김광수(2009), 대통령직 인수제도의 재검토, 「공법학연구」, 제10권 3호, pp. 315-342.

26) 대통령직인수위원회의 전신으로 대통령취임준비위원회(1988년)의 경우 위원장 1인과 위원 6인을 대통령당선인의 추천에 따라 대통령이 임명하도록 하였다. 대통령직인수위원회 제도가 첫 시행된 1993년(제14대 대통령직인수위원회)에는 위원장 1인과 15인 이내의 위원을 대통령의 위임으로 대통령당선인이 임명하도록 하였다. 이는 인수위원회의 인사재량권이 대통령에서 대통령당선인에게로 이동하였음을 의미한다.

27) 대통령직 인수에 관한 법률 제12조 (위원회 활동에 관한 협조 등).

성해야 하나, 실제로는 위원 15명, 전문위원 30명 등 총 91명으로 출범하였다. 위원급 숫자만 제한하고, 그 외의 조직을 규제하지 않기 때문에 이런 결과가 나온다.

1997년 제15대 대통령직인수위원회의 경우 법적으로는 위원장 1인과 25인 이내의 위원으로 구성된다고 하였다. 공식적으로는 위원장을 포함한 위원 25명으로 하였지만, 실제로는 실장 1명, 전문위원 63명, 행정관 62명, 실무요원 57명 등 총 208명으로 구성되었다.

2002년 제16대 인수위원회의 경우 위원장 1인, 부위원장 1인을 포함하여 24인 이내로 하도록 명시되어 있으나, 실제로 위원장을 포함한 위원 26명 등을 비롯하여 근무지원 28명을 제외하고도 총 247명이 인수업무에 종사하였다. 이들이 하는 일은 위원만이 반드시 더 중요한 일을 하고 있다고 볼 수는 없다. 공식화가 덜된 조직이니만큼 조직운영에는 그만큼 융통성이 있다.

제17대 인수위원회의 경우 위원장 1인, 부위원장 1인, 경쟁력강화특위 위원장 2인, 부위원장 1인, 인수위원 23인, 팀장 3인, 국민성공정책 제안센터장 1인, 전문위원·실무위원 151인 등 총 183명으로 구성되었다. 그러나 이와 더불어 대변인실, 행정실, 6개 분과위원회 및 국가경쟁력강화 특별위원회, 국민성공정책 제안센터를 설치하였으므로 실제로는 그보다 더 많은 수가 종사하였음을 암시한다.

제18대 인수위원회의 경우는 센터와 위원회 수를 줄이고, 국정기획조정분과, 정무분과, 외교국방통일분과, 경제분과, 교육과학분과, 고용복지분과, 여성문화분과 등으로 세부 조직 명칭을 변경했다.

위원회의 예산은 대통령령으로 정한다고 명시되어 있다. 위원회 조직구성과 업무의 확장은 더 많은 예산을 필요로 함을 의미한다. 이는 대통령직인수위원회가 처음 시행된 제14대 대통령직인수위원회에 총 4억 3천여만원 정도가 지출되었으나, 제17대의 경우 22억원이 지출된 것만 봐도 알 수 있다.

〈표 14-7〉 대통령직인수위원회 연혁

	목적	조직·지출
제13대 대통령취임 준비위원회 (1988년)	평화적인 정부이양의 전통을 확립하고 순조로운 정부이양으로 국정운영의 영속성을 유지하기 위하여	
		지출액 총 6억 7천만원
제14대 대통령직 인수위원회 (1993년)	대통령당선자가 원활하고 순조롭게 정부를 인수하여 국정운영의 영속성을 유지하기 위하여	위원 15명, 전문위원 30명 등 총 91명
		지출액 총 4억 3천만원
제15대 대통령직 인수위원회 (1997년)	대통령당선자가 원활하고 순조롭게 정부를 인수하여 국정운영의 영속성과 안정성을 유지하기 위하여	위원장을 포함한 위원 25명, 실장 1명, 전문위원 63명, 행정관 62명, 실무요원 57명 등 총 208명
		지출액 총 7억 5천만원
제16대 인수위원회 (2002년)	대통령당선인으로서의 지위와 권한을 명확히 하고 대통령직의 원활한 인수에 필요한 사항을 규정함으로써 국정운영의 계속성과 안정성을 도모함을 목적	위원장을 포함한 위원 26명 등 근무지원 28명을 제외하고도 총 247명
		지출액 총 14억 7천만원
제17대 인수위원회 (2007년)	위와 같음	위원장 1인, 부위원장 1인, 경쟁력강화특위 위원장 2인, 부위원장 1인, 인수위원 23인, 팀장 3인, 국민성공정책 제안센터장 1인, 전문위원·실무위원 151인 등 총 183명
		지출액 총 22억 7천만원
제18대 인수위원회 (2012년) 총 48일	위와 같음	위원장 1인, 부위원장 1인, 인수위원 23인 및 전문위원·실무위원 128인 등 총 153명
		지출액 총 18억 7천만원

출처: 류재택(2006), 대통령직 인수, 법문사; 대통령직 인수위원회 백서 및 김광수(2009), 대통령직 인수제도의 재검토, 「공법학연구」, 제10권 3호, pp. 315-342.

제 4 절 조직자율성의 실험 : 책임운영기관

Ⅰ. 전문성과 자율성 : 제도의 특성

책임운영기관이란 정부가 수행하는 일정한 조건의 사무를 담당하게 하면서, 책임운영기관의 장에게 행정 및 재정상의 자율성을 부여하고, 그 운영 성과에 대하여 책임을 지도록 하는 행정기관을 말한다. 즉, 책임운영기관은 처나 청과 같은 조직의 법적 지위를 지칭하는 것이 아니고, 조직의 특수한 운영방법을 부여받은 조직을 의미한다.

이러한 책임운영기관의 조직론적 의미는 동 기관의 설치를 명시하는 법을 통해서도 알 수 있다. 책임운영기관의 설치 · 운영에 관한 법률(이하 책임운영기관법)은 책임운영기관을 '정부가 수행하는 사무 중 공공성을 유지하면서도 경쟁 원리에 따라 운영하는 것이 바람직하거나 전문성이 있어 성과관리를 강화할 필요가 있는 사무에 대하여 책임운영기관의 장에게 행정 및 재정상의 자율성을 부여하고 그 운영 성과에 대하여 책임을 지도록 하는 행정기관'으로 정의하고 있다. 조직의 법적인 지위를 다르게 하는 것이 아니고, 운영을 다르게 하는 것이다.

책임운영기관은 사무의 성격에 따라 행정형 책임운영기관과 기업형 책임운영기관이 있다. 기관장은 2년 이상의 임기를 가진 계약직으로 하고, 직원에 대한 인사권을 부여한다.[28] 기업형의 경우에는 책임운영기관 특별회계를 설치하도록 하여 회계의 자율성까지 부여한다.

책임운영기관제도는 신공공관리론의 영향으로 서구에서 도입된 것이다. 동 제도는 2000년 국내에 처음 도입되었다. 이는 집권적 행정체제를 분권적 행정체제로 전환한다는 의미와 함께 조직 운영에 있어 자율과 책임을 강조하여 성과와 고객지향성을 제고한다는 목표 하에 도입 · 운영되어 왔다.[29]

책임운영기관은 대통령령으로 정할 수 있다. 청도 '중앙책임운영기관'이 될 수

28) 책임운영기관의 설치 · 운영에 관한 법률 제7조.

29) 박석희(2008), 자율과 성과관점에서 본 책임운영기관제도 개선방안, 「공기업논총」, 제18권 1호; Hughes, O. E.(2003), *Public Management and Administration*, Palgrave MacMillan.

있으나, 현재까지는 중앙행정기관 중 특허청만 책임행정기관이다. 그 외는 중앙행정기관의 소속기관만 '소속 책임운영기관'으로 지정되었다. 2000년 시범 도입 당시 10개 기관이 지정되었고, 2001년에 23개의 기관으로, 2006년에는 45개로 확대되었다가 2018년 현재 51개 기관이 책임운영기관으로 지정, 운영되고 있다.

<표 14-8>을 살펴보면, 기관의 지위에 따라 소속책임운영기관과 중앙책임운영기관으로 나눌 수 있으며, 기관의 사무성격에 따라서는 조사연구형(20개), 교육훈련형(5개), 문화형(7개), 의료형(9개), 시설관리형(5개), 그 밖에 대통령령으로 정하는 유형 및 기타(2)의 책임운영기관으로 나눌 수 있다.

〈표 14-8〉 소속책임운영기관 현황

유형		기관명	소속중앙부처	기관장 직급	정원(명)	지정시기
조사 연구형	조사 및 품질 관리형	국립종자원	농림축산식품부	고위공무원 나등급	201	2006년
		국토지리정보원	국토교통부	고위공무원 나등급	112	2001년
		항공교통본부		4급	242	2016년
		국립해양측위정보원	해양수산부	4급	53	2016년
		경인지방통계청	통계청	고위공무원 나등급	341	2009년
		동북지방통계청		고위공무원 나등급	298	2009년
		호남지방통계청		고위공무원 나등급	343	2009년
		동남지방통계청		4급	227	2009년
		충청지방통계청		4급	239	2009년
		항공기상청	기상청	고위공무원 나등급	114	2001년
	연구형	국립재난안전연구원	국민안전처	고위공무원 나등급	70	2013년
		국립과학수사연구원	행정자치부	고위공무원 가등급	396	2006년
		국립생물자원관	환경부	고위공무원 나등급	108	2011년
		국립수산과학원	해양수산부	고위공무원 가등급	544	2006년
		통계개발원	통계청	고위공무원 나등급	45	2007년
		국립문화재연구소	문화재청	고위공무원 나등급	178	2007년
		국립해양문화재연구소		고위공무원 나등급	63	2016년
		국립원예특작과학원	농촌진흥청	고위공무원 나등급	326	2006년
		국립축산과학원		고위공무원 나등급	320	2001년
		국립산림과학원	산림청	고위공무원 가등급	241	2001년

유형	기관명	소속중앙부처	기관장 직급	정원(명)	지정시기
연구형	국립수목원	산림청	고위공무원 나등급	63명	2016년
	국립기상과학원	기상청	고위공무원 나등급	109명	2016년
교육훈련형	국립국제교육원	교육부	고위공무원 나등급	73	2001년
	통일교육원	통일부	고위공무원 가등급	65	2016년
	한국농수산대학	농림축산식품부	고위공무원 가등급	89	2008년
	해양수산인재개발원	해양수산부	4급	23	2016년
	관세국경관리연수원	관세청	고위공무원 나등급	50	2016년
문화형	국립중앙과학관	미래창조과학부	고위공무원 가등급	74	2000년
	국립과천과학관		고위공무원 나등급	77	2009년
	국방홍보원	국방부	고위공무원 나등급	159	2000년
	국립중앙극장	문화체육관광부	고위공무원 나등급	94	2000년
	국립현대미술관		고위공무원 나등급	99	2006년
	한국정책방송원		고위공무원 나등급	112	2000년
	국립아시아문화전당		전문임기제 가급	32	2015년
의료형	국립정신건강센터	보건복지부	고위공무원 나등급	302	2006년
	국립공주병원		고위공무원 나등급	126	2006년
	국립나주병원		고위공무원 나등급	180	2006년
	국립춘천병원		고위공무원 나등급	113	2006년
	국립부곡병원		고위공무원 나등급	177	2006년
	국립마산병원		고위공무원 나등급	98	2006년
	국립목포병원		고위공무원 나등급	74	2001년
	국립재활원		고위공무원 나등급	314	2001년
	경찰병원	경찰청	고위공무원 나등급	600	2006년
시설관리형 시설관리형	해양경비정비창	해양경찰청	4급	214	2000년
	국방전산정보원	국방부	고위공무원 나등급	40	2016년
	정부통합전산센터	행정자치부	고위공무원 나등급	287	2016년
	대산지방해양수산청	해양수산부	4급	69	2001년
	국립자연휴양림관리소	산림청	4급	92	2006년
기타형	고용노동부고객상담센터	고용노동부	4.5급	52	2016년
	국세상담센터	국세청	4급	140	2016년

자료: 행정자치부 정부조직관리시스템(접속일시: 2016.3.11) 수정.

책임운영기관의 성격으로 볼 때 조직의 규모가 커서 기관장이 일일이 간여하지 못하는 경우, 기관장은 어차피 관리를 못할 것이므로 책임운영기관제도를 도입하려고 해야 한다. 또한 책임운영기관은 조직의 자율성을 부여받는 것이니, 기관장이 아닌 고위직의 경우 동 기관의 설치를 선호해야 한다. 그러나 실제로는 책임운영기관 지정을 서로 기피하는 것으로 알려져 있다. 따라서 힘없는 기관들이 지정될 가능성이 높다.

실제로 <표 14-8>에서 보이는 바와 같이, 상식적으로 볼 때 권력이 있거나 중요도가 높은 조직은 잘 보이지 않는다. 그 결과, 그 제도의 취지를 크게 살릴 수 없는 형태로 운영되고 있는 것이 현재의 책임운영기관 제도라고 할 수 있다. 권한-책임의 일치원칙을 도모하기 위해서 좋은 제도인 것은 맞지만, 현실에서는 외면당하고 있는 것이다. 결국 외국에서 수입한 제도가 한국 실정에 자리잡기 어렵다는 것을 보여주는 또 하나의 예시라 할 수 있다.

Ⅱ. 책임운영기관의 권한과 책임

책임운영기관은 민영화나 민간위탁과는 다른 개념이며, 공기업과도 성격이 다르다. 법적인 지위면에서 여러 가지 형태의 행정기관이 지정될 수 있다. 기관장에게 기관 운영에 자율성을 부여하고 그 결과에 보상을 주거나 책임을 지도록 하는 점에서 비지정기관과 차이가 있다.

책임운영기관법에서 정의하였듯이 그 기본 취지가 관료제보다 유연하게 환경변화에 대응할 수 있도록 기관의 자율성과 책임성을 동시에 담보하는 데 있다. 이는 바꿔서 해석하면, 조직운영의 자율성이 보장되지 못하거나, 제도적으로 보장되었다 하더라도 실제 운영상 발휘되지 못할 경우 애초의 의도와는 다른 방향으로 흐를 수 있다는 것이다.[30)]

첫째, 책임운영기관은 기관에게 조직, 인사, 재정적 권한을 부여하는 동시에 성과에 대한 책임 또한 지게 하는 책임기제를 적용한다. 반면 기존의 조직(일반적

30) 문명재(2010), 책임운영기관의 조직, 인사 자율성과 제도적 개선 방향, 「한국조직학회보」, 제7권 1호, p. 41.

인 행정기관) 운영체제는 장관, 차관 이하의 소속 및 보조기관 순의 일률적 관리 통제가 이뤄지면서, 그에 대한 책임은 최고 권한을 지닌 각 부의 장관에게 있는 위계적 책임기제의 형태이다. 그렇다면, 책임운영기관의 기관장에게 가장 중요한 자율성이 보장되지 않는다면 이러한 책임기제가 제대로 작동되지 않을 가능성이 크다.

실제로 책임운영기관법 제3절「조직 및 정원」제16조에 의하면 책임운영기관장에게 과연 진정한 자율권이 부여되어 있는가에 의문을 품게 한다. ① 소속책임운영기관에 두는 공무원의 총 정원 한도는 대통령령으로 정한다. 이 경우 다음 각 호(1. 공무원의 종류별·계급별 정원, 2. 고위공무원단에 속하는 공무원의 정원)의 정원은 총리령 또는 부령으로 정하되, 대통령령으로 정하는 바에 따라 통합하여 정할 수 있으며, ② 기관장은 제1항 각 호의 정원을 정하거나 조정할 필요가 있는 경우에는 그 계획을 소속중앙행정기관의 장에게 제출하여야 하며, ③ 중앙행정기관의 장은 제2항에 따라 제출된 계획에 관하여 미리 행정안전부장관과 협의하여야 한다.[31]

둘째, 조직 운영상 가장 중요한 기능 중의 하나인 인사권만 보더라도 기관장에게 있는 것이 아닌 소속중앙행정기관에게 있다고 법률에 명시되어 있다는 것은 실제 운영상 상위 행정부서가 원한다면 언제든지 통제할 수 있는 여지가 있는 것으로 보인다. 조직의 능력을 제고하기 위해서는 기관장 개인의 역량과 노력도 중요하지만 하부조직 및 구성원들의 노력과 협조가 있어야만 전체 조직의 능력이 향상될 수 있다.[32] 그런 의미에서 현재 운영되는 책임운영기관이 기관장의 형식뿐인 자율성만 보장하는 것은 아닌지 의문이 든다. 권한과 책임 간의 괴리가 존재함으로 인해 의도한 책임기제가 제대로 작동되지 않을 가능성이 큰 것으로 보인다.

셋째, 예산 및 회계 부분에서도 권한과 책임 간의 비대칭을 확인할 수 있다. 책임운영기관특별회계를 두어 예산 운영상 자율성을 보장한다는 항목이 존재하지

---

31) 책임운영기관의 설치, 운영에 관한 법률[시행 2016.2.12.]
http://www.law.go.kr/lsInfoP.do?lsiSeq=173825&efYd=20160212#0000.

32) 박희봉(2001), 책임운영기관제도 도입 상 문제점과 발전방향, 「한국정책학회보」, 제10권 2호, pp. 167-189.

만 특별회계의 운영, 관리(책임운영기관법 제29조)에서는 계정별로 중앙행정기관의 장이 운용하고, 기획재정부장관이 통합하여 관리한다는 항이 있다. 소속중앙행정기관에 대한 자원 의존도가 높고 책임운영기관의 관리권한의 대부분이 소속중앙행정기관에 있는 상황에서라면 소속중앙행정기관과의 의사소통 비용이 책임운영기관 운영체제가 의도한 효율성보다 커질 우려도 있다.[33] 책임운영기관의 회계는 일반회계로 운영되는 경우와 특별회계로 운영되는 곳이 있다.

넷째, 책임운영기관은 일일이 통제받기보다는 일정시점이 지난 후 성과를 평가받는 식의 관리 요소 때문에 문제가 있을 수 있다. 이는 진정한 자율성부여와 모순될 가능성이 있다. 즉, 장기적 실적을 간과하고, 단기적 실적에만 치중할 우려가 있다. 감사원의 감사도 이들 기안의 자율성을 제약하는 요소가 된다.

현재 실제로 책임운영기관에 선정된 기관들은 연구기관, 특별지방행정기관 등이며, 따라서 그 경영의 자율성이 충분히 확보되었다고 볼 수는 없다.[34] 법적인 조문에도 불구하고 실질적으로는 이 제도의 운영에도 이 책에서 주장하는 바와 같이 권한과 책임의 불일치 현상이 일어나기 때문이다.

더 근본적인 문제는 이 제도가 도입될 때 전제로 하는 문제의식인 '직원들이 동기부여되지 못하는 것이 조직의 자율성이 낮기 때문이라는 것'이 과연 타당성이 있는 것인지에 관한 의문이다. 책임운영기관의 장은 '장'으로 임명되는 순간 동기부여가 될 수 있다.[35] 그런데 자율성을 준다는 명목으로 기관장(즉, 장관, 청장 등)의 관심으로부터 멀어진다는 소외감을 느끼게 된다. 책임운영기관에서 일하는 직원들의 소외감이 이보다 더 크다. 즉, 자율성이 조직효과성의 결정요인이 아닐 수 있다는 점이다. 오히려 상부로부터 간섭을 더 받고 일은 힘들어도, 기관장으로부터 더 관심을 받고 그에 따른 인사상 보상이 있는 것을 선호하는 사람

---

33) 김난영(2009), 책임운영기관의 기관장: 공공조직에서 기관장이 중요한가?, 「한국행정학회 하계 학술발표논문집」, pp. 1-16.

34) 박천오·박희봉·김근세(2003), 한국 책임운영기관의 선정기준 및 확대적용에 관한 연구, 「한국행정학보」, 제37권 2호, pp. 43-65.

35) 외부간섭을 받기보다는 자신 자신의 업무에 대해 통제할 수 있는 자율성이 직무만족의 요인이라고 보는 연구는 많이 있다. 예, Dwyer, D.J., & Ganster, D.C.(1991), *The effects of job demands and control on employee attendance satisfaction, Journal of Organizational Behavior*, 12. 그러나 책임운영기관은 개인 단위에 자율성을 부여하는 것이 아니라, '조직'전체 단위로 자율성을 부여하자는 취지의 제도이다.

도 있을 것이다. 권력으로부터 가까워지고 싶어하지 그 반대가 아니라는 점이다. 즉, 자유로부터 도피를 선호한다는 말이다.

이처럼 책임운영기관제도의 도입사례는 서구의 제도가 한국의 문화에 잘 적응하지 못하는 예이다. 문서상으로 **법적인 차원의 새 제도의 도입 여부가 중요한 것이 아니라, 실제의 운영을 바꾸는 것이 더 중요하다.** 즉, 장관이나 청장이 집권적으로 조직을 운영하지 말고 조직의 각 부서에 권한위임을 하고, 그에 상응하는 책임을 물으면 되는 문제인데 제도로서 이를 해결하려고 하기 때문이다. 그런데 현실은 책임운영기관이란 제도만 요란하게 도입한다고 해 놓고 권한-책임의 일치원리를 지키지 않으면, 무늬만 있는 개혁이 되는 것이다.

제 15 장

그림자 행정조직 : 공공기관

본서의 주된 관심대상은 중앙행정조직이다. 그런데 공공부문과 사부문의 두 가지 어느 것에도 속하지 않는 '제3부문의 조직The Third Sector Organization'이 있다. 엄밀히 말하면 무엇이 제3부문의 영역이냐에 대해서는 통일된 견해가 없다. 정부부문과 민간부문의 사이에 있는 제3의 부문을 지칭하는 용어도 공공부문, 공공기관, 준정부기관, 정부투자기관 등 혼란스럽다. 법적으로는 행정조직이 아니기 때문에 정부조직을 대상으로 연구할 경우 보통 이들은 주목받지 못하고 있다. 그러나 한국행정에서 이들 조직은 정부조직의 그림자shadow organization와 같은 존재로서 매우 중요하다. 이들 조직의 규모와 영향력이 지대하기 때문에 이들을 제외하면 한국행정조직의 전부를 이해했다고 할 수 없다. 나아가서 그림자 조직인지 아닌지 애매모호한 '비법정공공기관'이란 용어의 새로운 공공기관도 속속 등장하고 있다. 이것은 법인으로서 직원은 민간이지만, 실질적으로는 행정조직만이 할 수 있는 권력(예, 심판 혹은 단속기능)을 행사한다. 이러한 기관들은 소위 '민간'도 아니고 '공공'도 아닌 조직들로서, 현 법체계로 명확히 설명이 되지 않는 조직들이다. 그럼에도 불구하고 그동안 이들에 대한 행정학계의 연구는 미진한 수준이며, 회계학이나 경영학의 연구대상으로 방치한 측면이 있다. 행정조직을 연구할 때는 이들 조직을 반드시 포함해야 한다.

제1절 그림자 조직의 범위

Ⅰ. 개념의 혼란

일반적으로 정부조직과 반대되는 개념은 비정부조직non governmental organization이라고 할 수 있다. 그런데 여기서 NGO는 정부를 견제하거나 공익적인 일을 하는 민간단체를 의미한다. 그리고 정부는 기본적으로 이익을 취하지 않는다는 점에서는 비영리조직non profit organizations이다. 이에 더해 법적인 좁은 의미에서 정부조직은 아니지만 광의로는 정부조직이라고 볼 수 있는 지위에서 정부의 일을 대신하는 조직이 존재한다. 그리고 이러한 조직을 보통 준정부조직quasi governmental organizations : Quangos이라고 지칭한다. 주로 영국에서 사용하는 개념이다.

우리나라에도 다양한 형태의 준정부조직이 우후죽순격으로 생겨나고 있다. 정부도 아니고 민간도 아닌 "제3부문의 조직들"The Third Sector Organization이라고 하겠지만, 우리나라의 경우 실제로는 정부조직의 연장선에 있다고 봐야 한다.[1] 다시 말해 준정부부문(기관)은 '정부부처 밖에 있는 독립적 조직으로서 공적 조직이든 민간조직이든 정부정책의 수행을 위해 정부가 정책적 의도를 가지고 설립하거나 기존의 조직과 관계를 맺음으로써 어느 정도 통제권을 행사할 수 있는 조직'이다.[2]

우리나라의 법체계에서는 이를 공공기관이라고 한다. 그리고 공공기관의 여러 유형 중의 하나로 '준정부기관'이 있다. 즉, 준정부기관이 공공기관의 하위개념이

1) 미국의 경우, 정부의 기능이 민간에 의해 수행되어 정부의 일과 민간의 일이 점점 얽히고 설켜가고 있다. 즉, 민간 위탁 등을 통해 정부정책이 집행되면서 공·사 경계가 흐려진다. 이러한 법칙에 의해 그림자 조직이 이뤄지고, 정부의 규모는 외형적으로는 작아지는 것처럼 보인다. 이는, 겉으로는 '작은정부'를 표하지만, 실제로는 더 커지는 모순을 보인다. Kettl(2018), The Job of Government: Interweaving Public Functions and Private Hands. PAR. Mar./April, pp. 219-229.

2) 안병영·정무권·한상일(2007), 「한국의 공공부문: 이론·규모와 성격·개혁방향」, 한림대학교출판부, p. 142.

다. 따라서 서구에서 쓰는 용어와 혼란이 생긴다. 그리고 당연히 준공공부문 논의대상에서 국가와 지방자치단체의 행정기관은 제외된다. 따라서 정부조직법과 행정기관의 조직과 정원에 관한 각 부처의 직제 등을 보면 이런 기관들에 관해 규정하지 않는다. 하지만 실제 운영상으로는 각각 부처별로 준공공기관이 소속되어 공공적 업무를 수행하고 있기 때문에 그림자 조직이다.

준공공기관을 지칭하는 용어와 개념의 다양성만큼이나 그 종류 역시 다양하다. 우리나라에서 준공공기관이라고 할 수 있는 다양한 유형의 기관들을 살펴보면 다음과 같다.

Ⅱ. 공공기관의 유형

민영화와 경영합리화의 여론압박 속에서도 공기업과 공공기관은 그대로 존속되는 경향이 있다. 그러나 여러 가지 단계를 거쳐 완전히 민영화에 성공한 사례도 있는 반면에, 성공하지 못한 사례도 있다. 성공사례로 들 수 있는 것들은 다음과 같다. 포항제철이 POSCO로 변신하여 세계적 민간기업으로 성장한 것[3)]이나, 한국통신이 민영화 이후에도 독점체제로 있다가 통신시장의 경쟁체제 도입후에 사기업 KT로 변신한 것이 그 예이다. 담배인삼공사가 KT&G로 된 경우도 마찬가지이다. 이들은 민영화 이후에도 조직내부에 행정문화가 잔존하여 변화속도가 더딘 측면은 있었으나, 공공성이라는 과거 공기업일 때의 정신이 조직문화로 남아있는 긍정적인 면도 있다.

한편, 여기서는 현재 존재하는 공공기관의 실태를 파악하는 데 중점을 두기로 한다. 이러한 작업은 공공기관과 관련한 용어가 혼란스럽고, 실제로 조직의 양태가 다양하기 때문에 필요한 것이다. 오랫동안 행정실무계에서는 정부투자기관관리기본법과 정부산하기관관리기본법의 적용을 받는 조직들을 '정부투자기관' 또는 '정부산하기관'이라 불러왔다. 그러나 2007년 4월 공공기관의 운영에 관한 법률(이하 공운법)이 시행되면서 정부투자기관과 정부산하기관이라는 용어가 사라지고

3) 이상철 · 성도경 · 허만용 · 하상균(2005), 준정부조직의 생성 · 변형 · 소멸에 관한 기초연구: POSCO의 경제성과 정치성의 변화를 중심으로, 「한국사회와 행정연구」, 제16권 2호, pp. 55-76.

'공공기관'이라는 새로운 용어가 사용되고 있다. 이 개념은 일상용어로서 공공부문을 지칭하는 용례와 혼동하기 쉬운 단점이 있다.

기획재정부의 공공기관 경영정보에 따르면 2019년도 현재 지정된 공공기관 총 수는 339개로서 구체적으로 공기업 36개, 준정부기관 93개, 기타공공기관 210개가 공공기관으로 지정되어 있다. 임직원 정원은 2019년 약 40만여 명이며, 부채와 자산 규모는 각각 약 503조에 달한다. 역대 중앙부처의 총 수가 20~30개 정도라면 적어도 기관수 면에서는 그림자 정부가 본 정부의 규모를 10배 정도 초과하는 셈이다. 공공기관이 국민경제에서 차지하는 비중을 계산할 때 자산은 GDP 대비 약 50%에 달하고, 인력은 국가공무원의 약 50%에 해당된다.

공운법 제4조에 따르면, 공공기관은 각기 다른 법률에 따라 직접 설립되고 정부가 출연한 기관, 정부의 직·간접적 지원액이 총수입액의 2분의 1을 초과하는 기관 등 법적 요건에 해당하여 정부가 공공기관으로 지정한 기관이라고 규정하였다. 또한 동법 제4조 2항에서는 ① 구성원 상호간의 상호부조·복리증진·권익향상 또는 영업질서 유지 등을 목적으로 설립된 기관, ② 지방자치단체가 설립하고 그 운영에 관여하는 기관, ③「방송법」에 따른 한국방송공사와「한국교육방송공사법」에 따른 한국교육방송공사, 국가 및 지방자치단체의 경우는 예외로 하여 정부가 공공기관으로 지정할 수 없도록 하였다. 2007년 4월에 동법이 시행될 때에는 예외 조항으로 ①, ②만이 있었으나 2007년 12월에 ③이 추가되었다. 그러므로 공운법에서 설정하고 있는 공공기관의 범위는 지방자치단체와 자치단체가 설립운영에 영향을 주는 기관, 순수하게 자조적인 비영리기관, 방송공사와 같은 경우를 제외하고 정부가 설립, 출연, 투자, 재투자한 기관으로 볼 수 있다. 따라서 이러한 공공기관은 과거 '정부투자기관' 또는 '정부출연기관'과 그 실제에 있어서 별다른 차이는 없고 단지 명칭만 공공기관으로 통일되었다고 볼 수 있다.

공공기관의 운영에 관한 법 제5조에서는 공공기관을 공기업, 준정부기관, 기타 공공기관으로 유형화하고 있다.

첫째로 공기업이란 직원이 50인 이상이고 자체수입비율(자체수입/총수입액)이 50% 이상인 공공기관 중에서 정부가 지정한 기관을 의미한다.

둘째로 준공공기관이란 공기업이 아닌 공공기관 중 정부가 지정한 기관을 준정부기관으로 분류한 후, 이 두 가지 모두가 아닌 기관 중 공공기관을 지정한 기관을 기타공공기관이라고 한다. 즉, 공공기관을 중심으로 여집합(餘集合)개념으로 나머지 두 가지를 분류한다.

〈표 15-1〉 **공공기관의 유형**

공기업 (직원정원 50인 이상이고, 자체수입비율이 50% 이상)		준정부기관 (직원정원 50인 이상이면서 공기업이 아닌 공공기관 중에서 기획재정부 장관이 지정한 기관)		기타공공기관
시장형	준시장형	기금관리형	위탁집행형	
자체수입비중이 85% 이상이고 자산 2조원 이상	시장형을 제외한 공기업	기금관리 또는 관리를 위탁받은 기관	나머지 준정부기관	공기업과 준정부기관 이외의 공공기관
한국전력공사, 한국석유공사, 인천국제공항공사 등	한국관광공사, 한국수자원공사, 한국도로공사 등	국민연금공단, 공무원연금공단, 신용보증기금, 근로복지공단 등	도로교통공단, 한국가스안전공사, 국민건강보험공단, 한국노동교육원, 한국연구재단 등	국립대병원, 국립중앙박물관 문화재단, 한국행정연구원, 한국수출입은행, ㈜강원랜드 등

출처: 기획재정부 공공기관 경영정보 공개시스템(www.alio.go.kr).

이보다 더 의미있는 분류는 그 하위 범주로서 시장형, 준시장형, 기금관리형, 위탁집행형이다. 시장형 공기업은 이론적으로 시장의 원리에 따라 움직일 수 있는 사기업과 유사한 것을 의미한다. 재화나 용역을 생산하고 판매하여 수익을 남길 수 있는 것들이다. 이것을 제외한 공기업을 준시장형 공기업이라고 한다.

그리고 준정부기관 중에서 중요한 것은 기금을 관리하는 기금관리형기관이다. 공권력을 이용하여 조성된 공적인 자금을 가지고 정해진 공공적인 목적에 맞는 곳에 쓰이는 것을 관리하는 기능을 갖는 기관이다. 앞에서 설명한 대로 최근 정부가 민간부문에 개입하는 것은 강제력에 의한 것보다는 '돈'에 의한 것으로 변화하는 경향이 있기 때문에 이것이 점점 더 중요해지고 있다. 기타공공기관에는 각종 국책연구소, 위원회, 재단 등 다양한 명칭으로 존재한다. 특히 국책연구원은 26개로 거의 모두 부에 하나 이상 관련되는 연구소가 있는 셈이다.

한편, 이들이 행정조직과 다른 점은 특히 재무회계적 측면에서 찾아볼 수 있다. 즉 공기업은 발생주의회계를 택하고 있으며, 복식부기제도로 회계를 처리한다. 즉, 조직의 성격상 부동재산과 유동재산의 흐름을 회계상으로 나타낼 수 있다는 점에서 무늬만 발생주의회계를 할 수밖에 없는 행정기관과는 다르다. 이외에도 이윤이나 손실의 발생을 주기적으로 파악할 수 있기 때문에 여러 가지 면에서 기업의 회계기법을 적용할 수 있다는 장점이 있다. 그러나 이들 기관의 목적이 사기업과는 달리 이윤극대화가 아니라는 점에서 이런 기법의 적용에는 한계가 있다. 그리고 이러한 특징 때문에 제도와 도입에도 불구하고 행정조직문화가 지속적으로 나타나고 있는 것이다.

제 2 절 공공기관의 변천과정

Ⅰ. 신설과 성장

한국에서 국가역할의 증대와 변화는 곧 공공기관의 변화로 연결되어 있다고 봐도 과언이 아니다. 행정조직은 전형적인 정부부처조직의 형태를 벗어나 일종의 기업적 성격을 가진 조직을 설립하여 집행하도록 함으로써 그 역할을 확장시켜 왔다. 당시 민간기업이 발달하지 못한 경제상황에서는 국가가 직접 생산활동까지 담당하는 것이 불가피한 면도 있었다. 전형적인 공산주의 국가에서는 모든 생산활동을 공기업이 하기 때문에 사기업이 존재하지 않는다는 것을 상상하면 이해할 수 있다.

한국의 경우 대표적인 예가 포항제철이다. 1960년대 한국은 공업화를 이룩하기 위해 철강생산이 필수적이었다. 일본에서 받은 청구권대금으로 박태준의 지휘하에 포항의 모래밭에 기적같이 세운 것이 바로 포항제철이다.[4] 그후 등장한 고속도로 등을 포함한 도로망 확충을 위해 만든 한국도로공사, 댐 건설 등을 통한 수자원 보호와 홍수피해 방지를 위해 설립한 수자원공사 등 공기업은 정부가 국가경제개발을 위해 사회간접자본SOC 등 분야에 자원을 동원하고 직접 집행하는

4) 설립 25년 만에 세계 3위의 제철소가 된 것은 박태준 개인의 리더십과 독특한 행정조직문화라는 분석이 지배적이다. 이대환(2015), 「프란치스코 교황 그리고 무지개」, 아시아 참고.

역할을 한 것이었다. 즉, 민간부문이 취약했던 당시 상황에서 한국의 경제성장을 이룩하기 위해서 과거 경제기획원의 견인차 역할과 더불어 공기업의 집행력을 활용했다는 특수성을 이해해야 한다.

한편, 민간부문이 어느 정도 성장한 이후에도 공기업은 계속 신설되는 경향이 있다. 특히 생산업이나 건설부문뿐만 아니라, 금융 등 서비스업에도 신설된다. 여기서 공기업이란 공단, 기금을 포함한 넓은 개념이다. 이렇게 공공기관이 성장하게 된 원인으로는 사회의 다원화 현상에 따라 새로운 공공서비스에 대한 수요가 증가하게 되었다는 점을 들 수 있다.[5] 즉, 정부가 급증하는 다양한 유형의 공공서비스를 효율적으로 공급하기 위해 새로운 대안을 모색한 것이 공공기관이라는 것이다.

정부관료제의 팽창 경향도 공공기관 성장의 요인으로 설명할 수 있다. 정부관료제는 자기 조직의 자원을 확대하고 외부로부터 자율성을 확보하려는 성향을 가지고 있는데 비해, 정치적·법적 통제 때문에 물리적인 조직팽창에는 엄격한 제약이 따른다. 따라서 행정조직은 설립이 상대적으로 용이하고 법적·정치적 제약을 적게 받는 공공기관을 선호한다.[6] 또한 정부는 공공기관을 통제할 수 있는 권한(예를 들면 임원의 임명권)을 가지고 있기 때문에 그들의 임무를 완전히 민간에게 이양하기보다는 공공기관을 선호할 수 있는 것이다. 이와 같이 중앙행정조직은 정치적 비판과 책임성을 회피하면서 자신들의 목적(예를 들면 팽창과 정치적 임명)을 달성하고자 하였고 이것이 공공기관의 성장원인으로 작용하였다.

공기업의 발달사를 보면 공기업의 설립은 해당 부처의 과나 국이 민간부문의 능력이 부족함을 비판하는 것부터 시작한다. 공기업 설립 이후에는 소관 부처의 장관이 공기업의 운영에 대해 일일이 간여한다. 공기업의 인사뿐만 아니라 가격의 설정, 투자 등에 대해 주무부처가 일방적으로 결정하는 셈이다.

하지만 최근 국가경쟁력 강화와 같은 목소리가 커지면서 공기업의 지배구조가 조금씩 바뀌고 있다. 그렇지만 이미 형성된 공기업의 지배구조를 바꿔나간다

5) 김준기(2002), 정부산하기관의 유형과 기관선택, 한국공기업학회 추계학술발표대회.
6) 임학순(1993), 준정부조직의 성장원인에 관한 이론적 논의, 「한국사회와 행정연구」, 제4권, pp. 91-111.

는 것은 쉬운 일이 아니다. 정부는 정권이 바뀔 때마다 국민에게 공기업 개혁을 약속한다. 국민으로 하여금 효율적인 정부를 운영한다는 인상을 주고싶어 하는 것이다. 그러나 일단 집권을 하고 나면, 공기업의 유용성을 절감하게 된다. 결국 시간이 흐를수록 공기업의 개혁은 점점 속도가 늦어지고, 반면에 정부가 공기업을 통제하는 방식은 직접적 간섭에서 점점 간접적 방식으로 변모한다.

Ⅱ. 감축관리와 민영화의 압력

우리나라에서 작은 정부에 대한 논의는 1980년대부터 시작되었으나, 본격적인 개혁 작업은 민주화 이후에 국가주도의 개발연대를 벗어나야 한다는 논의에서 출발하였다.[7] 신공공관리론의 여파로 1990년대 이후 정부규모를 축소하기 위한 개혁이 추진되었으며, 김대중 정부 이후에는 신자유주의를 기반으로 한 감축관리가 추진되었다.[8] 이에 따라 참여정부를 제외한 김영삼 정부, 김대중 정부, 이명박 정부, 박근혜 정부는 모두 표현상의 차이는 약간 있어도 '작은정부-큰 시장'이라는 개념을 정부조직 운영의 큰 틀로 제시하였다.[9] 이와 더불어 공공기관 민영화, 민간위탁, 책임운영기관제도의 도입 등 신공공관리론NPM에 입각한 정부운영의 기반을 다져나갔다. 자본주의 국가에서 정부실패 또는 정부관료제의 한계에 대해 비판하는 것은 어떤 면에서는 당연한 일이다. 이러한 비판은 경제학이나 경영학계, 그리고 전경련 같은 민간부문에서 주도한다. 이들은 비경합성, 비배제성을 가지는 공공재 공급을 정부에서 수행할 경우 정부관료제의 비용편익분리에 의한 X-비효율성, 사적 목표의 내재화, 능력과 정보의 불완전성 등으로 인해 정부실패가 발생한다고 주장한다. 언론들도 기회가 있을 때마다 공기업의 비효율성을 비판한다. 특히 이런 비판의 목소리는 대통령 선거 시에 극에 달한다.

사실 공기업과 같은 공공기관은 많은 경우 다음과 같은 문제점들을 안고 있다.

---

7) 조선일 · 엄석진 · 박상희(2006), 정부의 규모-연구의 경향 및 주요 쟁점, 한국거버넌스학회 학술대회자료집, pp. 787-810, p. 787.

8) 홍근석 · 김종순(2012), 재정분권과 정부지출규모 간의 관계: Leviatha가설과 Collusion가설의 검증, 「지방정부연구」, 제16권 1호, pp. 103-120, p. 104.

9) 이창원(2009), 우리나라 민주화 이후 정부조직 변화에 대한 고찰, 한국행정학회 Conference 자료, pp. 190-210.

첫째, 독점적 지위로 인한 비효율적인 경영을 할 우려가 존재한다는 점이다. 공공기관은 법률에 의해 설립되어 정부로부터 재정지원을 받거나 핵심 사업에 대해 독점적 지위를 보장받으면서, 민간기업과 달리 시장의 치열한 생존경쟁에는 직접적으로 노출되어 있지 않다. 따라서 시장에 의한 감시·견제 기능을 기대하기 어렵고, 기술혁신이나 원가절감의 동기가 미흡하여 비효율적인 경영을 할 소지가 크다.[10)]

둘째, 복대리의 문제이다. 공공기관의 지배구조는 일반민간기업의 지배구조와는 다른 독특한 특징을 가지고 있다. 주인-대리인 이론에 따르면 주인은 국민이지만, 국민은 대리인인 정부에 관리를 위임하고 있으며 정부는 다시 공공기관의 경영자에게 관리를 위임함으로써 이중대리의 문제가 발생하는 것이다. 그런데 주인인 국민은 실질적으로 공공기관의 경영에 대해서 지속적 관심도 없고 정보도 없기 때문에 실질적으로는 정부가 공공기관의 모든 관리를 수행해야 하는 입장에 처해 있다. 따라서 정부는 공공기관의 경영자에게 얼마의 자율성을 부여할 것인지를 선택하여야 한다. 너무 많은 자율성을 줄 경우 자칫 경영자가 기업성만을 강조한 나머지 공공기관으로서의 공공성을 저해할 수 있기 때문에 공공기관의 경영에 있어서 자율성과 통제 또는 공공성과 기업성을 조화시키는 것이 가장 중요한 문제이다.

경영자율성의 요구는 조직의 비대화와 직원처우의 관대화로 나타난다. 공기업 내부에서는 처우 면에서의 비교대상을 공무원이 아니라 대기업 등 민간부문으로 생각하는 경향이 있다. 그런데 국민의 기대는 공기업도 공공부문이므로 공무원과 같이 낮은 월급으로 봉사하기를 원한다. 나아가서 실제로 공기업조직 내부에서는 행정조직에서 나타나는 대부분의 문제가 그대로 나타난다. 즉, 책임-권한불일치 문제도 유사하다. 예컨대 같은 공공기관조직이라도 본부조직과 현장조직 중에서 전자를 선호하고, 전자에 근무하는 것 자체를 일종의 승진으로 간주한다. 따라서 서비스를 직접 생산하고 전달하는 것이 임무인 공공기관도 본부조직의 비중이 큰 가분수형 조직구조를 갖게 된다.

---

10) 위성백(2008), 공공기관 기능조정과 경영혁신, 정책&지식포럼 399회 발표자료.

한편, 공공기관의 입장에서는 주무부처가 유 · 무형의 개별규제를 통해 기관내부경영에 과다하게 간섭하여 공공기관의 경영 자율성을 침해하고 있다고 불평한다. 또한 주무부처와 공공기관 간 유착관계 등으로 주무부처 감독이 형식화되는 문제도 지적되고 있다.[11)]

대선 때마다 공기업의 축소와 민영화는 가장 중요한 개혁목표 중 하나로 주장된다. 대통령 후보들은 국민들의 비판의 대상인 공기업 개혁을 약속한다. 그런데 실제로 개혁에 착수하면 이것이 비판을 할 때와는 달리 매우 복잡한 문제가 얽혀 있음을 안다. **그래서 학술적인 논리보다는 현실적인 권력게임의 산물로 개혁이 이뤄진다.** 그렇기 때문에 개혁론자들이 기대했던 것보다 항상 미흡한 결과로 나타나는 것이다.

지금까지 이뤄진 한국의 공공기관 개혁의 흐름은 크게 7단계로 나누어 고찰할 수 있다.[12)]

제1단계는 산업합리화와 민간경제의 육성을 목표로 한 1968년 제1차 민영화조치를 전후한 시기이다.

제2단계는 경제구조개편을 목표로 주요 공기업을 민영화하기 위한 1981년 전기통신공사법과 1983년 정부투자기관관리기본법 등의 제정을 내용으로 하는 1980년대 민영화계획이다.

제3단계는 1987년 공기업민영화추진위원회를 설치하여 대규모 11개 공기업에 대한 민영화를 계획하였다가, 실제로는 3개의 민영화조치만 성공한 시기이다.

제4단계는 1993년부터 1998년까지로서 이 시기는 '공기업 경영효율화 및 민영화 추진방안'을 수립하여 사실상 민영화가 아닌 민영화 전단계의 여건을 조성하는 시기이다.

제5단계는 IMF경제위기의 도래와 함께 민영화에 대한 노력을 적극적으로 실행하였던 시기이다.

제6단계는 민영화에 신중을 기하고, 그 대신 공기업경영의 합리화, 투명화를

---

11) 조택(2007), 우리나라 공공기관의 지배구조에 관한 연구, 「한국정책과학학회보」, 제11권 4호, pp. 251-274.

12) 이러한 7단계의 분류는 최용전(2007), 공공기관운영법의 제정과 공기업법제의 변화, 「공법학연구」, 제8권 4호, pp. 49-65의 민영화단계 분류(6단계)에 최근의 변화를 더한 것이다.

위한 개혁을 통하여 민간기업과의 경쟁력을 갖추고자 했던 노무현 정부 시기이다. 민영화가 공공기관 개혁의 중점적 정책방향이었던 이전 정부와는 달리 노무현 정부에서는 민영화계획을 백지화하고 공공기관의 경영혁신을 추진하였다. 이러한 노력의 결과로 2007년 4월 공공기관의운영에관한법률(이하 공운법)이 시행되었다.

다음으로 제7단계는 이명박 정부 들어 시행된 공공기관 선진화의 시기와 박근혜 정부의 공공기관 정상화 시기이다. 이명박 정부는 2009년까지 2만여 명의 인원감축 및 대졸초임인하를 비롯하여 34개 기관의 15개 기관으로의 통합과 5개 기관 폐지를 시행하였으며, 매각 및 상장한 기관은 6곳이었다.[13] 그리고 박근혜 정부는 공공기관의 과도한 부채와 방만경영을 해소하기 위하여 정보공개강화, 부채감축을 위한 중장기재무관리계획의 도입, 그리고 방만경영 정상화계획 도입 등을 통해서 공공기관 개혁을 추진했다.

다음으로 제8단계는 공공기관의 사회적 책임을 강화하는 개혁으로 문재인 정부에서 추진하고 있다. 공기업은 단순히 효율성을 추구하는 데 그치지 않고, 사회적 가치를 실현해야 한다는 것이다.

이러한 개혁과정에서 여러 가지 제도들이 도입되었으며, 공공기관의 민영화는 물론이고, 기존 공공기관의 재분류도 이뤄진다. 공공기관 개혁은 크게 민영화를 통해 정부의 책임을 덜어내고 기업의 효율성을 달성하려는 방법과 공공성을 높이려는 방법으로 나눌 수 있다. 민간부문 및 시장주의자들은 항상 전자의 방법을 선호한다.

하지만 이러한 복잡한 개혁 과정에서 확실하게 한 가지 읽을 수 있는 추세가 있다. 그것은 개혁의 내용이 무엇이든지 간에 결과적으로 기획재정부가 공공기관에 대해 행사하는 권력이 증대하는 방향으로 개혁이 이뤄진다는 것이다. 기재부는 대통령 권력에 순응하기 때문에, 이는 곧 청와대 권력의 증대라고도 할 수 있다. 즉, 권한-책임의 일치 원칙에서 본다면, 그동안의 개혁은 '개악'이라고 봐도 크게 무리는 아닐 것이다.

---

13) 기획재정부 보도자료(2010.2.24. 및 2010.4.14.).

어떻든 공공기관 개혁이 외부화와 내부효율성 증대 중 어느 것을 더 중시하느냐는 당시의 시대적인 상황을 반영한다. 특히 정치적 요인이 크게 작용한다. 다른 정부들에 비해 공공성을 중요한 가치로 내세웠던 노무현 정부에서는 민영화에 대한 기존 계획을 모두 백지화하고 내부운영의 효율화를 추구하였다. 이는 공공기관의 개혁에서 각 정부가 추구하는 정책기조가 중요 요인이 된다는 점을 보여준다. 즉, 정권의 이데올로기가 바뀜에 따라 민영화 개혁물결은 시계추와 같이 반복된다.

또한 대통령이 추진하는 국가의 주요정책이 논란이 있음에도 추진해야 할 때 공공기관을 그 수단으로 사용하는 경향도 있다. 국회의 예산통제나 언론의 비판을 벗어나면서 정책을 추진하는 데 편리하기 때문이다. 특히 이러한 경향이 문제가 되는 것은 공공기관들의 부채가 누적되고 있음에도 불구하고, 이것이 국가채무로는 계상되지 않는다는 것이다. 그 결과, 오랜 기간 표방해 온 감축정책이나 민영화정책에도 불구하고 공공기관은 정부부문에 비해서 예산과 인력, 그리고 부채에 있어서 더 큰 성장을 보였다. 게다가 최고권력자나 주변 핵심인물들이 공공기관들을 권한-책임의 일치의 원칙에서 벗어나는 도구로 사용하는 경향마저 있다.

Ⅲ. 그림자 조직의 효과성

공기업이란 공적인 조직목표와 사적인 생산수단을 갖춘 혼합조직hybrid organization이다. 자본주의 사회에서 어떻든 이윤이 많이 생기는 곳에는 사기업이 서로 경쟁적으로 뛰어드는 경향이 있다. 공기업이 설립되어야 하는 분야는 국가적·사회적으로 중요하지만 이윤을 남기기 어렵기 때문에 사기업이 진입하지 않아 재화나 서비스가 생산되지 않거나 과소공급되는 경우에 한정되어야 한다. 행정기관이 아닌 공기업으로 하는 이유는 공공성과 더불어 사기업과 같은 효율성을 추구하기 위해서이다. 여기서 효율성이란 낭비를 최소화하는 것을 의미할 것이고, 경우에 따라서는 직원의 인건비 이상의 수익을 창출하는 것을 의미할 수도 있다. 그러나 어떻게 보면 (손해를 보더라도) 공익성을 추구하는 것과 (낭비최소화 혹은 이익창출이라는) 효율성을 추구하는 것은 서로 양립할 수 없는 어려운 요건이다.

정부가 공기업에 대해 행사하는 관료적 통제는 일반적으로 공기업의 비효율성을 초래한다는 비판을 받고 있다. 특히 이러한 비판은 공기업이 지배하는 독점적 시장에 진출하고 싶어 하는 민간부문으로부터 더욱 거세게 일어난다. 해당분야 민간부문이 발달하면 할수록 공기업의 비효율성에 대한 비판이 강해진다. 그리고 여기서 권한과 책임의 불일치 현상이 발견된다. 즉, 실질적인 결정은 부처가 했는데, 비난은 공기업에게 쏟아지는 것이다. 극단적인 문제가 생길 때에는 공기업 임원이 희생양이 되기도 한다. 그리고 이러한 과정이 누적되면서 공기업은 비효율성의 대명사로 인식되고 개혁의 대상으로 전락한다.

그렇다면 조직론적으로 볼 때, 공공기관의 효과성을 결정하는 요인은 무엇일까? 이를 종합적으로 평가하는 것이 공공기관경영평가라는 제도이다. 이는 기본적으로 균형성과평가표Balanced Scorecard라는 틀을 가지고, 한국실정에 변형한 것이라고 할 수 있다.[14] 매년 교수들을 비롯한 많은 전문가들이 동원되어 시행되는 이 평가에 대서는 피평가자인 공공기관이 이를 주관하는 기재부의 권력행사를 느끼는 중요한 계기이다.

순수한 학술적인 시각에서 보면, 공공기관은 행정기관에 비하여 효과성을 평가하기 쉬운 조직이다. 성과가 비가시적인 행정조직에 비하여, 비교적 가시적인 성과가 있기 때문이다. 그러나 실제로 들여다보면, 그리 간단치 않은 문제임을 알 수 있다. 매출액, 이익률, 서비스만족도 등 민간에서 쓰는 변수를 공공기관의 성과지표로 쓰기에는 여러 가지 전제조건이 필요하기 때문이다.

따라서 불가피하게 공공기관의 경영평가점수를 성과지표로 쓰는 연구들이 있다.[15] 물론 조직론 분야에서는 학술적 연구는 직무만족, 조직몰입, 조직시민행동 등 전형적인 변수를 성과변수로 쓰는 경향이 있다. 이들 연구들은 공공기관의 성과, 즉 효과성의 결정요인으로, 직원들이 느끼는 공정성, 리더십, 신뢰 등을 들고 있다.[16]

---

14) BSC에 관해서는 임도빈(2018), 「행정학: 시간의 관점에서」, 박영사, p. 453 이하 참조.

15) 그러나 경영평가에서 얻은 점수도 그 기관의 성과를 잘 나타내는 지표라고 보기는 어렵다. 백승주(2016), 공공조직 성과평가에서의 전략적 행위에 관한 연구 - 공공기관 경영평가 계량지표를 중심으로-, 서울대학교 행정학 박사학위논문.

또한 상술한 대로, 공기업개혁의 일환으로 복수 이상의 조직통합도 많이 일어나고 있다. 그런데 이러한 개혁조치들이 실제로 조직효과성을 높였는지에 대한 의문도 많이 제기된다. 문화통합까지 가는 것에 대한 영향변수는 대체로 인사조치나 기관장 리더십이라고 보는 연구들이 있다.[17)]

제 3 절 정부부처와의 관계

Ⅰ. 행정기관과 공공기관

공공기관은 매년 신규지정되거나 폐지된다. <표 15-2>는 2019년 말 기준으로 339개 공공기관의 소속기관을 분류한 것이다. 부는 물론이고, 청, 위원회 등 모든 유형의 중앙행정기관이 공공기관을 가지고 있다. 과학기술부, 산업통상자원부, 문화체육관광부, 국토교통부와 국무조정실, 교육부 순으로 많은 공공기관을 보유하고 있다. 이 중에서 시장형 공기업을 가장 많이 보유하고 있는 부처는 산업통상자원부, 다음으로는 해양수산부 순이다. 그리고 이들 공기업이 가장 시장성이 높은 조직이며, 그 예산과 인력의 규모가 큰 공기업들이다.

이들 공공기관은 다시 재투자하는 자회사 형태의 공공기관을 만들기도 한다. 따라서 만약 부처의 최종적인 권력의 총량을 잰다면, 그림자조직을 포함한 광의의 조직으로 해야 한다. 이에 따르면, 한국경제에 가장 영향력이 있는 부는 과학기술부, 산업통상자원부, 문화체육관광부라고 할 수 있다. 그러나 이들 공공기관 전체를 통제하는 권한은 후술하는 바와 같이 기재부가 가지고 있기 때문에, 기재부는 가장 막강한 권력을 행사하는 부처라고 할 수밖에 없다.

---

16) 윤정구·임준철(1998), 공정성이 조직효과성에 미치는 영향력에 관한 연구, 「한국행정학보」, 제32권 2호; 박철민·김대원(2003), 조직공정성이 상관신뢰와 공직몰입에 미치는 영향, 「한국행정학보」, 제37권 4호; 이상철(2012), 공공기관의 조직문화, 학습조직, 조직효과성의 관계에 관한 연구, 「한국행정학보」, 제46권 4호.

17) 윤영채·배응환(2015), 공공기관융합의 효과성과 영향요인에 관한 연구, 「한국행정학보」, 제49권 2호 참조.

〈표 15-2〉 공공기관 현황[18)]

주무부처	시장형 공기업(16)	준시장형 공기업(20)	기금관리형(14)	위탁집행형(99)	기타공공기관(210)
경찰청				도로교통공단(1)	
고용노동부			근로복지공단(1)	한국장애인고용공단, 한국산업인력공단 등(4)	노사발전재단, 한국잡월드 등(6)
공정거래 위원회				한국소비자원(1)	한국공정거래조정원(1)
관세청					(재)국제원산지정보원(1)
중기부			기술보증기금, 중소기업진흥공단(2)	소상공인시장진흥공단, 창업진흥원 등(3)	신용보증재단중앙회, 한국벤처투자 등(7)
교육부			사립학교교직원연금공단(1)	한국장학재단, 한국교육학술정보원(2)	서울대학교병원, 국립대병원 등(19)
국가보훈처				독립기념관, 한국보훈복지의료공단(2)	88관광개발(주)(1)
국무조정실					한국행정연구원, 대외경제정책연구원 등(24)
국방부					전쟁기념사업회, 한국국방연구원 등(3)
국토교통부	인천국제공항공사, 한국공항공사(2)	한국토지주택공사, 주식회사 SR, 등(7)		교통안전공단, 한국철도시설공단 등(6)	한국해외인프라도시개발지원공사, 코레일관광개발(주), 주택관리공단(주), 새만금개발공사 등(10)
금융위원회			신용보증기금, 예금보험공사 등(4)		중소기업은행, 한국산업은행, 한국예탁결제원, 서민금융진흥원(4)
기상청				한국기상산업진흥원(1)	(재)APEC기후센터 등(2)
기획재정부		한국조폐공사(1)		한국재정정보원(1)	한국투자공사, 한국수출입은행(2)
농림부		한국마사회(1)		한국농어촌공사 등(5)	국가식품클러스터지원센터 가축위생방역지원본부 등(5)
농촌진흥청				농업기술실용화재단(1)	
문화재청					한국문화재재단(1)
문화체육 관광부		그랜드코리아레저(주)(1)	국민체육진흥공단, 한국언론진흥재단(2)	한국관광공사, 한국콘텐츠진흥원 등(4)	대한체육회, 영상물등급위원회, 한국저작권보호원 등(25)
과학기술부				정보통신산업진흥원, (재)우체국금융개발원 등(10)	한국생명공학연구원, 한국과학기술정보연구원 등(35)

18) 공공기관 경영정보 공개시스템(http://www.alio.go.kr/) 내용 수정. 2019년 1월 말 기준.

주무부처	시장형 공기업(16)	준시장형 공기업(20)	기금관리형(14)	위탁집행형(99)	기타공공기관(210)
방송통신위원회		한국방송광고진흥공사(1)			
방위사업청					국방기술품질원, 국방과학연구소(2)
법무부					정부법무공단 등(3)
보건복지부			국민연금공단(1)	국민건강보험공단, 사회보장정보원 등(8)	(재)한국공공조직은행, 국립중앙의료원, 대한적십자사 등(16)
산림청				한국임업진흥원 등(2)	한국수목관리원(1)
산업통상자원부	한국수력원자력(주), 한국전력공사, (주)강원랜드 등(12)	한국전력기술(주), 대한석탄공사 등(5)	한국무역보험공사, 한국원자력환경공단(2)	대한무역투자진흥공사, 한국산업단지공단, 한국전력거래소 등(12)	한국로봇산업진흥원, 한국원자력문화재단 등(10)
식품의약품안전처				한국식품안전관리인증원(1)	한국의약품안전관리원 등(3)
여성가족부				한국청소년상담복지개발원, 한국청소년활동진흥원(2)	한국양성평등교육진흥원 등(3)
외교부				한국국제협력단(1)	한국국제교류단, 재외동포재단(2)
원자력안전위원회					한국원자력안전기술원, 한국원자력안전재단 등(3)
인사혁신처			공무원연금공단(1)		
통일부					북한이탈주민지원재단 등(2)
특허청				한국특허전략개발원(1)	한국특허정보원 등(4)
해양수산부	부산항만공사, 인천항만공사(2)	해양환경공단, 울산항만공사 등(3)		한국수산자원관리공단 등(4)	한국해양진흥공사, 한국해양과학기술원, 한국어촌어항공단 등(7)
행정안전부				한국승강기안전공단(1)	민주화운동기념사업회 등(2)
환경부		한국수자원공사(1)		국립공원공단 등(4)	한국수자원조사기술원, 수도권매립지관리공사 등(6)

장관, 청장, 위원장의 입장에서는 자기 소관 하에 있는 공공기관들은 부처의 팔다리와 같다. 특별지방행정기관 등 소속기관들은 직접적인 수단이라 할 수 있고, 이들 공공기관은 간접적으로 조직의 목표를 실현할 수 있는 수단이라 볼 수 있기 때문이다.

물론 주무기관인 청과 부는 공공기관을 통제한다. 구체적으로는 주무기관 내부에 관할 공공기관을 담당하는 과나 직원을 두고 있다. 공운법 제11조에는 공공기관이 구체적으로 경영목표와 예산 및 운영계획, 결산서, 임원 및 운영인력 현황, 인건비 예산과 집행 현황, 자회사와의 거래내역 및 인력교류 현황, 고객만족도 조사 결과, 감사나 감사위원회 감사위원의 직무수행실적 평가 결과, 경영실적 평가 결과, 정관·사채원부 및 이사회 회의록 등을 공시하도록 하고 있다. 그리고 이러한 공시를 할 때에는 공공기관들이 반드시 주무기관에 보고해야 한다고 되어 있지만 실제로는 승인인 경우가 많다.

공운법 제51조는 주무장관(및 기획재정부 장관)은 소관 공기업 혹은 준정부기관의 자율성이 침해되지 아니하는 범위에서 감독하도록 규정하고 있다. 이들의 예산편성과 결산도 예외는 아니다. 이들 공공기관에는 최고 의사결정기관인 이사회가 구성되지만 이사회의 결정만으로 완결되는 경우보다는, 주무장관의 승인이 필요하도록 하고 있는 경우가 대부분이다.

Ⅱ. 공공기관의 정치화

인사행정론의 입장에서 볼 때 공공기관을 신설하는 숨은 의도는 주무기관의 인사적체를 해소하기 위한 것이다. 사장과 감사, 이사 등을 포함한 주요 자리에 부와 청의 고위인사를 임명할 수 있기 때문이다. 보통 선거를 도왔던 정치인을 임명하는 경우가 많다. 특히 그 분야 전문성이 거의 없는 사람을 임명하는 경우도 종종 있다. 이를 언론은 '정피아', '관피아'라고 부른다.[19)]

물론 과거와는 달리 임원초빙위원회가 후보를 공모하는 등 소정의 절차에 의해 임명하지만, 실제로는 객관적 인사체제를 보장하는 것이라고 보기 어렵다. 특히 이들의 임명권이 대통령에게 있으므로 대통령의 의중에 있는 사람이 있으면 실제로는 이 인물로 관철될 가능성이 높다. 공모절차를 거쳐 다른 사람으로 결정되면 최종적으로 대통령에 의해서 '적임자 없음'으로 결정될 수 있기 때문이다.

19) 박민정(2015), 퇴직 공직자 재취업 현상에 관한 지대추구론적 분석, 「한국자치행정학보」, 제29권 4호.

권위주의적 행정문화 하에서 연결된 단계적 과정의 의사절차에는 최종 의사결정권자가 가장 많은 영향을 미친다.

따라서 공기업 인사가 있을 때마다 엽관인사냐 실적인사냐에 대한 논란이 생긴다. 물론 소관부처는 틈만 있으면 이들 기관을 통해 자신들의 인사적체문제를 해결하려고 한다. 여기에는 부처에서 기른 전문성을 활용한다는 측면이 없는 것은 아니다. 하지만 공공기관 내 인선의 객관성을 제고하기 위한 다양한 제도가 있음에도 불구하고, 주무기관인 부, 청의 영향력이 결정적일 때가 많다. 물론 이것은 적어도 청와대의 주도 내지 묵인하에서만 가능한 것이다.

첫째, 임원의 자리에 해당 공공기관의 고유 업무도 모르는 정치인을 임명하는 '엽관인사'를 한다. 대선에 기여하였지만 장차관 등의 자리를 주지 못하거나 총선 등에서 낙선한 인사에게 혜택을 주는 방법으로 활용된다.

둘째, 정치를 모르는 전문경영인(예, 해당분야 민간경영인 등)을 임명하는 '실적인사'가 이뤄진다. 이 경우에도 사장이 경영보다는 오히려 정치에 더 민감해지는 경우가 많다.

공공성과 효율성이라는 두 마리의 토끼를 잡으려면 이 양자의 속성을 모두 갖춘 인사가 가장 적합할 것이다. 하지만 역대정권에서는 실제로는 엽관인사를 하면서 마치 실적인사를 지향하는 것처럼 제도를 바꾸고 홍보해 왔다. 즉, 주요 임원의 인선과정에서 합리적이라 할 수 있는 제도가 있음에도 불구하고, 실제로는 오히려 더 정치적으로 운영되고 있는 것이다.

인선이 이렇게 되니 공공기관의 조직운영도 지나치게 정치화되는 경향이 있다. 문재인 정부에서 필요 이상으로 공공기관에 압력을 넣어(예, 경영평가지표도 포함) 일자리를 만들고 비정규직의 정규직화를 하는 것이 한 예이다. 향후 이들의 인건비 부담은 경영부실화를 가져올 가능성이 매우 크다. 권한-책임 일치의 원칙에 어긋나는 압력을 가한 예이다.

이러한 합리적 제도의 형식화 속에는 주무 부, 청의 공기업에 대한 영향력 견지라는 변수도 작용한다. 이러한 변수는 언론의 노출에서 조금 더 거리가 먼, 예를 들어 공기업이 투자한 기타 공공기관의 경우에 더욱 그렇다. 이들은 일종의 공기업의 자회사라고 볼 수 있는데, 이들 기관들을 인사 적체 해소에 사용하는 것은 좀 더 가시적이다.[20] 자회사를 신설하는 명목은 공기업이 본연의 임무에 집중하기 위해서라고는 하지만, 사실상 본청, 모(母)공기업 등의 인사적체를 해소하기 위한 편법으로 사용된다. 예컨대, 산업은행의 임원이 퇴임 후 공적 자금이 투입된 금융기관의 경영진으로 가는 경우가 많다. 공공기관은 정부조직법의 규정대상이 아니기 때문에 감독관계에 있던 회사에 진출을 규제하는 공직자윤리법에도 저촉되지 않는다. 또한 공기업의 자회사에 대한 영향력은 인사적체 해소를 넘어 불공정한 '은밀한 관계'를 형성하기도 한다.[21] **인사의 투명화 요구가 높으면 높을수록 영향을 미치는 방법은 간접적, 비가시적인 것으로 바뀐다.**

Ⅲ. 다른 부처와의 관계

1. 공공기관운영위원회

공운법이 제정되기 이전에는 공기업에 대한 주무부처의 통제가 매우 강하였다. 그러나 공기업이 정치권의 영향을 너무 많이 받는다는 비판이 있었기 때문에 공기업 지배구조를 완화하려는 개혁이 여러 번 시도되었다. 하지만 이후 실제 개혁과정의 결과는 초기에 공표한 원칙을 훼손하는 것으로 후퇴하는 경우가 많았다.[22]

1984년 이전에는 정부인사 9명으로 구성되는 정부출자관리위원회에서 모든 공기업에 대한 정책방향을 결정하였다. 이것은 사실상 정부부처가 공기업의 운영을 마음대로 했음을 의미한다. 이러한 종속성을 극복하기 위해 1984년부터 1999년까지는 정부투자기관 경영평가위원회가 구성되어, 공기업에 대해서 1년에 한 번씩 경영평가를 하였다. 그러나 정부투자기관 경영평가위원회는 정부 10인, 민간 5인으로 구성되어 여전히 정부의 주도권이 유지되었다. 1999년부터 2007년 사이에는 정부인사 6인과 민간 인사 5인으로 구성하는 정부투자기관운영위원회를 구성하였다. 이 시기에는 사장과 경영계약을 하고, 매년 경영공시를 하는 것

20) 2008년 현재, 7개 주요 기업형 공기업이 가지고 있는 자회사는 40개이다. 임도빈(2008), 거버넌스와 관료제: 공기업분야를 중심으로, 「국정관리연구」, 제3권 1호, p. 72.

21) 출처: http://m.nocutnews.co.kr/news/4342243.

22) 한상일(2009), 한국 공공기관의 지배구조와 공공성: 민주적 책임성을 중심으로, 한국행정학회 동계학술대회 발표논문, p. 11.

으로 바뀌었다. 그리고 2008년 공운법에 의해 구성되는 공공기관운영위원회는 좀 더 관의 영향력을 약화시킨 형태가 되었다. 차관급의 정부위원과 기획재정부장관이 추천하고 대통령이 임명하는 민간위원으로 구성되는데, 전체 20인 이내의 위원 중에서 11인 이내의 민간위원이 위촉되도록 하였다. 그러나 이것은 위원회의 구성이 변화된 것일 뿐, 청와대의 실질적인 영향력은 더 커졌다고 보는 시각도 있다.

이러한 제도변화의 역사 속에서 변하지 않는 것은 우리나라 공기업 전체의 운영에 기획재정부(과거에는 기획예산처)의 영향력이 절대적이라는 점이다. 기획재정부가 주무부처로 하고 있는 공기업은 그리 많지 않지만, 실제로는 모든 공기업이 기획재정부의 영향권에 속한다고 할 수 있다. 무엇보다도 공공기관으로 지정하는 권한 자체가 기획재정부 장관에게 있다. 그리고 공공기관으로 지정되면, 공공기관이 사용하는 부동산 중에 본래의 목적에 맞는 면적에 대한 국유재산 사용료가 면제되는 것을 비롯하여 많은 혜택도 있다.[23] 이 점에서 주무부처는 기획재정부에 비하여 낮은 권력관계에 있다. 즉, 공공기관의 신설과 폐지는 기획재정부의 손에 있는 것이다. 전술한 공공기관의 주무부처에 대한 보고사항은 거의 모두 주무부처를 거쳐 종국에는 기획재정부로 보고된다. 또한 공운법 제50조에는 '경영지침'을 통하여 공공기관의 다음과 같은 일상적 운영에 간여할 수 있도록 명시하고 있으며, 제51조는 이러한 감독권을 기획재정부 장관과 주무부처에 공동으로 부여한다.

(1) 조직 운영과 정원 · 인사 관리에 관한 사항
(2) 예산과 자금 운영에 관한 사항
(3) 그 밖에 공기업 · 준정부기관의 재무건전성 확보를 위하여 기획재정부장관이 필요하다고 인정하는 사항

또한 임원의 선임 등에서도 청와대가 간섭할 여지가 항상 있다. 다시 말하면 공기업의 입장에서는 주무부처보다는 기획재정부, 그리고 기재부보다는 청와대에 더 종속된다는 것을 의미한다. 기획재정부 장관은 사장의 임명 등 중요사항에 대

23) 2009년 국유재산의 기획관리는 기획재정부에서 하지만, 총괄적 관리는 조달청이 하도록 국유재산법이 개정되었다. 하지만 아직도 일상적 관리는 주무부처에서 한다.

해서는 대통령의 눈치를 보게 되어 있다. 즉, 아무리 제도가 바뀌어도 공공기관 운영의 '정치화'를 차단하기는 매우 어렵다. 다시 말하면, 제도보다는 운영이 중요하다.

2. 부처와의 관계

기획재정부가 군계일학과 같이 모든 공기업에 대해서 지배적인 관계라면, 공공기관과 다른 부와의 관계는 경우에 따라 다르다. 어떤 부는 자기의 권한을 다른 부의 고객들에 대해서 행사함으로써 그 고객들의 주무부에 대하여 간접적으로 견제 또는 통제하는 기능을 하는 곳도 있다. 예를 들면 환경부나 노동부와 같은 행정조직들은 산업 담당부 산하의 공공기관들에 대한 규제업무를 하기 때문에 간접적으로나마 후자에 대한 통제와 같은 기능을 하게 된다. 앞으로 산업 담당부가 기존에 하던 기업들에 대한 규제와 지원이 약해지면 그에 따라서 이 부와 환경부 및 노동부와의 권력관계가 영향을 받으리라 생각한다.

또한 어떤 행정조직이 어떤 권력을 가지고 있는가에 따라 부처 간 관계가 달라질 수 있다. 예를 들면 인사담당 부처는 권력의 서열에서 매우 낮은 조직이지만, 공무원연금관리공단이라는 준정부조직을 거느리고 있기 때문에 가장 강력한 기관인 재정경제 담당부처와 공무원 봉급인상을 둘러싸고 협상을 할 수 있다. 대대적인 조직개편과정에서도 준정부조직은 주무부처인 행정조직의 축소나 폐지에 반대하는 역할을 한다. 왜냐하면 이들은 소속 행정조직을 떠받들고 있는 기둥과 같은 역할을 하기 때문이다. 많은 경우에 행정조직이 주동하여 이들을 만들었다. 그런 의미에서 자식과 어머니의 관계와 같다고 할 수 있다.

그렇지 않은 경우에도 정부는 이들 공공기관에 대해서 정부출연금 혹은 보조금을 주고 있고, 따라서 이들은 매년 더 많은 금액을 지원받기를 원한다. 국책연구소들도 매년 예산을 출연금이란 예산항목으로 배정받는데, 이 과정에 예산실이 관여한다. 심지어 자율적으로 생긴 조직도 이렇게 해서 행정조직에 의존하는 관계가 성립된다. 그리고 많은 경우에 이들의 연간 예산은 행정조직의 승인을 받게 되어 있다. 공공기관의 인사 면에 있어서도 행정기관이 그 장의 임면을 하거나 장의 취임을 승인하게 되어 있는 경우가 있다.

뿐만 아니라 이런 기관들의 재정을 행정조직의 다른 정책 사업을 위하여 활용할 수도 있다. 게다가 한 조직의 재정을 다른 조직을 위하여 활용하기도 한다. 또한 정부예산으로는 도저히 할 수 없는 사업을 준정부조직의 재정을 가지고 할 수도 있다. 특히 예산실의 예산통제 때문에 증액하지 못한 지출을 준정부조직의 예산으로 메우는 방식도 취할 수 있다. 이는 기획재정부에 의한 예산통제를 우회하는 방법으로 매우 유용하다. 정식예산에 수반하는 각종 통제를 벗어나서 융통성 있게 사용할 수 있는 재원이 되는 것이다. 이렇게 보면 부처의 입장에서는 준정부조직이 많을수록 좋으며, 이를 보호하고 확장하는 것이 유리하다.

마지막으로 중앙행정기관과 기획재정부 사이에 공공기관 개편과 관련하여 나타나는 관계를 살펴보도록 하자. 재정투 · 융자의 자금계획에 대하여 책임을 지고 있는 기획재정부는 다른 행정기관들이 가지고 있는 준정부조직의 재정 중에서 그 규모가 큰 것에 대해서는 이를 통합하려고 할 것이다. 소위 각종 기금들의 통합이라는 것은 이런 성격을 가진 것이다. 그 해당 행정기관들은 자기들의 재량권을 보호하기 위하여 이에 적극 반대하는 입장을 보일 것이다. 나아가서 재투자기관을 만드는 등 오히려 더 분화를 시키려고 할 수도 있다. 이 과정에서 기획재정부가 승리하면 해당 준정부조직의 설립취지가 퇴색되며, 그 운영에 있어서의 장점이었던 자율권이 침해받게 될 것이다. 즉, 기획재정부는 자기가 표방하던 자율권을 자기가 먼저 침해하는 결과를 초래할 것이다.

공공기관의 자율을 존중하려면 기획재정부는 오히려 주무부처와 이들 준정부조직 사이의 연계를 끊는 노력을 해야 할 것이다. 또한 준정부조직 중에는 설립은 정부가 했으면서도, 오랜 세월이 지나는 동안에 비교적 순수한 이익단체로 변화되어가고 있는 것들이 있다. 그런 예로 농협 등을 들 수 있다. 제2, 제3의 농협의 출현에는 선택적 육성이 필요하며, 이를 위해서는 주무부처의 연결고리를 잘라야 한다.

또 한 가지 중요한 것은 감사원과의 관계이다. 감사원은 공공기관의 운영이 합리적이고 효율적으로 이뤄지도록 주기적 혹은 비주기적으로 감사를 실시한다. 이는 공기업 등이 가장 두려워하는 것 중의 하나이기 때문에 평소에도 감사원의 관련 직원과 공식적, 비공식적 회의를 하는 등 밀접한 관계를 유지한다. 중앙행정기관은 아니지만 국회도 매년 국정감사 때마다 공기업을 괴롭히는(?) 존재이다. 그래서 공기업은 평소에도 상임위원회에 속한 국회의원들을 잘 관리(?)한다.

그런데 각 공기업에는 상술한 대로 대통령이 임명하는 상임감사가 있다. 상임감사는 그 공공기관의 일상적인 회계문제를 감독하는 역할을 하는 임원이다. 하지만 실제로는 상임감사의 감사가 이루어진 후 언급되는 감사의 지적에 대응하기보다는 중요한 의사결정을 하기 전에 감사의 의견을 묻는 것이 관례화되어 있다. 즉, 품의제도에 따라 이뤄지는 의사결정과정에서 감사가 반드시 경유해야 하는 기관이 된 것이다.

문제는 감사가 회계사 등 전문가가 아니라 정치적 고려에 의해서 임명된 경우가 많아서 중요문제에 대해 통제를 하기보다는 상의를 하는 격이 된다는 데 있다. **감사는 마치 사장보(社長補)와 같은 존재가 되어, 사장을 견제하기보다는 의사결정만 지체되는 역할을 하는 것이다.** 최근 여러 공기업에서 계속 적자가 누적되는데도 불구하고 직원들의 숫자는 계속 늘고 고액의 연말보너스 지급이 일어나는 것은 상임감사제도와 같은 내부 통제장치가 작동하지 않는다는 것을 말해 준다. 이런 사례가 적발되더라도 특별히 그 기관의 상임감사가 형사처벌을 받는 경우가 없다. 그러므로 고액의 보수를 받는 공기업의 감사 자리는 권한-책임이 일치하지 않는 대표적인 예이다.

과거 조직 및 인사문제에는 총무 담당부처가 개입을 했었으나, 이제는 이러한 통제장치가 없어지고, 기획재정부가 각종 통제를 독점하고 있다. 그런데 공기업의 경영 문제를 통제하기에는 이것도 속수무책이다. 민간기업과 같이 구조조정이나 파산이 없는 상황에서, 그리고 공기업이 공공성과 효율성을 동시에 추구하는 조직이므로 적자 여부만으로 공기업 경영의 건전성을 판단할 수 없다는 점에서, 강력한 외부통제의 장치가 필요하다. 아울러 가장 중요한 것은 공기업의 직원으로 하여금 기업이 마치 자신의 것인 것처럼 책임성을 갖도록 제도화하는 것이 필요하다. 일종의 종업원지주제와 같은 것을 상정해 볼 수 있다.[24] 즉, **공기업의 자율성 증대에 비례하여 책임성을 확보할 수 있는 외부통제장치가 필요하다.** 이런 장

24) 임도빈(2008), 거버넌스와 관료제: 공기업분야를 중심으로, 「국정관리연구」, 제3권 1호.

치가 없다면 공기업의 부실화는 계속될 것이다.

Ⅳ. 책임전가 사례 : 수자원공사

준정부조직으로서 공기업의 등장배경은 여러 가지가 있을 수 있겠지만, 우리나라의 경우 주로 경제성장의 촉진, 독점적 사업의 수행, 공공수요 및 재정적 수요의 충족, 역사적 유산 등이 주요 배경이라 할 수 있겠다. 공기업은 '공공성'이라는 명목 하에 정부로부터 세금감면, 인적·물적 자원 등을 제공받는다. 따라서 이들과 정부의 대등한 관계를 기대하는 것은 애초에 무리일 수 있을 것이다.

정부는 재정 배분 및 권력 행사 등을 통하여 자신이 직접 하지 못하는 일을 공기업을 통하여 하는 경향이 있다. 이는 사업의 부채가 정부 규모의 부채로 계산되지 않기 위한 수단으로 쓰일 가능성도 높다. 공기업은 정부의 사업을 처리하는 조건으로 정부의 감독 및 통제를 완화시키고자 한다. 일종의 거래가 일어나는 것이다.

실제로 정부와 공기업 간에 나타나는 관계는 공기업의 대 정부 의존성 또는 종속성 심화라고 할 수 있다.[25] 이는 2009년 정부가 추진한 '4대강 살리기 사업'을 진행하는 과정에서 한국수자원공사가 보여준 정부에 대한 강한 의존현상에서 살펴볼 수 있다. 한국수자원공사가 '4대강 살리기 사업'을 수행하기로 결정되는 과정을 검토하면 한국수자원공사의 공식적인 입장에도 불구하고, 정부의 의지에 따라 '자체사업'으로 사업 수행방식이 결정되었음을 알 수 있다.[26]

당시 우리나라의 재정은 상당히 건전한 것으로 평가되었지만 2008년 이후 경제위기를 거치는 과정에서 재정적자가 급격히 증가하였고, 국가채무 역시 가파르게 증가하는 시기였다. 따라서 정부 입장에서는 공식적으로 국가 채무의 산정에는 포함되지 않는 공기업의 역할에 눈을 돌릴 수밖에 없었다. 한국수자원공사는 4대강사업이라는 국책사업을 수행하기 전까지 정부와의 관계에서도 '물 전문 기관'으로서 '국토해양부-한국수자원공사'라는 양자관계가 형성되었다. 하지만 국책

---

25) 최영준(2012), 정부-공기업 관계에 영향을 미치는 요인에 대한 연구: '한국수자원공사 4대강 살리기 사업' 수행을 중심으로, 서울대학교 행정대학원 석사학위논문.

26) 상게논문, p. 90.

사업을 맡으면서 그 관계는 '대통령-국토해양부-한국수자원공사'의 삼자관계로 변화되었다. 사업 수행 결정에 소요된 기간, 사장 및 이사에 대한 임명이 대통령 측근과 집권 여당 인물들로 구성되었던 점도 4대강 사업이 한국수자원공사의 부채비율과 같은 경영성과를 악화시킬 것이라는 뻔한 상황에서도 해당 사업을 도맡은 현실적 배경 중 하나라고 할 수 있겠다. 한국수자원공사가 이러한 모종의 관계로부터 얻은 이득(인원감축 방어 등의 공기업 선진화 정책의 압박을 덜 받는)에 대한 대가는 2015년 당시 원금 8조원의 부채(4대강 사업 실시 이전에 비해 총부채 7배 증가)와 언론 및 국민으로부터의 질타다. 이렇듯 수자원공사는 무모한 국책사업으로 인한 공기업 부실의 대명사라는 불명예를 떠안게 되었고[27], 그 중심에는 정부-공기업 간 책임-권한의 불일치라는 권력관계의 작용이 있었다.

제 4 절 비법인 공공기관

Ⅰ. 특 성

여기서는 위에서 다룬 전형적인 공기업 외의 다양한 형태의 그림자조직을 다루려고 한다. 특히 그림자가 점점 커지고 있다는 점을 주목해야 한다. 이것은 기존의 행정조직형태로는 해결할 수 없어 생겨난 파생조직이다. 행정수단이 과거의 단속위주 강제적 방법에서, 현재는 자율을 기본원칙으로 하되 문제가 생겼을 때 해결하는 방식으로 바뀌고 있기 때문에 이를 담당하기 위한 조직이 탄생하게 된 것이다.

첫째, 이들 기관의 명칭은 **위원회, **원, **평가원, **심사원 등이 흔히 사용된다. 주요기능을 나타내는 개념이 기관명으로 들어간다. 심사조정을 하는 기관들을 예시하면 <표 15-3>과 같다. 기금 등 재원을 사용하는 기관은 ***진흥원이란 명칭을 사용하는 곳도 많다.

---

27) 오마이뉴스(2014.8.11.)
http://www.ohmynews.com/NWS_Web/View/at_pg.aspx?CNTN_CD=A0002020504.

〈표 15-3〉 심사조정 기관들

구분	한국공정 거래조정원	의료분쟁 조정중재원	언론중재 위원회	한국 소비자원	금융감독원	저작권 위원회	하자심사 분쟁조정 위원회*
소속 부처	공정거래 위원회	보건 복지부	방송통신 위원회	공정거래 위원회	금융 위원회	문화체육 관광부	국토 교통부
담당 분야	공정, 가맹, 하도급, 유통, 약관	의료분쟁	언론분쟁	소비자 분쟁	금융관련 분쟁	저작권 관련 분쟁	주택하자 관련 분쟁
근거 법률	독점규제및 공정거래에 관한 법률	의료사고피 해구제 및 의료분쟁조 정등에관한 법률	언론중재 및 피해구제등 에 관한법률	소비자 기본법	금융위원회 의설치등에 관한법률	저작권법	주택법
설립 연도	2008년	2012년	1981년	1987년	1999년	1987년	2009년

* 한국시설안전공단에서 운영.

둘째, 조직의 역사를 보면, 중앙행정기관에서 파생되어 왔음을 알 수 있다. 예컨대 방송통신심의위원회는 원래 방송통신위원회 내부 조직이었는데 방송통신위원회가 독립되어 나오면서 심의위원회도 따로 독립해 나온 것이다. 대체로 특별법의 한 조항으로 이런 기관의 설립을 규정하고 있다. 금융 분야가 대표적인데, 최근 금융 산업이 발달하면서 그 내부에서 다양한 형태로 조직이 다시 분화되어 있다. 정보통신방송 분야 등 새롭게 등장한 행정 분야에도 이러한 조직이 많이 있다. 그리고 이와 같이 조직의 역사가 짧은 신생조직은 해당 중앙행정기관과 밀접한 계서관계에 있다. 업무상 감독, 기관장 임명 등에 있어서 그렇다.

셋째, 조직의 법적 지위는 법인인 것과 아닌 것이 있다. 특히 후자를 비법인 공공기관이라고 하는데, 엄밀히 말하면 법률용어도 아니다. 다만 후자의 경우를 표현할 수 있는 용어가 없기 때문에 해당 기관에서 대외적으로 그러한 표현을 사용하고 있는 것이다.

넷째, 새롭게 등장하는 그림자조직 중 부동산가격 등과 같은 정보를 제공하거나, 지원금 등을 통해 특정분야를 진흥하는 것도 있지만, 주목해야 할 것은 일종의 규제적 기능을 하는 경우이다. 특히 비법인 공공기관의 경우, 법적으로는 행정조직이 아닌데도 불구하고, 순수한 민간조직의 역할과는 거리가 먼 공적인 기능을 수행한다. 즉, 분쟁이나 이의가 있는 경우 이를 '판정'하는 기능을 하는 경우가 있다. 이들이 하는 행위에 대해서 판례는 행정처분이라고 하였다. 하지만 이는 행정기관이 아닌 조직이 행정처분을 내린다는 모순이 있다.

다섯째, 직원의 신분은 민간인이다. 그리고 그들의 일은 행정처분에 준하는 활동을 수행하는 것이다. 즉, 이는 공사조직의 경계를 흐리게 하는 부분이라 할 수 있다. 이들 기관에서는 대체로 공무원 인사행정에 준하는 제도를 운영하고는 있으나, 보수 등이 공무원보다 훨씬 많은 경우가 많다.

여섯째, 기관의 예산은 두 가지 방법에 따른다. 하나는 법인출범시 정부로부터 기금을 출연 받아 해당 기금으로 운영하는 것이다. 기존의 기금을 다른 기관과 함께 쓰기도 한다. 예를 들어 금융감독원은 금융위원회의 통제를 받지만, 금융감독발전기금을 가지고 있다. 다른 방법은 규제대상으로부터 분담금을 받아 운영하는 것이다. 은행 등 금융기관이 그 예이다. 이러한 경우, 규제대상기관의 입장에서 보면 이는 일종의 준조세가 된다. 감독 분담금이라는 명목으로 받아서 해당 기관이 예산으로 사용하는데, 대상기관으로부터 돈은 받지만 한편으로는 감시, 규제, 통제를 하는 형태인 것이다.

Ⅱ. 방송통신심의위원회

1. 설립과 발전

방송통신심의위원회는 방송통신위원회(중앙행정기관에 준하는 기관으로 제6장 위원회형 독립행정기관에서 다룸)와 구분된다. 방송통신심의위원회는 방송 내용의 공공성 및 공정성을 보장하고 정보통신에서의 건전한 문화를 창달하며 정보통신의 올바른 이용환경 조성을 위하여 독립적으로 사무를 수행한다.

이명박 정부 하에서는 대통령직속 방송통신위원회에 소속된 또 다른 위원회였다. 그런데, 이것이 이제는 적어도 공식적으로는 방송통신위원회와 독립된 비법정 공공기관이 된 것이다. 즉, 조직의 법적 지위는 다른데, 명칭은 동일하여 국민들에게 혼돈을 초래한다. 중요한 것은 방송통신의 공정성이 제기되는 문제에 대해서 당사자에게 시정명령 등을 내린다는 점이다. 즉, 민간이 국가권력적 행정처분과 같은 행위를 하는 것이다. 현재 고등법원과 대법원 판례는 동 위원회의 시정 명령이 강제성이 있는 행정처분이라는 입장이다. 법적인 권한이 없는데, 법적인 행위를 하는 것으로서 권한-책임일치의 원칙에 어긋나는 대표적인 예이다.

그러나 이는 넓은 의미에서 그렇다는 것이고, 엄격하게 말하면, 방송통신심의위원회가 하는 행위는 법적인 구속력이 없다고 하겠다. 즉, 국가기관이 아니기 때문에 실제적으로 권한을 발휘하기 위해서는 형식적으로나마 방송통신심의위원회가 방송통신위원회에 의존할 수밖에 없는 부분이 있다. 예컨대 방송사 및 인터넷 내용 등에 대한 시정 권고가 보다 강압적인 명령으로 격상되기 위해서는 방송통신위원회의 의결이 필요하다. 따라서 방송통신위원회는 방송통신심의위원회를 사실상 산하 기관으로 여기는 경우도 있다.

방송통신심의위원회의 경우 설치법이 따로 존재하지 않으며, 방송통신위원회 설립법 내에 한 장으로 설치가 규정되어 있다. 따라서 심의위원회 조직 내부적으로는 설치법을 따로 만드는 것을 내부적 목표로 설정하고, 청구 입법을 추진하여 조직의 생존을 보장받으려고 한다. 이러한 조직들은 단독의 특별법에 의하여 정치상황에 관계없이 조직의 생존을 유지하려고 한다.

방송통신심의위원회를 공공기관으로 두지 않고 독립된 기관으로 하는 논리는 다음과 같다. 방송사를 심의하고 보도에 따른 내용을 규제하거나 인터넷의 내용 규제를 담당하는 기관이 정부의 통제를 받게 되거나 정부와 밀접한 관련이 있다면 방송의 신뢰성이 떨어진다는 논리이다. 한때 공공기관으로 지정되던 때가 있었는데, 2000년대부터 언론의 자유와 표현의 자유의 중요성이 더욱 강조되면서 공공기관에서 제외되었다. 결과적으로 기획재정부의 공공기관에 대한 통제를 안 받게 되기 때문에, 임금피크제 등도 피해갈 수 있으며, 조직인사에서도 자율성이 높은 편이다. 그러나 실제로는 정부에서 공공기관에 요구하는 개혁을 눈치 봐서 그대로 실천하는 경향이다.

2. 조 직

방송통신심의위원회 직원은 민간인 신분이다. 그런데 공무원에 준하는 지위가 주어져서, 직원들은 업무상 문제에서 엄격한 신분상 처벌을 받는다. 위원장을 비롯하여 상임위원 등 위원회 위원들만 일종의 정무직 공무원이다.

그러나 내부조직을 살펴보면, 실질적으로 행정조직과 유사하다는 것을 알 수 있다. 총무 역할과 기획조정업무를 하는 것을 제외하면, 심의와 개발업무를 하는 부서로 구성되어 있다. 심의 1부와 2부는 같은 기능을 하는 부서인데, 부장자리의 수를 늘리기 위해 분리시켰다고 볼 수 있다. 과 조직은 규제의 대상인 매체별로 지상파 TV, 지상파 라디오, 종편, 교양 채널 등이 있다. 나아가서 마약·도박 정보를 다루는 팀에서 마약의약품 법질서, 청소년 보호, 차별비하정보 등의 일을 담당하고 있다.

또한 연구기능을 수행하는 조사연구실이 있으며 여기에도 여러 팀이 포함되어 있다. 대체로 이러한 조직들은 조직을 늘리기 위하여 '연구'기능을 추가하는 경향이 있다. 동 위원회의 연구실은 여러 가지 소프트웨어 등을 보급하는 역할을 하고 있다. 최근에는 새로 인터넷 담당 부서를 추가했는데 명예훼손성 댓글이라든지 인터넷을 통해 피해 받는 부분들이 증가하면서 이와 관련된 정책 수요에 즉각적으로 대응하기 위해 만들었다.

조직의 운영에 드는 예산은 방송통신발전기금이라는 정부출연기금으로 조달된다. 이 기금은 통신사와 방송사들이 준조세격으로 납부하는 돈이며, 이 기금은 방송통신전파진흥원이 실제로 집행을 담당한다. 즉, 2011년도부터 방송통신발전기금은 방송통신위원회가 전파진흥원에 위탁해서 운용하고 있다. 기금이라는 예산을 둘러싸고 관련조직들 간 의존관계가 존재하기 때문에 당연히 이들 간에 갈등도 있을 수 있다. 예산, 인사, 조직 상의 다양한 갈등이 발생하는데, 특히 예산을 두고 견제하는 상황을 볼 수 있다.

3. 다른 조직과의 관계

방송심의 관련 업무는 주로 방송통신위원회와 대부분 연관되어 있다. 따라서 방송통신위원회 조직도도 방송통신심의위원회와 비슷하게 꾸려져 있는 걸 볼 수 있다.

방송통신위원회에는 방송정책국 산하에 기획팀을 비롯하여 지상파 방송과 방송 지원 등이 있다. 그런데 방송통신위원회에는 방송통신심의위원회와는 다르게 방송 산업에 대한 부분이 포함되어 있다는 것이 특징이다. 방송통신심의위원회는 이들 매체가 다루는 내용에 대한 심의를 담당하고 있는데 반해서, 방송통신위원회는 방송통신의 규제와 산업진흥을 동시에 하고 있기 때문에 나타난 조직 특성이다. 한편, 방송통신심의위원회의 청소년 보호팀 같은 경우는 방송통신위원회의 개인정보보호 윤리과의 인터넷 내용 심의에 대한 부분과 밀접히 연관된다.

상술한 바와 같이 방송통신심의위원회에서 하는 심의는 법적으로 강제성 없는 시정요구라고 볼 수도 있다. 그런데 이를 개인정보통신망법상 시정명령으로 한 단계 격상시키려면 방송통신위원회(개인정보보호윤리과 담당)의 의결을 받아야 된다. 방송사에 대한 시정권고 같은 것들도 명령으로 격상되려면 방송통신위원회(방송정책국의 지상파정책과에서 기안)에서 의결을 해야 한다.

또한 방송통신위원회에서 기금관리나 전파관리에 관해 기금의 돈을 예산으로 사용하는 기관들에 대한 감사를 진행하는데, 이때 기금관리 업무를 하는 전파진흥원의 횡령보호 담당관과 감사팀 직원이 함께 하게 된다. 이때 예산이나 재정부분에 대한 감사가 주를 이루지만, 그와 더불어 방송통신심의위원회의 인사나 조직 운영에 대한 감사도 함께 진행하는 것이다. 그리고 감사에서 문제가 생기는 경우, 기금 책정에 제한을 주는 방식으로 통제를 가한다.

방송통신위원회 외에 기획재정부와도 관계가 있다. 기획재정부에서는 기금의 관리권을 포기하지 않으려고 하며, 이에 따라 방송통신심의위원회를 보통 산하기관 내지 공공기관으로 보려는 경향이 있다.

또한 정보통신 융합에 따라 방송통신심의위원회는 과학기술부와도 관련이 있다. 인터넷 융합정책관은 IPTV를 비롯하여 방송통신 분야의 융합매체들에 관해 방송통신심의위원회와 업무상 관련이 있게 된다. 방송진흥정책부분에도 문제가 얽혀 있다. 일례로 IPTV의 지상파 부분은 방송통신위원회가 권한을 갖고 있으며, IPTV는 과학기술부가 갖고 있다. 만약 방송통신심의위원회에 방송내용에 관한 심의를 할 때, IPTV에 관한 심의라면, 과학기술부에 보내고 지상파나 케이블 TV에 관한 것이라면 방송통신위원회에 보내는 식으로 연결되어 있다. 이는 정보통신망법을 보면 두 개 기관의 과 이름이 함께 언급된다는 점을 통해 알 수 있다. 과학기술부는 전파에 관한 정책을 대부분 다 할 수 있는데, 다만 가장 중요한 주파수 관리가 방송통신위원회에 남아 있다. 따라서 어떤 프로그램을 방송해야 할 것인가 등을 결정하는 것은 결국 방송통신위원회이다.

Ⅲ. 금융감독원

1. 진화과정

금융감독원은 금융기관에 대한 검사·감독업무 등의 수행을 통하여 건전한 신용질서와 공정한 금융거래관행을 확립하고, 예금자 및 투자자 등 금융수요자를 보호함으로써 국민경제의 발전에 기여함을 목적으로 하는 조직이다. 금융위원회가 정책결정기관이면서 동시에 금융기관의 문제가 생겼을 때 최고의사결정을 담당하는 기관이라고 한다면, 실제 금융기관을 대상으로 검사 및 제재를 담당하는 기구로는 금융감독원이 있다.

금융감독원의 기관 운영경비 조달방식 및 민간기구로서의 법적 지위는 주요 금융선진국의 금융감독기구가 원래는 금융기관 등 금융사업자 간 자율규제조직에서 출발했다는 점을 감안할 때 특수성이 인정된다.[28] 우리나라의 금융감독기구의 경우에도 증권감독원의 전신인 한국투자공사는 투자신탁업무와 증권감독업무를 수행하는 기관이었다가 나중에 증권감독업무가 분리되어 증권감독원이 설립되는 등 민간기구로서의 특성이 매우 강한 조직이었으며, 보험감독원의 경우에도 유사한 조직구조를 갖고 있었다. 이렇게 볼 때 우리나라 금융감독기구가 민간조직의 특성을 유지한 채 기관운영비용을 피감독기관에 분담시키는 방식은 1999년 통합

28) 영국의 경우 중앙은행인 영란은행(Bank of England)은 1694년 설립 당시에는 민간은행으로서 영업하면서 중앙은행 기능도 수행하는 기관이었고, 2000년 FSA가 설립되기 이전까지는 한국의 은행감독원에 해당하는 기능도 수행하는 금융감독기구였다. 영국의 경우 은행을 제외한 나머지 금융업종의 경우 업종별 협회 등이 감독업무를 수행하는 자율규제기구의 성격이 매우 강했으며, 2000년 FSA 설립이후 비로소 통합된 금융감독기구가 등장하게 된다.

금융감독기구가 설치되면서 갑자기 나타난 방식이 아닐 뿐만 아니라, 주요 선진국의 경우에도 일반적으로 받아들여지는 특성이라고 할 수 있다.

현재 주요 선진국 중 중앙정부 예산을 사용하는 행정청 형태는 일본의 금융감독청이 대표적이나 유사한 사례는 많지 않은 것으로 알려져 있다. 따라서 우리나라 금융행정체계 역시 금융관련 법체계 유지 등 금융정책기능은 정부기관이 직접 수행하지만, 금융 감독의 경우에는 사업자들의 전문성과 자율성을 최대한 확보하기 위해 민간기구에 감독기능을 부여하는 특수성을 인정하는 세계적인 관행을 따르고 있는 체제라고 할 수 있다.

2. 조 직

금융감독원은 "금융감독기구의 설치 등에 관한 법률"(1997. 12. 31 제정)에 의거하여 전 은행감독원, 증권감독원, 보험감독원, 신용관리기금 등 4개 감독기관이 통합되어 1999. 1. 2 설립되었다. 2008. 2. 29에 제정된 "금융위원회의 설치 등에 관한 법률"에 의해 설치된 금융감독원은 금융위원회의 직속으로 감독관계에 있는 집행기관이며, 원장, 부원장, 감사는 각각 임기 3년으로 한다. 이를 위해 서울의 본부 조직과 더불어 부산, 대구, 광주, 대전 등의 지방과 해외에 사무소를 두고 있다.

금융감독원은 총 직원이 약 2,000명에 육박하는 대규모 조직이나, 법적 지위는 특수법인으로서 정부조직이 아니다. 금융감독원 직원은 스스로를 법인이 아니며 정부도 아니라는 측면에서 비법인 공공단체라 칭하고 있다. 이는 법률적 용어는 아니지만 관행적으로 쓰이고 있다. 금융감독원 직원의 신분이 공무원이 아님에도 사실상 정부만이 할 수 있는 규제권을 행사한다는 것을 의미하기도 한다.

금융감독원의 재원은 정부의 출연금, 한국은행의 출연금, 그리고 관련 금융기관의 출연금과 분담금 등으로 이뤄진다.[29] 이때 '관련 금융기관'이란 금융감독원의 검사를 받는 기관을 의미한다.[30] 금융감독원이 감독하는 기관으로부터 재원을 얻고 있는 것이다. 2019년도 금융감독원 예산에 편성된 감독분담금은 2,400억

29) 금융위원회의 설치 등에 관한 법률 제46-48조.
30) 금융위원회의 설치 등에 관한 법률 제38조, 제46-47조.

원으로 금융감독원 전체예산의 대부분을 차지한다.[31] 보통 전체예산 대비 감독분담금의 비율을 살펴보면 67%에서 80% 정도이다. 이를 통해 감독분담금이 금융감독원의 전체 예산 중 가장 높은 비중을 차지하고 있음을 알 수 있다.[32] 금융감독원은 피감기관으로부터 재원을 충당하여 운영되고 있으면서도 이와 동시에 해당 기관에 감시와 규제 등 권력적인 행정행위를 하고 있는 것이다.

원장의 연봉은 약 3억1천이고, 여기에 업무추진비가 약 4천만원(2018)이나 책정되어, 상당히 높은 편에 속한다. 또한 직원 1인당 평균인건비가 약 1억원 정도가 되는데, 이는 전문성을 요하는 금융감독업무 특성상 변호사, 공인회계사, 보험계리사 등 고임금 전문인력 비중(전 직원의 44%)이 높고, 장기근속인력 비중(46%)이 타기관에 비해 높은 편이어서라고 한다. 직원의 수가 증가하는 추세도 어느 행정기관보다도 빠르다. 이와 같이 원장의 보수가 장관보다 훨씬 높고, 직원들의 인건비로 연 수천억 원을 지불하면서도 직원을 계속 늘리는 것은 다른 기관과의 형평성이라는 측면에서 문제가 있다고 하겠다.

한편, 이러한 제도는 금융감독원과 피감기관 모두에게 도덕적 해이moral hazard를 조장할 수 있다.[33] 금융감독원은 한국은행으로부터 출연금을 받고 있는 공적 감독 기관으로서 금융시스템의 안정성을 제고하고 건전한 금융 질서를 확립하는 역할을 충실히 해야 한다. 그러나 대리인의 위치에서 실질적 업무를 할 때 수수료의 존재로 인하여 공적 이익이 아닌 사적 이해를 추구할 확률이 높아질 수 있다. 이처럼 규제기관이 피규제기관으로부터 재원을 충당하여 운영된다면 피규제기관에 의한 규제기관의 포획 현상이 발생할 가능성이 크다고 볼 수도 있다. 또한 규제기관이 자신의 권한을 남용하는 사례가 생길 수도 있을 것이다. 실제로 금융감독원 출신 직원들이 유관기관 간부로 취임한다는 것은 매년 국정감사 때마다 나오는 이슈이다.[34]

---

31) 금융감독원(http://www.fss.or.kr/fss/kr/main.html) 경영정보 공개.
32) 금융감독원(http://www.fss.or.kr/fss/kr/main.html) '예산 분석' 참고.
33) 박훈탁(2008), 금융감독원의 제도적 오류: 신용경색에 연루될 수 있는 부조리한 수수료 제도, 「대한정치학회보」, 제16권 1호, p. 3.
34) 비즈니스워치(2013), [2013 국감 키워드] ③낙하산 인사, 2016.02.12., http://www.bizwatch.co.kr/pages/view.php?uid=3263, 2016.2.11.

주목할 것은 금융위원회와 금융감독원 간의 조직갈등이다. 금융위원회가 생긴 게 2000년대 초반이었는데, 이는 당시 기획재정부지에 있던 금융통화위원회를 따로 떼서 금융감독기구로 만든 것이었다. 원래 공무원이 30명밖에 안 되는 작은 조직의 산하에 한국은행, 무역공사, 수출입은행 등이 있어서 문제가 되었다.[35] 그런데 이들은 또한 금융감독원의 감독대상이기도 하기 때문에 금융위원회에서는 금융소비자원을 독립시켜서 금융감독원을 약화시키자는 시도가 있었다.

거꾸로 금융감독원은 금융위원회가 커지면 커질수록 통제권한도 함께 커지다 보니 금융위원회의 역할을 약화시키기 위한 목적으로 금융통화정책기능은 기획재정부와 합쳐져야만 시너지 효과를 낼 수 있다고 주장한다. 기획재정부도 자기 조직 안에 금융위원회를 포함시키는 것을 정부개편이 있을 때마다 시도한다. 이러한 금융위원회, 금융감독원, 기획재정부를 둘러싼 갈등은 조직영토가 중복됨에 따라 나타난 조직 간 갈등이다.

3. 금융시장의 관리 : 한국거래소

금융위원회와 증권선물위원회가 서로 수평적으로 중첩된 관계라면 금융위원회와 금융감독원은 수직적 중첩관계에 있다고 할 수 있다. 그런데 금융위원회에는 유사한 기관들이 더 복잡하게 얽혀 있다. 이들의 법적 지위도 행정기관은 아니면서, 다양한 형태로 존재한다.

금융위원회 자본시장국의 경우, 자본시장과 관련된 업무를 분장하는데 이를 위해 한국거래소와 한국예탁결제원을 관할한다. 한국거래소는 자본시장과 금융투자업에 관한 법률 제373조에 명시된 증권 및 장내파생상품의 공정한 가격 형성과 그 매매, 그 밖의 거래의 안정성 및 효율성을 도모하기 위하기 위해 설립되는 주식회사이다. 즉, 중앙행정기관에 준하는 지위를 가진 금융위원회가 주식회사를 하나 관할하고 있는 셈이다. 그러나 금융위원회는 한국거래소에 관한 감독 등은 금융감독원에 위탁하고 있다.

원래 한국거래소도 공공기관이었는데, 주식시장을 운영하는 주체의 기관이 정

35) 당초 30여 명의 조직이 15년 정도 사이에 2,000명으로 증가한 폭발적인 조직팽창의 예라고 할 수 있다.

부의 통제를 받는다면 주식시장이 원활하게 작동하지 않을 것이라는 이유에서 공공기관에서 제외되었다.[36] 기재부와 금융위원회의 사이에 통제권 갈등의 소지가 있는 기관이다.

한국거래소는 자본시장법에 따라 투자매매업 또는 투자중개업의 인가를 받은 회사가 회원으로 되는 기구이다. 한국거래소는 납입자본금 1,000억 원을 출자하고 있는 주주가 40개 법인으로 이뤄진 주식회사인 셈이다. 주주는 각각 0.07%~5%의 지분을 갖는 증권회사 및 선물회사로 구성되어 있다. 금융위원회의 한국거래소에 대한 감독권은 금융감독원이 위임받아 하고 있다.

한국거래소 내부 조직에는 유가증권시장, 코스닥시장, 파생상품시장 및 시장감시를 담당하는 본부가 각각 있어 이들이 유기적으로 업무를 수행할 수 있도록 지원한다. 우리나라 경제를 실물경제와 화폐경제로 나눈다면, 화폐시장financial market을 감독하는 일을 한다. 화폐시장은 또다시 전문화된 시장으로 나눠진다.

첫째, 유가증권시장이 있다. 1956년 개장되었고 삼성전자, 현대중공업, POSCO, 한국전력 등 대형 기업들과 채권, 그리고 ETF, ETN 등이 상장되어 있다.

둘째, 코스닥시장이 있다. 1996년 개설된 코스닥시장은 정보기술IT, 생명공학기술BT 등 유망 벤처 중소기업에게 자금조달 기회를 제공하며, 2013년 개설된 코넥스KONEX시장은 성장초기 단계에 있는 중소기업을 위한 전용 주식시장이다. 이를 합의적으로 관할하는 코스닥시장위원회가 있다.

셋째, 파생상품시장이 있다. 파생상품시장은 주가지수, 금리, 통화, 개별주식 및 일반상품을 기초자산으로 한 선물 및 옵션 등을 거래하는 곳이다.

이와 같이 각종 금융시장을 다루는 것 이외에 한국거래소는 금융시장에서 개인들이 신뢰할 수 있는 정보를 제공하는 역할도 한다. 예컨대 한국 주식시장의 대표 지수는 코스피KOSPI이다. 한국거래소는 1964년 수정주가평균식 주가지수를 발표한 이후 오늘날까지 계속적으로 주가지수, 채권지수, 파생상품지수, 전략형지수 등 다양한 지수를 발표하고 있다. 이러한 객관적 정보의 제공은 건전한 금융시장을 운영하는 데 기여하고 있다.

---

36) 한국거래소가 지정된 지 4년 만에 등기임원의 70%가 기획재정부 낙하산인사로 채워졌고, 한국거래소의 경쟁력도 저하되었다는 비판이 있었다.

한국거래소는 그 안에 합의제 기구인 시장감시위원회를 두고 있다. 이 조직은 반드시 계서제라고 가정할 수는 없으나 수직적 중첩조직으로서 복잡한 양상을 띠고 있다. 즉 중앙행정기관에 준하는 기관으로서 금융위원회가 있고, 그 밑에 집행기관으로서 금융감독원이 한국거래소를 감독하는 역할을 하고 있다. 그리고 여기에 위원회가 다시 설치되어 있는 유형으로 위원회 조직원리상 특이한 경우이다.

시장감시위원회의 역할은 유가증권시장, 코스닥증권시장, 파생상품시장에서 발생하는 불공정거래 행위를 예방 또는 조치하고, 회원 및 투자자 간 분쟁을 조정하는 기능을 한다. 즉 한국거래소 내에 설치되어 있어 자율적 규제를 목표로 하는 기관이다. 사전예방활동 및 시장에 대한 상시 감시체제를 유지하고, 매매거래와 관련한 분쟁이 발생할 경우, 상담과 조정절차도 담당한다.

하지만 이에 그치지 않고 또다시 파생되는 기관으로 한국기업지배구조원이 있다. 이 기관은 한국거래소 등 4개 기관이 투자하여 설립한 기관으로서, ESG(즉, 환경environment, 사회social, 지배구조governance를 의미)지수로 기업을 평가하는 기능을 한다. 이 분야에서 어떤 민간기업이 객관적인 평가를 한다면 그 신뢰성이 의심되기 때문에, 이러한 기관에 평가기능을 담당하게 하는 것이다.[37]

Ⅳ. 분쟁조정 : 공정거래중재원

1. 갈등과 분쟁조정조직

사회기능분화와 민주화가 진행됨에 따라 갈등이 더 많이 일어나고 이를 해결하는 데 사회가 지불해야 할 비용이 많아진다. 과거 권위주의시대에는 불만이 있어도 당사자가 권리주장을 하지 못하거나 억압되었다면, 이제 갈등이 표출하게 된 것이다. 특히 최근 복지제도가 발달하면서 분쟁도 많아지고, 이를 담당할 조직도 생기게 되었다. 신해철 사건과 같이 전문가인 의사와 비전문가인 환자 간에 분쟁도 많아지게 되었다. 2012년 신설된 한국의료분쟁조정원이 그 예이다.[38] 분쟁조정이라기보다는 전문가 집단이나 일반국민의 도덕적 해이를 막기 위한 목적

37) http://www.cgs.or.kr/image/CGS_esgIntro.jpg.
38) https://www.k-medi.or.kr/.

에서 생긴 건강보험심사평가원도 크게 보면 이러한 맥락에서 이해할 수 있다.

갈등의 공식적 해결기구인 사법부에는 정식재판으로 가기 전 당사자 간의 대화를 통해 해결하는 장치가 있다. 이의 법적인 효과는 '화해'에 해당한다. 형사는 검사의 기소권독점제도를 통해, 검사가 미리 취할 여지가 있다. 민사상으로는 민사조정법에 의한 민사조정, 가사소송법에 의한 가사조정(家事調停), 광업법에 의한 광해조정(鑛害調停) 등 세 가지가 있다. 이는 별도의 조직이 있는 것이 아니고, 법원에 조정을 신청하면 판사가 이를 담당한다.

그런데 행정부에서 별도의 조직을 두어 이런 업무를 담당하게 하는 것이 일반적이다. 행정위원회가 가장 흔히 쓰이는 방법이다. 예컨대, 소비자분쟁조정위원회(소비자기본법 제60조), 신의료기술평가위원회(의료법 제54조) · 환경분쟁조정위원회(환경분쟁 조정법 제4조), 건설분쟁 조정위원회(건설산업기본법 제69조), 한국저작권위원회(저작권법 제112조), 배상심의회(국가배상법 제10조), 언론중재위원회(언론중재 및 피해구제 등에 관한 법률 제7조) 등이다. 그런데 별도의 행정조직이 있는데, 분쟁조정업무를 담당하는 별도의 조직을 만드는 방법도 점점 더 활용되고 있다. 그림자조직이 커져가는 것이다. 공정거래위원회와 한국공정거래조정원의 관계가 대표적인 예이다.

한국공정거래조정원은 불공정거래행위로 인한 중소기업의 피해를 당사자 간의 자율적인 조정을 통해 신속하게 해결하고, 급격하게 변화하는 경제환경에 대응하며, 새로이 발생하는 산업분야 및 거래행태에 대한 조사연구를 통해서 법집행의 효율성을 지원하기 위해 설립되었다. 공정거래위원회가 직접 거래행위를 단속하거나 의혹이 있는 모든 것을 조사하는 경우, 관련 업무가 지나치게 폭증할 가능성이 있다. 또한 제3자에 의한 단속차원을 벗어나 당사자들 간 분쟁도 존재한다. 경우에 따라서 경제현장에서는 허위고발도 있기 마련이다. 이러한 관점에서 미리 당사자끼리 갈등을 조정하는 절차가 필요하게 되었고, 이를 위해 2007년 한국공정거래조정원이 신설되었다. 한국공정거래조정원의 임무는 다음과 같다.

① 제23조(불공정거래행위의 금지) 제1항을 위반한 혐의가 있는 행위와 관련된 분쟁의 조정
② 다른 법률에서 조정원으로 하여금 담당하게 하는 분쟁의 조정

③ 시장 또는 산업의 동향과 공정경쟁에 관한 조사 및 분석
④ 사업자의 거래 관행과 형태의 조사 및 분석
⑤ 그 밖에 공정거래위원회로부터 위탁받은 사업

조정이란 분쟁당사자들이 복잡한 소송을 통하지 않고 서로 양보하고 타협하여 합의를 할 수 있도록 중립적인 제3자가 도움을 주는 제도로서 행정학에서는 대안적 분쟁해결방법ADR : Alternative Dispute Resolution이라고 한다.[39] 따라서 조정을 하는 제3자는 어떤 권한을 갖지 않는다는 점이 특징이다. 즉, 분쟁당사자가 자율적으로 합의해야 하는 것으로, 제3자는 분쟁의 해결에 관한 조언 및 권고만을 할 수 있을 뿐이다.

그럼에도 불구하고, 다른 민간조직에서 하는 것보다는 장점이 있다. 조정제도를 통하여 당사자 간 합의를 한 경우에 민사상 화해의 효력이 발생하지만, 공정거래조정원을 통해서 한 경우에 대해서는 공정거래위원회가 일종의 특별한 배려를 해준다. 즉, 공정거래조정원의 조정절차를 통하여 합의가 이루어지고 그 합의된 사항을 이행한 경우에는 특별한 사정이 없는 한 피신청인에 대한 시정조치 및 시정권고를 하지 않는다.

2. 내부조직

독점규제 및 공정거래에 관한 법률 제48조의2에 따라 한국공정거래조정원이 설립되었다. 이 조직은 민법상의 재단이면서 실제 운영비용을 국가출연금 혹은 예산으로 지원받는 기구이다. 따라서 직원은 공무원 신분은 아닌데도 불구하고, 실제로는 국가에서 인건비를 지불하고 행정기능에 준하는 업무를 수행한다는 점에서 일종의 그림자 조직shadow organization이다.

공정거래조정원의 장은 독점규제 및 공정거래 또는 소비자분야에 경험 또는 전문지식이 있는 자로서 일정한 자격을 갖춘 자 중에서 공정거래위원회 위원장이 임명한다. 또한 부원장 직속의 몇 팀들을 제외하고는 분쟁조정실 하에 팀들을 구성함으로써 실제 분쟁 조정 업무 위주로 내부조직이 구성되어 있다.

---

39) 이와 같은 분쟁조정은 위원회 형태의 조직으로 하는 것이 많다. 환경분쟁조정위원회가 그 예이다. 제14장 행정조직의 행태 참조.

원장 등 고위직은 공정거래위원회의 직원이 낙하산 같이 오는 경우가 많으며, 결과적으로 직원의 인사체제는 공무원과 유사하게 되어 있다. 또한 한국공정거래조정원에는 공정거래분쟁조정협의회, 하도급분쟁조정협의회 등 다양한 분쟁조정협의회를 두고 있다.

제 5 절 지식과 정보창출 기능의 공공조직

Ⅰ. 신뢰할 수 있는 정보제공 : 한국감정원

국민들에게 시장이나 사회에 대한 정확한 각종 정보를 제공하는 것을 임무로 하는 조직들이 있다. 개인이 일일이 신뢰성 있는 정보를 찾아내기에는 비용이 많이 들고, 악의를 가진 사람이 정보를 왜곡할 수 있기 때문에 정부가 이런 일을 하는 것이다. 특히 최근 행정수단이 다양화되면서, 이런 기관들이 속속 생겨나고 있는 것을 알 수 있다. 이런 기능을 수행하는 조직은 중앙행정기관에 소속된 소속기관일 수도 있고, 공기업이나 공단에 소속되어 있는 경우도 있으며, 민간(협회, 조합)의 형태로도 있는 등 다양하다.

여기서는 한국감정원을 예로 들기로 한다. 한국감정원에서 제공하는 정보는 부동산 거래와 부동산세부과에서 필요한 토지와 주택에 관한 가격에 관한 정보이다. 한국감정원은 「부동산 가격공시 및 감정평가에 관한 법률」 제41조 및 같은 법 시행령 제81조의 규정에 따라 국토교통부장관이 이에 관한 업무를 지정한 기관이다.

한국감정원의 주요 업무는 표준지 공시지가 조사 및 평가에 관련된 업무로서, 국토교통부장관의 위탁을 받은 기관이다. 1969년 「국유재산의 현물출자에 관한 법률」에 의한 정부출자기관으로 설립한 후, 1974년 「감정평가에 관한 법률」에 의거하여 감정회사로 인가되었다. 2007년에는 「공공기관의 운영에 관한 법률」에 의해 '준시장형 공기업'으로 지정되어 있다.

가장 중요한 업무는 표준지가 및 표준주택가를 공시하는 것이다. 즉, 공시지가와 관련하여 용도지역별, 토지이용상황별, 가격분포현황 분석을 하고 시·도별 최고·최저 가격 현황을 공시하는 것이다. 그런데 이런 업무가 단순히 여기서 끝나는 것이 아니다. 공시지가 제도의 개선이나 관련 법령 및 지침의 개정까지 담당한다.

물론 한국감정원에서는 실무적인 업무를 담당하는 것일 뿐, 실제로 공식적인 절차는 행정기관인 국토교통부에서 한다. 즉, 권한-책임의 일치의 원칙에 어긋나는 조직의 예라고 할 수 있다. 이러한 문제는 한국감정원 외에 유사한 기능을 하는 다른 조직에서도 찾아볼 수 있는 것으로서 한국행정조직이 가지고 있는 공통된 문제이다.

Ⅱ. 지식기능 : 정부정책 연구소

한 가지 더 언급해야 할 것은 국책연구소이다. 국책연구소로 분류되는 24개의 연구소는 국무총리실에 속해 있는데, 이것은 이들 연구기관이 모두 전적으로 국무총리의 통솔 하에 있다는 것을 의미하지는 않는다. 이들 국책연구소는 정부가 출연한 법인의 지위를 가지고 있다. 과거에는 행정계통상으로 특정 부처가 국책연구원을 직접 관할하는 것으로 되어 있었지만, 지금은 법적인 소속을 국무총리실로 두고 있다.

대부분의 중앙행정기관은 1개 이상의 국책연구원을 가지고 있다. 예컨대 기획재정부가 한국개발연구원KDI, 대외경제정책연구원, 조세재정연구원 등 3개를 가지고 있는 것이다. **부처 간 권력관계에서 권력이 센 부처들일수록 더 강력한 연구소를 가지고 있다.** 특히 기획재정부는 KDI의 기능분야를 확장시키는 방법을 사용하여 연구기관을 늘리고 있다. 고유의 경제문제뿐만 아니라, 인적자원, 통일, 주택문제, 노동문제 등 사실상 전 부처에 관한 연구를 하는 내부부서들을 만들어 팽창시키고 있다. 즉, 다른 담당부처(예컨대 통일경제문제에 대해서는 통일연구원)에서 그 분야에 집중하는 별도의 연구기관을 가지고 있는데도 불구하고 중복 설치되어 있는 것이다.

나아가서 KDI는 예외적으로 우리나라에서 연구소로는 유일하게 KDI 정책대학원이라는 학위과정을 가지고 있다. 아울러 KDI는 정부의 예산심의 시 큰 국책사업의 경우 의무시하는 예비타당성 조사를 하는 업무도 담당하고 있으며, 국제 협력에 필요한 지식공유사업Knowledge sharing program도 주관한다. 이런 사업에는 돈이 흐르고 있고, 결과적으로 권력이 작용한다.

이러한 다양한 국책연구소에 지적되는 문제로는 주무부처의 간섭과 국책연구원의 종속현상이 과도하다고 점이다. 따라서 이러한 관계를 극복하기 위해 국무총리실에 모든 연구소를 총괄하는 이사회와 같은 기구를 두고 있다. 그러나 사실상 이들 연구소가 생존하기 위해 필요한 돈은 연구용역이라는 틀을 빌려 특정부처에서 오기 때문에 사실상 주무행정기관의 영향력은 여전히 지속되고 있다. 특히 이 문제는 연구내용에서 가치판단이 중요한 인문사회계 연구소의 경우가 자연과학계열보다 더 심하다고 할 수 있다.

현재도 연구소에 행정사무를 총괄하는 자리에 주무부처 고위직들이 임명된다. 이들이 주무부처의 인사적체 해소는 물론이고, 양 기관 간의 연결핀 역할을 하는 것이다. 그리고 권력이 큰 행정기관인 기획재정부와 밀접한 관계를 맺고 있는 연구원이 인력과 재원이 많고, 다른 연구원은 빈약한 부익부 빈익빈 현상도 심화되고 있다.

그렇다면 왜 이러한 연구기관이 끊임없이 설립되고, 일단 설립된 기관은 지속해서 팽창을 하는 것일까? 가장 큰 이유는 전문지식이 필요한 정책기안과 정책연구와의 밀접한 관계이다. 정부의 관료들은 분야별 전문지식을 쌓거나, 특정문제에 대하여 연구할 충분한 시간을 가지고 있지 않기 때문에 이를 전문적으로 수행해 줄 연구인력을 필요로 한다. 전문연구인력이 없는 기관들은 처음에는 외부에 연구용역을 발주하는 방식으로 하지만, 점점 이것이 쌓여서 전문부서를 만드는 방향으로 나아간다. 즉, 신분상으로는 일반직(계약직)이지만, 박사학위소지자를 선발하여 연구를 하게 하는 것이다. 감사연구원을 비롯하여, 일부 공공기관들이 그 예이다.

지식에는 정책과는 관계없는 순수한 연구, 즉 기초연구가 있고, 비교적 정책에 필요한 정책연구가 있으며, 상황에 따라 정책대안을 만드는 데 직접 필요한 실무연구가 있다. 분명한 것은 주무부처의 관료들은 스스로 실무연구를 해야 하고, 국책연구소에서는 기초연구와 정책연구를 해야 한다는 점이다.

하지만 실제는 관료들이 실무정책연구를 스스로 하지 않고 관할 연구소에 의뢰하는 것이 일반화되어 있다.[40] 말이 의뢰이지 사실상 거의 지시에 가깝다. 따라서 국책연구소는 비교적 장기적이고 이론적인 것을 연구하기보다는 주로 관료들의 일을 대신해 주는 역할을 한다. 대부분의 국책연구소 연구원들은 이러한 일로 과로 상태에 있어 심도 있는 이론적인 연구를 할 여유도 없게 된다. 어떻든 공무원 자신이 해야 할 단기 정책연구를 국책연구소에 의뢰하는 것은 전형적인 권한-책임 불일치 예이다. 문제가 될 때, 주무부처가 책임을 자처하는 것이 아니라 연구소에 미루는 현상이 발생한다.

그리고 이러한 현상은 국책연구소 내부조직에도 반영되어 재생산된다. 원장은 정치화되어, 자신의 다음 자리를 마련하기 위해 정권의 비위를 맞추기 급급한 경우가 많다. 이를 구체화하는 작업은 정년보장을 받은 연구위원들이 한다. 즉, 이들은 연구를 직접 하기보다는 관료들을 만나서 네트워킹에 많은 시간을 사용한다. 이에 따라 전문연구자 인력이 실제로는 정책업무(즉 로비) 등을 주로 하는 '행정관료화' 현상이 생긴다. 최근 일부 연구원들이 대선캠프에 참여하여 입각을 하는 등, 연구기관의 정치화 현상은 가속되고 있다.

결과적으로 실제 연구를 실행할 인력이 부족하니, 항상 인력이 부족하다는 불평을 한다. 따라서 비정규직 연구원(보통 위촉연구원이라 함)을 활용하고, 석사급 연구보조원을 고용하여 인력부족을 메꾸려고 한다. 그런데 이들은 신분상 약자이기 때문에, 문헌조사 등 기초 자료연구뿐만 아니라, 대안탐색, 보고서 작성 등의 일까지 맡는 경우가 많다. 즉, **고급의 연구 인력은 '행정적인 일'을 하고, 이들을 보좌하고자 충원한 인력은 '연구를 실행'하는 역할전도(役割顚倒)현상이 벌어진다.** 이는 권한-책임 일치의 원칙에 어긋나는 조직운영을 하기 때문에 나타나는 현상이다.

이를 해결하는 방법으로는 첫째, 연구원을 본래의 취지대로 연구원답게 만들어야 한다. 우선 남설되어 있는 연구원들을 통폐합하여 규모의 경제가 될 수 있도록 해야 한다.

---

40) 이것은 주무부처의 고위공무원이 해야 할 일을 박사급 고급인력에게 전가함을 의미한다. 이에 더하여, 대학교수 등 민간연구기관에게 연구용역을 발주하고, 자신들은 용역관리만 하는 문제는 앞에서 지적했다.

둘째, 연구원장을 정치적인 사람으로 임명하는 것을 지양해야 한다. 예컨대 아무리 학자출신이라도 국회의원이었던 사람을 임명하는 것은 지양해야 한다. 이를 방지하기 위한 방법으로는 현재 비공식적으로나마 '차관급'으로 대우하는 원구원장의 직책을 낮추는 것이다. 그렇게 하면 정치적인 인물들이 급이 낮다는 이유로 오지 못할 가능성이 높아지기 때문이다.

셋째, 연구위원들과 고위관료들이 접촉하는 것을 가급적 막는 제도적 장치를 만들어야 한다. 단기적 정책대안 마련을 고급두뇌인 박사들이 하지 않고 관료들이 직접 하도록 해야 한다. 거꾸로 연구원들은 연구에 전념할 수 있도록, 연간과제 수를 줄이고 보고서의 질로 평가해야 한다. 나아가서 연구원의 보고서가 보좌 인력이 아니고 정말 연구위원들이 썼는가를 철저히 검증하는 제도를 도입해야 한다.

Ⅲ. 새로운 팽창: 로펌(Law firm, 법률사무소)

그동안 법조계는 소수의 사법고시 출신자가 독점을 함으로써 국민 일반에게 법률서비스를 제공하기에는 너무 어려운 분야로 여겨졌다. 노무현 정부이후 소수 독점적인 법조계의 담을 허물고 법률 서비스를 민주화시킨다는 취지하에 사법고시를 폐지하고 법학전문대학원, 즉 로스쿨을 만들었다. 그리고 1년에 천 명 정도의 변호사를 배출하고 있다.

이러한 변호사배출 방법의 변화로 변호사시장인 법조계도 변화를 겪고 있다. 거물급 법조인이 퇴임 후 변호사 사무실을 차리던 시대를 지나, 젊고 유능한 변호사들이 대형법률사무소 또는 법무법인에 진출하고 있다.

2018년 현재 변호사 수는 약 2만 5천명이고, 이 중 유한책임 혹은 무한책임 법무법인에 속한 사람들은 약 10,000명 정도로 알려져 있다. 대부분이 서울 등 수도권에 있고, 유한법인으로서 김앤장, 화우, 광장, 태평양, 율촌이 그 규모와 영향면에서 최고로 알려져 있다.

이들 법무법인의 공식적 조직영토는 법조계, 구체적으로는 재판에서 변호함으로써 얻는 수임료시장이라고 할 수 있다. 그런데, 이들에게 새로운 조직영토로서 행정기관의 중요성이 점점 커지고 있다. 다양한 형태의 컨설팅은 물론이고, 행정기관의 정책에 관한 정보를 미리 알아내어 자신의 고객(예, 재벌)에게 대응토록 하는 광의의 사전 컨설팅을 하는 것이 새로운 비즈니스인 것이다.

행정기관을 상대할 때, 여러 가지 자문을 해주는 사람들이 있다. 이들은 많은 경우 전직 고위직 관료출신으로서, 인적 출신이나 역할로 보면 본서에서 다루는 그림자 행정조직의 일부로 간주할 수 있을 것이다. 즉, 법적으로는 민간이지만, 행정기관과의 관계를 통해 수입을 창출하는 로비스트와 같은 존재라는 점에서 그림자 조직의 성격을 일부 가졌다고 봐야 한다. 왜냐하면 행정기관에 영향력을 미치기 위해 환경이 발달한 것이라 볼 수 있기 때문이다.

물론 이들 전적 공직자들은 공직자윤리법에 저촉되지 않는 범위에서 로펌에 진출하고 있다. 전직 관료들이 로펌에 흡수co-optation되어 하는 역할은 다음과 같다.

- 행정입법과정에서 고객집단(예, 재벌)에게 유리하게 법규범이 형성되도록 한다.
- 행정기관의 최근 동향(새로운 규제, 새로운 정책 등)을 파악한다.
- 행정기관과 법률적 다툼이 있거나, 생길 것으로 예상되는 문제에 대해 로펌이 대비하도록 도와준다.
- 이외에도 행정기관에 있는 현직 후배 직원과 로펌 간에 원활한 관계를 유지토록 한다.

제6절 민간위탁을 통한 그림자 행정조직: 법정협회

Ⅰ. 법정협회의 개념

행정기관의 경우, 행정활동의 대상이 되는 행정조직 이외의 것은 모든 것을 환경이라고 할 수 있지만, 환경의 일부가 마치 행정조직인 것처럼 기능하는 것들이 있다. 그중의 하나가 ***협회라는 명칭의 민간협회, 또는 농협중앙회, 한국대학교육협의회, (재)한국장례문화진흥원, (사)환경영향평가협회, 한국정보통신진흥협회 등 직종별 이익단체인 1,000개 이상의 조직들이다. 이들은 단체들이나 회원들 간에 자발적인 참여를 통해 총회와 이사회를 구성하고, 조직을 운영하고, 회원에게 수익을 분배하지는 않는다는 것이 일반적 원칙이다. 이외에도 상업형 협회와 연구기능 등을 수행하는 공공형도 있다. 이름만 가지고는 법정협회인지 아닌지 판단하기 어렵지만, 이들은 정부가 해야 할 기능의 일부를 (독점적으로) 담당하고 있다.

이런 형태의 행정조직의 그림자 조직은 경제개발시대에 시작되었다. 즉 경제개발정책을 강력히 추진하기 위해 민간회사를 설립하도록 도와주고, 이들의 단체를 만들게 하여 혜택을 주기도 하였다. 시장이 발달하지 않은 상황에서 정부가 시장(즉, 환경)을 인위적으로 만들어낸 적극적 환경enacted environment인 것이다. 구체적으로는 사업자 단체를 설립하도록 하고, 정부가 그 단체의 운영에 영향력을 미치기도 하고, 이들에게 정부의 기능을 일부 맡겨서 수행토록 한 것이다. 이것이 조합주의적 입장에서 본다면 정부가 강력한 집행력을 행사할 수 있게 한 행정수단administrative tool이라고 할 수 있다.

민주화가 진행되고, 작은 정부를 위해 공공부문개혁이 진행되는 시기에도 이런 그림자 정부가 축소되는 것이 아니고 오히려 활성화되는 경향도 있다. 특히 신공공관리론적 개혁은 세계적 흐름에 따라 겉으로는 정부의 기능을 민간에 위탁하는 것처럼 개혁하지만, 실제로는 그것을 이런 조직에 위탁함으로써 정부의 사실상 영향력은 유지되는 것이다.[41] 즉, 민간위탁이 순순한 민간기업을 수탁자로 하는 경우가 아니라, 이런 특수한 관계에 있는 단체에게 주어지는 것이다. **한번 권한-책임 일치의 원칙에 부합되지 않게 획득된 권력은, 상황이 바뀌어도 완전히 포기되기 어려운 현상을 보여준다.**

이런 조직 중에서 특히 민간협회나 조합 중에 정부의 업무를 위탁받아 집행하도록 법률에 정해진 조직을 '법정협회'라고 한다.[42] 법령에 의하여 정부의 기능 중 일부를 위탁받아 수행하는 것을 법정위탁이라고 한다. 즉 정부조직이 행정업무를 직접 하지 않고, 다른 조직에게 위탁하는 방식으로 아웃소싱하는 것이

41) 정상호(2001), "사업자 단체를 통해서 본 한국과 일본의 이익정치", 아시아 연구 제44권 1호, pp. 67-98.

42) 김정숙(2019), "법정협회의 유형에 관한 연구: 퍼지셋 이상형 분석을 적용하여", 한국행정학보 제53권 1호, pp. 65-94.

지만, 특정 협회가 독점적으로 하기 때문에 곧 행정조직이나 마찬가지라고 볼 수 있다.

Ⅱ. 법정협회와 중앙행정기관 간의 관계

세월호 참사의 경우, 안전관리 감독 소홀, 즉 해양수산부의 위탁을 받아 선박의 검사를 하는 사단법인 한국선급에게 위탁한 것이 제대로 되지 않았다는 문제가 지적되었다. 즉, 선박 검사 시 중량과 경사시험 등을 제대로 이행하지 않았다는 점이 감사원의 결과 밝혀졌다. 또한 선박소유자들의 이익집단인 한국해운조합은 한국에서의 입출항을 관리하고 있었는데, 안전 관리업무를 제대로 이행하지 않은 것으로 지적됐다.

이 예에서 보는 바와 같이, 대부분의 행정업무가 중앙행정기관(과 특별지방행정기관)이 직접 처리하는 것 같지만, 실제로는 그렇지 아니하다. 업무가 단순하였던 과거의 경우 이런 기능들이 모두 해양수산부, 해양경찰청 등이 직접 해야 하겠지만, 실제로 공무원이 직접 하기에는 정부조직의 비대를 가져오고, 실제 집행업무를 효율적으로 집행한다고 보지 않기 때문에 민간 부분에서 하는 것이다.

민간위탁의 경우 위탁자를 지정하는 지정위탁, 법적 위탁, 계약 체결에 의한 민간위탁 등 세 가지가 있다. 지정위탁은 수탁자를 법령에 의하여 정하되, 이 중에서 적격자를 지정하는 것이고, 법적 위탁은 법에 의하여 특정업무를 특정수탁자에게 하도록 명시되어 있는 것, 계약 체결에 의한 민간위탁은 이런 수탁자에 관한 것이 법에 명시되어 있지 않아 별도의 계약에 의하는 것을 의미한다.

중앙행정기관은 민간위탁을 경쟁위탁, 법정위탁, 수의계약 지정고시, 기타 등으로 5가지로 나눠서 관리하고 있다. 이 중 경쟁위탁은 사업을 위한 예산이 일정액수가 넘어가면, 조달청이 입찰 절차에 따라 업무 수행에 최적인 조직에게 위탁하는 경우를 의미한다. 수의계약은 특수한 분야의 경우에 공개경쟁을 통하지않고 업체나 단체를 지정하는 경우를 의미한다.

〈표 15-1〉 중앙행정기관의 법정위탁 수탁기관 현황(2014년 기준)

(단위: 개 / %)

구 분	민간협회 및 단체	산하단체	영리기업	총 합
고용노동부	4(8.2)	45(91.8)	0(-)	49(4.22)
관세청	1(100)	0(-)	0(-)	1(0.09)
교육부	6(10.7)	47(83.9)	3(5.4)	56(4.82)
국토교통부	36(24.3)	99(66.9)	13(8.8)	148(12.74)
금융위원회	40(9.0)	402(91.0)	0(-)	442(38.04)
농림축산식품부	12(18.2)	54(81.8)	0(-)	66(5.68)
농촌진흥청	3(60)	2(40)	0(-)	5(0.43)
문화재청	0(-)	1(100)	0(-)	1(0.09)
문화체육관광부	5(31.3)	11(68.8)	0(-)	16(1.38)
미래창조과학부	16(47.1)	18(52.9)	0(-)	34(2.93)
보건복지부	11(31.4)	24(68.6)	0(-)	35(3.01)
산림청	15(35.7)	27(64.3)	0(-)	42(3.61)
산업통상자원부	2(4.5)	42(95.5)	0(-)	44(3.79)
소방방재청	2(13.3)	13(86.7)	0(-)	15(1.29)
식품의약품안전처	1(33.3)	2(66.7)	0(-)	3(0.26)
중소기업청	2(66.7)	1(33.3)	0(-)	3(0.26)
해양경찰청	3(100)	0(-)	0(-)	3(0.26)
해양수산부	42(39.6)	64(60.4)	0(-)	106(9.12)
환경부	15(16.1)	77(82.8)	1(1.1)	93(8)
총합	216(18.59)	929(79.95)	17(1.46)	1,162(100)

출처: 김정숙(2019), p. 70, 표 4.

법정위탁은 법으로 행정업무를 위탁하도록 정해져 있는 경우를 말하는 것이다. 세월호 사건의 경우 한국선급, 해운조합 등이 이에 해당한다. 한국선급과 해운조합을 민간이라고 보는 것이다. 민간위탁 중에 수의계약에 해당한다. 다음으로 경쟁입찰을 하는 경우가 약 25%, 그리고 나머지가 지정고시 등 기타의 방식을 택하고 있다.

위탁을 받은 법정협회가 무엇인지에 따라 분류를 해볼 수 있다(<표 15-1>). 이 중 약 18%를 민간협회 및 단체가, 약 80%를 산하단체가 한다는 것을 알 수 있다. 산하단체는 이 장에서 설명한 각 공공기관 등 그림자 조직을 의미한다. 약 2% 정도만이 영리기업이 위탁받고 있다.

중앙행정기관 중에서는 어느 기관이 법정위탁을 많이 이용하는가를 살펴볼 필요가 있다. 민간위탁이 가장 많이 이뤄지는 행정조직은 고용노동부로 전체 민간위탁의 약 30%를 차지한다. 20%에 해당하는 것이 금융위원회이고, 국토교통부 역시 10% 정도가 이루어진다.

Ⅲ. 법정협회의 내부 조직

민간협회는 일종의 사업자 단체라고 할 수 있다. 즉, 특정 산업에 종사하는 사업자들이 결합한 것이 협회이다. 예컨대, 한국해운조합은 배를 소유한 선주 들이 결성한 단체인데, 이 중 조합비를 내고 가입한 사람만 해당한다. 어떤 경우에는 이런 조합의 가입에 강제성이 있고, 어떤 경우는 그렇지 않다. 해운조합에 가입하면, 선박이 자연재해로 인해 피해를 보는 경우 등에 대비하여 국제보험을 들게 하는데, 이에 관한 보험업무를 조합사무실이 담당한다.

이에 부가적으로 법정위탁사무를 실행함으로써 일정의 사업비가 계약을 통해서 정부로부터 온다. 예컨대 전국 항만의 여객터미널을 관리하고 승선권을 판매하는 업무를 한다. 또한 선박용 유류를 면세로 판매함으로써, 조합원 간 상호 이익을 보호하도록 법에 명시되어 있다.

이들 조직은 정관을 통하여, 민주적으로 선출되는 거버넌스 체제를 가지고 있다. 임기를 가진 협회 회장을 협회원이 직접 선거하는 방식을 택한다. 이 과정에서 한국정치의 현주소가 나타나기도 한다. 농협조합장 선거 등은 정치화되어 선관위가 대리하여 선거관리를 하는 정도이다.

협회 사무의 일상적 운영을 위해서 이사회를 두기도 한다. 이사장을 회원이 선출하고, 협회(사무기구)를 운영하는 일상적 업무를 맡기는 것이다. 이사, 감사 등으로 구성된 이사회에서 전체적인 운영을 하고 있고, 이사장 등은 그 직무수행에 필요한 행정지원을 받는다. 즉, 협회장, 이사장 등은 지도층으로 상당한 예우를 받는다.

이들은 회원이나 회원사들로부터 얻은 후원비, 연회비, 출자금, 그리고 영리 활동 등을 통해 수익금을 창출하고, 이것으로 직원들 월급, 사업비 등을 지출한다. 회계에 관해서는 예산서와 결산서를 작성하여, 총회에서 승인을 받아야 하며, 감사도 받는다.

산림청과 관련 있는 한국산지보전협회는 회원들로부터 연 94,000원의 회비를 받고, 그 외에 정부위탁 사업이나 자체 사업을 하여 60여명의 직원을 고용하고 있다. 자체사업은 산지구분 타당성 예비조사, 산지훼손 실태조사, 산지정보시스템 고객지원센터 운영 등이다.

이들 중 일부는 오직 정부가 위탁하는 사업만을 함으로써 명맥을 유지하는 경우가 있다. 독점적 사업을 하기 때문에, 시장의 경쟁에 노출되어 있지 않아서 그만큼 경쟁력이 없다. 이를 과거에는 '관변단체'라고 하였다. 물론 관변단체라는 개념은 이보다 넓어서, 위탁사업을 하지 않음에도 불구하고 정권을 지지하는 역할만을 하는 단체도 있었다. 그러나 사회가 민주화, 다원화되면서, 일부 법정협회는 기능을 다원화하고, 재정적 자율성을 확보하기도 한다. 특히 회원수가 많고 단결이 잘 되는 경우, 과거 힘이 없던 관변단체라기보다는 정치인들이 선거 때마다 잘 보여야 하는 권력관계 역전현상이 나타나기도 한다.

이를 유형화하면 다음과 같다. 법정협회가 담당하는 기능이 정부의 위탁업무가 주를 이루는 단순한 것과 기타 자체적인 기능을 하는 다양한 것을 x축으로

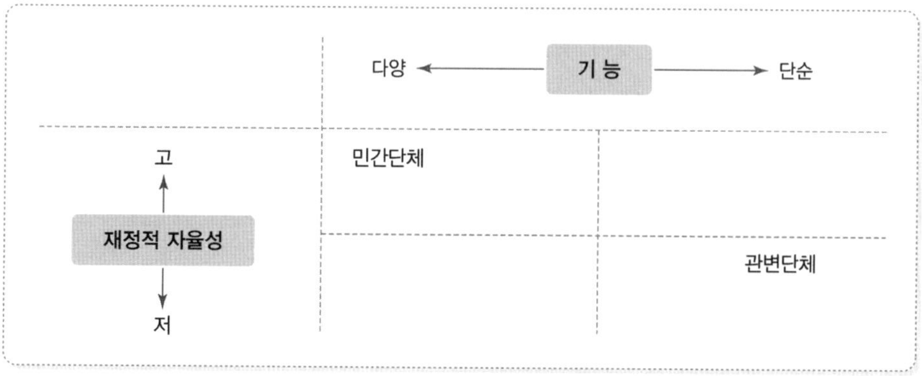

[그림 15-1] **법정협회의 유형**

하고, 조직의 운영이 정부의 위탁사업 이외에 다른 것이 많아 자율성이 높은 것과 낮은 것을 Y축으로 하면 4가지 유형이 나온다. 관변단체는 행정기관의 연장선에 불과한 것이고 책임성이 부족한 조직이다. 즉 이를 유지하는 행정기관이나 관변단체 자체가 모두 권한-책임 일치의 원칙에 어긋나는 것이다. 따라서 순수한 민간단체 혹은 비정부단체로 바뀌는 것이 필요하다.

제7절 결　　론

행정기관-그림자 조직-환경 간에는 특정한 경계선을 긋기가 어렵다. 보는 관점에 따라 환경이냐 조직이냐가 달라지기 때문이다. 여기서 그림자 조직은 사라져야 할 존재인가?라는 질문을 할 수 있다. 원론적으로는 그림자 조직은 없거나 최소화되어야 한다. 본체가 중요하지 그림자가 중요하지는 않기 때문이다. 그러나 현실적으로는 본장에서 언급한 기능들을 담당하는 조직을 모두 없애야 한다고 볼 수는 없다.

다소 문제점이 존재함에도 불구하고 공기업은 필요한 조직이다. 그 이유는 우리나라가 아직도 국가가 시장보다는 공익성을 보장할 수 있는 위치에 있고, 특정한 공공재에 대해서는 국가의 역할이 필수적이기 때문이다. 공공기관을 모두 민영화한다면 정부의 정책추진력은 절반 이하로 떨어질 수도 있을 만큼 심각한 상황이 될 수도 있다. 그렇다면 원래의 취지대로 공공기관의 공익성과 효율성을 담보하는 장치를 마련하는 것이 중요하다.

금융 분야 및 정보통신 분야의 조직체계는 전통적인 행정조직에서 계속 분화하고 있어 복잡성을 더해하고 있다. 조직분화를 통해 정부의 통제를 벗어나려는 원심력이 작용하는 것 같다. 비법정 공공기관이란 특이한 조직도 생겨나고 있다. 기본적으로 이러한 조직은 시장의 자율규제를 제도화하려는 것이다. 이를 위해서는 시장이 자율적으로 작동하여 공익을 실현하는 장치이냐에 대한 질문에 답이 있어야 한다. 또한 법적으로는 민법상의 법인이 일종의 행정처분과 같은 행위도 한다는 것은 아무래도 문제가 있는 것이다.

또한 사회가 복잡해지면서, 제도도 복잡해짐에 따라, 이를 담당하는 조직도 다양하게 신설된다.[43] 나아가서 국책연구원도 그 숫자가 늘어가거나, 몸집을 불려나가고 있다. 그러나 실제 국책연구원은 본래의 연구기능은 퇴색하고, 정치화 politicize되고 있다.

결국 우선적으로 광의의 정부조직에 대한 체계를 재정비하고, 이 부분에 대해 법적, 이론적으로 좀 더 명확한 재정리가 필요한 것 같다. 그리고 그림자조직을 투명하게 관리할 필요가 있다.[44] 그림자조직을 그야말로 '그림자'로 놓고 권력을 가진 자가 정치적 목적으로 활용을 하기 때문에, 여러 곳에서 도덕적 해이가 나오는 것이다.

현재의 공기업을 비롯한 그림자조직은 방만한 경영, 그리고 민간기업에 비해 상대적으로 우수한 고용안정성과 더불어 지나칠 정도로 좋은 대우를 비판하는 여론의 집중포격을 받는다. 그리고 여기서 항상 나오는 주장은 민간기업이 하면 훨씬 적은 비용으로 이보다 더 잘 할 수 있다는 논리이다. 특히 매스컴에게 있어 공기업은 '신(神)도 부러워하는 직장', 그 직원을 '철밥통'이라고 부를 만큼 신랄한 비판의 대상이다. 그리고 이러한 환경이 모두 결합되어 그림자조직은 문제가 많은 조직, 개혁해야만 하는 조직으로 전락하고 만다.

공기업이 비효율적이라고 비판을 받는 것은 한국만의 특수성은 아니다. 물론 선진국 중에서도 한국은 비교적 많은 공공기관이 있는 나라 중 하나이다. 최근 이런 나라에서 신공공관리론의 영향으로 공공서비스의 민영화와 민간위탁이 이뤄져 왔다. 그러나 이런 조치의 성공은 담보되지 않는다. 공기업이 거의 존재하지 않는 시장중심주의 국가인 미국에서조차도 여러 지방정부들이 공공서비스를 일단 민간위탁으로 했다가 다시 직영을 하는 사례가 많이 나타나고 있다. 이렇게 직영으로 재전환하는 경우, 그 이유로 꼽는 것 중 70% 정도는 '서비스의 질을 담보할 수 없다'는 것이고, 20% 정도는 '비용절감효과가 사실상 없기 때문'이고, 기타 이유가 10% 정도이다.

---

43) 건강보험료 청구와 관련하여 여러 부정수급사례가 있음이 알려지면서, 이를 심사하기 위해 건강보험심사평가원을 만드는 것도 그 예이다.

44) 예컨대, 국민들에게 행정규모를 알릴 때는 이를 포함해서 알려야 할 필요가 있다.

영국과 뉴질랜드의 경우에도 전력사업 민영화로 에너지 빈곤 문제가 사회적 문제로 대두되고 있다. 이웃나라인 일본의 경우에도 민영화된 도쿄전력회사 TEPCO의 이윤추구행위가 방사능 유출을 초래할 수 있다는 사실을 경험하였다. 이것은 민간기업이 단기적 이익만을 추구하기 때문에 단기적으로 손해가 나는 장사는 하지 않으려 해서 나타난 현상이라고 해석할 수 있다. **공공서비스를 질 높고 안정적으로 공급하려면 국가가 개입할 수밖에 없는 것이다.**

또한 공기업에 민간기업의 각종 성과관리제도를 도입한 지난 수십년간 경험도 교훈으로 삼아야 한다. 행정조직에서도 신공공관리론NPM적 인사조직 개혁을 했는데, 대부분 성과를 거두지 못했다. 그 주된 이유로 행정조직에서는 성과(즉, 결과)를 측정하기가 어렵다는 점에서 찾고 있다. 그렇다면 성과를 측정할 수 있다고 하는 공기업에서의 개혁은 어떠한가? 여기서도 말만 요란했지 실제 큰 변화가 없었기 때문에 현재와 같은 비판을 받고 있는 것이다.

그렇다면, 우리의 공공기관을 어떻게 관리해야 하는가? 결국은 그림자 정부조직으로 만들지 말고, 수평적이고 투명하며 공개적으로 관리하는 방안을 모색해야 한다는 것이 답이다. 정부 내에서 권력이 센 기획재정부에 이의 최종관리를 맡기는 것은 관리도 제대로 되지 않을 뿐만 아니라, 기획재정부의 권력만 더 강화한다. 따라서 필요시에 주무부처나 기획재정부의 영향력을 줄이고, 이외에 다른 부처의 영향력은 늘리도록 하여 권력을 분산시켜야 한다.

예컨대, 인사 담당부처에서 공공기관 직원의 임금이나 대우를 통제하도록 하는 방법을 생각해 볼 수 있다. 의심이 되는 방만경영에 대해서는 국무회의의 검토를 받게 하는 방법도 생각해 볼 수 있을 것이다. 아니면 공공기관운영위원회의 의장을 기획재정부 장관이 아닌 국무총리나 국무조정실장으로 하는 방법도 있을 것이다. 정권이 바뀔 때마다 실태도 모르는 상태에서 마치 통과의례로 공공기관 개혁계획을 공표하지 말고, 어느 정도 실태를 파악한 정권의 중반기 이후에 3-4년 주기로 정기적으로 공기업을 총체적으로 평가하여 일종의 구조조정을 하는 방법도 생각할 수 있을 것이다. 완전한 시장조건에서는 구조조정이 일상적으로 일어나지만, 공공기관의 경우에는 이런 기제가 작동하지 않으므로 인위적으로 해보자는 것이다.

제 16 장
조직개편과 조직개혁

정권이 바뀔 때마다 정부조직은 비능률의 대명사가 되고, 대통령당선인은 정부조직을 획기적으로 바꾸려고 한다. 중앙행정관서의 경우에는 정부조직법 또는 대통령령인 직제의 개정이 필요하다. 정부조직법도 일반 법률과 마찬가지의 절차를 밟기 때문에 입법부의 심의를 요한다는 것과 의원입법으로 상정될 수 있다는 점에서 대통령령인 직제와 다르다. 직제는 대통령령이어서 국무회의의 심의를 요하는 정도이기 때문에 평소에 빈번하게 개정된다. 따라서 조직개편을 주관하는 행정안전부 조직실 업무의 대부분은 대통령령의 개정문제라 할 수 있다. 이러한 조직개편은 정권교체 시에만 일어나는 이례적인 것이 아니라 행정조직에서 일상적으로 일어나는 루틴 중의 하나이다. 따라서 이를 상시적으로 일어나는 조직변화organizational change라고 할 수 있다. 조직변화는 환경과의 끊임없는 상호작용을 통해서 이뤄진다. 부처 수준의 정부조직개편은 물론이고, 부처 내부의 부성조직도 환경에 적극적 혹은 수동적으로 대응한다. 한국정부는 그동안 각 행정기관의 정원을 획일적으로 통제하다가, 이제는 일정한 범위에서 자율성을 부여하는 방식으로 미세한 조정을 하는 제도를 발전시켜 왔다. 그러나 이상의 제도는 기본적으로는 조직팽창의 논리 속에 있고, 행정조직 내에서는 조직을 늘리려는 힘과 이를 억제하려는 힘이 서로 얽혀서 게임하는 양상으로 되어 있다. 하지만, 진정한 조직개혁organizational reform은 관료들의 의식 및 행동을 변화시켜 조직의 성과를 올리는 것인데, 이에 대한 접근이 부족한 것이 현실이다.[1)]

제 1 절 대통령과 정부조직개편

I. 정권교체시 조직개편

소위 "새 술은 새 부대에"라는 사고방식에 따라 새로 집권하는 대통령은 정부조직을 바꾸고 싶은 유혹에 빠진다. 다른 한편으로 새로 들어서는 정권은 자기의 사람들을 많이 취직시키기 위한 생각도 가지게 된다. 이에 따라 상위직을 자기들 사람으로 교체하고, 하위직들에게 승진의 길을 터줌으로써 사기를 올리고 충성심을 확보하기 위한 수단으로 조직개편을 사용하곤 했었다.

이렇게 정부조직은 정치지형에 변동이 올 때마다 부침을 거듭해 왔다. 이를 정리하면 다음 <표 16-1>과 같다.[2] 즉, **일반적으로 새로운 정권이 들어서면 조직의 개편을 거론하는 경향이 있다.**

〈표 16-1〉 **정부조직 개편의 역사**

시기	정부조직	특징
제1공화국	1948년 7월 17일 정부조직법 공포 1955년 2월 7일 정부조직 개편(11부 3처 1실 3위원회)	정부 수립
제2공화국	내각책임제(1원 12부 1처 3위원회 3청)	내각제 개헌
제3공화국	1963년 12월 14일(2원 13부 4처 13청 5외국)	대통령제 개헌 −성장의 논리
제4공화국	1972년 12월 유신헌법(2원 13부 4처 13청 5외국)	유신헌법 −성장의 논리
제5공화국	1981년 12월(2원 15부 4처 4외국 2위원회)	작은 정부 이념

1) 이러한 접근을 조직발전(organizational development: OD)이라고 한다. W.G. Bennis(1969), *organizational development: Its Origins, Natures, and Perspectives*, Reading MA: Addition-Wesley.

2) 김동환(2013), 정부조직 개편의 메커니즘에 관한 시론, 「한국시스템다이내믹스연구」, 제14권 3호, pp. 5-23.

제6공화국	1987년(2원 16부 6처 12청 3외국)	대통령 직선제
김영삼 정부	1994년 12월(2원 14부 6처 15청 2외국)	대규모 부처통폐합-재정경제원(경제기획원+재무부) 등
김대중 정부	1997년 이후 3차례 개편(17부 2처 16청 1외국)	재정경제원을 재정경제부로 축소
노무현 정부	2002년 이후(18부 4처 4위원회)	일하는 방식의 개선에 초점
이명박 정부	2008년 이후(15부 2처 17청 4위원회)	기획재정부(기획예산처+재정경제부) 신설, 정보통신부 폐지
박근혜 정부	2013년 이후(17부 3처 17청 2원 2실 4위원회)	미래창조과학부 신설
문재인 정부	2019년 이후(18부 5처 17청 2원 4실 5위원회)	중소벤처기업부 신설

필자들은 모든 사람을 만족시키는 이상적인 정부조직모델은 존재하지 않는다고 본다. 정부 조직에 대한 각 세력들의 불만이 누적되고 표면화되다가 결국 새 대통령 취임 시 그 갈등이 한번씩 폭발한다. 행정조직 구성원들을 비롯하여 국민들까지 새 대통령에 대한 기대가 크기 때문에 이를 해소할 조치가 필요하기도 한다. 김동환의 연구는 정부조직 개편은 불연속적으로 발생하는 사건event이 아니라, 대선이 있을 때마다 주기적이고 규칙적으로 이루어지는 패턴pattern이라고 보고 있다.

역대 대통령은 집권 초기에 예외 없이 정부조직개편 문제를 들고 나왔다. 그리고 많은 경우 행정조직을 축소하는 문제가 주요 개편 이슈로 부각되었다. 이러한 상황 속에서 조직을 축소하는 것에 대해 반발하고 저항이 가장 큰 세력은 당연히 그 조직에 근무하는 공무원들이다. 특히 고위공무원들이 그러한데, 이들은 조직이 없어지면 자동적으로 자리를 잃게 된다는 두려움이 있다. 설혹 신분을 사전에 보장받고 있는 경우에도 자기들의 장래 경력관리에 많은 불이익을 준다고 생각한다. 그러나 이들은 공개적으로는 저항하지 못하기 때문에 장·차관들을 설득하거나, 이해관계를 같이 하는 준정부조직, 이익단체, 관변의 영향력 있는 사람들, 그리고 국회의원들과 정치권의 사람들, 청와대비서실 등에 은근히 접근하여 압력활동을 한다.

조직개편 작업 진행 중에는 언제나 공무원들은 신분의 불안을 느끼기 마련이고, 그 기간 동안에는 사기가 저하되며, 일의 능률도 오르지 않는다. 정치권의 입장에서 보아도 기구축소는 정치적으로 임명할 수 있는 자리의 수가 적어진다는 것을 의미한다. 특히 어떤 직위에 이미 있는 사람들이 정치적으로나 개인적으로 친분이 있거나 이해관계에 의하여 얽혀 있는 경우에 그런 직위를 없애기는 매우 어려운 것이다.

그렇기 때문에 정부조직개편은 새로운 정권이 들어오면서 단기간 내에 시행해야 한다. 그리고 없어질 자리에는 새 사람들을 임명하지 말아야 한다. 이미 모든 직위들에 대한 임명이 끝난 뒤에 조직개편을 한다는 것은 더 어렵기 때문이다. 새로운 정권은 들어올 때 이미 정부조직에 대한 청사진을 가지고 와야 한다. 그렇게 하려면 대통령 선거기간 동안, 또는 적어도 당선된 뒤로부터 취임하기까지의 사이에 전문가들의 연구결과를 종합하여 결론을 가지고 있어야 한다. 그러나, 국회의 권력이 증대한 후부터는 정부조직법개정안의 국회통과가 어려워졌다. 이상적으로만 말한다면 어떤 정당이든지 평소부터 정부조직에 대한 연구를 진행하고 있다가, 그것이 기초가 되어서 선거공약에 반영되고, 집권 시에는 조직개편으로 실현되어야 한다.

Ⅱ. 조직(행정)개혁 방법 변천사

정부조직을 대폭적으로 바꾸는 작업은 정권이 바뀔 때마다 이뤄져왔고, 이를 위해 특별한 위원회를 신설하기도 하였다. 역대 정부에서 다양한 시도가 이뤄졌는데, 이들 간에는 각각 장·단점이 있다.[3)]

1. 행정개혁조사위원회

행정개혁조사위원회는 5·16군사 쿠데타 정부가 끝나고 제3공화국이 시작되면서 1964년 4월 24일에 발족했다. 군사정부는 정권을 민정으로 이양하기에 앞서서 대폭적인 기구개편을 하였는데 이 위원회는 그 개편의 산물로서 태어난 것이다.[4)]

---

3) 좀 더 자세한 내용은 본서 전정판(2010 발행) 참조.

특기할 것은 이 위원회는 1967년까지 보고서를 제출하고 그후 30일 이내에 폐지되게 되어 있었다. 그러나 이를 갱신하여 존속하다가 나중에는 이런 시한규정이 없어졌으며, 1981년 5공화국에 들어와서야 기관 자체가 폐지되었다.

전체적으로 행정개혁조사위원회의 업적이 부진했던 이유 중 하나는 당시의 상황이었다고 할 수 있다. 박정희 정권은 군사 쿠데타 초기에 최고회의 밑에 기구개편위원회를 두어 가장 많은 개혁을 하였다. 그리고 1963년 말과 1964년 초에 민정이양을 위한 대대적인 개혁도 진행했었다. 그러므로 위의 행정개혁조사위원회는 주요한 개혁들이 다 끝난 뒤에 설치된 기관인 셈이다. 이것은 이 위원회로서는 크게 다룰 만한 문제가 많지 않았다는 것을 의미했다.

2. 제도개선위원회

5공화국 정부는 집권 후 얼마 되지 않은 1981년 4월에 대통령의 지시로 "성장발전저해요인개선지침"이라는 것을 내각에 시달하였고, 이에 따라서 국무총리는 기존의 행정개혁위원회로 하여금 세부계획을 수립하게 하였다. [5] 행정부 내에는 성장발전저해요인개선 심의위원회를 두었다. 이 위원회는 국무총리를 위원장, 경제기획원장관을 부위원장으로 하고, 10명 정도의 사회 각계의 단체와 기관의 장을 위원으로 하였다. [6]

이러한 위원회 구성상 어떤 형태로든 관계부처를 관련시키고자 했다는 것과 청와대 측에서 적극 개입했다는 것을 알 수 있다. 한 가지 주목해야 하는 것은 5공 정부는 한편에서 이 당시 대대적인 조직개편을 위한 작업을 하고 있었지만, 그 내용이나 작업추진의 주체가 누구인가에 대해서는 일체 비밀에 붙이고 진행하고 있었다는 점이다. 그렇기 때문에 제도개선위원회는 조직의 문제는 다루지 못했다.

5공 정부가 정부조직을 대폭 개편하는 발표를 한 것은 1981년 10월 15일이었다. 이 개혁에 의하여 많은 고급공무원들이 감원되었고, 이 여파가 그대로 국

---

4) 총무처(1987), 「대한민국정부조직변천사」, p. 281.
5) 대한민국정부, 「성장발전을 위한 제도개선백서」, 제4집, p. 542.
6) 성장발전저해요인개선심의위원회규정(국무총리훈령 제167호) 제3조.

영기업 등에 파급되어 반복되었다. 이때의 개혁에 의하여 행정개혁위원회는 폐지되어 총무처에 흡수되었고 그 속의 행정조사연구실로 개편되었다. 그리고 이때부터 점차적으로 총무처에서 제도개선작업을 주도하게 되었다.

3. 행정개혁위원회(1988~1989)

6공의 노태우 정부가 들어서면서 민주화합추진위원회라는 민간위원회가 설치되었다. 동 위원회의 건의에 따라 1988년 5월 13일 정부조직의 개편과 행정제도 및 행정행태의 개선에 관한 사항을 연구, 검토하여 대통령에게 건의하는 것을 임무로 하는 행정개혁위원회가 발족하였다. 이 위원회는 학계, 언론계, 법조계, 경제계, 노동계, 여성계 등의 각계대표로 구성하였으며, 이들은 다시 "총괄", "일반행정", "경제 · 과학", "사회 · 문화"의 4개분과위원회로 나뉘어 운영되었다.[7] 5공하의 제도개선위원회는 민관합동의 위원회였으며 여기의 결정은 의결로서 실질적으로 구속력이 있었다. 물론 이 위원회는 조직개편은 다루지 않았다는 점을 함께 감안해야 한다.

총무처는 행정개혁위원회 창설 때부터 이를 주도했었다. 즉, 규정의 기초와 통과, 추진위원의 인선 등도 총무처가 했으며, 공무원 출신 전문위원 4명 중 2명을 차지했고, 조사연구관과 조사원 35명을 공급했다. 이들 중 24명은 행정관리국과 행정조사연구실의 서기관과 사무관들이었다. 행정실은 행정조사연구실에서 맡았으며, 행정관리국장은 행정지원을 하게 되어 있었다. 그 건의 내용이 즉각적으로 채택되지는 않았지만, 다음 정권에서는 많이 반영되었다.

4. 행정쇄신위원회

6공화국 하에서 김영삼 정부가 들어서면서 1993년 4월 9일에 정부는 다시 대통령소속 하에 민간위원들로 구성되는 행정쇄신위원회를 설치하였다. 그 밑에는 실무위원회를 두고 위원장은 국무총리, 행정조정실장이 맡았다. 즉 실질적인 지원은 행정조정실에서 이루어진 것으로 볼 수 있다.

이 위원회가 하는 일은 (1) 행정규제완화 등 불합리한 법령과 제도의 개선에

---

7) 행정개혁위원회(1989), 행정개혁에 관한 건의, pp. 13-14.

관한 사항, (2) 국민편의 증진을 위한 행정행태와 관행의 개선에 관한 사항, (3) 인·허가사무 등 민원행정의 개선에 관한 사항, (4) 중앙과 지방 및 정부와 민간부문 간의 기능과 역할의 재정립에 관한 사항, (5) 정부조직 및 행정수행체제의 합리적 개편에 관한 사항 및 (6) 기타 대통령이 필요하다고 인정하여 위원회에 부의하는 사항 등이다.

그런데 이 위원회는 처음 출발 때의 취지와는 달리 정부 조직개편의 문제를 1년이 지나도록 뒤로 미룬 채 취급하지 못하였다. 다만 이 위원회에서 결정되는 사안을 살펴볼 때, 현재의 규제개혁위원회와 비슷한 성격의 임무를 수행한 것으로 보인다. 대통령도 위원회의 결정사항을 거의 수용하기도 하였다. 결과적으로 정부조직개편과는 거리가 있었지만, 어떻든 오래된 수많은 민원들이 개선되는 효과는 있었다.[8)]

5. 정부조직개편심의위원회

김대중 대통령당선인은 대통령 당선 직후 정부조직개편심의위원회를 신설하여, 정부조직에 대한 개편계획 수립에 착수하였다. 여기에 기획예산위원회 시절부터 기획예산위원장의 자문기구로 설치된 정부개혁위원회도 김대중 정부에서의 주요 개혁추진기구이었다. 김대중 정부는 기획예산위원회(후에 기획예산처로 개편)를 정부조직개편의 실무추진기구로 사용했다는 점이 다른 정부와 다르다. 이렇게 예산 부처에 정부개혁실을 두고 이 기구가 조직개편 및 모든 개혁을 주도하게 한 것은 과거 총무처가 하는 것보다 훨씬 추진력이 강하다고 볼 수 있다.[9)] 그리고 정부조직개편의 또 다른 결과물인 중앙인사위원회, 그리고 규제개혁위원회도 중요한 역할을 하였다.

위원은 총 13명이었고, 실행위원은 9명으로 구성된 정부조직개편 심의위원회를 중심으로 김대중 정부가 추진한 행정조직개편 작업은[10)] 민간전문가가 참여하

8) 구체적 내용은 박동서(1999), 「한국 행정의 쇄신 사례」, 법문사를 참조.
9) 남궁근·황성돈(2000), 김대중 정부 행정개혁에 대한 평가의 변화: 행정학자와 시민단체지도자 설문조사를 중심으로, 한국행정학회 하계학술대회 발표논문집.
10) 김광웅(1998), 김대중정부 초기 정부조직개편에 관한 비판적 성찰, 「한국행정학보」, 제32권 2호, p. 99.

기는 하였지만, 실제로는 정치권이 정부조직개편을 주도한 것으로 볼 수 있다.

6. 정부혁신분권위원회

정부혁신분권위원회는 대통령령인 정부혁신·지방분권위원회규정에 의해서 2003년 대통령 소속으로 설치된 심의기관이다. 이 시기에는 이외에도 한국사회가 안고 있는 주요 문제를 다루기 위해 10개 정도의 국정과제위원회가 설치되었다.[11)]

이들 국정과제위원회 중 가장 힘이 있는 정부혁신지방분권위원회는 역대 정부의 개혁기구보다 그 규모가 방대하였다. 주로 민간으로 구성된 위원은 위원장을 포함해 30인이었다. 위원장을 장관급으로 하여 상임직으로 하고, 하나의 '부'와 같이 한 것도 이전 정부와 다른 점이다.

노무현 정부는 이전 정부들과는 달리 대규모의 조직개편을 강력하게 추진하지는 않았다. 이전의 정부는 작은 정부를 지향하였고, 이의 귀결로서 조직축소를 위한 개편작업이 진행되었는데 비하여, 이를 아예 목표로 삼지도 않았다. 따라서 조직의 숫자도 늘어나고, 비대해졌으며, 장관급 등 상위직 자리도 대폭 늘었다. 따라서 각 부처에 대한 정확한 진단을 위해서 3차에 걸쳐 대대적인 조직진단 사업을 시행하였다.[12)] 여기에는 김대중 정부와 마찬가지로 민간컨설팅회사가 개입되었는데, 그 성과는 역시 성공적이지 못하였다는 평가가 지배적이다.

7. 이명박 정부

이명박 정부의 조직개편은 각 부처에 흩어져 있던 유사·중복 기능을 통합·광역화함으로써 대규모 통합부처들을 출현시킨 것이 가장 큰 특징이라고 할 수 있다.[13)] 비슷한 일들을 여러 곳에서 중첩해서 수행하는 기존 편제는 '칸막이 현상'을 심화시키고 복합 정책수요에 대한 대응을 어렵게 하므로, 이 문제를 해결

---

11) 김호섭(2004), 국정과제위원회: 실태, 미지의 성과, 그리고 과제, 「한국조직학회보」, 제1권 2호.

12) 임도빈(2008), 정부조직진단 사업의 조직사회학적 분석, 「한국행정학보」, 제41권 4호.

13) 박천오(2011), 이명박 정부의 조직개편에 대한 공무원 인식: 통합부처 소속 공무원을 중심으로, 「행정논총」, 제49권 1호, pp. 1-30.

하기 위하여 선진국처럼 기능을 광역화해 통합지향형, 자체 완결형 문제해결 조직을 구축한다는 것이 조직통합의 기본 취지였다.[14] 별도의 조직개편위원회를 두지 않고 대통령직 인수위원회에서 대부(大部), 대국(大局), 대과(大課)로 개편하는 작업을 했다. 이러한 개편을 추진한 이유는 일본이 하시모토 개혁[15]을 통해 단행한 대부처 대국주의로의 조직개편의 영향이 컸다고 할 수 있다.[16] 이 과정에서 경제 부처가 상대적으로 더 이익을 보았다는 점에서 권력 불균등현상은 심화되었다.

8. 박근혜 정부

박근혜 정부는 조직개편이 소폭 이뤄지고 기본적인 틀은 이명박 정부의 것을 유지하는 것이었다고 할 수 있다. 다만 이명박 정부의 조직개편과 마찬가지로 경제부처를 중심으로 한 소규모 개편이었음에도 개편의 과정은 어떤 정부보다도 요란했고 갈등도 많았다. 결국 대통령이 취임한 이후 25일이 지나서야 가까스로 정부조직법 개정안이 통과되었고, 인사청문회를 거쳐 장관들이 모두 임명되기까지는 무려 52일이 걸렸다.[17] 그 이유는 대통령이 여야의 타협에 관계없이 자신의 뜻을 굽히지 않았고, 결국은 이를 관철시켰기 때문이다.[18] 국회의 반대에 의하여 대통령이 원하는 조직개편을 이루지 못했다.

9. 문재인 정부

대통령탄핵으로 선거가 갑자기 치뤄지고, 선관위 당선확정과 동시에 대통령직을 수행하게 된 문재인 정부는 인수위를 구성하지 못하는 등 시간적 여유가 없었다. 또한 국회가 정부조직개편을 정치적으로 다루려 했기 때문에 대폭 개편을 할 수 없었다. 효율적인 정부조직을 만들라는 취지하에 소폭 개편을 하면서 기능조정을 하게 되었다.

---

14) 2008 대통령인수위원회 발표자료; 정부조직개편백서, 2008, p. 20.

15) 1996년 일본 하시모토 총리의 대대적인 정부조직 개편. 1부 22청을 1부 12청으로 줄이고, 하부 조직도 약 1330개에서 1100개 정도까지 대폭 축소하였다.

16) 홍성걸(2013), 박근혜정부의 정부조직개편: 평가와 전망, 한국정책학회 하계학술발표논문집, pp. 563-575.

17) 홍성걸(2013), 박근혜정부의 정부조직개편: 평가와 전망, 한국정책학회 하계학술발표논문집, pp. 563-575.

18) 하태수(2015), 박근혜 정부 출범 시기의 중앙정부조직 개편 분석, 「한국정책연구원」, 제15권 1호.

Ⅲ. 정권교체시 조직개혁방법의 평가

만약 대통령이 조직개편을 위한 위원회를 만든다면 그 구성방법은 어떻게 하여야 하는가? 일단 이를 대통령 소속으로 하는 방침은 고수하여야 한다. 그리고 위원들은 대통령이 결심을 하는 데 도움을 줄 수 있는 사람들이라야 한다. 대통령은 위원회의 건의대로 하는 경우에 얼마나 많은 반발이 있을 것인가에 대해서 가장 많은 관심이 있다. 특히 정치적 지지를 받을 수 있겠는가가 중요하다. 여론의 지지와 정치적 지지, 특히 야당의 지지가 절대로 필요하다. 그래서 위원으로는 여야의 중진 국회의원들과 언론사의 대표 등이 과반수를 차지하는 것이 좋으며, 학자들은 전문위원으로 참가시키는 것이 옳다. 이익단체나 준정부조직의 대표자들은 이해당사자일 가능성이 많기 때문에 배제되어야 한다. 정치인들 가운데도 과거에 어떤 부처의 간부를 지냈던 사람들은 그런 조직들을 옹호할 가능성이 있다. 심지어 학자들도 그 전공영역에 따라 특정부처의 이익을 옹호할 가능성이 있다. 경제학자나 재정학자가 재정경제원을, 농과대학교수들이 농림산부를, 예술계열의 사람들이 문화체육부의 이익을 두둔하는 것 등이 그런 예들이다.

다음으로 각 부처별 자발적인 기구축소의 방법에 대해서 생각해 보자. 이 방법은 전체적 또는 전반적인 기구개편을 하는 경우에 수반되는 저항과 동요를 감당하기 곤란하기 때문에 시도된다. 김영삼, 노무현 정부 때 대대적으로 조직진단을 하고 각 부처로 하여금 스스로 개편하게 하고자 했던 예가 있다. 그런데 이 방법에 의하면 어떤 부나 처도 없어지지 않는다. 게다가 정부 전체의 조직을 어떻게 편성해야 하는가에 대한 일관된 철학이나 시각이 없이 이루어지는 개편이 여러 번 반복되면 엉뚱한 방향으로 정부조직을 변화시킬지도 모른다. 그래서 없어져야 하는 부처는 계속해서 존속하고 확장해야 하는 조직은 축소될 수 있다.

조직개편을 통해서 조직 전체를 일관된 방향으로 체질개선을 한다는 것은 영영 이루어지지 않을 수도 있다. 우리나라의 부나 처들은 장관들이 앞장서서 이끌고 나가야 한다. 그러나 이들에게 자기의 조직을 축소하게 하는 것은 이들이 이 일을 하는 데 방해가 되며, 공무원들의 지지를 잃어버리고 행정의 침체를 가져올 가능성이 많다. 그렇기 때문에 이 일에 앞장을 서야 하는 사람은 어디까지나 대통령이다. 그런데 그것을 장관들에게 맡기는 것은 책임을 피해가는 것이라고 생각한다. 이런 방식에 의한 기구개편은 앞장서서 희생하는 기관이 더 많은 손해를 보게 되고, 끝까지 눈치를 보면서 버티는 기관이 유리하게 된다. 하나의 가족과 같은 조직 속에서 국과 국이, 과와 과가 생존을 위하여 암투를 하게 되면 조직은 흠집만 남고 큰 상처를 받게 된다. 개편과정에서 손해를 보는 조직도 그 개편이 제3의 합리적이며 객관적인 원리에 의하여 이루어졌다고 믿을 수 있어야 억울하다는 생각이 덜 들며, 그럴 때에만 진정한 승복이 있을 것이다.

어떻든 우리나라 정부수립 이래 행정개혁을 위한 특별조직(임시 혹은 상설)으로서의 위원회를 설치·운영해 본 역사적 경험을 상호 비교하는 것은 매우 큰 의의를 갖는다고 생각한다. 그리고 그 결과 다음과 같은 결론을 도출할 수 있다.

첫째로 **다루는 문제가 조직개편의 문제가 아니라 절차적인 제도 개선의 문제인 경우에 채택률이 더 높다.** 이것은 그만큼 이해관계의 얽힌 정도가 심하지 않기 때문이다. 5공하의 제도개선위원회나 6공의 김영삼 정부하의 행정쇄신위원회가 채택률이 높은 것은 이 이유가 지배적이라고 생각한다.

둘째로 청와대의 제도적 지원도 역시 대통령의 지지도를 나타내는 것이기 때문에 채택률에 큰 차이를 나타낸다. 5공하의 제도개선사업이 큰 성과를 얻은 것도 여기에 한 가지 원인이 있다. 거꾸로 말하면 3, 4공하의 행정개혁조사위원회나 6공 초기의 행정개혁위원회가 청와대비서실의 적극적인 지원을 받았더라면 더 많은 채택률을 보였을 것이다. 김대중 대통령과 노무현 대통령도 개인적으로 이들 위원회 활동에 많은 지지를 하였다. 그런데, 실제 개혁의 집행은 다른 차원의 문제이다. 채택을 위한 개혁보다는 실제로 집행하여 소기의 효과가 있는 개혁을 추진해야 한다.

셋째로 **총무 담당부처의 지원도 채택률을 올리기 위해서 매우 중요하다.** 3, 4공때의 행정개혁조사위원회가 총무처의 적극적인 지원을 받았다면 채택률은 더 올라갔을 것이다. 5공하의 제도개선위원회가 많은 일을 한 것도 총무처의 지원에 힘입은 바가 매우 크다. 6공하의 행정개혁위원회에도 만일 총무처의 지원이 없었다면 그 정도의 채택률이나마 걷을 수 있었겠는가 하는 의문을 가질 수 있다. 김대중 정부에서는 아예 기획예산처로 조직개편 업무가 넘어갔다. 그리고 인사개혁을 위해 총무처를 폐지하고 중앙인사위원회를 신설하였다. 점점 총무 담당부처의 권력이 약화되면서 현란할 정도의 조직개편은 결국 조직확대를 가져오는 쪽으로 흘러갔다.

넷째로 각 부처의 참여가 많을수록 채택률은 올라간다. 그러나 문제가 조직개편인 경우에 당사자인 부처의 참여는 의견표명기회를 갖는 것 이상으로 허용하기는 곤란하다. 반면에 절차나 제도상의 문제인 경우에는 공동심의를 허용하는 것이 도움이 된다. 그런데 노무현 정부의 경험은 이것도 지나치면 한계가 있다는 것을 보여준다. 물론 민간전문가들이 관료들의 의견을 압도하여 개혁프로그램을 만들었기 때문에 현실성이 떨어지는 문제도 있었다. 이에 더하여 개혁의 내용이나 숫자가 지나치게 증가하며 이들끼리의 충돌현상도 나타났다. 각 부처나 민간의 참여와 개혁작업의 효율성 간에는 거꾸로 된 V자 곡선형 관계가 있을 것이다. 즉 일정수준을 넘어서면 부작용이 나타난다고 할 수 있다.

다섯째로 개혁시기에 대해서는 집권초기일수록 채택에 유리하다고 할 수 있다. 3, 4공 때의 행정개혁조사위원회가 5·16군사 쿠데타 직후에 시작했거나 적어도 민정이양 직전에 했다면 이 위원회의 업적은 달라졌을 것이다. 6공 때의 행정개혁위원회도 좀 더 일찍 시작하여 더 빨리 건의안을 냈더라면 국정자문위원회나 사회정화위원회를 폐지하는 것 이상으로 성과를 올렸을지도 모른다. 이것은 모든 정부에서 공통적으로 경험한 것이다. 따라서 개혁추진기구가 정권 내내 존재하는 것은 일종의 낭비일 수도 있다.

공식적으로 권한이 부여되어 있고, 장기간 이 문제를 전문적으로 다루어온 기관의 전문성을 경시했다는 것은 조직개편과정 자체를 전문성보다는 정치성에 의하여 해결하고자 했던 것이 아닌가 하는 생각을 갖게 한다. 특히, 국회의 권력이 커짐에 따라, 조직개편의 가장 큰 변수는 야당의 지지라고 할 수 있다. 개혁에는 항상 이러한 전문성과 정치성이 대립된다.

제2절 환경과 조직개편[19)]

Ⅰ. 조직군생태론

조직의 생성, 발전, 소멸을 마치 생물분야의 현상과 같이 보고, 여기서 개념을 빌려온 것이 조직군생태론이다.[20)] 조직은 환경에 의존적이라는 점에서 환경결정론적 시작이라고 할 수 있다. 또한 아래에서 논하는 것은 정권교체기의 조직개편뿐만 아니라 그 사이에 일어나는 조직개편도 포함하는 것이다. 즉, 정부조직이라는 것이 살아있는 생물과 같아서, 언제나 환경과 상호작용하여 변화가능하고 실제로 변화하고 있다는 것을 이론적 시각으로 택한다.

조직개편은 의도, 환경의존, 제도모형의 세 가지로 구분할 수 있다.[21)] 이를 크게 보면 결국 조직개편을 추진하는 주체들이 스스로 동기와 목적을 가지고 시작한 '의도적 조직개편'인지, 아니면 여러 환경 변화에 의해 어쩔 수 없이 시작한 '의존적 개편'인지로 나눌 수 있다.

사실 모든 조직개편을 들여다보면 여러 요인이 섞여 있다. 즉, 조직 환경과 개편 주도자의 의지, 해당 조직 내부의 이해관계 등이 상호작용한 끝에 나타나는 결과라고 봐야 할 것이다. 그러나 이 중 실제로 조직개편을 촉발시키는 '결정적 영향력을 미치는 원인은 있을 것이다'는 관점에서 개편의 원인을 구분하여 유형화할 수 있을 것이다.

하지만 실제로 환경주도와 정부주도의 구분이 쉽지는 않다. 예컨대, 외국의 동향을 환경보다 먼저 파악한 일부관료들이 이를 신속히 모방하는 경우는 얼핏 환경주도형으로 보이기 쉽다. 그러나 여기에서는 외교마찰이나 통상압력과 같은

---

19) 이하의 내용은 임도빈(2014), 중앙부처조직의 개편에 관한 연구: 역사적 시각에서, 「한국조직학회보」, 제11권 1호, pp. 1-45를 발전시킨 것임.

20) M. Hannan and J. Freeman(1989), *Organizational Ecology*, Cambridge, MA: Harvard Uni. press 참조.

21) Peters. G.(1994), Government Reorganization: A Theoretical Analysis, in Ali Farazmanded, *Modern Organizations: Administrative Theory in Contemporary Society*, Westport, CT: Praeger, pp. 105-124.

구체적 압력이 없는 한, 관료들을 중심으로 한 의도모형이라고 보기로 한다. 그리고 환경의 존재 여부가 중요한 것이 아니라, 정부조직개편을 담당하는 주체인 정치권에게 '어느 정도 강력한 수준의 실제적 압력'이 없었다면 정부(관료)주도로 보기로 한다. 비록 정부관료들이 개편의 필요성은 느꼈더라도, 이들이 조직개편을 위한 명확한 의지나 의도를 갖기 전에 환경의 변화가 먼저 급격하게 나타나 조직개편이 일어나는 경우는 환경의존형이라고 하기로 한다. 즉, 정부(와 국회)가 비교적 수동적으로 조직개편을 하게 되는 경우를 의미한다. 이 경우도 조직 신설일 때, 전자인 관료의도모형과 혼돈하기 쉽다. 왜냐하면 관료들은 항상 조직신설을 준비해 오다가 환경의 요구가 거세지면, 즉시 행동에 옮기는 경향이 있기 때문이다.

그러나 조직개편 추진 주체의 동기나 목적에서 찾는 '의도적 조직개편'의 경우는 다시 세분해서 볼 부분이 있다. 정권(즉, 대통령 등 정치수준)과 부처(즉, 관료제, 행정의 의도)가 각각 다를 수가 있기 때문이다. 이 역시 실제 운영에 있어서는 명확하게 나누어지기 어려운 측면이 있으나 본 연구에서는 이것을 어느 정도 구분하여 분석하기로 한다.[22)]

환경에는 일반환경general environment과 특수환경specific environment이 있다. 민주화 이후 일반환경이 더 분화하여 특수환경이 많이 생겨났다고 할 수 있다. 민주화는 시민사회의 성장을 의미하고, 여기에는 많은 특수환경이 자라나기 때문이다. 권위주의체제 하에서는 이것이 억제되었다고 본다. 특수환경이 있다는 것은 조직의 입장에서 보면 나름의 조직영토organizational field 혹은 틈새환경niche이 있다는 뜻이다.

환경결정론에서 본다면, 정부조직관리를 담당하는 사람은 환경의 변화, 즉 조직의 수요를 먼저 파악하는 수요기능접근을 통해 적절한 시점에서 정부 조직개편을 추진해야 한다. 수요기능접근은 글로벌 행정환경 변화 → 행정수요 및 정책문제 등장 → 정부 기능재조정 → 정부 조직개편 → 인력 재설계라는 순차적 방법론을 취할 것을 권한다.[23)]

---

22) 조직개편 추진 주체가 정권인지 부처인지에 따라서 다른 한 쪽은 환경의 한 부분이 되기도 한다.

Ⅱ. 환경과의 관계에서 본 조직개편

그동안의 정부조직개편을 살펴보면 다음과 같은 것을 알 수 있다. 1948년 정부수립 시에는 11부(내무부, 외무부, 국방부, 재무부, 법무부, 문교부, 농림부, 상공부, 사회부, 교통부, 체신부), 3처(총무처, 법제처, 기획처), 1실(공보실)로 출발하였다. 그 후 부처가 분화되는 과정을 보면 거의 모든 부처의 원형으로 계 수준 이상은 이미 존재했다. 예컨대, 환경부 사례는 물론이고, 오늘날 전 세계적으로 거의 유일한 부처인 여성부의 원형도 1948년 정부 수립 당시 설치된 사회부 내 부녀국에서 찾을 수 있다.

요컨대 한국 중앙행정 조직에서 과나 국 수준의 조직도 없이 무(無)에서 완전히 새로운 부처가 생긴 사례는 거의 찾아보기 어렵다는 점이다. 이렇게 볼 때, '조직신설'은 '조직확대'라고 봐야 더 정확한 표현이다. 한국행정에서 중앙행정기관 수준의 조직개편사를 볼 때 순수한 '신설'이나 '폐지'는 존재하지 않고, 확대·유지·축소(통합)만 존재한다고 봐야 할 것이다. 이 점에서 볼 때, 조직의 생성과 소멸이라는 두 가지를 모두 보는 조직군생태론은 설명력에 한계가 있다.

또한 정부주도형인가, 혹은 환경의존형인가에 대한 기준에 관해서도 한국의 특수성을 발견할 수 있다. 관료팽창의 경향은 일반화되어 있어서, 관료제 내부에는 항상 추가적으로 설치해야 하는 기구에 대한 아이디어가 떠돌어 다닌다. 이것이 어떤 사건이나 환경적 요구와 만나면 조직 확대나 신설로 이어진다는 것이다. 이런 경우, 조직개편에 있어서 '쓰레기통 모델Garbage can Model'이 더 설명력이 있다고 볼 수도 있다. 즉, 사회의 문제들이 부침하고, 다른 한편으로는 정부가 선도적으로 해야 할 기능을 담당할 조직신설이 필요하다는 관료들의 '아이디어'(즉, 해결책)가 흘러 다니고 있는데, 이런 것을 촉발시켜줄 계기가 필요한 것이다.[24)]

---

23) 김윤권(2013), 정부 조직개편의 로직과 기능별 개편 전략, 「한국행정학보」, 제47권 3호, pp. 49-74.

24) 한국교원대학의 신설을 예로 들 수 있다. 문교부 내부에서는 특수한 교원양성대학교 설립 건의가 1978년에 있었고 1980년에 별도의 국립사범대학설립 건의가 있었다. 그런데 1980년 11월 누나의 심부름을 갔다 실종된 (장애인인) 이윤상 중학생을 유괴한 사람은 사건 발생 약 1년 후 서울대 체육교육과 출신인 그 학교 체육교사인 것으로 밝혀졌다. 교사들에 대한 신뢰가

특히 이제는 거버넌스 시대를 맞이하여 관료들이 직접 자신들에게 유리한 환경을 개척enacted environment하려는 경향이 있다. 각종 보조금으로 관련 정책집단을 육성하고 관리하며, 학계와도 끈끈한 관계를 구축한다. 따라서 관료들은 틈만 있으면 조직을 확대하려고 하니, 이제 정권이 주도해서 해야 하는 것은 조직축소밖에 없다고 봐도 과언이 아니다.

이러한 이론적 배경 하에, 정부조직 개편 역사를 살펴보면서 그 개편의 원인에 대해 일반화generalization를 시도해 보기로 한다.

첫째, 한국 행정조직은 기본적으로 (광의의) 정부의도형이었다고 설명할 수 있다. 의도형이라고 해서 항상 실질적으로 그 분야 행정을 강력히 추진하는 경우만 부처가 생긴 것은 아니다. 사회복지나 노동부의 예에서 볼 수 있듯이, 상징적이면서 미래준비형 조직신설도 있었다. 그러나 이후 민주화가 진행되면서 정부이외의 행위자가 중요시되고 있으며, 이에 따라 점차 환경의존형 조직변화 추세가 가미되고 있다.

정부의도형 조직개편으로 한국사회의 변화를 이끌었던 대표적인 조직개편은 1961년 경제기획원의 설립과 1994년 정통부의 설립이다. 또한 1977년 상공부의 동력국이 확대 개편된 동력자원부의 신설 및 1982년 체육부 조직의 신설도 정부경쟁력을 높이는 데 큰 기여를 한 획기적인 조직신설이다. 그중에서 경제기획원은 '원'이라는 특이한 형태의 조직유형을 산출하였고, '청' 조직도 가지는 등 조직의 일관성이 없었다. 그러나 정부의 자원을 경제성장에 집중하게 하여 정책의 일관성Chibber, 2002을 확보하는 데 중요한 역할을 한 예라고 할 수 있겠다.

둘째, 정부의도형은 정권의 필요성과 관료의 팽창 성향이라는 두 가지를 모두 포함하고 있다. 특히 관료팽창 경향은 새로운 조직을 신설할 때뿐만 아니라, 축소나 폐지위기에 있을 때 조직을 방어하는 생존메커니즘으로 작용하기도 한다. 비교적 환경과 유리된 상태에서 관료팽창이 조직팽창이 된 대표적인 예는 과학기

높던 당시의 분위기에서는 온 국민을 충격에 빠뜨렸다. 신속히 재판이 진행되어 검거 후 약 1년 만에 사형이 집행되었다. 이 사건이 가져온 사회적 충격으로 인하여 기존에 국립대 내에 사범대학의 정원이 교사수요보다 훨씬 많음에도 불구하고, 교사의 질을 높인다는 취지에서 한국교원대학이 신설된다. 정부 내에서는 항상 조직신설에 대한 아이디어가 흘러 다니는데, 마치 엄청난 사건과 같은 환경의 기회가 다가오면 일시에 해결책을 만나는 것이다.

술분야이다. 물론 과학기술계의 압력 등 환경변화가 없었던 것은 아니지만, 고도의 전문적 지식과 국제적 연구동향을 파악해야 하는 과학기술분야는 관료들이 정책방향을 개발하고 이를 추진하는 조직의 필요성을 정당화하는 데 비교적 용이하였다.

관료팽창의 경향의 이면에는 한 번 설치된 조직은 관료들의 자리보존본능 때문에 비록 폐지위기가 와도 어떤 형태로든 생존하게 만드는 방향으로 작동한다. 정부경쟁력을 높이기 위한 효율적인 조직관리를 위해서는 향후 이런 메커니즘에 대한 심층연구가 필요하다. 대체로 민주화 이전 시기는 경제팽창시기와 일치하기 때문에 이런 팽창과 확대의 기조를 유지할 수 있었다. 그러나 사회가 복잡해지고 정부가 다뤄야 하는 일은 많아짐에 따라 조직 확대의 원심력은 점점 커지는데 반해, 작고 효율적인 조직을 운영해야 한다는 구심력도 함께 작용하게 된다. 이 시기 이후에는 양자의 힘이 합치하는 차원에서 신설되는 부처와 폐지(즉, 기능은 '국'정도의 수준에서 유지하되 부처명은 사라짐)되는 부처가 생기게 된다.

이런 과정에서 기존에 팽창억제용으로 적용되던 정부조직의 원칙이 변화를 겪게 된다. 폐지된 부의 조직을 관할하는 차관을 두는 것이 대표적인 예이다. 즉, 2005년 재정경제부, 외교통상부, 산업자원부, 행정자치부의 4개 부처에 복수차관제가 도입된 것이다. 또한 각종 부처형 위원회가 설치된 것도 이런 맥락에서 이해할 수 있다. 차관뿐만 아니라, 일단 이미 증가된 실·국·과장의 인력을 흡수하기 위해 그 이하의 직위도 융통성 있게 늘리는 제도 변화가 끊임없이 이뤄진다. 계선위주의 조직운영을 하던 것에서 심의관(국장급, 과장급)제도를 도입한 것, 1994년 국장급과 과장급에 복수직급제가 도입된 것, 2005년 특정 부처에만 한정되어 있던 '본부제'를 일반부처로 확대 도입한 것, 그리고 2008년 '실'장 밑에 복수 이상의 국을 둔 것이 그 예이다. 이것은 결과적으로 조직의 고전원칙인 계선-참모 분리의 원칙을 흐리게 하는 결과를 낳게 된다. 즉, 참모기관의 계선화가 생기게 된다.

셋째, 조직축소나 폐지의 사례는 매우 드물다. 그나마 환경의존형으로 1994년 경제기획원 폐지를 한 사례로 들 수 있다. 그렇게 막강하고 경제발전에 큰 공헌을 했던 조직이 환경 변화로 인해 계획기능이 무의미하게 되었다는 인식 하에 결국 공식적으로는 '폐지'된 것으로 인식되고 있다. 그러나 실제로는 '경제사회개발 5개년 계획'이라는 기능에만 변화를 겪었지, 다른 기능(특히 예산을 통한 기획 및 통제기능)은 더욱 확대되고, 그 권력은 더 커지는 과정을 겪는다. 즉, 오늘날에도 여전히 과거 경제기획원의 '영광'은 기획재정부로 계속되고 있다.

조직신설이라는 측면에서 환경의존형 사례는 환경, 여성, 통일, 식품안전 분야를 들 수 있다. 이들의 팽창은 당시 논란이 되는 사회적 이슈에 대해서 반응하는 방식으로 작동하였다. 특히 선거 시 표를 의식하는 정치인들의 입장에서는 겉으로 표명하는 '작은 정부'나 '효율성'은 뒷전으로 밀리는 경향이 있음을 의미한다. 과거 입법과정에서 행정부가 주도하고 입법부는 거의 통법부 역할을 했을 때에 비하여, 최근 입법부의 역할이 강화되면서 나타나는 조직팽창에 일조하는 현상이다.

또한 현대 사회의 과학기술발전에 따른 사회적 요구를 받아들이는 식의 조직팽창인 환경의존형으로는 식약청(처)의 신설이 대표적인 예이다. 세계화 이후 국제적 환경의 변화에 맞게 국내환경이 변화할 때, 조직신설의 촉발제가 될 수 있다는 교훈을 준다.

넷째, 정부의도형이든, 환경의존형이든 간에 관계없이 각 부문별로 본다면, 자신의 조직을 최대한 확대시키려는 경향이 뚜렷하게 보인다. 오래된 부처들은 대부분 이전에 '과' 수준에서 출발하여, 국으로 발전한 후, (처 · 청을 거치기도 하고) 부로 승격되는 경향이 있었다. 최근의 사회적 이슈를 통해 신설된 조직들은 모두 처, 위원회 등 다른 참모형 조직으로 시작되었다가, 환경의 압력을 받아 '부'의 형태로 변화하게 된다. 이러한 권력극대화의 경쟁은 결국 부총리급 부처로 하는 것이 최대의 성공작으로 여겨진다. 과거 성장기의 경제기획원, 노무현 정부 시 설치되었던 경제, 교육인적관리, 과학기술, 통일 부총리, 이명박 정부 시 재정경제 기능 등이 그 예이다. 일단 몸집을 불려 놓아야 하겠다는 전략이 눈에 띈다.

Ⅲ. 조직개편에서 관료의 역할

한국정부는 그동안 많은 사회변화를 주도해 왔다. 발전론적 입장에서 보면,

지금까지 정부조직의 신설과 팽창은 크게 보면 이러한 정부의 역할에 무엇인가 긍정적 기여를 해 왔다고 볼 수 있다. 즉 조직개편의 동인이 환경이었는가, 조직이었는가에 관계없이 어떤 조직이 생기면 그동안 그것이 없었을 때보다는 이전에 등한시 했던 것을 이슈화하거나 해결하는 데 기여를 했다고 조심스럽게 평가할 수 있다. 문제는 이런 현상이 어느 시점에서는 관료팽창으로 인한 부정적 효과가 더 커질 수 있을 것이라는 점이다.

한국정부조직이 경쟁력이 있으려면 정책문제를 가장 효과적effective이고, 효율적efficient으로 해결하는 형태가 되어야 한다. 그러나 가장 명확한 추세는 관료팽창론으로 나타나고 있다. 그러므로 (물론 모든 경우가 그런 것은 아니지만) 관료팽창 경향을 최대한 억제하고, 꼭 필요한 조직만 남기면서 또한 적절한 규모로 유지해야 한다. 그리고 이러한 가정 하에서 관료제가 행동하는 것은 그것이 처한 환경의 특성에 따라 달라질 것이다. 여기서 환경이란 국내 및 국제환경을 의미하고, 정권은 관료제가 복종해야 하는 정치체(분점정부가 아닐 때는 의회도 포함)를 의미한다.

중앙행정기관의 개편사를 볼 때 정권과 일반(특수)환경 간의 관계는 관료들에게 중요하다. 이들의 압력을 강약으로 분류하여 조직개편과정에서 관료제의 역할을 유형화하면 다음의 <표 16-2>와 같다.

〈표 16-2〉 **환경유형에 따른 관료제의 대응성**

		환경: 강	환경: 약
정권	강	Ⅰ. 약한 관료제	Ⅱ. 정권주도형(엘리트모형)
정권	약	Ⅲ. 환경주도형	Ⅳ. 강한 관료제

출처: 임도빈(2014).

한국 행정조직사라는 측면에서 보면, Ⅱ형에서 시작하여 점점 사안에 따라 I, Ⅲ형으로 조직개편 유형에서 변화를 겪어온 것이다. Ⅳ형은 아마 앞으로 작동할 가능성이 낮을 것이다. 문제는 I형이다. 환경도 강하게 작동하고, 정권도 이에 민감하게 대응할 정책사안의 경우, 관료팽창기제와 결합하여 조직이 팽창하는 문제가 생길 것이다. 이 경우 조직팽창을 억제하기는 어려울 것이고, 결국 비효율적인 조직이 될 것이 분명하다. 반면 같은 I형이지만, 관료제와는 반대의 힘이 작용할 때가 흥미로운 사례가 될 것이다.

어떻든 지금까지는 국가주도형 국가발전 과정에서 관료팽창의 경향이 제도화가 이뤄졌으므로 앞으로도 이런 추세는 계속될 것 같다.[25] 정부의도형의 조직개편은 상대적 강도가 낮아지고, 환경의존적인 조직개편은 상대적으로 강화될 것 같다. 그리고 효율적인 정부조직의 유지라는 점은 불변의 가치로 남아있을 것이기 때문에, 그 시대적 상황에 따라 어느 기능이 강조되고 어느 기능이 덜 강조되느냐에 따라 부처 조직의 부침이 일어날 것이다.

Ⅳ. 조직개편을 둘러싼 쟁점 : 조직발전

작지만 일 잘하는 정부가 좋은 조직임은 부정할 수 없다. 향후 우리나라가 높은 정부경쟁력을 유지하는 정부조직을 갖기 위해서는 다음의 두 가지가 쟁점이 된다. 첫째, 어떻게 하면 관료들의 집요한 팽창 영향력을 억제하느냐와, 둘째, 조직 확대나 유지를 향한 부당한(?) 환경의 요구에 어떻게 대처하느냐이다.

과거의 단순한 수치를 가지고 국제 비교한 결과이기는 하지만 1980년~2010년을 대상으로 정부의 역량과 개혁의 강도와의 관계를 본 연구에 의하면, 한국은 양자가 모두 약한 회피형이었다가 점진형으로 변화해온 것으로 보인다.[26] 여기서 개혁의 강도(즉, 정부지출규모의 삭감)는 정부조직과도 관련이 있는 변수이다.

정부조직개편은 그 자체가 목적이 아니고, 그것을 통하여 더 좋은 행정성과를 내기 위한 수단일 뿐이다. 그리고 이 수단은 t1의 조직보다 t2의 조직이 좋아졌느냐의 관점에서 살펴보고 활용되어야 한다. 즉, 과연 정부조직의 효율성이나 효과성이 달성되었느냐의 문제이다.

---

25) 박근혜 정부출범시 조직개편은 아직 평가적 의견을 내기에는 시기상조이므로 분석대상에 포함되지 않는다.

26) 김태형 · 장용석(2014), 정부개혁의 유형 및 패턴에 관한 국가비교연구, 「한국행정학보」, 제48권 2호, pp. 175-204.

이명박 정부시 추진된 대부처주의 조직개편은 이러한 효과가 없었다고 보는 시각이 있다.[27] 이것은 조직개편 자체가 효과가 없었다는 것으로 단정짓기보다는 구성원인 공무원들을 만족시키기 어려웠다는 것을 의미한다. 조직구성원을 만족시키는 것이 이들을 동기부여하는 데 도움이 된다는 시각에서 보면, 부정적인 조직개편이라고 할 수 있다. 물론 관료를 위한 조직개편이 아니므로 과연 누구를 위한 조직개편이냐에 대해 생각해볼 필요가 있다. 이익집단을 만족시키는 것인지 아니면, 최고 권력자인 대통령을 만족시키는 것인지의 문제이다.

다음으로 중요한 것은 조직이 잘 돌아가 조직의 임무를 달성하는 것, 조직 효과성을 높이는 것이 무엇인가의 문제이다. 그러기 위해서 중요한 것은 조직구조 변화가 아니라, 조직운영(즉, 관료들의 업무행태)이 바뀌어야 한다는 점이다. 더 나아가는 관료들의 사고방식이나 가치관이 변해야 한다. 이를 크게 문화라고 보기로 한다.

따라서 중요한 것은 조직문화는 내부적 요인이 외부적 요인보다 더 많은 영향을 미친다는 점이다. 조직내부에서 노력에 의하여 향상시킬 수 있는 것이다. 첫째, 최고관리자의 리더십이, 그 다음에는 인사운영시스템, 전략, 업무수행방식 등의 순서로 조직문화에 영향을 미치는 것으로 나타났다.[28]

조직구조를 포함한 조직문화를 바꾸기 위한 체계적이고 인위적인 노력이 조직발전OD이다. 이를 위해서는 교육훈련, 의사소통, 참여, 동기부여, 강압 혹은 협상 등 다양한 기법들이 동원될 수 있다.[29] 이러한 시각에서 보면, 국회의 동의가 필요한 정부조직법 개정이나 저항이 따르는 조직인사제도의 개혁보다는 이러한 다양한 기법을 동원하여 실제로 조직효과성을 높이는 것이 더 중요하다고 하겠다.

---

27) 박천오(2011), 이명박 정부의 조직개편에 대한 공무원 인식: 통합부처 소속 공무원을 중심으로, 「행정논총」, 제49권 1호, pp. 299-319.
박용성 · 이근주 · 최정우(2014), 대부처 중심의 조직개편이 조직효과성에 미치는 영향분석: 정책 · 민원만족도를 중심으로, 「한국인사행정학회보」, 제13권 2호, pp. 299-319.

28) 장지원(2006), 통합부처의 문화통합 영향요인 분석 -행정자치부의 조직통합사례를 중심으로- 「한국행정논집」, 제18권 1호, pp. 29-61.

29) Gareth R. Jones(2013), *Organizational Theory, Design, and Change, Pearson.* 특히 pp. 317-319 참조.

제3절 일상적 조직개편

Ⅰ. 공식적 절차

조직개편은 정권교체 시에만 일어나는 것이 아니고 항시 일어난다. 여기서는 평상시에 일어나는 조직개편의 루틴화된 과정을 알아보고자 한다. 먼저 기존 조직의 문제점을 개선하고자 하는 각 행정기관이 조직개편의 발안과 추진자의 역할을 한다. 개편의 실제 "아이디어"는 장관에 의하여 지시될 수도 있고, 실무자에 의하여 제기될 수도 있다. 어떤 경우이든 그 기관 내의 합의절차가 필요한데, 이것은 부 내의 개인 대 개인의 접촉이나, 부 내 회의 등에서 거론하게 되며, 최종 결심은 그 기관장이 하게 된다.

개정안(案)이 각 기관을 벗어나서 행정안전부 조직실[30]의 심사를 받고, 예산실의 동의를 얻은 다음에, 법제처의 심사를 받아 차관회의와 국무회의를 통과한 후, 대통령의 결재를 받게 된다.

개정안을 제출한 기관이 사전에 행정안전부와 예산실의 의견을 타진하는 경우가 많지만, 이 경우에도 조직실이나 예산실에서 개편을 보장하는 일은 하지 않는 것이 관례다. 따라서 제출기관의 입장에서 보면 실패할 위험부담을 안고 위의 공식절차를 개시하는 것이라고 할 수 있다. 이 말은 기관 내부의 경우에 비하여 공식절차가 더 중요하다는 것을 의미한다. 공식절차의 한 단계 한 단계씩을 밟아가되, 각 단계 안에서 실제 여러 가지 비공식적인 영향력 행사의 활동이 이루어지는 것이다.

특히 심사과정에서 조직실은 절대적인 영향을 행사할 수 있게 되어 있다. 그러나 예산실 측에서 예산조치가 불가능하다는 결론을 내리면 조직실도 어떻게 할 수 있는 방법이 없다. 반면에 예산실이 아무리 예산을 확보할 수 있어도 조직실이 발안해 주지 않는 이상, 예산실은 아무것도 할 수 없다. 법제처의 심사는 법

30) 전체정부의 조직을 관리하는 부서를 의미하며, 여기서는 조직실이란 표현을 병행한다. 실 제도가 영구적이라고 말할 수 없기 때문이다.

기술적인 측면에서 한다고 하지만, 때때로 조문의 수정요구를 통하여 실질적 내용의 심사와 구분할 수 없을 정도로 영향력을 행사할 수도 있다. 다시 말하여 법제처가 단순한 기술적 지위에 머물지 않는 때가 종종 있는 것이다.

한 부 속에서 결정된 기구개편의 안은 그 부의 행정관리 담당관에 의하여 실무적으로 정리되어 행정안전부의 조직실에 제출된다. 단, 조직의 개편 또는 정원의 조정을 해야 할 특별한 사유가 발생한 경우를 제외하고는 연 1회를 초과하여 제출할 수 없게 되어 있다.[31] 뿐만 아니라 이 연 1회라는 것은 시기가 획일적으로 미리 정해져 있다. 통칙이 규정한 시기와 절차는 다음과 같다.

행정안전부장관은 매년 3월 말일까지 당해 연도의 정부행정조직의 관리·운영방침과 다음 연도의 기구개편안 및 소요정원안의 작성에 필요한 기준을 정한 정부조직관리지침을 수립하여 국무총리의 승인을 얻어 중앙행정기관의 장에게 통보하여야 한다(제8조 1항). 중앙행정기관의 장은 당해 기관과 그 소속기관의 기구와 정원을 조정할 필요가 있다고 인정할 때에는 제1항의 지침에 따라 다음 연도의 기구 개편안과 소요정원안을 작성하여 당해연도 4월 말일까지 행정안전부장관에게 제출하여야 하며, 행정안전부장관은 이를 검토하여 다음 연도의 기관별 소요기구와 정원을 책정하여야 한다(제8조 2항). 중앙행정기관의 장은 당해 기관과 그 소속기관의 기구의 개편과 정원의 조정을 위한 직제 등을 제정 또는 개정하고자 할 때에는 다음 서류를 행정안전부장관에게 제출하여야 한다(제10조). 중앙행정기관의 장이 이때에 제출하는 첨부서류는 다음과 같다.

(1) 직제 등의 안
(2) 기구의 개편 또는 정원의 조정을 필요로 하는 사유와 그 배경설명서
(3) 소요정원설명서

이와 같은 서류가 행정안전부에 접수되면 조직실 내의 관장기관별로 분업화된 조직과들 중 어느 하나에 과업으로 부여된다. 이때부터 사정단계가 시작되는데, 필요에 따라서 당해 기관의 기구 및 정원에 대한 진단을 할 수 있다. 그리고 다른 한편으로는 예산실과 재원문제에 관한 협의를 한다. 행정안전부는 재원이

31) 행정기관의 조직과 정원에 관한 통칙 제8조 6항, 이하 조문표시는 이 통칙을 말한다.

없는 기구를 만들거나, 정원을 인가할 수 없기 때문이다. 예산조치에 대한 협의에 관하여 통칙은 다음과 같은 규정을 두고 있다.

> "행정안전부장관은 … 기관별 소요기구와 정원의 책정결과를 당해연도 6월 말일까지[32] 기획재정부장관에게 통보하여야 하며, 기획재정부장관은 통보된 정원의 범위 안에서 다음연도의 인건비예산을 편성하여야 한다."(제9조 1항)

이와 같은 규정에 의하면 기구나 정원에 관한 한 주무기관은 행정안전부라는 것을 명백히 하고, 적어도 행정안전부가 인가하지 않은 인건비예산을 책정해 놓고 그것을 구실로 하여 정원을 얻어내려는 각 부처의 전술을 허용하지 않는 것으로 볼 수 있다.

아무튼 이렇게 하여 확정된 기구 안이나 정원의 개정은 비로소 법령의 개정에 의해서 실시되는데, 일반적 원칙으로는 익년도 중에 필요에 따라서 하게 되어 있다. 그 방법은 법제처의 심의에 부의하고 이후 차관회의, 국무회의의 의결과 대통령의 결재를 얻고 공포하는 것이다. 다만 익년의 1월 중에 시행해야 할 기구 및 정원에 대한 법령조치는 전년도에 할 수 있다.

이상과 같은 것은 일반적 절차이고 이에 대한 예외가 마련되어 있다. 중앙행정기관의 장은 해당 연도 중에 긴급히 직제개편 등의 조치를 취하여야 할 특별한 사유가 있을 때, 위의 일반절차에 의할 수 없는 경우에 한하여 수시로 직제개편 및 정원조정 등을 요구할 수 있다. 뿐만 아니라 "확정된 소요기구 및 정원에 대한 소요 예산이 당해 연도 예산에 계상된 경우에는 법령조치에 앞서 기획재정부장관과 별도의 예산협의를 하지 아니한다"(제9조 2항)라고 되어 있다. 만일 이와 같은 예외 규정의 활용이 빈번해진다면 위의 일반원칙은 무의미해질 염려도 있다. 각 부처의 입장에서 보면 연중 수시로 "긴급"이라는 명목 하에, 그리고 변칙적 방법으로 소요예산을 마련하여 기구개편이나 정원 개정을 요구할 수 있기 때문이다.

그런데 2006년 12월 29일 총액인건비제의 운영에 관한 특례제가 도입되면서 중앙행정기관의 인사자율성이 더욱 커지게 되었다. 즉, 중앙행정기관의 조직 및

---

32) 위의 6월 말일이라는 날짜는 대체적으로 각 부의 예산요구가 예산실에 집합되고 사정단계에 들어가 있는 때이다.

정원 운영의 자율성을 보장하고 합리화를 도모하기 위하여 행정안전부장관이 지정하는 중앙행정기관의 경우 중앙행정기관별 인건비 총액의 범위 안에서 조직 또는 정원을 운영하는 총액인건비제를 운영할 수 있다(제29조 1항). 즉, 각 기관 총액인건비의 범위 내에서 미세한 조직개편을 할 수 있게 된 것이다.

물론 이러한 총액인건비제를 운영하는 중앙행정기관의 정원의 규정방식 및 배정기준에 대하여는 다른 기준에도 불구하고 행정안전부장관이 따로 정하는 바에 의한다(제29조 2항). 그리고 행정안전부장관은 그 조직 및 정원의 운영 실태를 점검하여 그 적정성 및 타당성 등에 대한 평가를 실시하고, 그 결과를 기획재정부 장관과 협의하여 해당기관의 다음 연도 총액인건비에 반영되도록 하는 등 필요한 조치를 하여야 한다(제29조 3항). 이처럼 총액인건비 제도는 직제에 대해서 중앙행정기관의 자율성을 확대하였지만, 정원을 결정하는 인건비 총액의 결정에는 여전히 행정안전부장관이 영향을 미치고 있다. 즉, 아직도 행정안전부가 직제에 대한 주무부처로서의 역할을 담당하고 있음을 확인시켜준다.

이상과 같은 절차에서 우리가 짐작할 수 있는 것은 **기구개편의 절차라는 것은 각 부처, 기획재정부, 행정안전부 등이 관련된 권력관계에 의해서 영향을 받을 가능성이 많다**고 하는 것이다. 그리고 공식적인 절차가 예산편성절차와 매우 유사하게 되어 있음을 알 수 있다. “조직관리지침”, “사정”이라는 용어, 조직들과의 분업방식, 지침하달 이후 일괄해서 요구서를 받고 확정하는 절차 등이 예산절차를 닮았다고 할 수 있다. 이렇게 된 이유는 기구의 결정이 재원에 관한 결정을 떠나서 할 수 없기 때문이다.

예산실은 예산에 대한 유일한 사정기관인데 대하여 조직실의 기구 및 정원에 관한 권한은 예산실과의 사이에 분할 관장되어 있다고 할 수 있다. 또한 예산은 추경예산까지 합해도 연중 1, 2회에 그치는 것이 보통인데, 기구개편과 정원개정은 사실상 연중 수시로 할 수 있다는 점에서도 차이가 있다.

Ⅱ. 기구개편결정에 적용되는 합리적 기준

예산사정의 경우와 마찬가지로 행정안전부나 인사혁신처가 각 부처의 기구개편과 정원개정에 임하는 기본태도는 일단 억제하고 깎고자 하는 것(즉, 거부반응)이라고 할 수 있다. 이것은 물론 각부의 요구가 깎일 것을 전제로 하여 필요 이상으로 팽창된 것을 요구했을 것이라는 판단을 전제로 한다. 기구나 정원요구는 대체로 해당기관이 직접 나서서 축소나 감원하고자 하는 경우는 거의 없기 때문에 타당한 추측이다. 그래서 확장 · 증원을 요구하는 각 부처와 이를 억제하고 깎고자 하는 행정안전부 간의 상반된 요구의 절충과정이 바로 기구개편과정이라 할 수 있다. 그리고 이 과정은 정치적 영향력의 행사, 제3자의 개입, 협상과 설득 등이 작용하는 정치적 과정인 경우가 많다.

예산은 일정한 세입규모를 갖고 각 기관 간 쪼개서 나눠 갖는 제로섬 게임의 문제이므로 각 기관 간에 서로 더 많이 차지하기 위한 경쟁이 치열해질 수밖에 없다. 그러나 조직은 사전에 정해 놓은 "실링"ceiling이 존재하지 않는다. 따라서 각 기관 간의 경쟁은 예산과정만큼 치열하지는 않다. 그러나 간접적으로는 예산에 의한 제약을 받고 있기 때문에 본질적으로 갈등이 없을 수는 없다. 그리고 조직개편은 근본적으로 행정안전부와 개별 각 기관 사이의 양자간 관계로 진행된다. 바꿔 말하면 요구기관이 둘 이상 상호 연결하여 행정안전부에 대항하는 일은 없다.[33)]

1. 일반기준

이러한 양자 게임에서 조직실은 어떤 기준을 사용하는가? 우선 문서로 규정된 합리적인 기준들이라 할 수 있는 "행정기관의 조직과 정원에 관한 통칙"에 의하여 보기로 한다. 조직실의 실무자들은 합리성의 대표자로서 합리적 기준을 적용시켜서 이 문제를 해결하고자 할 것이다. 통칙이 내세우고 있는 것들은 다음과 같은 것들이다.

① 업무량이 적정규모일 것(제3조 1항). 그리고 종합적이고 체계적일 것. 즉 중복이 없을 것(제3조 2항, 제6조 2항)
② 중앙행정기관은 통제기능과 전국적 통일을 요하는 업무, 지방행정기관은

33) 조석준(1989), 한국정부의 정책결정과정에 관한 연구: 조직개편과정을 중심으로, 「행정논총」, 제27권 1호, pp. 219-234.

집행적 업무(제5조 1항)

③ 중앙행정기관에는 원칙적으로 5급 이상 공무원, 지방행정기관에는 원칙적으로 6급 이하 공무원을 배치(제5조 2항)

④ 업무의 독립성(제6조 1항)

⑤ 기존행정기관의 기구개편 등으로 해결할 수 없을 만한 타당성(제6조 3항)

마지막 기준으로서 강조할 것은 기능이나 업무량 변화에 연계될 것(제3조 3항)은 효율적 조직관리를 위해 당연한 기준이다. 실제 업무량 변화가 없이 조직개편을 요구한다면 관료팽창요인에 의한 것일 가능성이 높기 때문이다.

2. 부서별 기준

부서별 원칙 중 해석상 이론이 있을 수 없는 것들만 보면 다음과 같다. 이러한 기준들은 조직개편을 요구하는 각 부처 실무자들이 위반하지 말아야 하는 것들이다. 조직실의 직원은 이 기준을 가지고 사정작업을 한다.

① 차관보 밑에는 하부조직(보조기관과 보좌기관)을 둘 수 없다(제11조 2항).

② 보좌기관(담당관 · 단장 · 부장 · 반장) 밑에는 업무수행에 필요한 최소한의 하부조직을 둘 수 있다(제12조 2항).

③ 실장 · 국장 밑에 두는 보조기관은 실 또는 국의 소관업무를 업무의 양이나 성질에 따라 수개로 분담하여 수행할 필요가 있는 경우 둘 수 있다(제14조 2항).

④ 실장 · 국장 밑에 두는 보조기관은 과장 · 반장 · 팀장 등으로 정할 수 있으며, 3급 내지 5급 공무원으로 보한다(제14조 3항).

⑤ 실장 · 국장 밑에 두는 보조기관의 상한 및 설치기준은 각 중앙행정기관의 계급별 정원, 직무의 특수성 등을 고려하여 행정안전부장관이 정한다(제14조 4항).

⑥ 중앙행정기관의 장은 한시적으로 발생하는 행정수요에 대처하기 위하여 필요하거나 기존의 보조기관과 보좌기관으로는 그 목적을 달성하기 곤란한 중요한 업무가 발생한 때에는 한시적 보조기관 또는 보좌기관(이하 “한시조직”이라 한다)을 설치운영할 수 있다(제17조의3 제1항).

⑦ 한시조직 및 이에 소요되는 정원(이하 “한시정원”이라 한다)은 그 존속기간을 3년 이내로 하되, 행정안전부장관과 협의하여 존속기간을 2년 연장할 수 있다. 다만, 국가적 중요사업의 수행 등을 위하여 필요한 경우에는 행정안전부 장관과 협의하여 총 2년을 초과하여 해당 사업의 수행 등을 위하여

필요한 기간까지 존속기간을 연장할 수 있다(제17조의3 제2항).

⑧ 한시조직은 그 존속기간이 경과한 때에는 자동적으로 폐지된다(제17조의3 제3항).

⑨ 중앙행정기관의 장이 한시조직을 설치하고자 하는 때에는 직제 제·개정시 제출하여야 하는 서류(제10조에 있는 관련서류)를 갖추어 행정안전부장관에게 제출하여야 하며, 행정안전부장관은 한시조직의 타당성 여부를 검토하여 그 결과를 통보하고 직제 등에 반영하는 등 필요한 조치를 취하여야 한다(제17조의3 제4항).

⑩ 중앙행정기관의 지시를 받아 일선행정기관을 지휘·감독함을 주된 기능으로 하는 중간 감독기관인 특별지방행정기관은 특별한 경우를 제외하고는 이를 둘 수 없다(제18조 3항).

⑪ 특별지방행정기관에는 기관장과의 근무교대제의 운영이 필요한 경우를 제외하고는 부기관장을 둘 수 없다(제18조 4항).

⑫ 부속기관에는 기관장과의 근무교대제의 운영이 필요한 기관의 경우를 제외하고는 부기관장을 둘 수 없다(제19조 2항).

그럼에도 불구하고, 합리적 기준은 그리 잘 작동하지 않는다. 조직개편은 언제나 조직확장을 위해 제기되며, 투쟁의 결과로 손해를 보는 일은 없다는 입장에서 요구되기 때문에 장기간에 걸쳐서 그 결과를 보면 언제나 확장일로를 걷게 된다. 하지만 행정기관은 국민의 세금을 사용하기 때문에 국민의 입장에서 보면, 조직은 작고 간소할수록 좋은 것이다. 따라서 총무 담당부처의 사명은 국민을 대신하여 조직 확장을 억제하는 것이라고 할 수 있다.

그러나 조직실은 정부 내에서 그리 권력이 높지 않다는 제약점이 있다. 결국 "행정기관의 조직 및 정원에 관한 통칙"을 대통령령에서 법률로 바꾸든가, 또는 새로 행정조직개편절차법을 만들어서 불합리한 정치적 압력의 행사소지를 법조문으로 봉쇄하는 것을 생각할 수 있다. 또한 일정 수 이상의 실·국이나 과를 가지고 있는 기관에 대해서는 성장의 한계를 정하고, 행정 간소화를 주기적으로 하는 것을 의무화함으로써 현 인원을 감소하는 사업을 하게 해야 한다.

이상을 요약하면, 한편으로는 고위책임자들간의 협상·설득·지시의 대상이 되면서, 다른 한편으로는 객관적·합리적 기준을 찾아서 찬성과 반대의 어느 쪽이든 합리화하려는 노력이 얽히면서 진행되는 것이 조직개편과정의 특징이라 할 수 있다. 그리고 이를 해결하는 방법은 정치게임이 아닌 행정적 게임으로 해야 한다. 이해관계자보다는 조직전문가의 목소리가 더 높아져야 한다.

제4절 정원의 관리를 통한 조직효율화

Ⅰ. 일반원칙

우리나라 행정기관에서 사용하는 '정원'은 매우 특이한 개념이다. 조직도표상의 보조기관과 보좌기관을 '자리'라고 한다면, 이를 점하는 사람들에 관한 것이 '인사'이다. 인사행정은 주로 실제 자리를 부여받아 일하는 '현원'을 가정한 것이다.

정원은 행정기관에 공식적으로 배정된 인력(즉, 자리)의 수를 의미한다. 공무원 정원이란 국가공무원법상 신분이 공무원인 경우만 해당되기 때문에 행정기관에서 근무하지만 공무원 신분이 아닌 비정규직은 공무원 정원에 포함되지 않는다. 또한 인사운영상 결원 또는 초과 현원이 발생할 수 있으므로 실제로 근무하고 있는 현원과는 차이가 날 수 있다.

구체적인 사람을 상정하지 않고 자리 자체의 숫자를 나타내는 정원관리는 한국식 직위분류제라고 할 수 있다. 즉, 행정기관에 두는 계급별 직위(즉, 자리)의 수를 관리한다. 이는 총무 담당부(행정안전부)가 총괄하여 담당한다. 현행법상 정원관리에는 다음과 같은 요소가 중요하다.

① 직급 또는 고위공무원단에 속하는 공무원으로 보하는 직위에 해당하는지 여부는 업무의 성질, 난이도 및 책임도 및 다른 행정기관과의 균형 등을 고려하여 정한다(제23조 1항 1호).
② 정원은 업무의 양 및 성질에 의한다(제23조 1항 1호).
③ 1개의 직위에는 1개의 직급 또는 직무 등급을 부여한다. 다만, 업무의 성격이 특수하거나 1개의 직위에 2개 이상의 이질적인 업무가 복합되어 있는 경우에 한하여 복수직급으로 할 수 있다(제23조 1항 2호).
④ 1개의 직위에 대하여는 일반직과 별정직의 복수직을 부여할 수 없다. 다만, 실장·국장의 직위 또는 시험·연구·조사·교육·전산·통계·총무·홍보 및 비서에 관한 직위에는 그러하지 아니하다(제23조 1항 3호).

⑤ 행정의 전문성을 제고하기 위하여 동일계급 내 행정직렬의 비율이 하향조정되도록 노력하여야 한다(제23조 2항).

⑥ 총액인건비제를 운영하는 중앙행정기관의 정원의 규정방식 및 배정기준에 대하여는 위의 규정에도 불구하고 행정안전부장관이 따로 정하는 바에 의한다.

물론 위에 제시한 것들 가운데는 이론의 여지가 적거나 없는 것들도 있다. 그러나 이것들은 다른 여러 가지의 질적인 판단기준에 비하여 그 수나 비중에 있어서 극히 일부에 지나지 않는다. 또한 많은 기준 중에서 어떤 기준을 취사선택할 것인가, 그리고 선택된 기준들을 어떤 비중으로 어떻게 혼합하여 종합적 판단을 할 것인가는 이 과정에 종사하는 사람들의 양식에 맡겨지는 것이 일반적이다.

많은 경우, 조직실 공무원은 정원을 요구하는 동기가 무엇인가를 가장 중시하고, 이에 따라서 요구안을 승인할 것인가 아닌가를 고민한다. 그리고 만약 승인을 한다면 어느 정도로 할 것인가를 미리 판단한 다음에 자료수집에 나설 것이다. 특히 조직실이 사정을 할 때에는, 통칙 속의 일반기준에서 나오는 “통일적일 것”이라는 기준이 꽤 높은 비중을 차지할 것이다. 즉, 어떤 기관에 예외를 인정하면 타기관들이 이후 그 예외를 구실로 하여 연속적으로 요구를 할 확률이 높기 때문에 이러한 사태를 미리 방지하고자 하는 것이다.

따라서 행정안전부는 정원관리에 대해 좀 더 구체적인 기준을 제시한다. ‘정부조직관리지침’에 의하면 중앙행정기관의 본부 보조보좌기관의 설치에 대하여 다음과 같은 수치적 제한을 둔다. 이런 기준에 의하면, 정원도 동시에 통제될 것이기 때문이다.

첫째, 과의 정원은 10명 이상이다. 그리고 예외도 인정하지만, 최소 7인 이상으로 못 박아 놓았다. 즉, 6명 이하이면 과를 설치할 수 없다는 뜻이다.

둘째, 국은 4개 과 이상일 경우 설치 가능하다. 그리고 국 밑에는 3, 4급 관 또는 심의관을 두지 않는다. 이것을 근거로 과의 설치기준이 최소 7인이기 때문에, 국의 최소규모는 28명의 직원인 경우라고 볼 수 있다.

셋째, 실은 정책관의 수가 2개 이상일 때 가능하다. 실 밑에 두는 관은 무한대로 둘 수 없고, 3개 관 또는 12개 과를 최대한도로 하고 있다.

그러나 이는 지침일 뿐 실제 각 행정조직을 보면 예외적인 것이 많이 보인다. 행정안전부가 경직적인 통제를 통해 작고 효율적인 조직을 운영하려는 힘과, 자율을 명목으로 인사숨통을 트려는 각 행정기관의 팽창하려는 힘이 서로 대립하고 있기 때문이다.

Ⅱ. 전 정부차원의 정원운영 : 중기인력운영계획

행정활동의 중요한 수단은 계획을 통해 장기적인 합리성을 확보하는 것이다. 행정안전부는 전 정부차원에서 국가공무원 인력의 전략적·중장기적·효율적 운영을 위해 5년 단위의 총정원 변동(증감) 예측 및 방향을 설정하는 중기인력운영계획을 수립한다. 이는 2005년부터 시행해 오는 것으로, 그동안 그때그때 임기응변식으로 정원관리를 해온 것보다 진일보한 것이다. 그리고 이 계획에 따라 매년 정부인력 관리 시 이를 참고하고 있다.

행정기관의 조직과 정원에 관한 통칙 제30조에 의하면, 중앙행정기관의 장은 부처별 중기인력운영계획을 수립하여 매년 4월 말까지 행정안전부장관에게 제출하여야 한다. 행정안전부장관은 부처별 중기인력운영계획을 종합하여 각 중앙행정기관별 또는 주요 기능별로 정부 중기인력운영계획을 매년 9월 말까지 수립하여야 한다.

이는 공무원의 무분별한 증원을 방지하고 효율적인 인력관리를 위해 1998년 제정된 '국가공무원 총정원령'의 정신을 실현하기 위한 수단이다. 국가공무원 총정원령에 의하면, 공무원의 인력 규모 상한을 293,982명으로 명시적으로 제한하고 있다. 이렇게 정원을 명확히 밝히고 있는 것은 관료제 팽창을 억제하는 매우 획기적인 것이다.

그러나, 총정원령상의 정원은 광의의 공무원을 모두 포함하는 개념이 아니다. 국가공무원 정원 중 국회·법원·헌법재판소·선관위·감사원의 국가공무원, 전직대통령 비서관, 정무직공무원, 검사, 지방자치단체에 두는 국가공무원, 교원을 제외한 숫자이다. 따라서 이들의 정원은 늘어나는 것이 상대적으로 용이하다. 단, 검사와 경찰은 별도의 정원법을 두고 있다.

공무원의 정원은 총정원의 범위 안에서 공무원의 종류와 직급별로 관리한다. 공무원의 종류란 경력직(일반직, 특정직, 기능직), 특수경력직(정무직, 별정직, 계약직)으로 구분하는 것을 말한다.[34] 그리고 공무원의 직급이란 계서제 내 수직적으로 일반직의 경우, 고위공무원, 3-9급을 의미하며, 직종별로 다양하다.

전 정부적 차원의 정원관리는 총정원의 범위 내에서 각 부처의 정원을 책정하는 방법으로 관리된다. 보통 이는 각 부처의 직제에 규정되어 있다. 일반적 원칙으로서 조직실은 행정기관 업무의 양·성질 등을 고려하여 정원을 책정하며, 각 부처는 정원의 범위 내에서 실·국별 정원 배정 등을 통해 합리적으로 정원을 관리해야 한다.

Ⅲ. 자율적 정원관리제도

1. 총액인건비제도

총정원관리는 행정조직단위로 적용하는 데 한계가 있다. 그것은 조직의 임무를 수행하기 위해 필요한 정원이 정확히 몇 명이라고 답하는 것은 쉽지 않기 때문이다. 사람의 능력은 고무줄과 같아서 상황에 따라서 동일한 사람도 생산성에 큰 차이가 날 수 있다. 그럼에도 불구하고 표준정도의 생산성을 가정하고 과연 몇 명이 적정한가에 대해 논의할 필요는 있다.

이런 시각에서 정부는 특히 지방자치단체에 대해서 복잡한 회귀방정식 등을 동원하여 표준정원을 계산하는 등 여러 가지 시도를 한 바 있다.[35] 결국 이는 많은 비판을 받아서 폐지되었다. 이처럼 관리대상 조직은 항상 정원부족을 호소하고 이를 넘어서 증원하려는 노력이 더 크기 때문에 표준정원을 일률적으로 제시한다는 것은 상당히 어렵다. 사람 머릿수에 의한 관리의 한계이다.

이러한 한계를 극복하기 위해 고안한 제도가 총액인건비제도이다. 이것은 사람 수가 아니라 돈을 기준으로 하는 관리방식이다. 각 기관의 예산총액 중에서 인건비를 사용할 수 있는 최대 인건비 총액을 설정하는 것이다. 이 액수 범위 내

34) 임도빈·유민봉(2019), 「인사행정론: 정부경쟁력의 관점에서」, 박영사.
35) 임도빈(2004), 「한국지방조직론」, 박영사.

에서 조직·보수 제도를 성과향상을 위한 효율적 인센티브로 활용, 성과중심의 정부조직 운영이 가능토록 한 것이다.[36)]

즉, 종전까지는 직제에서 규정한 계급별 정원 범위 내에서만 인력 운영이 가능했으나, 2007년부터는 총액인건비제도를 실시하여 행정 환경 및 수요변화에 즉시 대응할 수 있도록 정원 운영의 탄력성을 부여하고 있다. 총액인건비제를 택하는 기관은 직제에서는 기존의 계급별 정원 규정을 '총정원'으로 규정하고, 직제시행규칙을 통해 총액인건비 범위 내에서 '총정원'의 3% 범위 내 자율 조정, 운영할 수 있다.

〈표 16-3〉 **총액인건비제**[37)]

구분	시행전	시행후
예산관리	사업비·인건비간 이·전용 가능으로 인건비 규모증대 가능성 전용 범위에 대한 부처 자율권 제한	사업비·인건비간 이·전용의 원칙적 금지로 총액인건비 규모 억제 총액인건비 내 대상경비간 전용은 각 기관장에 위임
보수관리	수당운영에 대한 자율권 없음 파견공무원의 인건비를 원소속 기관에서 부담	자율항목 내 수당의 신설·통합·폐지·조정 가능 절감재원으로 성과급 또는 맞춤형복지점수추가 지급 가능 원칙적으로 파견공무원의 인건비는 파견받는 기관에서 부담
기구설치	과 단위 기구 신설시 상한제한	국장급 이상 기구는 현행대로 직제로 규정하나 과단위 기구는 부처 자율 설치
정원관리	정원 1인 증감에도 행자부 승인 필요 1인의 직급·직종 변경도 행자부 승인 필요	직제 정원의 3%(협업과제 수행시 2%이내 가산가능) 범위 내 자율증원가능 3·4급 이하는 자율로 계급별·직급별 정원 관리

총액인건비제는 단순히 정원관리뿐만 아니라 다른 수단과도 연계되어 있다(표 참조). 그리고 이것은 제도가 그렇다는 것이지, 실제로 작동을 하는지는 또 다른

36) 행정안전부 정부조직관리정보시스템 http://org.moi.go.kr/org/external/about/intro_sub05.jsp.
37) 행정안전부 정부조직관리정보시스템 http://org.moi.go.kr/org/external/about/intro_sub05.jsp.

연구주제이다. 또한 총액인건비제를 운영하는 중앙행정기관은 총리령 또는 부령으로 정하는 바에 따라 한시적 보조기관 및 보좌기관을 둘 수 있다. 이 경우도 상위직의 무한한 증가를 막기 위해 한시적 보조기관 및 보좌기관의 장은 4급 또는 5급 공무원으로 보할 수 있도록 제한하고 있다.

종전의 정원관리가 사전관리라고 한다면, 총액인건비제는 사후관리 제도이다. 즉, 행정안전부장관은 총액인건비제를 운영하는 중앙행정기관의 조직 및 정원의 운영 실태를 매년 평가한다. 그리고 그 결과를 기획재정부장관과 협의하여 해당 기관의 다음 연도 총액인건비의 증감에 반영토록 한다.

2. 유동정원제

유동정원제는 총액인건비제도에 더하여 좀 더 정원을 융통성 있게 관리하려는 취지의 제도이다. 이것은 중앙행정기관의 장으로 하여금 소속기관 및 실·국별로 배정한 정원 중 일부를 새로운 행정수요 등에 재배정하여 운영할 수 있도록 한 제도이다. (행정기관의 조직과 정원에 관한 통칙 제29조의2)

이러한 유동정원은 중앙행정기관과 소속기관 사이에도 서로 재배정하여 운영할 수도 있다. 하지만 이것은 자칫하면, 힘이 센 중앙행정기관의 본부가 힘이 약한 소속기관의 유동정원을 받아서 사용함으로써, 현장인력을 부족하게 할 수 있는 위험성이 있다. 즉, 집행을 중시하는 기관에서 현장 집행인력을 줄이는 한편, 정책집행의 책임을 소속기관에게 돌리는 권한-책임 일치 원칙을 위반할 여지를 주는 제도이다.

3. 통합정원제

통합정원제는 부처 단위의 칸막이식 정원 관리가 아닌, 전 정부적 차원에서 통합적으로 정원을 관리하는 것이다. 행정기관의 조직과 정원에 관한 통칙 제26조는 정원의 통합관리에 대해서 규정하고 있다. 중앙행정기관은 소속기관이 2개 이상인 경우에는 직제 등에서 그 중앙행정기관의 각 소속기관 정원을 통합하여 정하도록 되어 있다. 즉, 다음의 경우에 중앙행정기관의 정원과 소속기관의 정원을 통합하여 정할 수 있다.

– 행정기관의 업무량이 계절적 · 주기적으로 일정한 성향을 가지고 변동하는 경우
– 행정기관의 직무의 성질이 서로 유사한 경우
– 행정기관의 직렬 · 직종 및 직급 등이 서로 유사한 경우

구체적으로 직렬 · 직종 · 직급에 관해서 업무수행상 문제가 없다고 판단되는 경우에 다음 어느 하나에 해당되는 공무원 정원을 각각 통합하여 운영할 수 있다.

– 일반직공무원의 6급 · 7급 · 8급 · 9급
– 경찰공무원의 경감 · 경위 · 경사 · 경장 · 순경
– 소방공무원의 소방경 · 소방위 · 소방장 · 소방교 · 소방사
– 공무원의 정원 중 행정안전부장관이 특별히 필요하다고 인정하는 공무원

그러나 정원 감축에 따라 공무원의 신분이 직접적으로 영향을 받게 되는 정무직, 별정직, 임기제 공무원과 기타 지방자치단체에 두는 국가직공무원, 전직대통령비서관 등을 통합정원의 예외로 둠으로써 이 제도의 취지를 약화시킨다는 한계가 있다. 특히 지방자치단체에 두는 국가직공무원을 포함시키지 않은 것은 그리 설득력 있는 것이 아니다.

중요한 것은 부처별 통합정원 규모를 산정한 후, 부처별 통합정원 대상 정원의 5%를 통합정원으로 일괄지정하는 것이다. 그리고 이를 기준으로, 2013년부터 5년간 매년 1%씩 균분 감축하는 방법을 택하였다. 즉, 5년간 5%의 통합정원을 감축하는데, 본부와 소속기관은 서로 분리하여 각각 동일비율로 적용한다. 이때 감축인원은 계급별 정원 비율에 맞추되, 직렬별 배분은 각 부처 사정에 맞게 자율적으로 결정할 수 있도록 하고 있다. 2013년 통합정원제 도입 이후, 2013년 1,042명, 2014년에는 994명의 인력을 감축하였다. 그러나 이것은 공무원이 그만큼 해고된 것을 의미하는 것은 아니다. 정원은 관리상의 수치이기 때문이다.

또 하나의 문제는 중앙행정기관에 일률적으로 5%씩 감축하도록 한 것이다. 이미 여러 번 언급한 대로 기획재정부 등 힘 있는 부처는 조직에서도 부익부 빈익빈의 혜택을 받아 과대팽창되어 있다. 따라서 이들을 좀 더 강도 높게 감축토록 해야 한다. 그리고 이들 기관은 총정원 자체를 줄이는 것도 생각해 볼 필요가 있다. 그래야 조직간 권력불균형의 문제가 일부 완화될 수 있을 것이다.

이렇게 감축된 정원은 국민안전과 경제 활성화 등 다른 국가적 현안과제를 수행하는 데 필요한 증원소요에 활용하기 위한 것이다.[38] 즉, 관료제가 스스로 자리를 줄여서 효율적으로 조직을 운용하는 능력이 부족하기 때문에, 행정안전부가 강제로 일정 비율의 기존 자리를 없애게 하고, 이들 다른 신규수요에 활용하자는 취지의 제도이다.

문제는 통합정원의 감축이 본부와 소속기관 간 정원비율에 맞게 이루어져야 한다는 원칙을 제시했음에도 불구하고, 재배치는 본부에 주로 하는 경우가 생긴다는 것이다. 결과적으로 기관 간 인력수급 불균형 및 현장인력 부족 현상이 발생하는 것이다. 이는 정원관리에도 조직의 권력불균형이 작용하기 때문이다.

4. 별도정원제

행정기관의 조직과 정원에 관한 통칙 제24조의2와 제24조의3은 파견 및 육아휴직 등으로 인한 별도정원의 관리에 대한 규정을 두고 있다. 중앙행정기관(합의제 행정기관을 포함)의 장은 특별한 사유에 의해 한시적으로 결원이 발생한 경우 정원이 따로 있는 것으로 보고 결원을 보충할 수 있다. 별도 정원이 필요가 있다고 인정되는 경우에는 기관별 · 계급별 또는 고위공무원단에 속하는 공무원의 경우에는 공무원의 종류별 별도 정원에 대하여 미리 행정안전부장관과 협의하여야 한다.

- 「국가공무원법」 제32조의4 및 제43조제2항에 따른 1년 이상의 파견근무: 「공무원임용령」 제41조제3항 본문에 따른 파견의 협의 시
- 중앙행정기관의 장과 인사혁신처장의 협의(「공무원 인재개발법」 제13조제1항)에 따른 6월 이상의 교육훈련: 위탁교육훈련계획의 협의 시
- 인사혁신처장의 위탁교육훈련계획(「공무원 인재개발법」 제13조제2항)에 따른 6월 이상의 교육훈련: 위탁교육훈련계획의 수립 시
- 육아휴직과 이에 따른 결원보충이 원활하게 이루어질 수 있도록 하기 위하여 매년 해당기관의 통상적인 육아휴직자 수의 범위에서 별도정원을 운용함

이 제도가 도입된 이유는 위에 예시한 사유가 발생하더라도, 각 행정기관이

---

38) 강민지(2015), "일반 공무원 정원, 1%의 다이어트", 공무원저널, 20151229. http://www.psnews.co.kr/news/article.html?no=13338.

조직의 정원을 지키기 위해 이를 가급적 활용하지 않기 때문이다. 즉, 교육파견을 보내지 않으려고 하고, 육아휴직을 허용하지 않으려고 하는 것이다. 정원을 지키기 위해 이러한 사유에 의한 결원으로 정원이 감소되는 것을 막기 위한 것이다.

그런데 한편으로는 동제도의 시행을 거꾸로 악용하는 사례도 나타난다. 힘이 센 부처일수록 6개월 이상의 위탁교육 자리나 지방자치단체에 파견하는 자리를 많이 만드는 것이다. 결과적으로 전술한 통합정원 등 여러 가지 조직효율화를 위한 노력들을 실효성이 없게 만드는 것이다. 예를 들어 기획재정부 관료들이 국방대학원 등에 교육파견을 가는 것, 지방자치단체의 고위직으로 파견가는 것과 같은 것을 들 수 있다. **힘이 센 부처일수록 소위 '위성공무원'이 많은 경향이 있다.** 여기에는 행정안전부의 암묵적 협조나 부처간 힘의 열세에 의한 순응이 있다. 즉, 정원관리에서 권한-책임 일치의 원칙이 어긋나게 되는 것이다.

제 5 절 조직개편과정의 전략게임

Ⅰ. 게임의 속성

여기서의 조직개편은 정권교체 시는 물론이고, 평상시 조직 및 정원을 포함한 광의의 개념이다. 조직개편은 합리적 기준에 따라 객관적으로 단 한 번에 이뤄지는 것은 아니다. 당해 기관과 정부차원의 조직관리 부처 간 반복되는 게임으로서 이의 특성은 다음과 같다.

우선 조직개편의 문제가 당사자인 각 기관에 의하여 주장될 때는 이는 언제나 확장하는 요구이며, 스스로 축소하는 것을 요구하는 개편은 없다. 조직개편의 요구가 이와 같이 확대 일변도인 이유는 조직 확대는 곧 더 많은 인력, 더 높은 직위의 증설 등을 의미하고, 인사의 적체를 풀거나 인사권을 행사할 수 있는 기회를 제공해 주기 때문이다. 물론 길게 보면 조직이 크다는 것은 작은 것에 비하여 더 많은 위신을 가져다 준다는 것도 이유가 된다.

그러나 조직 확대가 반드시 이런 이유 때문에 나타나는 것은 아니다. 새로운 행정수요의 해결을 위한 것이 주된 목적이지만, 여기서는 때로는 부수적인 이유도 매우 중요하다는 것을 지적하고자 한다.

조직의 확장을 주장하는 기관에서 보면 나중에 깎일 생각을 하고, 기왕이면 많이 요구하는 것이 현명하다고 생각할 것이다. 이것은 마치 예산요구과정과 같다. 사정을 하는 측에 과학적인 기준이 없다고 생각하고, 따라서 조직개편과정은 협상, 타협 등에 의하여 이루어질 것으로 기대하기 때문이다. 그리고 많이 요구했기 때문에 실패한 경우에도 지금보다 못해지지는 않는 것이다. 따라서 아무리 많이 요구해도 손해 볼 것이 없다는 태도를 갖고 임하게 된다.

확장을 요구하는 측은 더 많은 것을 얻기 위해서 투쟁을 하게 되고, 따라서 사정기관인 조직실은 확장을 억제하고자 하는 방어적 자세를 취하게 된다. 조직확장의 요구가 매번 실패하지는 않으며, 가끔 부분적 또는 전면적으로 성공한다고 생각하면 조직은 시간의 흐름에 따라서 확대일로를 걷게 된다.[39] 이러한 조건하에서 조직개편과정은 일종의 게임과 같다.

첫째로 행정안전부의 입장에서는 양자간 게임이기 때문에 다자간 관계보다 다루기 용이한 때가 많을 것이다. 차관회의나 국무회의에서 각 위원은 타기관의 조직 확장에 대해서 비난하거나 억제하려고 하지 않는다. 즉, 타부처의 입장에서는 자기와는 무관한 문제로 취급해버릴 가능성이 많은 것이다.

둘째로 조직개편의 문제가 다른 정책과 다른 점은 일단 방침이 정해지면, 틀림없이 집행에 옮겨진다는 것이다. 물론 이는 확장의 경우를 말한다. 다른 정책 같으면 집행이 되지 않는 경우도 있고, 또 집행되더라도 미지근하게 되는 경우가 많다. 그러나 조직개편 가운데 확장의 경우에는 인사권의 행사가 뒤따르기 때문에 어김없이 집행된다는 특성이 있다. 따라서 요구기관 내의 이해당사자들은 더 진지하게 이 문제를 대하게 된다. 뿐만 아니라 사정기관 쪽도 이 문제를 진지한 태도로 다루게 된다.

셋째로 조직개편의 문제가 부, 처, 청 급과 같이 규모가 큰 것이 아닌 직제사항일 때에는 관련된 사람들이 이를 수단에 속한 문제, 실무의 문제로 취급할 가

39) Sun-Set Law나 감축관리의 필요성은 이런 측면에서도 찾아 볼 수 있다.

능성이 있다. 왜냐하면 조직은 일을 하기 위한 수단에 지나지 않는다고 보기 때문이다. 또한 이것은 정치의 영역이 아니라 행정의 영역이라고 볼 가능성도 매우 높다. 따라서 대통령령인 직제변경의 문제에 대해서 상당한 정도로 조직실의 재량 또는 영향력이 인정된다고 생각한다. 결과적으로 실제 중요한 정책문제인 조직개편이 조직실의 행정적, 기술적, 실무적 판단에 의하여 좌우될 가능성이 있다.

넷째로 조직개편의 문제는 조직의 상하를 막론하고 이를 전문지식의 적용 영역이라기보다 상식의 적용 세계로 간주하는 경향이 매우 많다. 이렇게 생각하게 된 데에는 이 방면의 전문학문의 발달상태가 아직 미흡한 데도 그 원인이 있다. 민간컨설팅회사에서 마치 전문진단기법이 있는 것처럼 포장하여 관련부처나 조직실이 이러한 전문가적 힘을 이용하기도 한다. 그러나 실제로는 자연과학에서 말하는 의미의 객관적인 전문기법은 없다는 것을 그동안의 사례를 통해 알 수 있다.[40]

조직개편이 어려워질수록, **조직개편과정이 정치나 권력관계의 영향에 의하여 지배될 가능성이 많아지게 된다.** 이런 경우, 조직실과 같은 실무기관의 권력이 약해진다. 한편으로 행정의 문제 또는 수단의 문제로 취급하는 동시에, 같은 문제를 상식의 문제로 생각한다는 것은 그만큼 조직실의 업무수행을 어렵게 만든다는 것을 의미한다. 양 기관의 행정실무자들끼리 해결되지 않으면 요구기관의 장이 고위층의 힘을 빌려서 조직실에 압력을 넣는 것도 이 문제를 상식의 영역으로 생각하는 데서 온다고 할 수도 있다.

다섯째로 조직을 확장하면 그것은 그 기관의 장이 세운 공으로 간주되어 기존직원들의 승진, 전보 등 인사가 연쇄적으로 풀리게 된다. 타 동급기관에 비하여 직급이 하나라도 더 높아지면 기관 간의 협조나 이미지에 있어서도 유리한 입장에 놓이게 된다. 조직이 확장된다는 것은 자리수가 많아지는 것을 의미하고, 그만큼 인사대상의 범위가 넓기 때문에 소위 "큰 물에서 놀 수 있다"는 인식이 생긴다.

이상과 같은 속성들 때문에 때로는 개편과정에서 행정안전부와 요구기관 사

---

40) 임도빈(2007), 정부조직진단 사업의 조직사회학적 분석, 「한국행정학보」, 제41권 4호, pp. 89-112.

이에 비공개로 치열한 정치적 영향력 행사의 교호작용이 벌어지게 된다. 이 게임은 일회성 게임이 아니라, 반복되는 전략적 게임이라는 점을 주지할 필요가 있다.

Ⅱ. 개편요구자가 사용하는 전술

1. 요구내용면의 전술

조직개편을 다루는 사람들은 앞에서 언급한 이유 때문에 개편요구자가 사용하는 전술이 어떠하다는 것을 미리 알아야 이에 대처할 수 있다. 이하에서는 이런 전술tactic을 중심으로 살펴보고자 한다.

조직 사정관의 입장에서 보면 위에 열거한 여러 가지 기준 이외에도 많은 기준들을 머릿속에 갖고 있을 것이다. 예를 들면 경제성·능률성·효과성과 조정의 난이성·참모와 계선의 관계·업무절차·동질성과 이질성의 관계 등이 그것들이다.[41)]

그러나 명시적으로 문서화하여 객관적으로 증명할 수 있는 합리적인 기준은 그렇게 많지 않다. 가장 중요한 규모·중복·업무량·독자성·전문성·업무의 성질·경제성·능률성·효과성·조정·동질성 등이 전부 주관적 해석을 허용하는 범위가 넓은 것들이다. 그렇기 때문에 기구개편과정은 이러한 주관적 해석의 영역을 대상으로 하여 정치적 협상과 영향력 행사의 대상이 된다. 권력구조상 행정안전부장관의 위치가 일반적으로 높지 않으므로 그가 이 과정에서 양보하게 되는 일이 종종 있다.

전술을 두 가지로 나누어 보면 개편내용 또는 주장내용 면에서 내세우는 전술이 있고, 그런 주장을 실현시키기 위해 요구하는 측에서 취하는 행동 면의 전술이 있다.

(1) 우선 소속기관으로 설치했다가 후년에 내국화시키는 것
(2) 우선 기술직으로 장을 보하게 하고, 후년에 행정직으로 바꾸는 것
(3) 우선 실을 설치했다가 후년에 기회를 보아서 차관보화하는 것
(4) 정식의 국이나 과를 설치하는 것은 어려울 것으로 예상하고, 그 전단계로

41) 장수덕(1976), 기구개편의 검토기준에 관한 연구, 서울대학교 행정대학원 석사논문, p. 5. 참조.

서 담당관의 설치를 요구하는 것

(5) 정식의 과를 한두 개씩 점차적으로 증가하고 일정수(2~3개)에 도달했을 때 국(局)화하는 것을 요구하는 것. 이것은 위의 담당관 설치의 경우에도 해당된다. 그리고 어떤 방법들은 국으로 할 때에 별도로 정원요구, 즉 예산조치 없이도 실현할 수 있다는 것을 내세울 수 있는 장점이 있다.

(6) 국·과 편제는 그대로 두고 장의 직급 격상만 요구하는 것. 후에 "균형"을 이유로 다른 직급도 높일 것을 요구한다. 이것은 요구 측에서 보면 직위격상, 순차적 승진을 통한 사기앙양 등의 효과가 있다. 그러나 "통일성"을 이유로 행정안전부는 반대하게 되고 따라서 이것을 실현시킨 기관들은 권력기관인 감사원, 국가정보원, 예산실, 검찰청, 경찰청, 국방부 등이며, 이들은 정치체제가 경직화되어 있을 때일수록 이런 요구를 실현시킬 수 있다.

(7) 우선 지방관서를 한 곳에 둔 뒤, 후일에 다른 곳에도 설치함으로써 공통관리기관의 필요성을 내세워서 중앙기관을 두는 것을 요구함. 지방관서는 한 곳이라도 두기로 하면 타지역에도 두는 것으로 될 가능성이 매우 높다.

(8) 장관 또는 총리 소속의 위원회를 설치하면서 그 사무국을 서울로 하거나, 현 보조기관을 사무국화하면서 정원을 키우는 방법. 전자의 경우에는 후일에 위원회를 폐지하면서 사무국을 흡수한다.

(9) 현재의 국을 외국화하고 대신 같은 국의 명칭을 변경하여 존치시키면서 전체 국(局)의 수는 그대로 유지하는 방법. 이 방법은 외청도 설치하고 국(局)의 수도 유지하는 것이기 때문에 그 기관의 상대적 권력이 특히 큰 경우에 사용한다.

(10) 부기관장 1인을 두었다가 나중에 추가로 1인을 더 두면서 이들 사이에 분업을 하는 것

이상과 같은 방법들은 대부분 **반복되는 양자간 게임을 통해 점증적**incremental**으로 조직확장을 실현시켜 나간다는 것**을 의미한다.[42] 즉, 처음부터 누군가가 전체

42) 여기서는 각 부처와 조직관리 담당부처와의 관계를 논하고 있지만 노무현 정부와 이명박 정부시 전 정부적으로 일어난 조직개편의 결과에도 적용해 볼 수 있다. 노무현 정부에서는 '불필요한 일은 버리고 사회의 새로운 요구를 담당할 부서를 신설한다'는 취지로 조직진단을 했다. 그 결과 각 부처는 기존부서를 거의 줄이지 않고(명칭을 바꾸는 등 소극적 개편은 했다), 조그만 부서라도 신설을 많이 했다. 이명박 정부에서는 이전의 기구들을 큰 틀에 집어넣는 '대국대과주의'를 하였다. 그 결과 실(국)과 '과' 사이에 각종 '관'이 생겨서 사실상 국장자리가 많이 늘어났다. 이러한 작업이 조직실의 지휘하에 이뤄졌다는 점에서 그동안 조직실은 개혁이란 이름 아래 자신의 역할을 제대로 하지 않았다.

를 장기간에 걸쳐서 계획하고, 그것에 따라서 개별적인 주장을 하는 것이 아니다. 장기간에 걸쳐 보면 주장하는 사람들도 달라진다. 첫 단계를 실현시킨 후, 다음 단계는 언제쯤일 것이라는 것도 미지수이다. 어쩌면 다음 단계는 영원히 오지 않을 수도 있다.

그럼에도 불구하고 우선 첫 단계의 주장을 하게 되는 동기는 다음과 같다. 첫째로 조직개편 문제의 속성에 따라 해당 주장이 조금이라도 실현된다면 현직에 있는 자들에게 여러 가지 혜택이 온다. 설혹 실현되지 않아도 현재보다 나빠지지는 않는다. 둘째로 위와 같은 요구가 일부라도 실현된다면, 그것은 언젠가는 다시 다음 단계의 요구로 연결될 수 있다.

2. 행동방법상의 전술

위와 같은 주장들을 실현시키기 위하여 요구기관은 여러 가지 종류의 행동들을 하게 된다. 이러한 전술들은 사실 요구기관 입장에서 어떤 일관성을 유지하기보다는 있는 수단을 다 동원한다는 것을 의미한다. 요구기관에게 일관성이 있다고 한다면 시간이 걸리더라도 조직을 확대하려는 의도뿐이다.

첫째, 평소에 행정안전부와의 의사소통 통로로서의 책임을 지고 있는 사람은 각 부처의 행정관리담당관들이다. 이 사람들이 오랫동안 조직실과 쌓은 인간관계나 영향력을 구체적인 조직개편안의 실현을 위하여 활용하리라는 것은 쉽게 상상할 수 있다. 그의 존재는 마치 예산담당관의 대예산실과의 관계와 유사하다고 할 수 있다. 그러나 예산은 모든 부처가 골고루 관련되어 있고, 당장 익년도의 생존에 관한 문제인데 비해 조직개편은 1년에 한 번도 없을 수도 있으며, 직접 관련부서가 특정되어 있다는 점에서 행정관리관의 평소의 내부 지위는 예산담당관의 그것에 미치지 못한다.

둘째, 행정관리담당관 이외에도 관계되는 부서의 장이 필요한 경우에는 조직실과 직접 접촉할 것이다. 만일 실무 차원에서 원만하게 타결되지 않으면 요구기관의 고위 책임자가 행정안전부의 고위직에게 개편요구를 설명할 수도 있고, 때로는 청와대의 개입도 상상할 수 있다.

셋째, 요구부처는 익년도에 대규모의 정책 사업에 관한 예산투쟁과정에서 예산실로부터 그 사업예산의 내락을 받아 놓고, 그것을 이유로 하여 조직실의 승인을 요구하는 일도 있을 수 있다. 위와는 반대로 추가재원을 필요로 하지 않는 개편을 요구했다가 이것이 실현되면 후년에 예산을 요구하는 방법이 있다.

넷째, 일단 한시조직으로 설치했다가 그 기간을 연장하고 나중에 영속화하는 방법도 있다.

다섯째, 우선 정원을 조금씩 매년 증가시키다가 후년에 업무량 과다와 추가재원이 필요하지 않다는 것을 내세워 새로운 국의 설치를 요구하는 수도 있다.

여섯째, 정부방침 사업을 여당이나 정부의 고위층에 의하여 발표하게 하고, 여론이 크게 보도하게 한 다음에 그 사업을 추진하기 위한 조직개편안을 제안함으로써 행정안전부 실무자들에게 간접적으로 중압감을 느끼게 하는 방법도 있다.

마지막으로 부처 밖의 지원을 받는 방법이다. 우선 유명 컨설팅업체나 우호적인 대학교수에게 조직진단관련 연구용역을 발주한다. 심지어 우호적인 교수를 포섭하여 작은 학회나 연구소를 만들기도 한다. 숨은 의도를 보이지 않기 위해 흔히 용역과제명에 '조직진단'이란 용어보다는 '21세기 **정책(그 부의 핵심기능을 의미)의 발전방안'이란 우회적인 방법을 쓴다. 그리고 이 용역보고서를 가지고 학술대회를 열어 언론기관의 주목을 받도록 한다. 즉, 행정부 밖에서 지원하도록 하는 방법으로서 여당, 국회의원, 신문, 잡지, 방송, 대학교수, 이익단체 등을 종합적으로 활용하는 방법이다. 이들 가운데 특히 자기 부처에 의존관계가 있는 자들은 이런 용도에 쉽게 동원되는 때가 많다.

Ⅲ. 새로운 방법

1. 행정안전부를 우회하는 전술

행정안전부가 조직개편에 대하여 부정적, 통제적인 자세를 유지하리라는 것은 문제의 성격상 명백하다. 그런데 이러한 자세가 확고하여 도저히 극복하기 힘든 경우가 있다. 이런 때에 행정안전부의 승인 없이 자기의 목적을 성취하는 방법에는 어떤 것들이 있는가? 특히 예산실마저 그런 확장을 승인하지 않는 경우에는 도저히 자기의도를 실현하는 방법은 없는가?

첫째로 정상적인 행정기관의 신설이나 확장을 위하여 그것이 법률사항인 경우에는 의원입법의 길을 택하는 방법이 있다. 국회에서 통과만 되면, 그리고 대통령이 거부권을 행사하지만 않는다면 이 방법은 다음과 같은 이점이 있다. 행정안전부, 법제처, 예산실의 직접적인 심사는 전부 면제된다. 법률안공포는 차관회의에는 상정되지 않기 때문에 이것도 생략될 수 있다. 따라서 국무회의의 의결과 대통령의 결재만 나면 공포될 수 있다.

이 방법의 약점은 다음과 같다. 정부조직법은 고위직만 다루고 있으므로 큰 규모의 변화만 대상으로 할 수 있다. 그런데 큰 규모의 변화를 행정부 관계기관의 양해 없이 국회에서만 통과시켰다고 하여 그 뒤의 공포절차가 순조로울 수는 없다. 또한 국회에서 통과될 가능성도 일반적으로 높지 않다. 그 이유는 후술할 것이다.

의원입법이 이와 같이 행정부 내의 요구부처의 우회적 수법으로 사용되는 것 이외에, 국회나 정당이 스스로의 판단에 의하여 어떤 조직의 신설이나 확장을 요구하는 경우도 있을 수 있다. 그러나 여당이나 여당의 국회의원이 행정부의 동의와 요청이 없이 독자적으로 조직개편법률안을 제출하는 경우는 상상할 수 없다. 장관은 무엇보다도 대통령의 눈치를 보기 때문이다. 오히려 이것은 야당의 경우에 있을 수 있는 일이며, 특히 여소야대의 의석분포인 경우에는 더욱 가능성이 높아진다. 그리고 행정부의 거부권을 유도함으로써 정부를 곤경에 처하게 하기 위한 목적으로 사용될 수도 있다.

관련 특별법이 의원입법에 의하는 경우에는 행정부 내에서도 이 절차는 생략되고 국회 내의 절차만 밟게 된다. 국회 안의 절차에 있어서도 운영위원회 → 해당상임분과위원회 → 법사위원회 → 본회의의 과정을 밟는 동안에 국회 행정자치위원회는 소외되고, 따라서 행정위원회의 신설을 통제해야 하는 총무 담당부처(행정안전부)도 모르고 지나게 된다. 앞으로는 행정부 속에 설치하는 각종 위원회들도 정부조직의 문제로 명시되고 따라서 총무 담당부처의 협조가 있어야만 국무회의에 상정될 수 있도록 해야 할 것이다.

2. 그림자 조직의 신설

전술한 전통적인 방법은 이미 너무 알려져 있어서 그만큼 사용하기 어렵다. 따라서 전혀 새로운 접근법으로서 정식행정기관이 아닌 그림자조직 즉, 공사, 정부출연기관인 공단이나 연구기관을 만드는 방법이 사용되고 있다. 이 경우는 사업에 대한 내락을 청와대로부터 받아 놓고, 다음으로 사업을 위한 예산상의 조치를 기획재정부로부터 받은 다음에 특별법을 만드는데, 이 과정에서 행정안전부의 조직심사를 경유하지 않아도 된다.

이 방법이 설득력이 있으려면, 신설한 조직의 목적 혹은 미션이 현재 한국사회의 심각한 문제를 해결하는 데 필수적이어야 한다. 일단 정부가 어떤 형태든 개입하는 것이 좋다는 점에서 동의가 얻어지면, 그 개입 방법이 전통적인 행정조직으로는 만족스럽지 못하다는 점을 설득해야 한다. 그리고 가급적 '민간'이란 이름을 빌려, 재원이라든지 인력이 정부의 것이 적게 들어가는 것으로 설득해야 한다. 신설된 조직이 작은 규모부터 시작한다든지, 기존의 어느 조직을 활용한다든지 등의 논리는 전술한 행정조직의 요구내용과 행동전략을 그대로 적용할 수 있다. 물론 국회에서 법안의 통과 등 관련된 절차들이 사실상 정치적 성격이 같은 것은 부인할 수 없다.

이와 같이 대부분의 그림자 조직은 합리적인 측면을 가지고 만들어지지만, 실제로는 정부부처가 이들을 활용하기 위한 때가 많다는 것도 부인하기 어렵다. 즉, 낙하산 인사를 통하여 행정기관의 선임퇴역자를 내보낼 수 있다는 것, 때로는 그런 산하기관 내부의 인사에도 관여할 수 있다는 것, 국고보다 융통성 있는 예산을 활용할 수 있다는 것 등의 이유로 남설되는 때가 많다. 그래서 **본체를 늘릴 수 없을 때에는 그림자라도 늘리려는 것이다.** 앞에서도 지적한 바와 같이 이들 가운데 지방에 두는 조직이 신설되는 경우에는 행정안전부의 통제로부터 벗어나기 위한 수단으로서의 성격을 가진 경우도 있다. 이들에 대해서도 행정안전부가 그 설치과정에 관여할 수 있게 해야 한다.

제6절 저성장기의 조직개편

Ⅰ. 조직개편의 방향

1. 헌법기관의 조직축소

이 책은 처음부터 행정조직들 사이의 권력관계에 관심을 가지고 출발했다. 그렇기 때문에 조직개편도 이들 사이의 권력관계의 재배열을 위한 것이어야 한다고 믿는다. 많은 경우 사람의 행동은 자기를 둘러싸고 있는 구조의 제약 속에서 하게 되어 있다. 구조변경은 그런 의미에서 행태변경의 수단이기도 하다. 기구를 없애거나 축소하는 것은 또한 규제를 푸는 가장 확실한 방법이다. 규제관계법령을 개별적으로 개폐하는 것보다 확실한 방법은 조직을 없애는 것이기 때문이다. 그런 의미에서 조직개편은 꼭 필요한 것이다.

우리나라가 과거 70여 년 동안 정부조직을 관리해 온 실태를 보면 한마디로 방만하고 사치스러웠다고 표현할 수 있다. 그것은 경제성장기이었기 때문에 가능한 것이었다. 물론 주무처인 총무 담당부처는 많은 억제노력을 하였다. 그러나 그의 행정적, 법적 권한만으로는 도저히 정치권력에 의한 압력을 당해내기 곤란하였기 때문에 이러한 결과가 온 것이다. 소위 힘이 센 기관이면 기구도 증설할 수 있었고 인력도 증원할 수 있었다. 따라서 현실적으로 권력의 상대적 지위가 낮은 총무 담당부처의 능력으로는 이를 막을 수 없었다.[43)]

이는 대통령 직속기관이나 독립기관과 같이 방어적 권력이 있는 부서에도 나타난다. 이 책에서 다루지는 못했지만, 조직실의 견제권이 작동하지 않는 헌법상 독립기관인 국회나 사법부의 행정조직도 대폭 증가하였다. 감사원이나 중앙선거

---

43) 예를 들어 과거의 경제기획원에 대해서 보자. 한창 민주화를 부르짖던 6공화국의 초기 그것도 행정개혁의 이름 아래 조직의 축소를 부르짖던 시절에 국민경제교육원과 경제교육국을 신설했다. 그 국 속에 경제교육조사, 경제교육홍보, 경제교육기획의 3개 과나 설치했다. 정부가 경제업적을 홍보한다는 발상부터가 권위주의적이라고 할 수 있다. 조직도 권력이 지나치게 많으면 타락한다. 자기 조직의 관료적 이익을 위하여 전체적인 흐름에 역행하면서까지 확장했다는 것은 이 조직이 도덕적으로 타락했었다는 것을 의미한다.

관리위원회의 조직이 다른 기관에 비하여 급속히 증대하는데도, 총무 담당부처는 제동을 걸지 못하였다. 특히 감사원은 전자정부화 등으로 정부회계의 투명성이 강화되었음에도 불구하고 기구팽창은 지속되었다.[44)]

그러나 이제 저성장기에 들어섰다. 웬만한 제도는 거의 다 갖춰졌기 때문에 과거 '기관형성'기와는 다른 맥락에 있다. 이제 중앙은 물론이고 지방에 그림자 조직들이 우후죽순격으로 늘어나고 있다. 기관들이 너무 많아서 국민들은 '무엇이 무엇을 하는 기관인지' 혼동하고, 이들 기관들이 엇박자를 내어 정책효과를 반감시키기도 한다. 따라서 향후 조직개편은 지나치게 커진 이들 헌법기관을 축소하고, 그림자 조직의 억제에 중심을 두어야 한다. 특히 그림자 조직의 신설과 팽창을 억제하기 위한 일반원칙이 수립될 필요가 있다.

2. 조직개편의 탈정치화

조직은 행정의 목적을 달성하기 위한 수단일 뿐이다. 그런데, 국회 등 조직분야의 비전문가가 너무 큰 영향을 미치는 것이 문제이다. 즉, 조직문제에 대해서도 탈정치화하는 것이 필요하다. 언론들은 앞다투어 비전문가적인 보도를 쏟아낸다. 문제만 생기면, '컨트롤타워'를 운운하며 조직을 늘리려 한다. 따라서 정치권이 행정조직에 과도한 영향을 미치는 것도 방지해야 한다. 특히 대통령과 집권여당이 행정조직의 운영에 간여하면 행정의 전문성이 무시되는 셈이다. 조직의 상징성 때문에 이렇게 되었다.

청와대를 비롯한 유력자가 조직 및 고위공무원들의 인사에 직·간접적으로 영향을 미친다는 분위기가 관료들이 수 십년 닦은 경험을 살리기보다는 정치권의 눈치를 보는 데 바쁘게 만드는 요인이다. 노무현 정부 때 '혁신', 이명박 정부 때 '창의' 혹은 '녹색성장', 그리고 박근혜 정부 때 '창조경제'가 모든 관료들에게 강요된바 있다. 관료들이 상관에게 잘 보이기 위해 이것만을 가시적인 방법으로 추구하면 할수록 행정 본연의 임무는 뒤로 간다.

총무 담당부처의 관료들은 각종 새로운 조직관리제도, 인사제도를 도입하여

44) 임도빈(2009), 관료제를 위한 변론: 한국관료제의 성과제고 방안, 「한국조직학회보」, 제6권 3호.

개혁을 하는 것처럼 보였다. 그러나 실제로는 이런 제도가 관료들의 큰 저항없이 도입되었던 것은 그 이면에 조직증대를 동반하였기 때문에 가능하였다. 노무현 정부 시 등장했던 본부-팀제, 그리고 명맥만 유지하는 고위공무원단제도가 그 대표적인 예이다.

신공공관리론적 개혁분위기 속에서 총무 담당부처의 자세에도 변질이 있었다. 핵심임무는 조직팽창을 억제하는 것인데 이 본연의 임무를 저버린 셈이 되었다. 겉으로는 외국의 제도를 도입하는 데 앞장서면서 실제로는 각 행정기관의 조직자율권과 다양성을 더 확대해 나갔다. 이것은 결과적으로 조직팽창을 가져왔다. 지방행정기관도 마찬가지이다. 신공공관리론과 더불어 지방자치화 요구의 물결에 휩쓸렸다고 볼 수 있다. 그리고 타 부처의 조직실에 대한 비난의 강도도 낮아졌다. 하지만 조직실 본연의 임무인 기구 팽창억제를 하지 못했으니 직무유기인 셈이다. 조직실에 대한 불만도와 정부조직의 팽창 정도에는 반비례 관계가 있다.

결과적으로 조직확대를 억제시키는 역할을 하는 조직실에게 힘을 실어줘야 한다. 또한 후자는 각 기관의 비판과 비난 때문에 이런 역할을 포기하지 말아야 한다. 이제 조직문제에 대해서는 심층적이고 전체적으로 보는 전문적 시각이 필요하다. 상식 수준의 지식을 갖고 마치 전문가인 양 주장하는 컨설팅회사, 각종 단체, 자칭 전문가를 경계해야 한다. 비전문가의 목소리가 높아질수록 조직실의 역할이 중요해진다. 전문성은 조직진단관련 학계에서 말하는 전문지식도 있지만, 그보다는 각 행정기관의 조직변화 역사나 특성, 다른 기관과의 관계 등에 대한 전문성이 더 강조되어야 한다. 이것은 조직실이 중심이 되어 오랜 경험이 있는 학자들을 통해 배양되어야 가능하다. 조직확대만을 노리는 행정기관과 단기적 영업이익만을 추구하는 컨설팅회사의 협공은 경계해야 한다.

넘지말아야 할 목표로서 '공무원 총정원'을 설정한 것을 잘 한 것이다. 그러나 여기에 포함되지 않는 것이 너무 많다는 것이 문제이다. 검찰, 경찰, 군대 등 별도로 관리하는 정원들도 포함한 그야말로 '총공무원'을 다룰 방법을 모색해야 한다. 나아가서 우후죽순격으로 생기는 그림자 조직도 어떤 방법이든 조직실의 관리권 안으로 넣어야 한다.

Ⅱ. 행정기관 간 권력격차의 해소

1. 부익부 빈익빈

과거 60여 년 간의 행정조직의 역사를 돌이켜보면 중요한 현상을 발견할 수 있다. 과거의 권위주의적 정치체계 밑에서 있었던 현상이 민주화된 정치체제 속에서도 계속적으로 발현되어 온 것이다. 그것은 행정기관들 사이에서 점차적으로 권력관계가 계층화하는 길을 밟아 왔다는 점이다. 이 과정은 힘이나 영향력이 많은 기관들이 힘의 단선구조를 업고 자기의 힘을 더욱 키워온 과정이었고, 이 과정에서 힘이 적은 조직들은 이익의 분배에서 밀려나게 되었다고 볼 수 있다. 그래서 **권력의 부익부 빈익빈의 현상이 심화되고, 상위그룹조직과 하위그룹조직 간의 권력거리는 점점 더 멀어지게 되었다.**

특히 청와대의 힘은 점점 커지는 경향이 있어 왔다. 또한 경제부처의 권력은 사회 전체의 자본주의화가 진행됨에 따라 조직이 분화되고 힘은 더욱 증대되어 왔다. 전형적인 부처조직에서 벗어나 독립규제위원회 혹은 그림자조직을 만들어서 조직을 증대시켰다. 이들을 전부 통산하면 경제부처의 기구는 가장 큰 공룡과 같은 거대한 조직이 되었다. 이들은 다른 조직을 지배하는 현상을 가져왔고, 인사상에도 특혜를 받는다는 사례를 많이 산출하였다. 관피아현상도 산출하였다.

이 문제를 해결하기 위해서는 힘이 센 조직의 규모를 줄이고, 두 개 이상으로 나눠서 서로 대립시키고, 아니면 그 속에 보임하는 자리의 직급을 내려야 한다. 대표적인 기관으로 청와대, 기획재정부, 금융위원회 계열 조직, 방송관련 조직, 검찰조직, 감사원 등이다. 이들 권력부처와 그림자조직은 보수를 줄이는 등 개혁도 해야 한다. 2000년대 초 30명인 조직에서 2,000여명이나 되는 조직이 된 금감원이 그 예이다. 이들 기관에 종사하는 직원들에게는 관피아의 기준, 공직윤리의 기준도 더 엄격해야 한다.

조직에서 부익부 빈익빈 현상은 매우 중요한 일인데도 불구하고, 매우 작은 조직으로 움직이는 경우도 많다는 점을 상기해야 한다. 이들은 상대적 박탈감을 느낀다. 아무리 이들 기능이 중요한 시대라고 외쳐도 인재들은 그쪽으로 잘 가지 않으며, 부처 간에 협조도 되지 않는다. 모든 권위가 계서제의 상부에서만 나온다고 생각하고 상위계층을 차지하기 위한 경쟁이 거의 생존경쟁과 같이 되어 있는 상태에서는 질서와 경쟁만 있지 협조는 있을 수 없기 때문이다. 즉, 권력격차는 부처이기주의 원인 중의 하나인 것이다. **대통령이 아무리 민주적인 리더십으로 변화한다 해도, 행정조직들 사이의 계층구조가 이와 같은 상태로 버티고 있는 한 부처이기주의는 없어지지 않을 것이다.**

무엇보다 대통령의 권력이 총리와 장관들에게 많이 내려가야 한다. 청와대가 국정전반에 개입하는 현 상황에서는 이는 요원한 숙제이다. 청와대의 조직도 축소하고, 직급도 하향조정하는 것도 생각해 볼 수 있다. 대통령이 직접 챙기는 분야를 담당하는 수석만 존속시키고, 총리가 주로 챙기는 기능 분야의 경우, 청와대 수석자리를 없애는 것도 하나의 방법이다. 특히 청와대의 권력은 주로 인사권에서 나오는 것이므로, 청와대의 고위직 인사권을 실질적으로 총리와 장관에게 가능한 한 많이 이양하는 것도 필요하다.

2. '돈의 논리'의 견제

조직 간 권력의 재배열 과정을 오래 끌게 되면 그 과정에서 관료이익이 되살아날 가능성이 있고, 그 때문에 권력분배의 평준화방향에 차질이 생길까 우려된다. 겉으로는 권력균등화가 일어나는 것같이 보이지만 실질적으로는 그 반대인 경우가 많다.

기획재정부가 대표적인 예로 돈의 논리가 조직관리까지 지배하는 것도 가장 경계해야 할 문제이다. 돈은 수단이지 목적이 아니다. 따라서 어떻게 하면 정책문제에서 예산실의 권력을 억제하느냐라는 시각에서 접근해야 한다. 현재는 청와대와 기획재정부가 한 덩어리가 되어 정부 내 수퍼파워 기관이 되었다. 따라서 이들의 조직규모부터 과감히 줄이는 것도 하나의 방법이다. 그렇지 않아도 힘이 센 기재부장관이 부총리 자리를 맡는 것은 위헌이기도 하고 바람직하지 않다.[45] 돈은 행정을 위한 수단에 불과하지 목적이 아님을 명심해야 한다.

기재부 등 권력부처의 조직지위를 격하하거나 총리에게 재정경제 권한을 주

45) 부총리 제도 자체가 헌법에 규정되어 있지 않은 위헌사항이다. 자세한 것은 본서 초판 참조.

는 것도 검토해 볼 만한 대안이다. 기재부를 2개 이상으로 나누고, 청이나 연구원 등 소속기관, 부속기관들은 가급적 다른 부처로 이관하는 것을 생각해 볼 필요가 있다. 또한 기재부가 실질적으로 가지고 있는 경영평가 등 성과평가권도 중립적인 다른 기관에게 주는 방안도 검토해 볼 필요가 있다. 기재부는 예산권, 기획권, (성과)평가권까지 한 손에 쥐고 있는 막강한 조직이기 때문이다.

기재부 등 이미 권력있는 부처의 고위직이 다른 부처의 장으로 영전하는 것도, 관피아로 다른 공공기관에 가는 것도 더욱 엄격히 다뤄야 할 것이다. 이미 권력부처에 근무한 자체가 다른 사람들이 갖지 못하는 공직봉사의 기회를 가졌다고 보자는 것이다. 물론 재능있는 당사자로서는 억울한 일이겠지만, 이 모두 조직 간 권력균등화라는 이유 때문에 생각할 수 있는 대안일 뿐이다.

아울러 전문직의 목소리가 정책과정에 더 반영되도록 해야 한다. 이와 반대로 복지부, 과학기술 담당부 등 일부 부처에서 의사 등 전문직종들의 목소리가 지나치게 큰 것도 문제이다. 넓은 시각에서 문제를 보는 사회과학자나 행정학자들이 더 중요한 역할을 할 수 있는 조직을 만들어야 한다.

또한 정책결정과정이 민주화되기 위해서는 장관들의 자율권이 있어야 한다. 적어도 장관 위에 또 장관이 있어서는 안 된다. 자유민주주의 국가에서는 부처 간 영향력의 평준화라는 것이 가장 큰 조직 원리이므로 담당업무의 내용으로 보아 권한남용의 가능성이 있는 조직은 처음부터 낮은 지위를 주어야 한다.

대통령의 정치철학에 따라 정부정책이 특정 방향으로 일관성 있게 수렴되는 것은 바람직하나, 이 역시 정도가 지나치게 되면 문제이다. 정부조직 내에 정치논리와 행정논리가 잘 조화되도록 메커니즘을 만드는 것이 중요하다. 총리나 장관의 경우도 마찬가지일 것이다. 만약 본서가 주장하는 대로 총리와 장관이 실질적인 권한을 많이 행사하여 정치인과 행정인의 역할을 하게 된다면 이 경우, 총리실이나 각 부처의 행정조직 내부의 설계나 보직에서도 이러한 정치라인과 행정라인을 분리하여 각각의 논리대로 작동하게 하는 것이 필요하다.[46)]

각 행정기관 내부에서도 부서간 관계가 정비되어야 한다. 즉, 정치라인은 보

46) 임도빈(2004), 정부조직의 재설계: 국정최고조정체계를 중심으로, 「행정논총」, 제42권 3호.

좌기관이고, 행정라인은 보조기관으로 역할을 구분하고 서로 견제하도록 설계해야 한다. 참모기관의 계선화를 방지하기 위해서는 참모에게는 부하를 두지 않도록 하여야 한다. 부하가 많으면, 이들간에 계서관계가 생기고 계선화될 가능성이 높다. 따라서 실·국장급 등 보조가 필요한 고위직인 경우만 부하 1명(즉 비서역) 정도를 두도록 해야 한다.

찾 아 보 기

[ㄱ]

가족의식 478
감사관 120
감사원 73, 560
개인적 자원 492
건설부 414
검사 495
검사동일체의 원칙 239
검찰조직 239
검찰총장 238
게임 628
경계조직 99
경계직원 99
경제개발 225
경제담당 장관 352
경찰행정의 기구 457
계서적 조정 478
계서주의 476
계선기관화 140
고위공무원단제도 117
공공기관 개혁 549
공공기관운영위원회 557
공관장 370
공기업의 자회사 556
공보처 401
공복 473
공정거래위원회 205
공정거래중재원 574
과학기술기본계획 348
과학적 관리론 28
관료의 전문성 381
관료적 이익 455
관료제의 역기능 34
관료주의적 행태 397
관리 참모 123
관심범위 254
관청 47, 470
광역적 사무 434
구조적 상황결정이론 35
국가공무원법 65
국가과학기술자문회의 348
국가사무 431
국가정보원 51, 156
국가정책연구소 578
국가청렴위원회 214
국가홍보 405
국고국 174
국고업무분야 173
국립공원관리소 376
국무회의 325
국민권익위원회 214
국방부 496
국방부 예산 393
국유재산분야 173
국책연구소 16, 578
국회 74
국회에 대한 책임 233
국회출석발언권 301
군령(軍令) 391

군령권 392
군무회의 392
권력 6
권력과정 7
권력의 배분관계 22
권위주의적 문화 4, 473
권한과 책임의 불일치 11
금융감독원 569
금융위원회 201
금융통화위원회 204
기관장회의 452
기능부 356
기능재배분 게임 440
기능참모 275
기소독점권 390
기술직 484
기획단 135
기획조정실 124

[ㄴ]

나라장터 236
내락제도 62, 282
내무 기능 360
내무부 457
내부사회화 504
내인가제도 282
네트워크론 37
네트워크분석법 420
노동쟁의 418
농촌행정 362

[ㄷ]

단기적 시각 377
담당관 125
대변인 118
대통령비서실 259
대통령의 리더십 253
대통령의 인사권 251
대통령 자문회의 197
대통령직속 자문위원회 509
독립기관 193
돈에 관한 기능 145
동류의식 336
들러리 위원회 524

[ㅁ]

만장일치 333
매스미디어 258
모방적 동형화 90
목표－수단 도치 153
문서과다 현상 504
문화재관리국 226
문화적 상대주의 470
문화콘텐츠 401
물리적 통합 476
물리적 힘 159
미국의 행정학 20
민간위탁 63
민간컨설팅회사 598
민영화 245

[ㅂ]

방송통신심의위원회 565
방송통신위원회 210
법령의 해석 387
법무부 495
법제관 330
법제처 329, 330
변화속도 99
별도정원제 626

병렬식 합의 500
보조금 357
보좌기관의 설치 58
복대리 547
복수 직렬 374
부서권 300
'부'의 승격 225
부처이기주의 336, 478
부처화 245
부총리 51
부흥부 414
분장사항 60
분점정부 83
불확실성 영역 157
비공식 조직 480
비서관 261, 272
빨리빨리 문화 485

[ㅅ]

사교육 과열문제 397
사기업 43
사무관 477
사법기관과의 관계 96
사업단 135
사업적 성격 225
사회기술적 접근법 31
산업사회학－프랑스와 독일 33
산업자원부 409
상임위원회 82
상호작용주의 접근법 32
서무업무 497
서울특별시 430
선거관리위원회 192
선거업무 359
설치법 39
성과감사 148
소지역주의 89
수석비서관 261, 280
순수자문위원회 511
순수참모 274
스키마 490
시 · 군 · 구의 사무 434
시 · 도의 사무 433
시민단체 91, 93
시장형 공기업 543
신공공관리론 61
신제도주의론 38
실무조정회의 345
심사평가국 165
심의 · 조정위원회 512

[ㅇ]

언론매체 93
언론의 속성 119
NGO 93
여당 81
역피라미드화 138
역할 갈등 474
연구개발 378
연구용역 633
엽관제 273
영토의 확장 41
예산기능 167
예산실 612
올리버박사 295
외무공무원법 365
외무부 411
우리성 479
우월의식 484
우정사업본부 234

우체국 229
원내교섭단체 81
원스톱 서비스 454
원자력청 378
위임전결규정 64, 507
유동정원제 624
유신사무관 391
융통성구조 102, 322
의결위원회 514
의원입법 87, 634
의정과 331
의존관계 21
이동휘 293
이승만 260, 292
이장의 역할 449
이중대리의 문제 547
EPB 마피아 168
인간관계이론 30
인사 교류 232
인사권 481
인의 장막 257
인적자원 395
일관생산체제 388
일본행정의 잔재 503
임명제청권 300

[ㅈ]

자리문화 481
자치조직권 445
장관 113
장관권력 113
장관의 정치적 자원 113
장관정책보좌관 117
장기적 관점 377
재정 담당 장관 15
전략게임(조직개편과정) 627
전문지식인 96
전문진단기법 629
정보통신부 210
정부조직관리지침 613
정부조직법 52
정부조직법 제정과정 45
정원관리 57, 444, 619
정책금융 175, 201
정책수요집단 76
정책실장 265
정책위원회 81
정책평가 307
정치적 자원 304
제2인자 312
제도의 형식화 556
제왕적 대통령 283
조례 432
조직경제학 36
조직군생태학(론) 37, 189, 605
조직기억 404
조직문화 541
조직법률주의 48
조직사회학의 프랑스학파 35
조직실 612
조직심리학 32
조직심사 635
조직영토 69, 132
조직영토 싸움 376
조직의 성과 42
조직진단 633
조직팽창 138
주무관 111, 477
주무사무관 498
주사행정 478, 501

준사법적 기능 212
준시장형 공기업 543
준입법권 221
중기인력운영계획 621
중앙인사위원회 176
증권선물위원회 203
지명위원 200
지방노동위원회 417
지방자치단체의 조직 177
지방자치단체장 456
지방정부 429
지방행정 361
지식경제 409
지역부 372
지역주의 문화 475
직무감찰 154
직위분류제 65
직제 53, 56
집단의사결정체제 332

[ㅊ]

차관 114
차관보 116
차관조정회의 343
차관회의 328
차별 문화 483
차장 235
참모－계선조직 이론 273
참모기관의 계선화(현상) 140, 142, 147, 642
참여적 접근법 31
책임운영기관 235
책임전가 25
책임총리제 323
처리과 503
철도청 226
청와대 내락제도 282
청와대 조직 263
청장 328
총무과 121
총무처 176
총액인건비제도 445, 622
총액인건비제의 운영에 관한 특례 614
추진단 135
친전보고 271

[ㅋ]

카네기학파 34

[ㅌ]

통・반・이장 447
통상교섭본부 234
통신서비스 정책 211
통일정책 198
통합사무실 454
통합적 구조 79
통합정원제 624
특별보좌관 264
특별지방행정기관 55, 236

[ㅍ]

파킨슨의 법칙 139
평등의식 484
평화통일촉진기금 199
POSDCORB 143
포항제철 544
표준정원제 445
품의제 498

[ㅎ]

하나회 391
한국감정원 577
한국거래소 572
한국공정거래조정원 575
한국식 직위분류제 619
한국은행 201
한시적 조직 58
합법화의 기능 315
해양수산부 414
해외주재관 370
해임건의 233
행정관 262
행정관리담당관 632
행정관청 21
행정기관의 조직과 정원에 관한 통칙 55
행정법 20
행정소송 388
행정수단 450
행정심판위원회 214
행정윤리 5
행정의 민주화 8
행정안전부 612
행정안전부의 통제권 461
헌법 49
현장시찰 258
현재적 환경 68
혼합조직 550
화학적 통합 476
환경결정론 227
회람식 합의 500
희생양 304

저자약력

■ 조 석 준

중앙대학교 법학과(법학사)
서울대학교 대학원(법학석사)
미국 Minnesota 대학교 대학원(행정학석사, 철학박사)
서울대학교 행정대학원 교수
행정고시위원
한국행정학회장
미국 Hawaii 대학교 동서문화센터 객원교수
미국 남가주대학교 객원교수
영국 Oxford 대학교 객원교수
서울대학교 행정대학원 원장
대통령 행정개혁위원회 총괄위원장
현, 서울대학교 명예교수

››› 주요 저서

행정학대의(공저, 법문사, 1962)
조직관리론(법문사, 1963)
정책학개론(공저, 법문사, 1976)
행정조직론(공저, 서울대학교출판부, 1978)
조직학개론(박영사, 1979)
한국행정학(박영사, 1980)
현대사무관리(박영사, 1982)
조직학강의(서울대학교출판부, 1994)
행정조직과 조직문화(대영문화사, 2002)
기타 논문 다수

■ 임 도 빈

서울대학교 사회교육과(문학사)
서울대학교 행정대학원(행정학 석사)
프랑스 파리정치대학(l'Institut d'Etudes Politiques de Paris) 사회학 박사
한국정책학회 학술상 수상
한국행정학회 정산행정학 저술상 수상
서울대학교 학술연구상 수상
2015년 한국행정학회장
프랑스 공공관리학회 학술상 수상
현, 서울대학교 행정대학원 교수
서울대학교 행정대학원장

››› 주요 저서

Le Préfet dans la Décentralisation(Paris: l'Harmattan, 1997)
프랑스의 정치행정체제(법문사, 2002)
한국 지방조직론(박영사, 2004)
비교행정학(박영사, 2016)
정부조직과 시간관리(서울대 출판문화원, 2009)
행정학(박영사, 2018)
Public Organizations in Asia(Routledge, 2016)
The Two Sides of Korean Administrative Cuture: competitiveness or collectivism?, (Routledge, 2019)
그 외 학술논문 및 저서 다수(자세한 것은 홈페이지 http://plaza.snu.ac.kr/~tobin 참조)

한국행정조직론 [제5판]

1994년 7월 4일 초판 발행
1996년 12월 30일 개정판 발행
2010년 3월 10일 전정판 발행
2016년 9월 10일 제2전정판 발행
2019년 8월 25일 제5판 1쇄 발행

저 자 조 석 준 · 임 도 빈
발행인 배 효 선
발행처 도서출판 法 文 社
주 소 10881 경기도 파주시 회동길 37-29
등 록 1957년 12월 12일 / 제2-76호 (윤)
전 화 (031)955-6500~6 FAX (031)955-6525
E-mail (영업) bms@bobmunsa.co.kr
(편집) edit66@bobmunsa.co.kr
홈페이지 http://www.bobmunsa.co.kr
조 판 법 문 사 전 산 실

정가 32,000원 ISBN 978-89-18-91036-9